박문각

합격을 결정짓는

이석규
필수서

부동산공법 2차

박문각 공인중개사

브랜드만족
1위
박문각

2025

근거자료
별면표기

이 책의 머리말

어느 시기, 어느 곳에서, 어떤 책으로 공부했던지 반드시 읽어야 할 필독서!
부동산공법의 名作!
박문각 이석규 교수의 핵심요약 필수서!

제36회 공인중개사 시험을 준비하고 계신 수험생 여러분!

본 핵심 요약집의 근본 목적은 기본서의 방대한 내용을 출제경향과 내용에 맞춰 현실적으로 줄임으로써 학습부담은 확 줄이고 수험생이 원하는 만큼의 고득점을 할 수 있도록 하였습니다.

따라서 금번 요약집은 기본서의 내용은 축약을 하되 정규 수업시간에 교과서로 사용해도 전혀 지장이 없도록 핵심내용은 전부 반영하여 어떠한 문제가 출제되더라도 해결될 수 있도록 내용을 배치하였습니다.

또한 단순한 이론 요약에 그치지 않고 주제별로 내용을 설명한 후 곧바로 생생하게 풀어볼 수 있도록 기출 및 예상문제를 함께 수록하였습니다. 즉 주제별 공부를 한 후 바로 객관식문제를 접해 봄으로써 즉시 응용해 볼 수 있도록 한 것입니다.

이러한 학습방법은 많은 내용을 한꺼번에 전부 암기했다가 문제를 따로 풀려면 그 전에 망각을 하기 때문에 자꾸 점수로 연결되지 않는 단점을 보완하는 기능을 하게 됩니다.

마지막으로 2025년 1월 기준으로 개정된 법령을 최대한 반영하여 서술하였으므로 시험당일까지 최대한 내용의 수정없이 학습할 수 있도록 하였습니다.

이러한 여러 가지 취지에 맞게 저술된 본 핵심요약 필수서는 제36회 공인중개사 시험을 대비한 수험서로 최상의 교재라고 볼 수 있습니다. 따라서 이러한 특징을 가진 2025 이석규 필수서로 학습하신다면 제36회 공인중개사 시험에서 부동산공법 과목에 있어서만은 추가적인 교재가 필요 없이 고득점으로 합격할 수 있을 것으로 확신합니다.

> "어딘가를 오랜 시간 걸었던 기억을 떠올려보라.
> 줄곧 직선으로만 이어지는 길은 없다. 구불구불 곡선으로 이어지기도 하며
> 어떤 지점에서는 되돌아가야 할 때도 있다. 인생의 경로도 마찬가지다.
> 자기 자신에 이르는 길은 결코 일직선이 아니며 순탄하지도 않다"

따라서 "合格"이라는 새로운 세계로 들어가는 것은 스스로 고난의 길을 선택하고 역경을 극복해 나가는 사람만이 가능한 일입니다.

이제 그 "아름답고 이름 높은 '合格'이라는 名譽"를 가지시기 바랍니다.

2025년 1월

공법의 名作 이석규 씀

이 책의 **차례**

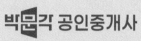

01

국토의 계획 및
이용에 관한 법률

국토의 계획 및 이용에 관한 법률

용어정리 15회, 17회, 20회, 21회, 35회

(1) '광역도시계획'이라 함은 이미 지정된 **광역계획권**의 장기발전방향을 제시하는 계획을 말한다.

(2) '**도시·군계획**'35회이라 함은 특별시·광역시·특별자치시·특별자치도·시 또는 군(광역시의 관할구역 안에 있는 군을 제외한다)의 관할구역에 대하여 수립하는 공간구조와 발전방향에 대한 계획으로서 **도시·군기본계획과 도시·군관리계획으로 구분**한다.

(3) '**도시·군기본계획**'이라 함은 특별시·광역시·특별자치시·특별자치도·시 또는 군의 관할구역 및 생활권에 대하여 기본적인 공간구조와 장기발전방향을 제시하는 종합계획으로서 **도시·군관리계획수립의 지침**이 되는 계획을 말한다.

(4) '**도시·군관리계획**'이라 함은 특별시·광역시·특별자치시·특별자치도·시 또는 군의 개발·정비 및 보전을 위하여 수립하는 토지 이용, 교통, 환경, 경관, 안전, 산업, 정보통신, 보건, 복지, 안보, 문화 등에 관한 다음 각 목의 계획을 말한다.

> ① 용도지역·용도지구의 지정 또는 변경에 관한 계획
> ② 개발제한구역·도시자연공원구역·시가화조정구역·수산자원보호구역의 지정 또는 변경에 관한 계획
> ③ 기반시설의 설치·정비 또는 개량에 관한 계획
> ④ 도시개발사업 또는 정비사업에 관한 계획
> ⑤ 지구단위계획구역의 지정 또는 변경에 관한 계획과 지구단위계획
> ⑥ 도시혁신구역의 지정 또는 변경에 관한 계획과 도시혁신계획
> ⑦ 복합용도구역의 지정 또는 변경에 관한 계획과 복합용도계획
> ⑧ 도시·군계획시설입체복합구역의 지정 또는 변경에 관한 계획

(5) '**지구단위계획**'30회이라 함은 **도시·군계획 수립대상 지역 안의 일부**에 대하여 토지 이용을 합리화하고 그 기능을 증진시키며 미관을 개선하고 양호한 환경을 확보하며, 당해 지역을 체계적·계획적으로 관리하기 위하여 수립하는 **도시·군관리계획**을 말한다.

(5)-1 "**공간재구조화계획**"이란 토지의 이용 및 건축물이나 그 밖의 시설의 용도·건폐율·용적률·높이 등을 완화하는 용도구역의 효율적이고 계획적인 관리를 위하여 수립하는 계획을 말한다.

(5)-2 **"도시혁신계획"**이란 창의적이고 혁신적인 도시공간의 개발을 목적으로 도시혁신구역에서의 토지의 이용 및 건축물의 용도·건폐율·용적률·높이 등의 제한에 관한 사항을 따로 정하기 위하여 공간재구조화계획으로 결정하는 도시·군관리계획을 말한다.

(5)-3 **"복합용도계획"**이란 주거·상업·산업·교육·문화·의료 등 다양한 도시기능이 융복합된 공간의 조성을 목적으로 복합용도구역에서의 건축물의 용도별 구성비율 및 건폐율·용적률·높이 등의 제한에 관한 사항을 따로 정하기 위하여 공간재구조화계획으로 결정하는 도시·군관리계획을 말한다.

(6) **'기반시설'**이라 함은 다음의 시설을 말한다.²⁵회, ²⁶회, ²⁸회

① 기반시설의 종류

　⊙ 교통시설: 도로·철도·항만·공항·주차장·자동차정류장·궤도·차량검사 및 면허시설

　⊙ 공간시설: 광장·공원·녹지·유원지·공공공지

　⊙ 유통·공급시설: 유통업무설비, 수도·전기·가스·열공급설비, 방송·통신시설, 공동구·시장, 유류저장 및 송유설비

　⊙ 공공·문화체육시설: 학교·공공청사·문화시설·공공필요성이 인정되는 체육시설·연구시설·사회복지시설·공공직업훈련시설·청소년수련시설

　⊙ 방재시설: 하천·유수지·저수지·방화설비·방풍설비·방수설비·사방설비·방조설비

　⊙ 보건위생시설: 장사시설·도축장·종합의료시설

　⊙ 환경기초시설: 하수도·폐기물처리 및 재활용시설·빗물저장 및 이용시설·수질오염방지시설·폐차장

② **기반시설의 세분** ²⁷회: 기반시설 중 도로·자동차정류장 및 광장은 다음과 같이 세분할 수 있다.

도 로	• 일반도로 • 자전거전용도로 • 보행자우선도로 • 지하도로	• 자동차전용도로 • 보행자전용도로 • 고가도로
자동차정류장	• 여객자동차터미널 • 공영차고지 • 화물자동차 휴게소 • 환승센터	• 화물터미널 • 공동차고지 • 복합환승센터
광 장	• 교통광장 • 경관광장 • 건축물부설광장	• 일반광장 • 지하광장

02

국토의 계획 및 이용에 관한 법령상 용어의 정의에 관한 다음 설명 중 옳은 것은?

① '공동구'라 함은 전기 · 가스 · 수도 등의 공급설비, 통신시설, 하수도시설 등 지하매설물을 공동 수용함으로써 미관의 개선, 도로 구조의 보전 및 교통의 원활한 소통을 위하여 지하에 설치하는 시설물을 말한다.

② '광역도시계획'이란 특별시 · 광역시 · 특별자치시 · 특별자치도 · 시 또는 군의 관할구역 및 생활권에 대하여 기본적인 공간구조와 장기발전방향을 제시하는 종합계획으로서 도시 · 군관리계획 수립의 지침이 되는 계획을 말한다.

③ '국가계획'이란 중앙행정기관이 법률에 따라 수립하거나 국가의 정책적인 목적을 이루기 위하여 수립하는 계획 중 광역도시계획의 내용사항이 포함된 계획을 말한다.

④ '도시 · 군계획시설'이란 기반시설 중 도시 · 군기본계획으로 설치가 결정된 시설을 말한다.

⑤ '도시 · 군계획사업'이란 도시 · 군계획시설사업을 말한다.

(7) '도시 · 군계획시설'이라 함은 기반시설 중 **도시 · 군관리계획으로 결정된 시설**을 말한다.

(8) '도시 · 군계획시설사업'이라 함은 도시 · 군계획시설을 **설치 · 정비 또는 개량하는 사업**을 말한다.

(9) '도시 · 군계획사업'[29회]이라 함은 도시 · 군관리계획을 시행하기 위한 사업으로서 **도시 · 군계획시설사업**, 「도시개발법」에 의한 **도시개발사업** 및 「도시 및 주거환경정비법」에 의한 **정비사업**을 말한다.

(10) '용도지역'이라 함은 토지의 이용 및 건축물의 용도 · 건폐율 · 용적률 · 높이 등을 제한함으로써 토지를 경제적 · 효율적으로 이용하고 공공복리의 증진을 도모하기 위하여 **서로 중복되지 아니하게** 도시 · 군관리계획으로 결정하는 지역을 말한다.

(11) '용도지구'[30회]라 함은 토지의 이용 및 건축물의 용도 · 건폐율 · 용적률 · 높이 등에 대한 **용도지역의 제한을 강화 또는 완화하여 적용**함으로써 용도지역의 기능을 증진시키고 미관 · 경관 · 안전 등을 도모하기 위하여 도시 · 군관리계획으로 결정하는 지역을 말한다.

(12) '용도구역'이라 함은 토지의 이용 및 건축물의 용도 · 건폐율 · 용적률 · 높이 등에 대한 **용도지역 및 용도지구의 제한을 강화 또는 완화**하여 따로 정함으로써 시가지의 무질서한 확산방지, 계획적이고 단계적인 토지이용의 도모, 혁신적이고 복합적인 토지활용의 촉진, 토지이용의 종합적 조정 · 관리 등을 위하여 도시 · 군관리계획으로 결정하는 지역을 말한다.

(13) '개발밀도관리구역'이라 함은 개발로 인하여 기반시설이 부족할 것이 예상되나 기반시설의 설치가 곤란한 지역을 대상으로 **건폐율 또는 용적률을 강화하여 적용하기 위하여** 지정하는 구역을 말한다.

(15) '도시 · 군계획'은 특별시 · 광역시 · 특별자치시 · 특별자치도 · 시 또는 군의 관할 구역에서 수립되는 다른 법률에 따른 토지의 이용 · 개발 및 보전에 관한 계획의 기본이 된다.

(16) '성장관리계획'이란 성장관리계획구역에서의 난개발을 방지하고 계획적인 개발을 유도하기 위하여 수립하는 계획을 말한다.

(17) 광역도시계획 및 도시 · 군계획은 국가계획에 부합되어야 하며, 광역도시계획 또는 도시 · 군계획의 내용이 국가계획의 내용과 다를 때에는 **국가계획의 내용이 우선**한다. 15회 추가

⒅ 광역도시계획이 수립되어 있는 지역에 대하여 수립하는 도시·군기본계획은 그 광역도시계획에 부합되어야 하며, 도시·군기본계획의 내용이 광역도시계획의 내용과 다를 때에는 **광역도시계획의 내용이 우선**한다.

⒆ 특별시장·광역시장·특별자치시장·특별자치도지사·시장 또는 군수가 관할 구역에 대하여 다른 법률에 따른 환경·교통·수도·하수도·주택 등에 관한 부문별 계획을 수립할 때에는 **도시·군기본계획의 내용에 부합되게** 하여야 한다.

※ 국토의 용도구분(용도지역제도)

국토는 토지의 이용실태 및 특성, 장래의 토지이용방향, 지역 간 균형발전 등을 고려하여 다음과 같은 용도지역으로 구분한다.

⑴ 도시지역

인구와 산업이 밀집되어 있거나 밀집이 예상되어 그 지역에 대하여 체계적인 개발·정비·관리·보전 등이 필요한 지역

⑵ 관리지역

도시지역의 인구와 산업을 수용하기 위하여 도시지역에 준하여 체계적으로 관리하거나 농림업의 진흥, 자연환경 또는 산림의 보전을 위하여 농림지역 또는 자연환경보전지역에 준하여 관리가 필요한 지역

⑶ 농림지역

도시지역에 속하지 아니하는 「농지법」에 의한 농업진흥지역 또는 「산지관리법」에 의한 보전산지 등으로서 농림업을 진흥시키고 산림을 보전하기 위하여 필요한 지역

⑷ 자연환경보전지역

자연환경·수자원·해안·생태계·상수원 및 「국가유산기본법」 제3조에 따른 국가유산의 보전과 수산자원의 보호·육성 등을 위하여 필요한 지역

제1절 광역도시계획 16회, 19회, 26회, 27회, 28회, 29회, 31회, 32회

1. 총 설

(1) **광역도시계획이란**: 이미 지정된 광역계획권의 장기발전방향을 제시하는 계획

(2) **법적 성질**

① 내부구속적 계획(비구속적 행정계획): 행정쟁송의 대상이 아니다.

② 거시적·유도적 계획: 도시·군관리계획을 입안함에 있어서는 이를 반영

2. 광역도시계획의 내용

> **광역도시계획의 내용**
>
> 1. 광역계획권의 '공간구조'와 '기능분담'에 관한 사항
> 2. 광역계획권의 '녹지관리체계'와 '환경보전'에 관한 사항
> 3. 광역시설의 '배치·규모·설치'에 관한 사항
> 4. 경관계획에 관한 사항
> 5. 기타

3. 광역계획권 지정(광역도시계획수립대상 지역) 33회

(1) **지정목적**: 광역계획권은 ① 2 이상의 도시의 공간구조 및 기능을 상호 연계시키고, ② 환경을 보전하며, ③ 광역시설을 체계적으로 정비하기 위하여 필요한 경우에 지정할 수 있다.

(2) **지정대상지역**: 광역계획권은 인접한 2 이상의 특별시·광역시·특별자치시·특별자치도·시 또는 군의 관할구역의 전부 또는 일부를 대통령령이 정하는 바에 따라 지정할 수 있다.

(3) **지정의 요청**: 중앙행정기관의 장, 시·도지사, 시장 또는 군수는 국토교통부장관이나 도지사에게 광역계획권의 지정 또는 변경을 요청할 수 있다.

(4) **광역계획권의 지정권자(지정은 단독으로): 국토교통부장관 또는 도지사**

> ① 광역계획권이 둘 이상의 특별시·광역시·특별자치시·도 또는 특별자치도(이하 '시·도'라 한다)의 관할 구역에 걸쳐 있는 경우: 국토교통부장관이 지정
> ② 광역계획권이 도의 관할 구역에 속하여 있는 경우: 도지사가 지정

(5) **지정절차**

㉠ 국토교통부장관은 광역계획권을 지정하거나 변경하려면 관계 시·도지사, 시장 또는 군수의 의견을 들은 후 **중앙도시계획위원회의 심의를 거침**

핵심 암기

- 광역계획권이 둘 이상의 시·도의 관할 구역에 걸쳐 있는 경우에는 관할 시·도지사가 공동으로 광역계획권을 지정하여야 한다(×).
- 광역계획권이 같은 도의 관할 구역에 속하여 있는 경우 관할 도지사가 광역도시계획을 수립하여야 한다(×).
- 국토교통부장관은 시·도지사가 요청하는 경우에도 시·도지사와 공동으로 광역도시계획을 수립할 수 없다(×).
- 중앙행정기관의 장, 시·도지사, 시장 또는 군수는 국토교통부장관이나 도지사에게 광역계획권의 지정 또는 변경을 요청할 수 있다(○).
- 도지사가 시장 또는 군수의 요청으로 관할 시장 또는 군수와 공동으로 광역도시계획을 수립하는 경우에는 국토교통부장관의 승인을 받지 않고 광역도시계획을 수립할 수 있다(○).
- 국토교통부장관은 광역도시계획을 수립하였을 때에는 직접 그 내용을 공고하고 일반이 열람할 수 있도록 하여야 한다(×).

ⓛ 도지사가 광역계획권을 지정하거나 변경하려면 관계 중앙행정기관의 장, 관계 시·도지사, 시장 또는 군수의 의견을 들은 후 지방도시계획위원회의 심의를 거침

4. 광역도시계획의 수립권자

(1) 원 칙

국토교통부장관, 시·도지사, 시장 또는 군수는 다음의 구분에 따라 광역도시계획을 수립하여야 한다.

① 광역계획권이 같은 도의 관할 구역에 속하여 있는 경우: 관할 시장 또는 군수가 공동으로 수립
② 광역계획권이 둘 이상의 시·도의 관할 구역에 걸쳐 있는 경우: 관할 시·도지사가 공동으로 수립
③ 광역계획권을 지정한 날부터 3년이 지날 때까지 관할 시장 또는 군수로부터 광역도시계획의 승인신청이 없는 경우: 관할 도지사가 수립
④ 국가계획과 관련된 광역도시계획의 수립이 필요한 경우나 광역계획권을 지정한 날부터 3년이 지날 때까지 관할 시·도지사로부터 광역도시계획의 승인 신청이 없는 경우: 국토교통부장관이 수립

(2) 예외적 공동수립

① 국토교통부장관은 시·도지사가 요청하는 경우와 그 밖에 필요하다고 인정되는 경우에는 관할 시·도지사와 공동으로 광역도시계획을 수립할 수 있다.
② 도지사는 시장 또는 군수가 요청하는 경우와 그 밖에 필요하다고 인정하는 경우에는 관할 시장 또는 군수와 공동으로 광역도시계획을 수립할 수 있으며, 시장 또는 군수가 협의를 거쳐 요청하는 경우에는 단독으로 광역도시계획을 수립할 수 있다 (이 경우 국토교통부장관의 승인을 받지 아니한다).

5. 수립절차

(1) 기초조사

① 광역도시계획을 수립 또는 이를 변경하고자 하는 때에는 미리 인구·경제·사회·문화 등 당해 광역도시계획의 수립 또는 변경에 관하여 필요한 사항을 조사하거나 측량하여야 한다(의무적 사항).
② 광역도시계획의 수립권자는 효율적인 조사 또는 측량을 위하여 필요한 경우에는 조사 또는 측량을 전문기관에 의뢰할 수 있다.
③ 광역도시계획의 수립권자가 기초조사를 실시한 경우에는 해당 정보를 체계적으로 관리하고 효율적으로 활용하기 위하여 기초조사정보체계를 구축·운영하여야 한다.
④ 광역도시계획의 수립권자가 위 ③에 따라 기초조사정보체계를 구축한 경우에는 등록된 정보의 현황을 5년마다 확인하고 변동사항을 반영하여야 한다.

03

국토의 계획 및 이용에 관한 법령상 광역계획권에 관한 설명으로 옳은 것은?

① 광역계획권이 둘 이상의 도의 관할 구역에 걸쳐 있는 경우, 해당 도지사들은 공동으로 광역계획권을 지정하여야 한다.
② 광역계획권이 하나의 도의 관할 구역에 속하여 있는 경우, 도지사는 국토교통부장관과 공동으로 광역계획권을 지정 또는 변경하여야 한다.
③ 도지사가 광역계획권을 지정하려면 관계 중앙행정기관의 장의 의견을 들은 후 중앙도시계획위원회의 심의를 거쳐야 한다.
④ 국토교통부장관이 광역계획권을 변경하려면 관계 시·도지사, 시장 또는 군수의 의견을 들은 후 지방도시계획위원회의 심의를 거쳐야 한다.
⑤ 중앙행정기관의 장, 시·도지사, 시장 또는 군수는 국토교통부장관이나 도지사에게 광역계획권의 지정 또는 변경을 요청할 수 있다.

04

국토의 계획 및 이용에 관한 법령상 광역도시계획에 관한 설명으로 틀린 것은?

① 중앙행정기관의 장, 시·도지사, 시장 또는 군수는 국토교통부장관이나 도지사에게 광역계획권의 변경을 요청할 수 있다.

② 둘 이상의 특별시·광역시·특별자치시·특별자치도·시 또는 군의 공간구조 및 기능을 상호 연계시키고 환경을 보전하며 광역시설을 체계적으로 정비하기 위하여 필요한 경우에는 광역계획권을 지정할 수 있다.

③ 국가계획과 관련된 광역도시계획의 수립이 필요한 경우 광역도시계획의 수립권자는 국토교통부장관이다.

④ 광역계획권이 둘 이상의 시·도의 관할 구역에 걸쳐 있는 경우에는 관할 시·도지사가 공동으로 광역계획권을 지정하여야 한다.

⑤ 국토교통부장관, 시·도지사, 시장 또는 군수는 광역도시계획을 수립하려면 미리 공청회를 열어 주민과 관계 전문가 등으로부터 의견을 들어야 한다.

(2) 공청회(주민 및 전문가 의견청취)

① 광역도시계획을 수립 또는 이를 변경하고자 하는 때에는 미리 공청회를 열어 주민 및 관계전문가 등으로부터 의견을 들어야 하며, 공청회에서 제시된 의견이 타당하다고 인정하는 때에는 이를 광역도시계획에 반영하여야 한다.

② 국토교통부장관, 시·도지사, 시장 또는 군수는 공청회를 개최하려면 공청회의 개최목적, 공청회의 개최예정 일시 및 장소 등의 사항을 일간신문, 관보, 공보, 인터넷 홈페이지 또는 방송 등의 방법으로 공청회 개최예정일 14일 전까지 1회 이상 공고해야 한다.

③ 공청회는 광역계획권 단위로 개최하되, 필요한 경우에는 광역계획권을 수 개의 지역으로 구분하여 개최할 수 있다.

④ 공청회는 국토교통부장관, 시·도지사, 시장 또는 군수가 지명하는 사람이 주재한다.

(3) 의견청취(지방의회 및 시장·군수)

① 시·도지사, 시장 또는 군수는 광역도시계획을 수립하거나 변경하려면 미리 관계 시·도, 시 또는 군의 의회와 관계 시장 또는 군수의 의견을 들어야 한다.

② 시·도, 시 또는 군의 의회와 관계 시장 또는 군수는 특별한 사유가 없으면 30일 이내에 시·도지사, 시장 또는 군수에게 의견을 제시하여야 한다.

6. 광역도시계획의 승인

(1) 국토교통부장관의 승인

① 시·도지사는 광역도시계획을 수립하거나 변경하려면 다음의 서류를 첨부하여 국토교통부장관의 승인을 얻어야 한다. 다만, 시장 또는 군수가 협의를 거쳐 요청하여 단독으로 도지사가 수립하는 광역도시계획은 그러하지 아니하다.

> ㉠ 기초조사 결과
> ㉡ 공청회개최 결과
> ㉢ 시·도의 의회와 관계 시장 또는 군수의 의견청취 결과
> ㉣ 시·도 도시계획위원회의 자문을 거친 경우에는 그 결과
> ㉤ 관계 중앙행정기관의 장과의 협의 및 중앙도시계획위원회의 심의에 필요한 서류

② 국토교통부장관은 광역도시계획을 승인하거나 직접 광역도시계획을 수립 또는 변경하고자 하는 때(공동으로 수립하는 때를 포함한다)에는 관계 중앙행정기관의 장과 협의한 후 중앙도시계획위원회의 심의를 거쳐야 한다.

③ 협의의 요청을 받은 관계 중앙행정기관의 장은 특별한 사유가 없는 한 그 요청을 받은 날부터 30일 이내에 국토교통부장관에게 의견을 제시하여야 한다.

(2) 도지사의 승인

시장 또는 군수는 광역도시계획을 수립하거나 변경하려면 도지사의 승인을 받아야 한다.

7. 수립절차도

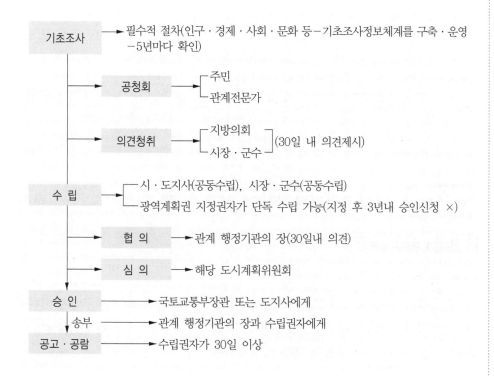

8. 광역도시계획의 조정

① 광역도시계획을 공동으로 수립하는 시·도지사는 그 내용에 관하여 서로 협의가 되지 아니하면 공동이나 단독으로 **국토교통부장관에게 조정**을 신청할 수 있다.

② 국토교통부장관은 단독으로 조정신청을 받은 경우에는 기한을 정하여 당사자 간에 다시 협의를 하도록 권고할 수 있으며, 기한까지 협의가 이루어지지 아니하는 경우에는 직접 조정할 수 있다.

③ 광역도시계획을 수립하는 자는 조정결과를 광역도시계획에 반영하여야 한다.

9. 수립의 기준

국토교통부장관은 광역도시계획의 수립기준을 정할 때에는 다음의 사항을 종합적으로 고려하여야 한다.

① 광역계획권의 미래상과 이를 실현할 수 있는 체계화된 전략을 제시하고 국토종합계획 등과 서로 연계되도록 할 것

확인문제

05
국토의 계획 및 이용에 관한 법령상 광역도시계획에 관한 설명으로 옳지 않은 것은?

① 시·도지사는 광역도시계획을 수립하거나 변경하려면 일정한 서류를 첨부하여 국토교통부장관의 승인을 얻어야 한다.

② 시장 또는 군수가 기초조사정보체계를 구축한 경우에는 등록된 정보의 현황을 5년마다 확인하고 변동사항을 반영하여야 한다.

③ 국토교통부장관은 광역도시계획을 수립하거나 변경하려면 미리 공청회를 열어야 한다.

④ 광역도시계획을 공동으로 수립하는 시·도지사는 그 내용에 관하여 서로 협의가 되지 아니하면 공동으로 조정을 신청하여야 한다.

⑤ 광역계획권을 지정한 날부터 3년이 지날 때까지 관할 시장 또는 군수로부터 광역도시계획의 승인 신청이 없는 경우 관할 도지사가 광역도시계획을 수립하여야 한다.

② 특별시 · 광역시 · 특별자치시 · 특별자치도 · 시 또는 군간의 기능분담, 도시의 무질서한 확산방지, 환경보전, 광역시설의 합리적 배치 그 밖에 광역계획권안에서 현안사항이 되고 있는 특정부문 위주로 수립할 수 있도록 할 것

③ 여건변화에 탄력적으로 대응할 수 있도록 포괄적이고 개략적으로 수립하도록 하되, 특정부문 위주로 수립하는 경우에는 도시 · 군기본계획이나 도시 · 군관리계획에 명확한 지침을 제시할 수 있도록 구체적으로 수립하도록 할 것

④ 녹지축 · 생태계 · 산림 · 경관 등 양호한 자연환경과 우량농지, 보전목적의 용도지역, 국가유산 및 역사문화환경 등을 충분히 고려하여 수립하도록 할 것

⑤ 부문별 계획은 서로 연계되도록 할 것

⑥ 「재난 및 안전관리 기본법」 제24조 제1항에 따른 시 · 도안전관리계획 및 같은 법 제25조 제1항에 따른 시 · 군 · 구안전관리계획과 「자연재해대책법」 제16조 제1항에 따른 시 · 군 · 구풍수해저감종합계획을 충분히 고려하여 수립하도록 할 것

- 수도권정비계획법에 의한 수도권에 속하고 광역시와 경계를 같이하지 아니한 시로서 인구 10만명 이하인 시는 도시 · 군기본계획을 수립하지 아니할 수 있다(×).
- 생활권계획이 수립 또는 승인된 때에는 해당 계획이 수립된 생활권에 대해서는 도시 · 군기본계획이 수립 또는 변경된 것으로 본다(○).
- 도시 · 군기본계획 입안일부터 5년 이내에 토지적성평가를 실시한 경우는 토지적성평가를 하지 아니할 수 있다(○).
- 시장 · 군수는 인접한 시 · 군의 시장 · 군수와 협의를 거쳐 그 인접 시 · 군의 관할구역 전부를 포함하는 도시 · 군기본계획을 수립할 수 있다(○).
- 경미한 도시 · 군기본계획을 변경하는 경우에는 공청회를 개최하지 아니할 수 있다(×).

제 2 절 도시 · 군기본계획 15회, 15회 추가, 19회, 20회, 22회, 24회, 26회, 27회, 31회, 32회, 33회

1. 의의와 법적 성질

(1) 의 의

① 특별시 · 광역시 · 특별자치시 · 특별자치도 · 시 또는 군의 관할구역에 대하여 기본적인 공간구조와 장기발전방향을 제시하는 종합계획(5년마다 타당성 검토).

② 도시 · 군관리계획수립의 지침이 되는 계획.

(2) 법적 성질

① 내부구속적(비구속적) 행정계획 ⇨ 행정쟁송의 대상이 안 됨

② 장기적 · 거시적 · 유도적인 종합계획

2. 내 용

1. 지역적 특성 및 계획의 방향 · 목표에 관한 사항
2. 공간구조 및 인구의 배분에 관한 사항
2의2. 생활권의 설정과 생활권역별 개발 · 정비 및 보전 등에 관한 사항
3. 토지의 이용 및 개발에 관한 사항
4. 토지의 용도별 수요 및 공급에 관한 사항
5. 환경의 보전 및 관리에 관한 사항
6. 기반시설에 관한 사항
7. 공원 · 녹지에 관한 사항
8. 경관에 관한 사항
8의2. 기후변화 대응 및 에너지절약에 관한 사항
8의3. 방재 · 방범 등 안전에 관한 사항

9. 제2호부터 제8호까지, 제8호의2 및 제8호의3에 규정된 사항의 단계별 추진에 관한 사항

10. 그 밖에 대통령령으로 정하는 사항

3. 생활권계획 수립의 특례(법 제19조의 2)

① 특별시장·광역시장·특별자치시장·특별자치도지사·시장 또는 군수는 도시·군기본계획의 내용 중 생활권역별 개발·정비 및 보전 등에 필요한 경우 대통령령으로 정하는 바에 따라 생활권계획을 따로 수립할 수 있다.

② 특별시장·광역시장·특별자치시장·특별자치도지사·시장 또는 군수는 법 제19조의2에 따라 생활권계획을 따로 수립하는 경우에는 다음 각 호의 기준을 따라야 한다.

  1. 도시·군기본계획의 공간구조 설정 및 토지이용계획 등을 생활권역별로 구체화할 것
  2. 해당 지방자치단체에서 생활권이 차지하는 공간적 위치 및 특성, 주변지역의 특성 등을 고려하여 생활권을 설정하고, 생활권별 특성에 맞추어 기반시설의 설치·관리 계획을 수립할 것
  3. 그 밖에 지역경제의 활성화 및 주민 생활여건 개선 등을 위해 생활권별로 개발·정비 및 보전할 필요가 있는 사항을 포함할 것

③ 위 ①에 따른 생활권계획을 수립할 때에는 제20조부터 제22조까지 및 제22조의2(도시·군기본계획의 수립절차)를 준용한다.

④ 위 ①에 따른 생활권계획이 수립 또는 승인된 때에는 해당 계획이 수립된 생활권에 대해서는 도시·군기본계획이 수립 또는 변경된 것으로 본다. 이 경우 제19조 제1항 각 호의 사항 중에서 생활권의 설정 및 인구의 배분에 관한 사항 등은 대통령령으로 정하는 다음의 범위에서 수립·변경하는 경우로 한정한다.

  1. 도시·군기본계획에서 정하는 생활권을 세분화하는 경우
  2. 도시·군기본계획에서 정하는 생활권 간의 경계를 변경하는 경우
  3. 전체 인구 규모의 범위에서 생활권별 인구의 배분에 관한 사항을 수립·변경하는 경우
  4. 제3호에 따라 생활권별 인구의 배분에 관한 사항을 변경함에 따라 기반시설의 설치에 관한 사항을 수립·변경하는 경우

06
국토의 계획 및 이용에 관한 법령상 도시·군기본계획에 관한 설명으로 옳은 것은?

① 특별시장·광역시장이 수립한 도시·군기본계획의 승인은 국토교통부장관이 하고, 시장·군수가 수립하는 도시·군기본계획의 승인은 도지사가 한다.

② 수도권에 속하지 아니하고, 광역시와 경계를 같이하지 아니한 시 또는 군으로서 인구 10만명 이하인 시 또는 군은 도시·군기본계획을 수립하지 아니할 수 있다.

③ 이해관계자를 포함한 주민은 지구단위계획구역의 지정 및 변경에 관한 사항에 대하여 도시·군기본계획의 수립의 제안을 할 수 있다.

④ 특별시장·광역시장·특별자치시장·특별자치도지사·시장 또는 군수는 도시·군기본계획을 수립할 때 주민의 의견청취를 위한 공청회는 생략할 수 있다.

⑤ 도시·군기본계획의 수립기준 등은 대통령령이 정하는 바에 따라 시·도지사가 정한다.

⊕ 기초조사의 내용에 국토교통부장관이 정하는 바에 따라 실시하는 토지의 토양, 입지, 활용 가능성 등 토지의 적성에 대한 평가("토지적성평가")와 재해 취약성에 관한 분석("재해취약성분석")을 포함하여야 한다.

07

국토의 계획 및 이용에 관한 법령상 도시·군기본계획에 관한 설명으로 옳은 것은?

① 시장 또는 군수는 도시·군기본계획의 수립을 위한 공청회 개최와 관련한 사항을 일간신문에 공청회 개최예정일 7일 전까지 2회 이상 공고하여야 한다.

② 도시·군기본계획 입안일부터 5년 이내에 토지적성평가를 실시한 경우에는 토지적성평가를 하지 아니할 수 있다.

③ 시장 또는 군수는 3년마다 관할 구역의 도시·군기본계획에 대하여 그 타당성 여부를 전반적으로 재검토하여 정비하여야 한다.

④ 시장 또는 군수가 도시·군기본계획을 변경하려면 지방의회의 승인을 받아야 한다.

⑤ 시장 또는 군수는 대통령이 정하는 바에 따라 도시·군기본계획의 수립기준을 정한다.

4. 수립대상

(1) 의무적 수립: 특별시장·광역시장·특별자치시장·특별자치도지사·시장 또는 군수는 관할 구역에 대하여 도시·군기본계획을 수립하여야 한다.

※ 국토교통부장관 및 도지사는 수립권자에 해당하지 아니한다.

(2) 수립의 예외: 다만, 시 또는 군의 위치, 인구의 규모, 인구감소율 등을 감안하여 다음의 시 또는 군은 도시·군기본계획을 수립하지 아니할 수 있다.

> ① 수도권에 속하지 아니하고, 광역시와 경계를 같이하지 아니한 시 또는 군으로서 인구 10만명 이하인 시 또는 군
> ② 관할구역 전부에 대하여 광역도시계획이 수립되어 있는 시 또는 군으로서 당해 광역도시계획에 해당 도시·군기본계획의 내용이 모두 포함되어 있는 시 또는 군

(3) 관할구역 일부 및 타 관할구역 포함가능

① 인접한 특별시·광역시·특별자치시·특별자치도·시 또는 군의 관할 구역 전부 또는 일부를 포함하여 도시·군기본계획을 수립할 수 있다.

② 인접한 특별시·광역시·특별자치시·특별자치도·시 또는 군의 관할 구역을 포함하여 도시·군기본계획을 수립하려면 미리 그 특별시장·광역시장·특별자치시장·특별자치도지사·시장 또는 군수와 협의하여야 한다.

5. 도시·군기본계획의 수립절차

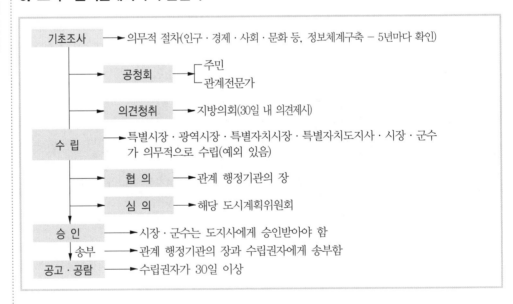

(1) **기초조사 등**

① **조사대상**: 특별시장 · 광역시장 · 특별자치시장 · 특별자치도지사 · 시장 또는 군수는 도시 · 군기본계획을 수립 또는 이를 변경하고자 하는 때에는 미리 인구 · 경제 · 사회 · 문화 · 토지이용 · 환경 · 교통 · 주택 그 밖에 대통령령이 정하는 사항 중 당해 도시 · 군기본계획의 수립 또는 변경에 관하여 필요한 사항을 대통령령이 정하는 바에 따라 **조사하거나 측량하여야 한다**(법 제13조 제1항).

② **기초조사시 토지적성평가**: 위 ①의 기초조사의 내용에 국토교통부장관이 정하는 바에 따라 실시하는 토지의 토양, 입지, 활용가능성 등 토지의 적성에 대한 평가(이하 "토지적성평가"라 한다)와 재해취약성에 관한 분석(이하 "재해취약성분석"이라 한다)을 포함하여야 한다(영 제20조 제2항).

③ **토지적성평가 등의 생략**: 도시 · 군기본계획 입안일부터 5년 이내에 토지적성평가를 실시한 경우 등 대통령령으로 정하는 다음의 경우에는 토지적성평가 또는 재해취약성분석을 하지 아니할 수 있다(법 제20조 제3항, 영 제16조의 2).

　㉮ 토지의 적성에 대한 평가의 면제사유: 다음의 어느 하나에 해당하는 경우
　　ⓐ **도시 · 군기본계획 입안일부터 5년 이내에 토지적성평가를 실시한 경우**
　　ⓑ 다른 법률에 따른 지역 · 지구 등의 지정이나 개발계획 수립 등으로 인하여 도시 · 군기본계획의 변경이 필요한 경우
　㉯ 재해 취약성에 관한 분석 면제사유: 다음의 어느 하나에 해당하는 경우
　　ⓐ **도시 · 군기본계획 입안일부터 5년 이내에 재해취약성분석을 실시한 경우**
　　ⓑ 다른 법률에 따른 지역 · 지구 등의 지정이나 개발계획 수립 등으로 인하여 도시 · 군기본계획의 변경이 필요한 경우

④ **조사 또는 측량의 의뢰**: 특별시장 · 광역시장 · 특별자치시장 · 특별자치도지사 · 시장 또는 군수는 효율적인 조사 또는 측량을 위하여 필요한 경우에는 조사 또는 측량을 전문기관에 의뢰할 수 있다.

⑤ **기초조사정보체계를 구축 · 운영**: 특별시장 · 광역시장 · 특별자치시장 · 특별자치도지사 · 시장 또는 군수가 기초조사를 실시한 경우에는 해당 정보를 체계적으로 관리하고 효율적으로 활용하기 위하여 **기초조사정보체계를 구축 · 운영하여야 한다**(법 제13조 제4항).

⑥ **변동사항의 반영**: 특별시장 · 광역시장 · 특별자치시장 · 특별자치도지사 · 시장 또는 군수가 위 ⑤에 따라 기초조사정보체계를 구축한 경우에는 등록된 정보의 현황을 5년마다 확인하고 변동사항을 반영하여야 한다(법 제13조 제5항).

(2) **공청회(주민 및 전문가 의견청취)**

특별시장 · 광역시장 · 특별자치시장 · 특별자치도지사 · 시장 또는 군수는 도시 · 군기본계획을 수립 또는 이를 변경하고자 하는 때에는 미리 공청회를 열어 주민 및 관계

08
국토의 계획 및 이용에 관한 법령상 시장 또는 군수가 도시 · 군기본계획의 승인을 받으려 할 때, 도시 · 군기본계획안에 첨부하여야 할 서류에 해당하는 것은?

① 기초조사 결과
② 청문회의 청문조서
③ 해당 시 · 군 및 도의 의회의 심의 · 의결 결과
④ 해당 시 · 군 및 도의 지방도시계획위원회의 심의 결과
⑤ 관계 중앙행정기관의 장과의 협의 및 중앙도시계획위원회의 심의에 필요한 서류

전문가 등으로부터 의견을 들어야 하며, 공청회에서 제시된 의견이 타당하다고 인정하는 때에는 이를 도시·군기본계획에 반영하여야 한다(법 제14조 제1항).

(3) 지방의회의 의견청취

① 특별시장·광역시장·특별자치시장·특별자치도지사·시장 또는 군수는 도시·군기본계획을 수립 또는 변경하는 때에는 미리 당해 특별시·광역시·특별자치시·특별자치도·시 또는 군의 의회의 의견을 들이야 한다(법 제21조 제1항).

② 특별시·광역시·특별자치시·특별자치도·시 또는 군의 의회는 특별한 사유가 없는 한 30일 이내에 특별시장·광역시장·특별자치시장·특별자치도지사·시장 또는 군수에게 의견을 제시하여야 한다(동조 제2항).

6. 특별시·광역시·특별자치시·특별자치도: 도시·군기본계획의 확정(승인받지 아니함)

(1) 협의·심의

① 특별시장 또는 광역시장·특별자치시장·특별자치도지사는 도시·군기본계획을 수립하거나 변경하려면 관계 행정기관의 장과 협의한 후 지방도시계획위원회의 심의를 거쳐야 한다.

② 협의 요청을 받은 관계 행정기관의 장은 특별한 사유가 없으면 그 요청을 받은 날부터 30일 이내에 의견을 제시하여야 한다.

(2) 공고·열람

특별시장 또는 광역시장·특별자치시·특별자치도지사는 도시·군기본계획을 수립하거나 변경한 경우에는 관계 행정기관의 장에게 관계 서류를 송부하여야 하며, 해당 특별시·광역시·특별자치시·특별자치도의 공보와 인터넷 홈페이지에 게재하는 방법으로 공고하며 일반인이 30일 이상 열람할 수 있도록 하여야 한다.

7. 시·군 도시·군기본계획의 승인

(1) 도지사의 승인

시장 또는 군수는 도시·군기본계획을 수립하거나 변경하려면 다음의 서류를 첨부하여 도지사의 승인을 받아야 한다.

① 기초조사 결과
② 공청회개최 결과
③ 해당 지방자치단체의 의회의 의견청취 결과
④ 해당 지방자치단체에 설치된 지방도시계획위원회의 자문을 거친 경우에는 그 결과
⑤ 관계 행정기관의 장과의 협의 및 도의 지방도시계획위원회의 심의에 필요한 서류

(2) 승인 전 협의 및 심의

① 도지사는 도시 · 군기본계획을 승인하려면 관계 행정기관의 장과 협의한 후 지방 도시계획위원회의 심의를 거쳐야 한다.

② 협의의 요청을 받은 관계 행정기관의 장은 특별한 사유가 없는 한 그 요청을 받은 날부터 30일 이내에 도지사에게 의견을 제시하여야 한다.

(3) 공고 · 열람

도지사는 도시 · 군기본계획을 승인하면 관계 행정기관의 장과 시장 또는 군수에게 관계 서류를 송부하여야 하며, 관계 서류를 받은 시장 또는 군수는 해당 시 · 군의 공보와 인터넷 홈페이지에 게재하는 방법으로 이를 공고하고 일반이 30일 이상 열람할 수 있도록 하여야 한다.

8. 도시 · 군기본계획의 정비(5년마다 재검토)

특별시장 · 광역시장 · 특별자치시장 · 특별자치도지사 · 시장 또는 군수는 5년마다 관할 구역의 도시 · 군기본계획에 대하여 타당성을 전반적으로 재검토하여 정비하여야 한다.

9. 수립의 기준

국토교통부장관은 도시 · 군기본계획의 수립기준을 정할 때에는 다음에 관한 사항을 종합적으로 고려하여야 한다.

① 특별시 · 광역시 · 특별자치시 · 특별자치도 · 시 또는 군의 기본적인 공간구조와 장기 발전방향을 제시하는 토지이용 · 교통 · 환경 등에 관한 종합계획이 되도록 할 것

② **여건변화에 탄력적으로 대응할 수 있도록 포괄적이고 개략적으로 수립하도록 할 것**

③ 법 제23조의 규정에 의하여 도시 · 군기본계획을 정비할 때에는 종전의 도시 · 군기본계획의 내용중 수정이 필요한 부분만을 발췌하여 보완함으로써 계획의 연속성이 유지되도록 할 것

④ 도시와 농어촌 및 산촌지역의 인구밀도, 토지이용의 특성 및 주변환경 등을 종합적으로 고려하여 지역별로 계획의 상세정도를 다르게 하되, 기반시설의 배치계획, 토지용도 등은 도시와 농어촌 및 산촌지역이 서로 연계되도록 할 것

⑤ 부문별 계획은 도시 · 군기본계획의 방향에 부합하고 도시 · 군기본계획의 목표를 달성할 수 있는 방안을 제시함으로써 도시 · 군기본계획의 통일성과 일관성을 유지하도록 할 것

⑥ 도시지역 등에 위치한 개발가능토지는 단계별로 시차를 두어 개발되도록 할 것

⑦ 녹지축 · 생태계 · 산림 · 경관 등 양호한 자연환경과 우량농지, 보전목적의 용도지역, 국가유산 및 역사문화환경 등을 충분히 고려하여 수립하도록 할 것

⑧ 법 제19조 제1항 제8호의 경관에 관한 사항에 대하여는 필요한 경우에는 도시 · 군기본계획도서의 별책으로 작성할 수 있도록 할 것

⑨ 「재난 및 안전관리기본법」 제24조 제1항에 따른 시 · 도안전관리계획 및 같은 법 제25조 제1항에 따른 시 · 군 · 구안전관리계획과 「자연재해대책법」 제16조 제1항에 따른 시 · 군 자연재해저감종합계획을 충분히 고려하여 수립하도록 할 것

📍 시·도지사는 국가계획과 관련되어 국토교통부장관이 입안하여 결정한 도시·군관리계획을 변경하려면 미리 국토교통부장관과 협의하여야 한다(○).

📍 시가화조정구역의 지정에 관한 도시·군관리계획 결정 당시 승인받은 사업이나 공사에 이미 착수한 자는 신고없이 그 사업이나 공사를 계속할 수 있다(×).

📍 도시·군관리계획 결정은 지형도면을 고시한 날의 다음 날부터 효력이 발생한다(×).

📍 주민은 개발제한구역의 변경에 대하여 입안권자에게 도시·군관리계획의 입안을 제안할 수 있다(×).

📍 도시지역의 축소에 따른 용도지역의 변경을 내용으로 하는 도시·군관리계획을 입안하는 경우에는 주민의 의견청취를 생략할 수 있다(○).

📍 도시·군관리계획입안의 제안을 받은 입안권자는 부득이한 사정이 있는 경우를 제외하고는 제안일부터 30일 이내에 도시·군관리계획입안에의 반영여부를 제안자에게 통보하여야 한다(×).

📍 입안권자가 용도지역·용도지구 또는 용도구역의 지정에 관한 도시·군관리계획을 입안하려면 해당 지방의회의 의견을 들어야 한다(○).

제 3 절 도시·군관리계획 17회, 18회, 19회, 24회, 28회, 32회, 35회

1. 도시·군관리계획의 의의

특별시·광역시·특별자치시·특별자치도·시 또는 군의 개발·정비 및 보전을 위하여 수립하는 토지이용·교통·환경·경관·안전·산업·정보통신·보건·복지·안보·문화 등에 관한 종합계획

2. 도시·군관리계획의 내용 15회, 23회, 26회

> ① 용도지역·용도지구의 지정 또는 변경에 관한 계획
> ② 개발제한구역·도시자연공원구역·시가화조정구역·수산자원보호구역의 지정 또는 변경에 관한 계획
> ③ 기반시설의 설치·정비 또는 개량에 관한 계획
> ④ 도시개발사업 또는 정비사업에 관한 계획
> ⑤ 지구단위계획구역의 지정 또는 변경에 관한 계획과 지구단위계획
> ⑥ 도시혁신구역의 지정 또는 변경에 관한 계획과 도시혁신계획
> ⑦ 복합용도구역의 지정 또는 변경에 관한 계획과 복합용도계획
> ⑧ 도시·군계획시설입체복합구역의 지정 또는 변경에 관한 계획

3. 도시·군관리계획의 법적 성질

(1) 구속적 행정계획(계획제한)

(2) 행정처분성 인정(행정쟁송의 대상이 됨 – 손실보상은 허용되지 않음)

4. 입안권자 21회

(1) 원칙적 입안권자(특별시장·광역시장·특별자치시장·특별자치도지사·시장 또는 군수)

① 특별시장·광역시장·특별자치시장·특별자치도지사·시장 또는 군수는 관할 구역에 대하여 도시·군관리계획을 입안하여야 한다.

② 특별시장·광역시장·특별자치시장·특별자치도지사·시장 또는 군수는 다음에 해당하는 경우에는 인접한 특별시·광역시·특별자치시·특별자치도·시 또는 군의 관할 구역의 전부 또는 일부를 포함하여 도시·군관리계획을 입안할 수 있다.

> ㉠ 지역여건상 필요하다고 인정하여 미리 인접한 특별시장·광역시장·특별자치시장·특별자치도지사·시장 또는 군수와 협의한 경우
> ㉡ 인접한 특별시·광역시·특별자치시·특별자치도·시 또는 군의 관할 구역을 포함하여 도시·군기본계획을 수립한 경우

③ 인접한 특별시 · 광역시 · 특별자치시 · 특별자치도 · 시 또는 군의 관할 구역에 대한 도시 · 군관리계획은 관계 특별시장 · 광역시장 · 특별자치시장 · 특별자치도지사 · 시장 또는 군수가 협의하여 공동으로 입안하거나 입안할 자를 정한다.

④ 공동입안에 대한 협의가 성립되지 아니하는 경우 도시 · 군관리계획을 입안하고자 하는 구역이 같은 도의 관할 구역에 속하는 때에는 관할 도지사가, 둘 이상의 시 · 도의 관할 구역에 걸치는 때에는 국토교통부장관(수산자원보호구역의 경우 해양수산부장관을 말한다)이 입안할 자를 지정하고 이를 고시하여야 한다.

⑵ **예외적 입안권자(국토교통부장관 · 도지사)**

① **국토교통부장관**(관할 시 · 도지사 및 시장 · 군수의 의견청취 후 입안 가능): **국토교통부장관**은 다음에 해당하는 경우에는 직접 또는 관계 중앙행정기관의 장의 요청에 의하여 도시 · 군관리계획을 입안할 수 있다. 이 경우 국토교통부장관은 관할 시 · 도지사 및 시장 · 군수의 의견을 들어야 한다.

　　㉠ 국가계획과 관련된 경우
　　㉡ 둘 이상의 시 · 도에 걸쳐 지정되는 용도지역 · 용도지구 또는 용도구역과 둘 이상의 시 · 도에 걸쳐 이루어지는 사업의 계획 중 도시 · 군관리계획으로 결정하여야 할 사항이 있는 경우

② **도지사**(관계시장 또는 군수의 의견청취 후 입안가능): **도지사**는 다음의 경우에는 직접 또는 시장이나 군수의 요청에 의하여 도시 · 군관리계획을 입안할 수 있다. 이 경우 도지사는 관계 시장 또는 군수의 의견을 들어야 한다.

　　㉠ 둘 이상의 시 · 군에 걸쳐 지정되는 용도지역 · 용도지구 또는 용도구역과 둘 이상의 시 · 군에 걸쳐 이루어지는 사업의 계획 중 도시 · 군관리계획으로 결정하여야 할 사항이 포함되어 있는 경우
　　㉡ 도지사가 직접 수립하는 사업의 계획으로서 도시 · 군관리계획으로 결정하여야 할 사항이 포함되어 있는 경우

5. 수립의 기준 등

⑴ **구체적 기준**: 도시 · 군관리계획은 광역도시계획과 도시 · 군기본계획(제19조의2에 따른 생활권계획을 포함한다)에 부합되어야 한다.

⑵ **국토교통부장관**(법 제40조에 따른 수산자원보호구역의 경우 해양수산부장관을 말한다)은 법 제25조 제4항에 따라 도시 · 군관리계획의 수립기준을 정할 때에는 다음 각 호의 사항을 종합적으로 고려하여야 한다(영 제19조).

1. 광역도시계획 및 도시·군기본계획(법 제19조의2에 따른 생활권계획을 포함한다) 등에서 제시한 내용을 수용하고 개별 사업계획과의 관계 및 도시의 성장추세를 고려하여 수립하도록 할 것

2. 도시·군기본계획을 수립하지 아니하는 시·군의 경우 당해 시·군의 장기발전구상 및 법 제19조 제1항의 규정에 의한 도시·군기본계획에 포함될 사항중 도시·군관리계획의 원활한 수립을 위하여 필요한 사항이 포함되도록 할 것

3. 도시·군관리계획의 효율적인 운영 등을 위하여 필요한 경우에는 특정지역 또는 특정부문에 한정하여 정비할 수 있도록 할 것

4. 공간구조는 생활권단위로 적정하게 구분하고 생활권별로 생활·편익시설이 고루 갖추어지도록 할 것

5. 도시와 농어촌 및 산촌지역의 인구밀도, 토지이용의 특성 및 주변환경 등을 종합적으로 고려하여 지역별로 계획의 상세정도를 다르게 하되, 기반시설의 배치계획, 토지용도 등은 도시와 농어촌 및 산촌지역이 서로 연계되도록 할 것

6. 토지이용계획을 수립할 때에는 주간 및 야간활동인구 등의 인구규모, 도시의 성장추이를 고려하여 그에 적합한 개발밀도가 되도록 할 것

7. 녹지축·생태계·산림·경관 등 양호한 자연환경과 우량농지, 국가유산 및 역사문화환경 등을 고려하여 토지이용계획을 수립하도록 할 것

8. 수도권안의 인구집중유발시설이 수도권외의 지역으로 이전하는 경우 종전의 대지에 대하여는 그 시설의 지방이전이 촉진될 수 있도록 토지이용계획을 수립하도록 할 것

9. 도시·군계획시설은 집행능력을 고려하여 적정한 수준으로 결정하고, 기존 도시·군계획시설은 시설의 설치현황과 관리·운영상태를 점검하여 규모 등이 불합리하게 결정되었거나 실현가능성이 없는 시설 또는 존치 필요성이 없는 시설은 재검토하여 해제하거나 조정함으로써 토지이용의 활성화를 도모할 것

10. 도시의 개발 또는 기반시설의 설치 등이 환경에 미치는 영향을 미리 검토하는 등 계획과 환경의 유기적 연관성을 높여 건전하고 지속가능한 도시발전을 도모하도록 할 것

11. 「재난 및 안전관리 기본법」 제24조 제1항에 따른 시·도안전관리계획 및 같은 법 제25조 제1항에 따른 시·군·구안전관리계획과 「자연재해대책법」 제16조 제1항에 따른 시·군 자연재해저감 종합계획을 고려하여 재해로 인한 피해가 최소화되도록 할 것

(3) **도시·군계획관리도서(계획도면은 1천분의 1 또는 5천분의 1의 지형도 사용) 등의 작성 :** 국토교통부장관(제40조에 따른 수산자원보호구역의 경우 해양수산부장관을 말한다), 시·도지사, 시장 또는 군수는 도시·군관리계획을 입안할 때에는 대통령령으로 정하는 바에 따라 도시·군관리계획도서(계획도와 계획조서를 말한다)와 이를 보조하는 계획설명서(기초조사결과·재원조달방안 및 경관계획 등을 포함한다)를 작성하여야 한다.

6. 입안의 제안(提案) 29회, 30회, 34회

(1) 제안권자(주민과 이해관계자 – 입안권자에 제안)

주민(이해관계자를 포함한다)은 다음의 사항에 대하여 도시·군관리계획을 입안할 수 있는 자에게 도시·군관리계획의 입안을 제안할 수 있다. 이 경우 제안서에는 도시·군관리계획도서와 계획설명서를 첨부하여야 하며, 입안을 제안받은 자는 그 처리 결과를 제안자에게 알려야 한다.

① 기반시설의 설치·정비 또는 개량에 관한 사항(토지 면적의 5분의 4 이상 동의 – 국공유지 제외)

② 지구단위계획구역의 지정 및 변경과 지구단위계획의 수립 및 변경에 관한 사항(토지 면적의 3분의 2 이상 동의 – 국공유지 제외)

③ 개발진흥지구 중 공업기능 또는 유통물류기능 등을 집중적으로 개발·정비하기 위한 산업·유통개발진흥지구의 지정 및 변경에 관한 사항(토지 면적의 3분의 2 이상 동의 – 국공유지 제외)

④ 제37조에 따라 지정된 용도지구 중 해당 용도지구에 따른 건축물이나 그 밖의 시설의 용도·종류 및 규모 등의 제한을 지구단위계획으로 대체하기 위한 용도지구(토지 면적의 3분의 2 이상 동의 – 국공유지 제외)

⑤ 도시·군계획시설입체복합구역의 지정 및 변경과 도시·군계획시설입체복합구역의 건축제한·건폐율·용적률·높이 등에 관한 사항(토지 면적의 5분의 4 이상 동의 – 국공유지 제외)

⊕ 위 ④에 따른 도시·군관리계획의 입안을 제안하려는 경우에는 다음의 요건을 모두 갖추어야 한다.
　⊙ 둘 이상의 용도지구가 중첩하여 지정되어 해당 행위제한의 내용을 정비하거나 통합적으로 관리할 필요가 있는 지역을 대상지역으로 제안할 것
　⊙ 해당 용도지구에 따른 건축물이나 그 밖의 시설의 용도·종류 및 규모 등의 제한을 대체하는 지구단위계획구역의 지정 및 변경과 지구단위계획의 수립 및 변경에 관한 사항을 동시에 제안할 것

(2) 제안 전 토지소유자의 동의

위 (1)에 따라 도시·군관리계획의 입안을 제안하려는 자는 다음의 구분에 따라 토지소유자의 동의를 받아야 한다. 이 경우 동의 대상 토지 면적에서 국·공유지는 제외한다.

① 위 (1)의 ① 및 ⑤에 대한 제안의 경우: 대상 토지 면적의 5분의 4 이상
② 위 (1)의 ② 및 ③, ④에 대한 제안의 경우: 대상 토지 면적의 3분의 2 이상

09
국토의 계획 및 이용에 관한 법령상 도시·군계획에 관한 설명으로 옳은 것은?

① 도시·군기본계획의 내용이 광역도시계획의 내용과 다를 때에는 도시·군기본계획의 내용이 우선한다.

② 도시·군기본계획의 수립권자가 생활권계획을 따로 수립한 때에는 해당 계획이 수립된 생활권에 대해서는 도시·군관리계획이 수립된 것으로 본다.

③ 시장·군수가 미리 지방의회의 의견을 들어 수립한 도시·군기본계획의 경우 도지사는 지방도시계획위원회의 심의를 거치지 않고 해당 계획을 승인할 수 있다.

④ 주민은 공공청사의 설치에 관한 사항에 대하여 도시·군관리계획의 입안권자에게 그 계획의 입안을 제안할 수 있다.

⑤ 광역도시계획이나 도시·군기본계획을 수립할 때 도시·군관리계획을 함께 입안할 수 없다.

10

국토의 계획 및 이용에 관한 법령상 도시·군관리계획에 관한 설명으로 옳지 않은 것은?

① 도시·군관리계획으로 입안하려는 지구단위계획구역이 상업지역에 위치하는 경우에는 재해취약성분석을 하지 아니할 수 있다.

② 국토교통부장관은 국가계획과 관련된 경우에는 직접 도시·군관리계획을 입안할 수 있다.

③ 인접한 특별시 광역시·특별자치시·특별자치도·시 또는 군의 관할 구역에 대한 도시·군관리계획은 관계 특별시장·광역시장·특별자치시장·특별자치도지사 시장 또는 군수가 협의하여 공동으로 입안하거나 입안할 자를 정한다.

④ 도시·군관리계획의 입안을 제안하려는 자가 토지소유자의 동의서를 받아야 하는 경우 국·공유지는 동의대상 토지면적에서 포함된다.

⑤ 도시·군관리계획 결정의 효력은 지형도면을 고시한 날부터 발생한다.

---

(3) 산업 · 유통개발진흥지구의 지정제안 대상지역

산업 · 유통개발진흥지구의 지정을 제안할 수 있는 대상지역은 다음의 요건을 모두 갖춘 지역으로 한다.

> ① 지정 대상 지역의 면적은 1만제곱미터 이상 3만제곱미터 미만일 것
> ② 지정 대상 지역이 자연녹지지역 · 계획관리지역 또는 생산관리지역일 것. 다만, 계획관리지역에 있는 기존 공장의 증축이 필요한 경우로서 해당 공장이 도로 · 철도 · 하천 · 건축물 · 바다 등으로 둘러싸여 있어 증축을 위해서는 불가피하게 보전관리지역을 포함하여야 하는 경우에는 전체 면적의 20퍼센트 이하의 범위에서 보전관리지역을 포함하되, 다음의 어느 하나에 해당하는 경우에는 20퍼센트 이상으로 할 수 있다.
>   ㉠ 보전관리지역의 해당 토지가 개발행위허가를 받는 등 이미 개발된 토지인 경우
>   ㉡ 보전관리지역의 해당 토지를 개발하여도 주변지역의 환경오염 · 환경훼손 우려가 없는 경우로서 해당 도시 · 군계획위원회의 심의를 거친 경우
> ③ 지정 대상 지역의 전체 면적에서 계획관리지역의 면적이 차지하는 비율이 100분의 50 이상일 것. 이 경우 자연녹지지역 또는 생산관리지역 중 도시 · 군기본계획에 반영된 지역은 계획관리지역으로 보아 산정한다.
> ④ 지정 대상 지역의 토지특성이 과도한 개발행위의 방지를 위하여 국토교통부장관이 정하여 고시하는 기준에 적합할 것

(4) 반영 여부의 통보(45일 이내 – 30일 연장가능)

제안일로부터 45일 이내에 도시 · 군관리계획입안에의 반영 여부를 제안자에게 통보. 다만, 부득이한 사정이 있는 경우에는 1회에 한하여 30일을 연장 가능

(5) 제안자의 비용부담(입안 및 결정에 필요한 비용의 전부 또는 일부 – 협의부담)

도시 · 군관리계획의 입안을 제안받은 자는 제안자와 협의하여 제안된 도시 · 군관리계획의 입안 및 결정에 필요한 비용의 전부 또는 일부를 제안자에게 부담시킬 수 있다.

7. 입안의 구체적 절차 23회

(1) 기초조사 등

① 기초조사(의무적 사항 – 경미한 변경은 기초조사가 생략될 수 있다)

   ㉠ 국토교통부장관(수산자원보호구역의 경우 해양수산부장관을 말한다), 시 · 도지사, 시장 또는 군수(도시 · 군관리계획의 입안권자)는 도시 · 군관리계획을 수립 또는 이를 변경하고자 하는 때에는 미리 당해 도시 · 군관리계획의 수립 또는 변경에 관하여 필요한 사항 등을 대통령령이 정하는 바에 따라 조사하거나 측량하여야 한다.

   ㉡ 국토교통부장관, 시 · 도지사, 시장 또는 군수가 기초조사를 실시한 경우에는 해당 정보를 체계적으로 관리하고 효율적으로 활용하기 위하여 기초조사정보체계를 구축 · 운영하여야 한다.

   ㉢ 국토교통부장관, 시 · 도지사, 시장 또는 군수가 기초조사정보체계를 구축한 경우에는 등록된 정보의 현황을 5년마다 확인하고 변동사항을 반영하여야 한다.

② 환경성 검토: 국토교통부장관(수산자원보호구역의 경우 해양수산부장관을 말한다), 시·도지사, 시장 또는 군수는 기초조사의 내용에 도시·군관리계획이 환경에 미치는 영향 등에 대한 환경성 검토를 포함하여야 한다.

③ 토지의 적성평가: 국토교통부장관, 시·도지사, 시장 또는 군수는 기초조사의 내용에 토지적성평가와 재해취약성분석을 포함하여야 한다.

④ 기초조사 등의 생략: 도시·군관리계획으로 입안하려는 지역이 도심지에 위치하거나 개발이 끝나 나대지가 없는 등 대통령령으로 정하는 다음의 요건에 해당하면 기초조사, 환경성 검토, 토지적성평가 또는 재해취약성분석을 하지 아니할 수 있다(동조 제4항, 영 제27조 제2항).

기초조사를 생략할 수 있는 사유

1. 해당 지구단위계획구역이 도심지(상업지역과 상업지역에 연접한 지역을 말한다)에 위치하는 경우
2. 해당 지구단위계획구역 안의 나대지면적이 구역면적의 2퍼센트에 미달하는 경우
3. 해당 지구단위계획구역 또는 도시·군계획시설부지가 다른 법률에 따라 지역·지구 등으로 지정되거나 개발계획이 수립된 경우
4. 해당 지구단위계획구역의 지정목적이 해당 구역을 정비 또는 관리하고자 하는 경우로서 지구단위계획의 내용에 너비 12미터 이상 도로의 설치계획이 없는 경우
5. 기존의 용도지구를 폐지하고 지구단위계획을 수립 또는 변경하여 그 용도지구에 따른 건축물이나 그 밖의 시설의 용도·종류 및 규모 등의 제한을 그대로 대체하려는 경우
6. 해당 도시·군계획시설의 결정을 해제하려는 경우
7. 그 밖에 국토교통부령으로 정하는 요건에 해당하는 경우

환경성검토를 생략할 수 있는 사유 22회, 27회

1. 해당 지구단위계획구역이 도심지(상업지역과 상업지역에 연접한 지역을 말한다)에 위치하는 경우
2. 해당 지구단위계획구역 안의 나대지면적이 구역면적의 2퍼센트에 미달하는 경우
3. 해당 지구단위계획구역 또는 도시·군계획시설부지가 다른 법률에 따라 지역·지구 등으로 지정되거나 개발계획이 수립된 경우
4. 해당 지구단위계획구역의 지정목적이 해당 구역을 정비 또는 관리하고자 하는 경우로서 지구단위계획의 내용에 너비 12미터 이상 도로의 설치계획이 없는 경우
5. 기존의 용도지구를 폐지하고 지구단위계획을 수립 또는 변경하여 그 용도지구에 따른 건축물이나 그 밖의 시설의 용도·종류 및 규모 등의 제한을 그대로 대체하려는 경우
6. 해당 도시·군계획시설의 결정을 해제하려는 경우
7. 그 밖에 국토교통부령으로 정하는 요건에 해당하는 경우
8. 「환경영향평가법」 제9조에 따른 전략환경영향평가 대상인 도시·군관리계획을 입안하는 경우

11

국토의 계획 및 이용에 관한 법령상 도시 · 군관리계획에 관한 설명으로 틀린 것은?

① 도시 · 군관리계획 결정의 효력은 지형도면을 고시한 날의 다음 날부터 발생한다.

② 도지사는 둘 이상의 시 · 군에 걸쳐 지정되는 용도지역 · 용도지구 또는 용도구역 등에 관한 도시 · 군관리계획을 직접 입안할 수 있다.

③ 주민은 기반시설의 설치 · 정비 또는 개량에 관한 사항에 대하여 입안권자에게 도시 · 군관리계획의 입안을 제안할 수 있다.

④ 도시 · 군관리계획은 광역도시계획과 도시 · 군기본계획에 부합되어야 한다.

⑤ 도시 · 군관리계획을 조속히 입안하여야 할 필요가 있다고 인정되면 도시 · 군기본계획을 수립할 때에 도시 · 군관리계획을 함께 입안할 수 있다.

토지적성평가를 생략할 수 있는 사유

1. 해당 지구단위계획구역이 도심지(상업지역과 상업지역에 연접한 지역을 말한다)에 위치하는 경우
2. 해당 지구단위계획구역 안의 나대지면적이 구역면적의 2퍼센트에 미달하는 경우
3. 해당 지구단위계획구역 또는 도시 · 군계획시설부지가 다른 법률에 따라 지역 · 지구 등으로 지정되거나 개발계획이 수립된 경우
4. 해당 지구단위계획구역의 지정목적이 해당 구역을 정비 또는 관리하고자 하는 경우로서 지구단위계획의 내용에 너비 12미터 이상 도로의 설치계획이 없는 경우
5. 기존의 용도지구를 폐지하고 지구단위계획을 수립 또는 변경하여 그 용도지구에 따른 건축물이나 그 밖의 시설의 용도 · 종류 및 규모 등의 제한을 그대로 대체하려는 경우
6. 해당 도시 · 군계획시설의 결정을 해제하려는 경우
7. 그 밖에 국토교통부령으로 정하는 요건에 해당하는 경우
8. 도시 · 군관리계획 입안일부터 5년 이내에 토지적성평가를 실시한 경우
9. 주거지역 · 상업지역 또는 공업지역에 도시 · 군관리계획을 입안하는 경우
10. 법 또는 다른 법령에 따라 조성된 지역에 도시 · 군관리계획을 입안하는 경우
11. 「개발제한구역의 지정 및 관리에 관한 특별조치법 시행령」 제2조 제3항 제1호 · 제2호 또는 제6호(같은 항 제1호 또는 제2호에 따른 지역과 연접한 대지로 한정한다)의 지역에 해당하여 개발제한구역에서 조정 또는 해제된 지역에 대하여 도시 · 군관리계획을 입안하는 경우
12. 「도시개발법」에 따른 도시개발사업의 경우
13. 지구단위계획구역 또는 도시 · 군계획시설부지에서 도시 · 군관리계획을 입안하는 경우
14. 다음의 어느 하나에 해당하는 용도지역 · 용도지구 · 용도구역의 지정 또는 변경의 경우
    1) 주거지역 · 상업지역 · 공업지역 또는 계획관리지역의 그 밖의 용도지역으로의 변경(계획관리지역을 자연녹지지역으로 변경하는 경우는 제외한다)
    2) 주거지역 · 상업지역 · 공업지역 또는 계획관리지역 외의 용도지역 상호간의 변경(자연녹지지역으로 변경하는 경우는 제외한다)
    3) 용도지구 · 용도구역의 지정 또는 변경(개발진흥지구의 지정 또는 확대지정은 제외한다)
15. 다음의 어느 하나에 해당하는 기반시설을 설치하는 경우
    1) 제55조 제1항 각 호에 따른 용도지역별 개발행위규모에 해당하는 기반시설
    2) 도로 · 철도 · 궤도 · 수도 · 가스 등 선형(線型)으로 된 교통시설 및 공급시설
    3) 공간시설(체육공원 · 묘지공원 및 유원지는 제외한다)
    4) 방재시설 및 환경기초시설(폐차장은 제외한다)
    5) 개발제한구역 안에 설치하는 기반시설

재해취약성분석 생략사유

1. 해당 지구단위계획구역이 도심지(상업지역과 상업지역에 연접한 지역을 말한다)에 위치하는 경우
2. 해당 지구단위계획구역 안의 나대지면적이 구역면적의 2퍼센트에 미달하는 경우
3. 해당 지구단위계획구역 또는 도시·군계획시설부지가 다른 법률에 따라 지역·지구 등으로 지정되거나 개발계획이 수립된 경우
4. 해당 지구단위계획구역의 지정목적이 해당 구역을 정비 또는 관리하고자 하는 경우로서 지구단위계획의 내용에 너비 12미터 이상 도로의 설치계획이 없는 경우
5. 기존의 용도지구를 폐지하고 지구단위계획을 수립 또는 변경하여 그 용도지구에 따른 건축물이나 그 밖의 시설의 용도·종류 및 규모 등의 제한을 그대로 대체하려는 경우
6. 해당 도시·군계획시설의 결정을 해제하려는 경우
7. 그 밖에 국토교통부령으로 정하는 요건에 해당하는 경우
8. **도시·군관리계획 입안일부터 5년 이내에 재해취약성분석을 실시한 경우**
9. 다음의 어느 하나에 해당하는 용도지역·용도지구·용도구역의 지정 또는 변경의 경우 (방재지구의 지정·변경은 제외한다)
   1) 주거지역·상업지역·공업지역 또는 계획관리지역의 그 밖의 용도지역으로의 변경 (계획관리지역을 자연녹지지역으로 변경하는 경우는 제외한다)
   2) 주거지역·상업지역·공업지역 또는 계획관리지역 외의 용도지역 상호간의 변경 (자연녹지지역으로 변경하는 경우는 제외한다)
   3) 용도지구·용도구역의 지정 또는 변경(개발진흥지구의 지정 또는 확대지정은 제외한다)
10. 다음의 어느 하나에 해당하는 기반시설을 설치하는 경우
    1) 제55조 제1항 각 호에 따른 용도지역별 개발행위규모에 해당하는 기반시설
    2) 공간시설 중 녹지·공공공지

(2) 의견청취(주민 및 지방의회)

① 주민의 의견청취(도시·군관리계획안을 14일 이상 일반이 열람할 수 있도록 함, 열람기간에 서면으로 의견 제출−국방상 기밀과 경미한 변경은 생략가능−공청회는 개최하지 않음)

ㄱ 도시·군관리계획을 입안하는 때에는 주민의 의견을 들어야 하며, 그 의견이 타당하다고 인정되는 때에는 이를 도시·군관리계획안에 반영하여야 한다. 다만, **국방상 또는 국가안전보장상 기밀을 지켜야 할 필요가 있는 사항**(관계 중앙행정기관의 장의 요청이 있는 것에 한한다)이거나 **경미한 사항의 변경**인 경우에는 그러하지 아니하다.

ㄴ 주민의 의견을 청취하고자 하는 때에는 2 이상의 일간신문과 해당 특별시·광역시·특별자치시·특별자치도·시 또는 군의 인터넷 홈페이지 등에 공고하고 도시·군관리계획안을 **14일 이상** 일반이 **열람**할 수 있도록 하여야 한다.

ㄷ 공고된 도시·군관리계획안의 내용에 대하여 의견이 있는 자는 **열람기간 내**에 특별시장·광역시장·특별자치시장·특별자치도지사·시장 또는 군수에게 의견서를 제출할 수 있다.

12

국토의 계획 및 이용에 관한 법령상 도시·군관리계획의 수립절차 등에 관한 설명으로 옳은 것은?

① 입안권자가 용도지역·용도지구 또는 용도구역의 지정에 관한 도시·군관리계획을 입안하려는 경우 해당 지방의회의 의견을 들을 필요가 없다.

② 도시·군관리계획 입안시 작성하는 도시·군관리계획도서 중 계획도는 축척 5백분의 1 또는 축척 1천분의 1의 지형도에 도시·군관리계획사항을 명시한 도면으로 작성하여야 한다.

③ 도시·군관리계획은 결정·고시가 된 날부터 5일후에 그 효력이 발생한다.

④ 도시·군관리계획은 도시·군기본계획을 수립할 때에 함께 입안할 수 없다.

⑤ 시·도지사가 지구단위계획을 결정하려면 대통령령으로 정하는 바에 따라 「건축법」에 따라 시·도에 두는 건축위원회와 도시계획위원회가 공동으로 하는 심의를 거쳐야 한다.

13

국토의 계획 및 이용에 관한 법령상 도시·군관리계획의 입안에 관한 설명으로 틀린 것은?

① 주민이 산업·유통개발진흥지구의 지정에 대하여 도시·군관리계획의 입안을 제안하는 경우 대상 토지 면적의 3분의 2 이상의 동의를 얻어야 한다.

② 주민은 개발제한구역의 변경에 대하여 입안권자에게 도시·군관리계획의 입안을 제안할 수 있다.

③ 도시·군관리계획의 입안을 제안받은 입안권자는 부득이한 사정이 있는 경우를 제외하고는 제안일부터 45일 이내에 그 제안의 반영 여부를 제안자에게 통보하여야 한다.

④ 도시지역의 축소에 따른 용도지역·용도지구·용도구역 또는 지구단위계획구역의 변경인 경우에는 기초조사 등을 생략할 수 있다.

⑤ 국가계획과 관련된 경우에는 국토교통부장관이 직접 도시·군관리계획을 입안할 수 있다.

② 입안권자는 제출된 의견을 도시·군관리계획 안에 반영할 것인지 여부를 검토하여 그 결과를 열람기간이 종료된 날부터 60일 이내에 당해 의견을 제출한 자에게 통보하여야 한다.

⑩ 국토교통부장관, 시·도지사, 시장 또는 군수는 다음 각 호의 어느 하나에 해당하는 경우로서 그 내용이 해당 지방자치단체의 조례로 정하는 중요한 사항인 경우에는 그 내용을 다시 공고·열람하게 하여 주민의 의견을 들어야 한다.

㉮ 위 ㉠에 따라 청취한 주민 의견을 도시·군관리계획안에 반영하고자 하는 경우

㉯ 제30조 제1항·제2항에 따른 관계 행정기관의 장과의 협의 및 같은 조 제3항에 따른 중앙도시계획위원회의 심의, 시·도도시계획위원회의 심의 또는 시·도에 두는 건축위원회와 도시계획위원회의 공동 심의에서 제시된 의견을 반영하여 도시·군관리계획을 결정하고자 하는 경우

② **지방의회의 의견청취 사항**(30일 내 의견제시)

국토교통부장관(수산자원보호구역의 경우 해양수산부장관을 말한다), 시·도지사, 시장 또는 군수는 도시·군관리계획을 입안하고자 하는 때에는 다음 사항에 대하여 해당 지방의회의 의견을 들어야 한다.

> **지방의회의 의견청취사항**
>
> ㉠ 용도지역·용도지구 또는 용도구역의 지정 또는 변경지정. 다만, 용도지구에 따른 건축물이나 그 밖의 시설의 용도·종류 및 규모 등의 제한을 그대로 지구단위계획으로 대체하기 위한 경우로서 해당 용도지구를 폐지하기 위하여 도시·군관리계획을 결정하는 경우에는 제외한다.
>
> ㉡ 광역도시계획에 포함된 광역시설의 설치·정비 또는 개량에 관한 도시·군관리계획의 결정 또는 변경결정
>
> ㉢ 대통령령으로 정하는 기반시설의 설치·정비 또는 개량에 관한 도시·군관리계획의 결정 또는 변경결정. 다만, 법 제48조 제4항에 따른 지방의회의 권고대로 도시·군계획시설결정(도시·군계획시설에 대한 도시·군관리계획결정을 말한다. 이하 같다)을 해제하기 위한 도시·군관리계획을 결정하는 경우는 제외한다.

8. 도시·군관리계획의 결정권자 29회, 31회

(1) **원칙**: 도시·군관리계획은 시·도지사가 직접 또는 시장·군수의 신청에 의하여 이를 결정한다. 다만,「지방자치법」에 따른 서울특별시와 광역시 및 특별자치시를 제외한 인구 50만 이상의 대도시(이하 '대도시'라 한다)의 경우에는 해당 대도시 시장이 **직접** 결정하고, 다음의 도시·군관리계획은 시장 또는 군수가 직접 결정한다.

> ㉠ 시장 또는 군수가 입안한 **지구단위계획구역의 지정·변경과 지구단위계획의 수립·변경에 관한 도시·군관리계획**
>
> ㉡ 제52조 제1항 제1호의2에 따라 지구단위계획으로 대체하는 용도지구 폐지에 관한 도시·군관리계획[해당 시장(대도시 시장은 제외한다) 또는 군수가 도지사와 미리 협의한 경우에 한정한다]

(2) **예외**: 다음에 해당하는 도시·군관리계획은 국토교통부장관 및 해양수산부장관이 결정(수산자원보호구역의 지정·변경)한다.

> **국토교통부장관의 결정사항**
>
> 1. (국가계획 등과 관련하여) 국토교통부장관이 입안한 도시·군관리계획
> 2. 개발제한구역의 지정 및 변경에 관한 도시·군관리계획
> 3. 국가계획과 연계하여 시가화조정구역의 지정 및 변경에 관한 도시·군관리계획을 결정하는 경우
> ※ 이 경우도 수산자원보호구역의 지정 및 변경에 관한 도시·군관리계획은 해양수산부장관이 결정하게 된다.

(3) **결정신청**: 시장 또는 군수(국토교통부장관이 결정하는 도시·군관리계획의 결정을 신청하는 경우에는 시·도지사를 포함한다)는 도시·군관리계획결정을 신청하고자 하는 때에는 도시·군관리계획도서 및 계획설명서에 일정한 서류를 첨부하여 도지사(국토교통부장관만이 결정하는 도시·군관리계획의 결정을 신청하는 경우에는 국토교통부장관을 말하며, 수산자원보호구역의 결정을 신청하는 경우에는 해양수산부장관을 말한다)에게 제출하여야 한다. 이 경우 시장 또는 군수가 국토교통부장관 또는 해양수산부장관에게 도시·군관리계획의 결정을 신청하는 경우에는 도지사를 거쳐야 한다.

9. 구체적 결정절차

(1) **협의**(관계 행정기관과의 사전협의 − 30일 이내 의견제시)

① 관계 행정기관과의 사전협의: 시·도지사(대도시 시장 포함)는 도시·군관리계획을 결정 또는 변경하고자 하는 때에는 관계 행정기관의 장과 미리 협의하여야 하며, 국토교통부장관(수산자원보호구역의 경우 해양수산부장관을 말한다)이 도시·군관리계획을 결정 또는 변경하고자 하는 때에는 관계 중앙행정기관의 장과 미리 협의하여야 한다. 이 경우 협의요청을 받은 기관의 장은 특별한 사유가 없는 한 그 요청을 받은 날부터 30일 이내에 의견을 제시하여야 한다.

② 국토교통부장관과의 사전협의: 시·도지사(대도시 시장 포함)는 국토교통부장관이 입안하여 결정한 도시·군관리계획을 변경하거나 그 밖에 다음의 사항에 관한 도시·군관리계획을 결정 또는 변경하고자 하는 때에는 미리 **국토교통부장관과 협의**하여야 한다.

> **국토교통부장관과의 협의사항**(영 제25조 제1항)
>
> ㉠ 광역도시계획과 관련하여 시·도지사가 입안한 도시·군관리계획
> ㉡ 개발제한구역이 해제되는 지역에 대하여 해제 이후 최초로 결정되는 도시·군관리계획
> ㉢ 둘 이상의 시·도에 걸치는 기반시설의 설치·정비 또는 개량에 관한 도시·군관리계획 중 국토교통부령이 정하는 도시·군관리계획

14

국토의 계획 및 이용에 관한 법령상 도시·군관리계획 등에 관한 설명으로 옳은 것은?

① 시가화조정구역의 지정에 관한 도시·군관리계획 결정 당시 승인받은 사업이나 공사에 이미 착수한 자는 신고없이 그 사업이나 공사를 계속할 수 있다.

② 국가계획과 연계하여 시가화조정구역의 지정이 필요한 경우 국토교통부장관이 직접 그 지정을 도시·군관리계획으로 결정할 수 있다.

③ 도시·군관리계획의 입안을 제안받은 자는 도시·군관리계획의 입안 및 결정에 필요한 비용을 제안자에게 부담시킬 수 없다.

④ 수산자원보호구역의 지정에 관한 도시·군관리계획은 국토교통부장관이 결정한다.

⑤ 시장(대도시 시장은 제외한다)이나 군수는 지형도에 도시·관리계획에 관한 사항을 자세히 밝힌 지형도면을 작성하면 국토교통부장관의 승인을 받아야 한다.

➕ 용도구역 중 수산자원보호구역의 지정 및 변경에 관한 도시·군관리계획은 해양수산부장관이 결정하고 도시자연공원구역은 시·도지사, 대도시시장이 결정한다.

---

(2) 심 의

① 도시계획위원회의 심의: 국토교통부장관이 도시·군관리계획을 결정 또는 변경하고자 하는 때에는 중앙도시계획위원회의 심의를 거쳐야 하며, 시·도지사(대도시 시장 포함)가 도시·군관리계획을 결정 또는 변경하고자 하는 때에는 시·도(대도시 포함) 도시계획위원회의 심의를 거쳐야 한다.

② 건축위원회와의 공동심의: 다만, 시·도지사가 지구단위계획(지구단위계획과 지구단위계획구역을 동시에 결정할 때에는 지구단위계획구역의 지정 또는 변경에 관한 사항을 포함할 수 있다)이나 제52조 제1항 제1호의2에 따라 지구단위계획으로 대체하는 용도지구 폐지에 관한 사항을 결정하려면 대통령령으로 정하는 바에 따라 「건축법」 제4조에 따라 시·도에 두는 건축위원회와 도시계획위원회가 공동으로 하는 심의를 거쳐야 한다.

(3) 협의와 심의절차의 생략가능

① 국방상 기밀을 요하는 경우(관계 중앙행정기관의 장이 요청할 때만 해당한다)

② 대통령령으로 정한 경미한 변경인 경우

(4) 고시 및 공람(시장·군수가 일반에게 열람)

국토교통부장관 또는 시·도지사(대도시 시장 포함)는 도시·군관리계획을 결정한 때에는 일정한 사항을 관보 및 공보와 인터넷 홈페이지에 게재하는 방법으로 이를 고시하고, 국토교통부장관 또는 도지사는 관계 서류를 관계 특별시장·광역시장·특별자치시장·특별자치도지사·시장 또는 군수에게 송부하여 일반이 열람할 수 있도록 하여야 한다.

10. 효력발생 및 기득권의 보호

(1) 도시·군관리계획 결정의 효력은 지형도면을 고시한 날부터(다음날이 아님) 발생한다.

(2) 기득권의 보호 – 시행 중인 공사에 대한 특례

① 원칙(별도의 조치 없이도 기득권의 보호): 도시·군관리계획결정 당시 이미 사업이나 공사에 착수한 자(이 법 또는 다른 법률에 따라 허가·인가·승인 등을 받아야 하는 경우에는 그 허가·인가·승인 등을 받아 사업이나 공사에 착수한 자를 말한다)는 그 도시·군관리계획결정에 관계없이 그 사업이나 공사를 계속할 수 있다.

② 시가화조정구역 또는 수산자원보호구역의 특칙(3월 내 신고): 다만, 시가화조정구역 또는 수산자원보호구역의 지정에 관한 도시·군관리계획결정이 있는 경우에는 도시·군관리계획결정의 고시일로부터 3월 이내에 그 사업 또는 공사의 내용을 관할 특별시장·광역시장·특별자치시장·특별자치도지사·시장 또는 군수에게 신고하고 그 사업 또는 공사를 계속할 수 있다.

11. 지형도면의 고시 등 ^{17회}

(1) **지형도면의 작성자**(도시 · 군관리계획의 입안자)

① 특별시장 · 광역시장 · 특별자치시장 · 특별자치도지사 · 시장 또는 군수(원칙적 입안권자)가 작성

② 국토교통부장관 또는 도지사의 작성: 국토교통부장관(수산자원보호구역의 경우 해양수산부장관을 말한다) 또는 도지사가 도시 · 군관리계획을 직접 입안한 때에는 관계 특별시장 · 광역시장 · 특별자치시장 · 특별자치도지사 · 시장 또는 군수의 의견을 들어 직접 지형도면을 작성할 수 있다.

(2) **지형도면의 승인**: 시장(대도시 시장은 제외한다)이나 군수는 지형도에 도시 · 군관리계획(지구단위계획구역의 지정 · 변경과 지구단위계획의 수립 · 변경에 관한 도시 · 군관리계획은 제외한다)에 관한 사항을 자세히 밝힌 도면("지형도면")을 작성하면 도지사의 승인을 받아야 한다(30일 이내에 그 지형도면을 승인).

(3) **지형도면의 고시 및 열람**(국토교통부장관 또는 시 · 도지사, 대도시시장이 고시)

국토교통부장관, 시 · 도지사, 시장 또는 군수는 직접 지형도면을 작성하거나 지형도면을 승인한 경우에는 이를 고시하여야 한다.

(4) **도시 · 군관리계획의 정비**(5년마다 재검토)

특별시장 · 광역시장 · 특별자치시장 · 특별자치도지사 · 시장 또는 군수는 5년마다 관할 구역의 도시 · 군관리계획에 대하여 대통령령으로 정하는 바에 따라 그 타당성을 전반적으로 재검토하여 정비하여야 한다.

확인문제

15

국토의 계획 및 이용에 관한 법령상 도시 · 군관리계획의 결정에 관한 설명으로 옳은 것은?

① 도시 · 군관리계획 결정의 효력은 지형도면을 고시한 날의 다음 날부터 발생한다.

② 시가화조정구역의 지정에 관한 도시 · 군관리계획 결정 당시 이미 사업에 착수한 자는 그 결정에도 불구하고 신고 없이 그 사업을 계속할 수 있다.

③ 국토교통부장관이 도시 · 군관리계획을 직접 입안한 경우에는 시 · 도지사가 지형도면을 작성하여야 한다.

④ 시장 · 군수가 입안한 지구단위계획의 수립에 관한 도시 · 군관리계획은 시장 · 군수의 신청에 따라 도지사가 결정한다.

⑤ 시 · 도지사는 국가계획과 관련되어 국토교통부장관이 입안하여 결정한 도시 · 군관리계획을 변경하려면 미리 국토교통부장관과 협의하여야 한다.

16

① 공유수면의 매립 목적이 그 매립구역과 이웃하고 있는 용도지역의 내용과 같으면 도시·군관리계획의 입안 및 결정 절차 없이 그 매립준공구역은 그 매립의 준공인가일부터 이와 이웃하고 있는 용도지역으로 지정된 것으로 본다.

② 「택지개발촉진법」에 따른 택지개발지구로 지정·고시되었다가 택지개발사업의 완료로 지구 지정이 해제되면 그 지역은 지구 지정 이전의 용도지역으로 환원된 것으로 본다.

③ 관리지역에서 「농지법」에 따른 농업진흥지역으로 지정·고시된 지역은 「국토의 계획 및 이용에 관한 법률」에 따른 농림지역으로 결정·고시된 것으로 본다.

④ 용도지역을 다시 세부 용도지역으로 나누어 지정하려면 도시·군관리계획으로 결정하여야 한다.

⑤ 도시지역이 세부 용도지역으로 지정되지 아니한 경우에는 용도지역의 용적률 규정을 적용할 때에 보전녹지지역에 관한 규정을 적용한다.

⊕ 「산업입지 및 개발에 관한 법률」에 의한 농공단지는 도시지역으로 의제하지 않는다.

제4절 │ 도시·군관리계획 입안·결정의 특례

1. 타 계획과의 동시입안(광역도시계획 또는 도시·군기본계획과 동시입안 가능)

국토교통부장관, 시·도지사, 시장 또는 군수는 도시·군관리계획을 조속히 입안하여야 할 필요가 있다고 인정되는 때에는 광역도시계획 또는 도시·군기본계획을 수립하는 때에 도시·군관리계획을 함께 입안할 수 있다.

2. 공유수면매립지에 관한 용도지역의 지정특례(도시·군관리계획절차의 특례) [20회]

(1) 매립목적이 인접하고 있는 용도지역의 내용과 동일한 경우

공유수면(바다만 해당한다)의 매립 목적이 그 매립구역과 이웃하고 있는 용도지역의 내용과 같으면 도시·군관리계획의 입안 및 결정 절차 없이 그 매립준공구역은 그 매립의 준공인가일부터 이와 이웃하고 있는 용도지역으로 지정된 것으로 본다. 이 경우 관계 특별시장·광역시장·특별자치시장·특별자치도지사·시장 또는 군수는 그 사실을 지체없이 고시하여야 한다.

(2) 매립목적이 인접하고 있는 용도지역의 내용과 다른 경우 등

공유수면의 매립 목적이 그 매립구역과 이웃하고 있는 용도지역의 내용과 다른 경우 및 그 매립구역이 둘 이상의 용도지역에 걸쳐 있거나 이웃하고 있는 경우 그 매립구역이 속할 용도지역은 도시·군관리계획결정으로 지정하여야 한다.

매립목적이 이웃 용도지역의 내용과 동일	매립준공인가일에 이웃 용도지역과 동일 용도지역으로 지정된 것으로 봄 ⇨ 시장·군수 등이 지체없이 고시
매립목적이 이웃 용도지역의 내용과 다른 경우 및 둘 이상의 용도지역에 걸치는 있는 경우	도시·군관리계획 결정절차의 준수

3. 다른 법령에 의한 용도지역지정 등의 특례(용도지역의 지정의제)

(1) 도시지역의 의제(별도로 고시할 필요도 없다) [20회]: 다음 어느 하나의 구역 등으로 지정·고시된 지역은 이 법에 따른 도시지역으로 결정·고시된 것으로 본다.

① 「항만법」에 따른 항만구역으로서 **도시지역에 연접한 공유수면**
② 「어촌·어항법」에 따른 어항구역으로서 **도시지역에 연접한 공유수면**
③ 「산업입지 및 개발에 관한 법률」의 규정에 따른 국가산업단지, 일반산업단지 및 도시첨단산업단지
④ 「택지개발촉진법」에 따른 택지개발지구
⑤ 「전원개발촉진법」에 따른 전원개발사업구역 및 예정구역(수력발전소 또는 송·변전설비만을 설치하기 위한 전원개발사업구역 및 예정구역은 제외한다)

(2) 관리지역 안에서의 특례

① 관리지역 안에서 「농지법」에 의한 농업진흥지역으로 지정·고시된 지역은 이 법에 의한 농림지역으로 결정·고시된 것으로 본다.

② 관리지역 안의 산림 중 「산지관리법」에 의하여 보전산지로 지정·고시된 지역은 당해 고시에서 구분하는 바에 의하여 이 법에 의한 농림지역 또는 자연환경보전지역으로 결정·고시된 것으로 본다.

(3) 용도지역의 환원 등

위 **3.**의 (1), (2)의 규정에 해당하는 구역·단지·지구·지역 등이 해제되는 경우(개발사업의 완료로 해제되는 경우를 제외한다) 이 법 또는 다른 법률에서 당해 구역 등이 어떤 용도지역에 해당되는지를 따로 정하고 있지 아니한 때에는 이를 지정하기 이전의 용도지역으로 환원된 것으로 본다.

제5절 공간재구조화계획

1. 공간재구조화계획의 입안(법 제34조의 2)

① 특별시장·광역시장·특별자치시장·특별자치도지사·시장 또는 군수는 다음 각 호의 용도구역을 지정하고 해당 용도구역에 대한 계획을 수립하기 위하여 공간재구조화계획을 입안하여야 한다(법 제34조의2 제1항).

> ㉠ 제40조의3에 따른 도시혁신구역 및 도시혁신계획
> ㉡ 제40조의4에 따른 복합용도구역 및 복합용도계획
> ㉢ 제40조의5에 따른 도시·군계획시설입체복합구역(㉠ 또는 ㉡과 함께 구역을 지정하거나 계획을 입안하는 경우로 한정한다)

② 공간재구조화계획의 입안과 관련하여 도시·군관리계획 입안절차를 준용한다. 이 경우 "도시·군관리계획"은 "공간재구조화계획"으로 본다.

③ 국토교통부장관은 위 ① 및 ②에도 불구하고 도시의 경쟁력 향상, 특화발전 및 지역균형발전 등을 위하여 필요한 때에는 관할 특별시장·광역시장·특별자치시장·특별자치도지사·시장 또는 군수의 요청에 따라 공간재구조화계획을 입안할 수 있다.

④ 위 ①부터 ③까지에 따라 공간재구조화계획을 입안하려는 국토교통부장관(제40조에 따른 수산자원보호구역의 경우 해양수산부장관을 말한다), 시·도지사, 시장 또는 군수(이하 "공간재구조화계획 입안권자"라 한다)는 공간재구조화계획도서(계획도와 계획조서를 말한다) 및 이를 보조하는 계획설명서(기초조사결과·재원조달방안 및 경관계획을 포함한다)를 작성하여야 한다.

⑤ 공간재구조화계획의 입안범위와 기준, 공간재구조화계획도서 및 계획설명서의 작성기준·작성방법 등은 국토교통부장관이 정한다.

2. 공간재구조화계획 입안의 제안(제35조의3)

① 주민(이해관계자를 포함한다)은 다음의 용도구역 지정을 위하여 공간재구조화계획 입안권자에게 공간재구조화계획의 입안을 제안할 수 있다. 이 경우 제안서에는 공간재구조화계획도서와 계획설명서를 첨부하여야 한다(법 제35조의3 제1항, 영 제29조의2 제1항).

> ㉠ 제40조의3에 따른 도시혁신구역 및 도시혁신계획
> ㉡ 제40조의4에 따른 복합용도구역 및 복합용도계획
> ㉢ 제40조의5에 따른 도시·군계획시설입체복합구역(㉠ 또는 ㉡과 함께 구역을 지정하거나 계획을 입안하는 경우로 한정한다)

② 공간재구조화계획의 입안을 제안하려는 자는 다음 각 호의 구분에 따라 토지소유자의 동의를 받아야 한다. 이 경우 동의 대상 토지 면적에서 국유지 및 공유지는 제외한다(영 제29조의2 제1항).

> ㉠ 도시혁신구역 또는 복합용도구역의 지정을 제안하는 경우: 대상 토지면적의 3분의 2 이상
> ㉡ 입체복합구역의 지정을 제안하는 경우(법 제35조의2 제1항 제3호에 따라 도시혁신구역 또는 복합용도구역과 함께 입체복합구역을 지정하거나 도시혁신계획 또는 복합용도계획과 함께 입체복합구역 지정에 관한 공간재구조화계획을 입안하는 경우로 한정한다): 대상 토지면적의 5분의 4 이상

③ 법 제35조의3 제1항에 따른 제안을 받은 국토교통부장관(법 제40조에 따른 수산자원보호구역의 경우 해양수산부장관을 말한다), 시·도지사, 시장 또는 군수(이하 이 조에서 "공간재구조화계획 입안권자"라 한다)는 제안일부터 45일 이내에 공간재구조화계획 입안에의 반영 여부를 제안자에게 통보해야 한다. 다만, 부득이한 사정이 있는 경우에는 1회에 한정하여 30일을 연장할 수 있다(영 제29조의2 제2항).

④ 공간재구조화계획 입안권자는 법 제35조의3 제1항에 따른 제안을 공간재구조화계획 입안에 반영할지 여부를 결정함에 있어서 필요한 경우에는 중앙도시계획위원회 또는 지방도시계획위원회의 자문을 거칠 수 있다(영 제29조의2 제3항).

⑤ 위 ①에 따라 공간재구조화계획의 입안을 제안받은 공간재구조화계획 입안권자는 공간재구조화계획으로 지정된 용도구역 내 「국유재산법」에 따른 국유재산의 면적 및 「공유재산 및 물품 관리법」에 따른 공유재산의 면적의 합이 공간재구조화계획으로 지정된 용도구역 면적의 100분의 50을 초과하는 경우에는 제안자 외의 제3자에 의한 제안이 가능하도록 제안 내용의 개요를 공고하여야 한다. 다만, 제안받은 공간재구조화계획을 입안하지 아니하기로 결정한 때에는 그러하지 아니하다(법 제35조의3 제2항, 영 제29조의2 제4항).

⑥ 공간재구조화계획 입안권자는 위 ⑤에 따라 제안 내용의 개요를 공고하려는 경우에는 90일 이상의 기간을 정하여 해당 제안 내용의 개요를 다음 각 호의 구분에 따라 공고해야 한다. 이 경우 공간재구조화계획 입안권자는 제안자에게 이를 사전에 알려야 한다(영 제29조의2 제5항).

> 1. 공간재구조화계획 입안권자가 **국토교통부장관인 경우**: 다음 각 목의 매체에 각각 공고할 것
>   가. 관보나 둘 이상의 일반일간신문(「신문 등의 진흥에 관한 법률」 제9조 제1항에 따라 전국을 주된 보급지역으로 등록한 일반일간신문을 말한다)
>   나. 국토교통부(법 제40조에 따른 수산자원보호구역의 경우에는 해양수산부를 말한다)의 인터넷 홈페이지 등의 매체
>   다. 법 제128조 제1항에 따라 국토교통부장관이 구축·운영하는 국토이용정보체계
> 2. 공간재구조화계획 입안권자가 **시·도지사, 시장 또는 군수인 경우**: 다음 각 목의 매체에 각각 공고할 것
>   가. 해당 지방자치단체의 공보나 둘 이상의 일반일간신문(「신문 등의 진흥에 관한 법률」 제9조 제1항에 따라 전국 또는 해당 지방자치단체를 주된 보급지역으로 등록한 일반일간신문을 말한다)
>   나. 해당 지방자치단체의 인터넷 홈페이지 등의 매체
>   다. 법 제128조 제1항에 따라 국토교통부장관이 구축·운영하는 국토이용정보체계

⑦ 위 ⑥에 따라 공고된 제안 내용의 개요에 대해 의견이 있는 자는 공고기간 내에 공간재구조화계획 입안권자에게 의견서 또는 제안서를 제출할 수 있다(영 제29조의2 제5항).

⑧ 공간재구조화계획 입안권자는 제안자 또는 제3자와 협의하여 제안된 공간재구조화계획의 입안 및 결정에 필요한 비용의 전부 또는 일부를 제안자 또는 제3자에게 부담시킬 수 있다(법 제35조의3 제5항).

3. 공간재구조화계획의 내용 등(제35조의4)

공간재구조화계획에는 다음 각 호의 사항을 포함하여야 한다(법 제35조의 4 제1항).

> ㉠ 제35조의2 제1항 각 호의 **용도구역 지정 위치 및 용도구역에 대한 계획 등에 관한 사항**
> ㉡ 그 밖에 제35조의2 제1항 각 호의 용도구역을 지정함에 따라 인근 지역의 주거·교통·기반시설 등에 미치는 영향 등 대통령령으로 정하는 다음의 사항
> ㉮ 공간재구조화계획의 범위 설정에 관한 사항
> ㉯ 공간재구조화계획 기본구상 및 토지이용계획
> ㉰ 도시혁신구역 및 복합용도구역 내의 도시·군기본계획 변경 및 도시·군관리계획 결정·변경에 관한 사항
> ㉱ 도시혁신구역 및 복합용도구역 외의 지역에 대한 주거·교통·기반시설 등에 미치는 영향 및 이에 대한 관리방안(도시·군관리계획 결정·변경에 관한 사항을 포함한다)
> ㉲ 환경관리계획 또는 경관계획
> ㉳ 그 밖에 국토교통부장관이 정하는 사항

4. 공간재구조화계획 수립을 위한 기초조사, 의견청취 등(제35조의5)

① 공간재구조화계획의 입안을 위한 기초조사, 주민과 지방의회의 의견 청취 등에 관하여는 제27조 및 제28조(제28조 제4항 제2호의 경우 관계 행정기관의 장과의 협의, 중앙도시계획위원회의 심의만 해당한다)를 준용한다. 이 경우 "도시 · 군관리계획"은 "공간재구조화계획"으로, "국토교통부장관, 시 · 도지사, 시장 또는 군수"는 "공간재구조화계획 입안권자"로 본다(법 제35조의5 제1항).

② 위 ①에 따른 기초조사, 환경성 검토, 토지적성평가 또는 재해취약성분석은 공간재구조화계획 입안일부터 5년 이내 기초조사를 실시한 경우 등 대통령령으로 정하는 바에 따라 생략할 수 있다.

5. 공간재구조화계획의 결정(제35조의6)

① 공간재구조화계획은 시 · 도지사가 직접 또는 시장 · 군수의 신청에 따라 결정한다. 다만, 제35조의2에 따라 국토교통부장관이 입안한 공간재구조화계획은 국토교통부장관이 결정한다.

② 국토교통부장관 또는 시 · 도지사가 공간재구조화계획을 결정하려면 미리 관계 행정기관의 장(국토교통부장관을 포함한다)과 협의하고 다음 각 호에 따라 중앙도시계획위원회 또는 지방도시계획위원회의 심의를 거쳐야 한다. 이 경우 협의 요청을 받은 기관의 장은 특별한 사유가 없으면 그 요청을 받은 날부터 30일(도시혁신구역 지정을 위한 공간재구조화계획 결정의 경우에는 근무일 기준으로 10일) 이내에 의견을 제시하여야 한다.

> 1. 다음 각 목의 어느 하나에 해당하는 사항은 중앙도시계획위원회의 심의를 거친다.
>   가. 국토교통부장관이 결정하는 공간재구조화계획
>   나. 시 · 도지사가 결정하는 공간재구조화계획 중 제35조의2 제1항 각 호의 용도구역 지정 및 입지 타당성 등에 관한 사항
> 2. 위 1.의 각 목의 사항을 제외한 공간재구조화계획에 대하여는 지방도시계획위원회의 심의를 거친다.

③ 국토교통부장관 또는 시 · 도지사는 공간재구조화계획을 결정하면 대통령령으로 정하는 바에 따라 그 결정을 고시하고, 국토교통부장관이나 도지사는 관계 서류를 관계 특별시장 · 광역시장 · 특별자치시장 · 특별자치도지사 · 시장 또는 군수에게 송부하여 일반이 열람할 수 있도록 하여야 하며, 특별시장 · 광역시장 · 특별자치시장 · 특별자치도지사는 관계 서류를 일반이 열람할 수 있도록 하여야 한다.

④ 위 ③에 따른 공간재구조화계획 결정의 고시는 국토교통부장관이 하는 경우에는 관보와 국토교통부(법 제40조에 따른 수산자원보호구역의 경우에는 해양수산부를 말한다)의 인터넷 홈페이지에, 시 · 도지사가 하는 경우에는 해당 시 · 도의 공보와 인터넷 홈페이지에 다음 각 호의 사항을 게재하는 방법으로 한다(영 제29조의 5).

    ㉠ 법 제2조 제5호의4(공간재구조화계획)에 해당하는 계획이라는 취지

    ㉡ 위치

    ㉢ 면적 또는 규모

    ㉣ 그 밖에 국토교통부령으로 정하는 사항

6. 공간재구조화계획 결정의 효력 등(제35조의7)

① 공간재구조화계획 결정의 효력은 지형도면을 고시한 날부터 발생한다. 다만, 지형도면이 필요 없는 경우에는 제35조의6 제3항에 따라 고시한 날부터 효력이 발생한다(제35조의7 제1항).

② 위 ①에 따라 고시를 한 경우에 해당 구역 지정 및 계획 수립에 필요한 내용에 대해서는 고시한 내용에 따라 도시 · 군기본계획의 수립 · 변경(제19조 제1항 각 호 중에서 인구의 배분에 관한 계획을 전체 인구 규모의 5퍼센트 미만의 범위에서 변경하는 경우로 한정한다)과 도시 · 군관리계획의 결정(변경결정을 포함한다) 고시를 한 것으로 본다(제35조의7 제2항, 영 제29조의 6).

③ 위 ①에 따른 지형도면 고시 등에 관하여는 제32조를 준용한다. 이 경우 "도시 · 군관리계획"은 "공간재구조화계획"으로 본다(제35조의7 제3항).

④ 위 ①에 따라 고시를 할 당시에 이미 사업이나 공사에 착수한 자(이 법 또는 다른 법률에 따라 허가 · 인가 · 승인 등을 받아야 하는 경우에는 그 허가 · 인가 · 승인 등을 받아 사업이나 공사에 착수한 자를 말한다)는 그 공간재구조화계획 결정과 관계없이 그 사업이나 공사를 계속할 수 있다(제35조의7 제4항).

⑤ 위 ①에 따라 고시된 공간재구조화계획의 내용은 도시 · 군계획으로 관리하여야 한다(제35조의7 제5항).

제 6 절   용도지역제 15회 추가, 16회, 18회, 19회, 24회, 26회, 35회

1. 용도지역제도

(1) 용도지역

용도지역이라 함은 토지의 이용 및 건축물의 용도 · 건폐율(「건축법」의 건폐율을 말한다) · 용적률(「건축법」의 용적률을 말한다) · 높이 등을 제한함으로써 토지를 경제적 · 효율적으로 이용하고 공공복리의 증진을 도모하기 위하여 서로 중복되지 아니하게 도시 · 군관리계획으로 결정하는 지역을 말한다.

(2) 지정권자 및 지정절차

국토교통부장관 또는 시 · 도지사, 대도시 시장은 용도지역의 지정 또는 변경을 도시 · 군관리계획으로 결정한다.

17회, 21회, 28회

⊕ 용도지역은 국토의 전부를 대상으로 하여 중복되지 않도록 평면적으로 구분 · 지정되나, 용도지구는 당해 토지의 일부에 대하여 지역에 관계없이 특정 목적에 따라 추가적으로 지정하는 것으로서, 필요에 따라서는 하나의 토지에 대하여 2 이상의 용도지구가 중복하여 지정될 수도 있다.

⊕ 기존의 용도지역에 용도지구를 추가로 서로 중첩하여 지정될 수도 있다.

⊕ 도시지역이란 인구와 산업이 밀집되어 있거나 밀집이 예상되어 당해 지역에 대하여 체계적인 개발 · 정비 · 관리 · 보전 등이 필요한 지역이다.

⊕ 관리지역이란 도시지역의 인구와 산업을 수용하기 위하여 도시지역에 준하여 체계적으로 관리하거나 농림업의 진흥, 자연환경 또는 산림의 보전을 위하여 농림지역 또는 자연환경보전지역에 준하여 관리가 필요한 지역이다.

① 용도지역은 토지를 경제적 · 효율적으로 이용하기 위하여 필요한 경우 서로 중복되게 지정할 수 있다.

② 용도지역은 필요한 경우 도시 · 군기본계획으로 결정할 수 있다.

③ 주민은 상업지역에 산업 · 유통개발진흥지구를 지정하여 줄 것을 내용으로 하는 도시 · 군관리계획의 입안을 제안할 수 있다.

④ 바다인 공유수면의 매립구역이 둘 이상의 용도지역과 이웃하고 있는 경우 그 매립구역은 이웃하고 있는 가장 큰 용도지역으로 지정된 것으로 본다.

⑤ 관리지역에서 「농지법」에 따른 농업진흥지역으로 지정 · 고시된 지역은 「국토의 계획 및 이용에 관한 법률」에 따른 농림지역으로 결정 · 고시된 것으로 본다.

(3) 용도지역의 추가적 세분가능

시 · 도지사 또는 대도시 시장은 해당 시 · 도 또는 대도시의 도시 · 군계획조례로 정하는 바에 따라 도시 · 군관리계획결정으로 세분된 주거지역 · 상업지역 · 공업지역 · 녹지지역을 추가적으로 세분하여 지정할 수 있다.

2. 용도지역의 구분

구 분		세분지역		지정목적
도시지역 28회	주거지역	전용주거지역 (양호한 주거 환경을 보호)	제1종 전용주거지역	단독주택 중심의 양호한 주거환경을 보호
			제2종 전용주거지역	공동주택 중심의 양호한 주거환경을 보호
		일반주거지역 (편리한 주거 환경을 조성)	제1종 일반주거지역	저층주택을 중심으로 편리한 주거환경을 조성
			제2종 일반주거지역	중층주택을 중심으로 편리한 주거환경을 조성
			제3종 일반주거지역	중 · 고층주택을 중심으로 편리한 주거환경을 조성
		준주거지역		주거기능을 위주로 이를 지원하는 일부 상업 · 업무기능을 보완
	상업지역	중심상업지역		도심 · 부도심의 업무 및 상업기능의 확충
		일반상업지역		일반적인 상업 및 업무기능을 담당
		유통상업지역		도시 내 및 지역간 유통기능의 증진
		근린상업지역		근린지역에서의 일용품 및 서비스의 공급
	공업지역	전용공업지역		주로 중화학공업 · 공해성 공업 등을 수용
		일반공업지역		환경을 저해하지 아니하는 공업의 배치
		준공업지역		경공업 그 밖의 공업을 수용하되, 주거 · 상업 · 업무기능의 보완이 필요
	녹지지역	보전녹지지역		도시의 자연환경 · 경관 · 산림 및 녹지공간을 보전
		생산녹지지역		주로 농업적 생산을 위하여 개발을 유보
		자연녹지지역		도시의 녹지공간의 확보, 도시확산의 방지, 장래 도시용지의 공급 등을 위하여 보전할 필요가 있는 지역으로서 불가피한 경우에 한하여 제한적인 개발이 허용되는 지역
관리지역 18회	보전 관리지역			자연환경보호, 산림보호, 수질오염방지, 녹지공간 확보 및 생태계 보전 등을 위하여 보전이 필요하나, 주변의 용도지역과의 관계 등을 고려할 때 자연환경보전지역으로 지정하여 관리하기가 곤란한 지역
	생산 관리지역			농업 · 임업 · 어업생산 등을 위하여 관리가 필요하나, 주변의 용도지역과의 관계 등을 고려할 때 농림지역으로 지정하여 관리하기가 곤란한 지역
	계획 관리지역			도시지역으로의 편입이 예상되는 지역이나 자연환경을 고려하여 제한적인 이용 · 개발을 하려는 지역으로서 계획적 · 체계적인 관리가 필요한 지역
농림지역				도시지역에 속하지 아니하는 「농지법」에 의한 농업진흥지역 또는 「산지관리법」에 의한 보전산지 등으로서 농림업을 진흥시키고 산림을 보전하기 위하여 필요한 지역
자연환경 보전지역				자연환경 · 수자원 · 해안 · 생태계 · 상수원 및 「국가유산기본법」 제3조에 따른 국가유산의 보전과 수산자원의 보호 · 육성 등을 위하여 필요한 지역

3. 용도지역별 행위제한 15회, 22회, 24회, 27회, 29회, 30회

(1) 용도지역별 건축제한(용도제한)

① 제1종 전용주거지역

㉠ 건축할 수 있는 건축물(영 제71조 제1항 제1호 관련)

가. 「건축법 시행령」 별표 1 제1호의 **단독주택**(다가구주택을 제외한다)
나. 「건축법 시행령」 별표 1 제3호 가목부터 바목까지 및 사목(공중화장실·대피소, 그 밖에 이와 비슷한 것 및 지역아동센터는 제외한다)의 제1종 근린생활시설로서 해당 용도에 쓰이는 바닥면적의 합계가 1천제곱미터 미만인 것

㉡ 도시·군계획조례가 정하는 바에 의하여 건축할 수 있는 건축물

가. 「건축법 시행령」 별표 1 제1호의 **단독주택** 중 다가구주택
나. 「건축법 시행령」 별표 1 제2호의 **공동주택** 중 연립주택 및 다세대주택
다. 「건축법 시행령」 별표 1 제3호 사목(공중화장실·대피소, 그 밖에 이와 비슷한 것 및 지역아동센터만 해당한다) 및 아목에 따른 제1종 근린생활시설로서 해당 용도에 쓰이는 바닥면적의 합계가 1천제곱미터 미만인 것
라. 「건축법 시행령」 별표 1 제4호의 **제2종 근린생활시설** 중 종교집회장
마. 「건축법 시행령」 별표 1 제5호의 문화 및 집회시설 중 같은 호 라목[박물관, 미술관, 체험관(「건축법 시행령」 제2조 제16호에 따른 한옥으로 건축하는 것만 해당한다) 및 기념관에 한정한다]에 해당하는 것으로서 그 용도에 쓰이는 바닥면적의 합계가 1천제곱미터 미만인 것
바. 「건축법 시행령」 별표 1 제6호의 종교시설에 해당하는 것으로서 그 용도에 쓰이는 바닥면적의 합계가 1천제곱미터 미만인 것
사. 「건축법 시행령」 별표 1 제10호의 교육연구시설 중 유치원·초등학교·중학교 및 고등학교
아. 「건축법 시행령」 별표 1 제11호의 노유자시설
자. 「건축법 시행령」 별표 1 제20호의 자동차관련시설 중 주차장

② 제2종 전용주거지역 23회

㉠ 건축할 수 있는 건축물(영 제71조 제1항 제2호 관련)

가. 「건축법 시행령」 별표 1 제1호의 **단독주택**
나. 「건축법 시행령」 별표 1 제2호의 **공동주택**
다. 「건축법 시행령」 별표 1 제3호의 제1종 근린생활시설로서 당해 용도에 쓰이는 바닥면적의 합계가 1천제곱미터 미만인 것

18
국토의 계획 및 이용에 관한 법령상 제1종 일반주거지역 안에서 건축할 수 있는 건축물에 해당하지 않는 것은?
(단, 조례는 고려하지 않음)

① 다가구주택
② 다세대주택
③ 아파트
④ 제1종 근린생활시설
⑤ 노유자시설

ⓒ 도시·군계획조례가 정하는 바에 의하여 건축할 수 있는 건축물

> 가. 「건축법 시행령」 별표 1 제4호의 제2종 근린생활시설 중 종교집회장
> 나. 「건축법 시행령」 별표 1 제5호의 문화 및 집회시설 중 같은 호 라목[박물관, 미술관, 체험관(「건축법 시행령」 제2조 제16호에 따른 한옥으로 건축하는 것만 해당한다) 및 기념관에 한정한다]에 해당하는 것으로서 그 용도에 쓰이는 바닥면적의 합계가 1천제곱미터 미만인 것
> 다. 「건축법 시행령」 별표 1 제6호의 종교시설에 해당하는 것으로서 그 용도에 쓰이는 바닥면적의 합계가 1천제곱미터 미만인 것
> 라. 「건축법 시행령」 별표 1 제10호의 교육연구시설 중 유치원·초등학교·중학교 및 고등학교
> 마. 「건축법 시행령」 별표 1 제11호의 노유자시설
> 바. 「건축법 시행령」 별표 1 제20호의 자동차관련시설 중 주차장

③ 제1종 일반주거지역 27회

ⓐ 건축할 수 있는 건축물[4층 이하(「주택법 시행령」 제10조 제1항 제2호에 따른 단지형 연립주택 및 같은 항 제3호에 따른 단지형 다세대주택인 경우에는 5층 이하를 말하며, 단지형 연립주택의 1층 전부를 필로티 구조로 하여 주차장으로 사용하는 경우에는 필로티 부분을 층수에서 제외하고, 단지형 다세대주택의 1층 바닥면적의 2분의 1 이상을 필로티 구조로 하여 주차장으로 사용하고 나머지 부분을 주택 외의 용도로 쓰는 경우에는 해당 층을 층수에서 제외한다. 이하 이 호에서 같다)의 건축물만 해당한다. 다만, 4층 이하의 범위에서 도시·군계획조례로 따로 층수를 정하는 경우에는 그 층수 이하의 건축물만 해당한다(영 제71조 제1항 제3호 관련).

> 가. 「건축법 시행령」 별표 1 제1호의 단독주택
> 나. 「건축법 시행령」 별표 1 제2호의 공동주택(아파트를 제외한다)
> 다. 「건축법 시행령」 별표 1 제3호의 제1종 근린생활시설
> 라. 「건축법 시행령」 별표 1 제10호의 교육연구시설 중 유치원·초등학교·중학교 및 고등학교
> 마. 「건축법 시행령」 별표 1 제11호의 노유자시설

ⓑ 도시·군계획조례가 정하는 바에 의하여 건축할 수 있는 건축물(4층 이하의 건축물에 한한다. 다만, 4층 이하의 범위안에서 도시·군계획조례로 따로 층수를 정하는 경우에는 그 층수 이하의 건축물에 한한다)

> 가. 「건축법 시행령」 별표 1 제4호의 제2종 근린생활시설(단란주점 및 안마시술소를 제외한다)
> 나. 「건축법 시행령」 별표 1 제5호의 문화 및 집회시설(공연장 및 관람장을 제외한다)
> 다. 「건축법 시행령」 별표 1 제6호의 종교시설

라. 「건축법 시행령」 별표 1 제7호의 판매시설 중 같은 호 나목 및 다목(일반게임
제공업의 시설은 제외한다)에 해당하는 것으로서 해당용도에 쓰이는 바닥면
적의 합계가 2천제곱미터 미만인 것(너비 15미터 이상의 도로로서 도시·군
계획조례가 정하는 너비 이상의 도로에 접한 대지에 건축하는 것에 한한다)과
기존의 도매시장 또는 소매시장을 재건축하는 경우로서 인근의 주거환경에
미치는 영향, 시장의 기능회복 등을 고려하여 도시·군계획조례가 정하는 경
우에는 해당용도에 쓰이는 바닥면적의 합계의 4배 이하 또는 대지면적의 2배
이하인 것
마. 「건축법 시행령」 별표 1 제9호의 의료시설(격리병원을 제외한다)
바. 「건축법 시행령」 별표 1 제10호의 교육연구시설 중 제1호 라목에 해당하지
아니하는 것
사. 「건축법 시행령」 별표 1 제12호의 수련시설(유스호스텔의 경우 특별시 및 광
역시 지역에서는 너비 15미터 이상의 도로에 20미터 이상 접한 대지에 건축
하는 것에 한하며, 그 밖의 지역에서는 너비 12미터 이상의 도로에 접한 대지
에 건축하는 것에 한한다)
아. 「건축법 시행령」 별표 1 제13호의 운동시설(옥외 철탑이 설치된 골프연습장
을 제외한다)
자. 「건축법 시행령」 별표 1 제14호의 업무시설 중 오피스텔로서 그 용도에 쓰이
는 바닥면적의 합계가 3천제곱미터 미만인 것
차. 「건축법 시행령」 별표 1 제17호의 공장 중 인쇄업, 기록매체복제업, 봉제업
(의류편조업을 포함한다), 컴퓨터 및 주변기기제조업, 컴퓨터 관련 전자제품
조립업, 두부제조업, 세탁업의 공장 및 지식산업센터로서 다음의 어느 하나에
해당하지 아니하는 것
  (1) 「대기환경보전법」 제2조 제9호에 따른 특정대기유해물질이 같은 법 시행
령 제11조 제1항 제1호에 따른 기준 이상으로 배출되는 것
  (2) 「대기환경보전법」 제2조 제11호에 따른 대기오염물질배출시설에 해당하
는 시설로서 같은 법 시행령 별표 1에 따른 1종사업장 내지 4종사업장에
해당하는 것
  (3) 「물환경보전법」 제2조 제8호에 따른 특정수질유해물질이 같은 법 시행령
제31조 제1항 제1호에 따른 기준 이상으로 배출되는 것. 다만, 동법 제34조
에 따라 폐수무방류배출시설의 설치허가를 받아 운영하는 경우를 제외한다.
  (4) 「물환경보전법」 제2조 제10호에 따른 폐수배출시설에 해당하는 시설로서
같은 법 시행령 별표 13에 따른 제1종사업장부터 제4종사업장까지에 해
당하는 것
  (5) 「폐기물관리법」 제2조 제4호에 따른 지정폐기물을 배출하는 것
  (6) 「소음·진동관리법」 제7조에 따른 배출허용기준의 2배 이상인 것
카. 「건축법 시행령」 별표 1 제17호의 공장 중 떡 제조업 및 빵 제조업(이에 딸린
과자 제조업을 포함한다. 이하 같다)의 공장으로서 다음 요건을 모두 갖춘 것
  (1) 해당 용도에 쓰이는 바닥면적의 합계가 1천제곱미터 미만일 것

(2) 「악취방지법」에 따른 악취배출시설인 경우에는 악취방지시설 등 악취방지에 필요한 조치를 하였을 것

(3) 차목(1)부터 (6)까지의 어느 하나에 해당하지 아니할 것. 다만, 도시·군계획조례로 「대기환경보전법」, 「물환경보전법」 및 「소음·진동관리법」에 따른 설치 허가·신고 대상 시설의 건축을 제한한 경우에는 그 건축제한 시설에도 해당하지 아니하여야 한다.

(4) 해당 특별시장·광역시장·특별자치시장·특별자치도지사·시장 또는 군수가 해당 지방도시계획위원회의 심의를 거쳐 인근의 주거환경 등에 미치는 영향 등이 적다고 인정하였을 것

타. 「건축법 시행령」 별표 1 제18호의 창고시설

파. 「건축법 시행령」 별표 1 제19호의 위험물저장 및 처리시설 중 주유소, 석유판매소, 액화가스 취급소·판매소, 도료류 판매소, 「대기환경보전법」에 따른 저공해자동차의 연료공급시설, 시내버스차고지에 설치하는 액화석유가스충전소 및 고압가스충전·저장소

하. 「건축법 시행령」 별표 1 제20호의 자동차관련시설 중 주차장 및 세차장

거. 「건축법 시행령」 별표 1 제21호의 동물 및 식물관련시설 중 화초 및 분재 등의 온실

너. 「건축법 시행령」 별표 1 제23호의 교정 및 국방·군사시설

더. 「건축법 시행령」 별표 1 제24호의 방송통신시설

러. 「건축법 시행령」 별표 1 제25호의 발전시설

머. 「건축법 시행령」 별표 1 제29호의 야영장 시설

④ 제2종 일반주거지역

㉠ 건축할 수 있는 건축물(경관관리 등을 위하여 도시·군계획조례로 건축물의 층수를 제한하는 경우에는 그 층수 이하의 건축물로 한정한다 – 영 제71조 제1항 제4호 관련)

> 가. 「건축법 시행령」 별표 1 제1호의 단독주택
> 나. 「건축법 시행령」 별표 1 제2호의 공동주택
> 다. 「건축법 시행령」 별표 1 제3호의 제1종 근린생활시설
> 라. 「건축법 시행령」 별표 1 제6호의 종교시설
> 마. 「건축법 시행령」 별표 1 제10호의 교육연구시설 중 유치원·초등학교·중학교 및 고등학교
> 바. 「건축법 시행령」 별표 1 제11호의 노유자시설

ⓛ 도시·군계획조례가 정하는 바에 따라 건축할 수 있는 건축물(경관관리 등을 위하여 도시·군계획조례로 건축물의 층수를 제한하는 경우에는 그 층수 이하의 건축물로 한정한다).

가. 「건축법 시행령」 별표 1 제4호의 제2종 근린생활시설(단란주점 및 안마시술소를 제외한다)

나. 「건축법 시행령」 별표 1 제5호의 문화 및 집회시설(관람장을 제외한다)

다. 「건축법 시행령」 별표 제7호의 판매시설 중 같은 호 나목 및 다목(일반게임제공업의 시설은 제외한다)에 해당하는 것으로서 당해 용도에 쓰이는 바닥면적의 합계가 2천제곱미터 미만인 것(너비 15미터 이상의 도로로서 도시·군계획조례가 정하는 너비 이상의 도로에 접한 대지에 건축하는 것에 한한다)과 기존의 도매시장 또는 소매시장을 재건축하는 경우로서 인근의 주거환경에 미치는 영향, 시장의 기능회복 등을 고려하여 도시·군계획조례가 정하는 경우에는 당해 용도에 쓰이는 바닥면적의 합계의 4배 이하 또는 대지면적의 2배 이하인 것

라. 「건축법 시행령」 별표 1 제9호의 의료시설(격리병원을 제외한다)

마. 「건축법 시행령」 별표 1 제10호의 교육연구시설 중 제1호 마목에 해당하지 아니하는 것

바. 「건축법 시행령」 별표 1 제12호의 수련시설(유스호스텔의 경우 특별시 및 광역시 지역에서는 너비 15미터 이상의 도로에 20미터 이상 접한 대지에 건축하는 것에 한하며, 그 밖의 지역에서는 너비 12미터 이상의 도로에 접한 대지에 건축하는 것에 한한다)

사. 「건축법 시행령」 별표 1 제13호의 운동시설

아. 「건축법 시행령」 별표 1 제14호의 업무시설 중 오피스텔·금융업소·사무소 및 동호 가목에 해당하는 것으로서 해당용도에 쓰이는 바닥면적의 합계가 3천제곱미터 미만인 것

자. 별표 4 제2호 차목 및 카목의 공장

차. 「건축법 시행령」 별표 1 제18호의 창고시설

카. 「건축법 시행령」 별표 1 제19호의 위험물저장 및 처리시설 중 주유소, 석유판매소, 액화가스 취급소·판매소, 도료류 판매소, 「대기환경보전법」에 따른 저공해자동차의 연료공급시설, 시내버스차고지에 설치하는 액화석유가스충전소 및 고압가스충전·저장소

타. 「건축법 시행령」 별표 1 제20호의 자동차관련시설 중 동호 아목에 해당하는 것과 주차장 및 세차장

파. 「건축법 시행령」 별표 1 제21호 마목부터 사목까지의 규정에 따른 시설 및 같은 호 아목에 따른 시설 중 식물과 관련된 마목부터 사목까지의 규정에 따른 시설과 비슷한 것

하. 「건축법 시행령」 별표 1 제23호의 교정 및 국방·군사시설

거. 「건축법 시행령」 별표 1 제24호의 방송통신시설

너. 「건축법 시행령」 별표 1 제25호의 발전시설

더. 「건축법 시행령」 별표 1 제29호의 야영장 시설

⑤ 제3종 일반주거지역 30회

㉠ 건축할 수 있는 건축물(영 제71조 제1항 제5호 관련)

> 가. 「건축법 시행령」 별표 1 제1호의 단독주택
> 나. 「건축법 시행령」 별표 1 제2호의 공동주택
> 다. 「건축법 시행령」 별표 1 제3호의 제1종 근린생활시설
> 라. 「건축법 시행령」 별표 1 제6호의 종교시설
> 마. 「건축법 시행령」 별표 1 제10호의 교육연구시설 중 유치원·초등학교·중학교 및 고등학교
> 바. 「건축법 시행령」 별표 1 제11호의 노유자시설

㉡ 도시·군계획조례가 정하는 바에 의하여 건축할 수 있는 건축물

> 가. 「건축법 시행령」 별표 1 제4호의 제2종 근린생활시설(단란주점 및 안마시술소를 제외한다)
> 나. 「건축법 시행령」 별표 1 제5호의 문화 및 집회시설(관람장을 제외한다)
> 다. 「건축법 시행령」 별표 1 제7호의 판매시설 중 같은 호 나목 및 다목(일반게임제공업의 시설은 제외한다)에 해당하는 것으로서 당해 용도에 쓰이는 바닥면적의 합계가 2천제곱미터 미만인 것(너비 15미터 이상의 도로로서 도시·군계획조례가 정하는 너비 이상의 도로에 접한 대지에 건축하는 것에 한한다)과 기존의 도매시장 또는 소매시장을 재건축하는 경우로서 인근의 주거환경에 미치는 영향, 시장의 기능회복 등을 고려하여 도시·군계획조례가 정하는 경우에는 당해 용도에 쓰이는 바닥면적의 합계의 4배 이하 또는 대지면적의 2배 이하인 것
> 라. 「건축법 시행령」 별표 1 제9호의 의료시설(격리병원을 제외한다)
> 마. 「건축법 시행령」 별표 1 제10호의 교육연구시설 중 제1호 마목에 해당하지 아니하는 것
> 바. 「건축법 시행령」 별표 1 제12호의 수련시설(유스호스텔의 경우 특별시 및 광역시 지역에서는 너비 15미터 이상의 도로에 20미터 이상 접한 대지에 건축하는 것에 한하며, 그 밖의 지역에서는 너비 12미터 이상의 도로에 접한 대지에 건축 하는 것에 한한다)
> 사. 「건축법 시행령」 별표 1 제13호의 운동시설
> 아. 「건축법 시행령」 별표 1 제14호의 업무시설로서 그 용도에 쓰이는 바닥면적의 합계가 3천제곱미터 이하인 것
> 자. 별표 4 제2호차목 및 카목의 공장
> 차. 「건축법 시행령」 별표 1 제18호의 창고시설
> 카. 「건축법 시행령」 별표 1 제19호의 위험물저장 및 처리시설 중 주유소, 석유판매소, 액화가스 취급소·판매소, 도료류 판매소, 「대기환경보전법」에 따른 저공해자동차의 연료공급시설, 시내버스차고지에 설치하는 액화석유가스충전소 및 고압가스충전·저장소

타. 「건축법 시행령」 별표 1 제20호의 자동차관련시설 중 동호 아목에 해당하는 것과 주차장 및 세차장
파. 「건축법 시행령」 별표 1 제21호 마목부터 사목까지의 규정에 따른 시설 및 같은 호 아목에 따른 시설 중 식물과 관련된 마목부터 사목까지의 규정에 따른 시설과 비슷한 것
하. 「건축법 시행령」 별표 1 제23호의 교정 및 국방·군사시설
거. 「건축법 시행령」 별표 1 제24호의 방송통신시설
너. 「건축법 시행령」 별표 1 제25호의 발전시설
더. 「건축법 시행령」 별표 1 제29호의 야영장 시설

⑥ 자연환경보전지역 19회

㉠ 건축할 수 있는 건축물(영 제71조 제1항 제21호 관련)

가. 「건축법 시행령」 별표 1 제1호의 단독주택으로서 현저한 자연훼손을 가져오지 아니하는 범위 안에서 건축하는 **농어가주택**
나. 「건축법 시행령」 별표 1 제10호의 교육연구시설 중 **초등학교**

㉡ 도시·군계획조례가 정하는 바에 의하여 건축할 수 있는 건축물(수질오염 및 경관훼손의 우려가 없다고 인정하여 도시·군계획조례로 정하는 지역 내에서 건축하는 것에 한한다)

가. 「건축법 시행령」 별표 1 제3호의 **제1종 근린생활시설** 중 같은 호 가목, 바목, 사목(지역아동센터는 제외한다) 및 아목에 해당하는 것
나. 「건축법 시행령」 별표 1 제4호의 **제2종 근린생활시설 중 종교집회장**으로서 지목이 종교용지인 토지에 건축하는 것
다. 「건축법 시행령」 별표 1 제6호의 **종교시설**로서 지목이 종교용지인 토지에 건축하는 것
라. 「건축법 시행령」 별표 1 제19호 바목의 고압가스 충전소·판매소·저장소 중 「환경친화적 자동차의 개발 및 보급 촉진에 관한 법률」 제2조 제9호의 **수소연료공급시설**
마. 「건축법 시행령」 별표 1 제21호 가목에 따른 시설 중 **양어시설**(양식장을 포함한다. 이하 이 목에서 같다), 같은 호 마목부터 사목까지의 규정에 따른 시설(**작물 재배사, 종묘배양시설, 화초 및 분재 등의 온실**), 같은 호 아목에 따른 시설 중 양어시설과 비슷한 것 및 같은 목 중 식물과 관련된 마목부터 사목까지의 규정에 따른 시설과 비슷한 것
바. 「건축법 시행령」 별표 1 제22호 가목의 하수 등 처리시설(「하수도법」 제2조 제9호에 따른 **공공하수처리시설만 해당한다**)
사. 「건축법 시행령」 별표 1 제23호 라목의 **국방·군사시설** 중 관할 시장·군수 또는 구청장이 입지의 불가피성을 인정한 범위에서 건축하는 시설
아. 「건축법 시행령」 별표 1 제25호의 **발전시설**
자. 「건축법 시행령」 별표 1 제26호의 **묘지관련시설**

확인문제

19
국토의 계획 및 이용에 관한 법령상 자연환경보전지역 안에서 건축할 수 있는 건축물은? (단, 도시·군계획조례로 규정한 사항은 제외)
① 국방·군사시설
② 의료시설
③ 종교시설
④ 묘지관련시설
⑤ 교육연구시설 중 초등학교

20

국토의 계획 및 이용에 관한 법령상 용도지역별 용적률의 최대한도에 관한 내용이다. ( )에 들어갈 숫자를 바르게 나열한 것은? (단, 조례, 기타 강회·완화조건은 고려하지 않음)

- 주거지역: (㉠) 퍼센트 이하
- 계획관리지역: (㉡)퍼센트 이하
- 농림지역: (㉢)퍼센트 이하

① ㉠: 400, ㉡: 150, ㉢: 80
② ㉠: 400, ㉡: 200, ㉢: 80
③ ㉠: 500, ㉡: 100, ㉢: 80
④ ㉠: 500, ㉡: 100, ㉢: 100
⑤ ㉠: 500, ㉡: 150, ㉢: 100

21

국토의 계획 및 이용에 관한 법령상 도시·군계획조례로 정할 수 있는 건폐율의 최대한도가 다음 중 가장 큰 지역은?

① 자연환경보전지역에 있는 자연공원법에 따른 자연공원
② 계획관리지역에 있는 산업입지 및 개발에 관한 법률에 따른 농공단지
③ 수산자원보호구역
④ 도시지역 외의 지역에 지정된 개발진흥지구
⑤ 자연녹지지역에 지정된 개발진흥지구

(2) **용도지역별 건폐율 및 용적률**(법률 ⇨ 대통령령 ⇨ 도시·군계획조례)

① 건폐율의 의의: 건폐율이란 대지면적에 대한 건축면적(대지에 2 이상의 건축물이 있는 경우에는 그 건축면적의 합계)의 비율을 말한다.

$$건폐율 = \frac{건축면적}{대지면적} \times 100$$

② 용적률의 의의: 용적률이란 대지면적에 대한 건축물의 연면적(대지에 2 이상의 건축물이 있는 경우에는 이들 연면적의 합계 - 이 경우 지하층의 면적과 지상층의 주차용으로 사용되는 면적 등은 제외된다)의 비율을 말한다.

$$용적률 = \frac{건축연면적(지하층은\ 제외)}{대지면적} \times 100$$

③ 법률에 의한 규정

용도지역		건폐율	용적률
도시지역	주거지역	70퍼센트 이하	500퍼센트 이하
	상업지역	90퍼센트 이하	1500퍼센트 이하
	공업지역	70퍼센트 이하	400퍼센트 이하
	녹지지역	20퍼센트 이하	100퍼센트 이하
관리지역	보전관리지역	20퍼센트 이하	80퍼센트 이하
	생산관리지역	20퍼센트 이하	80퍼센트 이하
	계획관리지역	40퍼센트 이하	100퍼센트 이하
농림지역		20퍼센트 이하	80퍼센트 이하
자연환경보전지역		20퍼센트 이하	80퍼센트 이하

④ 대통령령에 의한 규정 16회, 18회, 19회, 21회, 24회, 25회, 27회, 28회, 30회, 32회, 33회

용도지역			건폐율	용적률
도시지역	주거지역	전용주거지역 제1종 전용주거지역	50퍼센트 이하	50퍼센트 이상 100퍼센트 이하
		전용주거지역 제2종 전용주거지역	50퍼센트 이하	50퍼센트 이상 150퍼센트 이하
		일반주거지역 제1종 일반주거지역	60퍼센트 이하	100퍼센트 이상 200퍼센트 이하
		일반주거지역 제2종 일반주거지역	60퍼센트 이하	100퍼센트 이상 250퍼센트 이하
		일반주거지역 제3종 일반주거지역	50퍼센트 이하	100퍼센트 이상 300퍼센트 이하
		준주거지역	70퍼센트 이하	200퍼센트 이상 500퍼센트 이하
	상업지역	중심상업지역	90퍼센트 이하	200퍼센트 이상 1,500퍼센트 이하
		일반상업지역	80퍼센트 이하	200퍼센트 이상 1,300퍼센트 이하
		유통상업지역	80퍼센트 이하	200퍼센트 이상 1,100퍼센트 이하
		근린상업지역	70퍼센트 이하	200퍼센트 이상 900퍼센트 이하
	공업지역	전용공업지역	70퍼센트 이하	150퍼센트 이상 300퍼센트 이하
		일반공업지역	70퍼센트 이하	150퍼센트 이상 350퍼센트 이하
		준공업지역	70퍼센트 이하	150퍼센트 이상 400퍼센트 이하
	녹지지역	보전녹지지역	20퍼센트 이하	50퍼센트 이상 80퍼센트 이하
		생산녹지지역	20퍼센트 이하	50퍼센트 이상 100퍼센트 이하
		자연녹지지역	20퍼센트 이하	50퍼센트 이상 100퍼센트 이하
관리지역	보전관리지역		20퍼센트 이하	50퍼센트 이상 80퍼센트 이하
	생산관리지역		20퍼센트 이하	50퍼센트 이상 80퍼센트 이하
	계획관리지역		40퍼센트 이하	50퍼센트 이상 100퍼센트 이하
농림지역			20퍼센트 이하	50퍼센트 이상 80퍼센트 이하
자연환경보전지역			20퍼센트 이하	50퍼센트 이상 80퍼센트 이하

확인문제

22

국토의 계획 및 이용에 관한 법령상 용도지역에 관한 설명으로 옳은 것은? (단, 조례는 고려하지 않음)

① 저층주택 중심의 편리한 주거환경을 조성하기 위하여 필요한 지역은 제2종 전용주거지역으로 지정한다.

② 환경을 저해하지 아니하는 공업의 배치를 위하여 필요한 지역은 준공업지역으로 지정한다.

③ 공유수면의 매립구역이 둘 이상의 용도지역에 걸쳐 있는 경우에는 걸친 부분의 면적이 가장 큰 용도지역과 같은 용도지역으로 지정된 것으로 본다.

④ 도시지역에 대해 세부 용도지역이 지정되지 아니한 경우 건폐율에 대해서는 자연녹지지역에 관한 규정을 적용한다.

⑤ 「도로법」에 따른 접도구역제는 도시지역에서는 적용하지 않는 것이 원칙이다.

(3) 건폐율 및 용적률의 특례

① 건폐율의 조정 [29회]

ⓐ 80퍼센트 이하의 범위 안에서 조례로 별도 지정

> ⓐ **취락지구: 60퍼센트 이하**(집단취락지구에 대하여는 개발제한구역의 지정 및 관리에 관한 특별조치법령이 정하는 바에 의한다)
> ⓑ **개발진흥지구**(도시지역 외의 지역 또는 자연녹지지역만 해당): 다음에서 정하는 비율 이하
> • **도시지역 외의 지역에 지정된 경우: 40퍼센트,** 다만, 계획관리지역에 산업 · 유통개발진흥지구가 지정된 경우에는 **60퍼센트**로 한다.
> • **자연녹지지역에 지정된 경우: 30퍼센트**
> ⓒ 수산자원보호구역: 40퍼센트 이하
> ⓓ 「자연공원법」에 의한 **자연공원: 60퍼센트 이하**
> ⓔ 「산업입지 및 개발에 관한 법률」의 규정에 의한 **농공단지: 70퍼센트 이하**
> ⓕ 공업지역에 있는 「산업입지 및 개발에 관한 법률」의 규정에 의한 국가산업단지, 일반산업단지, 도시첨단산업단지와 준산업단지: 80퍼센트 이하

ⓑ **건폐율의 강화**(도시의 과밀화 방지)

ⓒ **건폐율의 완화**

② 용적률의 조정

ⓐ 200퍼센트 이하의 범위 안에서 조례로 별도 지정

> ⓐ 도시지역 외의 지역에 지정된 개발진흥지구: 100퍼센트 이하
> ⓑ 수산자원보호구역: 80퍼센트 이하
> ⓒ 「자연공원법」에 의한 자연공원: 100퍼센트 이하
> ⓓ 「산업입지 및 개발에 관한 법률」의 규정에 의한 농공단지(도시지역 외의 지역에 지정된 농공단지에 한한다): 150퍼센트 이하

ⓑ **용적률의 일반적 완화**

ⓒ **용적률의 200퍼센트 이하 완화:** 대지면적의 일부를 공공시설부지로 제공하는 경우

> ⓐ 상업지역
> ⓑ 「도시 및 주거환경정비법」에 의한 재개발사업 및 재건축사업을 시행하기 위한 정비구역

ⓓ **용적률 완화의 중첩적용:** 이 법 및 「건축법」 등 다른 법률에 따른 용적률의 완화에 관한 규정은 이 법 및 다른 법률에도 불구하고 다음 각 호의 구분에 따른 범위에서 중첩하여 적용할 수 있다. 다만, 용적률 완화 규정을 중첩 적용하여 완화되는 용적률이 대통령령으로 정하고 있는 해당 용도지역별 용적률 최대한도를 초과하는 경우에는 관할 시 · 도지사, 시장 · 군수 또는 구청장이

건축위원회와 도시계획위원회의 공동 심의를 거쳐 기반시설의 설치 및 그에 필요한 용지의 확보가 충분하다고 인정하는 경우에 한정한다.

    ⓐ 지구단위계획구역: 제52조 제3항에 따라 지구단위계획으로 정하는 범위
    ⓑ 지구단위계획구역 외의 지역: 대통령령으로 정하고 있는 해당 용도지역별 용적률 최대한도의 120퍼센트 이하

제7절 행위제한의 특례 16회

(1) **농공단지의 특례**

「산업입지 및 개발에 관한 법률」에 의한 농공단지 안에서는 「산업입지 및 개발에 관한 법률」이 정하는 바에 의한다.

(2) **농림지역의 특례**

농림지역 중 농업진흥지역, 보전산지 또는 초지인 경우에는 각각 「농지법」, 「산지관리법」 또는 「초지법」이 정하는 바에 의한다.

(3) **자연환경보전지역의 특례**

① 자연환경보전지역 중 「자연공원법」에 따른 공원구역, 「수도법」에 따른 상수원보호구역, 「문화유산의 보존 및 활용에 관한 법률」에 따라 지정된 지정문화유산과 그 보호구역, 「자연유산의 보존 및 활용에 관한 법률」에 따라 지정된 천연기념물 등과 그 보호구역, 「해양생태계의 보전 및 관리에 관한 법률」에 따른 해양보호구역인 경우에는 각각 「자연공원법」, 「수도법」, 「문화유산의 보존 및 활용에 관한 법률」, 「자연유산의 보존 및 활용에 관한 법률」 또는 「해양생태계의 보전 및 관리에 관한 법률」에서 정하는 바에 따른다.

② 자연환경보전지역 중 수산자원보호구역인 경우에는 「수산자원관리법」에서 정하는 바에 따른다.

(4) **용도지역 미지정 또는 미세분지역에서의 행위제한 등** 17회, 22회

① 용도지역이 지정되지 아니한 경우: 도시지역·관리지역·농림지역 또는 자연환경보전지역으로 용도가 지정되지 아니한 지역에 대하여는 용도지역별 건축제한이나 건폐율 및 용적률 등의 규정을 적용할 때에 자연환경보전지역에 관한 규정을 적용한다.

② 용도지역이 세분되지 아니한 경우: 도시지역 또는 관리지역이 세부용도지역으로 지정되지 아니한 경우에는 용도지역별 건축제한이나 건폐율 및 용적률 등의 규정을 적용할 때에 해당 용도지역이 도시지역인 경우에는 보전녹지지역에 관한 규정을 적용하고, 관리지역인 경우에는 보전관리지역에 관한 규정을 적용한다.

확인문제

23

다음 중 용도지역별 행위제한의 특례에 대한 설명으로 바르지 못한 것은?

① 도시지역 중 주거지역 안에서는 어떠한 경우라도 농지에 대한 거래시 「농지법」 제8조의 규정에 의한 농지취득자격증명을 필요로 하지 아니한다.

② 생산관리지역에 지정된 농공단지 안에서는 농지법이 정하는 바에 의한다.

③ 농림지역 중 농업진흥지역인 경우에는 「농지법」이 정하는 바에 의한다.

④ 자연환경보전지역 중 수산자원보호구역인 경우에는 「수산자원관리법」으로 정하는 바에 따른다.

⑤ 농림지역 중 보전산지인 경우에는 「산지관리법」이 정하는 바에 의한다.

㉠ 도시지역이 세분되지 않은 경우: 보전녹지지역 적용

㉡ 관리지역이 세분되지 않은 경우: 보전관리지역 적용

(5) 도시지역에서의 다른 법률의 적용배제

도시지역에서는 다음의 법률을 적용하지 아니한다.

① 도로법에 따른 접도구역

② 농지법 제8조(농지취득자격 증명제도), 다만 녹지지역 안의 농지로서 도시·군계획시설사업에 필요하지 아니한 농지에 대하여는 그러하지 아니하다.

제 8 절   용도지구제 16회, 22회, 34회

⊕ 시·도지사 또는 대도시 시장은 대통령령으로 정하는 일반주거지역·일반공업지역·계획관리지역에 복합용도지구를 지정할 수 있다.

⊕ 시·도지사 또는 대도시 시장은 지역여건상 필요한 때에는 해당 시·도 또는 대도시의 도시·군계획조례로 정하는 바에 따라 경관지구를 추가적으로 세분(특화경관지구의 세분을 포함한다)하거나 중요시설물보호지구 및 특정용도제한지구를 세분하여 지정할 수 있다.

⊕ 시·도지사 또는 대도시 시장은 지역여건상 필요하면 그 시·도 또는 대도시의 조례로 용도지구의 명칭 및 지정목적, 건축이나 그 밖의 행위의 금지 및 제한에 관한 사항 등을 정하여 법령에 정한 용도지구 외의 용도지구의 지정 또는 변경을 도시·군관리계획으로 결정할 수 있다.

⊕ 용도지역·용도지구 안에서 도시·군계획시설에 대하여는 용도지역·용도지구 안에서의 건축제한 등의 규정을 적용하지 아니한다.

1. 용도지구란

'용도지구'라 함은 토지의 이용 및 건축물의 용도·건폐율·용적률·높이 등에 대한 용도지역의 제한을 강화 또는 완화하여 적용함으로써 용도지역의 기능을 증진시키고 미관·경관·안전 등을 도모하기 위하여 도시·군관리계획으로 결정하는 지역을 말한다.

2. 용도지구의 종류 및 세분 25회, 30회

경관지구	경관의 보전·관리 및 형성을 위하여 필요한 지구 ㉠ 자연경관지구: 산지·구릉지 등 자연경관을 보호하거나 유지하기 위하여 필요한 지구 ㉡ 시가지경관지구: 지역 내 주거지, 중심지 등 시가지의 경관을 보호 또는 유지하거나 형성하기 위하여 필요한 지구 ㉢ 특화경관지구: 지역 내 주요 수계의 수변 또는 문화적 보존가치가 큰 건축물 주변의 경관 등 특별한 경관을 보호 또는 유지하거나 형성하기 위하여 필요한 지구
고도지구	쾌적한 환경 조성 및 토지의 효율적 이용을 위하여 건축물 높이의 최고한도를 규제할 필요가 있는 지구
방화지구	화재의 위험을 예방하기 위하여 필요한 지구
방재지구	풍수해, 산사태, 지반의 붕괴, 그 밖의 재해를 예방하기 위하여 필요한 지구 ㉠ 시가지방재지구: 건축물·인구가 밀집되어 있는 지역으로서 시설 개선 등을 통하여 재해 예방이 필요한 지구 ㉡ 자연방재지구: 토지의 이용도가 낮은 해안변, 하천변, 급경사지 주변 등의 지역으로서 건축 제한 등을 통하여 재해 예방이 필요한 지구
보호지구	「국가유산기본법」 제3조에 따른 국가유산, 중요 시설물(항만, 공항 등 대통령령으로 정하는 시설물을 말한다) 및 문화적·생태적으로 보존가치가 큰 지역의 보호와 보존을 위하여 필요한 지구 ㉠ 역사문화환경보호지구: 국가유산·전통사찰 등 역사·문화적으로 보존가치가 큰 시설 및 지역의 보호와 보존을 위하여 필요한 지구 ㉡ 중요시설물보호지구: 중요시설물(항만, 공항, 공용시설[공공업무시설, 공공필요성이 인정되는 문화시설·집회시설·운동시설 및 그 밖에 이와 유사한 시설로서 도시·군계획조례로 정하는 시설을 말한다], 교정시설·군사시설을 말한다)의 보호와 기능의 유지 및 증진 등을 위하여 필요한 지구

보호지구	㉢ 생태계보호지구: 야생동식물서식처 등 생태적으로 보존가치가 큰 지역의 보호와 보존을 위하여 필요한 지구
취락지구	녹지지역 · 관리지역 · 농림지역 · 자연환경보전지역 · 개발제한구역 또는 도시자연공원구역 안의 취락을 정비하기 위한 지구
	㉠ 자연취락지구: 녹지지역 · 관리지역 · 농림지역 또는 자연환경보전지역 안의 취락을 정비하기 위하여 필요한 지구
	㉡ 집단취락지구: 개발제한구역 안의 취락을 정비하기 위하여 필요한 지구
개발진흥 지구 31회	주거기능 · 상업기능 · 공업기능 · 유통물류기능 · 관광기능 · 휴양기능 등을 집중적으로 개발 · 정비할 필요가 있는 지구
	㉠ 주거개발진흥지구: 주거기능을 중심으로 개발 · 정비할 필요가 있는 지구
	㉡ 산업 · 유통개발진흥지구: 공업기능 및 유통 · 물류기능을 중심으로 개발 · 정비할 필요가 있는 지구
	㉢ 관광 · 휴양개발진흥지구: 관광 · 휴양기능을 중심으로 개발 · 정비할 필요가 있는 지구
	㉣ 복합개발진흥지구: 주거기능, 공업기능, 유통 · 물류기능 및 관광 · 휴양기능중 2 이상의 기능을 중심으로 개발 · 정비할 필요가 있는 지구
	㉤ 특정개발진흥지구: 주거기능, 공업기능, 유통 · 물류기능 및 관광 · 휴양기능 외의 기능을 중심으로 특정한 목적을 위하여 개발 · 정비할 필요가 있는 지구
특정용도 제한지구	주거 및 교육 환경 보호나 청소년 보호 등의 목적으로 오염물질 배출시설, 청소년 유해시설 등 특정시설의 입지를 제한할 필요가 있는 지구
복합용도 지구	지역의 토지이용 상황, 개발 수요 및 주변 여건 등을 고려하여 효율적이고 복합적인 토지이용을 도모하기 위하여 특정시설의 입지를 완화할 필요가 있는 지구
	⊕ 시 · 도지사 또는 대도시 시장은 대통령령으로 정하는 일반주거지역 · 일반공업지역 · 계획관리지역에 복합용도지구를 지정할 수 있다.34회

3. 용도지구별 행위제한 23회, 29회

(1) 경관지구안에서는 그 지구의 경관의 보전 · 관리 · 형성에 장애가 된다고 인정하여 도시 · 군계획조례가 정하는 건축물을 건축할 수 없다.

(2) 고도지구안에서는 도시 · 군관리계획으로 정하는 높이를 초과하는 건축물을 건축할 수 없다.

(3) 방재지구 안에서는 풍수해, 산사태, 지반의 붕괴, 지진이나 그 밖에 재해예방에 장애가 된다고 인정하여 도시 · 군계획조례가 정하는 건축물을 건축할 수 없다.

(4) 보호지구 안에서의 행위제한: 보호지구 안에서는 다음 각호의 구분에 따른 건축물에 한하여 건축할 수 있다.

① 역사문화환경보호지구: 「국가유산기본법」 제3조에 따른 국가유산을 직접 관리 · 보호하기 위한 건축물과 문화적으로 보존가치가 큰 지역의 보호 및 보존을 저해하지 아니하는 건축물로서 도시 · 군계획조례가 정하는 것

② 중요시설물보호지구: 중요시설물의 보호와 기능 수행에 장애가 되지 아니하는 건축물로서 도시 · 군계획조례가 정하는 것. 이 경우 제31조 제3항에 따라 공항시설에 관한 보호지구를 세분하여 지정하려는 경우에는 공항시설을 보호하고 항공기

확인문제

24
국토의 계획 및 이용에 관한 법령상 개발진흥지구를 세분하여 지정할 수 있는 지구에 해당하지 않는 것은? (단, 조례는 고려하지 않음)

① 주거개발진흥지구
② 중요시설물개발진흥지구
③ 복합개발진흥지구
④ 특정개발진흥지구
⑤ 관광 · 휴양개발진흥지구

국토의 계획 및 이용에 관한 법령상 자연취락지구 안에서 건축할 수 있는 건축물에 해당하지 않는 것은? (단, 4층 이하의 건축물이고, 조례는 고려하지 않음)

① 동물전용의 장례식장
② 단독주택
③ 도축장
④ 마을회관
⑤ 한의원

의 이·착륙에 장애가 되지 아니하는 범위에서 건축물의 용도 및 형태 등에 관한 건축제한을 포함하여 정할 수 있다.

③ **생태계보호지구**: 생태적으로 보존가치가 큰 지역의 보호 및 보존을 저해하지 아니하는 건축물로서 도시·군계획조례가 정하는 것

(5) **자연취락지구 안에서 건축할 수 있는 건축물은 다음과 같다**(시행령 제78조). 25회, 31회

① 건축할 수 있는 건축물: 4층 이하의 건축물에 한한다.

> 가. 「건축법 시행령」 별표 1 제1호의 **단독주택**
> 나. 「건축법 시행령」 별표 1 제3호의 **제1종 근린생활시설**
> 다. 「건축법 시행령」 별표 1 제4호의 **제2종 근린생활시설**[같은 호 아목(휴게음식점), 자목(일반음식점), 너목(제조업소, 수리점 등 물품의 제조·가공·수리 등을 위한 시설로서 같은 건축물에 해당 용도로 쓰는 바닥면적의 합계가 500제곱미터 미만) 더목(단란주점) 및 러목(안마시술소만 해당한다)은 제외한다]
> 라. 「건축법 시행령」 별표 1 제21호의 **동물 및 식물관련시설**
> 마. 「건축법 시행령」 별표 1 제13호의 **운동시설**
> 바. 「건축법 시행령」 별표 1 제18호 가목의 **창고**(농업·임업·축산업·수산업용만 해당)
> 사. 「건축법 시행령」 별표 1 제23호의 **교정시설**
> 아. 「건축법 시행령」 별표 1 제24의 **국방·군사시설**
> 자. 「건축법 시행령」 별표 1 제25호의 **방송통신시설**
> 차. 「건축법 시행령」 별표 1 제26호의 **발전시설**

② 도시·군계획조례가 정하는 바에 의하여 건축할 수 있는 건축물: 4층 이하의 건축물에 한한다.

> 가. 「건축법 시행령」 별표 1 제2호의 공동주택(아파트를 제외한다)
> 나. 「건축법 시행령」 별표 1 제4호 아목·자목·너목 및 러목(안마시술소만 해당한다)에 따른 제2종 근린생활시설
> 다. 「건축법 시행령」 별표 1 제5호의 문화 및 집회시설
> 라. 「건축법 시행령」 별표 1 제6호의 종교시설
> 마. 「건축법 시행령」 별표 1 제7호의 판매시설 중 다음의 어느 하나에 해당하는 것
>   (1) 「농수산물유통 및 가격안정에 관한 법률」 제2조에 따른 농수산물공판장
>   (2) 「농수산물유통 및 가격안정에 관한 법률」 제68조 제2항에 따른 농수산물직판장으로서 해당용도에 쓰이는 바닥면적의 합계가 1만제곱미터 미만인 것(「농어업·농어촌 및 식품산업 기본법」 제3조 제2호에 따른 농업인·어업인, 같은 법 제25조에 따른 후계농어업경영인, 같은 법 제26조에 따른 전업농어업인 또는 지방자치단체가 설치·운영하는 것에 한한다)
> 바. 「건축법 시행령」 별표 1 제9호의 의료시설 중 종합병원·병원·치과병원·한방병원 및 요양병원
> 사. 「건축법 시행령」 별표 1 제10호의 교육연구시설

(6) **집단취락지구 안에서의 건축제한**에 대하여는 개발제한구역의 지정 및 관리에 관한 특별조치법령이 정하는 바에 의한다.

(7) 개발진흥지구 안에서의 건축제한

① 지구단위계획 또는 관계 법률에 따른 개발계획을 수립하는 개발진흥지구에서는 지구단위계획 또는 관계 법률에 따른 개발계획에 위반하여 건축물을 건축할 수 없으며, 지구단위계획 또는 개발계획이 수립되기 전에는 개발진흥지구의 계획적 개발에 위배되지 아니하는 범위에서 도시·군계획조례로 정하는 건축물을 건축할 수 있다.

② 지구단위계획 또는 관계 법률에 따른 개발계획을 수립하지 아니하는 개발진흥지구에서는 해당 용도지역에서 허용되는 건축물을 건축할 수 있다.

(8) 특정용도제한지구 안에서의 건축제한

특정용도제한지구안에서는 주거기능 및 교육환경을 훼손하거나 청소년 정서에 유해하다고 인정하여 도시·군계획조례가 정하는 건축물을 건축할 수 없다.

(9) 복합용도지구 안에서의 건축제한

복합용도지구에서는 해당 용도지역에서 허용되는 건축물 외에 다음 각 호에 따른 건축물 중 도시·군계획조례가 정하는 건축물을 건축할 수 있다.

> ① **일반주거지역: 준주거지역에서 허용되는 건축물.** 다만, 다음의 건축물은 제외한다.
> 　가. 제2종 근린생활시설 중 안마시술소
> 　나. 관람장
> 　다. 공장
> 　라. 위험물 저장 및 처리 시설
> 　마. 동물 및 식물 관련 시설
> 　바. 장례시설
> ② **일반공업지역: 준공업지역에서 허용되는 건축물.** 다만 다음의 건축물은 제외한다.
> 　가. 아파트
> 　나. 제2종 근린생활시설 중 단란주점 및 안마시술소
> 　다. 「건축법 시행령」 별표 1 제11호의 노유자시설

> ① 경관지구 안의 건축제한 ⇨ 도시·군계획조례
> ② 고도지구 안의 건축제한 ⇨ 도시·군관리계획
> ③ 방재지구 안의 건축제한 ⇨ 도시·군계획조례
> ④ 보호지구 안의 건축제한 ⇨ 도시·군계획조례
> ⑤ 취락지구 안의 건축제한
> 　㉠ 자연취락지구(4층 이하에 한한다): 국토의 계획 및 이용에 관한 법령
> 　㉡ 집단취락지구: 개발제한구역의지정및관리에관한특별조치법
> ⑥ 개발진흥지구 안의 건축제한 ⇨ 지구단위계획 또는 개발계획, 지구단위계획 또는 개발계획이 수립되지 아니한 경우 도시·군계획조례
> ⑦ 특정용도제한지구 안의 건축제한 ⇨ 도시·군계획조례
> ⑧ 복합용도지구 안의 건축제한 ⇨ 시행령 제81조에서 정한 건축물 중 도시·군계획조례가 정하는 건축물을 건축할 수 있다.

확인문제

26
국토의 계획 및 이용에 관한 법령상 용도지구 안에서의 건축제한에 관한 설명으로 옳은 것은?

① 특정용도제한지구 안에서는 주거기능 및 교육환경을 훼손하거나 청소년 정서에 유해하다고 인정하여 도시·군계획조례가 정하는 건축물을 건축할 수 없다.
② 고도지구 안에서는 도시·군계획조례로 정하는 높이를 초과하여 건축할 수 없다.
③ 경관지구 안에서의 건축물의 높이, 규모 등은 미관의 유지에 필요한 범위 안에서 도시·군관리계획으로 정한다.
④ 자연취락지구 안에서의 건축제한에 대하여는 개발제한구역의 지정 및 관리에 관한 특별조치법령이 정하는 바에 의한다.
⑤ 방재지구 안에서는 풍수해, 산사태, 지반의 붕괴, 지진이나 그 밖에 재해예방에 장애가 된다고 인정하여 건축법이 정하는 건축물을 건축할 수 없다.

제9절 2 이상의 용도지역 · 용도지구 · 용도구역에 걸치는 대지에 대한 적용기준 15회, 15회 추가, 16회, 19회, 20회, 21회, 22회

27

A도시에서 甲이 소유하고 있는 1,000㎡의 대지는 제1종일반주거지역에 800㎡, 제2종 일반주거지역에 200㎡씩 걸쳐 있다. 甲이 대지 위에 건축할 수 있는 최대 연면적은? (다만, 조례상 제1종일반주거지역의 용적률은 120%, 제2종 일반주거지역의 용적률은 200%이며, 기타 건축제한은 고려하지 않음)

① 1,200㎡
② 1,360㎡
③ 1,460㎡
④ 1,300㎡
⑤ 1,400㎡

(1) 원 칙

하나의 대지가 둘 이상의 용도지역 · 용도지구 또는 용도구역에 걸치는 경우로서 각 용도지역등에 걸치는 부분 중 가장 작은 부분의 규모가 330㎡ 이하(다만, 도로변에 띠모양으로 지정된 상업지역에 걸쳐 있는 토지의 경우에는 660m²)인 경우에는 전체 대지의 건폐율 및 용적률은 각 부분이 전체 대지 면적에서 차지하는 비율을 고려하여 다음의 구분에 따라 각 용도지역등별 건폐율 및 용적률을 가중평균한 값을 적용하고, 그 밖의 건축 제한 등에 관한 사항은 그 대지 중 가장 넓은 면적이 속하는 용도지역등에 관한 규정을 적용한다.

① 가중평균한 건폐율 = $(f_1 x_1 + f_2 x_2 + \cdots + f_n x_n)$ / 전체 대지 면적. 이 경우 f_1부터 f_n까지는 각 용도지역등에 속하는 토지 부분의 면적을 말하고, x_1부터 x_n까지는 해당 토지 부분이 속하는 각 용도지역등의 건폐율을 말하며, n은 용도지역 등에 걸치는 각 토지 부분의 총 개수를 말한다.

② 가중평균한 용적률 = $(f_1 x_1 + f_2 x_2 + \cdots + f_n x_n)$ / 전체 대지 면적. 이 경우 f_1부터 f_n까지는 각 용도지역등에 속하는 토지 부분의 면적을 말하고, x_1부터 x_n까지는 해당 토지 부분이 속하는 각 용도지역등의 용적률을 말하며, n은 용도지역등에 걸치는 각 토지 부분의 총 개수를 말한다.

(2) 예 외

고도지구	다만, 건축물이 고도지구에 걸쳐 있는 경우에는 그 건축물 및 대지의 전부에 대하여 고도지구의 건축물 및 대지에 관한 규정을 적용한다.
방화지구	• 그 건축물 전부에 대해 방화지구 적용 • 다만, 방화지구와 그 밖의 구역의 경계가 방화벽으로 구획되는 경우에는 그 밖의 구역에 있는 부분에 대하여는 그러하지 아니하다.
녹지지역	하나의 대지가 녹지지역과 그 밖의 용도지역 · 용도지구 또는 용도구역에 걸쳐 있는 경우에는 각각의 용도지역 · 용도지구 또는 용도구역의 건축물 및 토지에 관한 규정을 적용한다.

1. 용도구역이란

'용도구역'이라 함은 토지의 이용 및 건축물의 용도·건폐율·용적률·높이 등에 대한 용도지역 및 용도지구의 제한을 강화 또는 완화하여 따로 정함으로써 시가지의 무질서한 확산방지, 계획적이고 단계적인 토지이용의 도모, 혁신적이고 복합적인 토지활용의 촉진, 토지이용의 종합적 조정·관리 등을 위하여 도시·군관리계획으로 결정하는 지역을 말한다.

2. 시가화조정구역 18회, 20회, 32회, 33회

(1) 지정권자

① 원칙: 시·도지사가 지정

시·도지사는 직접 또는 관계 행정기관의 장의 요청을 받아 도시지역과 그 주변지역의 무질서한 시가화를 방지하고 계획적·단계적인 개발을 도모하기 위하여 5년 이상 20년 이내의 기간 동안 시가화를 유보할 필요가 있다고 인정되면 시가화조정구역의 지정 또는 변경을 도시·군관리계획으로 결정할 수 있다.

② 예외: 국토교통부장관이 직접 지정

다만, 국가계획과 연계하여 시가화조정구역의 지정 또는 변경이 필요한 경우에는 국토교통부장관이 직접 시가화조정구역의 지정 또는 변경을 도시·군관리계획으로 결정할 수 있다.

(2) 지정의 실효

시가화조정구역의 지정에 관한 도시·군관리계획의 결정은 시가화 유보기간이 끝난 날의 다음날부터 그 효력을 잃는다. 이 경우 국토교통부장관 또는 시·도지사는 관보 또는 공보에 게재하여 그 사실을 고시하여야 한다.

(3) 행위제한

① 시가화조정구역 안에서 시행할 수 있는 도시·군계획사업: 시가화조정구역 안에서의 도시·군계획사업은 국방상 또는 공익상 시가화조정구역 안에서의 사업시행이 불가피한 것으로서, 관계 중앙행정기관의 장의 요청에 의하여 국토교통부장관이 시가화조정구역 지정목적의 수행에 지장이 없다고 인정하는 도시·군계획사업에 한하여 이를 시행한다(원칙적 금지).

② 시가화조정구역 안에서의 구체적 행위제한(허가대상): 특별시장·광역시장, 특별자치시장, 특별자치도지사, 시장·군수의 허가(신고대상은 규정되어 있지 않다는 점에 주의함)

핵심 암기

- 시가화조정구역에서 입목의 벌채, 조림, 육림 행위는 허가 없이 할 수 있다(×).
- 시가화조정구역의 지정에 관한 도시·군관리계획 결정은 시가화유보기간이 끝난 날의 다음날부터 그 효력을 잃는다(○).
- 시가화조정구역의 지정에 관한 도시·군관리계획결정의 실효에 대하여는 별도의 고시를 요하지 않는다(×).
- 시가화조정구역 안에서는 도시·군계획사업에 의하는 경우가 아니라 하더라도 공익시설·공공시설은 허가없이 설치할 수 있다(×).
- 도시의 자연환경 및 경관을 보호하고 도시민에게 건전한 여가·휴식공간을 제공하기 위하여 도시지역 안에서 식생이 양호한 산지의 개발을 제한할 필요가 있다고 인정되는 지역을 개발제한구역으로 지정할 수 있다(×).

28

국토의 계획 및 이용에 관한 법령상 용도구역의 지정에 관한 설명으로 옳은 것은?

① 국토교통부장관은 개발제한구역의 지정을 도시·군기본계획으로 결정할 수 있다.

② 시·도지사는 도시자연공원구역의 지정을 광역도시계획으로 결정할 수 있다.

③ 시·도지사는 도시자연공원구역에서 해제되는 구역 중 계획적인 개발이 필요한 지역의 전부 또는 일부에 대하여 지구단위계획구역을 도시·군관리계획으로 지정할 수 있다.

④ 시·도지사는 수산자원보호구역의 변경을 도시·군기본계획으로 결정할 수 있다.

⑤ 국토교통부장관은 시가화조정구역의 변경을 광역도시계획으로 결정할 수 있다.

29

국토의 계획 및 이용에 관한 법령상 시가화조정구역에 관한 설명으로 옳은 것은?

① 시가화조정구역은 도시지역과 그 주변지역의 무질서한 시가화를 방지하고 계획적·단계적인 개발을 도모하기 위하여 시·도지사가 도시·군기본계획으로 결정하여 지정하는 용도구역이다.

② 시가화유보기간은 5년 이상 20년 이내의 기간이다.

③ 시가화유보기간이 끝나면 국토교통부장관 또는 시·도지사는 이를 고시하여야 하고, 시가화조정구역 지정 결정은 그 고시일 다음 날부터 그 효력을 잃는다.

④ 공익상 그 구역안에서의 사업시행이 불가피한 것으로서 주민의 요청에 의하여 시·도지사가 시가화조정구역의 지정목적 달성에 지장이 없다고 인정한 도시·군계획사업은 시가화조정구역에서 시행할 수 있다.

⑤ 시가화조정구역에서 입목의 벌채, 조림, 육림 행위는 허가 없이 할 수 있다.

㉠ 다음에 해당하는 농업·임업 또는 어업용 건축물과 공작물

> ⓐ 축 사 　　ⓑ 퇴비사 　　ⓒ 잠 실 　　ⓓ 양어장
> ⓔ 창고(저장 및 보관시설을 포함한다)
> ⓕ 생산시설(단순가공시설을 포함한다)
> ⓖ 관리용 건축물로서 기존 관리용 건축물의 면적을 포함하여 $33m^2$ 이하인 것

㉡ 주택 및 그 부속건축물의 건축으로서 다음에 해당하는 행위

> ⓐ 주택의 증축: 기존 주택의 면적을 포함하여 100㎡ 이하에 해당하는 면적의 증축
> ⓑ 부속건축물의 건축: 기존 건축물의 면적을 포함하여 33㎡ 이하의 신축·증축·재축 또는 대수선
> ⊕ 이 경우 주택 이외의 건축은 허용되지 않으며, 주택이라도 신축은 허가대상이 아니다.

㉢ 다음에 해당하는 마을공동시설의 설치

> ⓐ 농로·제방 및 사방시설의 설치
> ⓑ 새마을회관의 설치
> ⓒ 정자 등 간이휴게소의 설치
> ⓓ 농기계수리소 및 농기계용 유류판매소(개인 소유의 것을 포함한다)의 설치
> ⓕ 선착장 및 물양장(소형선 부두)의 설치

㉣ 다음에 해당하는 공익시설·공용시설 및 공동시설 등

> ⓐ 「공익사업을 위한 토지 등의 취득 및 보상에 관한 법률」 제4조에 해당하는 공익사업을 위한 시설의 설치
> ⓑ 국가유산의 복원과 국가유산관리용 건축물의 설치
> ⓒ 보건소·경찰파출소·119 안전센터·우체국 및 읍·면·동사무소의 설치
> ⓓ 공공도서관·전신전화국·직업훈련소·연구소·양수장·초소·대피소 및 공중화장실과 예비군 운영에 필요한 시설의 설치

㉤ 광공업 등을 위한 건축물 및 공작물의 설치

㉥ 입목의 벌채, 조림, 육림, 토석의 채취

③ 특별시장·광역시장·특별자치시장·특별자치도지사·시장 또는 군수는 다음에 해당하는 행위에 대하여는 특별한 사유가 없는 한 허가를 거부할 수 없다.

> ㉠ 개발행위허가를 받지 아니하고 행할 수 있는 경미한 행위
> ㉡ 다음에 해당하는 행위
> 　ⓐ 축사의 설치: 1가구당 기존 축사의 면적을 포함하여 300㎡이하
> 　ⓑ 퇴비사의 설치: 1가구당 기존 퇴비사의 면적을 포함하여 100㎡이하
> 　ⓒ 잠실의 설치: 뽕나무밭 조성면적 2천㎡당 또는 뽕나무 1천800주당 50㎡이하
> 　ⓓ 창고의 설치: 기존 창고면적을 포함하여 그 토지면적의 0.5% 이하
> 　ⓔ 관리용 건축물의 설치
> ㉢ 「건축법」에 의한 건축신고로서 건축허가를 갈음하는 행위

3. 개발제한구역

(1) 지정권자(국토교통부장관만 지정)

국토교통부장관은 도시의 무질서한 확산을 방지하고 도시주변의 자연환경을 보전하여 도시민의 건전한 생활환경을 확보하기 위하여 도시의 개발을 제한할 필요가 있거나 국방부장관의 요청이 있어 보안상 도시의 개발을 제한할 필요가 있다고 인정되면 개발제한구역의 지정 또는 변경을 도시·군관리계획으로 결정할 수 있다.

(2) 개발제한구역 안에서의 행위제한

개발제한구역 안에서의 행위제한 그 밖에 개발제한구역의 관리에 필요한 사항은 따로 법률(개발제한구역의 지정 및 관리에 관한 특별조치법)로 정한다.

4. 수산자원보호구역

(1) 수산자원보호구역의 지정(해양수산부장관이 지정)

해양수산부장관은 직접 또는 관계 행정기관의 장의 요청을 받아 수산자원의 보호·육성을 위하여 필요한 공유수면이나 그에 인접된 토지에 대한 수산자원보호구역의 지정 또는 변경을 도시·군관리계획으로 결정할 수 있다.

(2) 수산자원보호구역에서의 행위제한: 수산자원관리법 적용

5. 도시자연공원구역

(1) 지정권자(시·도지사, 대도시 시장 = 국토교통부장관은 아님)

시·도지사, 대도시 시장은 도시의 자연환경 및 경관을 보호하고 도시민에게 건전한 여가·휴식공간을 제공하기 위하여 도시지역 안의 식생이 양호한 산지(山地)의 개발을 제한할 필요가 있다고 인정하는 경우에는 도시자연공원구역의 지정 또는 변경을 도시·군관리계획으로 결정할 수 있다.

(2) 도시자연공원구역 안에서의 행위제한

도시자연공원구역 안에서의 행위제한 등 도시자연공원구역의 관리에 관하여 필요한 사항은 따로 법률(도시공원 및 녹지 등에 관한 법률)로 정한다.

6. 도시혁신구역(용도와 밀도(건폐율과 용적률) 완화/도심의 고밀·복합공간 개발 – 도시규제 제약 없이 창의적인 개발이 가능 – 제40조의3)

(1) 도시혁신구역의 지정 대상

제35조의6 제1항에 따른 공간재구조화계획 결정권자(공간재구조화계획 결정권자)는 다음 각 호의 어느 하나에 해당하는 지역을 도시혁신구역으로 지정할 수 있다(법 제40조의3 제1항, 영 제32조의 3).

확인문제

📖 **핵심 암기**

📍 다른 법률에서 제35조의6에 따른 공간재구조화계획의 결정을 의제하고 있는 경우에도 이 법에 따르지 아니하고 도시혁신구역의 지정과 도시혁신계획을 결정할 수 없다(○).

📍 도시혁신구역으로 지정된 지역은 「건축법」 제69조에 따른 특별건축구역으로 지정된 것으로 본다(○).

📍 복합용도구역으로 지정된 지역은 「건축법」 제69조에 따른 특별건축구역으로 지정된 것으로 본다(○).

📍 용도지역 및 용도지구에 따른 제한에도 불구하고 복합용도구역에서의 건축물이나 그 밖의 시설의 용도·종류 및 규모 등의 제한에 관한 사항은 대통령령으로 정하는 범위에서 복합용도계획으로 따로 정한다(○).

㉠ 도시·군기본계획에 따른 도심·부도심 또는 생활권의 중심지역

㉡ 주요 기반시설과 연계하여 지역의 거점 역할을 수행할 수 있는 지역

㉢ 그 밖에 도시공간의 창의적이고 혁신적인 개발이 필요하다고 인정되는 경우로서 대통령령으로 정하는 다음의 지역

　㉮ 유휴토지 또는 대규모 시설의 이전부지

　㉯ 그 밖에 도시공간의 창의적이고 혁신적인 개발이 필요하다고 인정되는 지역으로서 해당 시·도의 도시·군계획조례로 정하는 지역

(2) 도시혁신계획의 내용

도시혁신계획에는 도시혁신구역의 지정 목적을 이루기 위하여 다음 각 호에 관한 사항이 포함되어야 한다(법 제40조의 3 제2항).

> 1. 용도지역·용도지구, 도시·군계획시설 및 지구단위계획의 결정에 관한 사항
> 2. 주요 기반시설의 확보에 관한 사항
> 3. 건축물의 건폐율·용적률·높이에 관한 사항
> 4. 건축물의 용도·종류 및 규모 등에 관한 사항
> 5. 제83조의3에 따른 다른 법률 규정 적용의 완화 또는 배제에 관한 사항
> 6. 도시혁신구역 내 개발사업 및 개발사업의 시행자 등에 관한 사항
> 7. 그 밖에 도시혁신구역의 체계적 개발과 관리에 필요한 사항

(3) 공간재구조화계획의 결정

① 도시혁신구역의 지정 및 변경과 도시혁신계획은 다음 각 호의 사항을 종합적으로 고려하여 공간재구조화계획으로 결정한다(법 제40조의 3 제3항).

> 1. 도시혁신구역의 지정 목적
> 2. 해당 지역의 용도지역·기반시설 등 토지이용 현황
> 3. 도시·군기본계획 등 상위계획과의 부합성
> 4. 주변 지역의 기반시설, 경관, 환경 등에 미치는 영향 및 도시환경 개선·정비 효과
> 5. 도시의 개발 수요 및 지역에 미치는 사회적·경제적 파급효과

② 다른 법률에서 제35조의6에 따른 공간재구조화계획의 결정을 의제하고 있는 경우에도 이 법에 따르지 아니하고 도시혁신구역의 지정과 도시혁신계획을 결정할 수 없다(법 제40조의 3 제4항).

③ 공간재구조화계획 결정권자가 제3항에 따른 공간재구조화계획을 결정하기 위하여 제35조의6 제2항에 따라 관계 행정기관의 장과 협의하는 경우 협의 요청을 받은 기관의 장은 그 요청을 받은 날부터 10일(근무일 기준) 이내에 의견을 회신하여야 한다(법 제40조의 3 제5항).

④ 도시혁신구역 및 도시혁신계획에 관한 도시·군관리계획 결정의 실효, 도시혁신구역에서의 건축 등에 관하여 다른 특별한 규정이 없으면 제53조 및 제54조를 준

용한다. 이 경우 "지구단위계획구역"은 "도시혁신구역"으로, "지구단위계획"은 "도시혁신계획"으로 본다(법 제40조의 3 제6항).

⑤ 도시혁신구역의 지정 및 변경과 도시혁신계획의 수립 및 변경에 관한 세부적인 사항은 국토교통부장관이 정하여 고시한다(법 제40조의 3 제7항).

※ 공간재구조화계획: 특정 지역에 도시혁신구역과 복합용도구역을 적용할 경우 인근의 주거 · 교통 계획, 기반시설 등에 변화가 예상되므로 사전 영향 검토가 필요하여 도시 전체에 미치는 영향 등을 담은 '공간재구조화계획'을 수립해 지역 단위의 공간계획을 종합적으로 검토하기 위한 계획

(4) 도시혁신구역에서의 행위 제한

용도지역 및 용도지구에 따른 제한에도 불구하고 도시혁신구역에서의 토지의 이용, 건축물이나 그 밖의 시설의 용도 · 건폐율 · 용적률 · 높이 등에 관한 제한 및 그 밖에 대통령령으로 정하는 사항에 관하여는 도시혁신계획으로 따로 정한다(제80조의4).

(5) 도시혁신구역에서의 다른 법률의 적용 특례 등(법 제83조의3)

① 도시혁신구역에 대하여는 다음 각 호의 법률 규정에도 불구하고 도시혁신계획으로 따로 정할 수 있다.

  1. 「주택법」제35조에 따른 주택의 배치, 부대시설 · 복리시설의 설치기준 및 대지조성기준
  2. 「주차장법」제19조에 따른 부설주차장의 설치
  3. 「문화예술진흥법」제9조에 따른 건축물에 대한 미술작품의 설치
  4. 「건축법」제43조에 따른 공개 공지 등의 확보
  5. 「도시공원 및 녹지 등에 관한 법률」제14조에 따른 도시공원 또는 녹지 확보기준
  6. 「학교용지 확보 등에 관한 특례법」제3조에 따른 학교용지의 조성 · 개발 기준

② 도시혁신구역으로 지정된 지역은 「건축법」제69조에 따른 특별건축구역으로 지정된 것으로 본다.

③ 시 · 도지사 또는 시장 · 군수 · 구청장은 「건축법」제70조에도 불구하고 도시혁신구역에서 건축하는 건축물을 같은 법 제73조에 따라 건축기준 등의 특례사항을 적용하여 건축할 수 있는 건축물에 포함시킬 수 있다.

④ 도시혁신구역의 지정 · 변경 및 도시혁신계획 결정의 고시는 「도시개발법」제5조에 따른 개발계획의 내용에 부합하는 경우 같은 법 제9조 제1항에 따른 도시개발구역의 지정 및 개발계획 수립의 고시로 본다. 이 경우 도시혁신계획에서 정한 시행자는 같은 법 제11조에 따른 사업시행자 지정요건 및 도시개발구역 지정 제안 요건 등을 갖춘 경우에 한정하여 같은 법에 따른 도시개발사업의 시행자로 지정된 것으로 본다.

7. 복합용도구역(용도완화/노후지역에서 새로운 도시기능을 추가하여 활성화 - 도심 유휴부지에 용도지역의 변경 없이도 다른 용도시설의 설치가 허용 - 제40조의4)

(1) 복합용도구역의 지정대상

공간재구조화계획 결정권자는 다음 각 호의 어느 하나에 해당하는 지역을 복합용도구역으로 지정할 수 있다(법 제40조의 4 제1항, 영 제32조의 4).

> 1. 산업구조 또는 경제활동의 변화로 복합적 토지이용이 필요한 지역
> 2. 노후 건축물 등이 밀집하여 단계적 정비가 필요한 지역
> 3. 그 밖에 복합된 공간이용을 촉진하고 다양한 도시공간을 조성하기 위하여 계획적 관리가 필요하다고 인정되는 경우로서 대통령령으로 정하는 다음의 지역
>   ㉠ 복합용도구역으로 지정하려는 지역이 둘 이상의 용도지역에 걸치는 경우로서 토지를 효율적으로 이용하기 위해 건축물의 용도, 종류 및 규모 등을 통합적으로 관리할 필요가 있는 지역
>   ㉡ 그 밖에 복합된 공간이용을 촉진하고 다양한 도시공간을 조성하기 위해 계획적 관리가 필요하다고 인정되는 지역으로서 해당 시·도의 도시·군계획조례로 정하는 지역

(2) 복합용도계획의 내용

복합용도계획에는 복합용도구역의 지정 목적을 이루기 위하여 다음 각 호에 관한 사항이 포함되어야 한다(법 제40조의 4 제2항).

> 1. 용도지역·용도지구, 도시·군계획시설 및 지구단위계획의 결정에 관한 사항
> 2. 주요 기반시설의 확보에 관한 사항
> 3. 건축물의 용도별 복합적인 배치비율 및 규모 등에 관한 사항
> 4. 건축물의 건폐율·용적률·높이에 관한 사항
> 5. 제83조의4에 따른 특별건축구역계획에 관한 사항
> 6. 그 밖에 복합용도구역의 체계적 개발과 관리에 필요한 사항

(3) 공간재구조화계획의 결정

① 복합용도구역의 지정 및 변경과 복합용도계획은 다음 각 호의 사항을 종합적으로 고려하여 공간재구조화계획으로 결정한다(법 제40조의 4 제3항).

> 1. 복합용도구역의 지정 목적
> 2. 해당 지역의 용도지역·기반시설 등 토지이용 현황
> 3. 도시·군기본계획 등 상위계획과의 부합성
> 4. 주변 지역의 기반시설, 경관, 환경 등에 미치는 영향 및 도시환경 개선·정비 효과

② 복합용도구역 및 복합용도계획에 관한 도시·군관리계획 결정의 실효, 복합용도구역에서의 건축 등에 관하여 다른 특별한 규정이 없으면 제53조 및 제54조를 준용한다. 이 경우 "지구단위계획구역"은 "복합용도구역"으로, "지구단위계획"은 "복합용도계획"으로 본다(법 제40조의 4 제4항).

31
국토의 계획 및 이용에 관한 법령상 해당 구역으로 지정되면 「건축법」 제69조에 따른 특별건축구역으로 지정된 것으로 보는 구역을 모두 고른 것은?

> ㉠ 도시혁신구역
> ㉡ 복합용도구역
> ㉢ 시가화조정구역
> ㉣ 도시자연공원구역

① ㉠
② ㉠, ㉡
③ ㉢, ㉣
④ ㉡, ㉢, ㉣
⑤ ㉠, ㉡, ㉢, ㉣

③ 복합용도구역의 지정 및 변경과 복합용도계획의 수립 및 변경에 관한 세부적인 사항은 국토교통부장관이 정하여 고시한다(법 제40조의 4 제5항).

⑷ **복합용도구역에서의 행위 제한**

① 용도지역 및 용도지구에 따른 제한에도 불구하고 복합용도구역에서의 건축물이나 그 밖의 시설의 용도·종류 및 규모 등의 제한에 관한 사항은 대통령령으로 정하는 범위에서 복합용도계획으로 따로 정한다(제80조의5 제1항).

② 복합용도구역에서의 건폐율과 용적률은 제77조 제1항 각 호 및 제78조 제1항 각 호에 따른 용도지역별 건폐율과 용적률의 최대한도의 범위에서 복합용도계획으로 정한다(제80조의5 제2항).

③ 복합용도구역으로 지정된 지역은 「건축법」 제69조에 따른 특별건축구역으로 지정된 것으로 본다(법 제83조의 4 제1항).

8. **도시·군계획시설입체복합구역**(도시기반시설(터미널, 공공청사)부지의 용도, 밀도완화 – 체육시설·대학교·터미널 등 도시계획시설에 복합적인 공공서비스 수요를 수용 – 제40조의5)

① 제29조에 따른 도시·군관리계획의 결정권자(도시·군관리계획 결정권자)는 도시·군계획시설의 입체복합적 활용을 위하여 다음 각 호의 어느 하나에 해당하는 경우에 도시·군계획시설이 결정된 토지의 전부 또는 일부를 도시·군계획시설입체복합구역(이하 "입체복합구역"이라 한다)으로 지정할 수 있다(법 제40조의 5 제1항, 영 제32조의 5 제1항).

> 1. 도시·군계획시설 준공 후 10년이 경과한 경우로서 해당 시설의 개량 또는 정비가 필요한 경우
> 2. 주변지역 정비 또는 지역경제 활성화를 위하여 기반시설의 복합적 이용이 필요한 경우
> 3. 첨단기술을 적용한 새로운 형태의 기반시설 구축 등이 필요한 경우
> 4. 그 밖에 효율적이고 복합적인 도시 군계획시설의 조성을 위해 필요한 경우로서 해당 시·도 또는 대도시의 도시 군계획조례로 정하는 경우

② 이 법 또는 다른 법률의 규정에도 불구하고 입체복합구역에서의 도시·군계획시설과 도시·군계획시설이 아닌 시설에 대한 건축물이나 그 밖의 시설의 용도·종류 및 규모 등의 제한(이하 이 조에서 "건축제한"이라 한다), 건폐율, 용적률, 높이 등은 대통령령으로 정하는 다음의 범위에서 따로 정할 수 있다. 다만, 다른 법률에 따라 정하여진 건축제한, 건폐율, 용적률, 높이 등을 완화하는 경우에는 미리 관계 기관의 장과 협의하여야 한다(법 제40조의 5 제2항, 영 제32조의 5 제2항).

1. 입체복합구역에서의 도시·군계획시설과 도시·군계획시설이 아닌 시설에 대한 건축물이나 그 밖의 시설의 용도·종류 및 규모 등의 제한: 다음 각 목의 구분에 따른 범위

가. 도시지역의 경우: 법 제36조 제1항 제1호의 도시지역에서 허용되는 범위

나. 관리지역, 농림지역 및 자연환경보전지역의 경우: 법 제36조 제1항 제2호 다 목의 계획관리지역에서 허용되는 범위

2. 입체복합구역 안에서의 건폐율: 제84조 제1항 각 호에 따른 해당 용도지역별 건폐율의 최대한도의 150퍼센트 이하의 범위. 이 경우 건폐율은 도시·군계획시설과 도시·군계획시설이 아닌 시설의 건축면적의 합을 기준으로 한다.

3. 입체복합구역 안에서의 용적률: 제85조 제1항 각 호에 따른 해당 용도지역별 용적률의 최대한도의 200퍼센트 이하의 범위. 이 경우 용적률은 도시·군계획시설과 도시·군계획시설이 아닌 시설의 바닥면적의 합을 기준으로 한다.

4. 입체복합구역 안에서의 건축물의 높이: 다음 각 목의 구분에 따른 범위

가. 「건축법」 제60조에 따라 제한된 높이의 150퍼센트 이하의 범위

나. 「건축법」 제61조 제2항에 따른 채광 등의 확보를 위한 건축물의 높이 제한의 200퍼센트 이하의 범위

③ 위 ②에 따라 정하는 건폐율과 용적률은 제77조 및 제78조에 따라 대통령령으로 정하고 있는 해당 용도지역별 최대한도의 200퍼센트 이하로 한다(법 제40조의 5 제3항).

④ 그 밖에 입체복합구역의 지정·변경 등에 필요한 사항은 국토교통부장관이 정한다.

9. 도시혁신구역, 복합용도구역, 입체복합구역에 대한 공공시설등의 설치비용(제40조의6)

① 다음 각 호의 어느 하나에 해당하는 구역 안에서 개발사업이나 개발행위를 하려는 자(제26조 제1항 제5호에 따라 도시·군관리계획을 입안하거나 제35조의3에 따라 공간재구조화계획을 입안하는 경우 입안 제안자를 포함한다)는 건축물이나 그 밖의 시설의 용도, 건폐율, 용적률 등의 건축제한 완화 또는 행위제한 완화로 인한 토지가치 상승분(「감정평가 및 감정평가사에 관한 법률」에 따른 감정평가법인등이 해당 구역에 따른 계획 등의 변경 전·후에 대하여 각각 감정평가한 토지가액의 차이를 말한다)의 범위에서 해당 구역에 따른 계획으로 정하는 바에 따라 해당 구역 안에 제52조의2 제1항 각 호의 시설(이하 이 조 및 제52조의2에서 "공공시설등"이라 한다)의 부지를 제공하거나 공공시설등을 설치하여 제공하도록 하여야 한다.

1. 제40조의3에 따른 **도시혁신구역**
2. 제40조의4에 따른 **복합용도구역**
3. 제40조의5에 따른 **입체복합구역**

② 위 ①에 따른 공공시설등의 부지제공과 설치, 비용납부 등에 관하여는 제52조의2 제2항부터 제6항까지를 준용한다. 이 경우 "지구단위계획구역"은 각각 "도시혁신구역", "복합용도구역", "입체복합구역"으로, "지구단위계획"은 각각 "도시혁신계획", "복합용도계획", "도시·군관리계획"으로 본다.

① 개발제한구역 안에서의 건축제한: 「개발제한구역의 지정 및 관리에 관한 특별조치법」
② 도시자연공원구역 안에서의 건축제한: 「도시공원 및 녹지 등에 관한 법률」
③ 시가화조정구역 안에서의 건축제한: 국토의 계획 및 이용에 관한 법률 제87조부터 제89조까지의 규정
④ 수산자원보호구역 안에서의 건축제한: 「수산자원관리법」

제11절 기반시설 및 도시·군계획시설사업의 시행

21회, 22회, 23회, 24회, 26회, 27회, 28회, 29회, 34회, 35회

1. 도시·군계획시설의 의의

'도시·군계획시설'이라 함은 기반시설 중 도시·군관리계획으로 결정된 시설을 말한다.

(1) 기반시설의 종류 25회, 26회, 28회

㉠ 교통시설: 도로·철도·항만·공항·주차장·자동차정류장·궤도·차량검사 및 운전면허시설
㉡ 공간시설: 광장·공원·녹지·유원지·공공공지
㉢ 유통·공급시설: 유통업무설비, 수도·전기·가스·열공급설비, 방송·통신시설, 공동구·시장, 유류저장 및 송유설비
㉣ 공공·문화체육시설: 학교·공공청사·문화시설·공공필요성이 인정되는 체육시설·연구시설·사회복지시설·공공직업훈련시설·청소년수련시설
㉤ 방재시설: 하천·유수지·저수지·방화설비·방풍설비·방수설비·사방설비·방조설비
㉥ 보건위생시설: 장사시설·도축장·종합의료시설
㉦ 환경기초시설: 하수도·폐기물처리 및 재활용시설·빗물저장 및 이용시설·수질오염방지시설·폐차장

▶ 핵심 암기

○ 도시·군계획시설은 교통시설, 공간시설 등 기반시설 중 도시·군관리계획으로 결정된 시설을 말한다(○).
○ 「택지개발촉진법」에 따른 택지개발지구가 200만제곱미터를 초과하는 경우에는 공동구를 설치하여야 한다(○).
○ 자전거전용도로는 기반시설에 해당하지 않는다(×).
○ 도시·군계획시설사업의 시행자가 행정청인 경우, 시행자의 처분에 대해서는 행정심판을 제기할 수 없다(×).
○ 공동구가 설치된 경우 하수도관은 공동구협의회의 심의를 거쳐 공동구에 수용할 수 있다(○).
○ 시설결정의 고시일부터 20년이 지날 때까지 시설사업이 시행되지 아니하는 경우 그 시설결정은 20년이 되는 날에 효력을 잃는다(×).

제1장 국토의 계획 및 이용에 관한 법률 63

32

국토의 계획 및 이용에 관한 법령상 기반시설의 종류와 그 해당 시설의 연결이 틀린 것은?

① 교통시설 – 차량검사 및 면허 시설
② 공간시설 – 녹지
③ 유통 · 공급시설 – 방송 · 통신시설
④ 공공 · 문화체육시설 – 학교
⑤ 보건위생시설 – 폐기물처리 및 재활용시설

33

국토의 계획 및 이용에 관한 법령상 기반시설인 자동차정류장을 세분할 경우 이에 해당하지 않는 것은?

① 화물터미널
② 공영차고지
③ 복합환승센터
④ 화물자동차 휴게소
⑤ 교통광장

(2) 기반시설의 세분 27회

기반시설 중 도로 · 자동차정류장 및 광장은 다음과 같이 세분할 수 있다.

도로	• 일반도로 • 보행자전용도로 • 지하도로	• 자동차전용도로 • 보행자우선도로	• 자전거전용도로 • 고가도로
자동차정류장	• 여객자동차터미널 • 공동차고지 • 환승센터	• 화물터미널 • 화물자동차휴게소	• 공영차고지 • 복합환승센터
광장	• 교통광장 • 지하광장	• 일반광장 • 건축물부설광장	• 경관광장

2. 도시 · 군계획시설의 설치 · 관리

(1) 설치방법

① 원칙: 지상 · 수상 · 공중 · 수중 또는 지하에 기반시설을 설치하려면 그 시설의 종류 · 명칭 · 위치 · 규모 등을 미리 도시 · 군관리계획으로 결정하여야 한다.

② 예외: 다만, 용도지역 · 기반시설의 특성 등을 감안하여 대통령령이 정하는 다음의 경우에는 그러하지 아니하다(도시 · 군관리계획에 의하지 아니하고 설치할 수 있는 기반시설임).25회, 33회

> ㉠ 도시지역 또는 지구단위계획구역에서 다음의 기반시설을 설치하고자 하는 경우
> ⓐ 주차장, 차량검사 및 운전면허시설, 공공공지, 공공청사, 열공급설비, 방송 · 통신시설, 시장 · 문화시설 · 공공필요성이 인정되는 체육시설 · 연구시설 · 사회복지시설 · 공공직업 훈련시설 · 청소년수련시설 · 저수지 · 방화설비 · 방풍설비 · 방수설비 · 사방설비 · 방조설비 · 장사시설 · 종합의료시설 · 빗물저장 및 이용시설 · 폐차장
> ⓑ 「도시공원 및 녹지 등에 관한 법률」의 규정에 의하여 점용허가대상이 되는 공원안의 기반시설
> ⓒ 폐기물처리 및 재활용시설 중 재활용시설
> ⓓ 공항중 「항공법 시행령」 제10조 제3호의 규정에 의한 도심공항터미널
> ⓔ 여객자동차터미널중 전세버스운송사업용 여객자동차터미널
> ⓕ 광장중 건축물부설광장
> ⓖ 대지면적이 500제곱미터 미만인 도축장
> ㉡ 도시지역 및 지구단위계획구역 외의 지역에서 다음의 기반시설을 설치하고자 하는 경우
> ⓐ 위 ㉠의 ⓐ 및 ⓑ의 기반시설
> ⓑ 궤도 및 전기공급설비

③ 효율적인 토지이용을 위하여 둘 이상의 도시 · 군계획시설을 같은 토지에 함께 결정하거나 도시 · 군계획시설이 위치하는 공간의 일부를 구획하여 도시 · 군계획시설을 결정할 수 있다.

(2) 설치기준

도시 · 군계획시설의 결정 · 구조 및 설치의 기준 등에 필요한 사항은 국토교통부령으로 정하고, 그 세부사항은 국토교통부령으로 정하는 범위에서 시 · 도의 조례로 정할 수 있다. 다만, 이 법 또는 다른 법률에 특별한 규정이 있는 경우에는 그에 따른다.

(3) 도시 · 군계획시설의 관리

도시 · 군계획시설의 관리에 관하여 이 법 또는 다른 법률에 특별한 규정이 있는 경우 외에는 국가가 관리하는 경우에는 대통령령으로, 지방자치단체가 관리하는 경우에는 그 지방자치단체의 조례로 도시 · 군계획시설의 관리에 관한 사항을 정한다.

3. 광역시설의 설치 · 관리 ^{28회}

(1) 광역시설이란 기반시설 중 광역적인 정비체계가 필요한 다음의 시설을 말한다.

> ① 2 이상의 특별시 · 광역시 · 특별자치시 · 특별자치도 · 시 또는 군(광역시의 관할구역 안에 있는 군을 제외한다)의 관할구역에 걸치는 시설: 도로 · 철도 · 광장 · 녹지, 수도 · 전기 · 가스 · 열공급설비, 방송 · 통신시설, 공동구, 유류저장 및 송유설비, 하천 · 하수도(하수종말처리시설을 제외한다)
>
> ② 2 이상의 특별시 · 광역시 · 특별자치시 · 특별자치도 · 시 또는 군이 공동으로 이용하는 시설: 항만 · 공항 · 자동차정류장 · 공원 · 유원지 · 유통업무설비 · 문화시설 · 공공필요성이 인정되는 체육시설 · 사회복지시설 · 공공직업훈련시설 · 청소년수련시설 · 유수지 · 장사시설 · 도축장 · 하수도(하수종말처리시설에 한한다) · 폐기물처리 및 재활용시설 · 수질오염방지시설 · 폐차장

(2) 설치 · 관리

① 원칙: 도시 · 군계획시설의 설치 · 관리(법 제43조)에 관한 규정에 의한다.

② 예외

  ㉠ 협약체결 · 협의회구성에 의한 설치 · 관리

  ㉡ 협약체결 · 협의회구성 등의 불성립시: 도지사가 설치가능

  ㉢ 국가계획으로 설치하는 광역시설: 특수법인

③ 도시 · 군계획시설을 공중 · 수중 · 수상 또는 지하에 설치하는 경우 그 높이나 깊이의 기준과 그 설치로 인하여 토지나 건물의 소유권 행사에 제한을 받는 자에 대한 보상 등에 관하여는 따로 법률로 정한다.

4. 공동구의 설치 및 관리 ^{25회, 26회, 31회}

(1) 의의

'공동구'라 함은 지하매설물(전기 · 가스 · 수도 등의 공급설비, 통신시설, 하수도시설 등)을 공동수용함으로써 미관의 개선, 도로구조의 보전 및 교통의 원활한 소통을 기하기 위하여 지하에 설치하는 시설물을 말한다.

35

국토의 계획 및 이용에 관한 법령상 도시·군계획시설(이하 '시설'이라 함)에 관한 설명으로 옳은 것은?

① 시설결정의 고시일부터 10년 이내에 실시계획의 인가만 있고 시설사업이 진행되지 아니하는 경우 그 부지의 소유자는 그 토지의 매수를 청구할 수 있다.

② 공동구가 설치된 경우 쓰레기수송관은 공동구협의회의 심의를 거쳐야 공동구에 수용할 수 있다.

③ 「택지개발촉진법」에 따른 택지개발지구가 200만제곱미터를 초과하는 경우에는 공동구를 설치하여야 한다.

④ 시설결정의 고시일부터 20년이 지날 때까지 시설사업이 시행되지 아니하는 경우 그 시설결정은 20년이 되는 날에 효력을 잃는다.

⑤ 시설결정의 고시일부터 10년 이내에 시설사업이 시행되지 아니하는 경우 그 부지 내에 건물만을 소유한 자도 시설결정 해제를 위한 도시·군관리계획 입안을 신청할 수 있다.

(2) 공동구의 설치

① 다음에 해당하는 지역·지구·구역 등이 200만㎡를 초과하는 경우에는 해당 지역 등에서 개발사업을 시행하는 자(이하 '사업시행자')는 공동구를 설치하여야 한다.

> ㉠ 「도시개발법」에 따른 **도시개발구역**
> ㉡ 「택지개발촉진법」에 따른 **택지개발지구**
> ㉢ 「경제자유구역의 지정 및 운영에 관한 특별법」에 따른 **경제자유구역**
> ㉣ 「도시 및 주거환경정비법」에 따른 **정비구역**
> ㉤ 그 밖에 대통령령으로 정하는 다음의 지역(영 제35조의2 제2항)
>   • 「공공주택 특별법」에 따른 **공공주택지구**
>   • 「도청이전을 위한 도시건설 및 지원에 관한 특별법」에 따른 **도청이전신도시**
> ※ 이 경우에도 일반산업단지는 공동구의 설치대상에 해당하지 않는다.

② 「도로법」 제23조에 따른 도로 관리청은 지하매설물의 빈번한 설치 및 유지관리 등의 행위로 인하여 도로구조의 보전과 안전하고 원활한 도로교통의 확보에 지장을 초래하는 경우에는 공동구 설치의 타당성을 검토하여야 한다. 이 경우 재정여건 및 설치 우선순위 등을 감안하여 단계적으로 공동구가 설치될 수 있도록 하여야 한다.

(3) 공동구의 수용의무

① 공동구가 설치된 경우에는 다음의 ㉠부터 ㉅까지의 시설을 공동구에 모두 수용되도록 하여야 한다.

> ㉠ 전선로   ㉡ 통신선로
> ㉢ 수도관   ㉣ 중수도관
> ㉤ 열수송관   ㉅ 쓰레기수송관
> ㉆ 가스관   ㉇ 하수도관, 그 밖의 시설
> ⊕ 이 경우 ㉆ 및 ㉇의 시설은 법 제44조의2 제4항에 따른 **공동구협의회**(이하 '공동구협의회'라 한다)의 심의를 거쳐 수용할 수 있다.

(4) 공동구 설치비용부담 등

① 공동구의 설치에 필요한 비용은 이 법 또는 다른 법률에 특별한 규정이 있는 경우를 제외하고는 **공동구 점용예정자와 사업시행자가 부담**한다. 이 경우 공동구 점용예정자는 해당 시설을 개별적으로 매설할 때 필요한 비용의 범위에서 대통령령으로 정하는 바에 따라 부담한다.

② 공동구 점용예정자와 사업시행자가 공동구 설치비용을 부담하는 경우 국가, 특별시장·광역시장·특별자치도지사·시장 또는 군수는 공동구의 원활한 설치를 위하여 그 비용의 일부를 보조 또는 융자할 수 있다.

(5) 공동구의 관리·운영 등

① 공동구의 관리의무: 공동구는 특별시장·광역시장·특별자치도지사·시장 또는 군수(이하 '공동구관리자')가 관리한다. 다만, 공동구의 효율적인 관리·운영을 위하여 필요하다고 인정하는 경우에는 대통령령으로 정하는 다음의 기관에 그 관리·운영을 위탁할 수 있다.

   ㉠ 「지방공기업법」에 따른 지방공사 또는 지방공단
   ㉡ 「시설물의 안전 및 유지관리에 관한 특별법」 제45조에 따른 한국시설안전공단
   ㉢ 공동구의 관리·운영에 전문성을 갖춘 기관으로서 특별시·광역시·특별자치시·특별자치도·시 또는 군의 도시·군계획조례로 정하는 기관

② 공동구의 안전 및 유지계획의 수립: 공동구관리자는 5년마다 일정한 내용을 포함하는 해당 공동구의 안전 및 유지관리계획을 대통령령으로 정하는 바에 따라 수립·시행하여야 한다.

③ 공동구의 안전점검실시의무: 공동구관리자는 대통령령으로 정하는 바에 따라 1년에 1회 이상 공동구의 안전점검을 실시하여야 하며, 안전점검결과 이상이 있다고 인정되는 때에는 지체없이 정밀안전진단·보수·보강 등 필요한 조치를 하여야 한다.

(6) 공동구의 관리비용 등

① 공동구의 관리에 소요되는 비용은 그 공동구를 점용하는 자가 함께 부담하되, 부담비율은 점용면적을 고려하여 공동구관리자가 정하며, 공동구의 관리에 드는 비용을 연 2회로 분할하여 납부하게 하여야 한다.

② 공동구 설치비용을 부담하지 아니한 자(부담액을 완납하지 아니한 자를 포함)가 공동구를 점용하거나 사용하려면 그 공동구를 관리하는 공동구관리자의 허가를 받아야 한다.

③ 공동구를 점용하거나 사용하는 자는 그 공동구를 관리하는 특별시·광역시·특별자치도·시 또는 군의 조례로 정하는 바에 따라 점용료 또는 사용료를 납부하여야 한다.

5. 단계별 집행계획의 수립

(1) 수립권자(도시·군관리계획 입안권자) 및 수립시기

① 원칙적 수립: 특별시장·광역시장·특별자치시장·특별자치도지사·시장 또는 군수는 도시·군계획시설에 대하여 도시·군계획시설결정의 고시일부터 3개월 이내에 대통령령으로 정하는 바에 따라 재원조달계획, 보상계획 등을 포함하는 단계별 집행계획을 수립하여야 한다. 다만, 대통령령으로 정하는 다음의 법률에 따라

확인문제

36
국토의 계획 및 이용에 관한 법령상 도시·군계획시설사업에 관한 설명으로 틀린 것은?
① 도시·군관리계획으로 결정된 하천의 정비사업은 도시·군계획시설사업에 해당한다.
② 한국토지주택공사가 도시·군계획시설사업의 시행자로 지정받으려면 사업 대상 토지 면적의 3분의 2 이상의 토지소유자의 동의를 얻어야 한다.
③ 도시·군계획시설사업의 시행자는 도시·군계획시설사업에 필요한 토지나 건축물을 수용할 수 있다.
④ 행정청인 도시·군계획시설사업의 시행자가 도시·군계획시설사업에 의하여 새로 공공시설을 설치한 경우 새로 설치된 공공시설은 그 시설을 관리할 관리청에 무상으로 귀속된다.
⑤ 도시·군계획시설결정의 고시일로부터 20년이 지날 때까지 그 시설의 설치에 관한 도시·군계획시설사업이 시행되지 아니하는 경우, 그 도시·군계획시설결정은 그 고시일로부터 20년이 되는 날의 다음날에 효력을 잃는다.

도시·군관리계획의 결정이 의제되는 경우에는 해당 도시·군계획시설결정의 고시일부터 2년 이내에 단계별 집행계획을 수립할 수 있다.

> ㉠ 「도시 및 주거환경정비법」
> ㉡ 「도시재정비 촉진을 위한 특별법」
> ㉢ 「도시재생 활성화 및 지원에 관한 특별법」

② 수립절차: 특별시장·광역시장·특별자치시장·특별자치도지사·시장 또는 군수는 규정에 의하여 단계별집행계획을 수립하고자 하는 때에는 미리 관계 행정기관의 장과 협의하여야 하며, 해당 지방의회의 의견을 들어야 한다.

③ 예외적 수립(국토교통부장관·도지사): 국토교통부장관이나 도지사가 직접 입안한 도시·군관리계획인 경우 국토교통부장관이나 도지사는 단계별 집행계획을 수립하여 해당 특별시장·광역시장·특별자치시장·특별자치도지사·시장 또는 군수에게 송부할 수 있다.

④ 공고: 단계별 집행계획은 당해 지방자치단체의 공보와 인터넷 홈페이지에 게재하는 방법으로 공고를 하여야 하며, 필요한 경우 전국 또는 해당 지방자치단체를 주된 보급지역으로 하는 일간신문에 게재하는 방법이나 방송 등의 방법을 병행할 수 있다.

(2) 단계별 집행계획의 구분

① 단계별 집행계획은 제1단계 집행계획과 제2단계 집행계획으로 구분하여 수립하되, 3년 이내에 시행하는 도시·군계획시설사업은 제1단계 집행계획에, 3년 후에 시행하는 도시·군계획시설사업은 제2단계 집행계획에 포함되도록 하여야 한다.

② 특별시장·광역시장·특별자치시장·특별자치도지사·시장 또는 군수는 매년 제2단계 집행계획을 검토하여 3년 이내에 도시·군계획시설사업을 시행할 도시·군계획시설은 이를 제1단계 집행계획에 포함시킬 수 있다.

6. 도시·군계획시설사업의 시행자

(1) 행정청인 시행자

① 단일한 행정구역인 경우: 도시·군계획시설사업의 시행자는 원칙적으로 특별시장·광역시장·특별자치시장·특별자치도지사·시장 또는 군수가 이 법 또는 다른 법률에 특별한 규정이 있는 경우 외에는 관할 구역 내의 도시·군계획시설사업을 시행한다.

② 둘 이상의 행정구역에 걸치는 경우

㉠ 사전 협의: 도시·군계획시설사업이 둘 이상의 특별시·광역시·특별자치시·특별자치도·시 또는 군의 관할 구역에 걸쳐 시행하게 되는 때에는 관계 특별시장·광역시장·특별자치시장·특별자치도지사·시장 또는 군수가 서로 협의하여 시행자를 정한다.

⊕ 한국토지주택공사, 지방공사 및 지방공단 등이 도시·군계획시설사업의 시행자로 지정을 받고자 하는 때에는 토지소유자의 동의를 받을 필요가 없다.

37
국토의 계획 및 이용에 관한 법령상 도시·군계획시설에 관한 설명으로 옳은 것은?

① 도시지역에서 사회복지시설을 설치하려면 미리 도시·군관리계획으로 결정하여야 한다.

② 도시·군계획시설 부지에 대한 매수청구의 대상은 지목이 대(垈)인 토지에 한정되며, 그 토지에 있는 건축물은 포함되지 않는다.

③ 용도지역 안에서의 건축물의 용도·종류 및 규모의 제한에 대한 규정은 도시·군계획시설에 대해서도 적용된다.

④ 도시·군계획시설 부지에서 도시·군관리계획을 입안하는 경우에는 그 계획의 입안을 위한 토지적성평가를 실시하지 아니할 수 있다.

⑤ 도시·군계획시설사업의 시행자가 행정청인 경우, 시행자의 처분에 대해서는 행정심판을 제기할 수 없다.

ⓛ 협의 불성립시: 협의가 성립되지 않을 경우 다음에 의하여 지정한다.

- 대상구역이 같은 도의 관할 구역 안에 있는 경우: 관할 도지사가 시행자 지정
- 대상구역이 2 이상의 시·도의 관할 구역에 걸치는 경우: 국토교통부장관이 시행자 지정

③ 예 외

㉠ 국가계획과 관련되거나 특히 필요하다고 인정시: 국토교통부장관은 국가계획과 관련되거나 그 밖에 특히 필요하다고 인정되는 때에는 관계 특별시장·광역시장·특별자치시장·특별자치도지사·시장 또는 군수의 의견을 들어 직접 도시·군계획시설사업을 시행할 수 있다.

㉡ 광역도시계획과 관련되거나 특히 필요하다고 인정시: 도지사는 광역도시계획과 관련되거나 기타 특히 필요하다고 인정되는 때에는 관계 시장 또는 군수의 의견을 들어 직접 도시·군계획시설사업을 시행할 수 있다.

(2) 비행정청인 시행자

위 (1)에서 열거한 시행자가 될 수 있는 자 외의 자는 국토교통부장관, 시·도지사, 시장 또는 군수로부터 시행자로 지정을 받아 도시·군계획시설사업을 시행할 수 있다.

(3) 민간시행자 지정시 토지소유자의 동의 등

국가 또는 지방자치단체, 기타 대통령령으로 정하는 공공기관, 지방공사 및 지방공단 등 공적주체 이외의 자(민간시행자)가 도시·군계획시설사업의 시행자로 지정을 받고자 하는 때에는 도시·군계획시설사업의 대상인 토지(국·공유지를 제외한다)면적의 3분의 2 이상에 해당하는 토지를 소유하고, 토지소유자 총수의 2분의 1 이상에 해당하는 자의 동의를 얻어야 한다.

7. 실시계획의 작성 등

(1) 실시계획의 작성

도시·군계획시설사업의 시행자는 다음의 내용을 포함하는 도시·군계획시설사업에 관한 실시계획을 작성하여야 한다.

① 사업의 종류 및 명칭
② 사업의 면적 또는 규모
③ 사업시행자의 성명 및 주소(법인인 경우에는 법인의 명칭 및 소재지와 대표자의 성명 및 주소)
④ 사업의 착수예정일 및 준공예정일

38
국토의 계획 및 이용에 관한 법령상 도시·군계획시설사업의 시행에 관한 설명으로 옳은 것은?

① 「도시 및 주거환경정비법」에 따라 도시·군관리계획의 결정이 의제되는 경우에는 해당 도시·군계획시설결정의 고시일부터 3개월 이내에 도시·군계획시설에 대하여 단계별 집행계획을 수립하여야 한다.

② 5년 이내에 시행하는 도시·군계획시설사업은 단계별 집행계획 중 제1단계 집행계획에 포함되어야 한다.

③ 한국토지주택공사가 도시·군계획시설사업의 시행자로 지정을 받으려면 토지소유자 총수의 3분의 2 이상에 해당하는 자의 동의를 얻어야 한다.

④ 국토교통부장관은 국가계획과 관련되거나 그 밖에 특히 필요하다고 인정되는 경우에는 관계 특별시장·광역시장·특별자치시장·특별자치도지사·시장 또는 군수의 의견을 들어 직접 도시·군계획시설사업을 시행할 수 있다.

⑤ 사업시행자는 도시·군계획시설사업 대상시설을 둘 이상으로 분할하여 도시·군계획시설사업을 시행하여서는 아니 된다.

(2) 실시계획의 인가

① 도시 · 군계획시설사업의 시행자(국토교통부장관, 시 · 도지사와 대도시 시장은 제외한다)는 실시계획을 작성하면 대통령령으로 정하는 바에 따라 **국토교통부장관, 시 · 도지사 또는 대도시 시장의 인가를 받아야 한다.**

② 국토교통부장관, 시 · 도지사 또는 대도시 시장은 도시 · 군계획시설사업의 시행자가 작성한 실시계획이 제43조 제2항 및 제3항에 따른 도시 · 군계획시설의 결정 · 구조 및 설치의 기준 등에 맞다고 인정하는 경우에는 실시계획을 인가하여야 한다. 이 경우 국토교통부장관, 시 · 도지사 또는 대도시 시장은 기반시설의 설치나 그에 필요한 용지의 확보, 위해 방지, 환경오염 방지, 경관 조성, 조경 등의 조치를 할 것을 조건으로 실시계획을 인가할 수 있다.

(3) 서류의 열람

국토교통부장관, 시 · 도지사 또는 대도시 시장은 실시계획을 인가하려면 미리 대통령령으로 정하는 바에 따라 그 사실을 공고하고, 관계 서류의 사본을 14일 이상 일반이 열람할 수 있도록 하여야 한다.

(4) 실시계획의 효력상실

① 도시 · 군계획시설결정의 고시일부터 10년 이후에 실시계획을 작성하거나 인가(다른 법률에 따라 의제된 경우는 제외한다) 받은 도시 · 군계획시설사업의 시행자("장기미집행 도시 · 군계획시설사업의 시행자")가 제91조에 따른 실시계획 고시일부터 5년 이내에 「공익사업을 위한 토지 등의 취득 및 보상에 관한 법률」 제28조 제1항에 따른 재결신청을 하지 아니한 경우에는 실시계획 고시일부터 5년이 지난 다음 날에 그 실시계획은 효력을 잃는다. 다만, 장기미집행 도시 · 군계획시설사업의 시행자가 재결신청을 하지 아니하고 실시계획 고시일부터 5년이 지나기 전에 해당 도시 · 군계획시설사업에 필요한 토지 면적의 3분의 2 이상을 소유하거나 사용할 수 있는 권원을 확보하고 실시계획 고시일부터 7년 이내에 재결신청을 하지 아니한 경우 실시계획 고시일부터 7년이 지난 다음 날에 그 실시계획은 효력을 잃는다.

② 위 ①에도 불구하고 장기미집행 도시 · 군계획시설사업의 시행자가 재결신청 없이 도시 · 군계획시설사업에 필요한 모든 토지 · 건축물 또는 그 토지에 정착된 물건을 소유하거나 사용할 수 있는 권원을 확보한 경우 그 실시계획은 효력을 유지한다.

③ 실시계획이 폐지되거나 효력을 잃은 경우 해당 도시 · 군계획시설결정은 제48조 제1항에도 불구하고 다음 각 호에서 정한 날 효력을 잃는다. 이 경우 시 · 도지사 또는 대도시 시장은 해당 시 · 도 또는 대도시의 공보에 실효일자 및 실효사유와 실효된 도시 · 군계획의 내용을 게재하는 방법으로 도시 · 군계획시설결정의 실효고시를 해야 한다.

ⓐ 제48조 제1항에 따른 도시·군계획시설결정의 고시일부터 20년이 되기 전에 실시
계획이 폐지되거나 효력을 잃고 다른 도시·군계획시설사업이 시행되지 아니하는
경우: 도시·군계획시설결정의 고시일부터 20년이 되는 날의 다음 날

ⓑ 제48조 제1항에 따른 도시·군계획시설결정의 고시일부터 20년이 되는 날의 다음
날 이후 실시계획이 폐지되거나 효력을 잃은 경우: 실시계획이 폐지되거나 효력을
잃은 날

(5) 실시계획의 고시

국토교통부장관, 시·도지사 또는 대도시 시장은 제88조에 따라 실시계획을 작성(변
경작성을 포함한다), 인가(변경인가를 포함한다), 폐지하거나 실시계획이 효력을 잃
은 경우에는 대통령령으로 정하는 바에 따라 다음의 내용을 고시하여야 한다.

① 사업시행지의 위치
② 사업의 종류 및 명칭
③ 면적 또는 규모
④ 시행자의 성명 및 주소(법인인 경우에는 법인의 명칭 및 주소와 대표자의 성명 및 주소)
⑤ 사업의 착수예정일 및 준공예정일
⑥ 수용 또는 사용할 토지 또는 건물의 소재지·지번·지목 및 면적, 소유권과 소유권 외
의 권리의 명세 및 그 소유자·권리자의 성명·주소
⑦ 공공시설 등의 귀속 및 양도에 관한 사항

(6) 도시·군계획시설사업의 이행담보(이행보증금의 예치)

특별시장·광역시장·특별자치시장·특별자치도지사·시장 또는 군수는 기반시설
의 설치나 그에 필요한 용지의 확보, 위해 방지, 환경오염 방지, 경관 조성, 조경 등을
위하여 필요하다고 인정되는 경우로서 대통령령으로 정하는 경우에는 그 이행을 담보
하기 위하여 도시·군계획시설사업의 시행자에게 이행보증금을 예치하게 할 수 있다.
다만, 다음의 어느 하나에 해당하는 자에 대하여는 그러하지 아니하다.

① 국가 또는 지방자치단체
② 공공기관
③ 그 밖에 대통령령으로 지방공사 및 지방공단

8. 사업시행자의 보호

(1) 도시·군계획시설사업의 분할 시행 가능(도시·군계획시설사업을 분할시행하는 때에는 분할된 지역별로 실시계획을 작성할 수 있다)

도시·군계획시설사업의 시행자는 도시·군계획시설사업을 효율적으로 추진하기 위
하여 필요하다고 인정되면 사업시행대상지역을 둘 이상으로 분할하여 도시·군계획
시설사업을 시행할 수 있다.

(2) 관계서류의 무료열람 등

도시·군계획시설사업의 시행자는 도시·군계획시설사업을 시행하기 위하여 필요하면 등기소나 그 밖의 관계 행정기관의 장에게 필요한 서류의 열람 또는 복사나 그 등본 또는 초본의 발급을 무료로 청구할 수 있다.

(3) 공시송달의 특례인정

① 도시·군계획시설사업의 시행자는 이해관계인에게 서류를 송달할 필요가 있으나 이해관계인의 주소 또는 거소가 불분명하거나 그 밖의 사유로 서류를 송달할 수 없는 경우에는 대통령령으로 정하는 바에 따라 그 서류의 송달을 갈음하여 그 내용을 공시할 수 있다.

② 행정청이 아닌 도시·군계획시설사업의 시행자는 공시송달을 하려는 경우에는 국토교통부장관, 관할 시·도지사 또는 대도시 시장의 승인을 받아야 한다.

(4) 토지 등의 수용 및 사용가능

① 수용·사용의 대상

㉠ 원칙: 도시·군계획시설사업의 시행자는 도시·군계획시설사업에 필요한 다음의 물건 또는 권리를 수용 또는 사용할 수 있다.

> • 토지·건축물 또는 그 토지에 정착된 물건
> • 토지·건축물 또는 그 토지에 정착된 물건에 관한 소유권 외의 권리

㉡ 확장사용가능(인접토지 등의 사용권−인접토지 수용권은 허용되지 아니한다): 도시·군계획시설사업의 시행자는 사업시행을 위하여 특히 필요하다고 인정되는 때에는 도시·군계획시설에 인접한 토지·건축물 또는 그 토지에 정착된 물건이나 그 토지·건축물 또는 물건에 관한 소유권 외의 권리를 일시사용할 수 있다.

② 수용·사용의 절차적 특례: 수용 및 사용에 관하여는 이 법에 특별한 규정이 있는 경우 외에는 「공익사업을 위한 토지 등의 취득 및 보상에 관한 법률」을 준용한다.

㉠ 사업인정의 의제: 「공익사업을 위한 토지 등의 취득 및 보상에 관한 법률」을 준용할 때에 제91조에 따른 실시계획을 고시한 경우에는 「공익사업을 위한 토지 등의 취득 및 보상에 관한 법률」 제20조 제1항과 제22조에 따른 사업인정 및 그 고시가 있었던 것으로 본다. 따라서 이 경우에도 별도의 사업인정절차를 거치지 아니하고도 수용처분을 할 수 있는 것이다.

㉡ 재결신청기간의 연장: 다만, 재결신청은 「공익사업을 위한 토지 등의 취득 및 보상에 관한 법률」 제23조 제1항 및 제28조 제1항의 규정(사업인정고시 후 1년 내 재결신청)에 불구하고 실시계획에서 정한 도시·군계획시설사업의 시행기간에 하여야 한다.

(5) **타인토지 출입 등**(비행정청인 시행자는 시장, 군수 등으로부터 허가 후 출입 – 7일 전 사전통지후 출입가능, 장애물을 변경 또는 제거하려는 경우는 3일 전 통지)[17회]

> ⊕ 타인의 토지를 재료 적치장 또는 임시통로로 일시사용하거나 나무, 흙, 돌, 그 밖의 장애물을 변경 또는 제거하려는 자는 토지의 소유자·점유자 또는 관리인의 동의를 받아야 한다.
> ⊕ 일출 전이나 일몰 후에는 그 토지 점유자의 승낙 없이 택지나 담장 또는 울타리로 둘러싸인 타인의 토지에 출입할 수 없다.
> ⊕ 타인 토지의 출입 등의 행위로 인하여 손실을 입은 자가 있으면 그 행위자가 속한 행정청이나 도시·군계획시설사업의 시행자가 그 손실을 보상하여야 한다.

(6) **국·공유지의 처분제한**(처분시 당연 무효)

도시·군관리계획결정을 고시한 경우에는 국공유지로서 도시·군계획시설사업에 필요한 토지는 그 도시·군관리계획으로 정하여진 목적 외의 목적으로 매각하거나 양도할 수 없다. 이에 위반한 행위는 무효로 한다.

9. 도시·군계획시설부지의 매수청구 15회, 15회 추가, 17회, 18회, 21회, 22회, 25회, 26회, 27회

(1) **매수청구대상 및 매수의무자**

① 매수청구대상: 도시·군계획시설에 대한 도시·군관리계획의 결정의 고시일부터 10년 이내에 그 도시·군계획시설의 설치에 관한 도시·군계획시설사업이 시행되지 아니하는 경우(실시계획의 인가나 그에 상당하는 절차가 진행된 경우는 제외한다) 그 도시·군계획시설의 부지로 되어 있는 토지 중 **지목이 대(垈)인 토지**(그 토지에 있는 건축물 및 정착물을 포함한다)의 소유자는 그 토지의 매수를 청구할 수 있다.

② 매수의무자: 토지의 매수를 청구하고자 하는 자는 국토교통부령이 정하는 도시·군계획시설부지매수청구서(전자문서로 된 청구서를 포함한다)에 대상토지 및 건물에 대한 등기사항증명서를 첨부하여 **특별시장·광역시장·특별자치시장·특별자치도지사·시장 또는 군수**에게 당해 토지의 매수를 청구할 수 있다. 다만, 다음의 경우에는 그에 해당하는 자(이하 특별시장·광역시장·특별자치시장·특별자치도지사·시장 또는 군수를 포함하며, '매수의무자'라 한다)에게 당해 토지의 매수를 청구할 수 있다. 다만, 매수의무자는 「전자정부법」에 따른 행정정보의 공동이용을 통하여 대상토지 및 건물에 대한 등기부 등본을 확인할 수 있는 경우에는 그 확인으로 첨부서류를 갈음하여야 한다.

> ㉠ 이 법에 따라 해당 도시·군계획시설사업의 시행자가 정하여진 경우에는 **그 시행자**
> ㉡ 이 법 또는 다른 법률에 따라 도시·군계획시설을 설치하거나 관리하여야 할 의무가 있는 자가 있으면 **그 의무가 있는 자.** 이 경우 도시·군계획시설을 설치하거나 관리하여야 할 의무가 있는 자가 서로 다른 경우에는 설치하여야 할 의무가 있는 자에게 매수청구하여야 한다.

확인문제

39
국토의 계획 및 이용에 관한 법령상 도시·군계획시설사업 시행을 위한 타인의 토지에의 출입 등에 관한 설명으로 옳은 것은?

① 타인의 토지에 출입하려는 행정청인 사업시행자는 출입하려는 날의 7일 전까지 그 토지의 소유자·점유자 또는 관리인에게 그 일시와 장소를 알려야 한다.

② 토지의 소유자·점유자 또는 관리인의 동의 없이 타인의 토지를 재료 적치장 또는 임시통로로 일시 사용한 사업시행자는 사용한 날부터 14일 이내에 시장 또는 군수의 허가를 받아야 한다.

③ 토지 점유자가 승낙하지 않는 경우에도 사업시행자는 시장 또는 군수의 허가를 받아 일몰 후에 울타리로 둘러싸인 타인의 토지에 출입할 수 있다.

④ 토지에의 출입에 따라 손실을 입은 자가 보상에 관하여 국토교통부장관에게 조정을 신청하지 아니하는 경우에는 관할 토지수용위원회에 재결을 신청할 수 없다.

⑤ 사업시행자가 행정청인 경우라도 허가를 받지 아니하면 타인의 토지에 출입할 수 없다.

40

甲 소유의 토지는 A광역시 B구에 소재한 지목이 대(垈)인 토지로서 한국토지주택공사를 사업시행자로 하는 도시·군계획시설 부지이다. 甲의 토지에 대해 국토의 계획 및 이용에 관한 법령상 도시·군계획시설부지의 매수청구권이 인정되는 경우, 이에 관한 설명으로 옳은 것은? (단, 도시·군계획시설의 설치의무자는 사업시행자이며, 조례는 고려하지 않음)

① 甲의 토지의 매수의무자는 B구청장이다.

② 甲이 매수청구를 할 수 있는 대상은 토지이며, 그 토지에 있는 건축물은 포함되지 않는다.

③ 甲이 원하는 경우 매수의무자는 도시·군계획시설채권을 발행하여 그 대금을 지급할 수 있다.

④ 매수의무자는 매수청구를 받은 날부터 6개월 이내에 매수여부를 결정하여 甲과 A광역시장에게 알려야 한다.

⑤ 매수청구에 대해 매수의무자가 매수하지 아니하기로 결정한 경우 甲은 자신의 토지에 3층의 다세대주택을 건축할 수 있다.

---

(2) 매수여부의 통지의무기간 및 매수기간 등

매수의무자는 매수청구를 받은 날부터 6개월 이내에 매수 여부를 결정하여 토지소유자와 특별시장·광역시장·특별자치시장·특별자치도지사·시장 또는 군수(매수의무자가 특별시장·광역시장·특별자치시장·특별자치도지사·시장 또는 군수인 경우는 제외한다)에게 알려야 하며, 매수하기로 결정한 토지는 매수 결정을 알린 날부터 2년 이내에 매수하여야 한다.

(3) 매수대금의 지급 등

① 원칙: 매수의무자는 매수청구를 받은 토지를 매수할 때에는 현금으로 그 대금을 지급한다.

② 예외: 다음의 어느 하나에 해당하는 경우로서 매수의무자가 지방자치단체인 경우에는 채권(도시·군계획시설채권)을 발행하여 지급할 수 있다.

   ㉠ 요 건

   - 토지소유자가 원하는 경우
   - 부재부동산소유자의 토지 또는 비업무용 토지로서 매수대금이 3천만원을 초과하는 경우 그 초과하는 금액에 대하여 지급하는 경우

   ㉡ 조례적용의 특례: 도시·군계획시설채권의 상환기간은 10년 이내로 하며, 그 이율은 채권 발행 당시 「은행법」에 따른 인가를 받은 은행 중 전국을 영업으로 하는 은행이 적용하는 1년 만기 정기예금금리의 평균 이상이어야 하며, 구체적인 상환기간과 이율은 특별시·광역시·특별자치시·특별자치도·시 또는 군의 조례로 정한다.

   ㉢ 지방재정법의 적용특례: 도시·군계획시설채권의 발행절차 그 밖의 필요한 사항에 관하여 이 법에 특별한 규정이 있는 경우를 제외하고는 지방재정법이 정한다.

(4) 토지의 매수가격·매수절차 등의 특례

매수청구된 토지의 매수가격·매수절차 등에 관하여 이 법에 특별한 규정이 있는 경우를 제외하고는 공익사업을 위한 토지 등의 취득 및 보상에 관한 법률의 규정을 준용한다.

(5) 규제의 완화(제한적인 개발행위가능 – 허가대상)

매수청구를 한 토지의 소유자는 매수하지 아니하기로 결정한 경우 또는 매수 결정을 알린 날부터 2년이 지날 때까지 해당 토지를 매수하지 아니하는 경우에는 개발행위의 허가를 받아 다음에 정하는 건축물 또는 공작물을 설치할 수 있다.

ㄱ 단독주택으로서 3층 이하인 것

ㄴ 제1종 근린생활시설로서 3층 이하인 것

ㄷ 제2종 근린생활시설(단란주점·안마시술소, 노래연습장·다중생활시설은 제외)로서 3층 이하인 것

ㄹ 공작물

10. 도시·군계획시설결정의 실효 23회, 30회

도시·군계획시설결정이 고시된 도시·군계획시설에 대하여 그 고시일부터 20년이 지날 때까지 그 시설의 설치에 관한 도시·군계획시설사업이 시행되지 아니하는 경우 그 도시·군계획시설결정은 그 고시일부터 20년이 되는 날의 다음 날에 그 효력을 잃는다.

11. 도시·군계획시설결정 해제를 위한 도시·군관리계획 입안 신청 및 해제신청

(1) 도시·군계획시설결정 해제를 위한 도시·군관리계획 입안 신청

도시·군계획시설결정의 고시일부터 10년 이내에 그 도시·군계획시설의 설치에 관한 도시·군계획시설사업이 시행되지 아니한 경우로서 제85조 제1항에 따른 단계별 집행계획상 해당 도시·군계획시설의 실효시까지 집행계획이 없는 경우에는 그 도시·군계획시설 부지로 되어 있는 토지의 소유자는 대통령령으로 정하는 바에 따라 해당 도시·군계획시설에 대한 도시·군관리계획 입안권자에게 그 토지의 도시·군계획시설결정 해제를 위한 도시·군관리계획 입안을 신청할 수 있다.

(2) 입안 여부의 통지 및 해제를 위한 도시·군관리계획의 입안

도시·군관리계획 입안권자는 위 (1)에 따른 신청을 받은 날부터 3개월 이내에 입안 여부를 결정하여 토지소유자에게 알려야 하며, 해당 도시·군계획시설결정의 실효 시까지 설치하기로 집행계획을 수립하는 등 대통령령으로 정하는 특별한 사유가 없으면 그 도시·군계획시설결정의 해제를 위한 도시·군관리계획을 입안하여야 한다.

(3) 도시·군계획시설결정의 해제 신청 및 해제

① 위 (1)에 따라 신청을 한 토지 소유자는 해당 도시·군계획시설결정의 해제를 위한 도시·군관리계획이 입안되지 아니하는 등 대통령령으로 정하는 사항에 해당하는 경우에는 해당 도시·군계획시설에 대한 도시·군관리계획 결정권자에게 그 도시·군계획시설결정의 해제를 신청할 수 있다.

② 도시·군관리계획 결정권자는 위 ①에 따른 신청을 받은 날부터 2개월 이내에 결정 여부를 정하여 토지 소유자에게 알려야 하며, 특별한 사유가 없으면 그 도시·군계획시설결정을 해제하여야 한다.

📍 지구단위계획이 수립되어 있는 지구단위계획구역에서 공사기간 중 이용하는 공사용 가설건축물을 건축하려면 그 지구단위계획에 맞게 하여야 한다(×).

📍 지구단위계획구역은 도시지역이 아니더라도 지정될 수 있다(○).

📍 지구단위계획의 수립기준은 시·도지사가 국토교통부장관과 합의하여 정한다(×).

📍 두 개의 노선이 교차하는 대중교통 결절지로부터 2km 이내에 위치한 지역은 지구단위계획구역으로 지정하여야 한다(×).

📍 용도지구로 지정된 지역에 대하여는 지구단위계획구역을 지정할 수 없다(×).

📍 계획관리지역에 위치한 산업·유통개발진흥지구에 대하여 지구단위계획구역을 지정할 수 있다(○).

41

국토의 계획 및 이용에 관한 법령상 지구단위계획구역의 지정에 관한 설명으로 옳은 것은? (단, 조례는 고려하지 않음)

① 「산업입지 및 개발에 관한 법률」에 따른 준산업단지에 대하여는 지구단위계획구역을 지정할 수 없다.

② 도시지역 내 복합적인 토지이용을 증진시킬 필요가 있는 지역으로서 지구단위계획구역을 지정할 수 있는 지역에 일반공업지역은 해당하지 않는다.

③ 「택지개발촉진법」에 따라 지정된 택지개발지구에서 시행되는 사업이 끝난 후 5년이 지나면 해당 지역은 지구단위계획구역으로 지정하여야 한다.

제12절 지구단위계획 15회, 15회 추가, 17회, 18회, 20회, 25회, 27회, 28회, 32회

1. 지구단위계획의 의의 및 수립기준

(1) 지구단위계획의 의의 30회

'지구단위계획'이라 함은 도시·군계획 수립대상 지역 안의 일부에 대하여 토지이용을 합리화하고 그 기능을 증진시키며 미관을 개선하고 양호한 환경을 확보하며, 당해 지역을 체계적·계획적으로 관리하기 위하여 수립하는 도시·군관리계획을 말한다.

(2) 지구단위계획구역 및 지구단위계획의 결정 및 수립기준

지구단위계획구역 및 지구단위계획은 도시·군관리계획으로 결정한다. 또한 지구단위계획의 수립기준은 국토교통부장관이 정한다.

2. 지구단위계획구역의 지정대상 24회

(1) 지구단위계획구역의 임의적 지정대상

국토교통부장관, 시·도지사, 시장 또는 군수는 다음의 어느 하나에 해당하는 지역의 전부 또는 일부에 대하여 지구단위계획구역을 지정할 수 있다.

법 제37조	용도지구
도시개발법	도시개발구역
도시및주거환경정비법	정비구역
택지개발촉진법	택지개발지구
주택법	대지조성사업지구
산업입지 및 개발에 관한 법률	산업단지와 준산업단지
관광진흥법	관광단지와 관광특구
기 타	• 개발제한구역·도시자연공원구역·시가화조정구역·공원에서 해제되는 구역, 녹지지역에서 주거·상업·공업지역으로 변경되는 구역과 새로이 도시지역으로 편입되는 구역 중 계획적 개발 또는 관리가 필요한 지역 • 도시지역 내 주거·상업·업무 등의 기능을 결합하는 등 복합적인 토지 이용을 증진시킬 필요가 있는 준주거지역, 준공업지역 및 상업지역에서 낙후된 도심 기능을 회복하거나 도시균형발전을 위한 중심지 육성이 필요하여 도시·군기본계획에 반영된 경우로서 다음의 어느 하나에 해당하는 지역 ⓐ 주요 역세권, 고속버스 및 시외버스 터미널, 간선도로의 교차지 등 양호한 기반시설을 갖추고 있어 대중교통 이용이 용이한 지역 ⓑ 역세권의 체계적·계획적 개발이 필요한 지역 ⓒ 세 개 이상의 노선이 교차하는 대중교통 결절지(結節地)로부터 1킬로미터 이내에 위치한 지역 ⓓ 역세권개발구역, 고밀복합형 재정비촉진지구로 지정된 지역 • 도시지역의 체계적·계획적인 관리 또는 개발이 필요한 지역 • 그 밖에 양호한 환경의 확보나 기능 및 미관의 증진 등을 위하여 필요한 지역으로서 대통령령으로 정하는 지역

(2) 지구단위계획구역의 의무적 지정대상

국토교통부장관, 시·도지사, 시장 또는 군수는 다음의 어느 하나에 해당하는 지역은 지구단위계획구역으로 지정하여야 한다.

① 정비구역 및 택지개발지구 등에서 시행되는 사업이 끝난 후 10년이 경과된 지역
② 시가화조정구역 또는 공원에서 해제되는 지역으로서 면적이 30만㎡ 이상인 지역, 다만, 녹지지역으로 지정 또는 존치되거나 법 또는 다른 법령에 의하여 도시·군계획사업 등 개발계획이 수립되지 아니하는 경우를 제외한다.
③ 녹지지역에서 주거지역·상업지역 또는 공업지역으로 변경되는 지역으로서 면적이 30만㎡ 이상인 지역

(3) 도시지역 외의 지역을 지구단위계획구역으로 지정하려는 경우

① 지정하려는 구역 면적의 100분의 50 이상이 계획관리지역으로서 대통령령으로 정하는 요건에 해당하는 지역
② 개발진흥지구로서 다음의 요건에 해당하는 지역
　㉠ 주거개발진흥지구, 복합개발진흥지구(주거기능이 포함된 경우에 한한다) 및 특정개발진흥지구: 계획관리지역
　㉡ 산업·유통개발진흥지구 및 복합개발진흥지구(주거기능이 포함되지 아니한 경우에 한한다): 계획관리지역·생산관리지역 또는 농림지역
　㉢ 관광·휴양개발진흥지구: 도시지역 외의 지역
③ 용도지구를 폐지하고 그 용도지구에서의 행위제한 등을 지구단위계획으로 대체하려는 지역

3. 지구단위계획의 내용 및 법적용의 완화대상 등 16회, 21회

(1) 내 용

지구단위계획구역의 지정목적을 이루기 위하여 지구단위계획에는 다음의 사항 중 ③과 ⑤의 사항을 포함한 둘 이상의 사항이 포함되어야 한다. 다만, ②를 내용으로 하는 지구단위계획의 경우에는 그러하지 아니하다.

① 용도지역이나 용도지구를 대통령령으로 정하는 범위에서 세분하거나 변경하는 사항
② 기존의 용도지구를 폐지하고 그 용도지구에서의 건축물이나 그 밖의 시설의 용도·종류 및 규모 등의 제한을 대체하는 사항
③ 대통령령으로 정하는 일정한 기반시설의 배치와 규모
④ 도로로 둘러싸인 일단의 지역 또는 계획적인 개발·정비를 위하여 구획된 일단의 토지의 규모와 조성계획
⑤ 건축물의 용도제한, 건축물의 건폐율 또는 용적률, 건축물 높이의 최고한도 또는 최저한도
⑥ 건축물의 배치·형태·색채 또는 건축선에 관한 계획
⑦ 환경관리계획 또는 경관계획
⑧ 보행안전 등을 고려한 교통처리계획
⑨ 그 밖에 토지 이용의 합리화, 도시나 농·산·어촌의 기능 증진 등에 필요한 사항으로서 대통령령으로 정하는 사항

④ 도시지역 외의 지역을 지구단위계획구역으로 지정하려면 지정하려는 구역 면적의 3분의 2 이상이 계획관리지역이어야 한다.
⑤ 농림지역에 위치한 산업·유통개발진흥지구는 지구단위계획구역으로 지정할 수 있는 대상지역에 포함되지 않는다.

42
국토의 계획 및 이용에 관한 법령상 지구단위계획에 관한 설명으로 틀린 것은?

① 도시지역 외의 지역으로서 용도지구를 폐지하고 그 용도지구에서의 행위 제한 등을 지구단위계획으로 대체하려는 지역은 지구단위계획구역으로 지정될 수 있다.
② 두 개의 노선이 교차하는 대중교통 결절지로부터 2km 이내에 위치한 지역은 지구단위계획구역으로 지정하여야 한다.
③ 시·도지사는 「도시개발법」에 따라 지정된 도시개발구역의 전부 또는 일부에 대하여 지구단위계획구역을 지정할 수 있다.
④ 지구단위계획의 수립기준은 국토교통부장관이 정한다.
⑤ 「택지개발촉진법」에 따라 지정된 택지개발지구에서 시행되는 사업이 끝난 후 10년이 지난 지역으로서 관계 법률에 따른 이용과 건축에 관한 계획이 수립되어 있지 않은 지역은 지구단위계획구역으로 지정하여야 한다.

43

국토의 계획 및 이용에 관한 법령상 지구단위계획구역과 지구단위계획에 관한 설명으로 틀린 것은? (단, 조례는 고려하지 않음)

① 지구단위계획이 수립되어 있는 지구단위계획구역에서 공사기간 중 이용하는 공사용 가설건축물을 건축하려면 그 지구단위계획에 맞게 하여야 한다.

② 지구단위계획은 해당 용도지역의 특성을 고려하여 수립한다.

③ 시장 또는 군수가 입안한 지구단위계획구역의 지정·변경에 관한 도시·군관리계획은 시장 또는 군수가 직접 결정한다.

④ 지구단위계획구역 및 지구단위계획은 도시·군관리계획으로 결정한다.

⑤ 관광진흥법에 따라 지정된 관광단지의 전부 또는 일부에 대하여 지구단위계획구역을 지정할 수 있다.

44

국토의 계획 및 이용에 관한 법령상 지구단위계획구역에 관한 설명으로 옳은 것은?

① 개발제한구역 또는 공원에서 해제되는 지역으로서 그 면적이 30만제곱미터 이상인 지역은 지구단위계획구역으로 지정하여야 한다.

② 지구단위계획구역 안에서는 용도지역 및 용도지구별 건축제한과 건폐율 및 용적률, 건축법상 대지의 분할제한 등의 규정을 지구단위계획이 정하는 바에 따라 완화하여 적용할 수 있다.

(2) 법적용의 완화적용대상 16회

① 법적용의 완화대상

지구단위계획구역 안에서는 제76조부터 제78조(용도지역 및 용도지구별 건축제한과 건폐율 및 용적률)까지의 규정과 「건축법」 제42조(대지 안의 조경)·제43조(공개공지)·제44조(대지와 도로와의 관계)·제60조(건축물의 높이제한)·제61조(일조 등의 확보를 위한 건축물의 높이제한), 「주차장법」 제19조 및 제19조의2의 규정(주차장설치기준)을 대통령령이 정하는 범위 안에서 지구단위계획이 정하는 바에 따라 완화하여 적용할 수 있다.

② 도시지역 내 지구단위계획구역에서의 건폐율 등의 완화적용 24회, 26회, 27회

ㄱ 공공시설 등의 부지를 제공하는 경우 건폐율의 완화비율: 해당 용도지역에 적용되는 건폐율× [1+공공시설 등의 부지로 제공하는 면적(공공시설 등의 부지를 제공하는 자가 용도가 폐지되는 공공시설을 무상으로 양수받은 경우에는 그 양수받은 부지면적을 빼고 산정한다)÷원래의 대지면적] 이내

ㄴ 공공시설 등의 부지를 제공하는 경우 용적률의 완화비율: 해당 용도지역에 적용되는 용적률+[1.5×(공공시설 등의 부지로 제공하는 면적×공공시설 등 제공 부지의 용적률)÷공공시설 등의 부지 제공 후의 대지면적] 이내

⊕ 완화하여 적용되는 건폐율 및 용적률은 당해 용도지역 또는 용도지구에 적용되는 건폐율의 150퍼센트 및 용적률의 200퍼센트를 각각 초과할 수 없다.

ㄷ 지구단위계획구역의 지정목적이 다음에 해당하는 경우에는 지구단위계획으로 「주차장법」의 규정에 의한 **주차장 설치기준을 100퍼센트까지** 완화하여 적용할 수 있다.

⑦ 한옥마을을 보존하고자 하는 경우

⑭ 차 없는 거리를 조성하고자 하는 경우(지구단위계획으로 보행자전용도로를 지정하거나 차량의 출입을 금지한 경우를 포함한다)

⑮ 그 밖에 국토교통부령이 정하는 경우

ㄹ 지구단위계획구역 내 준주거지역에서는 법 제52조 제3항에 따라 지구단위계획으로 「건축법」 제61조 제2항에 따른 채광(採光) 등의 확보를 위한 건축물의 높이 제한을 200퍼센트 이내의 범위에서 완화하여 적용할 수 있다(영 제46조 제13항).

③ 도시지역 외 지구단위계획구역에서의 건폐율 등의 완화적용 29회

ㄱ 건폐율 및 용적률의 완화: 지구단위계획구역(도시지역 외에 지정하는 경우로 한정한다)에서는 지구단위계획으로 당해 용도지역 또는 개발진흥지구에 적용되는 건폐율의 150퍼센트 및 용적률의 200퍼센트 이내에서 건폐율 및 용적률을 완화하여 적용할 수 있다.

ㄴ 건축물의 용도·종류 및 규모 등의 완화: 지구단위계획구역에서는 법 제52조 제3항의 규정에 의하여 지구단위계획으로 법 제76조의 규정에 의한 건축물의 용도·종류 및 규모 등을 완화하여 적용할 수 있다. 다만, 개발진흥지구(계획관리지역에 지정된 개발진흥지구를 제외한다)에 지정된 지구단위계획구역에 대하여는 아파트 및 연립주택은 허용되지 아니한다.

(3) 지정효과 및 실효

① 지구단위계획구역 안에서의 건축제한: 지구단위계획구역에서 건축물(일정 기간 내 철거가 예상되는 경우 등 대통령령으로 정하는 다음의 가설건축물은 제외한다)을 건축 또는 용도변경하거나 공작물을 설치하려면 그 지구단위계획에 맞게 하여야 한다. 다만, 지구단위계획이 수립되어 있지 아니한 경우에는 그러하지 아니하다.

> ㉠ 존치기간(연장된 존치기간을 포함한 총 존치기간을 말한다)이 3년의 범위에서 해당 특별시·광역시·특별자치시·특별자치도·시 또는 군의 도시·군계획조례로 정한 존치기간 이내인 가설건축물
> ㉡ 재해복구기간 중 이용하는 재해복구용 가설건축물
> ㉢ 공사기간 중 이용하는 공사용 가설건축물

② 지구단위계획구역의 실효: 지구단위계획구역의 지정에 관한 도시·군관리계획결정의 고시일부터 3년 이내에 그 지구단위계획구역에 관한 지구단위계획이 결정·고시되지 아니하면 그 3년이 되는 날의 다음날에 그 지구단위계획구역의 지정에 관한 도시·군관리계획결정은 효력을 잃는다.

③ 지구단위계획의 실효: 지구단위계획(주민이 입안을 제안한 것에 한정한다)에 관한 도시·군관리계획결정의 고시일부터 5년 이내에 이 법 또는 다른 법률에 따라 허가·인가·승인 등을 받아 사업이나 공사에 착수하지 아니하면 그 5년이 된 날의 다음날에 그 지구단위계획에 관한 도시·군관리계획결정은 효력을 잃는다. 이 경우 지구단위계획과 관련한 도시·군관리계획결정에 관한 사항은 해당 지구단위계획구역 지정 당시의 도시·군관리계획으로 환원된 것으로 본다.

④ 실효고시: 국토교통부장관, 시·도지사, 시장 또는 군수는 지구단위계획구역 지정 및 지구단위계획 결정이 효력을 잃으면 국토교통부장관이 하는 경우에는 관보와 국토교통부의 인터넷 홈페이지에, 시·도지사 또는 시장·군수가 하는 경우에는 해당 시·도 또는 시·군의 공보와 인터넷 홈페이지에 그 사실을 고시하여야 한다.

> **공법상의 실효사유**
>
> 1. **시가화조정구역**: 시가화유보기간이 만료된 날의 다음날에 시가화조정구역이 실효
> 2. **도시·군계획시설부지**: 도시·군계획시설부지로 지정된 후 20년 내에 사업이 시행되지 아니하면 도시·군계획시설결정은 그 결정·고시일로부터 20년이 되는 다음날
> 3. **지구단위계획구역**: 지구단위계획구역이 지정된 때로부터 3년 이내에 지구단위계획이 수립되지 않으면 3년이 되는 다음날
> 4. **기반시설부담구역**: 지정 후 1년 이내에 기반시설설치계획을 수립하지 아니하는 경우 1년이 되는 날의 다음날 실효
> 5. **도시개발구역**: 도시개발구역 지정·고시 3년 이내에 실시계획인가신청이 없는 경우에는 3년이 되는 날의 다음날에 도시개발구역의 해제

확인문제

③ 계획관리지역에 위치한 주거개발진흥지구는 지구단위계획구역으로 지정될 수 있다.
④ 도시 및 주거환경정비법에 따라 정비구역이 지정된지 10년이 지난 지역은 지구단위계획구역으로 지정하여야 한다.
⑤ 도시지역 외의 지역에 지정하는 지구단위계획구역에 대해서는 당해 지역에 적용되는 건폐율의 200퍼센트 이내에서 건폐율을 완화하여 적용할 수 있다.

45
국토의 계획 및 이용에 관한 법령상 지구단위계획 및 지구단위계획구역에 관한 설명으로 틀린 것은?

① 주민은 도시·군관리계획의 입안권자에게 지구단위계획의 변경에 관한 도시·군관리계획의 입안을 제안할 수 있다.
② 위 ①의 입안을 제안하려는 자는 대상 토지 면적의 5분의 4 이상 토지소유자의 동의를 받아야 한다.
③ 시장 또는 군수가 입안한 지구단위계획의 수립·변경에 관한 도시·군관리계획은 해당 시장 또는 군수가 직접 결정한다.
④ 지구단위계획구역의 지정에 관한 도시·군관리계획결정의 고시일부터 3년 이내에 그 지구단위계획구역에 관한 지구단위계획이 결정·고시되지 아니하면 그 3년이 되는 날의 다음날에 그 지구단위계획구역의 지정에 관한 도시·군관리계획결정은 효력을 잃는다.

⑤ 정비구역 및 택지개발지구 등에서 시행되는 사업이 끝난 후 10년이 경과된 지역은 지구단위계획구역으로 지정하여야 한다.

핵심 암기

- 토지 분할에 대해 개발행위허가를 받은 자가 그 개발행위를 마치면 관할 행정청의 준공검사를 받아야 한다(×).
- 도시·군관리계획의 시행을 위한 「도시개발법」에 따른 도시개발사업에 의해 건축물을 건축하는 경우에는 개발행위허가를 받지 않아도 된다(○).
- 개발행위허가를 받은 사업면적을 5퍼센트 범위 안에서 확대 또는 축소하는 경우에는 변경허가를 받지 않아도 된다(×).
- 농림지역에 물건을 1개월 이상 쌓아놓는 경우 개발행위 허가를 요하지 아니한다(○).
- 지구단위계획구역으로 지정된 지역으로서 도시·군관리계획상 특히 필요하다고 인정하는 지역에 대해서는 최장 5년의 기간 동안 개발행위허가를 제한할 수 있다(○).
- 행정청이 아닌 자가 개발행위허가를 받아 새로 공공시설을 설치한 경우, 종래의 공공시설은 개발행위허가를 받은 자에게 전부 무상으로 귀속된다(×).
- ⊕ 특별시장·광역시장·특별자치시장·특별자치도지사·시장 또는 군수는 개발행위허가 또는 변경허가를 하려면 그 개발행위가 도시·군계획사업의 시행에 지장을 주는지에 관하여 해당 지역에서 시행되는 도시·군계획사업의 시행자의 의견을 들어야 한다.
- ⊕ 특별시장·광역시장·특별자치시장·특별자치도지사·시장 또는 군수는 개발행위허가의 신청에 대하여 특별한 사유가 없는 한 15일(도시계획위원회의 심의를 거쳐야 하거나 관계 행정기관의 장과 협의를 하여야 하는 경우에는 심의 또는 협의기간을 제외) 이내에 허가 또는 불허가의 처분을 하여야 한다.

제13절 개발행위허가 20회, 22회~26회, 30회, 32회, 33회, 34회

1. 허가대상행위

(1) **개발행위허가**[19회]: 도시·군계획사업에 의하지 아니하고 다음에 해당하는 행위(개발행위)를 하려 하는 자는 관할 특별시장·광역시장, 특별자치시장·특별자치도지사·시장·군수의 허가를 받아야 한다.

① 건축물의 건축: 「건축법」 제2조 제1항 제2호에 따른 건축물의 건축
② 공작물의 설치: 인공을 가하여 제작한 시설물(「건축법」 제2조 제1항 제2호에 따른 건축물을 제외한다)의 설치
③ 물건을 쌓아놓는 행위: 녹지지역·관리지역 또는 자연환경보전지역안에서 「건축법」 제22조에 따라 사용승인을 받은 건축물의 울타리안(적법한 절차에 의하여 조성된 대지에 한한다)에 위치하지 아니한 토지에 물건을 1개월 이상 쌓아놓는 행위
④ 토지의 형질변경: 절토(땅깎기)·성토(흙쌓기)·정지(땅고르기)·포장 등의 방법으로 토지의 형상을 변경하는 행위와 공유수면의 매립(조성이 끝난 농지에서 농작물 재배, 농지의 지력 증진 및 생산성 향상을 위한 객토(새 흙 넣기)·환토(흙 바꾸기)·정지(땅고르기) 또는 양수·배수시설 설치를 위한 토지의 형질변경으로서 다음 각 호의 어느 하나에 해당하지 않는 경작을 위한 형질변경은 제외한다).
  ㉠ 인접토지의 관개·배수 및 농작업에 영향을 미치는 경우
  ㉡ 재활용 골재, 사업장 폐토양, 무기성 오니(오염된 침전물) 등 수질오염 또는 토질오염의 우려가 있는 토사 등을 사용하여 성토하는 경우. 다만, 「농지법 시행령」 제3조의2 제2호에 따른 성토는 제외한다.
  ㉢ 지목의 변경을 수반하는 경우(전·답 사이의 변경은 제외한다)
  ㉣ 옹벽 설치(제53조에 따라 허가를 받지 않아도 되는 옹벽 설치는 제외한다) 또는 2미터 이상의 절토·성토가 수반되는 경우. 다만, 절토·성토에 대해서는 2미터 이내의 범위에서 특별시·광역시·특별자치시·특별자치도·시 또는 군의 도시·군계획조례로 따로 정할 수 있다.
⑤ 토석채취: 흙·모래·자갈·바위 등의 토석을 채취하는 행위. 다만, 토지의 형질변경을 목적으로 하는 것을 제외한다.
⑥ 다음의 토지분할(「건축법」 제57조 제1항의 규정에 의한 건축물이 있는 대지를 제외한다)
  ㉠ 녹지지역·관리지역·농림지역 및 자연환경보전지역 안에서 관계법령에 따른 허가·인가 등을 받지 아니하고 행하는 토지의 분할
  ㉡ 「건축법」 제57조 제1항의 규정에 의한 분할제한면적 미만으로의 토지의 분할
  ㉢ 관계법령에 의한 허가·인가 등을 받지 아니하고 행하는 너비 5m 이하로의 토지의 분할
※ 개발행위를 하려는 자는 그 개발행위에 따른 기반시설의 설치나 그에 필요한 용지의 확보, 위해(危害) 방지, 환경오염 방지, 경관, 조경 등에 관한 계획서를 첨부한 신청서를 개발행위허가권자에게 제출하여야 한다. 이 경우 개발밀도관리구역 안에서는 기반시설의 설치나 그에 필요한 용지의 확보에 관한 계획서를 제출하지 아니한다.

(2) 위 (1)에도 불구하고 토지의 형질 변경 및 토석의 채취행위 중 도시지역과 계획관리지역의 산림에서의 임도(林道) 설치와 사방사업에 관하여는 「산림자원의 조성 및 관리에 관한 법률」과 「사방사업법」에 따르고, 보전관리지역·생산관리지역·농림지역 및 자연환경보전지역의 산림에서의 농업·임업·어업을 목적으로 하는 토지의 형질변경과 토석의 채취행위에 관하여는 「산지관리법」에 따른다.

(3) **변경허가**: 개발행위허가는 허가를 받은 사항을 변경하는 경우에도 이를 준용한다. 다만, 다음에 정하는 경미한 사항을 변경하는 경우에는 그러하지 아니하다.

> ① 사업기간을 **단축**하는 경우
> ② 다음 각 목의 어느 하나에 해당하는 경우
>   가. **부지면적 또는 건축물 연면적을 5퍼센트 범위에서 축소**[공작물의 무게, 부피, 수평투영면적(하늘에서 내려다보이는 수평 면적을 말한다) 또는 토석채취량을 5퍼센트 범위에서 축소하는 경우를 포함한다]하는 경우
>   나. 관계 법령의 개정 또는 도시·군관리계획의 변경에 따라 허가받은 사항을 불가피하게 변경하는 경우
>   다. 「공간정보의 구축 및 관리 등에 관한 법률」 제26조 제2항 및 「건축법」 제26조에 따라 허용되는 오차를 반영하기 위한 변경인 경우
>   라. 「건축법 시행령」 제12조 제3항 각 호의 어느 하나에 해당하는 변경(공작물의 위치를 1미터 범위에서 변경하는 경우를 포함한다)인 경우

(4) **경미한 변경시 통지**: 개발행위허가를 받은 자가 경미한 사항을 변경한 때에는 지체 없이 그 사실을 특별시장·광역시장·특별자치시장·특별자치도지사·시장 또는 군수에게 통지하여야 한다.

2. 허가 없이 할 수 있는 행위(허가의 예외)

다음에 해당하는 행위는 개발행위허가를 받지 아니하고 이를 할 수 있다. 다만, 아래 ①의 행위를 한 경우에는 1개월 이내에 특별시장·광역시장·특별자치시장·특별자치도지사·시장 또는 군수에게 이를 신고하여야 한다.

> ① **재해복구 또는 재난수습을 위한 응급조치**(1개월 이내 신고대상)
> ② 「건축법」에 의하여 신고하고 설치할 수 있는 건축물의 개축·증축 또는 재축과 이에 필요한 범위 안에서의 토지의 형질변경(도시·군계획시설사업이 시행되지 아니하고 있는 도시·군계획시설의 부지인 경우에 한한다)
> ③ 기타 다음에 정하는 경미한 행위(영 제53조)
>   ㉠ 건축물의 건축: 「건축법」에 따른 건축허가 또는 건축신고 및 가설건축물 건축의 허가 또는 가설건축물의 축조신고 대상에 해당하지 아니하는 건축물의 건축
>   ㉡ 공작물의 설치
>   ⓐ 도시지역 또는 지구단위계획구역에서 무게가 50톤 이하, 부피가 50세제곱미터 이하, 수평투영면적이 50제곱미터 이하인 공작물의 설치

46
국토의 계획 및 이용에 관한 법령상 개발행위허가(이하 '허가'라 함)에 관한 설명으로 옳은 것은?

① 도시·군계획사업에 의하여 10층 이상의 건축물을 건축하려는 경우에는 허가를 받아야 한다.
② 건축물의 건축에 대한 허가를 받은 자가 그 건축을 완료하고 「건축법」에 따른 건축물의 사용승인을 받은 경우 허가권자의 준공검사를 받지 않아도 된다.
③ 허가를 받은 건축물의 연면적을 5퍼센트 범위에서 축소하려는 경우에는 허가권자에게 미리 신고하여야 한다.
④ 허가의 신청이 있는 경우 특별한 사유가 없으면 도시계획위원회의 심의 또는 기타 협의 기간을 포함하여 15일 이내에 허가 또는 불허가의 처분을 하여야 한다.
⑤ 국토교통부장관이 지구단위계획구역으로 지정된 지역에 대하여 허가의 제한을 연장하려면 중앙도시계획위원회의 심의를 거쳐야 한다.

47

국토의 계획 및 이용에 관한 법령상 개발행위의 허가에 관한 설명으로 틀린 것은?

① 부지면적 또는 건축물 연면적을 5퍼센트 범위안에서 확대 또는 축소하는 경우에는 변경허가를 받지 않아도 된다.

② 허가권자가 개발행위허가를 하면서 환경오염 방지 등의 조치를 할 것을 조건으로 붙이려는 때에는 미리 개발행위허가를 신청한 자의 의견을 들어야 한다.

③ 지구단위계획구역으로 지정된 지역으로서 도시·군관리계획상 특히 필요하다고 인정하는 지역에 대해서는 최장 5년의 기간 동안 개발행위허가를 제한할 수 있다.

④ 농림지역에 물건을 1개월 이상 쌓아놓는 경우 개발행위 허가를 요하지 아니한다.

⑤ 건축물 건축에 대해 개발행위허가를 받은 자가 건축을 완료하고 그 건축물에 대해 「건축법」상 사용승인을 받은 경우에는 따로 준공검사를 받지 않아도 된다.

다만, 「건축법 시행령」 제118조 제1항 각 호의 어느 하나에 해당하는 공작물의 설치는 제외한다.

ⓑ 도시지역·자연환경보전지역 및 지구단위계획구역외의 지역에서 무게가 150톤 이하, 부피가 150세제곱미터 이하, 수평투영면적이 150제곱미터 이하인 공작물의 설치. 다만, 「건축법 시행령」 제118조 제1항 각 호의 어느 하나에 해당하는 공작물의 설치는 제외한다.

ⓒ 녹지지역·관리지역 또는 농림지역안에서의 농림어업용 비닐하우스(「양식산업발전법」 제43조 제1항 각 호에 따른 양식업을 하기 위하여 비닐하우스 안에 설치하는 양식장은 제외한다)의 설치

ⓒ 토지의 형질변경

　ⓐ 높이 50센티미터 이내 또는 깊이 50센티미터 이내의 절토·성토·정지 등(포장을 제외하며, 주거지역·상업지역 및 공업지역외의 지역에서는 지목변경을 수반하지 아니하는 경우에 한한다)

　ⓑ 도시지역·자연환경보전지역 및 지구단위계획구역 외의 지역에서 면적이 660제곱미터 이하인 토지에 대한 지목변경을 수반하지 아니하는 절토·성토·정지·포장 등

　ⓒ 조성이 완료된 기존 대지에 건축물이나 그 밖의 공작물을 설치하기 위한 토지의 형질변경(절토 및 성토는 제외한다)

　ⓓ 국가 또는 지방자치단체가 공익상의 필요에 의하여 직접 시행하는 사업을 위한 토지의 형질변경

ⓔ 토석채취

　ⓐ 도시지역 또는 지구단위계획구역에서 채취면적이 25제곱미터 이하인 토지에서의 부피 50세제곱미터 이하의 토석채취

　ⓑ 도시지역·자연환경보전지역 및 지구단위계획구역외의 지역에서 채취면적이 250제곱미터 이하인 토지에서의 부피 500세제곱미터 이하의 토석채취

ⓜ 토지분할

　ⓐ 「사도법」에 의한 사도개설허가를 받아 분할하는 경우

　ⓑ 토지의 일부를 공공용지 또는 공용지로 하고자 하는 경우

　ⓒ 행정재산 중 용도폐지되는 부분을 분할하거나 일반재산을 매각·교환 또는 양여하기 위하여 토지를 분할하고자 하는 경우

　ⓓ 토지의 일부가 도시·군계획시설로 지형도면 고시가 된 당해 토지의 분할

　ⓔ 너비 5m 이하로 이미 분할된 토지의 「건축법」 제57조 제1항의 규정에 의한 분할제한면적 이상으로의 분할

ⓗ 물건을 쌓아놓는 행위

　ⓐ 녹지지역 또는 지구단위계획구역에서 물건을 쌓아놓는 면적이 25제곱미터 이하인 토지에 전체 무게 50톤 이하, 전체부피 50세제곱미터 이하로 물건을 쌓아놓는 행위

　ⓑ 관리지역(지구단위계획구역으로 지정된 지역을 제외한다)에서 물건을 쌓아놓는 면적이 250제곱미터 이하인 토지에 전체무게 500톤 이하, 전체부피 500세제곱미터 이하로 물건을 쌓아놓는 행위

3. 개발행위허가 시 도시계획위원회의 심의 제외사항

다음의 어느 하나에 해당하는 개발행위는 중앙도시계획위원회와 지방도시계획위원회의 심의를 거치지 아니한다(법 제59조 제2항).

1. 다른 법률에 따라 도시계획위원회의 심의를 받는 구역에서 하는 개발행위
2. 지구단위계획 또는 성장관리계획을 수립한 지역에서 하는 개발행위
3. 「환경영향평가법」에 따라 환경영향평가를 받은 개발행위
4. 「산림자원의 조성 및 관리에 관한 법률」에 따른 산림사업 및 「사방사업법」에 따른 사방사업을 위한 개발행위

4. 허가기준 23회, 31회

① 용도지역별 특성을 고려하여 다음의 개발행위의 규모에 적합할 것
　㉠ 도시지역
　　• 주거지역 · 상업지역 · 자연녹지지역 · 생산녹지지역: 1만m² 미만
　　• 공업지역: 3만m² 미만
　　• 보전녹지지역: 5천m² 미만
　㉡ 관리지역: 3만m² 미만
　㉢ 농림지역: 3만m² 미만
　㉣ 자연환경보전지역: 5천m² 미만
② 도시 · 군관리계획 및 성장관리계획의 내용에 어긋나지 아니할 것
③ 도시 · 군계획사업의 시행에 지장이 없을 것
④ 주변지역의 토지이용실태 또는 토지이용계획, 건축물의 높이, 토지의 경사도, 수목의 상태, 물의 배수, 하천 · 호소 · 습지의 배수 등 주변환경이나 경관과 조화를 이룰 것
⑤ 해당 개발행위에 따른 기반시설의 설치나 그에 필요한 용지의 확보계획이 적절할 것

확인문제

48
국토의 계획 및 이용에 관한 법령상 개발행위의 허가에 관한 설명으로 옳은 것은?

① 전 · 답 사이의 지목변경을 수반하는 경작을 위한 토지의 형질변경은 개발행위허가의 대상이 아니다.

② 도시지역 또는 지구단위계획구역에서 채취면적이 50제곱미터 이하인 토지에서의 부피 50세제곱미터 이하의 토석채취 행위는 허가를 받지 아니한다.

③ 개발행위를 허가하는 경우에는 조건을 붙일 수 없다.

④ 개발행위로 인하여 주변의 국가유산 등이 크게 손상될 우려가 있는 지역에 대해서는 최대 5년까지 개발행위허가를 제한할 수 있다.

⑤ 행정청이 아닌 자가 개발행위허가를 받아 새로 공공시설을 설치한 경우, 종래의 공공시설은 개발행위허가를 받은 자에게 전부 무상으로 귀속된다.

⊕ 이행보증금의 예치금액은 총공사비의 20퍼센트 이내(산지에서의 개발행위의 경우 「산지관리법」 제38조에 따른 복구비를 합하여 총공사비의 20퍼센트 이내)가 되도록 하고, 그 산정에 관한 구체적인 사항 및 예치방법은 특별시 · 광역시 · 특별자치시 · 특별자치도 · 시 또는 군의 도시 · 군계획조례로 정한다.

⊕ 이행보증금은 준공검사를 받은 때에는 즉시 이를 반환하여야 한다.

⊕ 국가 또는 지방자치단체나 정부투자기관 등이 시행하는 개발행위인 경우에는 이행보증금을 예치하지 아니한다.

49
국토의 계획 및 이용에 관한 법령상 개발행위허가에 관한 설명으로 옳은 것은? (단, 조례는 고려하지 않음)
① 「사방사업법」에 따른 사방사업을 위한 개발행위를 허가 하려면 지방도시계획위원회의 심의를 거쳐야 한다.
② 토지의 일부가 도시 · 군계획시설로 지형도면고시가 된 당해 토지의 분할은 개발행위허가를 받아야 한다.
③ 국토교통부장관은 개발행위로 인하여 주변의 환경이 크게 오염될 우려가 있는 지역에서 개발행위허가를 제한하고자 하는 경우 중앙도시계획위원회의 심의를 거쳐야 한다.
④ 시 · 도지사는 기반시설부담구역으로 지정된 지역에 대해서는 10년간 개발행위허가를 제한할 수 있다.
⑤ 토지분할을 위한 개발행위허가를 받은 자는 그 개발행위를 마치면 시 · 도지사의 준공검사를 받아야 한다.

5. 조건부허가 및 이행보증금의 예치 등

(1) 조건부허가

특별시장 · 광역시장 · 특별자치시장 · 특별자치도지사 · 시장 또는 군수는 개발행위허가를 하는 경우에는 개발행위허가를 신청한 자의 의견을 들어 당해 개발행위에 따른 기반시설의 설치 또는 그에 필요한 용지의 확보 · 위해방지 · 환경오염방지 · 경관 · 조경 등에 관한 조치를 할 것을 조건으로 개발행위허가를 할 수 있다.

(2) 이행보증금의 예치사유

> **이행보증금의 예치사유**
>
> ① 건축물의 건축 또는 공작물의 설치 · 토지의 형질변경 · 토석의 채취 등의 개발행위로서 당해 개발행위로 인하여 도로, 수도공급설비 · 하수도 등 기반시설의 설치가 필요한 경우
> ② 토지의 굴착으로 인하여 인근의 토지가 붕괴될 우려가 있거나 인근의 건축물 또는 공작물이 손괴될 우려가 있는 경우
> ③ 토석의 발파로 인한 낙석 · 먼지 등에 의하여 인근지역에 피해가 발생할 우려가 있는 경우
> ④ 토석을 운반하는 차량의 통행으로 인하여 통행로 주변의 환경이 오염될 우려가 있는 경우
> ⑤ 토지의 형질변경이나 토석의 채취가 완료된 후 비탈면에 조경을 할 필요가 있는 경우

6. 개발행위허가의 제한 15회 추가, 18회, 21회

(1) 허가제한 대상지역

국토교통부장관, 시 · 도지사, 시장 또는 군수는 다음의 어느 하나에 해당되는 지역으로서 도시 · 군관리계획상 특히 필요하다고 인정되는 지역에 대해서는 중앙도시계획위원회나 지방도시계획위원회의 심의를 거쳐 한 차례만 3년 이내의 기간 동안 개발행위허가를 제한할 수 있다. 다만, ③부터 ⑤까지에 해당하는 지역에 대해서는 중앙도시계획위원회나 지방도시계획위원회의 심의를 거치지 아니하고 한 차례만 2년 이내의 기간 동안 개발행위허가의 제한을 연장할 수 있다.

> ① 녹지지역 또는 계획관리지역으로서 수목이 집단적으로 자라고 있거나 조수류 등이 집단적으로 서식하고 있는 지역 또는 우량농지 등으로 보전할 필요가 있는 지역
> ② 개발행위로 인하여 주변의 환경 · 경관 · 미관 · 「국가유산기본법」 제3조에 따른 국가유산 등이 크게 오염되거나 손상될 우려가 있는 지역
> ③ 도시 · 군기본계획 또는 도시 · 군관리계획을 수립하고 있는 지역으로서 당해 도시 · 군기본계획 또는 도시 · 군관리계획이 결정될 경우, 용도지역 · 용도지구 또는 용도구역의 변경이 예상되고, 그에 따라 개발행위허가의 기준이 크게 달라질 것으로 예상되는 지역(2년 연장가능)

    ④ 지구단위계획구역으로 지정된 지역(2년 연장가능)
    ⑤ 기반시설부담구역으로 지정된 지역(2년 연장가능)

(2) 허가제한 전 도시계획위원회의 심의 및 의견청취

① 개발행위허가를 제한하고자 하는 자가 국토교통부장관인 경우에는 중앙도시계획위원회의 심의를 거쳐야 하며, 시·도지사 또는 시장·군수인 경우에는 당해 지방자치단체에 설치된 지방도시계획위원회의 심의를 거쳐야 한다.

② 개발행위허가를 제한하고자 하는 자가 국토교통부장관 또는 시·도지사인 경우에는 중앙도시계획위원회 또는 시·도 도시계획위원회의 심의 전에 미리 제한하고자 하는 지역을 관할하는 시장 또는 군수의 의견을 들어야 한다.

7. 개발행위의 준공검사 대상

    ① 건축물의 건축 또는 공작물의 설치
    ② 토지의 형질변경(경작을 위한 토지의 형질변경을 제외한다)
    ③ 토석채취
    ⊕ 따라서 물건을 1월 이상 쌓아놓는 행위나 토지의 분할행위인 경우에는 준공검사 대상에 해당하지 아니한다.

8. 도시·군계획시설부지에서의 개발행위

(1) **원칙:** 특별시장·광역시장·특별자치시장·특별자치도지사·시장 또는 군수는 도시·군계획시설의 설치장소로 결정된 지상·수상·공중·수중 또는 지하는 그 도시·군계획시설이 아닌 건축물의 건축이나 공작물의 설치를 허가하여서는 아니 된다(당해 도시·군계획시설 외의 건축물 등의 허가금지).

(2) **예외: 제한적 개발 허용**

특별시장·광역시장·특별자치시장·특별자치도지사·시장 또는 군수는 도시·군계획시설 결정의 고시일부터 2년이 지날 때까지 그 시설의 설치에 관한 사업이 시행되지 아니한 도시·군계획시설 중 단계별 집행계획이 수립되지 아니하거나 단계별 집행계획에서 제1단계 집행계획(단계별 집행계획을 변경한 경우에는 최초의 단계별 집행계획을 말한다)에 포함되지 아니한 도시·군계획시설의 부지에 대하여는 다음에 해당하는 개발행위를 허가할 수 있다.

    ① 가설건축물의 건축과 이를 위한 형질변경
    ② 도시·군계획시설의 설치에 지장이 없는 공작물의 설치와 이를 위한 형질변경
    ③ 건축물의 개축·재축과 이를 위한 형질변경(단, 건축법에 의해 신고대상 건축물의 증축·개축·재축과 이를 위한 형질변경의 경우 제외)

50

국토의 계획 및 이용에 관한 법령상 개발행위허가를 받은 자가 행정청인 경우 개발행위에 따른 공공시설의 귀속에 관한 설명으로 옳은 것은? (단, 다른 법률은 고려하지 않음)

① 개발행위허가를 받은 자가 새로 공공시설을 설치한 경우, 새로 설치된 공공시설은 그 시설을 관리할 관리청에 무상으로 귀속한다.

② 개발행위로 용도가 폐지되는 공공시설은 새로 설치한 공공시설의 설치비용에 상당하는 범위에서 개발행위허가를 받은 자에게 무상으로 양도할 수 있다.

③ 공공시설의 관리청이 불분명한 경우 하천에 대하여는 국토교통부장관을 관리청으로 본다.

④ 관리청에 귀속되거나 개발행위허가를 받은 자에게 양도될 공공시설은 준공검사를 받음으로써 관리청과 개발행위허가를 받은 자에게 각각 귀속되거나 양도된 것으로 본다.

⑤ 개발행위허가를 받은 자는 국토교통부장관의 허가를 받아 그에게 귀속된 공공시설의 처분으로 인한 수익금을 도시·군계획사업 외의 목적에 사용할 수 있다.

---

(3) 철거 및 원상회복명령 등

① 허가 후 도시·군계획시설사업이 시행되는 경우, 사업시행예정일로부터 3월 전 무상으로 철거 및 원상회복을 하여야 한다.

② 철거 및 원상회복명령에 불복시 행정대집행으로 원상회복이 가능

9. 무허가행위에 대한 제재

(1) 원상회복

특별시장·광역시장·특별자치시장·특별자치도지사·시장 또는 군수는 개발행위허가를 받지 아니하고 개발행위를 하거나 허가내용과 다르게 개발행위를 하는 자에게는 그 토지의 원상회복을 명할 수 있다.

(2) 행정대집행

특별시장·광역시장·특별자치시장·특별자치도지사·시장 또는 군수는 원상회복의 명령을 받은 자가 원상회복을 하지 아니하면 「행정대집행법」에 따른 행정대집행에 따라 원상회복을 할 수 있다.

(3) 행정형벌

개발행위의 허가 또는 변경허가를 받지 아니하거나 속임수나 그 밖의 부정한 방법으로 개발행위의 허가 또는 변경허가를 받아 개발행위를 한 자에 대하여는 3년 이하의 징역 또는 3천만원 이하의 벌금에 처한다.

10. 개발행위에 따른 공공시설의 귀속 32회, 33회

(1) 개발행위허가를 받은 자가 행정청인 경우

개발행위허가를 받은 자가 행정청인 경우 개발행위허가를 받은 자가 새로 공공시설을 설치하거나 기존의 공공시설에 대체되는 공공시설을 설치한 경우에는 「국유재산법」과 「공유재산 및 물품 관리법」에도 불구하고 새로 설치된 공공시설은 그 시설을 관리할 관리청에 무상으로 귀속되고, 종래의 공공시설은 개발행위허가를 받은 자에게 무상으로 귀속된다.

(2) 개발행위허가를 받은 자가 비행정청인 경우

개발행위허가를 받은 자가 행정청이 아닌 경우 개발행위허가를 받은 자가 새로 설치한 공공시설은 그 시설을 관리할 관리청에 무상으로 귀속되고, 개발행위로 용도가 폐지되는 공공시설은 「국유재산법」과 「공유재산 및 물품 관리법」에도 불구하고 새로 설치한 공공시설의 설치비용에 상당하는 범위에서 개발행위허가를 받은 자에게 무상으로 양도할 수 있다.

(3) 공공시설의 귀속과 관련한 개발허가(관리청의 사전 의견청취)

특별시장 · 광역시장 · 특별자치시장 · 특별자치도지사 · 시장 또는 군수는 공공시설의 귀속에 관한 사항이 포함된 개발행위허가를 하려면 미리 해당 공공시설이 속한 관리청의 의견을 들어야 한다. 다만, 관리청이 지정되지 아니한 경우에는 관리청이 지정된 후 준공되기 전에 관리청의 의견을 들어야 하며, 관리청이 불분명한 경우에는 도로 등에 대하여는 국토교통부장관을, 하천에 대하여는 환경부장관을 관리청으로 보고, 그 외의 재산에 대하여는 기획재정부장관을 관리청으로 본다(법 제65조 제3항).

(4) 공공시설의 무상점용 및 사용

특별시장 · 광역시장 · 특별자치시장 · 특별자치도지사 · 시장 또는 군수가 관리청의 의견을 듣고 개발행위허가를 한 경우 개발행위허가를 받은 자는 그 허가에 포함된 공공시설의 점용 및 사용에 관하여 관계 법률에 따른 승인 · 허가 등을 받은 것으로 보아 개발행위를 할 수 있다. 이 경우 해당 공공시설의 점용 또는 사용에 따른 점용료 또는 사용료는 면제된 것으로 본다(법 제65조 제4항).

(5) 수익금의 전용(轉用)금지

개발행위허가를 받은 자가 행정청인 경우 개발행위허가를 받은 자는 그에게 귀속된 공공시설의 처분으로 인한 수익금을 도시 · 군계획사업 외의 목적에 사용하여서는 아니 된다. 또한 공공시설의 귀속에 관하여 다른 법률에 특별한 규정이 있는 경우에는 이 법률의 규정에도 불구하고 그 법률에 따른다.

제14절 개발밀도관리구역 17회, 24회, 29회, 30회, 32회, 33회, 34회

(1) 개발밀도관리구역의 의의

'개발밀도관리구역'이라 함은 개발로 인하여 기반시설이 부족할 것이 예상되나 기반시설의 설치가 곤란한 지역을 대상으로 건폐율 또는 용적률을 강화하여 적용하기 위하여 지정하는 구역을 말한다(주거지역, 상업지역, 공업지역을 대상으로 함 − 녹지지역은 제외).

(2) 구체적 지정권자: 특별시장 · 광역시장 · 특별자치시장 · 특별자치도지사 · 시장 또는 군수

(3) 지정 전 심의(지정하거나 변경하고자 하는 경우에는 지방도시계획위원회의 심의)

(4) 용적률의 강화

당해 용도지역에 적용되는 용적률을 최대한도 50% 범위 안에서 강화하여 적용한다.

51
국토의 계획 및 이용에 관한 법령상 개발밀도관리구역에 관한 설명으로 틀린 것은?

① 도시 · 군계획시설사업의 시행자인 시장 또는 군수는 개발밀도관리구역에 관한 기초조사를 하기 위하여 필요하면 타인의 토지에 출입할 수 있다.

② 개발밀도관리구역의 지정기준, 개발밀도관리구역의 관리 등에 관하여 필요한 사항은 대통령령으로 정하는 바에 따라 국토교통부장관이 정한다.

③ 개발밀도관리구역에서는 해당 용도지역에 적용되는 용적률의 최대한도의 50퍼센트 범위에서 용적률을 강화하여 적용한다.

④ 시장 또는 군수는 개발밀도관리구역을 지정하거나 변경하려면 해당 지방자치단체에 설치된 지방도시계획위원회의 심의를 거쳐야 한다.

⑤ 기반시설을 설치하거나 그에 필요한 용지를 확보하게 하기 위하여 개발밀도관리구역에 기반시설부담구역을 지정할 수 있다.

♦ 기반시설부담구역에서 기존 건축물을 철거하고 신축하는 경우에는 기존 건축물의 건축연면적을 포함하는 건축행위를 기반시설설치비용의 부과대상으로 한다(×).

♦ 「고등교육법」에 따른 대학은 기반시설부담구역에 설치가 필요한 기반시설에 해당한다(×).

♦ 기반시설부담구역이 지정되면 광역시장은 대통령령으로 정하는 바에 따라 기반시설설치계획을 수립해야 하며, 이를 도시·군관리계획에 반영하여야 한다(○).

♦ 기반시설부담구역의 지정고시일부터 3년이 되는 날까지 기반시설설치계획을 수립하지 아니하면 그 3년이 되는 날의 다음날에 기반시설부담구역의 지정은 해제된 것으로 본다(×).

♦ 기반시설부담구역 안에서 기반시설설치비용의 부과대상인 건축행위는 단독주택 및 숙박시설 등 「건축법」에 의한 건축물로서 200㎡(기존 건축물의 연면적을 포함한다)를 초과하는 건축물의 신·증축 행위로 한다(○).

52
국토의 계획 및 이용에 관한 법령상 기반시설부담구역에 관한 설명으로 옳은 것은?

① 공원의 이용을 위하여 필요한 편의시설은 기반시설부담구역에 설치가 필요한 기반시설에 해당하지 않는다.

② 기반시설부담구역에서 기존 건축물을 철거하고 신축하는 경우에는 기존 건축물의 건축연면적을 포함하는 건축행위를 기반시설설치비용의 부과대상으로 한다.

③ 지구단위계획을 수립한 경우에는 기반시설설치계획을 수립한 것으로 본다.

(5) 지정기준(국토교통부장관이 정함)

국토교통부장관은 개발밀도관리구역의 지정기준 및 관리방법을 정할 때에는 다음의 사항을 종합적으로 고려하여야 한다.

① 개발밀도관리구역은 도로·수도공급설비·하수도·학교 등 기반시설의 용량이 부족할 것으로 예상되는 지역 중 기반시설의 설치가 곤란한 지역으로서 다음에 해당하는 지역에 대하여 지정할 수 있도록 할 것
　㉠ 당해 지역의 도로서비스 수준이 매우 낮아 차량통행이 현저하게 지체되는 지역. 이 경우 도로서비스 수준의 측정에 관하여는 「도시교통정비 촉진법」에 따른 교통영향평가의 예에 따른다.
　㉡ 당해 지역의 도로율이 국토교통부령이 정하는 용도지역별 도로율에 20퍼센트 이상 미달하는 지역
　㉢ 향후 2년 이내에 당해 지역의 수도에 대한 수요량이 수도시설의 시설용량을 초과할 것으로 예상되는 지역
　㉣ 향후 2년 이내에 당해 지역의 하수발생량이 하수시설의 시설용량을 초과할 것으로 예상되는 지역
　㉤ 향후 2년 이내에 당해 지역의 학생수가 학교수용능력을 20퍼센트 이상 초과할 것으로 예상되는 지역
② 개발밀도관리구역의 경계는 도로·하천 그 밖에 특색 있는 지형지물을 이용하거나 용도지역의 경계선을 따라 설정하는 등 경계선이 분명하게 구분되도록 할 것
③ 용적률의 강화범위는 제62조 제1항의 규정에 의한 범위안에서 위 ①의 각목에 규정된 기반시설의 부족정도를 감안하여 결정할 것
④ 개발밀도관리구역안의 기반시설의 변화를 주기적으로 검토하여 용적률을 강화 또는 완화하거나 개발밀도관리구역을 해제하는 등 필요한 조치를 취하도록 할 것

제 15 절　기반시설부담구역 20회, 24회, 25회, 27회, 29회, 30회, 31회, 32회, 33회, 34회, 35회

(1) 기반시설부담구역의 의의

'기반시설부담구역'이란 개발밀도관리구역 외의 지역으로서 개발로 인하여 도로, 공원, 녹지 등 대통령령으로 정하는 기반시설의 설치가 필요한 지역을 대상으로 기반시설을 설치하거나 그에 필요한 용지를 확보하게 하기 위하여 지정·고시하는 구역을 말한다.

(2) 지정권자 및 지정대상(의무적 지정) 20회, 22회

특별시장·광역시장·특별자치시장·특별자치도지사·시장 또는 군수는 다음 어느 하나에 해당하는 지역에 대하여는 기반시설부담구역으로 지정하여야 한다.

(주민의 의견을 들은 후 지방도시계획위원회의 심의를 거쳐 지정)

① 이 법 또는 다른 법령의 제정·개정으로 인하여 **행위제한이 완화되거나 해제되는 지역**

② 이 법 또는 다른 법령에 따라 지정된 **용도지역 등이 변경되거나 해제되어 행위제한이 완화되는 지역**

③ 개발행위허가 현황 및 인구증가율 등을 고려하여 특별시장·광역시장·특별자치시장·특별자치도지사·시장 또는 군수가 기반시설의 설치가 필요하다고 인정하는 다음의 지역

    ㉠ 해당 지역의 전년도 개발행위허가 건수가 전전년도 **개발행위허가 건수보다 20% 이상 증가한 지역**

    ㉡ 해당 지역의 전년도 인구증가율이 그 지역이 속하는 특별시·광역시·특별자치시·특별자치도·시 또는 군(광역시의 관할 구역에 있는 군은 제외한다)의 전년도 **인구증가율보다 20% 이상 높은 지역**

(3) 지정기준

국토교통부장관은 기반시설부담구역의 지정기준을 정할 때에는 다음의 사항을 종합적으로 고려하여야 한다.

① 기반시설부담구역은 기반시설이 적절하게 배치될 수 있는 규모로서 최소 10만㎡ 이상의 규모가 되도록 지정할 것

② 소규모 개발행위가 연접하여 시행될 것으로 예상되는 지역의 경우에는 하나의 단위구역으로 묶어서 기반시설부담구역을 지정할 것

③ 기반시설부담구역의 경계는 도로, 하천, 그 밖의 특색 있는 지형지물을 이용하는 등 경계선이 분명하게 구분되도록 할 것

(4) 지정해제

기반시설부담구역의 지정고시일부터 1년이 되는 날까지 기반시설설치계획을 수립하지 아니하면 그 1년이 되는 날의 다음 날에 기반시설부담구역의 지정은 해제된 것으로 본다.

(5) 기반시설설치비용의 부과 28회, 31회

① 기반시설부담구역 안에서 기반시설설치비용의 부과대상인 건축행위는 단독주택 및 숙박시설 등 「건축법」에 의한 건축물로서 200㎡(기존 건축물의 연면적을 포함한다)를 초과하는 건축물의 신·증축 행위로 한다.

② 기반시설설치비용은 기반시설을 설치하는 데 필요한 기반시설 표준시설비용과 용지비용을 합산한 금액에 위 ①에 따른 부과대상 건축연면적과 기반시설 설치를 위하여 사용되는 총 비용 중 국가·지방자치단체의 부담분을 제외하고 민간 개발사업자가 부담하는 부담률을 곱한 금액으로 한다.

③ 민간 개발사업자가 부담하는 부담률은 100분의 20으로 하며, 특별시장·광역시장·특별자치시장·특별자치도지사·시장 또는 군수가 건물의 규모, 지역 특성 등을 고려하여 100분의 25의 범위에서 부담률을 가감할 수 있다.

④ 기반시설부담구역 내에서 신축된 「건축법 시행령」상의 종교집회장은 기반시설설치비용의 부과대상이다.

⑤ 기반시설부담구역으로 지정된 지역에 대해서는 개발행위허가의 제한을 연장할 수 없다.

53

국토의 계획 및 이용에 관한 법령상 개발행위에 따른 기반시설의 설치에 관한 설명으로 틀린 것은?

① 「고등교육법」에 따른 대학은 기반시설부담구역에 설치가 필요한 기반시설에 해당한다.

② 이 법 또는 다른 법령에 따라 지정된 용도지역 등이 변경되거나 해제되어 행위제한이 완화되는 지역을 대상으로 기반시설부담구역으로 지정하여야 한다.

③ 해당 지역의 전년도 개발행위허가 건수가 전전년도 개발행위허가 건수보다 20% 이상 증가한 지역은 기반시설부담구역 지정대상이 된다.

④ 기반시설부담구역 안에서 기반시설설치비용의 부과대상인 건축행위는 단독주택 등 「건축법」에 의한 건축물로서 200㎡를 초과하는 건축물의 신·증축행위로 한다.

⑤ 기반시설부담구역의 지정고시일부터 1년이 되는 날까지 기반시설설치계획을 수립하지 아니하면 그 1년이 되는 날의 다음 날에 기반시설부담구역의 지정은 해제된 것으로 본다.

54

국토의 계획 및 이용에 관한 법령상 개발행위에 따른 기반시설의 설치에 관한 설명으로 옳은 것은? (단, 조례는 고려하지 않음)

① 시장 또는 군수가 개발밀도관리구역을 변경하는 경우 관할 지방도시계획위원회의 심의를 거치지 않아도 된다.

② 기반시설부담구역의 지정고시일부터 2년이 되는 날까지 기반시설설치계획을 수립하지 아니하면 그 2년이 되는 날에 기반시설부담구역의 지정은 해제된 것으로 본다.

③ 시장 또는 군수는 기반시설설치비용 납부의무자가 지방자치단체로부터 건축허가를 받은 날부터 3개월 이내에 기반시설설치비용을 부과하여야 한다.

④ 시장 또는 군수는 개발밀도관리구역에서는 해당 용도지역에 적용되는 용적률의 최대한도의 50퍼센트 범위에서 용적률을 강화하여 적용한다.

⑤ 기반시설설치비용 납부의무자는 사용승인 신청 후 7일까지 그 비용을 내야 한다.

(6) 기반시설설치비용의 납부(물납도 가능)

① 특별시장 · 광역시장 · 특별자치시장 · 특별자치도지사 · 시장 또는 군수는 납부의무자가 국가 또는 지방자치단체로부터 건축허가(다른 법률에 따른 사업승인 등 건축허가가 의제되는 경우에는 그 사업승인)를 받은 날부터 2개월 이내에 기반시설설치비용을 부과하여야 하고, 납부의무자는 사용승인신청 시까지 이를 납부하여야 한다.

② 기반시설설치비용은 현금, 신용카드 또는 직불카드로 납부하도록 하되, 부과대상 토지 및 이와 비슷한 토지로 하는 납부(이하 "물납"이라 한다)를 인정할 수 있다.

(7) 납부기일의 연기 및 분할납부 가능

① 특별시장 · 광역시장 · 특별자치시장 · 특별자치도지사 · 시장 또는 군수는 납부의무자가 다음의 어느 하나에 해당하여 기반시설설치비용을 납부하기가 곤란하다고 인정되면 해당 개발사업 목적에 따른 이용상황 등을 고려하여 1년의 범위에서 납부 기일을 연기하거나 2년의 범위에서 분할납부를 인정할 수 있다.

> ㉠ 재해나 도난으로 재산에 심한 손실을 입은 경우
> ㉡ 사업에 뚜렷한 손실을 입은 때
> ㉢ 사업이 중대한 위기에 처한 경우
> ㉣ 납부의무자나 그 동거가족의 질병이나 중상해로 장기치료가 필요한 경우

② 특별시장 · 광역시장 · 특별자치시장 · 특별자치도지사 · 시장 또는 군수는 납부의무자가 정한 때까지 기반시설설치비용을 내지 아니하는 경우에는 「지방행정제재 · 부과금의 징수 등에 관한 법률」에 따라 징수할 수 있다.

③ 특별시장 · 광역시장 · 특별자치시장 · 특별자치도지사 · 시장 또는 군수는 기반시설설치비용의 관리 및 운용을 위하여 기반시설부담구역별로 특별회계를 설치하여야 하며, 그에 필요한 사항은 지방자치단체의 조례로 정한다.

(8) 건축물별 기반시설유발계수 순위 23회, 29회, 30회

> 위락시설: 2.1 ⇨ 관광휴게시설: 1.9 ⇨ 제2종 근린생활시설: 1.6 ⇨ 문화 및 집회시설, 종교시설, 운수시설, 자원순환 관련 시설: 1.4 ⇨ 제1종 근린생활시설, 판매시설: 1.3

(9) 기반시설설치계획의 수립

① 특별시장 · 광역시장 · 특별자치시장 · 특별자치도지사 · 시장 또는 군수는 기반시설부담구역이 지정되면 대통령령으로 정하는 바에 따라 기반시설설치계획을 수립하여야 하며, 이를 도시 · 군관리계획에 반영하여야 한다.

② 특별시장 · 광역시장 · 특별자치시장 · 특별자치도지사 · 시장 또는 군수는 기반시설부담계획을 수립하거나 변경할 때에는 주민의 의견을 듣고 해당 지방자치단체에 설치된 지방도시계획위원회의 심의를 거쳐야 한다.

③ 위 ①의 경우라도 법 제52조 제1항에 따라 지구단위계획을 수립한 경우에는 기반시설설치계획을 수립한 것으로 본다.

⑩ 기반시설부담구역에 설치가 필요한 기반시설 ^{26회}

    ㉠ 도로(인근의 간선도로로부터 기반시설부담구역까지의 진입도로를 포함한다)
    ㉡ 공원
    ㉢ 녹지
    ㉣ 학교(고등교육법에 의한 다음의 학교는 제외한다)
      • 대학   • 산업대학
      • 교육대학   • 전문대학
      • 방송대학 · 통신대학 · 방송통신대학 및 사이버대학(이하 "원격대학"이라 한다)
      • 기술대학   • 각종학교
    ㉤ 수도(인근의 수도로부터 기반시설부담구역까지 연결하는 수도를 포함한다)
    ㉥ 하수도(인근의 하수도로부터 기반시설부담구역까지 연결하는 하수도를 포함한다)
    ㉦ 폐기물 및 재활용처리시설
    ㉧ 그 밖에 특별시장 · 광역시장 · 특별자치시장 · 특별자치도지사 · 시장 또는 군수가 법 제68조 제2항 단서에 따른 기반시설부담계획에서 정하는 시설

제16절 성장관리계획 ^{32회, 33회}

1. 성장관리계획구역의 지정 등

① 특별시장 · 광역시장 · 특별자치시장 · 특별자치도지사 · 시장 또는 군수는 녹지지역, 관리지역, 농림지역 및 자연환경보전지역 중 다음 각 호의 어느 하나에 해당하는 지역의 전부 또는 일부에 대하여 성장관리계획구역을 지정할 수 있다.

    ㉠ 개발수요가 많아 무질서한 개발이 진행되고 있거나 진행될 것으로 예상되는 지역
    ㉡ 주변의 토지이용이나 교통여건 변화 등으로 향후 시가화가 예상되는 지역
    ㉢ 주변지역과 연계하여 체계적인 관리가 필요한 지역
    ㉣ 「토지이용규제 기본법」 제2조 제1호에 따른 지역 · 지구등의 변경으로 토지이용에 대한 행위제한이 완화되는 지역
    ㉤ 그 밖에 난개발의 방지와 체계적인 관리가 필요한 지역으로서 대통령령으로 정하는 다음의 지역
      • 인구 감소 또는 경제성장 정체 등으로 압축적이고 효율적인 도시성장관리가 필요한 지역
      • 공장 등과 입지 분리 등을 통해 쾌적한 주거환경 조성이 필요한 지역
      • 그 밖에 난개발의 방지와 체계적인 관리가 필요한 지역으로서 특별시 · 광역시 · 특별자치시 · 특별자치도 · 시 또는 군의 도시 · 군계획조례로 정하는 지역

확인문제

55
국토의 계획 및 이용에 관한 법령상 성장관리계획에 관한 설명으로 옳은 것은? (단, 조례, 기타 강화 · 완화조건은 고려하지 않음)
① 시장 또는 군수는 공업지역 중 향후 시가화가 예상되는 지역의 전부 또는 일부에 대하여 성장관리계획구역을 지정할 수 있다.
② 성장관리계획구역 내 생산녹지지역에서는 30퍼센트 이하의 범위에서 성장관리계획으로 정하는 바에 따라 건폐율을 완화하여 적용할 수 있다.
③ 성장관리계획구역 내 보전관리지역에서는 125퍼센트 이하의 범위에서 성장관리계획으로 정하는 바에 따라 용적률을 완화하여 적용할 수 있다.
④ 시장 또는 군수는 성장관리계획구역을 지정할 때에는 도시 · 군관리계획의 결정으로 하여야 한다.
⑤ 시장 또는 군수는 성장관리계획구역을 지정하려면 성장관리계획안을 7일간 일반이 열람할 수 있도록 해야 한다.

② 특별시장·광역시장·특별자치시장·특별자치도지사·시장 또는 군수는 성장관리계획구역을 지정하거나 이를 변경하려면 성장관리계획구역안을 14일 이상 일반이 열람할 수 있도록 하여 미리 주민의 의견을 들은 후 해당 지방의회의 의견을 들어야 하며, 관계 행정기관과의 협의 및 지방도시계획위원회의 심의를 거쳐야 한다. 다만, 대통령령으로 정하는 경미한 사항을 변경하는 경우에는 그러하지 아니하다.

③ 특별시·광역시·특별자치시·특별자치도·시 또는 군의 의회는 특별한 사유가 없으면 60일 이내에 특별시장·광역시장·특별자치시장·특별자치도지사·시장 또는 군수에게 의견을 제시하여야 하며, 그 기한까지 의견을 제시하지 아니하면 의견이 없는 것으로 본다.

56

국토의 계획 및 이용에 관한 법령상 성장관리계획구역에서 30퍼센트 이하의 범위에서 성장관리계획으로 정하는 바에 따라 건폐율을 완화하여 적용할 수 있는 지역이 아닌 것은? (단, 조례는 고려하지 않음)

① 생산관리지역
② 생산녹지지역
③ 보전녹지지역
④ 자연녹지지역
⑤ 농림지역

2. 성장관리계획의 수립 등

① 특별시장·광역시장·특별자치시장·특별자치도지사·시장 또는 군수는 성장관리계획구역을 지정할 때에는 다음의 사항 중 그 성장관리계획구역의 지정목적을 이루는 데 필요한 사항을 포함하여 성장관리계획을 수립하여야 한다.

> ㉠ 도로, 공원 등 기반시설의 배치와 규모에 관한 사항
> ㉡ 건축물의 용도제한, 건축물의 건폐율 또는 용적률
> ㉢ 건축물의 배치, 형태, 색채 및 높이
> ㉣ 환경관리 및 경관계획
> ㉤ 그 밖에 난개발의 방지와 체계적인 관리에 필요한 사항으로서 대통령령으로 정하는 사항(영 제79조의 12)

② 성장관리계획구역에서는 제77조 제1항에도 불구하고 다음 각 호의 구분에 따른 범위에서 성장관리계획으로 정하는 바에 따라 특별시·광역시·특별자치시·특별자치도·시 또는 군의 조례로 정하는 비율까지 건폐율을 완화하여 적용할 수 있다.

> ㉠ 계획관리지역: 50퍼센트 이하
> ㉡ 생산관리지역·농림지역 및 자연녹지지역과 생산녹지지역: 30퍼센트 이하
> ※보전관리지역과 보전녹지지역은 건폐율을 완화하여 적용할 수 있는 지역이 아니다.

③ 성장관리계획구역 내 계획관리지역에서는 제78조 제1항에도 불구하고 125퍼센트 이하의 범위에서 성장관리계획으로 정하는 바에 따라 특별시·광역시·특별자치시·특별자치도·시 또는 군의 조례로 정하는 비율까지 용적률을 완화하여 적용할 수 있다.

④ 특별시장·광역시장·특별자치시장·특별자치도지사·시장 또는 군수는 5년마다 관할 구역 내 수립된 성장관리계획에 대하여 대통령령으로 정하는 바에 따라 그 타당성 여부를 전반적으로 재검토하여 정비하여야 한다.

3. 성장관리계획구역에서의 개발행위 등

성장관리계획구역에서 개발행위 또는 건축물의 용도변경을 하려면 그 성장관리계획에 맞게 하여야 한다.

제17절 취락지구에 대한 지원과 청문 및 벌칙

(1) 취락지구에 대한 지원 30회

국가나 지방자치단체는 다음과 같은 취락지구 안의 주민의 생활편익과 복지증진 등을 위한 사업을 시행하거나 이를 지원할 수 있다.

① 집단취락지구: 개발제한구역의지정및관리에관한특별조치법령에서 정하는 바에 의한다.
② 자연취락지구
    ㉠ 자연취락지구안에 있거나 자연취락지구에 연결되는 도로 · 수도공급설비 · 하수도 등의 정비
    ㉡ 어린이놀이터 · 공원 · 녹지 · 주차장 · 학교 · 마을회관 등의 설치 · 정비
    ㉢ 쓰레기처리장 · 하수처리시설 등의 설치 · 개량
    ㉣ 하천정비 등 재해방지를 위한 시설의 설치 · 개량
    ㉤ 주택의 신축 · 개량

(2) 청 문 15회, 17회, 20회, 28회, 31회

국토교통부장관, 시 · 도지사, 시장 · 군수 또는 구청장은 다음의 어느 하나에 해당하는 처분을 하려면 청문을 하여야 한다.

① 개발행위허가의 취소
② 도시 · 군계획시설사업의 시행자 지정의 취소
③ 실시계획인가의 취소

(3) 벌 칙 19회, 20회

3년 이하의 징역 또는 3천만원 이하의 벌금

① 제56조 제1항 또는 제2항을 위반하여 허가 또는 변경허가를 받지 아니하거나, 속임수나 그 밖의 부정한 방법으로 허가 또는 변경허가를 받아 개발행위를 한 자
② 시가화조정구역에서 허가를 받지 아니하고 제81조 제2항 각 호의 어느 하나에 해당하는 행위를 한 자

(4) 행정심판 17회, 28회

이 법에 따른 도시 · 군계획시설사업 시행자의 처분에 대하여는 「행정심판법」에 따라 행정심판을 제기할 수 있다. 이 경우 행정청이 아닌 시행자의 처분에 대하여는 그 시행자를 지정한 자에게 행정심판을 제기하여야 한다.

도시개발법

도시개발법

⊕ '도시개발사업'이라 함은 도시개발구역 안에서 주거·상업·산업·유통·정보통신·생태·문화·보건 및 복지 등의 기능을 가지는 단지 또는 시가지를 조성하기 위하여 시행하는 사업을 말한다.

📌 **핵심 암기**

📍 토지소유자나 민간법인 및 기타 민간사업시행자가 도시개발구역의 지정을 제안하고자 하는 경우에는 대상구역의 토지면적의 3분의 2 이상에 해당하는 토지소유자(지상권자를 포함한다)의 동의를 얻어야 한다(○).

📍 국토교통부장관, 시·도지사, 시장·군수 또는 구청장은 도시개발사업을 시행하고자 하는 구역의 면적이 100만㎡ 이상인 경우에는 공람기간이 끝난 후에 공청회를 개최하여야 한다(○).

📍 국가가 도시개발사업의 시행자인 경우 환지 방식의 사업에 대한 개발계획을 수립하려면 토지소유자의 동의를 받아야 한다(×).

📍 자연녹지지역에서 도시개발구역으로 지정할 수 있는 규모는 3만 제곱미터 이상이어야 한다(×).

📍 시장·군수·구청장이 도시개발구역 지정을 요청할 수 있으며, 시·도지사가 도시개발구역을 지정할 수 있다(○).

📍 계획관리지역에 도시개발구역을 지정할 때에는 도시개발구역을 지정한 후에 개발계획을 수립할 수 있다(○).

제1절 도시개발구역의 지정 등 15회, 15회 추가, 17회, 20회, 24회, 25회, 26회, 30회

1. 도시개발구역의 지정권자 32회

(1) 원칙적 지정권자

① 시·도지사, 특별자치도지사 또는 대도시 시장: 특별시장·광역시장 또는 도지사, 특별자치도지사(이하 '시·도지사'라 한다), 서울특별시와 광역시를 제외한 인구 50만 이상의 대도시의 시장은 계획적인 도시개발이 필요하다고 인정되는 때에는 도시개발구역을 지정할 수 있다.

② 시·도지사, 특별자치도지사, 대도시 시장이 협의하여 지정권자를 정함: 도시개발사업이 필요하다고 인정되는 지역이 둘 이상의 특별시·광역시·도·특별자치도(이하 "시·도"라 한다) 또는 서울특별시와 광역시를 제외한 인구 50만 이상의 대도시(이하 "대도시"라 한다)의 행정구역에 걸치는 경우에는 관계 시·도지사 또는 대도시 시장이 협의하여 도시개발구역을 지정할 자를 정한다.

(2) 예외적 지정권자(국토교통부장관) 15회, 20회, 26회

① 국가가 도시개발사업을 실시할 필요가 있는 경우
② 관계 중앙행정기관의 장이 요청하는 경우
③ 대통령령이 정하는 공공기관 또는 정부출연기관의 장이 30만㎡ 이상으로 도시개발구역의 지정을 제안하는 경우
④ 시·도지사, 대도시 시장의 협의가 성립되지 아니하는 경우
⑤ 천재지변 기타의 사유로 인하여 긴급히 도시개발사업이 필요한 경우

(3) 지정의 요청

시장(대도시 시장 제외)·군수 또는 구청장은 시·도지사에게 도시개발구역의 지정을 요청할 수 있다.

(4) 도시개발구역의 지정의 제안(提案) 23회

① 원칙: 국가 및 지방자치단체와 도시개발조합을 제외한 나머지 사업시행자는 국토교통부령이 정하는 서류를 특별자치도지사, 시장·군수·구청장에게 제출하여 특별자치도지사, 시장·군수 또는 구청장에게 도시개발구역의 지정을 제안할 수 있다.

⊕이 경우 도시개발조합은 개발구역의 지정에 대한 제안을 할 수 없다는 사실에 주의하여야 한다.

② 제안 전 동의: 토지소유자나 민간법인 및 기타 민간사업시행자가 도시개발구역의 지정을 제안하고자 하는 경우에는 대상구역의 토지면적의 3분의 2 이상에 해당하는 토지소유자(지상권자를 포함한다)의 동의를 얻어야 한다.

③ 제안자의 비용부담 및 반영여부의 통보: 특별자치도지사 · 시장 · 군수 또는 구청장은 제안자와 협의하여 도시개발구역의 지정을 위하여 필요한 비용의 전부 또는 일부를 제안자에게 부담시킬 수 있다(1개월내 반영여부의 통보=1개월 연장가능).

(5) 도시개발구역의 지정범위 15회 추가, 17회, 29회

① 원 칙

도시지역 안	주거지역 및 상업지역: 1만㎡ 이상
	공업지역: 3만㎡ 이상
	자연녹지지역: 1만㎡ 이상, 생산녹지지역: 1만㎡ 이상
도시지역 밖	30만㎡ 이상. 다만, 공동주택 중 아파트 또는 연립주택의 건설계획이 포함되는 경우로서 다음 요건을 모두 갖춘 경우에는 10만㎡ 이상으로 한다. • 도시개발구역에 초등학교용지를 확보(도시개발구역 내 또는 도시개발구역으로부터 통학이 가능한 거리에 학생을 수용할 수 있는 초등학교가 있는 경우를 포함한다)하여 관할 교육청과 협의한 경우 • 도시개발구역에서 「도로법」 제12조부터 제15조까지의 규정에 해당하는 도로 또는 국토교통부령으로 정하는 도로와 연결되거나 4차로 이상의 도로를 설치하는 경우

② 지정 기준 면적의 예외: 다음에 해당하는 지역으로서 도시개발구역을 지정하는 자('지정권자')가 계획적인 도시개발이 필요하다고 인정하는 지역에 대하여는 지정면적의 제한을 적용하지 아니한다.

○ 「국토의 계획 및 이용에 관한 법률」의 규정에 의한 취락지구 또는 개발진흥지구로 지정된 지역
○ 「국토의 계획 및 이용에 관한 법률」의 규정에 의한 지구단위계획구역으로 지정된 지역
○ 국토교통부장관이 지역균형발전을 위하여 관계 중앙행정기관의 장과 협의하여 도시개발구역으로 지정하고자 하는 지역(자연환경보전지역 제외)

(6) 도시개발구역의 분할 및 결합지정

① 도시개발구역을 지정하는 자('지정권자')는 도시개발사업의 효율적인 추진과 도시의 경관 보호 등을 위하여 필요하다고 인정하는 경우에는 도시개발구역을 둘 이상의 사업시행지구로 분할하거나 서로 떨어진 둘 이상의 지역을 결합하여 하나의 도시개발구역으로 지정할 수 있다.

② 서로 떨어진(동일 또는 연접한 특별시 · 광역시 · 도 · 특별자치도로 한정한다) 둘 이상의 지역을 결합하여 하나의 도시개발구역으로 지정(이하 "결합개발"이라 한다)할 수 있

확인문제

01
도시개발법령상 국토교통부장관이 도시개발구역을 지정할 수 있는 경우에 해당하지 않는 것은?

① 국가가 도시개발사업을 실시할 필요가 있는 경우
② 관계 중앙행정기관의 장이 요청하는 경우
③ 한국토지주택공사 사장이 20만 제곱미터의 규모로 국가계획과 밀접한 관련이 있는 도시개발구역의 지정을 제안하는 경우
④ 천재지변, 그 밖의 사유로 인하여 도시개발사업을 긴급하게 할 필요가 있는 경우
⑤ 도시개발사업이 필요하다고 인정되는 지역이 둘 이상의 도의 행정구역에 걸치는 경우에 도시개발구역을 지정할 자에 관하여 관계 도지사 간에 협의가 성립되지 아니하는 경우

02
도시개발법령상 도시개발구역으로 지정할 수 있는 대상지역 및 규모에 관하여 ( )에 들어갈 숫자를 바르게 나열한 것은?

• 주거지역 및 상업지역: (○)만 제곱미터 이상
• 공업지역: (○)만 제곱미터 이상
• 자연녹지지역: (○)만 제곱미터 이상
• 도시개발구역 지정면적의 100분의 30 이하인 생산녹지지역: (○)만 제곱미터 이상

① ○: 1, ○: 1, ○: 1, ○: 3
② ○: 1, ○: 3, ○: 1, ○: 1

③ ㉠: 1, ㉡: 3, ㉢: 3, ㉣: 1
④ ㉠: 3, ㉡: 1, ㉢: 3, ㉣: 3
⑤ ㉠: 3, ㉡: 3, ㉢: 1, ㉣: 1

03

도시개발법령상 도시개발구역의 지정에 관한 설명으로 옳은 것은?

① 서로 떨어진 둘 이상의 지역은 결합하여 하나의 도시개발구역으로 지정될 수 없다.

② 지방자치단체가 도시개발사업의 시행자인 경우 환지방식의 사업에 대한 개발계획을 수립하려면 토지소유자의 동의를 받아야 한다.

③ 도시개발구역을 지정하기 위해서는 도시개발구역으로 지정될 구역의 토지, 건축물, 공작물, 주거 및 생활실태, 주택수요, 그 밖에 필요한 사항에 관하여 대통령령으로 정하는 바에 따라 조사하거나 측량을 하여야 한다.

④ 도시개발구역의 지정은 도시개발사업의 공사 완료의 공고일에 해제된 것으로 본다.

⑤ 도시개발사업의 공사 완료로 도시개발구역의 지정이 해제의제된 경우에는 도시개발구역의 용도지역은 해당 도시개발구역 지정 전의 용도지역으로 환원되거나 폐지된 것으로 보지 아니한다.

는 경우는 면적이 1만제곱미터 이상인 다음의 어느 하나에 해당하는 지역이 도시개발구역에 하나 이상 포함된 경우로 한다. 다만, ㉥의 지역은 1만제곱미터 미만인 경우도 포함한다.

> ㉠ 도시경관, 국가유산, 군사시설 및 항공시설 등을 관리하거나 보호하기 위하여 「국토의 계획 및 이용에 관한 법률」, 「국가유산기본법」, 「군사기지 및 군사시설 보호법」 및 「공항시설법」 등 관계 법령에 따라 토지이용이 제한되는 지역
> ㉡ 「국토의 계획 및 이용에 관한 법률 시행령」 제55조 제1항 각 호에서 정한 용도구역별 개발행위허가의 규모 이상의 기반시설, 공장, 공공청사 및 관사, 군사시설 등이 철거되거나 이전되는 지역(해당 시설물의 주변지역을 포함한다)
> ㉢ 다음 각 목의 어느 하나에 해당하는 지역·지구(도시개발사업으로 재해예방시설 또는 주민안전시설 등을 설치하여 재해 등을 장기적으로 예방하거나 복구할 수 있는 경우로 한정한다)
>   가. 「국토의 계획 및 이용에 관한 법률」 제37조 제1항 제4호에 따른 방화지구 또는 같은 항 제5호에 따른 방재지구
>   나. 「자연재해대책법」 제12조에 따라 지정된 자연재해위험개선지구
>   다. 「재난 및 안전관리 기본법」 제60조에 따라 선포된 특별재난지역
> ㉣ 법 제21조의2에 따라 순환개발방식으로 도시개발사업을 시행하는 지역
> ㉤ 「국토의 계획 및 이용에 관한 법률」 제2조 제10호에 따른 도시계획시설사업의 시행이 필요한 지역(결합개발이 필요한 지역으로서 사업비가 「국가재정법 시행령」 제13조 제1항에 따른 총사업비 이상인 경우로 한정한다)
> ㉥ 「개발제한구역의 지정 및 관리에 관한 특별조치법」 제4조의2에 따른 정비사업 구역에 포함된 같은 법 시행령 제2조의6 제1항 제2호의 지역
> ㉦ 그 밖에 지정권자가 도시개발사업의 효율적인 시행을 위하여 결합개발이 필요하다고 인정한 지역

③ 도시개발구역지정을 제안하는 자가 결합개발 방식을 적용하려는 경우에는 도시개발구역에 포함될 서로 떨어진 지역별로 대상 구역 토지면적의 3분의 2 이상에 해당하는 토지 소유자(지상권자를 포함한다)의 동의를 받아야 한다.

2. 개발구역의 지정효과 등

(1) 도시개발구역의 지정효과(용도지역 등의 지정의제) 16회

도시개발구역이 지정·고시된 경우 당해 도시개발구역은 「국토의 계획 및 이용에 관한 법률」에 의한 도시지역과 지구단위계획구역으로 결정되어 고시된 것으로 본다. 다만, 「국토의 계획 및 이용에 관한 법률」에 따른 지구단위계획구역 및 취락지구로 지정된 지역인 경우에는 그러하지 아니하다.

(2) 도시개발구역 내의 허가대상 15회 추가, 18회, 32회

도시개발구역 안에서 다음에 해당하는 행위를 하고자 하는 자는 특별시장·광역시장, 특별자치도지사·시장 또는 군수의 허가를 받아야 한다. 허가받은 사항을 변경하고자 하는 때에도 또한 같다.

> ㉠ 건축물의 건축 등: 「건축법」 제2조 제1항 제2호에 따른 건축물(가설건축물을 포함한다)의 건축, 대수선(大修繕) 또는 용도 변경
> ㉡ 공작물의 설치: 인공을 가하여 제작한 시설물(「건축법」 제2조 제1항 제2호에 따른 건축물은 제외한다)의 설치
> ㉢ 토지의 형질변경: 절토(땅깎기)·성토(흙쌓기)·정지·포장 등의 방법으로 토지의 형상을 변경하는 행위, 토지의 굴착 또는 공유수면의 매립
> ㉣ 토석의 채취: 흙·모래·자갈·바위 등의 토석을 채취하는 행위. 다만, 토지의 형질변경을 목적으로 하는 것은 ㉢에 따른다.
> ㉤ 토지분할
> ㉥ 물건을 쌓아놓는 행위: 옮기기 쉽지 아니한 물건을 1개월 이상 쌓아놓는 행위
> ㉦ 죽목(竹木)의 벌채 및 식재(植栽)
>   ⊕ 토지의 합병은 허가대상이 아니라는 사실에 주의하여야 한다.

(3) 허가예외

다음의 행위는 허가를 받지 아니하고 이를 할 수 있다.

> ① 재해복구 또는 재난수습을 위한 응급조치
> ② 대통령령이 정하는 다음의 경미한 행위
>   ㉠ 농림수산물의 생산에 직접 이용되는 것으로서 국토교통부령이 정하는 다음의 간이 공작물의 설치(시행규칙 제12조)
>   • 비닐하우스   • 양잠장
>   • 고추, 잎담배, 김 등 농림수산물의 건조장   • 버섯 재배사(栽培舍)
>   • 종묘배양장   • 퇴비장
>   • 탈곡장
>   ㉡ 경작을 위한 토지의 형질변경
>   ㉢ 도시개발구역의 개발에 지장을 주지 아니하고 자연경관을 손상하지 아니하는 범위 안에서의 토석의 채취
>   ㉣ 도시개발구역 안에 남겨두기로 결정된 대지 안에서 물건을 쌓아 놓는 행위
>   ㉤ 관상용 죽목의 임시 식재(경작지에서의 임시 식재는 제외한다)

(4) 도시개발구역 지정의 해제 15회, 31회

> ① 원칙적 해제(개발구역 지정 전 개발계획수립인 경우): 도시개발구역의 지정은 다음에 규정된 날의 다음 날에 해제된 것으로 본다.
> > ㉠ 도시개발구역이 지정·고시된 날부터 3년이 되는 날까지 도시개발사업에 관한 실시계획의 인가를 신청하지 아니하는 경우에는 그 3년이 되는 날
> > ㉡ 도시개발사업의 공사완료(환지방식에 의한 사업인 경우에는 그 환지처분)의 공고일

확인문제

04
도시개발법령상 도시개발구역에서 허가를 받아야 할 행위로 명시되지 않은 것은?
① 토지의 합병
② 토석의 채취
③ 죽목의 식재
④ 공유수면의 매립
⑤ 건축법에 따른 건축물의 용도변경
⊕ 허가를 받아야 하는 행위로서 도시개발구역의 지정·고시 당시 이미 관계법령에 의하여 허가를 받았거나 허가를 받을 필요가 없는 행위에 관하여 그 공사나 사업에 착수한 자는 도시개발구역의 지정·고시가 있은 날부터 30일 이내에 국토교통부령이 정하는 신고서에 그 공사 또는 사업의 진행상황과 시행계획을 첨부하여 관할 특별시장·광역시장, 특별자치도지사·시장 또는 군수에게 제출하여 신고한 후 이를 계속 시행할 수 있다.

05
도시개발법령상 도시개발구역 지정의 해제에 관한 다음 사항 중 틀린 것은?
① 도시개발구역이 지정·고시된 날부터 3년이 되는 날까지 도시개발사업에 관한 실시계획의 인가를 받지 아니하는 경우에 그 3년이 되는 날의 다음 날 해제된 것으로 본다.
② 도시개발사업의 공사완료 공고일의 다음날에 해제된 것으로 본다.
③ 환지방식에 의한 사업인 경우에는 그 환지처분의 공고일의 다음 날에 해제된 것으로 본다.

확인문제

④ 도시개발구역이 지정·고시된 날부터 2년이 되는 날까지 도시개발사업에 관한 개발계획의 수립·고시가 없는 경우에 그 2년이 되는 날의 다음 날에 해제된 것으로 본다.
⑤ 도시개발구역지정의 해제는 법정해제사유라고 볼 수 있다.

② **예외적 해제**(개발구역 지정 후 개발계획수립인 경우): 도시개발구역지정 후 개발계획을 수립하는 경우에는 다음에 규정된 날의 다음 날에 해제된 것으로 본다.

> ㉠ 도시개발구역이 지정·고시된 날부터 2년이 되는 날까지 개발계획을 수립·고시하지 아니하는 경우에는 그 2년이 되는 날, 다만 도시개발구역의 면적이 330만㎡ 이상인 경우에는 5년으로 한다.
> ㉡ 개발계획을 수립·고시한 날부터 3년이 되는 날까지 실시계획의 인가를 신청하지 아니하는 경우에는 그 3년이 되는 날, 다만 도시개발구역의 면적이 330만㎡ 이상인 경우에는 5년으로 한다.

③ **용도지역 등의 환원 등**: 도시개발구역의 지정이 해제의제된 때에는 도시개발구역 지정 전의 용도지역 또는 지역·지구·구역 등으로 환원 또는 폐지된 것으로 본다. 다만, 도시개발사업의 공사완료(환지방식인 경우에는 환지처분)에 의해 도시개발구역의 지정이 해제의제된 경우에는 그러하지 아니하다.

3. 개발계획의 수립 및 변경 19회, 35회

(1) 원 칙(개발구역 지정 전 수립)

도시개발구역을 지정하는 자('지정권자')는 도시개발구역을 지정하려면 해당 도시개발구역에 대한 도시개발사업의 계획('개발계획')을 수립하여야 한다. 또한 지정권자는 직접 또는 관계 중앙행정기관의 장 또는 시장(대도시 시장을 제외한다)·군수·구청장 또는 는 도시개발사업의 시행자의 요청을 받아 개발계획을 변경할 수 있다.

핵심 암기

♢ 자연녹지지역에 도시개발구역을 지정할 때에는 도시개발구역을 지정한 후에 개발계획을 수립할 수 있다.
♢ 세입자의 주거 및 생활안정대책에 관한 사항은 도시개발구역을 지정한 후에 개발계획의 내용으로 포함시킬 수 있다.
♢ 도시개발구역을 둘 이상의 사업시행지구로 분할하는 경우 분할 후 사업시행지구의 면적은 각각 1만제곱미터 이상이어야 한다.

(2) 예 외(개발구역 지정 후 수립가능) 22회, 26회

다만, 개발계획을 공모하거나 대통령령으로 정하는 다음의 지역에 도시개발구역을 지정할 때에는 도시개발구역을 지정한 후에 개발계획을 수립할 수 있다.

> ① 자연녹지지역
> ② 생산녹지지역
> ③ 도시지역 외의 지역
> ④ 국토교통부장관이 지역균형발전을 위하여 관계 중앙행정기관의 장과 협의하여 도시개발구역으로 지정하고자 하는 지역(자연환경보전지역 제외)
> ⑤ 해당 도시개발구역에 포함되는 주거지역·상업지역·공업지역의 면적의 합계가 전체 도시개발구역 지정면적의 100분의 30 이하인 지역

(3) 토지소유자 등의 동의(환지방식인 경우의 특례) 21회, 28회

① 지정권자는 환지방식의 도시개발사업에 대한 개발계획을 수립하려면 환지방식이 적용되는 지역의 토지면적의 3분의 2 이상에 해당하는 토지 소유자와 그 지역의 토지 소유자 총수의 2분의 1 이상의 동의를 받아야 한다. 환지방식으로 시행하기 위하여 개발계획을 변경(대통령령으로 정하는 다음 각 호의 어느 하나에 해당하지 아니하는 경미한 사항의 변경은 제외한다)하려는 경우에도 또한 같다.

② 다만, 지정권자는 도시개발사업을 환지방식으로 시행하려고 개발계획을 수립하거나 변경할 때에 도시개발사업의 시행자가 국가나 지방자치단체인 경우에는 토지소유자의 동의를 받을 필요가 없다.

③ 구체적인 동의자 수 및 산정방법

구체적인 동의자 수 및 산정방법(영 제6조 제4항)

㉠ 도시개발구역의 토지면적을 산정하는 경우: **국공유지를 포함**하여 산정할 것

㉡ 1필지의 토지 소유권을 여럿이 공유하는 경우: 다른 공유자의 동의를 받은 **대표 공유자 1인**을 해당 토지 소유자로 볼 것. 다만, 「집합건물의 소유 및 관리에 관한 법률」 제2조 제2호에 따른 구분소유자는 각각을 토지 소유자 1인으로 본다.

㉢ 1인이 둘 이상 필지의 토지를 단독으로 소유한 경우: 필지의 수에 관계없이 토지 소유자를 1인으로 볼 것

㉣ 둘 이상 필지의 토지를 소유한 공유자가 동일한 경우: 공유자 여럿을 대표하는 1인을 토지 소유자로 볼 것

㉤ 제11조 제2항에 따른 **공람·공고일 후**에 「집합건물의 소유 및 관리에 관한 법률」 제2조 제1호에 따른 **구분소유권을 분할**하게 되어 토지 소유자의 수가 증가하게 된 경우: 공람·공고일 전의 토지 소유자의 수를 기준으로 산정하고, 증가된 토지 소유자의 수는 토지 소유자 총수에 추가 산입하지 말 것

㉥ 법 제11조 제5항에 따라 도시개발구역의 지정이 제안되기 전에 또는 법 제4조 제2항에 따라 도시개발구역에 대한 도시개발사업의 계획(이하 "개발계획"이라 한다)의 변경을 요청받기 전에 **동의를 철회**하는 사람이 있는 경우: 그 사람은 동의자 수에서 제외할 것

㉦ 법 제11조 제5항에 따라 도시개발구역의 지정이 제안된 후부터 법 제4조에 따라 개발계획이 수립되기 전까지의 사이에 토지 소유자가 변경된 경우 또는 법 제4조 제2항에 따라 개발계획의 변경을 요청받은 후부터 개발계획이 변경되기 전까지의 사이에 토지 소유자가 변경된 경우: 기존 토지 소유자의 동의서를 기준으로 할 것

---

4. 개발계획의 내용(지구단위계획은 개발계획에 포함되지 아니한다) 21회, 34회

개발계획에는 다음의 사항이 포함되어야 한다. 다만, 다음 중 ⑭부터 ⑰에 해당하는 사항은 도시개발구역을 지정한 후에 개발계획에 포함시킬 수 있다.

① 도시개발구역의 명칭·위치 및 면적
② 도시개발구역의 지정 목적과 도시개발사업의 시행기간
③ 도시개발구역을 둘 이상의 사업시행지구로 분할하거나 서로 떨어진 둘 이상의 지역을 하나의 구역으로 결합하여 도시개발사업을 시행하는 경우에는 그 분할이나 결합에 관한 사항
④ 도시개발사업의 시행자에 관한 사항
⑤ 도시개발사업의 시행방식
⑥ 인구수용계획
⑦ 토지이용계획

확인문제

06
도시개발법령상 개발계획의 수립 등에 관한 설명으로 틀린 것은?

① 자연녹지지역에 도시개발구역을 지정할 때에는 도시개발구역을 지정한 후에 개발계획을 수립할 수 있다.

② 수용(收用) 또는 사용의 대상이 되는 토지·건축물 또는 토지에 정착한 물건과 이에 관한 소유권 외의 권리 등이 있는 경우에는 그 세부목록에 해당하는 사항에 대하여는 도시개발구역을 지정한 후에 개발계획에 포함시킬 수 있다.

③ 환지방식의 도시개발사업에 대한 개발계획을 수립하려면 환지방식이 적용되는 지역의 토지면적의 3분의 2 이상에 해당하는 토지소유자와 그 지역의 토지소유자 총수의 2분의 1 이상의 동의를 얻어야 개발계획을 수립할 수 있다.

④ 시행자가 국가나 지방자치단체인 때에는 지정권자는 토지소유자의 동의를 받지 않고 환지방식의 도시개발사업시행을 위한 개발계획을 수립할 수 있다.

⑤ 보건의료시설의 설치 및 지구단위계획도 개발계획에 포함되어야 한다.

07

도시개발법령상 환지 방식의 도시개발사업에 대한 개발계획 수립에 필요한 동의자의 수를 산정하는 방법으로 옳은 것은?

① 도시개발구역의 토지면적을 산정하는 경우: 국공유지를 제외하고 산정할 것
② 1인이 둘 이상 필지의 토지를 단독으로 소유한 경우: 필지의 수에 관계없이 토지 소유자를 1인으로 볼 것
③ 둘 이상 필지의 토지를 소유한 공유자가 동일한 경우: 공유자 각각을 토지 소유자 1인으로 볼 것
④ 1필지의 토지 소유권을 여럿이 공유하는 경우: 「집합건물의 소유 및 관리에 관한 법률」에 따른 구분소유자인지 여부와 관계없이 다른 공유자의 동의를 받은 대표 공유자 1인을 해당 토지 소유자로 볼 것
⑤ 도시개발구역의 지정이 제안된 후부터 개발계획이 수립되기 전까지의 사이에 토지 소유자가 변경된 경우: 변경된 토지 소유자의 동의서를 기준으로 할 것

⑧ 원형지로 공급될 대상 토지 및 개발 방향
⑨ 교통처리계획
⑩ 환경보전계획
⑪ 보건의료시설 및 복지시설의 설치계획
⑫ 도로, 상하수도 등 주요 기반시설의 설치계획
⑬ 재원조달계획
⑭ 도시개발구역 밖의 지역에 기반시설을 설치하여야 하는 경우에는 그 시설의 설치에 필요한 비용의 부담 계획
⑮ 수용(收用) 또는 사용의 대상이 되는 토지·건축물 또는 토지에 정착한 물건과 이에 관한 소유권 외의 권리, 광업권, 어업권, 양식업권, 물의 사용에 관한 권리(이하 "토지등"이라 한다)가 있는 경우에는 그 세부목록
⑯ 임대주택(「민간임대주택에 관한 특별법」에 따른 민간임대주택 및 「공공주택 특별법」에 따른 공공임대주택을 말한다. 이하 같다)건설계획 등 세입자 등의 주거 및 생활 안정 대책
⑰ 순환개발 등 단계적 사업추진이 필요한 경우 사업추진 계획 등에 관한 사항
⑱ 그 밖에 대통령령으로 정하는 사항(영 제8조)

5. 개발계획의 작성기준

(1) 기본계획 등에 부합

「국토의 계획 및 이용에 관한 법률」에 의한 광역도시계획 또는 도시·군기본계획이 수립되어 있는 지역에 대하여 개발계획을 수립하려면 개발계획의 내용이 해당 광역도시계획이나 도시·군기본계획에 들어맞도록 하여야 한다.

(2) 복합기능을 갖는 도시규모

330만㎡ 이상인 도시개발구역에 관한 개발계획을 수립할 때에는 해당 구역 안에서 주거·생산·교육·유통·위락 등의 기능이 서로 조화를 이루도록 노력하여야 한다.

(3) 개발계획 작성기준 및 방법은 국토교통부장관이 정한다.

제2절 도시개발사업의 시행자 29회, 35회

1. 시행자 지정(개발구역의 지정권자가 지정)

(1) 도시개발사업의 시행자

도시개발사업의 시행자는 다음에 해당하는 자 중에서 지정권자(시·도지사, 대도시 시장 또는 국토교통부장관)가 이를 지정한다.

법적 지위	시행자의 유형
공공시행자	① 국가나 지방자치단체 ② 대통령령이 정하는 다음에 해당하는 공공기관 　㉠ 한국토지주택공사 　㉡ 한국수자원공사 　㉢ 한국농어촌공사 　㉣ 한국관광공사 　㉤ 한국철도공사 ③ 대통령령이 정하는 다음에 해당하는 정부출연기관 　㉠ 「한국철도시설공단법」에 따른 한국철도시설공단(역세권개발사업을 시행하는 경우에만 해당한다) 　㉡ 제주국제자유도시개발센터(제주특별자치도에서 개발사업을 하는 경우에만 해당한다) ④ 「지방공기업법」에 따라 설립된 지방공사
민간시행자	① 도시개발구역의 토지소유자(수용 또는 사용 방식의 경우에는 도시개발구역의 국공유지를 제외한 토지면적의 3분의 2 이상을 소유한 자를 말한다) ② 도시개발구역의 토지소유자가 도시개발을 위하여 설립한 조합(도시개발사업의 전부를 환지방식으로 시행하는 경우에만 해당) ③ 과밀억제권역에서 수도권 외의 지역으로 이전하는 법인 중 과밀억제권역의 사업기간 등 대통령령으로 정하는 요건에 해당하는 법인 ④ 「주택법」에 따라 등록한 자 중 도시개발사업을 시행할 능력이 있다고 인정되는 자로서 대통령령으로 정하는 요건에 해당하는 자 ⑤ 「건설산업기본법」에 따른 토목공사업 또는 토목건축공사업의 면허를 받는 등 개발계획에 맞게 도시개발사업을 시행할 능력이 있다고 인정되는 자 ※ 「한국부동산원법」에 따른 한국부동산원은 도시개발사업의 시행자가 될 수 없다.

(2) 환지방식인 경우의 특칙

도시개발구역의 전부를 환지방식으로 시행하는 경우에는 도시개발구역 안의 토지소유자 또는 조합을 시행자로 지정한다.

(3) 시행자 지정의 특칙 30회

지정권자는 다음에 해당하는 사유가 있을 때에는 환지방식이라 하더라도 지방자치단체 또는 한국토지주택공사, 지방공사 및 신탁업자 등(이하 '지방자치단체 등'이라 한다)을 시행자로 지정할 수 있다.

08

도시개발법령상 수용 또는 사용 방식으로 시행하는 도시개발사업의 시행자로 지정될 수 없는 자는?

① 「한국철도공사법」에 따른 한국철도공사
② 지방자치단체
③ 「지방공기업법」에 따라 설립된 지방공사
④ 도시개발구역의 국공유지를 제외한 토지면적의 3분의 2 이상을 소유한 자
⑤ 도시개발구역의 토지 소유자가 도시개발을 위하여 설립한 조합

09

도시개발법령상 도시개발구역 지정권자가 도시개발사업 시행자를 변경할 수 있는 사유로서 바르지 못한 것은?

① 시행자가 도시개발사업에 관한 실시계획의 인가를 받은 후 2년 이내에 사업을 착수하지 아니한 경우

② 행정처분으로 시행자의 지정이 취소된 경우

③ 도시개발구역의 전부를 환지 방식으로 시행하는 시행자가 도시개발구역의 지정의 고시일로부터 2년 내에 실시계획 인가를 신청하지 아니한 경우

④ 시행자의 부도·파산으로 도시개발사업의 목적을 달성하기 어렵다고 인정되는 경우

⑤ 행정처분으로 실시계획의 인가가 취소된 경우

> **지방자치단체 등의 시행사유**
>
> 1. 토지소유자나 조합이 개발계획의 수립·고시일부터 1년 이내에 시행자 지정을 신청하지 아니한 경우 또는 지정권자가 신청된 내용이 위법하거나 부당하다고 인정한 경우
> 2. 지방자치단체의 장이 집행하는 공공시설에 관한 사업과 병행하여 시행할 필요가 있다고 인정한 경우
> 3. 도시개발구역의 국공유지를 제외한 토지면적의 2분의 1 이상에 해당하는 토지소유자 및 토지소유자 총수의 2분의 1 이상이 지방자치단체 등의 시행에 동의한 경우

2. 시행자의 변경사유 22회, 28회

지정권자는 다음에 해당하는 경우에는 시행자를 변경할 수 있다.

> ① 도시개발사업에 관한 실시계획의 인가를 받은 후 2년 이내에 사업을 착수하지 아니하는 경우
> ② 행정처분에 의하여 시행자의 지정 또는 실시계획의 인가가 취소된 경우
> ③ 시행자의 부도·파산 기타 이와 유사한 사유로 인하여 도시개발사업의 목적을 달성하기 어렵다고 인정되는 경우
> ④ 시행자로 지정받은 토지소유자 또는 조합(환지방식인 경우의 특칙)이 도시개발구역의 지정고시일로부터 1년 이내에 도시개발사업에 관한 실시계획의 인가를 신청하지 아니하는 경우

⊕ 국가나 지방자치단체, 대통령령이 정하는 공공기관, 대통령령이 정하는 정부출연기관, 「지방공기업법」에 따라 설립된 지방공사에 해당하는 자는 도시개발사업을 효율적으로 시행하기 위하여 필요한 경우에는 대통령령으로 정하는 바에 따라 설계·분양 등 도시개발사업의 일부를 「주택법」에 따른 주택건설사업자 등으로 하여금 대행하게 할 수 있다. 28회, 30회

⊕ 시행자는 항만·철도 기타 대통령령이 정하는 공공시설의 건설과 공유수면의 매립에 관한 업무를 대통령령이 정하는 바에 따라 국가·지방자치단체나 대통령령이 정하는 공공기관 및 정부출연기관 또는 지방공사에 위탁하여 시행할 수 있다.

3. 사업의 대행 28회, 30회, 34회

(1) 사업의 대행

국가나 지방자치단체, 대통령령이 정하는 공공기관, 대통령령이 정하는 정부출연기관, 「지방공기업법」에 따라 설립된 지방공사에 해당하는 자는 도시개발사업을 효율적으로 시행하기 위하여 필요한 경우에는 대통령령으로 정하는 바에 따라 설계·분양 등 도시개발사업의 일부를 「주택법」 제9조에 따른 주택건설사업자 등으로 하여금 대행하게 할 수 있다.

(2) 사업대행의 범위

주택건설사업자 등에게 대행하게 할 수 있는 도시개발사업의 범위는 다음과 같다.

> ㉠ 실시설계　　　　　㉡ 부지조성공사
> ㉢ 기반시설공사　　　㉣ 조성된 토지의 분양

도시개발조합 _{21회, 22회, 27회, 29회, 31회, 33회, 34회, 35회}

1. 조합의 설립

(1) 설립인가 등

① **설립인가**: 조합을 설립하려면 도시개발구역의 토지소유자 7명 이상이 정관을 작성하여 지정권자에게 조합 설립의 인가를 받아야 한다.

⊕ 조합의 정관작성에 관한 세부적인 기준은 특별시·광역시·도 또는 특별자치도(이하 '시·도'라 한다)의 조례로 정할 수 있다.

② **변경인가 등**: 조합이 인가를 받은 사항을 변경하고자 하는 때에는 지정권자로부터 변경인가를 받아야 한다. 다만, 다음에 해당하는 경미한 사항을 변경하고자 하는 때에는 이를 신고하여야 한다.

　㉠ 주된 사무소의 소재지의 변경
　㉡ 공고방법을 변경하려는 경우

③ **설립등기**: 조합의 설립인가가 있는 때에는 당해 조합을 대표하는 자는 설립인가를 받은 날부터 30일 이내에 주된 사무소의 소재지에서 설립등기를 하여야 한다.

④ **소유자의 동의** _{20회, 25회}: 조합설립의 인가를 신청하려면 해당 도시개발구역의 토지면적의 3분의 2 이상에 해당하는 토지소유자와 그 구역의 토지소유자 총수의 2분의 1 이상의 동의를 받아야 한다.

⑤ **동의의 철회 등**: 토지소유자는 조합 설립인가의 신청 전에 동의를 철회할 수 있다. 이 경우 그 토지소유자는 동의자 수에서 제외한다. 또한 조합설립인가에 동의한 자로부터 토지를 취득한 자는 조합의 설립에 동의한 것으로 본다.

> **구체적 산정방법**
> ① 도시개발구역의 토지면적을 산정하는 경우: 국공유지를 포함하여 산정할 것
> ② 1필지의 토지 소유권을 여럿이 공유하는 경우: 다른 공유자의 동의를 받은 대표 공유자 1인을 해당 토지 소유자로 볼 것. 다만, 「집합건물의 소유 및 관리에 관한 법률」 제2조 제2호에 따른 구분소유자는 각각을 토지 소유자 1인으로 본다.
> ③ 1인이 둘 이상 필지의 토지를 단독으로 소유한 경우: 필지의 수에 관계없이 토지 소유자를 1인으로 볼 것
> ④ 둘 이상 필지의 토지를 소유한 공유자가 동일한 경우: 공유자 여럿을 대표하는 1인을 토지 소유자로 볼 것
> ⑤ 공람·공고일 후에 「집합건물의 소유 및 관리에 관한 법률」 제2조 제1호에 따른 구분소유권을 분할하게 되어 토지 소유자의 수가 증가하게 된 경우: 공람·공고일 전의 토지 소유자의 수를 기준으로 산정하고, 증가된 토지 소유자의 수는 토지 소유자 총수에 추가 산입하지 말 것

10
도시개발법령상 도시개발사업 조합에 관한 설명으로 옳은 것은?

① 조합을 설립하려면 도시개발구역의 토지 소유자 10명 이상이 정관을 작성하여 지정권자에게 조합 설립의 인가를 받아야 한다.

② 조합이 설립인가를 받은 사항 중 청산에 관한 사항을 변경하려는 경우에는 지정권자에게 신고하여야 한다.

③ 다른 조합원으로부터 해당 도시개발구역에 그가 가지고 있는 토지 소유권 전부를 이전 받은 조합원은 정관으로 정하는 바에 따라 본래의 의결권과는 별도로 그 토지 소유권을 이전한 조합원의 의결권을 승계할 수 있다.

④ 조합은 총회의 권한을 대행하게 하기 위하여 대의원회를 두어야 한다.

⑤ 조합의 임원으로 선임된 자가 금고 이상의 형을 선고받으면 그 날부터 임원의 자격을 상실한다.

11

도시개발법령상 도시개발사업 조합에 관한 설명으로 옳은 것을 모두 고른 것은?

> ㉠ 금고 이상의 형을 선고받고 그 형의 집행유예기간 중에 있는 자는 조합의 임원이 될 수 없다.
> ㉡ 조합이 조합 설립의 인가를 받은 사항 중 공고방법을 변경하려는 경우 지정권자로부터 변경인가를 받아야 한다.
> ㉢ 조합장 또는 이사의 자기를 위한 조합과의 계약이나 소송에 관하여는 대의원회가 조합을 대표한다.
> ㉣ 의결권을 가진 조합원의 수가 50인 이상인 조합은 총회의 권한을 대행하게 하기 위하여 대의원회를 둘 수 있으며, 대의원회에 두는 대의원의 수는 의결권을 가진 조합원 총수의 100분의 10 이상으로 한다.

① ㉠, ㉢
② ㉠, ㉣
③ ㉡, ㉢
④ ㉠, ㉡, ㉣
⑤ ㉡, ㉢, ㉣

(2) **조합의 성립시기**: 등기함으로써 성립

(3) **조합원** 24회, 25회: 도시개발구역 안의 토지소유자만 가능(동의와 무관 - 지상권자 제외)

(4) **조합의 법인격**: 조합은 법인으로 한다. 또한 도시개발조합은 「민법」상의 조합이 아니라 공공조합, 즉 도시개발사업이라는 한정된 목적을 수행하는 비영리공익법인이다. 따라서 조합에 관하여 「도시개발법」에 규정한 것 외에는 「민법」 중 사단법인에 관한 규정을 준용한다.

(5) **조합의 임원**

① 조합에는 다음의 임원을 둔다.

> ㉠ 조합장 1명
> ㉡ 이 사
> ㉢ 감 사

② 조합의 임원은 의결권을 가진 조합원이어야 하고, 정관으로 정한 바에 따라 총회에서 선임한다.

③ 조합장은 조합을 대표하고 그 사무를 총괄하며, 총회·대의원회 또는 이사회의 의장이 된다.

④ 이사는 정관이 정하는 바에 의하여 조합장을 보좌하며, 조합의 사무를 분장한다.

⑤ 조합장 또는 이사의 자기를 위한 조합과의 계약이나 소송에 관하여는 감사가 조합을 대표한다.

⑥ 조합의 임원은 같은 목적의 사업을 하는 다른 조합의 임원 또는 직원을 겸할 수 없으며, 또한 그 조합의 다른 임원 또는 직원을 겸할 수도 없다.

(6) **조합의 대의원회** 20회, 23회

① 의결권을 가진 조합원의 수가 50인 이상인 조합은 총회의 권한을 대행하게 하기 위하여 대의원회를 둘 수 있다.

② 대의원회에 두는 대의원의 수는 의결권을 가진 조합원 총수의 100분의 10 이상으로 하고, 대의원은 의결권을 가진 조합원 중에서 정관에서 정하는 바에 따라 선출한다.

③ 대의원회는 총회의 의결사항 중 정관의 변경, 개발계획의 수립 및 변경(경미한 변경은 제외), 환지계획(경미한 변경은 제외)의 작성, 조합임원의 선임, 조합의 합병 또는 해산(다만, 법 제46조에 따른 청산금의 징수·교부를 완료한 후에 조합을 해산하는 경우를 제외한다)에 관한 사항을 제외한 총회의 권한을 대행할 수 있다.

(7) **조합임원의 결격사유** : 다음에 해당하는 자는 조합의 임원이 될 수 없다.

① 피성년후견인, 피한정후견인 또는 미성년자
② 파산자로서 복권되지 아니한 자
③ 금고 이상의 형의 선고를 받고 그 집행이 끝나거나 집행을 받지 아니하기로 확정된 후 2년이 지나지 아니한 자 또는 그 형의 집행유예기간 중에 있는 자
⊕ 조합의 임원으로 선임된 자가 결격사유에 해당하게 된 때에는 **그 다음 날부터** 임원의 자격을 상실한다.

(8) **조합원의 경비부담**

① **부과금**
조합은 그 사업에 필요한 비용을 조성하기 위하여 정관이 정하는 바에 따라 조합원에게 경비를 부과·징수할 수 있다.

② **부과금의 부과기준**
조합의 부과금의 금액은 도시개발구역의 토지의 위치·지목·면적·이용상황·환경 그 밖의 사항을 종합적으로 고려하여 정하여야 한다.

③ **연체료**
조합은 그 조합원이 부과금의 납부를 게을리한 경우에는 정관으로 정하는 바에 따라 연체료를 부담시킬 수 있다.

④ **징수의 위탁**
조합은 부과금 또는 연체료를 체납하는 자가 있으면 대통령령이 정하는 바에 따라 특별자치도지사, 시장·군수 또는 구청장에게 그 징수를 위탁할 수 있다. 특별자치도지사, 시장·군수 또는 구청장이 부과금 또는 연체료의 징수를 위탁받으면 지방세체납처분의 예에 따라 이를 징수할 수 있다. 이 경우 조합은 특별자치도지사, 시장·군수 또는 구청장이 징수한 금액의 100분의 4에 해당하는 금액을 당해 특별자치도지사, 시·군 또는 구(자치구의 구를 말한다)에 지급하여야 한다.

확인문제

12
도시개발법령상 도시개발조합에 관한 설명으로 틀린 것은?

① 조합을 설립하려면 도시개발구역의 토지소유자 7명 이상이 정관을 작성하여 지정권자에게 조합설립의 인가를 받아야 한다.
② 조합설립 인가를 받은 후 정관기재사항인 주된 사무소의 소재지를 변경하고자 하는 경우에는 신고하여야 한다.
③ 조합의 임원은 그 조합의 다른 임원을 겸할 수 없다.
④ 조합에 대해 「도시개발법」에서 규정한 것 이외에는 「민법」 중 조합에 관한 규정을 준용한다.
⑤ 조합인 시행자가 행한 처분에 대하여 지정권자에게 행정심판을 제기할 수 있다.

13
도시개발법령상 도시개발조합 총회의 권한 중 대의원회가 대행할 수 있는 사항은?

① 정관의 변경
② 개발계획의 수립
③ 환지계획의 작성
④ 조합의 수지예산
⑤ 조합임원의 선임

💡 지정권자가 시행자가 아닌 경우 시행자는 작성된 실시계획에 관하여 지정권자의 인가를 받아야 한다(○).

💡 실시계획은 개발계획에 맞게 작성되어야 하고, 지구단위계획이 포함되어야 한다(○).

💡 시행자는 사업시행면적을 100분의 10의 범위에서 감소시키고자 하는 경우 인가받은 실시계획에 관하여 변경인가를 받아야 한다(×).

💡 지정권자는 시행자가 도시개발구역 지정의 고시일부터 6개월 이내에 실시계획의 인가를 신청하지 아니하는 경우 시행자를 변경할 수 있다(×).

💡 시·도지사가 실시계획을 작성하는 경우 국토교통부장관의 의견을 미리 들어야 한다(×).

14

도시개발법령상 도시개발사업의 실시계획에 관한 설명으로 틀린 것은?

① 도시개발사업에 관한 실시계획에는 지구단위계획이 포함되어야 한다.

② 시·도지사가 실시계획을 인가하는 경우 국토교통부장관의 의견을 미리 들어야 한다.

③ 실시계획을 고시한 경우 「국토의 계획 및 이용에 관한 법률」에 따라 도시·군관리계획(지구단위계획을 포함한다)으로 결정하여야 하는 사항은 같은 법에 따른 도시·군관리계획이 결정되어 고시된 것으로 본다.

제**4**절 　**도시개발사업의 시행** 16회, 19회, 23회, 25회, 29회

1. 실시계획 31회

(1) 실시계획의 작성

시행자는 도시개발사업에 관한 실시계획을 작성하여야 한다. 이 경우 실시계획에는 지구단위계획이 포함되어야 한다.

(2) 실시계획의 인가(지정권자에게)

① 시행자(지정권자가 시행자인 경우를 제외한다)는 작성된 실시계획에 관하여 인가신청서에 국토교통부령으로 정하는 서류를 첨부하여 시장(대도시 시장은 제외한다)·군수 또는 구청장을 거쳐 지정권자에게 제출하여 인가를 받아야 한다.

② 인가를 받은 실시계획을 변경하거나 폐지하는 경우에도 인가를 받아야 한다. 다만, 국토교통부령으로 정하는 다음의 경미한 사항을 변경하는 경우에는 그러하지 아니하다.

> ㉠ 사업시행지역의 변동이 없는 범위에서의 착오·누락 등에 따른 사업시행면적의 정정
> ㉡ 사업시행면적의 100분의 10의 범위에서의 면적의 감소
> ㉢ 사업비의 100분의 10의 범위에서의 사업비의 증감

(3) 실시계획의 작성 및 인가와 관련한 의견청취

지정권자가 실시계획을 작성하거나 인가하는 경우 국토교통부장관인 지정권자는 시·도지사, 대도시 시장의 의견을, 시·도지사가 지정권자이면 시장(대도시 시장 제외)·군수 또는 구청장의 의견을 미리 들어야 한다.

(4) 실시계획의 고시 및 공람(지정권자가 고시 후 시행자와 시장·군수·구청장에게 송부 ⇨ 14일 이상 일반에 공람)

(5) 도시·군관리계획결정의 의제

실시계획을 고시한 경우 그 고시된 내용 중 「국토의 계획 및 이용에 관한 법률」에 따라 도시·군관리계획(지구단위계획을 포함한다)으로 결정하여야 하는 사항은 같은 법에 따른 도시·군관리계획이 결정되어 고시된 것으로 본다. 이 경우 종전에 도시·군관리계획으로 결정된 사항 중 고시 내용에 저촉되는 사항은 고시된 내용으로 변경된 것으로 본다(법 제18조 제2항).

2. 도시개발사업의 시행방식 16회, 18회, 30회

(1) 수용 또는 사용방식

계획적이고 체계적인 도시개발 등 집단적인 택지의 조성과 공급이 필요한 경우

(2) 환지방식

① 대지로서의 효용증진과 공공시설의 정비를 위하여 토지의 교환·분합, 그 밖의 구획변경, 지목 또는 형질의 변경이나 공공시설의 설치·변경이 필요한 경우

② 도시개발사업을 시행하는 지역의 지가가 인근의 다른 지역에 비하여 현저히 높아 수용 또는 사용방식으로 시행하는 것이 어려운 경우

(3) 혼용방식

① 분할혼용방식: 수용 또는 사용 방식이 적용되는 지역과 환지방식이 적용되는 지역을 사업시행지구별로 분할하여 시행하는 방식. 이 경우 사업시행지구를 분할하여 시행하는 경우에는 각 사업지구에서 부담하여야 하는 「국토의 계획 및 이용에 관한 법률」에 따른 기반시설의 설치비용 등을 명확히 구분하여 실시계획에 반영하여야 한다.

② 미분할혼용방식: 사업시행지구를 분할하지 아니하고 수용 또는 사용 방식과 환지방식을 혼용하여 시행하는 방식

(4) 시행방식의 변경 등

① 지정권자는 지가상승 등 지역개발 여건의 변화로 도시개발사업 시행방식 지정 당시의 요건을 충족하지 못하나 위 (1), (2), (3) 중 어느 하나의 요건을 충족하는 경우에는 해당 요건을 충족하는 도시개발사업 시행방식으로 변경할 수 있다.

② 지정권자는 도시개발구역지정 이후 다음의 어느 하나에 해당하는 경우에는 도시개발사업의 시행방식을 변경할 수 있다.

> ㉠ 국가, 지방자치단체, 공공단체, 정부출연기관, 지방공사인 사업시행자가 대통령령으로 정하는 기준에 따라 도시개발사업의 시행방식을 수용 또는 사용방식에서 전부 환지방식으로 변경하는 경우
>
> ㉡ 국가, 지방자치단체, 공공단체, 정부출연기관, 지방공사인 사업시행자가 대통령령으로 정하는 기준에 따라 도시개발사업의 시행방식을 혼용방식에서 전부 환지방식으로 변경하는 경우
>
> ㉢ 조합을 제외한 나머지 사업시행자가 대통령령으로 정하는 기준에 따라 도시개발사업의 시행방식을 수용 또는 사용 방식에서 혼용방식으로 변경하는 경우

확인문제

④ 관련 인·허가 등의 의제를 받으려는 자는 실시계획의 인가를 신청하는 때에 해당 법률로 정하는 관계 서류를 함께 제출하여야 한다.

⑤ 실시계획에는 사업시행에 필요한 설계도서·자금계획 및 시행기간 그 밖에 대통령령이 정하는 사항과 서류를 명시하거나 첨부하여야 한다.

15
도시개발법령상 도시개발사업의 시행방식에 관한 설명으로 옳은 것은?

① 분할 혼용방식은 수용 또는 사용방식이 적용되는 지역과 환지방식이 적용되는 지역을 사업시행지구별로 분할하여 시행하는 방식이다.

② 계획적이고 체계적인 도시개발 등 집단적인 조성과 공급이 필요한 경우에는 환지방식으로 정하여야 하며, 다른 시행방식에 의할 수 없다.

③ 도시개발구역지정 이후에는 도시개발사업의 시행방식을 변경할 수 없다.

④ 시행자는 도시개발사업의 시행방식을 토지등을 수용 또는 사용하는 방식, 환지방식 또는 이를 혼용하는 방식 중에서 정하여 국토교통부장관의 허가를 받아야 한다.

⑤ 지방자치단체가 도시개발사업의 전부를 환지방식으로 시행하려고 할 때에는 도시개발사업에 관한 규약을 정하여야 한다.

- 📍 수용 또는 사용방식은 대지로서의 효용증진과 공공시설의 정비를 위하여 지목 또는 형질의 변경이나 공공시설의 설치·변경이 필요한 경우에 시행하는 방식이다(×).
- 📍 지방자치단체인 시행자가 토지를 수용하려면 사업대상 토지면적의 3분의 2 이상의 토지를 소유하여야 한다(×).
- 📍 계획적이고 체계적인 도시개발 등 집단적인 조성과 공급이 필요한 경우에는 환지방식으로 정하여야 하며, 다른 시행방식에 의할 수 없다(×).
- 📍 시행자(지정권자가 시행자인 경우 제외)는 토지상환채권을 발행하고자 하는 때에는 토지상환채권의 발행계획을 작성하여 미리 지정권자의 승인을 얻어야 한다(○).
- 📍 수용의 대상이 되는 토지의 세부목록을 고시한 경우에는 「공익사업을 위한 토지 등의 취득 및 보상에 관한 법률」에 따른 사업인정 및 그 고시가 있었던 것으로 본다(○).

제 5 절 수용 또는 사용방식에 의한 사업의 시행 17회, 26회, 27회, 30회, 32회

1. 토지 등의 수용·사용

(1) 원칙

도시개발조합을 제외한 모든 도시개발사업의 시행자는 도시개발사업에 필요한 토지 등을 수용 또는 사용할 수 있다.

(2) 비행정청이 시행자인 경우의 특칙

토지소유자 기타 민간사업시행자는 사업대상 토지면적의 2/3 이상에 해당하는 토지를 소유하고, 토지소유자 총수의 1/2 이상에 해당하는 자의 동의를 얻어야 한다.

(3) 공익사업을 위한 토지 등의 취득 및 보상에 관한 법률 준용

토지 등의 수용 또는 사용에 관하여 이 법에 특별한 규정이 있는 경우를 제외하고는 「공익사업을 위한 토지 등의 취득 및 보상에 관한 법률」을 준용한다.

(4) 공익사업을 위한 토지 등의 취득 및 보상에 관한 법률의 특례

① 사업인정 의제: 「공익사업을 위한 토지 등의 취득 및 보상에 관한 법률」을 준용함에 있어서 수용 또는 사용의 대상이 되는 토지의 세부목록을 고시한 경우에는 「공익사업을 위한 토지 등의 취득 및 보상에 관한 법률」 제20조 제1항과 제22조에 따른 사업인정 및 그 고시가 있었던 것으로 본다.

② 재결신청관련(재결신청기간의 연장): 다만, 재결신청은 「공익사업을 위한 토지 등의 취득 및 보상에 관한 법률」 제23조와 제28조의 규정(사업인정 후 1년 이내)에 불구하고 개발계획에서 정한 도시개발사업의 시행기간 종료일까지 행하여야 한다.

2. 토지상환채권 18회, 20회, 24회, 35회

(1) 발행자(토지소유자가 원하면 시행자가 발행)

시행자는 토지소유자가 원하면 토지 등의 매수대금의 일부를 지급하기 위하여 그 토지상환채권으로 상환할 토지·건축물이 해당 도시개발사업으로 조성되는 분양토지 또는 분양건축물 면적의 2분의 1을 초과하지 아니하는 범위 안에서 사업시행으로 조성된 토지·건축물로 상환하는 채권('토지상환채권')을 발행할 수 있다.

(2) 발행의 제한

민간시행자는 「은행법」에 의한 은행과 「보험업법」에 의한 보험회사 등으로부터 지급보증을 받은 경우에만 이를 발행가능

(3) 발행의 승인

시행자(지정권자가 시행자인 경우를 제외한다)는 토지상환채권을 발행하려면 토지상환채권의 발행계획을 작성하여 미리 지정권자의 승인을 얻어야 한다.

(4) 발행의 조건 등

① 토지상환채권의 이율은 발행당시의 은행의 예금금리 및 부동산 수급상황을 고려하여 발행자가 정한다.

② 토지상환채권은 기명식 증권으로 한다.

③ 토지상환채권을 이전하는 경우 취득자는 그 성명과 주소를 토지상환채권원부에 기재하여 줄 것을 요청하여야 하며, 취득자의 성명과 주소가 토지상환채권에 기재되지 아니하면 취득자는 발행자 및 기타 제3자에게 대항하지 못한다.

3. 이주대책의 수립

시행자는 「공익사업을 위한 토지 등의 취득 및 보상에 관한 법률」이 정하는 바에 따라 도시개발사업의 시행에 필요한 토지 등의 제공으로 생활의 근거를 상실하게 되는 자에 관한 이주대책 등을 수립·시행하여야 한다.

4. 선수금 제도

① 시행자는 조성토지 등과 도시개발사업으로 조성되지 아니한 상태의 토지(이하 '원형지'라 한다)를 공급받거나 이용하려는 자로부터 대통령령으로 정하는 바에 따라 해당 대금의 전부 또는 일부를 미리 받을 수 있다.

② 시행자(지정권자가 시행자인 경우는 제외한다)는 해당 대금의 전부 또는 일부를 미리 받으려면 **지정권자의 승인**을 받아야 한다.

5. 원형지의 공급과 개발 23회, 25회, 34회

(1) 원형지의 공급 등

시행자는 도시를 자연친화적으로 개발하거나 복합적·입체적으로 개발하기 위하여 필요한 경우에는 대통령령으로 정하는 절차에 따라 미리 **지정권자의 승인**을 받아 다음의 어느 하나에 해당하는 자에게 원형지를 공급하여 개발하게 할 수 있다. 이 경우 공급될 수 있는 원형지의 면적은 도시개발구역 전체 토지 면적의 3분의 1 이내로 한정한다.

㉠ 국가 또는 지방자치단체(수의계약공급)

㉡ 「공공기관의 운영에 관한 법률」에 따른 공공기관(수의계약공급)

㉢ 「지방공기업법」에 따라 설립된 지방공사(수의계약공급)

㉣ 국가 또는 지방자치단체가 복합개발 등을 위하여 실시한 공모에서 선정된 자(수의계약공급)

㉤ 원형지를 학교나 공장 등의 부지로 직접 사용하는 자(경쟁입찰방법 – 2회 이상 유찰시 수의계약의 방법으로 공급)

확인문제

16

도시개발법령상 토지 등의 수용 또는 사용의 방식에 따른 사업시행에 관한 설명으로 옳은 것은?

① 도시개발사업을 시행하는 지방자치단체는 도시개발구역 지정 이후 그 시행 방식을 혼용방식에서 수용 또는 사용방식으로 변경할 수 있다.

② 도시개발사업을 시행하는 정부출연기관이 그 사업에 필요한 토지를 수용하려면 사업대상 토지면적의 3분의 2 이상에 해당하는 토지를 소유하고 토지 소유자 총수의 2분의 1 이상에 해당하는 자의 동의를 받아야 한다.

③ 도시개발사업을 시행하는 공공기관은 토지상환채권을 발행할 수 없다.

④ 원형지를 공급받아 개발하는 지방공사는 원형지에 대한 공사완료 공고일부터 5년이 지난 시점이라면 해당 원형지를 매각할 수 있다.

⑤ 원형지가 공공택지 용도인 경우 원형지개발자의 선정은 추첨의 방법으로 할 수 있다.

17

도시개발법령상 한국토지주택공사가 발행하려는 토지상환채권의 발행계획에 포함되어야 하는 사항이 아닌 것은?

① 보증기관 및 보증의 내용
② 토지가격의 추산방법
③ 상환대상지역 또는 상환대상토지의 용도
④ 토지상환채권의 발행가액 및 발행시기
⑤ 토지상환채권의 발행총액

18

도시개발법령상 원형지의 공급과 개발에 관한 설명으로 옳은 것은?

① 원형지를 공장 부지로 직접 사용하는 원형지개발자의 선정은 경쟁입찰의 방식으로 하며, 경쟁입찰이 2회 이상 유찰된 경우에는 수의계약의 방법으로 할 수 있다.
② 지정권자는 원형지의 공급을 승인할 때 용적률 등 개발밀도에 관한 이행조건을 붙일 수 없다.
③ 원형지 공급가격은 원형지의 감정가격과 원형지에 설치한 기반시설 공사비의 합산 금액을 기준으로 시 · 도의 조례로 정한다.
④ 원형지개발자인 지방자치단체는 10년의 범위에서 대통령령으로 정하는 기간 안에는 원형지를 매각할 수 없다.
⑤ 원형지개발자가 공급받은 토지의 전부를 시행자의 동의 없이 제3자에게 매각하는 경우 시행자는 원형지개발자에 대한 시정요구 없이 원형지 공급계약을 해제할 수 있다.

(2) 원형지의 공급가격결정

원형지 공급가격은 개발계획이 반영된 원형지의 감정가격에 시행자가 원형지에 설치한 기반시설 등의 공사비를 더한 금액을 기준으로 시행자와 원형지개발자가 협의하여 결정한다.

(3) 원형지의 매각금지

원형지개발자(국가 및 지방자치단체는 제외한다)는 10년의 범위에서 대통령령으로 정하는 기간(원형지에 대한 공사완료 공고일로부터 5년 또는 원형지 공급계약일로부터 10년) 안에는 원형지를 매각할 수 없다. 다만, 이주용 주택이나 공공 · 문화 시설 등 대통령령으로 정하는 경우로서 미리 지정권자의 승인을 받은 경우에는 예외로 한다.

(4) 원형지개발자의 선정방법

원형지개발자의 선정은 수의계약의 방법으로 한다. 다만, 원형지를 학교나 공장 등의 부지로 직접 사용하는 자에 해당하는 경우에는 원형지개발자의 선정은 경쟁입찰의 방식으로 하며, 경쟁입찰이 2회 이상 유찰된 경우에는 수의계약의 방법으로 할 수 있다.

(5) 원형지공급계획 및 조건부승인

원형지 공급 계획에는 원형지를 공급받아 개발하는 자('원형지개발자')에 관한 사항과 원형지의 공급내용 등이 포함되어야 한다. 지정권자는 원형지 공급의 승인을 할 때에는 용적률 등 개발밀도, 토지용도별 면적 및 배치, 교통처리계획 및 기반시설의 설치 등에 관한 이행조건을 붙일 수 있다.

6. 조성토지의 공급(조성토지의 공급방법) 18회, 22회, 26회

(1) 조성토지 등의 공급계획의 승인

① 시행자는 조성토지등을 공급하려고 할 때에는 조성토지등의 공급 계획을 작성하여야 하며, **지정권자가 아닌 시행자는 작성한 조성토지등의 공급 계획에 대하여 지정권자의 승인을 받아야 한다.** 조성토지등의 공급 계획을 변경하려는 경우에도 또한 같다(법 제26조 제1항).

② 조성토지 등의 공급 계획은 법 제18조에 따라 고시된 **실시계획**(지구단위계획을 포함한다)**에 맞게 작성**되어야 한다.

③ 지정권자가 위 ①에 따라 조성토지 등의 공급 계획을 작성하거나 승인하는 경우 **국토교통부장관이 지정권자이면 시 · 도지사 또는 대도시 시장의 의견을, 시 · 도지사가 지정권자이면 시장(대도시 시장은 제외한다) · 군수 또는 구청장의 의견을 미리 들어야 한다** (법 제26조 제2항).

④ 시행자(제11조 제1항 제11호에 해당하는 법인이 시행자인 경우에는 그 출자자를 포함한다)가 직접 건축물을 건축하여 사용하거나 공급하려고 계획한 토지가 있는 경우에는 그 현황을 조성토지 등의 공급 계획의 내용에 포함하여야 한다. 다만, 민간참여자가 직접 건축물을 건축하여 사용하거나 공급하려고 계획한 토지는 전체 조성토지 중 해당 민간참여자의 출자 지분 범위 내에서만 조성토지 등의 공급계획에 포함할 수 있다.

(2) 구체적 공급의 원칙

시행자는 법 제26조 제1항에 따른 조성토지 등의 공급 계획에 따라 조성토지 등을 공급해야 한다. 이 경우 시행자는 「국토의 계획 및 이용에 관한 법률」에 따른 기반시설의 원활한 설치를 위하여 필요하면 공급대상자의 자격을 제한하거나 공급조건을 부여할 수 있다.

(3) 경쟁입찰의 방법(원칙)

조성토지 등의 공급은 경쟁입찰의 방법에 따른다.

(4) 추첨의 방법(3택지 1공장!)

다만, 다음의 어느 하나에 해당하는 토지는 추첨의 방법으로 분양할 수 있다.

> ㉠ 「주택법」에 따른 국민주택규모 이하의 주택건설용지
> ㉡ 「주택법」에 따른 공공택지
> ㉢ 330㎡ 이하의 단독주택용지 및 공장용지

(5) 수의계약의 방법

시행자는 다음에 해당하는 경우에는 수의계약(隨意契約)의 방법으로 조성토지 등을 공급할 수 있다.

> ㉠ 학교용지, 공공청사용지 등 일반에게 분양할 수 없는 공공용지를 국가, 지방자치단체, 그 밖의 법령에 따라 해당 시설을 설치할 수 있는 자에게 공급하는 경우
> ㉡ 임대주택 건설용지를 다음에 해당하는 자가 단독 또는 공동으로 총지분의 100분의 50을 초과하여 출자한 부동산투자회사에 공급하는 경우
>   가. 국가나 지방자치단체
>   나. 한국토지주택공사
>   다. 주택사업을 목적으로 설립된 지방공사
> ㉢ 실시계획에 따라 존치하는 시설물의 유지관리에 필요한 최소한의 토지를 공급하는 경우
> ㉣ 「공익사업을 위한 토지 등의 취득 및 보상에 관한 법률」에 따른 협의를 하여 그가 소유하는 도시개발구역 안의 조성토지 등의 전부를 시행자에게 양도한 자에게 국토교통부령으로 정하는 기준에 따라 토지를 공급하는 경우
> ㉤ 토지상환채권에 의하여 토지를 상환하는 경우
> ㉥ 토지의 규모 및 형상, 입지조건 등에 비추어 토지이용가치가 현저히 낮은 토지로서, 인접 토지 소유자 등에게 공급하는 것이 불가피하다고 시행자가 인정하는 경우

19
도시개발법령상 원형지의 공급과 개발에 관한 설명으로 틀린 것은?

① 원형지를 학교 등의 부지로 직접 사용하는 자에 해당하는 경우에는 원형지개발자의 선정은 경쟁입찰의 방식으로 하며, 경쟁입찰이 2회 이상 유찰된 경우에는 수의계약의 방법으로 할 수 있다.

② 지정권자는 시행자가 원형지의 공급 계획대로 토지를 이용하지 아니하는 경우에는 원형지 공급 승인을 취소할 수 있다.

③ 시행자는 원형지개발자가 세부계획에서 정한 착수 기한안에 공사에 착수하지 아니하는 경우 원형지 공급계약을 해제할 수 있다.

④ 위 ③의 경우 시행자는 원형지개발자에게 2회 이상 시정을 요구하여야 하고, 원형지개발자가 시정하지 아니한 경우에는 원형지 공급계약을 해제할 수 있다.

⑤ 지방자치단체가 원형지개발자인 경우 원형지 공사완료 공고일부터 5년이 경과하기 전에는 원형지를 매각할 수 없다.

20
도시개발법령상 조성토지 등의 공급에 관한 설명으로 옳은 것은?
① 지정권자가 아닌 시행자가 조성토지 등을 공급하려고 할 때에는 조성토지 등의 공급계획을 작성하여 국토교통부장관에게 제출하여야 한다.
② 조성토지 등을 공급하려고 할 때 공장용지에 대하여는 추첨의 방법으로 분양할 수 없다.
③ 조성토지 등의 가격 평가는 감정평가업자가 평가한 감정가격으로 한다.
④ 학교용지는 수의계약의 방법으로 할 수 없다.
⑤ 토지상환채권에 의하여 토지를 상환하는 경우에는 수의계약의 방법으로 할 수 없다.

⊕ 환지설계 시 적용되는 토지·건축물의 평가액은 최초 환지계획인가시를 기준으로 하여 정하고 변경할 수 없으며, 환지 후 토지·건축물의 평가액은 실시계획의 변경으로 평가요인이 변경된 경우에만 환지 계획의 변경인가를 받아 변경할 수 있다.

⊕ 토지등의 평가: 시행자는 환지방식이 적용되는 도시개발구역 안에 있는 조성토지 등의 가격을 평가하고자 할 때에는 토지평가협의회의 심의를 거쳐 결정하되, 그에 앞서 감정평가기관(감정평가법인등)으로 하여금 평가하게 하여야 한다.

⊕ 평균 토지부담률의 기준: 환지계획구역의 평균 토지부담률은 50퍼센트를 초과할 수 없다. 다만, 해당 환지계획구역의 특성을 고려하여 지정권자가 인정하는 경우에는 60퍼센트까지로 할 수 있으며, 환지계획구역의 토지 소유자 총수의 3분의 2 이상이 동의(시행자가 조합인 경우에는 총회에서 의결권 총수의 3분의 2 이상이 동의한 경우를 말한다)하는 경우에는 60퍼센트를 초과하여 정할 수 있다.

---

(6) **조성토지 등의 가격평가**

조성토지 등의 가격평가는 감정가격으로 한다.

(7) **학교 등에 대한 가격산정시의 특례** 24회

시행자는 학교, 폐기물처리시설, 임대주택 그 밖에 대통령령으로 정하는 다음의 시설을 설치하기 위한 조성토지 등과 이주단지의 조성을 위한 토지를 공급하는 경우에는 해당 토지의 가격을 「감정평가 및 감정평가사에 관한 법률」에 따른 감정평가법인등이 감정평가한 가격 이하로 정할 수 있다.

> ㉠ 공공청사
> ㉡ 사회복지시설(행정기관 및 「사회복지사업법」에 따른 사회복지법인이 설치하는 사회복지시설을 말한다). 다만, 「사회복지사업법」에 따른 사회복지시설의 경우에는 유료시설을 제외한 시설로서 관할 지방자치단체의 장의 추천을 받은 경우로 한정한다.
> ㉢ 「국토의 계획 및 이용에 관한 법률 시행령」 별표 17 제2호 차목에 해당하는 공장. 다만, 해당 도시개발사업으로 이전되는 공장의 소유자가 설치하는 경우로 한정한다)
> ㉣ 임대주택
> ㉤ 「주택법」 제2조 제6호에 따른 국민주택 규모 이하의 공동주택. 다만, 법 제11조 제1호부터 제4호까지의 규정에 따른 시행자가 국민주택 규모 이하의 공동주택을 건설하려는 자에게 공급하는 경우로 한정한다.
> ㉥ 관광진흥법에 따른 호텔업 시설. 다만, 공공시행자가 200실 이상의 객실을 갖춘 호텔의 부지로 토지를 공급하는 경우로 한정한다.

제 6 절 환지방식에 의한 사업시행 24회, 25회, 29회, 30회, 32회, 34회, 35회

1. 환지계획의 수립

(1) **환지계획** 19회 : 시행자는 도시개발사업의 전부 또는 일부를 환지방식에 의하여 시행하려면 다음의 사항이 포함된 환지계획을 작성하여야 한다.

① **환지계획의 내용** 23회, 24회 : 시행자는 도시개발사업의 전부 또는 일부를 환지방식에 의하여 시행하려면 다음의 사항이 포함된 환지계획을 작성하여야 한다.

> ㉠ **환지설계**: 환지설계는 평가식(도시개발사업 시행 전후의 토지의 평가가액에 비례하여 환지를 결정하는 방법을 말한다)을 원칙으로 하되, 환지지정으로 인하여 토지의 이동이 경미하거나 기반시설의 단순한 정비 등의 경우에는 면적식(도시개발사업 시행 전의 토지 및 위치를 기준으로 환지를 결정하는 방식을 말한다)을 적용할 수 있다. 이 경우 하나의 환지계획구역에서는 같은 방식을 적용하여야 하며, 입체환지를 시행하는 경우에는 반드시 평가식을 적용하여야 한다.
> ㉡ **필지별로 된 환지명세**
> ㉢ **필지별과 권리별로 된 청산대상 토지명세**
> ㉣ **법 제34조에 따른 체비지(替費地) 또는 보류지(保留地)의 명세**

ⓜ 입체환지를 계획하는 경우에는 입체 환지용 건축물의 명세와 입체환지에 따른 공급 방법·규모에 관한 사항

ⓗ 기타 국토교통부령이 정하는 다음의 사항(규칙 제26조 제3항)

    ⓐ 수입·지출 계획서

    ⓑ 평균부담률 및 비례율과 그 계산서(평가식으로 환지 설계를 하는 경우로 한정한다)

    ⓒ 건축계획(입체환지를 시행하는 경우로 한정한다)

    ⓓ 법 제28조 제3항에 따른 토지평가협의회 심의 결과

② 환지의 방식 27회

  ㉠ **평면환지**: 환지 전 토지에 대한 권리를 도시개발사업으로 조성되는 토지에 이전하는 방식

  ㉡ **입체환지**: 환지 전 토지나 건축물(무허가 건축물은 제외한다)에 대한 권리를 도시개발사업으로 건설되는 구분건축물에 이전하는 방식

(2) **환지계획의 작성기준** 17회

① **적응환지**: 환지계획은 종전 토지 및 환지의 '위치·지목·면적·토질·수리·이용상황·환경 기타의 상황'을 종합적으로 고려

  ⊕ 용도폐지 될 국·공유지 등에 대한 환지의 부지정: 시행자가 도시개발사업의 시행으로 국가 또는 지방자치단체가 소유한 공공시설과 대체되는 공공시설을 설치하는 경우 종전의 공공시설의 전부 또는 일부의 용도가 폐지되거나 변경되어 사용하지 못하게 될 토지는 환지를 정하지 아니하며, 이를 다른 토지에 대한 환지의 대상으로 하여야 한다.

② **적응환지의 예외**

  ㉠ 신청 또는 동의에 의한 환지부지정(임차권자 등의 동의가 필요): 토지소유자가 신청하거나 동의하면 해당 토지의 전부 또는 일부에 대하여 환지를 정하지 아니할 수 있다. 다만, 해당 토지에 관하여 임차권자 등이 있는 경우에는 그 동의를 받아야 한다.

  ㉡ 면적의 적정화를 위한 조치(토지면적을 고려한 환지): 시행자는 토지 면적의 규모를 조정할 특별한 필요가 있으면 면적이 작은 토지는 과소(過小) 토지가 되지 아니하도록 면적을 늘려 환지를 정하거나 환지 대상에서 제외할 수 있고, 면적이 넓은 토지는 그 면적을 줄여서 환지를 정할 수 있다.

    ⓐ **증환지(增換地)**: 증환지란 적응환지에 의한 대지면적이 기준면적에 미달하여 그 규모를 조정할 필요가 있을 경우에 과소토지가 되지 않도록 종전 토지에 비해 면적을 늘려서 환지를 정하는 처분(청산금의 징수청구권 발생)

    ⓑ **감환지(減換地)**: 감환지란 면적이 넓은 토지의 종전의 면적을 줄여서 환지를 지정하는 처분(청산금의 교부청구권 발생)

  ㉢ **입체환지(立體換地)**

    ⓐ 시행자는 도시개발사업을 원활히 시행하기 위하여 특히 필요한 경우에는 토지 소유자의 신청을 받아 환지의 목적인 토지를 갈음하여 시행자에게 처분할

확인문제

⊕ 토지부담률의 산정기준은 다음과 같다. 17회, 21회, 22회, 27회

[(보류지 면적−시행자에게 무상귀속되는 공공시설의 면적과 시행자가 소유하는 토지)÷(환지계획구역 면적−시행자에게 무상귀속되는 공공시설의 면적과 시행자가 소유하는 토지)] ×100

⊕ 비례율 26회, 34회

[도시개발사업으로 조성되는 토지·건축물의 평가액 합계−총사업비]/[환지 전 토지·건축물의 평가액 합계] × 100

21
도시개발법령상 환지방식에 의한 사업 시행에 관한 설명으로 틀린 것은?

① 행정청이 아닌 시행자가 환지 계획을 작성하여 인가를 신청하려는 경우 토지 소유자와 임차권자등에게 환지 계획의 기준 및 내용 등을 알려야 한다.

② 「집합건물의 소유 및 관리에 관한 법률」에 따른 대지사용권에 해당하는 토지지분은 분할환지할 수 없다.

③ 환지 예정지가 지정되면 종전의 토지의 소유자는 환지 예정지 지정의 효력발생일부터 환지처분이 공고되는 날까지 종전의 토지를 사용할 수 없다.

④ 도시개발사업으로 임차권의 목적인 토지의 이용이 방해를 받아 종전의 임대료가 불합리하게 된 경우라도, 환지처분이 공고된 날의 다음 날부터는 임대료 감액을 청구할 수 없다.

⑤ 도시개발사업의 시행으로 행사할 이익이 없어진 지역권은 환지처분이 공고된 날이 끝나는 때에 소멸한다.

22

도시개발법령상 환지방식에 의한 사업 시행에 관한 설명으로 틀린 것은?

① 도시개발사업을 입체환지 방식으로 시행하는 경우에는 환지계획에 건축 계획이 포함되어야 한다.

② 시행자는 토지면적의 규모를 조정할 특별한 필요가 있으면 면적이 넓은 토지는 그 면적을 줄여서 환지를 정하거나 환지 대상에서 제외할 수 있다.

③ 도시개발구역 지정권자가 정한 기준일의 다음날부터 단독주택이 다세대주택으로 전환되는 경우 시행자는 해당 건축물에 대하여 금전으로 청산하거나 환지지정을 제한할 수 있다.

④ 시행자는 환지예정지를 지정한 경우에 해당 토지를 사용하거나 수익하는 데에 장애가 될 물건이 그 토지에 있으면 그 토지의 사용 또는 수익을 시작할 날을 따로 정할 수 있다.

⑤ 시행자는 환지를 정하지 아니하기로 결정된 토지소유자나 임차권자등에게 날짜를 정하여 그날부터 해당 토지 또는 해당 부분의 사용 또는 수익을 정지시킬 수 있다.

권한이 있는 건축물의 일부와 그 건축물이 있는 토지의 공유지분을 부여할 수 있다.

ⓑ 입체환지의 신청기간은 토지 소유자(건축물 소유자를 포함한다)에게 통지한 날부터 30일 이상 60일 이하로 하여야 한다. 다만, 시행자는 환지계획의 작성에 지장이 없다고 판단하는 경우에는 20일의 범위에서 그 신청기간을 연장할 수 있다.

ⓒ 다만, 토지 또는 건축물이 입체환지를 신청하는 자의 종전 소유 토지 및 건축물의 권리가액이 도시개발사업으로 조성되는 토지에 건축되는 구분건축물의 최소 공급 가격의 100분의 70 이하인 경우에는 시행자가 규약·정관 또는 시행규정으로 신청대상에서 제외할 수 있다. 다만, 환지 전 토지에 주택을 소유하고 있던 토지 소유자는 권리가액과 관계없이 입체환지를 신청할 수 있다.

ⓓ 시행자는 입체환지로 건설된 주택 등 건축물을 인가된 환지계획에 따라 환지신청자에게 공급하여야 한다. 이 경우 주택을 공급하는 경우에는 「주택법」 제38조에 따른 주택의 공급에 관한 기준을 적용하지 아니한다.

ⓔ 체비지 및 보류지의 지정(시행자가 지정) ¹⁹회: 시행자는 도시개발사업에 필요한 경비에 충당하거나 규약·정관·시행규정 또는 실시계획이 정하는 목적을 위하여 일정한 토지를 환지로 정하지 아니하고 보류지로 정할 수 있으며, 그 중 일부를 체비지로 정하여 도시개발사업에 필요한 경비에 충당할 수 있다.

(3) 환지계획의 인가(시행자가 비행정청인 경우) ³¹회

환지계획은 시행자가 작성한 것만으로 효력을 발생하는 것이 아니고, 행정청이 아닌 시행인인 경우에는 환지계획을 작성한 때에는 **특별자치도지사, 시장·군수 또는 구청장의 인가**를 받아야 한다. 또한 인가받은 내용을 변경하고자 하는 경우에 관하여 이를 준용한다. 다만, 다음에 해당하는 경미한 변경은 그러하지 아니하다.

① 종전 토지의 합필 또는 분필로 환지명세가 변경되는 경우
② 토지 또는 건축물 소유자(체비지인 경우에는 시행자 또는 체비지 매수자를 말한다)의 동의에 따라 환지 계획을 변경하는 경우. 다만, 다른 토지 또는 건축물 소유자에 대한 환지 계획의 변경이 없는 경우로 한정한다.
③ 「공간정보의 구축 및 관리 등에 관한 법률」에 따른 지적측량의 결과를 반영하기 위하여 환지 계획을 변경하는 경우
④ 환지로 지정된 토지나 건축물을 금전으로 청산하는 경우

⊕ **도시개발법상의 각종 동의**

내 용	동 의
도시개발구역지정의 제안(토지소유자 기타 민간시행자)	토지면적의 2/3 이상 토지소유자의 동의
개발계획의 수립의 경우 (환지방식인 경우)	토지면적의 2/3 이상 토지소유자 및 토지소유자 총수의 1/2 이상의 동의
조합설립인가	토지면적의 2/3 이상 토지소유자 및 토지소유자 총수의 1/2 이상의 동의
민간개발사업시행자의 토지수용시	토지면적의 2/3 이상의 토지소유 및 토지소유자 총수 1/2 이상의 동의

제7절 환지예정지의 지정

1. 환지예정지의 지정 20회

(1) 지정효과

① 종전 토지에 대한 사용 · 수익권의 이동: 환지예정지가 지정되면 종전의 토지의 소유자와 임차권자 등은 환지예정지 지정의 효력발생일부터 환지처분이 공고되는 날까지 환지예정지나 해당 부분에 대하여 종전과 같은 내용의 권리를 행사할 수 있으며 종전의 토지는 사용하거나 수익할 수 없다.

② 사용 · 수익개시일의 지정: 시행자는 환지예정지를 지정한 경우에 해당 토지를 사용하거나 수익하는 데에 장애가 될 물건이 그 토지에 있거나 그 밖에 특별한 사유가 있으면 그 토지의 사용 또는 수익을 시작할 날을 따로 정할 수 있다.

③ 환지예정지 종전 소유자 등의 수인의무: 환지예정지 지정의 효력이 발생하거나 환지예정지의 사용 또는 수익을 개시하는 때에 당해 환지예정지의 종전의 토지소유자 또는 임차권자 등은 환지예정지 지정의 효력발생일부터 환지처분의 공고가 있는 날까지 또는 별도로 정한 사용 또는 수익개시일로부터 환지처분공고일까지 종전의 토지를 사용 · 수익할 수 없으며, 그 토지를 환지예정지로 지정받은 자의 사용 · 수익행위를 방해할 수 없다.

④ 체비지의 사용 · 수익 · 처분가능(체비지에 대한 종전의 소유자는 예정지가 지정된 경우 처분권마저 상실): 체비지에 관하여 환지예정지가 지정된 때에는 시행자는 도시개발사업의 비용을 충당하기 위하여 이를 사용 또는 수익하게 하거나 이를 처분할 수 있다.

⑤ 권리의 조정(용익권자 보호): 환지예정지의 지정으로 임차권 등의 목적인 토지 또는 지역권에 관한 승역지(承役地)의 이용이 증진되거나 방해를 받아 종전의 임대료 · 지료, 그 밖의 사용료 등이 불합리하게 되면 당사자는 계약 조건에도 불구하

확인문제

23
도시개발법령상 환지 설계를 평가식으로 하는 경우 다음 조건에서 환지 계획에 포함되어야 하는 비례율은? (단, 제시된 조건 이외의 다른 조건은 고려하지 않음)

- 총 사업비: 250억원
- 환지 전 토지 · 건축물의 평가액 합계: 500억원
- 도시개발사업으로 조성되는 토지 · 건축물의 평가액 합계: 1,000억원

① 100%
② 125%
③ 150%
④ 200%
⑤ 250%

24
도시개발법령상 환지방식의 사업시행에 관한 설명으로 옳은 것은? (단, 사업시행자는 행정청이 아님)

① 사업시행자가 환지계획을 작성한 경우에는 특별자치도지사, 시 · 도지사의 인가를 받아야 한다.
② 환지로 지정된 토지나 건축물을 금전으로 청산하는 내용으로 환지계획을 변경하는 경우에는 변경인가를 받아야 한다.
③ 공공시설의 용지에 대하여는 환지계획을 정할 때 그 위치 · 면적 등에 관하여 적응환지의 원칙을 적용하지 아니할 수 있다.
④ 환지예정지의 지정이 있으면 종전의 토지에 대한 임차권 등은 종전의 토지에 대해서는 물론 환지예정지에 대해서도 소멸한다.

⑤ 환지계획에서 환지를 정하지 아니한 종전의 토지에 있던 권리는 그 환지처분이 공고된 날의 다음날 소멸한다.

25
「도시개발법」에 의한 환지예정지 지정에 관한 설명 중 틀린 것은?

① 환지예정지 지정은 환지처분이 있을 때까지 권리관계가 불안정하게 되는 것을 방지하기 위하여 행한다.
② 환지예정지 지정이 있으면 종전 토지의 소유자는 환지예정지를 사용·수익할 수 있게 된다.
③ 환지예정지 지정이 있으면 종전 토지는 더 이상 사용·수익할 수 없게 된다.
④ 체비지에 관한 환지예정지 지정이 있으면 시행자는 이를 사용·수익 또는 처분할 수 있게 된다.
⑤ 환지예정지 지정에 의한 소유권의 변경은 법률의 규정에 의한 물권변동이므로 등기를 하지 아니하여도 된다.

고 장래에 관하여 그 증감을 청구할 수 있다. 증감청구를 받은 상대방은 권리를 포기하거나 계약을 해지하여 그 의무를 면할 수 있다.

⑥ 권리의 포기·계약의 해지: 환지예정지의 지정으로 지역권 또는 임차권 등을 설정한 목적을 달성할 수 없게 되면 당사자는 해당 권리를 포기하거나 계약을 해지하고 시행자에게 손실보상을 청구할 수 있다. 또한 시행자가 권리를 포기하거나 계약을 해지한 자에게 손실을 보상한 시행자는 해당 토지 또는 건축물의 소유자 또는 그로 인하여 이익을 얻는 자에게 이를 구상(求償)할 수 있다.

⑦ 이러한 임료·지료의 증감청구·계약의 해지 또는 권리의 포기는 환지예정지 지정의 효력발생일로부터 60일이 지나면 권리를 포기하거나 계약을 해지할 수 없다.

(2) 환지의 지정을 받지 못한 자의 종전 토지에 대한 사용·수익의 정지

시행자는 환지를 정하지 아니하기로 결정된 토지소유자 또는 임차권자 등에게 기일을 정하여 그날부터 해당 토지 또는 해당 부분의 사용 또는 수익을 정지시킬 수 있다. 시행자가 사용 또는 수익을 정지하게 하고자 하는 때에는 30일 이상의 기간을 두고 미리 이를 해당 토지소유자 또는 임차권자 등에게 통지하여야 한다.

(3) 사용·수익할 자가 없게 된 토지의 관리

환지예정지의 지정이나 사용 또는 수익의 정지처분으로 이를 사용하거나 수익할 수 있는 자가 없게 된 토지 또는 해당 부분은 환지예정지의 지정일이나 사용 또는 수익의 정지처분이 있은 날부터 환지처분을 공고한 날까지 시행자가 관리한다.

제 8 절 환지처분

1. 환지처분 등 18회, 19회, 28회

(1) 환지처분의 절차

공사완료의 공고(시행자) ⇨ 공사관계서류의 공람 ⇨ 의견제출 ⇨ 준공검사신청 및 공사완료공고(지정권자) ⇨ 환지처분 및 환지처분 공고(시행자)

① 공사완료 공고 및 공람: 시행자는 환지방식으로 도시개발사업에 관한 공사를 끝낸 경우에는 지체없이 다음의 내용을 관보 또는 공보에 이를 공고하고 공사관계서류를 일반에게 14일 이상 공람시켜야 한다.

㉠ 사업의 명칭
㉡ 시행자
㉢ 시행기간
㉣ 개발계획에 의한 공종별 공사시행내역

② 준공검사 및 공사완료: 시행자는 공람 기간에 의견서의 제출이 없거나 제출된 의견서에 따라 필요한 조치를 한 경우에는 지정권자에 의한 준공검사를 신청하거나 도시개발사업의 공사를 끝내야 한다.

③ 환지처분의 시기: 시행자는 지정권자에 의한 준공검사를 받은 경우(지정권자가 시행자인 경우에는 공사 완료 공고가 있는 때)에는 60일 이내에 환지처분을 하여야 한다.

(2) 환지처분의 효과 15회, 26회

① 권리변동의 효과(환지처분공고일 다음날 효력발생)

환지처분의 공고가 있으면 환지계획에서 정하여진 환지는 환지처분공고일의 다음 날부터 종전의 토지로 본다. 다만, 환지계획에서 환지를 정하지 아니한 종전의 토지에 있던 권리는 그 환지처분이 공고된 날이 끝나는 때에 소멸한다.

② 예외적 효과(종전토지에 존속하는 경우)

㉠ 행정상 또는 재판상 처분으로서 종전의 토지에 존속하는 경우: 종전의 토지에 전속(專屬)하는 행정상 또는 재판상의 처분은 환지처분에 의하여 영향을 받지 않고 종전의 토지에 존속한다.

㉡ 지역권: 도시개발구역의 토지에 대한 지역권(地役權)은 위 ①에도 불구하고 종전의 토지에 존속한다. 다만, 도시개발사업의 시행으로 행사할 이익이 없어진 지역권은 환지처분이 공고된 날이 끝나는 때에 소멸한다.

㉢ 입체환지의 효과: 환지계획에 따라 환지처분을 받은 자(입체환지를 받은 자)는 환지처분이 공고된 날의 다음 날에 환지계획에서 정하는 바에 따라 건축물의 일부와 당해 건축물이 있는 토지의 공유지분을 취득한다. 이 경우 종전의 토지에 대한 저당권은 환지처분의 공고가 있은 날의 다음 날부터 당해 건축물의 일부와 당해 건축물이 있는 토지의 공유지분에 존재하는 것으로 본다.

③ 체비지·보류지의 귀속: 환지계획으로 체비지 또는 보류지를 지정한 경우에는 체비지는 시행자가, 보류지는 환지계획에서 정한 자가 각각 환지처분이 공고된 날의 다음 날에 해당 소유권을 취득한다. 다만, 이미 처분된 체비지는 그 체비지를 매입한 자가 소유권이전등기를 마친 때에 소유권을 취득한다.

　⊕ 행정청인 시행자가 체비지 또는 보류지를 관리하거나 처분(제36조 제4항에 따라 체비지를 관리하거나 처분하는 경우를 포함한다)하는 경우에는 국가나 지방자치단체의 재산처분에 관한 법률을 적용하지 아니한다.

④ 청산금의 확정: 청산금은 환지처분의 공고가 있는 날의 다음 날에 확정된다.

⑤ 환지등기: 시행자는 환지처분이 공고되면 공고 후 14일 이내에 관할 등기소에 이를 알리고 토지와 건축물에 관한 등기를 촉탁하거나 신청하여야 한다.

⑥ 타 등기의 제한: 환지처분이 공고된 날부터 환지등기가 있는 때까지는 다른 등기를 할 수 없다. 다만, 등기신청인이 확정일자가 있는 서류로 환지처분의 공고일 전에 등기원인(登記原因)이 생긴 것임을 증명하면 다른 등기를 할 수 있다.

26
도시개발법령상 환지방식에 의한 도시개발사업의 시행에 관한 설명으로 옳은 것은?

① 시행자는 준공검사를 받은 후 60일 이내에 지정권자에게 환지처분을 신청하여야 한다.

② 도시개발구역이 2 이상의 환지계획구역으로 구분되는 경우에도 사업비와 보류지는 도시개발구역 전체를 대상으로 책정하여야 하며, 환지계획구역별로는 책정할 수 없다.

③ 도시개발구역에 있는 조성토지등의 가격은 개별공시지가로 한다.

④ 환지예정지가 지정되어도 종전 토지의 임차권자는 환지처분공고일까지 종전 토지를 사용·수익할 수 있다.

⑤ 환지계획에는 필지별로 된 환지명세와 필지별과 권리별로 된 청산대상 토지명세가 포함되어야 한다.

27
도시개발법령상 환지처분에 관한 설명으로 틀린 것은?

① 도시개발구역의 토지 소유자나 이해관계인은 환지 방식에 의한 도시개발사업 공사관계 서류의 공람 기간에 시행자에게 의견서를 제출할 수 있다.

② 환지를 정하거나 그 대상에서 제외한 경우 그 과부족분(過不足分)은 금전으로 청산하여야 한다.

제9절 청산과 권리의 조정

1. 청산과 권리의 조정 등 21회, 23회

(1) 청산금의 결정 및 확정시기

① 청산금의 결정

ㄱ 원칙: 환지처분을 하는 때에 이를 결정한다.

ㄴ 예외: 환지부지정인 경우, 환지계획 인가·고시 후 지체없이 청산금을 결정하는 것이 가능하다.

② 청산금의 확정: 청산금은 환지처분이 공고된 날의 다음 날에 확정된다.

(2) 청산금의 징수 및 교부의 시기 34회

① 일괄교부 및 징수의 원칙: 시행자는 환지처분이 공고된 후에 확정된 청산금을 징수하거나 교부하여야 한다. 다만, 토지소유자의 신청 또는 동의에 의하여 환지를 정하지 아니하거나 면적의 적정화를 위하여 환지대상에서 제외한 토지에 대하여는 환지처분 전이라도 청산금을 교부할 수 있다.

② 청산금의 분할교부 및 징수: 청산금은 대통령령으로 정하는 바에 따라 이자를 붙여 분할징수하거나 분할교부할 수 있다.

③ 강제징수

ㄱ 시행자가 행정청인 경우: 행정청인 시행자는 청산금을 내야 할 자가 이를 내지 아니하면 국세 또는 지방세 체납처분의 예에 따라 징수할 수 있다.

ㄴ 시행자가 비행정청인 경우: 행정청이 아닌 시행자는 시장·군수 또는 구청장에게 청산금의 징수를 위탁가능, 징수한 금액의 4/100에 해당하는 금액을 지급한다.

④ 청산금의 공탁 가능: 청산금을 받을 자가 주소 불분명 등의 이유로 청산금을 받을 수 없거나 받기를 거부하면 그 청산금을 공탁할 수 있다.

⑤ 청산금의 소멸시효: 청산금을 받을 권리나 징수할 권리를 5년간 행사하지 아니하면 시효로 소멸한다.

(3) 권리의 조정

① 임대료 등의 증감청구(增減請求): 도시개발사업으로 임차권 등의 목적인 토지 또는 지역권에 관한 승역지(承役地)의 이용이 증진되거나 방해를 받아 종전의 임대료·지료, 그 밖의 사용료 등이 불합리하게 되면 당사자는 계약 조건에도 불구하고 장래에 관하여 그 증감을 청구할 수 있다.

② 권리의 포기와 손실보상

ㄱ 권리의 포기: 도시개발사업의 시행으로 지역권 또는 임차권 등을 설정한 목적을 달성할 수 없게 되면 당사자는 해당 권리를 포기하거나 계약을 해지할 수 있다.

    ⓛ 손실보상(시행자에게 청구): 권리를 포기하거나 계약을 해지한 자는 그로 인한 손실을 보상하여 줄 것을 시행자에게 청구할 수 있다.

    ⓒ 구상권(求償權)의 행사: 손실을 보상한 시행자는 해당 토지 또는 건축물의 소유자 또는 그로 인하여 이익을 얻는 자에게 이를 구상(求償)할 수 있다.

2. 감가보상금제도(減價補償金制度)

① 의의: 사업시행 후 공공시설 설치 등으로 토지가격 총액이 감소한 경우 그 차액을 보상하는 것을 말한다.

② 요건: ㉠ 시행자가 행정청일 것, ㉡ 토지가격의 총액이 시행 전보다 감소할 것

③ 지급대상: 토지소유권자 및 용익권자에게 지급

제10절 준공검사 등

(1) 준공검사 신청

시행자(지정권자가 시행자인 경우는 제외한다)가 도시개발사업의 공사를 끝낸 때에는 국토교통부령으로 정하는 바에 따라 공사완료 보고서를 작성하여 지정권자의 준공검사를 받아야 한다.

(2) 준공검사권자

지정권자는 공사완료 보고서를 받으면 지체없이 준공검사를 하여야 한다.

(3) 준공검사의 의뢰

지정권자는 효율적인 준공검사를 위하여 필요하면 관계 행정기관 · 공공기관 · 연구기관, 그 밖의 전문기관 등에 의뢰하여 준공검사를 할 수 있다.

(4) 준공검사의 참여요청

지정권자는 공사완료 보고서의 내용에 포함된 공공시설을 인수하거나 관리하게 될 국가기관 · 지방자치단체 또는 공공기관의 장 등에게 준공검사에 참여할 것을 요청할 수 있으며, 이를 요청받은 자는 특별한 사유가 없으면 요청에 따라야 한다.

(5) 사전 준공검사

시행자는 도시개발사업을 효율적으로 시행하기 위하여 필요하면 해당 도시개발사업에 관한 공사가 전부 끝나기 전이라도 공사가 끝난 부분에 관하여 준공검사(지정권자가 시행자인 경우에는 시행자에 의한 공사완료 공고를 말한다)를 받을 수 있다.

확인문제

29

도시개발법령상 환지처분에 관한 설명 중 틀린 것은?

① 시행자는 환지방식에 의하여 도시개발사업에 관한 공사를 완료한 때에는 지체없이 이를 공고하고 공사 관계서류를 일반에게 공람시켜야 한다.

② 도시개발구역안의 토지소유자 또는 이해관계인은 공사완료 후 공사 관계서류를 일반에게 공람시키는 기간 내에 시행자에게 의견서를 제출할 수 있다.

③ 지정권자가 시행자가 아닌 경우에 시행자는 지정권자에 의해 준공검사를 받은 때에는 60일내에 환지처분을 하여야 한다.

④ 시행자가 환지처분을 하고자 하는 때에는 환지계획에서 정한 사항을 토지소유자에게 통지하고 관보 또는 공보에 의하여 이를 공고하여야 한다.

⑤ 입체환지의 처분을 받은 경우 토지에 대한 저당권은 환지처분의 공고가 있는 다음 날부터 종전의 토지에 존재하는 것으로 본다.

30

도시개발법령상 준공검사 등에 관한 설명으로 틀린 것은?

① 도시개발사업의 준공검사 전에는 체비지를 사용할 수 없다.

② 지정권자는 효율적인 준공검사를 위하여 필요하면 관계 행정기관 등에 의뢰하여 준공검사를 할 수 있다.

31

도시개발법령상 환지 방식에 의한 사업 시행에서의 청산금에 관한 설명으로 틀린 것은?

① 시행자는 토지 소유자의 동의에 따라 환지를 정하지 아니하는 토지에 대하여는 환지처분 전이라도 청산금을 교부할 수 있다.
② 토지 소유자의 신청에 따라 환지 대상에서 제외한 토지에 대하여는 청산금을 교부하는 때에 청산금을 결정할 수 없다.
③ 청산금을 받을 권리나 징수할 권리를 5년간 행사하지 아니하면 시효로 소멸한다.
④ 청산금을 대통령령으로 정하는 바에 따라 이자를 붙여 분할징수하거나 분할교부할 수 있다.
⑤ 행정청이 아닌 시행자가 군수에게 청산금의 징수를 위탁한 경우 그 시행자는 군수가 징수한 금액의 100분의 4에 해당하는 금액을 해당 군에 지급하여야 한다.

(6) **공사완료의 공고**

지정권자는 준공검사를 한 결과 도시개발사업이 실시계획대로 끝났다고 인정되면 시행자에게 준공검사 증명서를 내어주고 공사완료공고를 하여야 하며, 실시계획대로 끝나지 아니하였으면 지체없이 보완 시공 등 필요한 조치를 하도록 명하여야 한다. 또한 지정권자가 시행자인 경우 그 시행자는 도시개발사업의 공사를 완료한 때에는 공사완료 공고를 하여야 한다.

(7) **조성토지 등의 준공 전 사용**

준공검사 전 또는 공사완료 공고 전에는 조성토지 등(체비지는 제외한다)을 사용할 수 없다. 다만, 사업 시행의 지장 여부를 확인받는 등 대통령령으로 정하는 바에 따라 지정권자로부터 사용허가를 받은 경우에는 그러하지 아니하다.

제11절 도시개발채권의 발행 및 행정심판 등

1. 도시개발채권 21회, 24회, 28회, 29회, 32회

(1) **발행자(시·도지사가 발행)**

지방자치단체의 장(구체적으로는 시·도지사)은 도시개발사업 또는 도시·군계획시설사업에 필요한 자금을 조달하기 위하여 도시개발채권을 발행할 수 있다.

(2) **발행 전 승인**

시·도지사는 도시개발채권의 발행하려는 경우에는 행정안전부장관의 승인을 받아야 한다.

(3) **발행절차**

도시개발채권은 「주식·사채 등의 전자등록에 관한 법률」에 따라 전자등록하여 발행하거나 무기명으로 발행할 수 있으며, 발행방법에 필요한 세부적인 사항은 시·도의 조례로 정한다.

(4) **상환기간**

도시개발채권의 상환은 5년 내지 10년의 범위 안에서 지방자치단체의 조례로 정한다.

⊕ 「국토의 계획 및 이용에 관한 법률」에 따른 개발행위허가를 받은 자 중 토지의 형질변경허가를 받은 자는 도시개발채권을 매입하여야 한다.

(5) 매입의무자(강제매입)

① 다음에 해당하는 자는 도시개발채권을 매입하여야 한다(법 제63조).

> ㉠ 수용 또는 사용방식으로 시행하는 도시개발사업의 경우 제11조 제1항 제1호부터 제4호까지(국가, 지방자치단체, 공공기관, 정부출연기관, 지방공사)의 규정에 해당하는 자와 공사의 도급계약을 체결하는 자
> ㉡ 위 ㉠에 해당하는 시행자 외에 도시개발사업을 시행하는 자
> ㉢ 「국토의 계획 및 이용에 관한 법률」에 따른 개발행위허가를 받은 자 중 토지의 형질변경허가를 받은 자

② 도시개발채권의 매입대상별 매입금액은 다음 표와 같다(영 제84조 제2항).

구 분	매입대상	매입금액
㉠	법 제11조 제1항 제1호 내지 제4호에 해당하는 자와 도시개발사업의 시행을 위한 공사의 도급계약을 체결한 자	공사도급계약 금액의 100분의 3
㉡	위 ㉠ 이외의 자로서 도시개발사업을 시행하는 자	시행면적 $3.3m^2$ 당 20,000원
㉢	「국토의 계획 및 이용에 관한 법률」에 의하여 토지의 형질변경허가를 받는 자	토지형질변경허가 면적 $3.3m^2$ 당 20,000원

(6) 매입필증의 교부 등

도시개발채권 사무취급기관의 장은 도시개발채권을 매출할 때에는 도시개발채권 매입필증(이하 "매입필증"이라 한다)에 기명날인하여 매입자에게 교부하여야 한다.

(7) 매입필증의 보관

도시개발채권의 매입필증을 제출받는 자는 매입자로부터 제출받은 **매입필증을 5년간 따로 보관하여야 하며**, 지방자치단체의 장이나 도시개발채권 사무취급기관 그 밖에 관계기관의 요구가 있는 때에는 이를 제시하여야 한다.

(8) 소멸시효

도시개발채권의 소멸시효는 상환일부터 기산하여 **원금은 5년, 이자는 2년**으로 한다.

2. 행정심판

이 법에 따라 시행자가 행한 처분에 불복하는 자는 「행정심판법」에 따라 행정심판을 제기할 수 있다. 다만, **행정청이 아닌 시행자가 한 처분**에 관하여는 다른 법률에 특별한 규정이 있는 경우 외에는 **지정권자에게 행정심판을 제기**하여야 한다.

32

도시개발법령상 도시개발채권에 관한 설명으로 옳은 것은?

① 국토의 계획 및 이용에 관한 법률에 따른 공작물의 설치허가를 받은 자는 도시개발채권을 매입하여야 한다.
② 도시개발채권의 이율은 기획재정부장관이 국채·공채 등의 금리와 특별회계의 상황 등을 고려하여 정한다.
③ 도시개발채권을 발행하려는 시·도지사는 기획재정부장관의 승인을 받은 후 채권의 발행총액 등을 공고하여야 한다.
④ 도시개발채권의 상환기간은 5년보다 짧게 정할 수는 없다.
⑤ 도시개발사업을 공공기관이 시행하는 경우 해당 공공기관의 장은 시·도지사의 승인을 받아 도시개발채권을 발행할 수 있다.

제12절 벌칙

1. 5년 이하의 징역 또는 그 위반행위로 얻은 재산상 이익 또는 회피한 손실액의 3배 이상 5배 이하에 상당하는 벌금

① 제10조의2 제2항 또는 제3항을 위반하여 미공개정보를 목적 외로 사용하거나 타인에게 제공 또는 누설한 자는 5년 이하의 징역 또는 그 위반행위로 얻은 재산상 이익 또는 회피한 손실액의 3배 이상 5배 이하에 상당하는 벌금에 처한다. 다만, 얻은 이익 또는 회피한 손실액이 없거나 산정하기 곤란한 경우 또는 그 위반행위로 얻은 재산상 이익의 5배에 해당하는 금액이 10억원 이하인 경우에는 벌금의 상한액을 10억원으로 한다.

② 위 ①의 위반행위로 얻은 이익 또는 회피한 손실액이 5억원 이상인 경우에는 위 ①의 징역을 다음 각 호의 구분에 따라 가중한다.

> 1. 이익 또는 회피한 손실액이 50억원 이상인 경우에는 무기 또는 5년 이상의 징역
> 2. 이익 또는 회피한 손실액이 5억원 이상 50억원 미만인 경우에는 3년 이상의 유기징역

③ 위 ①, ②에 따라 징역에 처하는 경우에는 위 ①에 따른 벌금을 병과할 수 있다.

④ 위 ①의 죄를 범한 자 또는 그 정을 아는 제3자가 위 ①의 죄로 인하여 취득한 재물 또는 재산상의 이익은 몰수한다. 다만, 이를 몰수할 수 없을 때에는 그 가액을 추징한다.

2. 3년 이하의 징역 또는 3천만원 이하의 벌금

다음에 해당하는 자는 3년 이하의 징역 또는 3천만원 이하의 벌금에 처한다.

> ① 제9조 제5항에 따른 허가를 받지 아니하고 행위를 한 자
> ② 부정한 방법으로 제11조 제1항에 따른 시행자의 지정을 받은 자
> ③ 부정한 방법으로 제17조 제2항에 따른 실시계획의 인가를 받은 자
> ④ 제25조의2 제1항 및 제2항에 따라 원형지 공급 계획을 승인받지 아니하고 원형지를 공급하거나 부정한 방법으로 공급 계획을 승인받은 자
> ⑤ 제25조의2 제6항을 위반하여 원형지를 매각한 자

MEMO

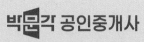

03

도시 및 주거환경정비법

도시 및 주거환경정비법

> 정비사업(재개발 및 재건축사업)의 전체 개요
>
> 도시 및 주거환경정비기본계획 ⇨ 정비계획수립 ⇨ 정비구역지정 ⇨ 시행계획(인가) ⇨ 분양신청 후 관리처분계획인가 ⇨ 공사 ⇨ 완료(준공인가) ⇨ 소유권이전고시(분양처분) ⇨ 청산

용어정리 15회 추가, 23회

☞ 핵심 암기

♀ "정비기반시설"이란 도로·상하수도·공원·공용주차장·공동구, ·그 밖에 주민의 생활에 필요한 열·가스 등의 공급시설로서 대통령령으로 정하는 시설을 말한다(○).

♀ "토지주택공사 등"이란 「한국토지주택공사법」에 따라 설립된 한국토지주택공사 또는 「지방공기업법」에 따라 주택사업을 수행하기 위하여 설립된 지방공사를 말한다(○).

♀ 재개발사업의 정비구역 안에 소재한 토지의 지상권자는 토지등소유자에 해당한다(○).

(1) 정비사업

"정비사업"이란 이 법에서 정한 절차에 따라 도시기능을 회복하기 위하여 정비구역에서 정비기반시설을 정비하거나 주택 등 건축물을 개량 또는 건설하는 다음의 사업을 말한다.

① 주거환경개선사업27회, 32회: 도시저소득 주민이 집단거주하는 지역으로서 정비기반시설이 극히 열악하고 노후·불량건축물이 과도하게 밀집한 지역의 주거환경을 개선하거나 단독주택 및 다세대주택이 밀집한 지역에서 정비기반시설과 공동이용시설 확충을 통하여 주거환경을 보전·정비·개량하기 위한 사업

② 재개발사업: 정비기반시설이 열악하고 노후·불량건축물이 밀집한 지역에서 주거환경을 개선하거나 상업지역·공업지역 등에서 도시기능의 회복 및 상권활성화 등을 위하여 도시환경을 개선하기 위한 사업, 이 경우 다음 요건을 모두 갖추어 시행하는 재개발사업을 "공공재개발사업"이라 한다.

  ㉠ 특별자치시장, 특별자치도지사, 시장, 군수, 자치구의 구청장(이하 "시장·군수등"이라 한다) 또는 제10호에 따른 토지주택공사등(조합과 공동으로 시행하는 경우를 포함한다)이 제24조에 따른 주거환경개선사업의 시행자, 제25조 제1항 또는 제26조 제1항에 따른 재개발사업의 시행자나 제28조에 따른 재개발사업의 대행자(이하 "공공재개발사업 시행자"라 한다)일 것

  ㉡ 건설·공급되는 주택의 전체 세대수 또는 전체 연면적 중 토지등소유자 대상 분양분(제80조에 따른 지분형주택은 제외한다)을 제외한 나머지 주택의 세대수 또는 연면적의 100분의 20 이상 100분의 50 이하의 범위에서 대통령령으로 정하는 기준에 따라 특별시·광역시·특별자치시·도·특별자치도 또는 「지방자치법」 제198조에 따른 서울특별시·광역시 및 특별자치시를 제외한 인구 50만 이상 대도시(이하 "대도시"라 한다)의 조례(이하 "시·도조례"라 한

다)로 정하는 비율 이상을 제80조에 따른 지분형주택, 「공공주택 특별법」에 따른 공공임대주택(이하 "공공임대주택"이라 한다) 또는 「민간임대주택에 관한 특별법」 제2조 제4호에 따른 공공지원민간임대주택(이하 "공공지원민간임대주택"이라 한다)으로 건설·공급할 것. 이 경우 주택 수 산정방법 및 주택유형별 건설비율은 대통령령으로 정한다.

③ 재건축사업(15회 추가): 정비기반시설은 양호하나 노후·불량건축물에 해당하는 공동주택이 밀집한 지역에서 주거환경을 개선하기 위한 사업. 이 경우 다음 요건을 모두 갖추어 시행하는 재건축사업을 "공공재건축사업"이라 한다.

㉠ 시장·군수 등 또는 토지주택공사 등(조합과 공동으로 시행하는 경우를 포함한다)이 제25조 제2항 또는 제26조 제1항에 따른 재건축사업의 시행자나 제28조 제1항에 따른 재건축사업의 대행자(이하 "공공재건축사업 시행자"라 한다)일 것

㉡ 종전의 용적률, 토지면적, 기반시설 현황 등을 고려하여 대통령령으로 정하는 세대수(공공재건축사업을 추진하는 단지의 종전 세대수의 100분의 160에 해당하는 세대) 이상을 건설·공급할 것. 다만, 정비구역의 지정권자가 「국토의 계획 및 이용에 관한 법률」 제18조에 따른 도시·군기본계획, 토지이용 현황 등 대통령령으로 정하는 다음의 불가피한 사유로 해당하는 세대수를 충족할 수 없다고 인정하는 경우에는 그러하지 아니하다(법 제2조 2호 다목). 이 경우 정비구역 지정권자는 각 호의 사유로 위 ㉡에 따른 세대수를 충족할 수 없는지를 판단할 때에는 지방도시계획위원회의 심의를 거쳐야 한다(영 제1조의 3 제2항).

1. 위 ㉡에 따른 세대수를 건설·공급하는 경우 「국토의 계획 및 이용에 관한 법률」 제18조에 따른 도시·군기본계획에 부합하지 않게 되는 경우
2. 해당 토지 및 인근 토지의 이용 현황을 고려할 때 위 ㉡에 따른 세대수를 건설·공급하기 어려운 부득이한 사정이 있는 경우

(2) **토지등소유자** 24회, 35회

토지등소유자란 다음의 어느 하나에 해당하는 자를 말한다.

㉠ 주거환경개선사업 및 재개발사업의 경우에는 정비구역에 위치한 **토지 또는 건축물의 소유자 또는 그 지상권자**
㉡ 재건축사업의 경우에는 정비구역에 위치한 **건축물 및 그 부속토지의 소유자**(지상권자는 제외됨)

01

도시 및 주거환경정비법령상 용어의 정의에 관한 설명으로 틀린 것은?

① 건축물이 훼손되었거나 일부가 멸실되어 붕괴 그 밖의 안전사고의 우려가 있는 건축물은 노후·불량건축물에 해당한다.
② 주거환경개선사업이라 함은 정비기반시설은 양호하나 노후·불량건축물이 밀집한 지역에서 주거환경을 개선하기 위하여 시행하는 사업을 말한다.
③ 도로, 상하수도, 공원, 공용주차장은 정비기반시설에 해당한다.
④ 재개발사업의 정비구역 안에 소재한 토지의 지상권자는 토지등소유자에 해당한다.
⑤ 공동이용시설이란 주민이 공동으로 사용하는 놀이터·마을회관·공동작업장, 그 밖에 대통령령으로 정하는 시설을 말한다.

(3) 노후 · 불량건축물 15회

"노후 · 불량건축물"이란 다음의 어느 하나에 해당하는 건축물을 말한다.

① 건축물이 훼손되거나 일부가 멸실되어 붕괴, 그 밖의 안전사고의 우려가 있는 건축물

② 내진성능이 확보되지 아니한 건축물 중 중대한 기능적 결함 또는 부실 설계 · 시공으로 구조적 결함 등이 있는 건축물로서 건축물을 건축하거나 대수선할 당시 건축법령에 따른 지진에 대한 안전 여부 확인 대상이 아닌 건축물로서 다음 각 호의 어느 하나에 해당하는 건축물

> ㉠ 급수 · 배수 · 오수 설비 등의 설비 또는 지붕 · 외벽 등 마감의 노후화나 손상으로 그 기능을 유지하기 곤란할 것으로 우려되는 건축물
> ㉡ 법 제12조 제4항에 따른 재건축진단기관이 실시한 재건축진단 결과 건축물의 내구성 · 내하력(耐荷力) 등이 같은 조 제5항에 따라 국토교통부장관이 정하여 고시하는 기준에 미치지 못할 것으로 예상되어 구조 안전의 확보가 곤란할 것으로 우려되는 건축물

③ 다음의 요건을 모두 충족하는 건축물로서 대통령령으로 정하는 바에 따라 시 · 도조례로 정하는 건축물

> ㉠ 주변 토지의 이용 상황 등에 비추어 주거환경이 불량한 곳에 위치할 것
> ㉡ 건축물을 철거하고 새로운 건축물을 건설하는 경우 건설에 드는 비용과 비교하여 효용의 현저한 증가가 예상될 것으로서 다음의 어느 하나에 해당하는 건축물
> > ⓐ 「건축법」에 따라 해당 지방자치단체의 조례로 정하는 면적에 미치지 못하거나 「국토의 계획 및 이용에 관한 법률」에 따른 도시 · 군계획시설 등의 설치로 인하여 효용을 다할 수 없게 된 대지에 있는 건축물
> > ⓑ 공장의 매연 · 소음 등으로 인하여 위해를 초래할 우려가 있는 지역에 있는 건축물
> > ⓒ 해당 건축물을 준공일 기준으로 40년까지 사용하기 위하여 보수 · 보강하는 데 드는 비용이 철거 후 새로운 건축물을 건설하는 데 드는 비용보다 클 것으로 예상되는 건축물

④ 도시미관을 저해하거나 노후화된 건축물로서 다음의 대통령령으로 정하는 바에 따라 시 · 도조례로 정하는 건축물

> ㉠ 준공된 후 20년 이상 30년 이하의 범위에서 시 · 도조례로 정하는 기간이 지난 건축물
> ㉡ 「국토의 계획 및 이용에 관한 법률」에 따른 도시 · 군기본계획의 경관에 관한 사항에 어긋나는 건축물

(4) **"정비기반시설"** 24회, 34회이란 도로 · 상하수도 · 구거(溝渠: 도랑) · 공원 · 공용주차장 · 공동구(「국토의 계획 및 이용에 관한 법률」 제2조 제9호에 따른 공동구를 말한다), 그 밖에 주민의 생활에 필요한 열 · 가스 등의 공급시설로서 대통령령으로 정하는 다음의 시설을 말한다.

- 녹지
- 공공공지
- 소방용수시설
- 가스공급시설
- 하천
- 광장
- 비상대피시설
- 지역난방시설

(5) **"공동이용시설"** 29회이란 주민이 공동으로 사용하는 놀이터 · 마을회관 · 공동작업장, 그 밖에 대통령령으로 정하는 다음의 시설을 말한다.

㉠ 공동으로 사용하는 구판장 · 세탁장 · 화장실 및 수도
㉡ 탁아소 · 어린이집 · 경로당 등 노유자시설

(6) **"주택단지"**란 주택 및 부대시설 · 복리시설을 건설하거나 대지로 조성되는 일단의 토지로서 다음의 어느 하나에 해당하는 일단의 토지를 말한다.

① 「주택법」에 따른 사업계획승인을 얻어 주택과 부대 · 복리시설을 건설한 일단의 토지
② 위 ①의 규정에 의한 일단의 토지 중 도시 · 군계획시설인 도로 그 밖에 이와 유사한 시설로 분리되어 각각 관리되고 있는 각각의 토지
③ 위 ①의 규정에 의한 일단의 토지 2 이상이 공동으로 관리되고 있는 경우 그 전체 토지
④ 법 제67조의 규정에 의하여 분할된 토지 또는 분할되어 나가는 토지
⑤ 「건축법」에 따라 건축허가를 얻어 아파트 또는 연립주택을 건설한 일단의 토지

(7) **"토지주택공사 등"**이란 한국토지주택공사 또는 주택사업을 수행하기 위하여 설립된 지방공사를 말한다.

(8) **"정관 등"**이란 다음의 것을 말한다.
① 제40조에 따른 조합의 정관
② 사업시행자인 **토지등소유자가 자치적으로 정한 규약**
③ 특별자치시장, 특별자치도지사, 시장, 군수, 자치구의 구청장(이하 "시장 · 군수 등"이라 한다), 토지주택공사 등 또는 신탁업자가 제53조에 따라 작성한 **시행규정**

- 도지사가 기본계획을 수립할 필요가 없다고 인정하는 대도시가 아닌 시는 기본계획을 수립하지 아니할 수 있다(○).

- 기본계획에 대하여는 3년마다 그 타당성 여부를 검토하여 그 결과를 기본계획에 반영하여야 한다(×).

- 정비사업의 계획기간을 단축하는 경우 기본계획의 수립권자는 주민공람과 지방의회의 의견청취 절차를 거쳐야 한다(×).

- 기본계획 수립권자는 기본계획을 수립하거나 변경한 때에는 국토교통부령이 정하는 방법 및 절차에 따라 국토교통부장관에게 보고하여야 한다(○).

- 기본계획의 수립권자는 기본계획을 수립하는 경우에 14일 이상 주민에게 공람하여 의견을 들어야 한다(○).

제1절 정비기본계획 · 정비계획의 수립 및 정비구역의 지정 등

1. 도시 및 주거환경정비기본계획 19회, 21회, 22회, 26회, 27회, 29회, 30회

(1) 수립권자

특별시장 · 광역시장 · 특별자치시장 · 특별자치도지사 또는 시장은 관할 구역에 대하여 도시 · 주거환경정비기본계획(이하 "기본계획"이라 한다)을 10년 단위로 수립하여야 한다. 다만, 도지사가 대도시가 아닌 시로서 기본계획을 수립할 필요가 없다고 인정하는 시에 대하여는 기본계획을 수립하지 아니할 수 있다(인구 50만명 이상 의무적 수립-5년마다 타당성 검토).

(2) 정비기본계획의 내용

> ㉠ 정비사업의 기본방향
> ㉡ 정비사업의 계획기간
> ㉢ 토지이용계획 · 정비기반시설계획 · 공동이용시설설치계획 및 교통계획
> ㉣ 녹지 · 조경 · 에너지공급 · 폐기물처리 등에 관한 환경계획
> ㉤ 사회복지시설 및 주민문화시설 등의 설치계획
> ㉥ 도시의 광역적 재정비를 위한 기본방향
> ㉦ 정비구역으로 지정할 예정인 구역(정비예정구역)의 개략적 범위
> ㉧ 단계별 정비사업 추진계획(정비예정구역별 정비계획의 수립시기가 포함되어야 한다)
> ㉨ 건폐율 · 용적률 등에 관한 건축물의 밀도계획
> ㉩ 세입자에 대한 주거안정대책

> ⊕ 기본계획의 수립권자는 기본계획에 다음의 사항을 포함하는 경우에는 위 정비기본계획의 내용 중 ㉦ 정비구역으로 지정할 예정인 구역(이하 '정비예정구역'이라 한다)의 개략적 범위와 ㉧ 단계별 정비사업추진계획(정비예정구역별 정비계획의 수립시기를 포함하여야 한다)의 사항을 생략할 수 있다.

> ㉠ 생활권의 설정, 생활권별 기반시설 설치계획 및 주택수급계획
> ㉡ 생활권별 주거지의 정비 · 보전 · 관리의 방향

(3) 수립절차 등

① 특별시장 · 광역시장 · 특별자치시, 특별자치도지사, 시장은 기본계획을 수립 또는 변경하고자 하는 때에는 14일 이상 주민에게 공람하고 지방의회의 의견을 들은 후 지방도시계획위원회의 심의를 거쳐야 한다.

② 다음의 경미한 사항을 변경하는 경우에는 관계 행정기관의 장과의 협의 및 지방도시계획위원회의 심의를 거치지 아니한다.

> ㉠ 정비기반시설의 규모를 확대하거나 그 면적을 10퍼센트 미만의 범위에서 축소하는 경우
> ㉡ 정비사업의 계획기간을 단축하는 경우
> ㉢ 공동이용시설에 대한 설치계획을 변경하는 경우

ⓔ 사회복지시설 및 주민문화시설 등에 대한 설치계획을 변경하는 경우

ⓜ 구체적으로 면적이 명시된 정비예정구역의 면적을 20퍼센트 미만의 범위에서 변경하는 경우

ⓗ 단계별 정비사업 추진계획을 변경하는 경우

③ 대도시의 시장이 아닌 시장은 기본계획을 수립하거나 변경하려면 도지사의 승인을 받아야 하며, 도지사가 이를 승인하려면 관계 행정기관의 장과 협의한 후 지방도시계획위원회의 심의를 거쳐야 한다. 다만, 대통령령으로 정하는 다음의 경미한 사항을 변경하는 경우에는 도지사의 승인을 받지 아니할 수 있다.

> ㉠ 정비기반시설의 규모를 확대하거나 그 면적을 10퍼센트 미만의 범위에서 축소하는 경우
> ㉡ 정비사업의 계획기간을 단축하는 경우
> ㉢ 공동이용시설에 대한 설치계획을 변경하는 경우
> ㉣ 사회복지시설 및 주민문화시설 등에 대한 설치계획을 변경하는 경우
> ㉤ 정비예정구역의 면적을 20퍼센트 미만의 범위에서 변경하는 경우
> ㉥ 단계별 정비사업 추진계획을 변경하는 경우
> ㉦ 정비사업의 시행을 위하여 필요한 재원조달에 관한 사항을 변경하는 경우

④ 기본계획의 수립권자는 기본계획을 수립하거나 변경한 때에는 지체 없이 이를 해당 지방자치단체의 공보에 고시하고 일반인이 열람할 수 있도록 하여야 한다.

⑤ 기본계획의 수립권자는 기본계획을 고시한 때에는 국토교통부령으로 정하는 방법 및 절차에 따라 국토교통부장관에게 보고하여야 한다.

2. 정비계획의 수립과 정비구역의 지정

(1) 정비계획의 수립³¹회

① 특별시장 · 광역시장 · 특별자치시장 · 특별자치도지사 · 시장 또는 군수(광역시의 군수는 제외하며, 이하 "정비구역의 지정권자"라 한다)는 기본계획에 적합한 범위에서 노후 · 불량건축물이 밀집하는 등 대통령령으로 정하는 요건에 해당하는 구역에 대하여 정비계획을 결정하여 정비구역을 지정(변경지정을 포함한다)할 수 있다.

② 자치구의 구청장 또는 광역시의 군수("구청장등"이라 한다)는 정비계획을 입안하여 특별시장 · 광역시장에게 정비구역 지정을 신청하여야 한다. 이 경우 지방의회의 의견을 첨부하여야 한다.

③ 위 ①의 규정에도 불구하고 천재지변, 「재난 및 안전관리 기본법」 제27조 또는 「시설물의 안전 및 유지관리에 관한 특별법」 제23조에 따른 사용제한 · 사용금지, 그 밖의 불가피한 사유로 긴급하게 정비사업을 시행할 필요가 있다고 인정하는 때에 따라 정비사업을 시행하려는 경우에는 기본계획을 수립하거나 변경하지 아니하고 정비구역을 지정할 수 있다.

03

도시 및 주거환경정비법령상 도시·주거환경정비기본계획의 수립 및 정비구역의 지정에 관한 설명으로 틀린 것은?

① 기본계획의 수립권자는 기본계획을 수립한 때에는 지체없이 이를 해당 지방자치단체의 공보에 고시하고 일반인이 열람할 수 있도록 하여야 한다.

② 기본계획의 수립권자는 기본계획을 고시한 때에는 국토교통부령으로 정하는 방법 및 절차에 따라 국토교통부장관에게 보고하여야 한다.

③ 정비구역의 지정권자는 정비구역의 진입로 설치를 위하여 필요한 경우에는 진입로 지역과 그 인접지역을 포함하여 정비구역을 지정할 수 있다.

④ 정비구역에서는 「주택법」에 따른 지역주택조합의 조합원을 모집해서는 아니 된다.

⑤ 정비구역에서 이동이 쉽지 아니한 물건을 14일 동안 쌓아두기 위해서는 시장·군수 등의 허가를 받아야 한다.

04

도시 및 주거환경비법령상 도시·주거환경정비기본계획(이하 '기본계획') 및 정비계획에 관한 설명으로 옳은 것은?

① 정비계획에 대한 주민공람의 대상에서 세입자는 제외된다.

② 건축물의 건축선에 관한 계획은 기본계획에 포함되어야 한다.

③ 시·군은 기본계획을 5년 단위로 수립하여야 한다.

④ 정비계획의 입안권자는 정비계획을 입안하거나 변경하려면 주민에게 서면으로 통보한 후 주민설명회 및 30일 이상 주민에게 공람하여 의견을 들어야 하며, 제시된 의견이 타당하다고 인정되면 이를 정비계획에 반영하여야 한다.

⑤ 주민은 위 ④에 따른 공람기간 이내에 정비계획의 입안권자에게 서면(전자문서를 포함한다)으로 의견을 제출할 수 있다.

⑥ 위 ④ 및 ⑤에도 불구하고 대통령령으로 정하는 다음의 경미한 사항을 변경하는 경우에는 주민에 대한 서면통보, 주민설명회, 주민공람 및 지방의회의 의견청취 절차를 거치지 아니할 수 있다.

㉠ 정비구역의 면적을 10퍼센트 미만의 범위에서 변경하는 경우(법 제18조에 따라 정비구역을 분할, 통합 또는 결합하는 경우를 제외한다)
㉡ 정비기반시설의 위치를 변경하는 경우와 정비기반시설 규모를 10퍼센트 미만의 범위에서 변경하는 경우
㉢ 공동이용시설 설치계획을 변경하는 경우
㉣ 재난방지에 관한 계획을 변경하는 경우
㉤ 정비사업시행 예정시기를 3년의 범위에서 조정하는 경우
㉥ 「건축법 시행령」 별표 1 각 호의 용도범위에서 건축물의 주용도(해당 건축물의 가장 넓은 바닥면적을 차지하는 용도를 말한다. 이하 같다)를 변경하는 경우
㉦ 건축물의 건폐율 또는 용적률을 축소하거나 10퍼센트 미만의 범위에서 확대하는 경우
㉧ 건축물의 최고 높이를 변경하는 경우
㉨ 법 제66조에 따라 용적률을 완화하여 변경하는 경우
㉩ 「국토의 계획 및 이용에 관한 법률」 제2조 제3호에 따른 도시·군기본계획, 같은 조 제4호에 따른 도시·군관리계획 또는 기본계획의 변경에 따라 정비계획을 변경하는 경우
㉪ 「도시교통정비 촉진법」에 따른 교통영향평가 등 관계법령에 의한 심의결과에 따른 변경인 경우
㉫ 그 밖에 제1호부터 제8호까지, 제10호 및 제11호와 유사한 사항으로서 시·도조례로 정하는 사항을 변경하는 경우

(2) 정비계획 입안을 위한 조사대상 31회

특별시장·광역시장·특별자치시장·특별자치도지사·시장·군수 또는 자치구의 구청장은 정비계획을 입안하는 경우에는 다음 각 호의 사항을 조사하여 별표 1의 요건에 적합한지 여부를 확인하여야 하며, 정비계획의 입안 내용을 변경하려는 경우에는 변경내용에 해당하는 사항을 조사·확인하여야 한다.

㉠ 주민 또는 산업의 현황
㉡ 토지 및 건축물의 이용과 소유현황
㉢ 도시·군계획시설 및 정비기반시설의 설치현황
㉣ 정비구역 및 주변지역의 교통상황

ⓜ 토지 및 건축물의 가격과 임대차 현황

ⓗ 정비사업의 시행계획 및 시행방법 등에 대한 주민의 의견

ⓢ 그 밖에 시·도조례로 정하는 사항

(3) 정비계획의 주요내용 18회

ⓐ 정비사업의 명칭

ⓑ 정비구역 및 그 면적

ⓒ 토지등소유자별 분담금 추산액 및 산출근거

ⓓ 도시·군계획시설의 설치에 관한 계획

ⓔ 공동이용시설 설치계획

ⓕ 건축물의 주용도·건폐율·용적률·높이에 관한 계획

ⓖ 환경보전 및 재난방지에 관한 계획

ⓗ 정비구역 주변의 교육환경 보호에 관한 계획

ⓘ 세입자 주거대책

ⓙ 정비사업시행 예정시기

(3) 임대주택 및 주택규모별 건설비율(법 제10조)

① 정비계획의 입안권자는 주택수급의 안정과 저소득 주민의 입주기회 확대를 위하여 정비사업으로 건설하는 주택에 대하여 다음 각 호의 구분에 따른 범위에서 국토교통부장관이 정하여 고시하는 임대주택 및 주택규모별 건설비율 등을 정비계획에 반영하여야 한다.

> ⓐ 「주택법」 제2조 제6호에 따른 국민주택규모의 주택(이하 "국민주택규모 주택"이라 한다)이 전체 세대수의 100분의 90 이하에서 대통령령으로 정하는 범위
>
> ⓑ 임대주택(공공임대주택 및 「민간임대주택에 관한 특별법」에 따른 민간임대주택을 말한다. 이하 같다)이 전체 세대수 또는 전체 연면적의 100분의 30 이하에서 대통령령으로 정하는 범위

② 사업시행자는 위 ①에 따라 고시된 내용에 따라 주택을 건설하여야 한다.

3. 정비구역의 지정 등(특별시장·광역시장·특별자치시장·특별자치도지사·시장 또는 군수 – 광역시의 군수는 제외)

① 정비구역의 지정권자는 정비구역을 지정하거나 변경지정하려면 대통령령으로 정하는 바에 따라 지방도시계획위원회의 심의를 거쳐야 한다. 다만, 경미한 사항을 변경하는 경우에는 지방도시계획위원회의 심의를 거치지 아니할 수 있다.

② 정비구역의 지정권자는 정비구역을 지정(변경지정을 포함한다)하거나 정비계획을 결정(변경결정을 포함)한 때에는 정비계획을 포함한 정비구역 지정의 내용을 해당 지방자치단체의 공보에 고시하여야 한다.

확인문제

④ 건폐율·용적률 등에 관한 건축물의 밀도계획은 기본계획에 포함되지 않는다.

⑤ 기본계획의 내용 중 공동이용시설에 대한 설치계획을 변경하는 경우에는 지방도시계획위원회의 심의를 거치지 않아도 된다.

05

「도시 및 주거환경정비법」상 정비계획의 내용에 포함되어야 할 사항이 아닌 것은? (단, 조례는 고려하지 않음)

① 건축물의 주용도·건폐율·용적률·높이에 관한 계획

② 환경보전 및 재난방지에 관한 계획

③ 정비구역 주변의 교육환경 보호에 관한 계획

④ 정비사업비의 추산액에 관한 관리처분계획

⑤ 도시·군계획시설의 설치에 관한 계획

✪ 정비계획의 작성기준 및 작성방법은 국토교통부장관이 정하여 고시한다.

4. 지구단위계획의 의제

정비구역의 지정·고시가 있는 경우 해당 정비구역 및 정비계획 중 「국토의 계획 및 이용에 관한 법률」 제52조 제1항의 지구단위계획구역 및 지구단위계획에 해당하는 사항은 같은 법 제50조에 따라 지구단위계획구역 및 지구단위계획으로 결정·고시된 것으로 본다.

5. 정비구역의 분할, 통합 및 결합

정비구역의 지정권자는 정비사업의 효율적인 추진 또는 도시의 경관보호를 위하여 필요하다고 인정하는 경우에는 다음의 방법에 따라 정비구역을 지정할 수 있다.

> ㉠ 하나의 정비구역을 둘 이상의 정비구역으로 분할
> ㉡ 서로 연접한 정비구역을 하나의 정비구역으로 통합
> ㉢ 서로 연접하지 아니한 둘 이상의 구역 또는 정비구역을 하나의 정비구역으로 결합

6. 정비구역의 지정을 위한 정비계획의 입안 요청 등

① 토지등소유자는 다음 각 호의 어느 하나에 해당하는 경우에는 정비계획의 입안권자에게 정비구역의 지정을 위한 정비계획의 입안을 요청할 수 있다(법 제13조의 2).

> ㉠ 단계별 정비사업 추진계획상 정비예정구역별 정비계획의 입안시기가 지났음에도 불구하고 정비계획이 입안되지 아니한 경우
> ㉡ 제5조 제2항에 따라 기본계획에 같은 조 제1항 제9호(정비구역으로 지정할 예정인 구역("정비예정구역"의 개략적 범위) 및 제10호(단계별 정비사업 추진계획(정비예정구역별 정비계획의 수립시기가 포함되어야 한다)에 따른 사항을 생략한 경우
> ㉢ 천재지변 등 대통령령으로 정하는 불가피한 사유로 긴급하게 정비사업을 시행할 필요가 있다고 판단되는 경우

② 정비계획의 입안권자는 위 ①의 요청이 있는 경우에는 요청일부터 4개월 이내에 정비계획의 입안 여부를 결정하여 토지등소유자 및 정비구역의 지정권자에게 알려야 한다. 다만, 정비계획의 입안권자는 정비계획의 입안 여부의 결정 기한을 2개월의 범위에서 한 차례만 연장할 수 있다.

7. 정비계획의 입안 제안

(1) 토지등소유자(제5호의 경우에는 제26조 제1항 제1호 및 제27조 제1항 제1호에 따라 사업 시행자가 되려는 자를 말한다) 또는 추진위원회는 다음 각 호의 어느 하나에 해당하는 경우에는 정비계획의 입안권자에게 정비계획의 입안을 제안할 수 있다.

1. 제5조 제1항 제10호에 따른 단계별 정비사업 추진계획상 정비예정구역별 정비계획의 입안시기가 지났음에도 불구하고 정비계획이 입안되지 아니하거나 같은 호에 따른 정비예정구역별 정비계획의 수립시기를 정하고 있지 아니한 경우
2. 토지등소유자가 제26조 제1항 제7호 및 제8호에 따라 토지주택공사등을 사업시행자로 지정 요청하려는 경우
3. 대도시가 아닌 시 또는 군으로서 시·도조례로 정하는 경우
4. 정비사업을 통하여 공공지원민간임대주택을 공급하거나 임대할 목적으로 주택을 주택임대관리업자에게 위탁하려는 경우로서 제9조 제1항 제10호 각 목을 포함하는 정비계획의 입안을 요청하려는 경우
5. 제26조 제1항 제1호 및 제27조 제1항 제1호에 따라 정비사업을 시행하려는 경우
6. 토지등소유자(조합이 설립된 경우에는 조합원을 말한다. 이하 이 호에서 같다)가 3분의 2 이상의 동의로 정비계획의 변경을 요청하는 경우. 다만, 제15조 제3항에 따른 경미한 사항을 변경하는 경우에는 토지등소유자의 동의절차를 거치지 아니한다.
7. 토지등소유자가 공공재개발사업 또는 공공재건축사업을 추진하려는 경우

⑵ **토지등소유자 동의**

토지등소유자가 정비계획의 입안권자에게 정비계획의 입안을 제안하려는 경우 토지등소유자의 3분의 2 이하 및 토지면적 3분의 2 이하의 범위에서 시·도조례로 정하는 비율 이상의 동의를 받은 후 시·도조례로 정하는 제안서 서식에 정비계획도서, 계획설명서, 그 밖의 필요한 서류를 첨부하여 정비계획의 입안권자에게 제출하여야 한다.

⑶ **제안서의 처리**

정비계획의 입안권자는 제안이 있는 경우에는 제안일부터 60일 이내에 정비계획에의 반영여부를 제안자에게 통보하여야 한다. 다만, 부득이한 사정이 있는 경우에는 한 차례만 30일을 연장할 수 있다.

① 기본계획의 수립권자는 기본
계획을 수립하려는 경우에
는 14일 이상 주민에게 공
람하여 의견을 들어야 한다.
② 기본계획의 수립권자는 기
본계획을 수립한 때에는 지
체없이 이를 해당 지방자치
단체의 공보에 고시하고 일
반인이 열람할 수 있도록 하
여야 한다.
③ 정비구역의 지정권자는 정
비구역의 진입로 설치를 위
하여 필요한 경우에는 진입
로 지역과 그 인접지역을 포
함하여 정비구역을 지정할
수 있다.
④ 정비구역에서는 「주택법」에
따른 지역주택조합의 조합
원을 모집해서는 아니 된다.
⑤ 정비구역에서 이동이 쉽지
아니한 물건을 14일 동안 쌓
아두기 위해서는 시장 · 군수
등의 허가를 받아야 한다.

8. 재건축사업을 위한 재건축진단

(1) 재건축진단의 실시

① 시장 · 군수등은 제5조 제1항 제10호에 따른 정비예정구역별 정비계획의 수립시기가 도래한 때부터 제50조에 따른 사업시행계획인가(이하 "사업시행계획인가"라 한다) 전까지 재건축진단을 실시하여야 한다(법 제12조 제1항).

② 시장 · 군수등은 위 ①에도 불구하고 다음 각 호의 어느 하나에 해당하는 경우에는 재건축진단을 실시하여야 한다. 이 경우 시장 · 군수등은 재건축진단에 드는 비용을 해당 재건축진단의 실시를 요청하는 자에게 부담하게 할 수 있다(법 제12조 제2항).

> ㉠ 제13조의2에 따라 정비계획의 입안을 요청하려는 자가 입안을 요청하기 전에 해당 정비예정구역 또는 사업예정구역에 위치한 건축물 및 그 부속토지의 소유자 10분의 1 이상의 동의를 받아 재건축진단의 실시를 요청하는 경우
> ㉡ 제14조에 따라 정비계획의 입안을 제안하려는 자가 입안을 제안하기 전에 해당 정비예정구역에 위치한 건축물 및 그 부속토지의 소유자 10분의 1 이상의 동의를 받아 재건축진단의 실시를 요청하는 경우
> ㉢ 제5조 제2항에 따라 정비예정구역을 지정하지 아니한 지역에서 재건축사업을 하려는 자가 사업예정구역에 있는 건축물 및 그 부속토지의 소유자 10분의 1 이상의 동의를 받아 재건축진단의 실시를 요청하는 경우
> ㉣ 제2조 제3호 나목에 해당하는 건축물의 소유자로서 재건축사업을 시행하려는 자가 해당 사업예정구역에 위치한 건축물 및 그 부속토지의 소유자 10분의 1 이상의 동의를 받아 재건축진단의 실시를 요청하는 경우
> ㉤ 제15조에 따라 정비계획을 입안하여 주민에게 공람한 지역 또는 제16조에 따라 정비구역으로 지정된 지역에서 재건축사업을 시행하려는 자가 해당 구역에 위치한 건축물 및 그 부속토지의 소유자 10분의 1 이상의 동의를 받아 재건축진단의 실시를 요청하는 경우
> ㉥ 제31조에 따라 시장 · 군수등의 승인을 받은 조합설립추진위원회(이하 "추진위원회"라 한다) 또는 사업시행자가 재건축진단의 실시를 요청하는 경우

(2) 재건축진단의 대상 등

재건축사업의 재건축진단은 주택단지(연접한 단지를 포함한다)의 건축물을 대상으로 한다. 다만, 대통령령으로 정하는 주택단지의 건축물인 경우에는 재건축진단 대상에서 제외할 수 있다(법 제12조 제3항).

(3) 재건축진단실시 여부의 결정 등

① 시장 · 군수등은 대통령령으로 정하는 재건축진단기관에 의뢰하여 주거환경 적합성, 해당 건축물의 구조안전성, 건축마감, 설비노후도 등에 관한 재건축진단을 실시하여야 한다(제12조 제4항).

② 위 ①에 따라 재건축진단을 의뢰받은 재건축진단기관은 국토교통부장관이 정하여 고시하는 기준(건축물의 내진성능 확보를 위한 비용을 포함한다)에 따라 재건축진단을 실시하여야 하며, 국토교통부령으로 정하는 방법 및 절차에 따라 재건축진단 결과보고서를 작성하여 시장·군수등 및 재건축진단의 실시를 요청한 자에게 제출하여야 한다.(법 제12조 제5항).

⑷ 재건축사업을 위한 정비계획 입안여부 결정 등

시장·군수등은 재건축진단의 결과와 도시계획 및 지역여건 등을 종합적으로 검토하여 사업시행계획인가 여부(제75조에 따른 시기 조정을 포함한다)를 결정하여야 한다(법 제12조 제6항).

⑸ 재건축진단 결과의 적정성 검토 등(법 제13조)

① 시장·군수등(특별자치시장 및 특별자치도지사는 제외한다. 이하 이 조에서 같다)은 제12조 제5항에 따라 재건축진단 결과보고서를 제출받은 경우에는 지체 없이 특별시장·광역시장·도지사에게 결정내용과 해당 재건축진단 결과보고서를 제출하여야 한다(동조 제1항).

② 특별시장·광역시장·특별자치시장·도지사·특별자치도지사(이하 "시·도지사"라 한다)는 필요한 경우 「국토안전관리원법」에 따른 국토안전관리원 또는 「과학기술분야 정부출연연구기관 등의 설립·운영 및 육성에 관한 법률」에 따른 한국건설기술연구원에 재건축진단 결과의 적정성에 대한 검토를 의뢰할 수 있다(법 제13조 제2항).

③ 국토교통부장관은 시·도지사에게 재건축진단 결과보고서의 제출을 요청할 수 있으며, 필요한 경우 시·도지사에게 재건축진단 결과의 적정성에 대한 검토를 요청할 수 있다(법 제13조 제3항).

④ 특별시장·광역시장·도지사는 위 ②, ③에 따른 검토결과에 따라 필요한 경우 시장·군수등에게 재건축진단에 대한 시정요구 등 대통령령으로 정하는 조치를 요청할 수 있으며, 시장·군수등은 특별한 사유가 없으면 그 요청에 따라야 한다(법 제13조 제4항).

⊕ 허가를 받아야 하는 행위로서 정비구역의 지정 및 고시 당시 이미 관계법령에 따라 행위허가를 받았거나 허가를 받을 필요가 없는 행위에 관하여 그 공사 또는 사업에 착수한 자는 정비구역이 지정·고시된 날부터 30일 이내에 그 공사 또는 사업의 진행상황과 시행계획을 첨부하여 관할 시장·군수 등에게 신고한 후 이를 계속 시행할 수 있다.

07

도시 및 주거환경정비법령상 시장·군수 등의 허가를 받지 않고 정비구역 안에서 할 수 있는 행위는?

① 경작을 위한 토지의 형질변경
② 공유수면의 매립
③ 토지분할
④ 건축법에 따른 건축물의 용도변경
⑤ 죽목의 식재

08

정비구역 안에서의 허가대상에 대한 다음 설명 중 틀린 것은?

① 정비구역 안에서의 인공을 가하여 제작한 시설물의 설치 행위는 허가를 받아야 한다.
② 농림수산물의 생산에 직접 이용되는 것으로서 국토교통부령이 정하는 간이공작물의 설치는 허가대상에 해당하지 아니한다.
③ 경작을 위한 토지의 형질변경은 정비구역 안에서도 허가를 받지 아니하고 할 수 있다.
④ 허가를 받아야 하는 행위로서 정비구역의 지정·고시 당시 이미 관계법령에 따라 행위허가를 받아 공사에 착수한 자는 정비구역이 지정·고시된 날부터 3월 이내에 시장·군수 등에게 신고한 후 이를 계속 시행할 수 있다.

9. 정비구역 안에서의 행위제한

(1) 정비구역 안에서의 허가대상 [20회]

정비구역에서 다음의 어느 하나에 해당하는 행위를 하려는 자는 시장·군수 등의 허가를 받아야 한다. 허가받은 사항을 변경하려는 때에도 또한 같다.

㉠ 건축물의 건축 등: 건축물(가설건축물을 포함한다)의 건축, 용도변경
㉡ 공작물의 설치: 인공을 가하여 제작한 시설물의 설치
㉢ 토지의 형질변경: 절토(땅깎기)·성토(흙쌓기)·정지(땅고르기)·포장 등의 방법으로 토지의 형상을 변경하는 행위, 토지의 굴착 또는 공유수면의 매립
㉣ 토석의 채취: 흙·모래·자갈·바위 등의 토석을 채취하는 행위. 다만, 토지의 형질변경을 목적으로 하는 것은 위 ㉢에 따른다.
㉤ 토지분할
㉥ 물건을 쌓아놓는 행위: 이동이 쉽지 아니한 물건을 1월 이상 쌓아놓는 행위
㉦ 죽목의 벌채 및 식재
⊕ 허가를 받은 경우에는 「국토의 계획 및 이용에 관한 법률」 제56조에 따라 개발행위허가를 받은 것으로 본다.

(2) 허가의 예외

다음의 행위는 허가를 받지 아니하고 이를 할 수 있다.

① 재해복구 또는 재난수습에 필요한 응급조치를 위한 행위
② 기존 건축물의 붕괴 등 안전사고의 우려가 있는 경우 해당 건축물에 대한 안전조치를 위한 행위
③ 그 밖에 대통령령으로 정하는 다음의 행위로서 「국토의 계획 및 이용에 관한 법률」 제56조에 따른 개발행위허가의 대상이 아닌 것을 말한다.
　㉠ 농림수산물의 생산에 직접 이용되는 것으로서 국토교통부령으로 정하는 다음의 간이공작물의 설치
　　ⓐ 비닐하우스　　　　　　　　ⓑ 양잠장
　　ⓒ 고추, 잎담배, 김 등 농림수산물의 건조장　ⓓ 버섯재배사
　　ⓔ 종묘배양장
　　ⓕ 퇴비장
　　ⓖ 탈곡장
　　ⓗ 그 밖에 제1호부터 제7호까지와 비슷한 공작물로서 국토교통부장관이 정하여 관보에 고시하는 공작물
　㉡ 경작을 위한 토지의 형질변경
　㉢ 정비구역의 개발에 지장을 주지 아니하고 자연경관을 손상하지 아니하는 범위에서의 토석의 채취
　㉣ 정비구역에 남겨두기로 결정된 대지에 물건을 쌓아놓는 행위
　㉤ 관상용 죽목의 임시식재(경작지에서의 임시식재는 제외한다)

(3) **정비예정구역에서의 사전제한**

① 국토교통부장관, 시·도지사, 시장, 군수 또는 구청장은 비경제적인 건축행위 및 투기 수요의 유입을 막기 위하여 기본계획을 공람 중인 정비예정구역 또는 정비계획을 수립 중인 지역에 대하여 3년 이내의 기간(1년의 범위에서 한 차례만 연장할 수 있다)을 정하여 대통령령으로 정하는 방법과 절차에 따라 다음의 행위를 제한할 수 있다.

　　㉠ 건축물의 건축
　　㉡ 토지의 분할
　　㉢ 「건축법」 제38조에 따른 건축물대장 중 일반건축물대장을 집합건축물대장으로 전환
　　㉣ 「건축법」 제38조에 따른 건축물대장 중 집합건축물대장의 전유부분 분할

(4) **지역주택조합원의 모집불가**

정비예정구역 또는 정비구역에서는 「주택법」에 따른 지역주택조합의 조합원을 모집해서는 아니 된다.

10. 정비구역 등의 해제

(1) **지정 해제(의무적 해제사유)** ²⁴회

① 정비구역의 지정권자는 다음의 어느 하나에 해당하는 경우에는 정비구역 등을 해제하여야 한다.

　　㉠ 정비예정구역에 대하여 기본계획에서 정한 정비구역 지정 예정일부터 3년이 되는 날까지 특별자치시장, 특별자치도지사, 시장 또는 군수가 정비구역을 지정하지 아니하거나 구청장등이 정비구역의 지정을 신청하지 아니하는 경우
　　㉡ 재개발사업·재건축사업[제35조에 따른 조합이 시행하는 경우로 한정한다]이 다음의 어느 하나에 해당하는 경우
　　　㉮ 토지등소유자가 정비구역으로 지정·고시된 날부터 2년이 되는 날까지 추진위원회의 승인을 신청하지 아니하는 경우(제31조 제2항 제1호에 따라 추진위원회를 구성하는 경우로 한정한다)
　　　㉯ 토지등소유자가 정비구역으로 지정·고시된 날부터 3년이 되는 날까지 조합설립인가를 신청하지 아니하는 경우(추진위원회를 구성하지 아니하는 경우로 한정한다)
　　　㉰ 추진위원회가 추진위원회 승인일(제31조 제2항 제2호에 따라 추진위원회를 구성하는 경우에는 제16조에 따른 정비구역 지정·고시일로 본다)부터 2년이 되는 날까지 조합설립인가를 신청하지 아니하는 경우
　　　㉱ 조합이 조합설립인가를 받은 날부터 3년이 되는 날까지 사업시행계획인가를 신청하지 아니하는 경우
　　㉢ 토지등소유자가 시행하는 재개발사업으로서 토지등소유자가 정비구역으로 지정·고시된 날부터 5년이 되는 날까지 사업시행계획인가를 신청하지 아니하는 경우

② 구청장 등은 위 ①의 어느 하나에 해당하는 경우에는 특별시장·광역시장에게 정비구역 등의 해제를 요청하여야 한다.

⑤ 정비구역 안에서 허가를 받은 행위는 「국토의 계획 및 이용에 관한 법률」에 따른 개발행위허가를 받은 것으로 본다.

09

도시 및 주거환경정비법령상 정비구역의 지정권자가 정비구역 등을 해제하여야 하는 사유로서 틀린 것은?

① 토지등소유자의 100분의 30 이상이 정비구역 등(추진위원회가 구성되지 아니한 구역에 한한다)의 해제를 요청하는 경우
② 조합에 의한 재개발사업에서 조합이 조합설립인가를 받은 날부터 3년이 되는 날까지 사업시행계획인가를 신청하지 아니하는 경우
③ 조합에 의한 재건축사업에서 토지등소유자가 정비구역으로 지정·고시된 날부터 2년이 되는 날까지 조합설립추진위원회의 승인을 신청하지 아니하는 경우
④ 정비예정구역에 대하여 기본계획에서 정한 정비구역 지정 예정일부터 3년이 되는 날까지 구청장 등이 정비구역지정을 신청하지 아니하는 경우
⑤ 토지등소유자가 시행하는 재개발사업으로서 토지등소유자가 정비구역으로 지정·고시된 날부터 5년이 되는 날까지 사업시행계획인가를 신청하지 아니하는 경우

③ 정비구역의 지정권자는 정비구역 등의 해제를 요청받거나 정비구역 등을 해제하려면 지방도시계획위원회의 심의를 거쳐야 한다. 다만, 「도시재정비 촉진을 위한 특별법」 제5조에 따른 재정비촉진지구에서는 같은 법 제34조에 따른 도시재정비위원회(이하 "도시재정비위원회"라 한다)의 심의를 거쳐 정비구역 등을 해제하여야 한다.

(2) 해제기간의 연장

정비구역의 지정권자는 다음의 어느 하나에 해당하는 경우에는 위 (1)의 ㉠부터 ㉢까지의 규정에 따른 해당 기간을 2년의 범위에서 연장하여 정비구역 등을 해제하지 아니할 수 있다.

> ㉠ 정비구역 등의 토지등소유자(조합을 설립한 경우에는 조합원을 말한다)가 100분의 30 이상의 동의로 위 (1)의 ㉠부터 ㉢까지의 규정에 따른 해당 기간이 도래하기 전까지 연장을 요청하는 경우
> ㉡ 정비사업의 추진 상황으로 보아 주거환경의 계획적 정비 등을 위하여 정비구역 등의 존치가 필요하다고 인정하는 경우

(3) 정비구역 등의 임의적 직권 해제

정비구역의 지정권자는 다음의 어느 하나에 해당하는 경우 지방도시계획위원회의 심의를 거쳐 정비구역 등을 해제할 수 있다.

> ㉠ 정비사업의 시행으로 토지등소유자에게 과도한 부담이 발생할 것으로 예상되는 경우
> ㉡ 정비구역 등의 추진 상황으로 보아 지정 목적을 달성할 수 없다고 인정되는 경우
> ㉢ 토지등소유자의 100분의 30 이상이 정비구역 등(추진위원회가 구성되지 아니한 구역으로 한정한다)의 해제를 요청하는 경우
> ㉣ 제23조 제1항 제1호에 따른 방법으로 시행 중인 주거환경개선사업의 정비구역이 지정·고시된 날부터 10년 이상 경과하고, 추진 상황으로 보아 지정 목적을 달성할 수 없다고 인정되는 경우로서 토지등소유자의 과반수가 정비구역의 해제에 동의하는 경우
> ㉤ 추진위원회 구성 또는 조합 설립에 동의한 토지등소유자의 2분의 1 이상 3분의 2 이하의 범위에서 시·도조례로 정하는 비율 이상의 동의로 정비구역의 해제를 요청하는 경우(사업시행계획인가를 신청하지 아니한 경우로 한정한다)
> ㉥ 추진위원회가 구성되거나 조합이 설립된 정비구역에서 토지등소유자 과반수의 동의로 정비구역의 해제를 요청하는 경우(사업시행계획인가를 신청하지 아니한 경우로 한정한다)

(4) 정비구역 등 해제의 효력

① 정비구역 등이 해제된 경우에는 정비계획으로 변경된 용도지역, 정비기반시설 등은 정비구역 지정 이전의 상태로 환원된 것으로 본다.

② 정비구역 등(재개발사업 및 재건축사업을 시행하려는 경우로 한정한다)이 해제된 경우 정비구역의 지정권자는 해제된 정비구역 등을 제23조 제1항 제1호의 방법(사업시행자가 정비구역에서 정비기반시설 및 공동이용시설을 새로 설치하거나 확대하고 토지등소유자가 스스로 주택을 보전·정비하거나 개량하는 방법)으로 시행하는 주거환경개선구역(주거환경개선사업을 시행하는 정비구역을 말한다)으로 지정할 수 있다.

③ 정비구역 등이 해제·고시된 경우 추진위원회 구성승인 또는 조합설립인가는 취소된 것으로 보고, 시장·군수 등은 해당 지방자치단체의 공보에 그 내용을 고시하여야 한다.

(5) 도시재생선도지역 지정 요청

제20조 또는 제21조에 따라 정비구역 등이 해제된 경우 정비구역의 지정권자는 해제된 정비구역 등을 「도시재생 활성화 및 지원에 관한 특별법」에 따른 도시재생선도지역으로 지정하도록 국토교통부장관에게 요청할 수 있다.

11. 임대주택 및 주택규모별 건설비율

① 정비계획의 입안권자는 주택수급의 안정과 저소득 주민의 입주기회 확대를 위하여 정비사업으로 건설하는 주택에 대하여 다음 각 호의 구분에 따른 범위에서 국토교통부장관이 정하여 고시하는 임대주택 및 주택규모별 건설비율 등을 정비계획에 반영하여야 한다.

    ⊙ 「주택법」 제2조 제6호에 따른 국민주택규모의 주택(이하 "국민주택규모 주택"이라 한다)이 전체 세대수의 100분의 90 이하에서 대통령령으로 정하는 범위

    ⓒ 임대주택(공공임대주택 및 「민간임대주택에 관한 특별법」에 따른 민간임대주택을 말한다. 이하 같다)이 전체 세대수 또는 전체 연면적의 100분의 30 이하에서 대통령령으로 정하는 범위

② 사업시행자는 위 ①에 따라 고시된 내용에 따라 주택을 건설하여야 한다.

제 2 절 **정비사업의 시행** 15회 추가, 30회, 32회

1. 정비사업의 시행방법 17회, 20회, 29회

(1) 주거환경개선사업

주거환경개선사업은 다음에 해당하는 방법 또는 이를 혼용하는 방법에 따른다.

    ① 사업시행자가 정비구역에서 정비기반시설 및 공동이용시설을 새로 설치하거나 확대하고 토지등소유자가 **스스로 주택을 보전·정비하거나 개량**하는 방법

    ② 사업시행자가 정비구역의 **전부 또는 일부를 수용**하여 주택을 건설한 후 토지등소유자에게 우선 공급하거나 대지를 토지등소유자 또는 토지등소유자 외의 자에게 공급하는 방법

    ③ 사업시행자가 **환지로 공급**하는 방법

    ④ 사업시행자가 정비구역에서 인가받은 **관리처분계획에 따라 주택 및 부대시설·복리시설을 건설하여 공급**하는 방법

10

도시 및 주거환경정비법령상 정비사업의 시행방법으로 허용되지 않는 것은?

① 주거환경개선사업: 환지로 공급하는 방법
② 주거환경개선사업: 인가받은 관리처분계획에 따라 주택 및 부대시설·복리시설을 건설하여 공급하는 방법
③ 재개발사업: 인가받은 관리처분계획에 따라 건축물을 건설하여 공급하는 방법
④ 재개발사업: 환지로 공급하는 방법
⑤ 재건축사업: 「국토의 계획 및 이용에 관한 법률」에 따른 일반주거지역인 정비구역에서 인가받은 관리처분계획에 따라 「건축법」에 따른 오피스텔을 건설하여 공급하는 방법

(2) 재개발사업 25회

재개발사업은 정비구역에서 인가받은 관리처분계획에 따라 건축물을 건설하여 공급하거나 환지로 공급하는 방법으로 한다.

(3) 재건축사업 25회

① 재건축사업은 정비구역에서 인가받은 관리처분계획에 따라 주택, 부대시설·복리시설 및 오피스텔을 건설하여 공급하는 방법으로 한다. 다만, 주택단지에 있지 아니하는 건축물의 경우에는 지형여건·주변의 환경으로 보아 사업시행상 불가피한 경우로서 정비구역으로 보는 사업에 한정한다.

② 위 ①에 따라 오피스텔을 건설하여 공급하는 경우에는 「국토의 계획 및 이용에 관한 법률」에 따른 준주거지역 및 상업지역에서만 건설할 수 있다. 이 경우 오피스텔의 연면적은 전체 건축물 연면적의 100분의 30 이하이어야 한다.

2. 정비사업의 시행자 15회, 16회, 22회

(1) 주거환경개선사업의 시행자 19회, 28회

① 제23조 제1항 제1호에 따른 방법(사업시행자가 정비구역에서 정비기반시설 및 공동이용시설을 새로 설치하거나 확대하고 토지등소유자가 스스로 주택을 보전·정비하거나 개량하는 방법)으로 시행하는 주거환경개선사업은 시장·군수 등이 직접 시행하되, 토지주택공사 등을 사업시행자로 지정하여 시행하게 하려는 경우에는 공람공고일 현재 토지등소유자의 과반수의 동의를 받아야 한다.

② 위 ①외의 제23조 제1항 제2호부터 제4호까지의 규정에 따른 방법으로 시행하는 주거환경개선사업은 시장·군수 등이 직접 시행하거나 다음 각 호에서 정한 자에게 시행하게 할 수 있다.

> ㉠ 시장·군수 등이 다음의 어느 하나에 해당하는 자를 사업시행자로 지정하는 경우
> ㉮ 토지주택공사 등
> ㉯ 주거환경개선사업을 시행하기 위하여 국가, 지방자치단체, 토지주택공사 등 또는 「공공기관의 운영에 관한 법률」 제4조에 따른 공공기관이 총지분의 100분의 50을 초과하는 출자로 설립한 법인
> ㉡ 시장·군수 등이 위 ㉠에 해당하는 자와 다음의 어느 하나에 해당하는 자를 공동시행자로 지정하는 경우
> ㉮ 「건설산업기본법」에 따른 건설업자
> ㉯ 「주택법」에 따라 건설업자로 보는 등록사업자

③ 위 ②에 따라 시행하려는 경우에는 공람공고일 현재 해당 정비예정구역의 토지 또는 건축물의 소유자 또는 지상권자의 3분의 2 이상의 동의와 세입자(공람공고일 3개월 전부터 해당 정비예정구역에 3개월 이상 거주하고 있는 자를 말한다) 세대수의 과반수의 동의를 각각 받아야 한다. 다만, 세입자의 세대수가 토지등소유자의 2분의 1 이하인 경우 등에는 세입자의 동의절차를 거치지 아니할 수 있다.

④ 시장 · 군수 등은 천재지변, 그 밖의 불가피한 사유로 건축물이 붕괴할 우려가 있어 긴급히 정비사업을 시행할 필요가 있다고 인정하는 경우에는 위 ① 및 ③에도 불구하고 토지등소유자 및 세입자의 동의 없이 자신이 직접 시행하거나 토지주택공사 등을 사업시행자로 지정하여 시행하게 할 수 있다.

(2) 재개발사업의 시행자

재개발사업은 다음의 어느 하나에 해당하는 방법으로 시행할 수 있다.

> ① 조합이 시행하거나 조합이 조합원의 과반수의 동의를 받아 시장 · 군수 등, 토지주택공사 등, 건설업자, 등록사업자 또는 신탁업자와 및 한국부동산원 등과 공동으로 시행하는 방법
> ② 토지등소유자가 20인 미만인 경우에는 **토지등소유자가** 시행하거나 토지등소유자가 토지등소유자의 과반수의 동의를 받아 시장 · 군수 등, 토지주택공사 등, 건설업자, 등록사업자 또는 **신탁업자와 한국부동산원 등과 공동으로 시행하는 방법**

(3) 재건축사업의 시행자 [18회]

재건축사업은 조합이 시행하거나 조합이 조합원의 과반수의 동의를 받아 시장 · 군수 등, 토지주택공사 등, 건설업자 또는 등록사업자와 공동으로 시행할 수 있다(신탁업자와 한국부동산원은 공동시행자가 될 수 없다).

3. 재개발사업 · 재건축사업의 공공시행자 [26회]

(1) 시장 · 군수 등은 재개발사업 및 재건축사업이 다음의 어느 하나에 해당하는 때에는 제25조에도 불구하고 직접 정비사업을 시행하거나 토지주택공사 등(토지주택공사 등이 건설업자 또는 등록사업자와 공동으로 시행하는 경우를 포함한다)을 사업시행자로 지정하여 정비사업을 시행하게 할 수 있다.

> ① 천재지변, 「재난 및 안전관리 기본법」 제27조 또는 「시설물의 안전 및 유지관리에 관한 특별법」 제23조에 따른 사용제한 · 사용금지, 그 밖의 불가피한 사유로 긴급하게 정비사업을 시행할 필요가 있다고 인정하는 때
> ② 고시된 정비계획에서 정한 **정비사업시행 예정일부터 2년 이내**에 사업시행계획인가를 신청하지 아니하거나 사업시행계획인가를 신청한 내용이 위법 또는 부당하다고 인정하는 때(재건축사업의 경우는 제외한다)
> ③ 추진위원회가 시장 · 군수 등의 구성승인을 받은 날부터 **3년 이내**에 조합설립인가를 신청하지 아니하거나 조합이 조합설립인가를 받은 날부터 **3년 이내**에 사업시행계획인가를 신청하지 아니한 때
> ④ 지방자치단체의 장이 시행하는 「국토의 계획 및 이용에 관한 법률」에 따른 도시 · 군계획사업과 병행하여 정비사업을 시행할 필요가 있다고 인정하는 때
> ⑤ 순환정비방식으로 정비사업을 시행할 필요가 있다고 인정하는 때
> ⑥ 사업시행계획인가가 취소된 때

11
도시 및 주거환경정비법령상 시장 · 군수 등이 직접 재개발사업을 시행할 수 있는 사유에 해당하지 않는 것은?

① 추진위원회가 시장 · 군수 등의 구성 승인을 얻은 날부터 3년 이내에 조합의 설립인가를 신청하지 아니한 때

② 당해 정비구역 안의 국 · 공유지 면적이 전체 토지 면적의 3분의 1 이상으로서 토지등소유자의 과반수가 군수의 직접 시행에 동의하는 때

③ 순환정비방식에 의하여 정비사업을 시행할 필요가 있다고 인정되는 때

④ 천재 · 지변으로 인하여 긴급히 정비사업을 시행할 필요가 있다고 인정되는 때

⑤ 고시된 정비계획에서 정한 정비사업시행 예정일부터 2년 이내에 사업시행계획인가를 신청하지 아니한 때

12

도시 및 주거환경정비법령상 재건축사업에 관한 설명으로 옳은 것은?

① 재건축사업은 기반시설이 열악하고 노후·불량건축물이 밀집한 지역에서 주거환경을 개선하기 위하여 시행하는 사업을 말한다.

② 재건축사업에 있어 '토지등소유자'는 정비구역안에 소재한 토지 또는 건축물의 소유자와 지상권자를 말한다.

③ 재건축사업의 추진위원회가 조합을 설립하고자 하는 때에는 법령상 요구되는 토지등소유자의 동의를 얻어 정비구역 지정·고시 후 시장·군수에게 신고하여야 한다.

④ 재건축사업은 조합이 시행하거나 조합이 조합원의 과반수의 동의를 받아 시장·군수 등, 토지주택공사 등, 건설업자 또는 등록사업자와 공동으로 시행할 수 있다.

⑤ 재건축사업은 정비구역에서 인가받은 관리처분계획에 따라 건축물을 건설하여 공급하거나 환지로 공급하는 방법으로 한다.

⊕ 정비사업에 대하여 제118조에 따른 공공지원을 하려는 경우에는 추진위원회를 구성하지 아니할 수 있다.

⑦ 해당 정비구역의 국·공유지 면적 또는 국·공유지와 토지주택공사 등이 소유한 토지를 합한 면적이 전체 토지면적의 2분의 1 이상으로서 **토지등소유자의 과반수**가 시장·군수 등 또는 토지주택공사 등을 사업시행자로 지정하는 것에 동의하는 때

⑧ 해당 정비구역의 토지면적 2분의 1 이상의 토지소유자와 토지등소유자의 3분의 2 이상에 해당하는 자가 시장·군수 등 또는 토지주택공사 등을 사업시행자로 지정할 것을 요청하는 때

(2) 위 (1)에 따라 시장·군수등이 직접 정비사업을 시행하거나 토지주택공사등을 사업시행자로 지정·고시한 때에는 그 고시일 다음 날에 추진위원회의 구성승인 또는 조합설립인가가 취소된 것으로 본다. 이 경우 시장·군수등은 해당 지방자치단체의 공보에 해당 내용을 고시하여야 한다.

4. 재개발사업·재건축사업의 지정개발자

(1) 시장·군수 등은 재개발사업 및 재건축사업이 다음의 어느 하나에 해당하는 때에는 토지등소유자, 민관합동법인 또는 신탁업자로서 대통령령으로 정하는 요건을 갖춘 자(이하 "지정개발자"라 한다)를 사업시행자로 지정하여 정비사업을 시행하게 할 수 있다.

① 천재지변, 「재난 및 안전관리 기본법」 제27조 또는 「시설물의 안전 및 유지관리에 관한 특별법」 제23조에 따른 사용제한·사용금지, 그 밖의 불가피한 사유로 긴급하게 정비사업을 시행할 필요가 있다고 인정하는 때

② 정비계획에서 정한 정비사업시행 예정일부터 2년 이내에 사업시행계획인가를 신청하지 아니하거나 사업시행계획인가를 신청한 내용이 위법 또는 부당하다고 인정하는 때(재건축사업의 경우는 제외한다)

③ 재개발사업 및 재건축사업의 조합설립을 위한 동의요건 이상에 해당하는 자가 신탁업자를 사업시행자로 지정하는 것에 동의하는 때

⊕ 지정개발자는 다음 어느 하나에 해당하는 자를 말한다.

　ㄱ 정비구역의 토지 중 정비구역 전체 면적 대비 50퍼센트 이상의 토지를 소유한 자로서 토지등소유자의 50퍼센트 이상의 추천을 받은 자

　ㄴ 민관합동법인으로서 토지등소유자의 50퍼센트 이상의 추천을 받은 자

　ㄷ 신탁업자로서 정비구역의 토지 중 정비구역 전체면적 대비 3분의 1 이상의 토지를 신탁받은 자

(2) 시장·군수 등이 지정개발자를 사업시행자로 지정·고시한 때에는 그 고시일 다음 날에 추진위원회의 구성승인 또는 조합설립인가가 취소된 것으로 본다. 이 경우 시장·군수 등은 해당 지방자치단체의 공보에 해당 내용을 고시하여야 한다.

5. 시공자의 선정 ^{26회}

(1) 조합설립인가 후 선정(원칙)

① 조합은 조합설립인가를 받은 후 조합총회에서 경쟁입찰 또는 수의계약(2회 이상 경쟁입찰이 유찰된 경우로 한정한다)의 방법으로 **건설업자 또는 등록사업자**를 시공자로 선정하여야 한다. 다만, 조합원이 100인 이하인 정비사업은 조합총회에서 정관으로 정하는 바에 따라 선정할 수 있다.

② 조합은 위 ①에 따른 시공자 선정을 위한 입찰에 참가하는 건설업자 또는 등록사업자가 토지등소유자에게 시공에 관한 정보를 제공할 수 있도록 합동설명회를 2회 이상 개최하여야 한다(법 제29조 제8항).

(2) 사업시행인가 후 선정

토지등소유자가 재개발사업을 시행하는 경우에는 **사업시행계획인가**를 받은 후 규약에 따라 건설업자 또는 등록사업자를 시공자로 선정하여야 한다.

(3) 사업시행자 지정·고시 후

시장·군수 등이 직접 정비사업을 시행하거나 토지주택공사 등 또는 지정개발자를 사업시행자로 지정한 경우 사업시행자는 **사업시행자 지정·고시 후** 경쟁입찰 또는 수의계약의 방법으로 건설업자 또는 등록사업자를 시공자로 선정하여야 한다.

(4) 철거공사를 포함한 공사계약

사업시행자(사업대행자를 포함한다)는 선정된 시공자와 공사에 관한 계약을 체결할 때에는 기존 건축물의 철거 공사(「석면안전관리법」에 따른 석면 조사·해체·제거를 포함한다)에 관한 사항을 포함시켜야 한다.

13

도시 및 주거환경정비법령상 정비사업의 시행에 관한 설명으로 옳은 것은?

① 조합의 정관에는 정비구역의 위치 및 면적이 포함되어야 한다.
② 조합설립인가 후 시장·군수 등이 토지주택공사 등을 사업시행자로 지정·고시한 때에는 그 고시일에 조합설립인가가 취소된 것으로 본다.
③ 조합은 명칭에 '정비사업조합'이라는 문자를 사용하지 않아도 된다.
④ 조합장이 자기를 위하여 조합과 소송을 할 때에는 이사가 조합을 대표한다.
⑤ 재건축사업을 하는 정비구역에서 오피스텔을 건설하여 공급하는 경우에는 「국토의 계획 및 이용에 관한 법률」에 따른 준주거지역 및 상업지역 이외의 지역에서 오피스텔을 건설할 수 있다.

제 3 절 | 조합설립추진위원회 및 조합의 설립 등

1. 추진위원회의 구성 등 ^{18회}

(1) 추진위원회의 구성요건

조합을 설립하려는 경우에는 다음 각 호의 사항에 대하여 **토지등소유자 과반수의 동의**를 받아 조합설립을 위한 추진위원회를 구성하여 국토교통부령으로 정하는 방법과 절차에 따라 시장·군수등의 승인을 받아야 한다. 이 경우 시장·군수등은 승인 이후 구역경계, 토지등소유자의 수 등 국토교통부령으로 정하는 사항을 해당 지방자치단체 공보에 고시하여야 한다.

> ㉠ 추진위원회 위원장(이하 "추진위원장"이라 한다)을 포함한 **5명 이상**의 추진위원회 위원
> ㉡ 제34조 제1항에 따른 **운영규정**

(2) 대상지역 등

① 추진위원회는 다음 각 호의 어느 하나에 해당하는 지역을 대상으로 구성한다.

> ㉠ 제16조에 따라 정비구역으로 지정·고시된 지역
> ㉡ 제16조에 따라 정비구역으로 지정·고시되지 아니한 지역으로서 다음 각 목의 어느 하나에 해당하는 지역
>   가. 제4조 제1항 단서에 따라 기본계획을 수립하지 아니한 지역 또는 제5조 제2항에 따라 기본계획에 같은 조 제1항 제9호 및 제10호의 사항을 생략한 지역으로서 대통령령으로 정하는 지역
>   나. 기본계획에 제5조 제1항 제9호에 따른 정비예정구역이 설정된 지역
>   다. 제13조의2에 따른 입안 요청 및 제14조에 따른 입안 제안에 따라 정비계획의 입안을 결정한 지역
>   라. 제15조에 따라 정비계획의 입안을 위하여 주민에게 공람한 지역

② 추진위원회를 구성하여 승인받은 경우로서 승인 당시의 구역과 제16조에 따라 지정·고시된 정비구역의 면적 차이가 대통령령으로 정하는 기준 이상인 경우 추진위원회는 토지등소유자 과반수의 동의를 받아 시장·군수등에게 다시 승인을 받아야 한다. 이 경우 추진위원회 구성에 동의한 자는 정비구역 지정·고시 이후 1개월 이내에 동의를 철회하지 아니하는 경우 동의한 것으로 본다.
③ 위 ②에 따른 승인이 있는 경우 기존의 추진위원회의 업무와 관련된 권리·의무는 승인받은 추진위원회가 포괄승계한 것으로 본다.
④ 정비사업에 대하여 제118조에 따른 공공지원을 하려는 경우에는 추진위원회를 구성하지 아니할 수 있다.

(3) 추진위원회의 기능 및 조직 23회

① 추진위원회는 다음의 업무를 수행할 수 있다.

> ㉠ 정비사업전문관리업자의 선정 및 변경
> ㉡ 설계자의 선정 및 변경
> ㉢ 개략적인 정비사업 시행계획서의 작성
> ㉣ 조합설립인가를 받기 위한 준비업무
> ㉤ 그 밖에 조합설립을 추진하기 위하여 대통령령으로 정하는 다음의 업무
> • 추진위원회 운영규정의 작성
> • 토지등소유자의 동의서의 접수
> • 조합의 설립을 위한 창립총회의 개최
> • 조합 정관의 초안 작성

② 추진위원회가 정비사업전문관리업자를 선정하려는 경우에는 추진위원회 승인을 받은 후 **경쟁입찰 또는 수의계약**(2회 이상 경쟁입찰이 유찰된 경우로 한정한다)의 방법으로 선정하여야 한다.

③ 추진위원회는 추진위원회를 대표하는 **추진위원장 1명과 감사**를 두어야 한다.

④ 추진위원회는 수행한 업무를 총회에 보고하여야 하며, 그 업무와 관련된 권리·의무는 조합이 포괄승계한다.

⑤ 추진위원회는 사용경비를 기재한 회계장부 및 관계 서류를 조합설립인가일부터 30일 이내에 조합에 인계하여야 한다.

⑥ 추진위원회는 조합설립에 필요한 동의를 받기 전에 추정분담금 등 대통령령으로 정하는 정보를 토지등소유자에게 제공하여야 한다.

2. 조합의 설립 21회, 23회, 24회, 25회, 26회, 27회, 31회, 35회

(1) 원 칙

시장·군수 등, 토지주택공사 등 또는 지정개발자가 아닌 자가 정비사업을 시행하려는 경우에는 토지등소유자로 구성된 조합을 설립하여야 한다. 다만, 토지등소유자가 재개발사업을 시행하려는 경우에는 그러하지 아니하다.

(2) 재개발사업인 경우 29회

재개발사업의 추진위원회(추진위원회를 구성하지 아니하는 경우에는 토지등소유자를 말한다)가 조합을 설립하려면 **토지등소유자의 4분의 3 이상 및 토지면적의 2분의 1 이상**의 토지소유자의 동의를 받아 정관 등을 첨부하여 정비구역 지정·고시 후 시장·군수 등의 인가를 받아야 한다.

15

도시 및 주거환경정비법령상 조합에 관한 설명으로 바르지 못한 것은?

① 조합임원의 임기는 3년 이하의 범위에서 정관으로 정하되, 연임할 수 있다.

② 토지등소유자의 수가 100인을 초과하는 경우에는 이사의 수를 5명 이상으로 한다.

③ 재건축정비사업의 조합원은 재건축사업에 동의한 자만 해당한다.

④ 조합은 조합설립인가를 받은 날부터 30일 이내에 주된 사무소의 소재지에서 등기하는 때에 성립한다.

⑤ 「주택법」에 따른 투기과열지구로 지정된 지역에서 재건축사업을 시행하는 경우에는 관리처분계획의 인가 후 해당 정비사업의 건축물 또는 토지를 양수한 자는 조합원이 될 수 없는 것이 원칙이다.

(3) **재건축사업인 경우** 24회

재건축사업의 추진위원회(추진위원회를 구성하지 아니하는 경우에는 토지등소유자를 말한다)가 조합을 설립하려는 때에는 주택단지의 공동주택의 각 동(복리시설의 경우에는 주택단지의 복리시설 전체를 하나의 동으로 본다)별 구분소유자의 과반수 동의(공동주택의 각 동별 구분소유자가 5 이하인 경우는 제외한다)와 주택단지의 전체 구분소유자의 4분의 3 이상 및 토지면적의 4분의 3 이상의 토지소유자의 동의를 받아 성관 등을 첨부하여 정비구역 지정·고시 후 시장·군수 등의 인가를 받아야 한다.

(4) **주택단지가 아닌 지역이 정비구역에 포함된 경우**

위 (3)에도 불구하고 주택단지가 아닌 지역이 정비구역에 포함된 때에는 주택단지가 아닌 지역의 토지 또는 건축물 소유자의 4분의 3 이상 및 토지면적의 3분의 2 이상의 토지소유자의 동의를 받아야 한다.

(5) **토지등소유자에게 통지 및 이해관계인이 열람**

조합은 조합설립인가를 받은 때에는 정관으로 정하는 바에 따라 토지등소유자에게 그 내용을 통지하고, 이해관계인이 열람할 수 있도록 하여야 한다.

(6) **인가받은 사항의 변경**

① 설립된 조합이 인가받은 사항을 변경하고자 하는 때에는 총회에서 조합원의 3분의 2 이상의 찬성으로 의결하고, 인가신청서류를 첨부하여 시장·군수 등의 인가를 받아야 한다. 다만, 대통령령으로 정하는 다음의 경미한 사항을 변경하려는 때에는 총회의 의결 없이 시장·군수 등에게 신고하고 변경할 수 있다.

> ㉠ 착오·오기 또는 누락임이 명백한 사항
> ㉡ 조합의 명칭 및 주된 사무소의 소재지와 조합장의 성명 및 주소(조합장의 변경이 없는 경우로 한정한다)
> ㉢ 토지 또는 건축물의 매매 등으로 조합원의 권리가 이전된 경우의 조합원의 교체 또는 신규가입
> ㉣ 조합임원 또는 대의원의 변경
> ㉤ 정비사업비의 변경
> ㉥ 현금청산으로 인하여 정관에서 정하는 바에 따라 조합원이 변경되는 경우

② 시장·군수 등은 신고를 받은 날부터 20일 이내에 신고수리 여부를 신고인에게 통지하여야 한다.

③ 시장·군수 등이 위 ②에서 정한 기간 내에 신고수리 여부 또는 민원 처리 관련 법령에 따른 처리기간의 연장을 신고인에게 통지하지 아니하면 그 기간(민원 처리 관련 법령에 따라 처리기간이 연장 또는 재연장된 경우에는 해당 처리기간을 말한다)이 끝난 날의 다음 날에 신고를 수리한 것으로 본다.

(7) **토지등소유자의 동의자 수 산정 방법 등** 17회, 21회, 25회

토지등소유자(토지면적에 관한 동의자 수를 산정하는 경우에는 토지소유자를 말한다)의 동의는 다음의 기준에 따라 산정한다.

ㄱ 주거환경개선사업, 재개발사업의 경우에는 다음 각 목의 기준에 의할 것
　　가. 1필지의 토지 또는 하나의 건축물을 여럿이서 공유하는 경우에는 해당 토지 또는 건축물의 토지등소유자의 4분의 3 이상의 동의를 받아 이를 대표하는 1인을 토지등소유자로 산정할 것
　　나. 토지에 지상권이 설정되어 있는 경우 토지의 소유자와 해당 토지의 지상권자를 대표하는 1인을 토지등소유자로 산정할 것
　　다. 1인이 다수 필지의 토지 또는 다수의 건축물을 소유하고 있는 경우에는 필지나 건축물의 수에 관계없이 토지등소유자를 1인으로 산정할 것. 다만, 재개발사업으로서 법 제25조 제1항 제2호에 따라 토지등소유자가 재개발사업을 시행하는 경우 토지등소유자가 정비구역 지정 후에 정비사업을 목적으로 취득한 토지 또는 건축물에 대해서는 정비구역 지정 당시의 토지 또는 건축물의 소유자를 토지등소유자의 수에 포함하여 산정하되, 이 경우 동의 여부는 이를 취득한 토지등소유자에 따른다.
　　라. 둘 이상의 토지 또는 건축물을 소유한 공유자가 동일한 경우에는 그 공유자 여럿을 대표하는 1인을 토지등소유자로 산정할 것
ㄴ 재건축사업의 경우에는 다음 각 목의 기준에 따를 것
　　가. 소유권 또는 구분소유권을 여럿이서 공유하는 경우에는 그 여럿을 대표하는 1인을 토지등소유자로 산정할 것
　　나. 1인이 둘 이상의 소유권 또는 구분소유권을 소유하고 있는 경우에는 소유권 또는 구분소유권의 수에 관계없이 토지등소유자를 1인으로 산정할 것
　　다. 둘 이상의 소유권 또는 구분소유권을 소유한 공유자가 동일한 경우에는 그 공유자 여럿을 대표하는 1인을 토지등소유자로 할 것
ㄷ 추진위원회의 구성 또는 조합의 설립에 동의한 자로부터 토지 또는 건축물을 취득한 자는 추진위원회의 구성 또는 조합의 설립에 동의한 것으로 볼 것
ㄹ 토지등기부등본·건물등기부등본·토지대장 및 건축물관리대장에 소유자로 등재될 당시 주민등록번호의 기록이 없고 기록된 주소가 현재 주소와 다른 경우로서 소재가 확인되지 아니한 자는 토지등소유자의 수 또는 공유자 수에서 제외할 것
ㅁ 국·공유지에 대해서는 그 재산관리청 각각을 토지등소유자로 산정할 것

(8) **동의의 철회 등**

① 동의를 철회하거나 반대의 의사표시를 하려는 토지등소유자는 철회서에 토지등소유자가 성명을 적고 지장(指章)을 날인한 후 주민등록증 및 여권 등 신원을 확인할 수 있는 신분증명서 사본을 첨부하여 동의의 상대방 및 시장·군수 등에게 내용증명의 방법으로 발송하여야 한다. 이 경우 시장·군수 등이 철회서를 받은 때에는 지체 없이 동의의 상대방에게 철회서가 접수된 사실을 통지하여야 한다.

확인문제

16
도시 및 주거환경정비법령상 조합설립 등에 관한 설명으로 옳은 것은?

① 재개발조합이 조합설립인가를 받은 날부터 3년 이내에 사업시행계획인가를 신청하지 아니한 때에는 시장·군수등은 직접 정비사업을 시행할 수 있다.
② 재개발사업의 추진위원회가 조합을 설립하려면 토지등소유자의 3분의 2 이상 및 토지면적의 2분의 1 이상의 토지소유자의 동의를 받아야 한다.
③ 토지등소유자가 30인 미만인 경우 토지등소유자는 조합을 설립하지 아니하고 재개발사업을 시행할 수 있다.
④ 조합은 재개발조합설립인가를 받은 때에도 토지등소유자에게 그 내용을 통지하지 아니한다.
⑤ 추진위원회는 조합설립인가 후 지체 없이 추정분담금에 관한 정보를 토지등소유자에게 제공하여야 한다.

17

도시 및 주거환경정비법령상 조합의 정관을 변경하기 위하여 총회에서 조합원 3분의 2 이상의 찬성을 요하는 사항이 아닌 것은?

① 정비구역의 위치 및 면적
② 조합의 비용부담 및 조합의 회계
③ 정비사업비의 부담 시기 및 절차
④ 청산금의 징수·지급의 방법 및 절차
⑤ 시공자·설계자의 선정 및 계약서에 포함될 내용

➕ 조합이 정관을 변경하려는 경우에는 원칙적으로 총회를 개최하여 조합원 과반수의 찬성으로 시장·군수 등의 인가를 받아야 한다. 다만, 다음의 변경은 조합원 3분의 2 이상의 찬성으로 한다. 26회, 29회, 34회
㉠ 조합원의 자격
㉡ 조합원의 제명·탈퇴 및 교체
㉢ 정비구역의 위치 및 면적
㉣ 조합의 비용부담 및 조합의 회계
㉤ 정비사업비의 부담 시기 및 절차
㉥ 시공자·설계자의 선정 및 계약서에 포함될 내용

② 동의의 철회나 반대의 의사표시는 철회서가 동의의 상대방에게 도달한 때 또는 시장·군수 등이 동의의 상대방에게 철회서가 접수된 사실을 통지한 때 중 빠른 때에 효력이 발생한다.

(9) 조합의 법인격

① 조합은 법인으로 한다.
② 조합은 조합설립인가를 받은 날부터 30일 이내에 주된 사무소의 소재지에서 등기하는 때에 성립한다.
③ 조합은 명칭에 "정비사업조합"이라는 문자를 사용하여야 한다.

3. 조합원의 자격 등 15회 추가, 18회

(1) 정비사업의 조합원(사업시행자가 신탁업자인 경우에는 위탁자를 말한다)은 토지등소유자(재건축사업의 경우에는 재건축사업에 동의한 자만 해당한다)로 하되, 다음 각 호의 어느 하나에 해당하는 때에는 그 여러 명을 대표하는 1명을 조합원으로 본다. 다만, 「지방자치분권 및 지역균형발전에 관한 특별법」 제25조에 따른 공공기관지방이전 및 혁신도시 활성화를 위한 시책 등에 따라 이전하는 공공기관이 소유한 토지 또는 건축물을 양수한 경우 양수한 자(공유의 경우 대표자 1명을 말한다)를 조합원으로 본다.

㉠ 토지 또는 건축물의 소유권과 지상권이 여러 명의 공유에 속하는 때
㉡ 여러 명의 토지등소유자가 1세대에 속하는 때. 이 경우 동일한 세대별 주민등록표 상에 등재되어 있지 아니한 배우자 및 미혼인 19세 미만의 직계비속은 1세대로 보며, 1세대로 구성된 여러 명의 토지등소유자가 조합설립인가 후 세대를 분리하여 동일한 세대에 속하지 아니하는 때에도 이혼 및 19세 이상 자녀의 분가(세대별 주민등록을 달리하고, 실거주지를 분가한 경우로 한정한다)를 제외하고는 1세대로 본다.
㉢ 조합설립인가(조합설립인가 전에 제27조 제1항 제3호에 따라 신탁업자를 사업시행자로 지정한 경우에는 사업시행자의 지정을 말한다) 후 1명의 토지등소유자로부터 토지 또는 건축물의 소유권이나 지상권을 양수하여 여러 명이 소유하게 된 때

(2) 투기과열지구 안에서의 양도 등의 제한

① 「주택법」에 따른 투기과열지구로 지정된 지역에서 재건축사업을 시행하는 경우에는 조합설립인가 후, 재개발사업을 시행하는 경우에는 관리처분계획의 인가 후 해당 정비사업의 건축물 또는 토지를 양수(매매·증여, 그 밖의 권리의 변동을 수반하는 일체의 행위를 포함하되, 상속·이혼으로 인한 양도·양수의 경우는 제외한다)한 자는 조합원이 될 수 없다. 다만, 양도인이 다음의 어느 하나에 해당하는 경우 그 양도인으로부터 그 건축물 또는 토지를 양수한 자는 그러하지 아니하다.

① 세대원(세대주가 포함된 세대의 구성원을 말한다. 이하 이 조에서 같다)의 근무상 또는 생업상의 사정이나 질병치료(「의료법」 제3조에 따른 의료기관의 장이 1년 이상의 치료나 요양이 필요하다고 인정하는 경우로 한정한다)·취학·결혼으로 세대원이 모두 해당 사업구역에 위치하지 아니한 특별시·광역시·특별자치시·특별자치도·시 또는 군으로 이전하는 경우

② 상속으로 취득한 주택으로 세대원 모두 이전하는 경우

③ 세대원 모두 해외로 이주하거나 세대원 모두 2년 이상 해외에 체류하려는 경우

④ 1세대 1주택자로서 양도하는 주택에 대한 소유기간 및 거주기간이 대통령령으로 정하는 다음의 기간 이상인 경우(이 경우 소유자가 피상속인으로부터 주택을 상속받아 소유권을 취득한 경우에는 피상속인의 주택의 소유기간 및 거주기간을 합산한다)

    ㉠ 소유기간: 10년

    ㉡ 거주기간: 5년

② 사업시행자는 조합원의 자격을 취득할 수 없는 경우 정비사업의 토지, 건축물 또는 그 밖의 권리를 취득한 자에게 제73조를 준용하여 손실보상을 하여야 한다.

(3) 정관의 작성 및 변경

① 정관의 작성^{28회}

조합의 정관에는 다음의 사항이 포함되어야 한다.

@ 조합의 명칭 및 사무소의 소재지

ⓑ **조합원의 자격(조합원 3분의 2 이상의 찬성)**

ⓒ **조합원의 제명·탈퇴 및 교체(조합원 3분의 2 이상의 찬성)**

ⓓ **정비구역의 위치 및 면적(조합원 3분의 2 이상의 찬성)**

ⓔ 제41조에 따른 조합의 임원(이하 "조합임원"이라 한다)의 수 및 업무의 범위

ⓕ 조합임원의 권리·의무·보수·선임방법·변경 및 해임

ⓖ 대의원의 수, 선임방법, 선임절차 및 대의원회의 의결방법

ⓗ **조합의 비용부담 및 조합의 회계(조합원 3분의 2 이상의 찬성)**

ⓘ 정비사업의 시행연도 및 시행방법

ⓙ 총회의 소집 절차·시기 및 의결방법

ⓚ 총회의 개최 및 조합원의 총회소집 요구

ⓛ 제73조 제3항에 따른 이자 지급

ⓜ **정비사업비의 부담 시기 및 절차(조합원 3분의 2 이상의 찬성)**

ⓝ 정비사업이 종결된 때의 청산절차

ⓞ 청산금의 징수·지급의 방법 및 절차

ⓟ **시공자·설계자의 선정 및 계약서에 포함될 내용(조합원 3분의 2 이상의 찬성)**

ⓠ 정관의 변경절차

ⓡ 그 밖에 정비사업의 추진 및 조합의 운영을 위하여 필요한 사항으로서 대통령령으로 정하는 사항

확인문제

18

도시 및 주거환경정비법령상 재개발조합에 관한 설명으로 옳은 것은?

① 원칙적으로 조합이 정관을 변경하고자 하는 경우에는 총회를 개최하여 조합원 3분의 2 이상 동의를 얻어 정비구역 지정·고시 후 시장·군수 등의 인가를 받아야 한다.

② 조합원의 수가 50인 이상인 조합은 대의원회를 두어야 한다.

③ 조합임원은 조합원 10분의 1 이상의 요구로 소집된 총회에서 조합원 과반수의 출석과 출석 조합원 과반수의 동의를 받아 해임할 수 있다.

④ 조합의 이사는 대의원회에서 선임되거나 해임될 수 있다.

⑤ 금고 이상의 실형의 선고를 받고 그 집행이 종료되거나 집행이 면제된 날부터 3년이 경과되지 아니한 자는 임원이 될 수 없다.

19

도시 및 주거환경정비법령상 재개발조합에 관한 설명으로 틀린 것은?

① 토지의 소유권이 수인의 공유에 속하는 때에는 그 수인을 대표하는 1인을 조합원으로 본다.

② 이사의 자기를 위한 조합과의 계약에 관하여는 감사가 조합을 대표한다.

③ 대의원은 조합원 중에서 선출하며, 대의원회의 의장은 조합장이 된다.

④ 총회는 조합장이 직권으로 소집하거나 조합원 5분의 1 이상 또는 대의원 3분의 2 이상의 요구로 조합장이 소집한다.

⑤ 조합의 이사는 당해 조합의 대의원이 될 수 있다.

② 표준정관의 작성

　시·도지사는 위 ①의 사항이 포함된 표준정관을 작성하여 보급할 수 있다.

③ 정관의 변경 26회, 29회, 34회

　조합이 정관을 변경하려는 경우에는 총회를 개최하여 조합원 과반수의 찬성으로 시장·군수 등의 인가를 받아야 한다. 다만, 위 (3)의 ①의 ⓑ·ⓒ·ⓓ·ⓗ·ⓜ 또는 ⓟ의 경우에는 조합원 3분의 2 이상의 찬성으로 한다(법 제40조 제3항). 또한 대통령령으로 정하는 다음의 경미한 사항을 변경하려는 때에는 이 법 또는 정관으로 정하는 방법에 따라 변경하고 시장·군수 등에게 신고하여야 한다.

> ⊙ 법 제40조 제1항 제1호에 따른 조합의 명칭 및 사무소의 소재지에 관한 사항
> ⓛ 조합임원의 수 및 업무의 범위에 관한 사항
> ⓒ 법 제40조 제1항 제10호에 따른 총회의 소집 절차·시기 및 의결방법에 관한 사항
> ② 제38조 제2호에 따른 임원의 임기, 업무의 분담 및 대행 등에 관한 사항
> ⓜ 제38조 제3호에 따른 대의원회의 구성, 개회와 기능, 의결권의 행사방법, 그 밖에 회의의 운영에 관한 사항
> ⓗ 제38조 제5호에 따른 정비사업전문관리업자에 관한 사항
> ⊗ 제38조 제8호에 따른 공고·공람 및 통지의 방법에 관한 사항
> ⊙ 제38조 제13호에 따른 임대주택의 건설 및 처분에 관한 사항
> ⊛ 제38조 제14호에 따른 총회의 의결을 거쳐야 할 사항의 범위에 관한 사항
> ⓧ 제38조 제16호에 따른 조합직원의 채용 및 임원 중 상근임원의 지정에 관한 사항과 직원 및 상근임원의 보수에 관한 사항
> ⓚ 착오·오기 또는 누락임이 명백한 사항
> ⓔ 정비구역 또는 정비계획의 변경에 따라 변경되어야 하는 사항
> ⓟ 그 밖에 시·도조례로 정하는 사항

④ 시장·군수 등은 신고를 받은 날부터 20일 이내에 신고수리 여부를 신고인에게 통지하여야 한다.

⑤ 시장·군수 등이 위 ④에서 정한 기간 내에 신고수리 여부 또는 민원 처리 관련 법령에 따른 처리기간의 연장을 신고인에게 통지하지 아니하면 그 기간(민원 처리 관련 법령에 따라 처리기간이 연장 또는 재연장된 경우에는 해당 처리기간을 말한다)이 끝난 날의 다음 날에 신고를 수리한 것으로 본다.

(4) **조합의 임원** 20회, 33회, 34회

① 조합은 다음 각 호의 어느 하나의 요건을 갖춘 조합장 1명과 이사, 감사를 임원으로 둔다. 이 경우 조합장은 선임일부터 관리처분계획인가를 받을 때까지는 해당 정비구역에서 거주(영업을 하는 자의 경우 영업을 말한다)하여야 한다.

> ⊙ 정비구역에 위치한 건축물 또는 토지를 5년 이상 소유할 것
> ⓛ 정비구역에서 거주하고 있는 자로서 선임일 직전 3년 동안 정비구역에서 1년 이상 거주할 것

⊕ 조합에 관하여는 이 법에 규정된 것을 제외하고는 「민법」 중 사단법인에 관한 규정을 준용한다.

⊕ 조합이 정비사업을 시행하는 경우 「주택법」 제54조를 적용할 때에는 조합을 같은 법 제2조 제10호에 따른 사업주체로 보며, 조합설립인가일부터 같은 법 제4조에 따른 주택건설사업 등의 등록을 한 것으로 본다.

20
도시 및 주거환경정비법령상 조합의 임원에 관한 설명으로 틀린 것은?

① 조합임원의 임기만료 후 6개월 이상 조합임원이 선임되지 아니한 경우에는 시장·군수 등이 조합임원 선출을 위한 총회를 소집할 수 있다.

② 조합임원이 결격사유에 해당하게 되어 당연 퇴임한 경우 그가 퇴임 전에 관여한 행위는 그 효력을 잃는다.

③ 총회에서 요청하여 시장·군수 등이 전문조합관리인을 선정한 경우 전문조합관리인이 업무를 대행할 임원은 당연 퇴임한다.

④ 조합장이 아닌 조합임원은 대의원이 될 수 없다.

⑤ 대의원회는 임기중 궐위된 조합장을 보궐선임할 수 없다.

② 조합에 두는 이사의 수는 3명 이상으로 하고, 감사의 수는 1명 이상 3명 이하로 한다. 다만, 토지등소유자의 수가 100인을 초과하는 경우에는 이사의 수를 5명 이상으로 한다.

③ 조합임원의 임기는 3년 이하의 범위에서 정관으로 정하되, 연임할 수 있다.

④ 조합임원의 선출방법 등은 정관으로 정한다. 다만, 시장·군수 등은 다음 각 호의 어느 하나에 해당하는 경우 시·도조례로 정하는 바에 따라 변호사·회계사·기술사 등으로서 대통령령으로 정하는 요건을 갖춘 자를 전문조합관리인으로 선정하여 조합임원의 업무를 대행하게 할 수 있다.

> ㉠ 조합임원이 사임, 해임, 임기만료, 그 밖에 불가피한 사유 등으로 직무를 수행할 수 없는 때부터 6개월 이상 선임되지 아니한 경우
> ㉡ 총회에서 조합원 과반수의 출석과 출석 조합원 과반수의 동의로 전문조합관리인의 선정을 요청하는 경우

⑤ 시장·군수 등은 전문조합관리인(이하 "전문조합관리인"이라 한다)의 선정이 필요하다고 인정하거나 조합원(추진위원회의 경우에는 토지등소유자를 말한다) 3분의 1 이상이 전문조합관리인의 선정을 요청하면 공개모집을 통하여 전문조합관리인을 선정할 수 있다. 이 경우 조합 또는 추진위원회의 의견을 들어야 한다.

⑥ 전문조합관리인의 임기는 3년으로 한다.

(5) 임원 및 전문조합관리인의 결격사유 및 해임

① 다음 각 호의 어느 하나에 해당하는 자는 조합임원 또는 전문조합관리인이 될 수 없다.

> ㉠ 미성년자·피성년후견인 또는 피한정후견인
> ㉡ 파산선고를 받고 복권되지 아니한 자
> ㉢ 금고 이상의 실형을 선고받고 그 집행이 종료(종료된 것으로 보는 경우를 포함한다)되거나 집행이 면제된 날부터 2년이 지나지 아니한 자
> ㉣ 금고 이상의 형의 집행유예를 받고 그 유예기간 중에 있는 자
> ㉤ **이 법을 위반하여 벌금 100만원 이상의 형을 선고받고 10년이 지나지 아니한 자**
> ㉥ 제35조에 따른 조합설립 인가권자에 해당하는 지방자치단체의 장, 지방의회의원 또는 그 배우자·직계존속·직계비속

② 조합임원이 다음 각 호의 어느 하나에 해당하는 경우에는 당연 퇴임한다. 그러나 퇴임된 임원이 퇴임 전에 관여한 행위는 그 효력을 잃지 아니한다.

> ㉠ 조합임원의 결격사유의 어느 하나에 해당하게 되거나 선임 당시 그에 해당하는 자이었음이 밝혀진 경우
> ㉡ 조합임원이 제41조 제1항(㉠ 정비구역에서 거주하고 있는 자로서 선임일 직전 3년 동안 정비구역 내 거주 기간이 1년 이상일 것, ㉡ 정비구역에 위치한 건축물 또는 토지─재건축사업의 경우에는 건축물과 그 부속토지를 말한다─를 5년 이상 소유하고 있을 것)에 따른 자격요건을 갖추지 못한 경우

21

도시 및 주거환경정비법령상 조합임원에 관한 설명으로 옳은 것은?

① 조합임원이 금고 이상의 형의 집행유예를 받고 그 유예기간 중에 있는 경우에는 총회의 의결을 거쳐 해임된다.

② 조합임원은 조합원 10분의 1 이상의 요구로 소집된 총회에서 조합원 과반수의 출석과 출석 조합원 과반수의 동의를 받아 해임할 수 있다.

③ 조합장 또는 이사가 자기를 위하여 조합과 계약이나 소송을 할 때에는 대의원회의 의장이 조합을 대표한다.

④ 조합임원의 임기는 정관으로 정하되, 연임할 수 없다.

⑤ 조합의 정관에는 조합임원 업무의 분담 및 대행 등에 관한 사항은 포함되지 아니한다.

③ 조합에 조합원으로 구성되는 총회를 둔다.

④ 조합원의 수가 100인 이상인 조합은 대의원회를 두어야 한다.

⑤ 조합장이 아닌 조합임원(이사 및 감사)은 대의원이 될 수 없다.

⑥ 조합장은 조합을 대표하고, 그 사무를 총괄하며, 총회 또는 대의원회의 의장이 된다.

⑦ 조합장이 대의원회의 의장이 되는 경우에는 대의원으로 본다.

⑧ 조합장 또는 이사가 자기를 위하여 조합과 계약이나 소송을 할 때에는 감사가 조합을 대표한다.

⑨ 조합임원은 같은 목적의 정비사업을 하는 다른 조합의 임원 또는 직원을 겸할 수 없다.

⑩ 조합임원은 조합원 10분의 1 이상의 요구로 소집된 총회에서 조합원 과반수의 출석과 출석 조합원 과반수의 동의를 받아 해임할 수 있다. 이 경우 요구자 대표로 선출된 자가 해임 총회의 소집 및 진행을 할 때에는 조합장의 권한을 대행한다.

⑪ 제41조 제5항 제2호에 따라 시장·군수 등이 전문조합관리인을 선정한 경우 전문조합관리인이 업무를 대행할 임원은 당연 퇴임한다.

⑫ 시·도지사는 표준정관을 작성하여 보급할 수 있다.

(6) 총회 소집 30회

① 총회는 조합장이 직권으로 소집하거나 **조합원 5분의 1 이상**(정관의 기재사항 중 제40조 제1항 제6호에 따른 **조합임원의 권리·의무·보수·선임방법·변경 및 해임에 관한 사항을 변경하기 위한 총회의 경우는 10분의 1 이상으로 한다**) 또는 **대의원 3분의 2 이상의 요구로 조합장이 소집**하며, 조합원 또는 대의원의 요구로 총회를 소집하는 경우 조합은 소집을 요구하는 자가 본인인지 여부를 대통령령으로 정하는 기준에 따라 정관으로 정하는 방법으로 확인하여야 한다.

② 총회를 소집하려는 자는 총회가 개최되기 7일 전까지 회의 목적·안건·일시 및 장소와 제45조 제5항에 따른 서면의결권의 행사기간 및 장소 등 서면의결권 행사에 필요한 사항을 정하여 조합원에게 통지하여야 한다.

(7) 총회의 의결사항 등

① 다음의 사항은 총회의 의결을 거쳐야 한다.

> ㉠ 정관의 변경
> ㉡ 자금의 차입과 그 방법·이자율 및 상환방법
> ㉢ 정비사업비의 사용
> ㉣ 예산으로 정한 사항 외에 조합원에게 부담이 되는 계약
> ㉤ 시공자·설계자 또는 감정평가업자의 선정 및 변경
> ㉥ 정비사업전문관리업자의 선정 및 변경
> ㉦ 조합임원의 선임 및 해임

　　ⓞ 정비사업비의 조합원별 분담내역
　　ⓩ 사업시행계획서의 작성 및 변경(조합원 과반수의 찬성으로 의결)
　　ⓩ 관리처분계획의 수립 및 변경(조합원 과반수의 찬성으로 의결)
　　ⓣ 제86조의2에 따른 조합의 해산과 조합 해산 시의 회계보고
　　ⓣ 청산금의 징수·지급(분할징수·분할지급을 포함한다)과 조합 해산 시의 회계보고
　　ⓟ 비용의 금액 및 징수방법

② 총회의 의결은 이 법 또는 정관에 다른 규정이 없으면 조합원 과반수의 출석과 출석 조합원의 과반수 찬성으로 한다.

③ 위 ⓩ 사업시행계획서의 작성 및 변경(경미한 변경은 제외한다), ⓩ 관리처분계획의 수립 및 변경(경미한 변경은 제외한다)의 경우에는 조합원 과반수의 찬성으로 의결한다.

④ 다만, 정비사업비가 100분의 10(생산자물가상승률분, 제73조에 따른 손실보상 금액은 제외한다) 이상 늘어나는 경우에는 조합원 3분의 2 이상의 찬성으로 의결하여야 한다.

⑤ 조합원은 서면으로 의결권을 행사하거나 다음 각 호의 어느 하나에 해당하는 경우에는 대리인을 통하여 의결권을 행사할 수 있다. 서면으로 의결권을 행사하는 경우에는 정족수를 산정할 때에 출석한 것으로 본다.

　　㉠ 조합원이 권한을 행사할 수 없어 배우자, 직계존비속 또는 형제자매 중에서 성년자를 대리인으로 정하여 위임장을 제출하는 경우
　　㉡ 해외에 거주하는 조합원이 대리인을 지정하는 경우
　　㉢ 법인인 토지등소유자가 대리인을 지정하는 경우. 이 경우 법인의 대리인은 조합임원 또는 대의원으로 선임될 수 있다.

⑥ 위 ⑤에도 불구하고 조합원은 다음 각 호의 요건을 모두 충족한 경우에는 전자적 방법(「전자문서 및 전자거래 기본법」 제2조 제2호에 따른 정보처리시스템을 사용하거나 그 밖의 정보통신기술을 이용하는 방법을 말한다. 이하 같다)으로 의결권을 행사할 수 있다. 이 경우 정족수를 산정할 때에 출석한 것으로 본다(법 제45조 제6항).

　　㉠ 조합원이 전자적 방법 외에 제5항에 따른 방법으로도 의결권을 행사할 수 있게 할 것
　　㉡ 의결권의 행사 방법에 따른 결과가 각각 구분되어 확인·관리할 수 있을 것
　　㉢ 그 밖에 전자적 방법을 통한 의결권의 투명한 행사 등을 위하여 대통령령으로 정하는 기준에 부합할 것

⑦ 조합은 조합원의 참여를 확대하기 위하여 조합원이 전자적 방법을 우선적으로 이용하도록 노력하여야 한다(법 제45조 제7항).

⑧ 조합은 서면 또는 전자적 방법으로 의결권을 행사하는 자가 본인인지를 확인하여야 한다(법 제45조 제9항).

(8) 총회의 출석

① 총회의 의결은 조합원의 100분의 10 이상이 직접 출석(대리인을 통하여 의결권을 행사하는 경우 직접 출석한 것으로 본다)하여야 한다. 다만, 시공자의 선정을 의결하는 총회의 경우에는 조합원의 과반수가 직접 출석하여야 하고, 창립총회, 시공자 선정 취소를 위한 총회, 사업시행계획서의 작성 및 변경, 관리처분계획의 수립 및 변경을 의결하는 총회 등 대통령령으로 정하는 총회의 경우에는 조합원의 100분의 20 이상이 직접 출석하여야 한다.

② 「재난 및 안전관리 기본법」 제3조 제1호에 따른 재난의 발생 등 대통령령으로 정하는 사유가 발생하여 시장·군수 등이 조합원의 직접 출석이 어렵다고 인정하는 경우에는 전자적 방법(「전자문서 및 전자거래 기본법」 제2조 제2호에 따른 정보처리시스템을 사용하거나 그 밖의 정보통신기술을 이용하는 방법을 말한다)으로 의결권을 행사할 수 있다. 이 경우 정족수를 산정할 때에는 직접 출석한 것으로 본다.

③ 총회의 의결방법, 서면의결권 행사 및 본인확인방법 등에 필요한 사항은 정관으로 정한다.

(9) 대의원회

① 조합원의 수가 100명 이상인 조합은 대의원회를 두어야 한다.

② 대의원회는 조합원의 10분의 1 이상으로 구성한다. 다만, 조합원의 10분의 1이 100명을 넘는 경우에는 조합원의 10분의 1의 범위에서 100명 이상으로 구성할 수 있다.

③ 조합장이 아닌 조합임원(이사 및 감사)은 대의원이 될 수 없다.

④ 대의원회는 총회의 의결사항 중 대통령령으로 정하는 다음의 사항 외에는 총회의 권한을 대행할 수 있다.

대의원회가 총회의 권한을 대행할 수 없는 사항 – 영 제43조[32회]

㉠ 법 제45조 제1항 제1호에 따른 **정관의 변경**에 관한 사항(법 제40조 제4항에 따른 경미한 사항의 변경은 법 또는 정관에서 총회의결사항으로 정한 경우로 한정한다)

㉡ 법 제45조 제1항 제2호에 따른 자금의 차입과 그 방법·이자율 및 상환방법에 관한 사항

㉢ 법 제45조 제1항 제4호에 따른 예산으로 정한 사항 외에 조합원에게 부담이 되는 계약에 관한 사항

㉣ 법 제45조 제1항 제5호에 따른 **시공자·설계자 또는 감정평가업자**(법 제74조 제2항에 따라 시장·군수 등이 선정·계약하는 감정평가업자는 제외한다)의 **선정 및 변경**에 관한 사항

㉤ 법 제45조 제1항 제6호에 따른 정비사업전문관리업자의 선정 및 변경에 관한 사항

㉥ 법 제45조 제1항 제7호에 따른 **조합임원의 선임 및 해임**과 제42조 제1항 제2호에 따른 대의원의 선임 및 해임에 관한 사항. 다만, 정관으로 정하는 바에 따라 임기중 궐위된 자(조합장은 제외한다)를 보궐선임하는 경우를 제외한다.

22

도시 및 주거환경정비법령상 조합총회의 의결사항 중 대의원회가 대행할 수 없는 사항을 모두 고른 것은?

┌─────────────────────┐
㉠ 조합임원의 해임
㉡ 사업완료로 인한 조합의 해산
㉢ 정비사업비의 변경
㉣ 정비사업전문관리업자의 선정 및 변경
└─────────────────────┘

① ㉠, ㉡, ㉢
② ㉠, ㉡, ㉣
③ ㉠, ㉢, ㉣
④ ㉡, ㉢, ㉣
⑤ ㉠, ㉡, ㉢, ㉣

ⓐ 법 제45조 제1항 제9호에 따른 **사업시행계획서의 작성 및 변경**에 관한 사항(법 제50조 제1항 본문에 따른 정비사업의 중지 또는 폐지에 관한 사항을 포함하며, 같은 항 단서에 따른 경미한 변경은 제외한다)

ⓞ 법 제45조 제1항 제10호에 따른 **관리처분계획의 수립 및 변경**에 관한 사항(법 제74조 제1항 각 호 외의 부분 단서에 따른 경미한 변경은 제외한다)

ⓩ 법 제45조 제2항에 따라 총회에 상정하여야 하는 사항

ⓒ 제42조 제1항 제1호에 따른 **조합의 합병 또는 해산에 관한 사항.** 다만, 사업완료로 인한 해산의 경우는 제외한다.

ⓚ 제42조 제1항 제3호에 따른 건설되는 건축물의 설계 개요의 변경에 관한 사항

ⓣ 제42조 제1항 제4호에 따른 정비사업비의 변경에 관한 사항

⑽ **주민대표회의** 31회

① 토지등소유자가 시장·군수 등 또는 토지주택공사 등의 사업시행을 원하는 경우에는 정비구역 지정·고시 후 주민대표기구(이하 "주민대표회의"라 한다)를 구성하여야 한다. 다만, 제26조 제4항에 따라 협약등이 체결된 경우에는 정비구역 지정·고시 이전에 주민대표회의를 구성할 수 있다.

② 주민대표회의는 위원장을 포함하여 5명 이상 25명 이하로 구성한다. 또한 주민대표회의에는 위원장과 부위원장 각 1명과 1명 이상 3명 이하의 감사를 둔다.

③ 주민대표회의는 **토지등소유자의 과반수의 동의를 받아 구성**하며, 국토교통부령으로 정하는 방법 및 절차에 따라 시장·군수 등의 승인을 받아야 한다.

④ 위 ③에 따라 주민대표회의의 구성에 동의한 자는 사업시행자의 지정에 동의한 것으로 본다. 다만, 사업시행자의 지정 요청 전에 시장·군수 등 및 주민대표회의에 사업시행자의 지정에 대한 반대의 의사표시를 한 토지등소유자의 경우에는 그러하지 아니하다.

⑤ 주민대표회의 또는 세입자(상가세입자를 포함한다)는 사업시행자가 다음 각 호의 사항에 관하여 시행규정을 정하는 때에 의견을 제시할 수 있다. 이 경우 사업시행자는 주민대표회의 또는 세입자의 의견을 반영하기 위하여 노력하여야 한다.

ㄱ 건축물의 철거
ㄴ 주민의 이주(세입자의 퇴거에 관한 사항을 포함한다)
ㄷ 토지 및 건축물의 보상(세입자에 대한 주거이전비 등 보상에 관한 사항을 포함한다)
ㄹ 정비사업비의 부담
ㅁ 세입자에 대한 임대주택의 공급 및 입주자격
ㅂ 그 밖에 정비사업의 시행을 위하여 필요한 사항으로서 대통령령으로 정하는 사항

⑥ 시장·군수 등 또는 토지주택공사 등은 주민대표회의의 운영에 필요한 경비의 일부를 해당 정비사업비에서 지원할 수 있다. 또한 주민대표회의의 위원의 선출·교체 및 해임, 운영방법, 운영비용의 조달 그 밖에 주민대표회의의 운영에 필요한 사항은 주민대표회의가 정한다.

23

도시 및 주거환경정비법령상 주민대표회의 등에 관한 설명으로 틀린 것은?

① 토지등소유자가 시장·군수 등 또는 토지주택공사 등의 사업시행을 원하는 경우에는 정비구역 지정·고시 후 주민대표회의를 구성하여야 한다.

② 주민대표회의는 위원장을 포함하여 5명 이상 25명 이하로 구성한다.

③ 주민대표회의는 토지등소유자의 과반수의 동의를 받아 구성한다.

④ 주민대표회의에는 위원장과 부위원장 각 1명과 1명 이상 3명 이하의 감사를 둔다.

⑤ 상가세입자는 사업시행자가 건축물의 철거의 사항에 관하여 시행규정을 정하는 때에 의견을 제시할 수 없다.

확인문제

핵심 암기

- 시장·군수 등은 재개발사업의 사업시행계획인가를 하는 경우 해당 정비사업의 사업시행자가 지정개발자인 때에는 정비사업비의 100분의 30의 범위에서 시·도조례로 정하는 금액을 예치하게 할 수 있다(×).
- 시장·군수 등은 사업시행계획인가를 하려는 경우에는 관계 서류의 사본을 14일 이상 일반인이 공람할 수 있게 하여야 한다(○).
- 관리처분계획의 인가를 받은 이후에 체결되는 지상권·전세권 설정계약의 계약기간에 대하여는 예외적으로 민법 제280조 이하, 주택임대차보호법 제4조 등을 적용한다(×).
- 주거환경개선사업에 따른 건축허가를 받은 때에는 주택도시기금법상의 국민주택채권 매입에 관한 규정이 적용된다(×).
- 사업시행자가 사업시행인가를 받은 후 대지면적을 10퍼센트의 범위 안에서 변경하는 경우 시장·군수 등에게 신고하여야 한다(○).

제4절 사업시행계획 등

1. 시행인가

(1) 사업시행인가 등 16회, 22회, 31회

① 사업시행자는 정비계획에 따라 다음의 사항을 포함하는 사업시행계획서를 작성하여야 한다.

> 1. 토지이용계획(건축물배치계획을 포함한다)
> 2. 정비기반시설 및 공동이용시설의 설치계획
> 3. 임시거주시설을 포함한 주민이주대책
> 4. 세입자의 주거 및 이주 대책
> 5. 사업시행기간 동안 정비구역 내 가로등 설치, 폐쇄회로 텔레비전 설치 등 범죄예방대책
> 6. **임대주택의 건설계획(재건축사업의 경우는 제외한다)**
> 7. **국민주택규모 주택의 건설계획(주거환경개선사업의 경우는 제외한다)**
> 8. 공공지원민간임대주택 또는 임대관리 위탁주택의 건설계획(필요한 경우로 한정한다)
> 9. 건축물의 높이 및 용적률 등에 관한 건축계획
> 10. 정비사업의 시행과정에서 발생하는 폐기물의 처리계획
> 11. 교육시설의 교육환경 보호에 관한 계획(정비구역부터 200미터 이내에 교육시설이 설치되어 있는 경우로 한정한다)
> 12. 정비사업비
> 13. 그 밖에 사업시행을 위한 사항으로서 대통령령으로 정하는 바에 따라 시·도조례로 정하는 사항

② 사업시행자(공동시행의 경우를 포함하되, 사업시행자가 시장·군수 등인 경우는 제외한다)는 정비사업을 시행하려는 경우에는 사업시행계획서에 정관등과 그 밖에 국토교통부령으로 정하는 서류를 첨부하여 시장·군수 등에게 제출하고 사업시행계획인가를 받아야 하고, 인가받은 사항을 변경하거나 정비사업을 중지 또는 폐지하려는 경우에도 또한 같다.

③ 다만, 대통령령으로 정하는 다음의 경미한 사항을 변경하려는 때에는 시장·군수 등에게 신고하여야 한다.

> ㉠ 정비사업비를 10퍼센트의 범위에서 변경하거나 관리처분계획의 인가에 따라 변경하는 때. 다만, 「주택법」 제2조 제5호에 따른 국민주택을 건설하는 사업인 경우에는 「주택도시기금법」에 따른 주택도시기금의 지원금액이 증가되지 아니하는 경우만 해당한다.
> ㉡ 건축물이 아닌 부대시설·복리시설의 설치규모를 확대하는 때(위치가 변경되는 경우는 제외한다)
> ㉢ 대지면적을 10퍼센트의 범위에서 변경하는 때

② 세대수와 세대당 주거전용면적을 변경하지 않고 세대당 주거전용면적의 10퍼센트의 범위에서 세대 내부구조의 위치 또는 면적을 변경하는 때

⑩ 내장재료 또는 외장재료를 변경하는 때

⑪ 사업시행계획인가의 조건으로 부과된 사항의 이행에 따라 변경하는 때

⑫ 건축물의 설계와 용도별 위치를 변경하지 아니하는 범위에서 건축물의 배치 및 주택단지 안의 도로선형을 변경하는 때

⑬ 「건축법 시행령」 제12조 제3항 각 호의 어느 하나에 해당하는 사항을 변경하는 때

⑭ 사업시행자의 명칭 또는 사무소 소재지를 변경하는 때

⑮ 정비구역 또는 정비계획의 변경에 따라 사업시행계획서를 변경하는 때

⑯ 법 제35조 제5항 본문에 따른 조합설립변경 인가에 따라 사업시행계획서를 변경하는 때

⑰ 그 밖에 시·도조례로 정하는 사항을 변경하는 때

④ 시장·군수 등은 신고를 받은 날부터 20일 이내에 신고수리 여부를 신고인에게 통지하여야 한다.

⑤ 시장·군수 등이 20일 내에 신고수리 여부 또는 민원 처리 관련 법령에 따른 처리기간의 연장을 신고인에게 통지하지 아니하면 그 기간(민원 처리 관련 법령에 따라 처리기간이 연장 또는 재연장된 경우에는 해당 처리기간을 말한다)이 끝난 날의 다음 날에 신고를 수리한 것으로 본다.

(2) 인가신청전 총회의결

사업시행자(시장·군수 등 또는 토지주택공사 등은 제외한다)는 사업시행계획인가를 신청하기 전에 미리 총회의 의결을 거쳐야 하며, 인가받은 사항을 변경하거나 정비사업을 중지 또는 폐지하려는 경우에도 또한 같다. 다만, 경미한 사항의 변경은 총회의 의결을 필요로 하지 아니한다.

(3) 인가신청전 토지등소유자의 동의

① 토지등소유자가 재개발사업을 시행하려는 경우에는 사업시행계획인가를 신청하기 전에 사업시행계획서에 대하여 **토지등소유자의 4분의 3 이상 및 토지면적의 2분의 1 이상의 토지소유자의 동의**를 받아야 한다. 다만, 인가받은 사항을 변경하려는 경우에는 규약으로 정하는 바에 따라 **토지등소유자의 과반수의 동의**를 받아야 하며, 경미한 사항의 변경인 경우에는 토지등소유자의 동의를 필요로 하지 아니한다.

② 지정개발자가 정비사업을 시행하려는 경우에는 사업시행계획인가를 신청하기 전에 토지등소유자의 과반수의 동의 및 토지면적의 2분의 1 이상의 토지소유자의 동의를 받아야 한다. 다만, 경미한 사항의 변경인 경우에는 토지등소유자의 동의를 필요로 하지 아니한다.

확인문제

24

도시 및 주거환경정비법령상 사업시행계획 등에 관한 설명으로 틀린 것은?

① 시장·군수 등은 재개발사업의 사업시행계획인가를 하는 경우 해당 정비사업의 사업시행자가 지정개발자인 때에는 정비사업비의 100분의 20의 범위에서 시·도조례로 정하는 금액을 예치하게 할 수 있다.

② 시장·군수 등은 사업시행계획인가(시장·군수 등이 사업시행계획서를 작성한 경우를 포함한다)를 하려는 경우 정비구역부터 200미터 이내에 교육시설이 설치되어 있는 때에는 해당 지방자치단체의 교육감 또는 교육장과 협의하여야 한다.

③ 정비사업비를 10퍼센트의 범위에서 변경하거나 관리처분계획의 인가에 따라 변경하는 때에는 신고하여야 한다.

④ 시장·군수 등은 사업시행계획인가를 하려는 경우에는 관계 서류의 사본을 30일 이상 일반인이 공람할 수 있게 하여야 한다.

⑤ 시장·군수 등은 특별한 사유가 없으면 사업시행계획서의 제출이 있는 날부터 60일 이내에 인가 여부를 결정하여 사업시행자에게 통보하여야 한다.

(4) 지정개발자의 정비사업비의 예치

① 시장·군수 등은 재개발사업의 사업시행계획인가를 하는 경우 해당 정비사업의 사업시행자가 지정개발자(지정개발자가 토지등소유자인 경우로 한정한다)인 때에는 정비사업비의 100분의 20의 범위에서 시·도조례로 정하는 금액을 예치하게 할 수 있다.

② 위 ①에 따른 예치금은 청산금의 지급이 완료된 때에 반환한다.

(5) 인가 전 교육감 등과의 협의

시장·군수 등은 사업시행계획인가(시장·군수 등이 사업시행계획서를 작성한 경우를 포함한다)를 하려는 경우 정비구역부터 200미터 이내에 교육시설이 설치되어 있는 때에는 해당 지방자치단체의 교육감 또는 교육장과 협의하여야 하며, 인가받은 사항을 변경하는 경우에도 또한 같다.

(6) 인가 전 관계 서류의 공람과 의견청취

① 시장·군수 등은 사업시행계획인가를 하거나 사업시행계획서를 작성하려는 경우에는 대통령령으로 정하는 방법 및 절차에 따라 관계 서류의 사본을 14일 이상 일반인이 공람할 수 있게 하여야 한다. 다만, 경미한 사항을 변경하려는 경우에는 그러하지 아니하다.

② 토지등소유자 또는 조합원, 그 밖에 정비사업과 관련하여 이해관계를 가지는 자는 공람기간 이내에 시장·군수 등에게 서면으로 의견을 제출할 수 있다.

(7) 인가 여부의 통보

시장·군수 등은 특별한 사유가 없으면 사업시행계획서의 제출이 있은 날부터 60일 이내에 인가 여부를 결정하여 사업시행자에게 통보하여야 한다.

(8) 인가고시

시장·군수 등은 사업시행계획인가(시장·군수 등이 사업시행계획서를 작성한 경우를 포함한다)를 하거나 정비사업을 변경·중지 또는 폐지하는 경우에는 국토교통부령으로 정하는 방법 및 절차에 따라 그 내용을 해당 지방자치단체의 공보에 고시하여야 한다.

⊕ 사업시행계획인가를 받은 경우에는 「주택법」 제15조에 따른 사업계획의 승인, 「건축법」 제11조에 따른 건축허가 및 「국토의 계획 및 이용에 관한 법률」 제86조에 따른 도시·군계획시설 사업시행자의 지정 및 같은 법 제88조에 따른 실시계획의 인가를 받은 것으로 본다.

(9) 국민주택채권의 매입면제

주거환경개선사업에 따른 건축허가를 받은 때와 부동산등기(소유권 보존등기 또는 이전등기로 한정한다)를 하는 때에는 국민주택채권의 매입에 관한 규정을 적용하지 아니한다.

⑩ 다른 법령의 적용 및 배제

① 주거환경개선구역은 해당 정비구역의 지정·고시가 있은 날부터 「국토의 계획 및 이용에 관한 법률」에 따라 주거지역을 세분하여 정하는 지역 중 대통령령으로 정하는 다음의 구분에 따른 용도지역으로 결정·고시된 것으로 본다.

　　㉠ 주거환경개선사업이 스스로 개량하거나 환지공급하는 방법으로 시행되는 경우: 제2종 일반주거지역
　　㉡ 주거환경개선사업이 수용 및 사용하는 방법 및 관리처분계획의 수립하는 방법으로 시행되는 경우: 제3종 일반주거지역. 다만, 공공지원민간임대주택 또는 공공건설임대주택을 200세대 이상 공급하려는 경우로서 해당 임대주택의 건설지역을 포함하여 정비계획에서 따로 정하는 구역은 「국토의 계획 및 이용에 관한 법률 시행령」에 따른 준주거지역으로 한다.

② 다만, 다음의 어느 하나에 해당하는 경우에는 그러하지 아니하다.

　　㉠ 해당 정비구역이 개발제한구역인 경우
　　㉡ 시장·군수 등이 주거환경개선사업을 위하여 필요하다고 인정하여 해당 정비구역의 일부분을 종전 용도지역으로 그대로 유지하거나 동일면적의 범위에서 위치를 변경하는 내용으로 정비계획을 수립한 경우

2. 사업시행계획의 통합심의

정비구역의 지정권자는 사업시행계획인가와 관련된 다음 각 호 중 둘 이상의 심의가 필요한 경우에는 이를 통합하여 검토 및 심의(이하 "통합심의"라 한다)하여야 한다(법 제50조의 2).

　㉠ 「건축법」에 따른 건축물의 건축 및 특별건축구역의 지정 등에 관한 사항
　㉡ 「경관법」에 따른 경관 심의에 관한 사항
　㉢ 「교육환경 보호에 관한 법률」에 따른 교육환경평가
　㉣ 「국토의 계획 및 이용에 관한 법률」에 따른 도시·군관리계획에 관한 사항
　㉤ 「도시교통정비 촉진법」에 따른 교통영향평가에 관한 사항
　㉥ 「환경영향평가법」에 따른 환경영향평가 등에 관한 사항
　㉦ 그 밖에 국토교통부장관, 시·도지사 또는 시장·군수 등이 필요하다고 인정하여 통합심의에 부치는 사항

3. 재건축사업 등의 용적률 완화 및 국민주택규모 주택 건설비율 ^{18회}

(1) 사업시행자는 다음의 어느 하나에 해당하는 정비사업(재정비촉진지구에서 시행되는 재개발사업 및 재건축사업은 제외한다)을 시행하는 경우 정비계획으로 정하여진 용적률에도 불구하고 지방도시계획위원회의 심의를 거쳐 관계 법률에 따른 용적률의 상한("법적상한용적률")까지 건축할 수 있다.

> ① 「수도권정비계획법」 제6조 제1항 제1호에 따른 과밀억제권역(이하 "과밀억제권역"이라 한다)에서 시행하는 재개발사업 및 재건축사업(「국토의 계획 및 이용에 관한 법률」 제78조에 따른 주거지역 및 준공업지역으로 한정한다)
> ② 위 ①외의 경우 시·도조례로 정하는 지역에서 시행하는 재개발사업 및 재건축사업

(2) 위 (1)에 따라 사업시행자가 정비계획으로 정하여진 용적률을 초과하여 건축하려는 경우에는 「국토의 계획 및 이용에 관한 법률」 제78조에 따라 특별시·광역시·특별자치시·특별자치도·시 또는 군의 조례로 정한 용적률 제한 및 정비계획으로 정한 허용세대수의 제한을 받지 아니한다.

(3) 사업시행자는 법적상한용적률에서 정비계획으로 정하여진 용적률을 뺀 용적률(이하 "초과용적률"이라 한다)의 다음 각 호에 따른 비율에 해당하는 면적에 국민주택규모 주택을 건설하여야 한다. 다만, 제24조 제4항, 제26조 제1항 제1호 및 제27조 제1항 제1호에 따른 정비사업을 시행하는 경우에는 그러하지 아니하다(법 제54조 제4항).

> ① 과밀억제권역에서 시행하는 재건축사업은 초과용적률의 100분의 30 이상 100분의 50 이하로서 시·도조례로 정하는 비율
> ② 과밀억제권역에서 시행하는 재개발사업은 초과용적률의 100분의 50 이상 100분의 75 이하로서 시·도조례로 정하는 비율
> ③ 과밀억제권역 외의 지역에서 시행하는 재건축사업은 초과용적률의 100분의 50 이하로서 시·도조례로 정하는 비율
> ④ 과밀억제권역 외의 지역에서 시행하는 재개발사업은 초과용적률의 100분의 75 이하로서 시·도조례로 정하는 비율

4. 국민주택규모 주택의 공급 및 인수 ^{33회}

(1) 사업시행자는 제54조 제4항에 따라 건설한 국민주택규모 주택을 국토교통부장관, 시·도지사, 시장, 군수, 구청장 또는 토지주택공사 등(이하 "인수자"라 한다)에 공급하여야 한다.

(2) 위 (1)에 따른 국민주택규모 주택의 공급가격은 「공공주택 특별법」 제50조의4에 따라 국토교통부장관이 고시하는 공공건설임대주택의 표준건축비로 하며, 부속 토지는 인수자에게 기부채납한 것으로 본다.

(3) 사업시행자는 정비계획상 용적률을 초과하여 건축하려는 경우에는 사업시행계획인가를 신청하기 전에 미리 국민주택규모 주택에 관한 사항을 인수자와 협의하여 사업시행계획서에 반영하여야 한다.

(4) 사업시행자는 법 제54조 제4항에 따라 건설한 국민주택규모 주택 중 법 제55조 제1항에 따른 인수자에게 공급해야 하는 국민주택규모 주택을 공개추첨의 방법으로 선정해야 하며, 그 선정결과를 지체 없이 인수자에게 통보해야 한다.

(5) 사업시행자가 국민주택규모 주택을 공급하는 경우에는 시·도지사, 시장·군수·구청장 순으로 우선하여 인수할 수 있다. 다만, 시·도지사 및 시장·군수·구청장이 국민주택규모 주택을 인수할 수 없는 경우에는 시·도지사는 국토교통부장관에게 인수자 지정을 요청해야 한다.

5. 정비사업시행을 위한 조치 19회, 20회

(1) 임시거주시설·임시상가의 설치 등

① 임시거주 등: 사업시행자는 주거환경개선사업 및 재개발사업의 시행으로 철거되는 주택의 소유자 또는 세입자에게 해당 정비구역 안과 밖에 위치한 임대주택 등의 시설에 임시로 거주하게 하거나 주택자금의 융자를 알선하는 등 임시거주에 상응하는 조치를 하여야 한다.

② 임시상가의 설치: 재개발사업의 사업시행자는 사업시행으로 이주하는 상가세입자가 사용할 수 있도록 정비구역 또는 정비구역 인근에 임시상가를 설치할 수 있다.

③ 임시거주를 위한 토지 등의 사용

　㉠ 사업시행자는 임시거주시설의 설치 등을 위하여 필요한 때에는 국가·지방자치단체, 그 밖의 공공단체 또는 개인의 시설이나 토지를 일시 사용할 수 있다.

　㉡ 국가 또는 지방자치단체는 사업시행자로부터 임시거주시설에 필요한 건축물이나 토지의 사용신청을 받은 때에는 대통령령으로 정하는 다음의 사유가 없으면 이를 거절하지 못한다. 이 경우 사용료 또는 대부료는 면제한다.

　　㉮ 임시거주시설의 설치를 위하여 필요한 건축물이나 토지에 대하여 제3자와 이미 매매계약을 체결한 경우
　　㉯ 사용신청 이전에 임시거주시설의 설치를 위하여 필요한 건축물이나 토지에 대한 사용계획이 확정된 경우
　　㉰ 제3자에게 이미 임시거주시설의 설치를 위하여 필요한 건축물이나 토지에 대한 사용허가를 한 경우

　㉢ 사업시행자는 정비사업의 공사를 완료한 때에는 완료한 날부터 30일 이내에 임시거주시설을 철거하고, 사용한 건축물이나 토지를 원상회복하여야 한다.

확인문제

25

도시 및 주거환경정비법령상 정비사업시행을 위한 조치 등에 관한 설명으로 틀린 것은?

① 사업시행자는 재개발사업의 시행으로 철거되는 주택의 소유자 또는 세입자에게 해당 정비구역 안과 밖에 위치한 임대주택 등의 시설에 임시로 거주하게 하거나 주택자금의 융자를 알선하는 등 임시거주에 상응하는 조치를 하여야 한다.

② 국가가 사업시행자로부터 위 ①의 임시거주시설에 필요한 건축물이나 토지의 사용신청을 받았음에도 이미 그 건축물의 매매계약이 제3자와 체결되어 있는 때에는 그 사용신청을 거절할 수 있다.

③ 주거환경개선사업에 따른 건축허가를 받는 때에는 「주택도시기금법」상의 국민주택채권 매입에 관한 규정이 적용되지 않는다.

④ 정비사업의 시행으로 인하여 임차권 등의 설정 목적을 달성할 수 없는 때에는 그 권리자는 사업시행자에게 계약을 해지할 수 있다.

⑤ 재개발사업의 사업시행자는 사업시행으로 이주하는 상가세입자가 사용할 수 있도록 정비구역 또는 정비구역 인근에 임시상가를 설치할 수 있다.

26

도시 및 주거환경정비법령상 사업시행 등에 관한 설명으로 틀린 것은?

① 사업시행인가를 받은 경우 지상권 · 전세권설정계약 또는 임대차계약의 계약기간에 대하여 「민법」 제280 · 281조 등의 규정을 적용하지 아니한다.

② 정비사업의 시행으로 인하여 지상권 · 전세권 또는 임차권의 설정목적을 달성할 수 없는 때에는 그 권리자는 계약을 해지할 수 있다.

③ 계약을 해지할 수 있는 자가 가지는 전세금 · 보증금 그 밖에 계약상의 금전의 반환청구권은 사업시행자에게 이를 행사할 수 있다.

④ 사업시행자는 임시거주시설의 설치 등을 위하여 필요한 때에는 국가 · 지방자치단체, 그 밖의 공공단체 또는 개인의 시설이나 토지를 일시 사용할 수 있다.

⑤ 재개발사업의 사업시행자는 사업시행으로 이주하는 상가세입자가 사용할 수 있도록 정비구역 또는 정비구역 인근에 임시상가를 설치할 수 있다.

(2) 손실보상

사업시행자는 공공단체(지방자치단체는 제외한다) 또는 개인의 시설이나 토지를 일시 사용함으로써 손실을 입은 자가 있는 경우에는 손실을 보상하여야 하며, 손실을 보상하는 경우에는 손실을 입은 자와 협의하여야 한다.

5. 토지 등의 수용 또는 사용

(1) 수용 · 사용의 인정

사업시행자는 정비구역에서 정비사업(재건축사업의 경우에는 천재지변, 사용제한 · 사용금지, 그 밖의 불가피한 사유로 긴급하게 정비사업을 시행할 필요가 있다고 인정하는 때로 한정한다)을 시행하기 위하여 「공익사업을 위한 토지 등의 취득 및 보상에 관한 법률」 제3조에 따른 토지 · 물건 또는 그 밖의 권리를 취득하거나 사용할 수 있다.

(2) 「공익사업을 위한 토지 등의 취득 및 보상에 관한 법률」의 준용

정비구역에서 정비사업의 시행을 위한 토지 또는 건축물의 소유권과 그 밖의 권리에 대한 수용 또는 사용은 이 법에 규정된 사항을 제외하고는 「공익사업을 위한 토지 등의 취득 및 보상에 관한 법률」을 준용한다.

(3) 사업인정 · 고시의 의제

위 (2)에 따라 「공익사업을 위한 토지 등의 취득 및 보상에 관한 법률」을 준용하는 경우 사업시행계획인가 고시(시장 · 군수 등이 직접 정비사업을 시행하는 경우에는 제50조 제7항에 따른 사업시행계획서의 고시를 말한다)가 있은 때에는 같은 법 제20조 제1항 및 제22조 제1항에 따른 사업인정 및 그 고시가 있은 것으로 본다.

6. 재건축사업에서의 매도청구

① 재건축사업의 사업시행자는 사업시행계획인가의 고시가 있은 날부터 30일 이내에 다음 각 호의 자에게 조합설립 또는 사업시행자의 지정에 관한 동의 여부를 회답할 것을 서면으로 촉구하여야 한다(법 제64조 제1항).

> ㉠ 제35조 제3항부터 제5항까지에 따른 **조합설립에 동의하지 아니한 자**
> ㉡ 제26조 제1항 및 제27조 제1항에 따라 시장 · 군수 등, 토지주택공사 등 또는 신탁업자의 사업시행자 지정에 동의하지 아니한 자

② 위 ①의 촉구를 받은 토지등소유자는 촉구를 받은 날부터 **2개월 이내**에 회답하여야 한다(법 제64조 제2항).

③ 위 ②의 기간 내에 회답하지 아니한 경우 그 토지등소유자는 조합설립 또는 사업시행자의 지정에 동의하지 아니하겠다는 뜻을 회답한 것으로 본다(법 제64조 제3항).

④ 위 ②의 기간이 지나면 사업시행자는 그 기간이 만료된 때부터 2개월 이내에 조합설립 또는 사업시행자 지정에 동의하지 아니하겠다는 뜻을 회답한 **토지등소유자**

와 건축물 또는 토지만 소유한 자에게 건축물 또는 토지의 소유권과 그 밖의 권리를 매도할 것을 청구할 수 있다(법 제64조 제4항).

확인문제

7. 지상권 등의 계약의 해지 15회

(1) 정비사업의 시행으로 지상권·전세권 또는 임차권의 설정 목적을 달성할 수 없는 때에는 그 권리자는 계약을 해지할 수 있다.

(2) 계약을 해지할 수 있는 자가 가지는 전세금·보증금 그 밖에 계약상의 금전의 반환청구권은 사업시행자에게 이를 행사할 수 있다.

(3) 금전의 반환청구권의 행사에 따라 당해 금전을 지급한 사업시행자는 당해 토지등소유자에게 이를 구상할 수 있다.

(4) 사업시행자는 구상(求償)이 되지 아니하는 때에는 당해 토지등소유자에게 귀속될 대지 또는 건축물을 압류할 수 있다. 이 경우 압류한 권리는 저당권과 동일한 효력을 가진다.

제5절 관리처분계획 등 15회, 16회, 21회, 32회

1. 분양신청 등

(1) **분양신청의 통지 및 공고** 30회

① 사업시행자는 **사업시행계획인가의 고시가 있은 날**(사업시행계획인가 이후 시공자를 선정한 경우에는 시공자와 계약을 체결한 날)**부터 120일 이내**에 다음의 사항을 토지등소유자에게 통지하여야 한다.

> ① 분양대상자별 종전의 토지 또는 건축물의 명세 및 사업시행계획인가의 고시가 있은 날을 기준으로 한 가격(사업시행계획인가 전에 철거된 건축물은 시장·군수 등에게 허가를 받은 날을 기준으로 한 가격)
> ② 분양대상자별 분담금의 추산액
> ③ 분양신청기간
> ④ 그 밖에 대통령령으로 정하는 다음의 사항
> • 사업시행인가의 내용
> • 정비사업의 종류·명칭 및 정비구역의 위치·면적
> • 분양신청기간 및 장소
> • 분양대상 대지 또는 건축물의 내역
> • 분양신청자격
> • 분양신청방법
> • 분양을 신청하지 아니한 자에 대한 조치
> • 그 밖에 시·도조례로 정하는 사항

② 또한 분양의 대상이 되는 대지 또는 건축물의 내역 등 대통령령으로 정하는 다음 사항을 해당 지역에서 발간되는 일간신문에 공고하여야 한다. 다만, 토지등소유자 1인이 시행하는 재개발사업의 경우에는 그러하지 아니하다.

> ㉠ 사업시행인가의 내용
> ㉡ 정비사업의 종류·명칭 및 정비구역의 위치·면적
> ㉢ **분양신청기간 및 장소**
> ㉣ **분양대상 대지 또는 건축물의 내역**
> ㉤ **분양신청자격**
> ㉥ **분양신청방법**
> ㉦ 토지등소유자외의 권리자의 권리신고방법
> ㉧ 분양을 신청하지 아니한 자에 대한 조치
> ㉨ 그 밖에 시·도조례로 정하는 사항
> ⊕ 분양대상자별 분담금의 추산액은 공고내용에 포함되지 아니한다.

(2) 분양신청기간

분양신청기간은 그 통지한 날부터 30일 이상 60일 이내(20일의 범위 이내에서 연장)

(3) 분양신청

대지 또는 건축물에 대한 분양을 받으려는 토지등소유자는 분양신청기간에 사업시행자에게 대지 또는 건축물에 대한 분양신청을 하여야 한다.

2. 분양신청을 하지 아니한 자 등에 대한 조치(손실보상) 33회

① 사업시행자는 관리처분계획이 인가·고시된 다음 날부터 90일 이내에 다음에서 정하는 자와 토지, 건축물 또는 그 밖의 권리의 손실보상에 관한 협의를 하여야 한다. 다만, 사업시행자는 분양신청기간 종료일의 다음 날부터 협의를 시작할 수 있다.

> ㉠ 분양신청을 하지 아니한 자
> ㉡ 분양신청기간 종료 이전에 분양신청을 철회한 자
> ㉢ 제72조 제6항 본문에 따라 분양신청을 할 수 없는 자
> ㉣ 관리처분계획에 따라 분양대상에서 제외된 자

② 사업시행자가 위 ①에 따라 토지등소유자의 토지, 건축물 또는 그 밖의 권리에 대하여 현금으로 청산하는 경우 청산금액은 사업시행자와 토지등소유자가 협의하여 산정한다. 이 경우 재개발사업의 손실보상액의 산정을 위한 감정평가업자 선정에 관하여는 「공익사업을 위한 토지 등의 취득 및 보상에 관한 법률」 제68조 제1항에 따른다.

27
도시 및 주거환경정비법령상 사업시행자가 관리처분계획이 인가·고시된 다음 날부터 90일 이내에 손실보상 협의를 하여야 하는 토지등소유자를 모두 고른 것은? (단, 분양신청기간 종료일의 다음 날부터 협의를 시작할 수 있음)

> ㉠ 분양신청기간 내에 분양신청을 하지 아니한 자
> ㉡ 인가된 관리처분계획에 따라 분양대상에서 제외된 자
> ㉢ 분양신청기간 종료 후에 분양신청을 철회한 자

① ㉠
② ㉠, ㉡
③ ㉠, ㉢
④ ㉡, ㉢
⑤ ㉠, ㉡, ㉢

③ 사업시행자는 위 ②에 따른 협의가 성립되지 아니하면 그 기간의 만료일 다음 날부터 60일 이내에 수용재결을 신청하거나 매도청구소송을 제기하여야 한다.

④ 사업시행자는 위 ③에 따른 기간을 넘겨서 수용재결을 신청하거나 매도청구소송을 제기한 경우에는 해당 토지등소유자에게 지연일수(遲延日數)에 따른 이자를 지급하여야 한다. 이 경우 이자는 100분의 15 이하의 범위에서 대통령령으로 정하는 이율을 적용하여 산정한다.

3. 관리처분계획의 인가 등 ^{22회, 27회}

(1) 시장·군수 등의 인가 및 신고 ^{29회}

① 사업시행자는 분양신청기간이 종료된 때에는 분양신청의 현황을 기초로 다음의 내용을 포함한 관리처분계획을 수립하여 시장·군수 등의 인가를 받아야 하며, 관리처분계획을 변경·중지 또는 폐지하려는 경우에도 또한 같다.

> **관리처분계획의 내용**
>
> ㉠ 분양설계
> ㉡ 분양대상자의 주소 및 성명
> ㉢ 분양대상자별 분양예정인 대지 또는 건축물의 추산액
> ㉣ 다음에 해당하는 보류지 등의 명세와 추산액 및 처분방법. 다만, 나목의 경우에는 제30조 제1항에 따라 선정된 임대사업자의 성명 및 주소(법인인 경우에는 법인의 명칭 및 소재지와 대표자의 성명 및 주소)를 포함한다.
> 　가. 일반 분양분
> 　나. 공공지원민간임대주택
> 　다. 임대주택
> 　라. 그 밖에 부대시설·복리시설 등
> ㉤ 분양대상자별 종전의 토지 또는 건축물 명세 및 **사업시행계획인가 고시가 있은 날**을 기준으로 한 가격(사업시행계획인가 전에 철거된 건축물은 시장·군수 등에게 허가를 받은 날을 기준으로 한 가격)
> ㉥ **정비사업비의 추산액**(재건축사업의 경우에는 재건축부담금에 관한 사항을 포함한다) 및 그에 따른 조합원 분담규모 및 분담시기
> ㉦ 분양대상자의 종전 토지 또는 건축물에 관한 소유권 외의 권리명세
> ㉧ 세입자별 손실보상을 위한 권리명세 및 그 평가액
> ㉨ 그 밖에 정비사업과 관련한 권리 등에 관하여 대통령령으로 정하는 사항

확인문제

28

도시 및 주거환경정비법령상 관리처분계획 등에 관한 설명으로 옳은 것은?

① 재개발사업의 관리처분은 정비구역안의 지상권자에 대한 분양을 포함하여야 한다.

② 재건축사업의 관리처분의 기준은 조합원 전원의 동의를 받더라도 법령상 정하여진 관리처분의 기준과 달리 정할 수 없다.

③ 사업시행자는 폐공가의 밀집으로 우범지대화의 우려가 있는 경우 기존 건축물의 소유자의 동의 및 시장·군수 등의 허가를 얻어 해당 건축물을 철거할 수 있다.

④ 관리처분계획의 인가·고시가 있은 때에는 종전의 토지의 임차권자는 사업시행자의 동의를 받더라도 소유권의 이전고시가 있은 날까지 종전의 토지를 사용할 수 없다.

⑤ 주거환경개선사업의 사업시행자는 반드시 관리처분계획에 따라 주택을 건설하여 공급하여야 한다.

29

도시 및 주거환경정비법령상 관리처분계획 등에 관한 설명으로 옳은 것은? (단, 조례는 고려하지 않음)

① 지분형주택의 규모는 주거전용면적 60제곱미터 이하인 주택으로 한정한다.

② 분양신청기간의 연장은 30일의 범위에서 한 차례만 할 수 있다.

③ 같은 세대에 속하지 아니하는 3명이 1토지를 공유한 경우에는 3주택을 공급하여야 한다.

④ 조합원 10분의 1 이상이 관리처분계획인가 신청이 있은 날부터 30일 이내에 관리처분계획의 타당성 검증을 요청한 경우 시장·군수 등은 이에 따라야 한다.

⑤ 시장·군수 등은 정비구역에서 면적이 100제곱미터의 토지를 소유한 자로서 건축물을 소유하지 아니한 자의 요청이 있는 경우에는 인수한 임대주택의 일부를 주택법에 따른 토지임대부 분양주택으로 전환하여 공급하여야 한다.

② 정비사업에서 위 ①의 ⓒ, ⑩, ⓞ에 따라 재산 또는 권리를 평가할 때에는 다음 각 호의 방법에 따른다(법 제74조 제2항).15회

> ㉠ 「감정평가 및 감정평가사에 관한 법률」에 따른 감정평가법인등 중 다음 각 목의 구분에 따른 **감정평가법인등이 평가한 금액을 산술평균하여 산정**한다. 다만, 관리처분계획을 변경·중지 또는 폐지하려는 경우 분양예정 대상인 대지 또는 건축물의 추산액과 종전의 토지 또는 건축물의 가격은 사업시행자 및 토지등소유자 전원이 합의하여 산정할 수 있다.
> 　가. 주거환경개선사업 또는 재개발사업: 시장·군수 등이 선정·계약한 2인 이상의 감정평가법인등
> 　나. 재건축사업: 시장·군수 등이 선정·계약한 1인 이상의 감정평가법인등과 조합총회의 의결로 선정·계약한 1인 이상의 감정평가법인등
> ㉡ 시장·군수 등은 위 ㉠에 따라 감정평가법인등을 선정·계약하는 경우 감정평가법인등의 업무수행능력, 소속 감정평가사의 수, 감정평가 실적, 법규 준수 여부, 평가계획의 적정성 등을 고려하여 객관적이고 투명한 절차에 따라 선정하여야 한다. 이 경우 감정평가법인등의 선정·절차 및 방법 등에 필요한 사항은 시·도조례로 정한다.
> ㉢ 사업시행자는 위 ㉠에 따라 감정평가를 하려는 경우 시장·군수 등에게 감정평가법인등의 선정·계약을 요청하고 감정평가에 필요한 비용을 미리 예치하여야 한다. 시장·군수 등은 감정평가가 끝난 경우 예치된 금액에서 감정평가 비용을 직접 지급한 후 나머지 비용을 사업시행자와 정산하여야 한다.

③ 다음의 경미한 사항을 변경하고자 하는 때에는 시장·군수 등에게 신고하여야 한다.

> ㉠ 계산착오·오기·누락 등에 따른 조서의 단순정정인 경우(불이익을 받는 자가 없는 경우에만 해당한다)
> ㉡ 정관 및 사업시행계획인가의 변경에 따라 관리처분계획을 변경하는 경우
> ㉢ 매도청구에 대한 판결에 따라 관리처분계획을 변경하는 경우
> ㉣ 권리·의무의 변동이 있는 경우로서 분양설계의 변경을 수반하지 아니하는 경우
> ㉤ 주택분양에 관한 권리를 포기하는 토지등소유자에 대한 임대주택의 공급에 따라 관리처분계획을 변경하는 경우
> ㉥ 「민간임대주택에 관한 특별법」 제2조 제7호에 따른 임대사업자의 주소(법인인 경우에는 법인의 소재지와 대표자의 성명 및 주소)를 변경하는 경우

④ 시장·군수 등은 신고를 받은 날부터 20일 이내에 신고수리 여부를 신고인에게 통지하여야 한다. 또한 시장·군수 등이 신고수리기간 내에 신고수리 여부 또는 민원 처리 관련 법령에 따른 처리기간의 연장을 신고인에게 통지하지 아니하면 그 기간(민원 처리 관련 법령에 따라 처리기간이 연장 또는 재연장된 경우에는 해당 처리기간을 말한다)이 끝난 날의 다음 날에 신고를 수리한 것으로 본다.

(3) 관리처분계획의 일반적 기준 _{15회 추가, 17회, 23회}

㉠ 종전의 토지 또는 건축물의 **면적·이용 상황·환경**, 그 밖의 사항을 종합적으로 고려하여 대지 또는 건축물이 균형 있게 분양신청자에게 배분되고 합리적으로 이용되도록 한다.

㉡ 지나치게 좁거나 넓은 토지 또는 건축물은 넓히거나 좁혀 대지 또는 건축물이 적정 규모가 되도록 한다.

㉢ 너무 좁은 토지 또는 건축물을 취득한 자나 정비구역 지정 후 분할된 토지 또는 집합건물의 구분소유권을 취득한 자에게는 현금으로 청산할 수 있다.

㉣ 재해 또는 위생상의 위해를 방지하기 위하여 토지의 규모를 조정할 특별한 필요가 있는 때에는 너무 좁은 토지를 넓혀 토지를 갈음하여 보상을 하거나 건축물의 일부와 그 건축물이 있는 대지의 공유지분을 교부할 수 있다.

㉤ 분양설계에 관한 계획은 **분양신청기간이 만료하는 날을 기준**으로 하여 수립한다.

㉥ 1세대 또는 1명이 하나 이상의 주택 또는 토지를 소유한 경우 1주택을 공급하고, 같은 세대에 속하지 아니하는 2명 이상이 1주택 또는 1토지를 공유한 경우에는 1주택만 공급한다.

㉧ 위 ㉥에도 불구하고 다음의 경우에는 각 목의 방법에 따라 주택을 공급할 수 있다.

  ㉮ 2명 이상이 1토지를 공유한 경우로서 시·도조례로 주택공급을 따로 정하고 있는 경우에는 시·도조례로 정하는 바에 따라 주택을 공급할 수 있다.

  ㉯ 다음 어느 하나에 해당하는 토지등소유자에게는 **소유한 주택 수만큼 공급**할 수 있다.

    ⓐ **과밀억제권역에 위치하지 아니한 재건축사업의 토지등소유자**. 다만, 투기과열지구 또는 「주택법」에 따라 지정된 조정대상지역에서 사업시행계획인가(최초 사업시행계획인가를 말한다)를 신청하는 재건축사업의 토지등소유자는 제외한다.

    ⓑ **근로자(공무원인 근로자를 포함한다) 숙소, 기숙사 용도로 주택을 소유하고 있는 토지등소유자**

    ⓒ **국가, 지방자치단체 및 토지주택공사 등**

    ⓓ 「지방자치분권 및 지역균형발전에 관한 특별법」 제25조에 따른 공공기관지방 이전 및 혁신도시 활성화를 위한 시책 등에 따라 이전하는 **공공기관이 소유한 주택을 양수한 자**

  ㉰ 위 ⓐ의 단서에도 불구하고 과밀억제권역 외의 조정대상지역 또는 투기과열지구에서 조정대상지역 또는 투기과열지구로 지정되기 전에 1명의 토지등소유자로부터 토지 또는 건축물의 소유권을 양수하여 여러 명이 소유하게 된 경우에는 양도인과 양수인에게 각각 1주택을 공급할 수 있다.

  ㉱ 사업시행계획인가 고시가 있은 날에 따른 가격의 범위 또는 종전 주택의 주거전용면적의 범위에서 2주택을 공급할 수 있고, 이 중 1주택은 주거전용면적을 60제곱미터 이하로 한다. 다만, 60제곱미터 이하로 공급받은 1주택은 이전고시일 다음 날부터 3년이 지나기 전에는 주택을 **전매**(매매·증여나 그 밖에 권리의 변동을 수반하는 모든 행위를 포함하되 상속의 경우는 제외한다)하거나 **전매를 알선할 수 없다.**

  ㉲ **과밀억제권역에 위치한 재건축사업의 경우에는 토지등소유자가 소유한 주택수의 범위에서 3주택까지 공급**할 수 있다. 다만, 투기과열지구 또는 「주택법」 제63조에 따라 지정된 **조정대상지역에서 사업시행계획인가**(최초 사업시행계획인가를 말한다)를 신청하는 **재건축사업의 경우에는 그러하지 아니하다.**

확인문제

30

도시 및 주거환경정비법령상 관리처분계획의 기준에 관한 설명으로 틀린 것은?

① 1세대 또는 1명이 하나 이상의 주택 또는 토지를 소유한 경우 1주택을 공급하고, 같은 세대에 속하지 아니하는 2명 이상이 1주택 또는 1토지를 공유한 경우에는 1주택만 공급한다.

② 과밀억제권역에서 투기과열지구에 위치한 재건축사업의 경우에는 3주택 이하로 한정하여 공급할 수 있다.

③ 분양설계에 관한 계획은 분양신청기간이 만료되는 날을 기준으로 하여 수립한다.

④ 근로자숙소·기숙사 용도로 주택을 소유하고 있는 토지등소유자에게는 소유한 주택수만큼 주택을 공급할 수 있다.

⑤ 너무 좁은 토지 또는 건축물이나 정비구역 지정 후 분할된 토지를 취득한 자에게는 현금으로 청산할 수 있다.

● 과밀억제권역에 위치하지 아니한 재건축사업의 토지등소유자에게는 1세대가 1 이상의 주택을 소유한 경우에 1주택을 공급한다(×).

● 관리처분계획에는 분양대상자별 종전의 토지 또는 건축물 명세 및 사업시행계획인가 고시가 있은 날을 기준으로 한 가격이 포함되어야 한다(○).

● 재건축사업의 관리처분은 조합이 조합원 전원의 동의를 받아 그 기준을 따로 정하는 경우에는 그에 따른다(○).

● 재개발사업의 관리처분은 정비구역안의 지상권자에 대한 분양을 포함하여야 한다(×).

● 시장·군수 등은 사업시행자의 관리처분계획인가의 신청이 있은 날부터 60일 이내에 인가 여부를 결정하여 사업시행자에게 통보하여야 한다(×).

⊕ 관리처분계획의 인가를 받은 경우 지상권·전세권설정계약 또는 임대차계약의 계약기간에 대하여는 「민법」 제280·281조 및 제312조 제2항, 「주택임대차보호법」 제4조 제1항, 「상가건물 임대차보호법」 제9조 제1항의 규정은 이를 적용하지 아니한다.

(4) 관리처분계획의 방법 15회

① 관리처분계획을 수립하는 방법으로 시행하는 주거환경개선사업과 재개발사업의 관리처분은 다음의 방법에 따른다.

㉠ 시·도조례로 분양주택의 규모를 제한하는 경우에는 그 규모 이하로 주택을 공급할 것

㉡ 1개의 건축물의 대지는 1필지의 토지가 되도록 정할 것. 다만, 주택단지의 경우에는 그러하지 아니하다.

㉢ 정비구역의 토지등소유자(지상권자는 제외한다)에게 분양할 것. 다만, 공동주택을 분양하는 경우 시·도조례로 정하는 금액·규모·취득 시기 또는 유형에 대한 기준에 부합하지 아니하는 토지등소유자는 시·도조례로 정하는 바에 따라 분양대상에서 제외할 수 있다.

㉣ 1필지의 대지 및 그 대지에 건축된 건축물(보류지로 정하거나 조합원 외의 자에게 분양하는 부분은 제외한다)을 2인 이상에게 분양하는 때에는 기존의 토지 및 건축물의 가격과 토지등소유자가 부담하는 비용(재개발사업의 경우에만 해당한다)의 비율에 따라 분양할 것

㉤ 분양대상자가 공동으로 취득하게 되는 건축물의 공용부분은 각 권리자의 공유로 하되, 해당 공용부분에 대한 각 권리자의 지분비율은 그가 취득하게 되는 부분의 위치 및 바닥면적 등의 사항을 고려하여 정할 것

㉥ 1필지의 대지 위에 2인 이상에게 분양될 건축물이 설치된 경우에는 건축물의 분양면적의 비율에 따라 그 대지소유권이 주어지도록 할 것. 이 경우 토지의 소유관계는 공유로 한다.

㉦ 주택 및 부대시설·복리시설의 공급순위는 기존의 토지 또는 건축물의 가격을 고려하여 정할 것. 이 경우 그 구체적인 기준은 시·도조례로 정할 수 있다.

② 재건축사업의 경우 관리처분은 다음의 방법에 따른다. 다만, 조합이 조합원 전원의 동의를 받아 그 기준을 따로 정하는 경우에는 그에 따른다.

㉠ 위 ①의 ㉤ 및 ㉥을 적용할 것

㉡ 부대시설·복리시설(부속토지를 포함한다)의 소유자에게는 부대시설·복리시설을 공급할 것. 다만, 다음 각 목의 어느 하나에 해당하는 경우에는 1주택을 공급할 수 있다.

㉮ 새로운 부대시설·복리시설을 건설하지 아니하는 경우로서 기존 부대시설·복리시설의 가액이 분양주택 중 최소분양단위규모의 추산액에 정관등으로 정하는 비율(정관등으로 정하지 아니하는 경우에는 1로 한다. 이하 나목에서 같다)을 곱한 가액보다 클 것

㉯ 기존 부대시설·복리시설의 가액에서 새로 공급받는 부대시설·복리시설의 추산액을 뺀 금액이 분양주택 중 최소분양단위규모의 추산액에 정관등으로 정하는 비율을 곱한 가액보다 클 것

㉰ 새로 건설한 부대시설·복리시설 중 최소분양단위규모의 추산액이 분양주택 중 최소분양단위규모의 추산액보다 클 것

4. 관리처분계획의 공람 및 인가절차 등 24회

(1) 토지 등 소유자의 의견청취

사업시행자는 관리처분계획인가를 신청하기 전에 관계 서류의 사본을 30일 이상 토지등소유자에게 공람하게 하고 의견을 들어야 한다.

(2) 인가 여부의 통보

시장·군수 등은 사업시행자의 관리처분계획인가의 신청이 있는 날부터 30일 이내에 인가 여부를 결정하여 사업시행자에게 통보하여야 한다. 다만, 시장·군수 등은 관리처분계획의 타당성 검증을 요청하는 경우에는 관리처분계획인가의 신청을 받은 날부터 60일 이내에 인가 여부를 결정하여 사업시행자에게 통지하여야 한다.

(3) 인가고시 24회

시장·군수는 관리처분계획을 인가하는 때에는 그 내용을 당해 지방자치단체의 공보에 고시하여야 한다. 이 경우 시장·군수 등은 관리처분계획의 인가내용을 고시하는 경우에는 다음 각 호의 사항을 포함하여야 한다.

① 정비사업의 종류 및 명칭
② 정비구역의 위치 및 면적
③ 사업시행자의 성명 및 주소
④ 관리처분계획인가일
⑤ 다음 각 목의 사항을 포함한 관리처분계획인가의 요지
　가. 대지 및 건축물의 규모 등 건축계획
　나. 분양 또는 보류지의 규모 등 분양계획
　다. 신설 또는 폐지하는 정비기반시설의 명세
　라. 기존 건축물의 철거 예정시기 등

(4) 인가내용의 통지

① 사업시행자는 공람을 실시하려거나 시장·군수 등의 고시가 있은 때에는 대통령령으로 정하는 방법과 절차에 따라 토지등소유자에게는 공람계획을 통지하고, 분양신청을 한 자에게는 관리처분계획인가의 내용 등을 통지하여야 한다.
② 관리처분계획의 공람 및 인가절차 등에 관한 규정은 시장·군수가 직접 관리처분계획을 수립하는 경우에 이를 준용한다.

(5) 사용·수익의 제한

종전의 토지 또는 건축물의 소유자·지상권자·전세권자·임차권자 등 권리자는 관리처분계획인가의 고시가 있은 때에는 이전고시가 있는 날까지 종전의 토지 또는 건축물을 사용하거나 수익할 수 없다. 다만, 사업시행자의 동의를 받은 경우이거나 손실보상이 완료되지 아니한 경우에는 그러하지 아니하다.

확인문제

31
도시 및 주거환경정비법령상 재건축사업의 관리처분계획에 관한 설명으로 틀린 것은?
① 사업의 시행으로 조성된 대지는 관리처분계획에 의하여 관리하여야 한다.
② 분양신청기간은 통지한 날부터 30일 이상 60일 이내로 하여야 한다. 다만, 사업시행자는 관리처분계획의 수립에 지장이 없다고 판단하는 경우에는 분양신청기간을 20일의 범위에서 한 차례만 연장할 수 있다.
③ 관리처분계획에는 분양대상자별 종전의 토지 또는 건축물 명세 및 사업시행계획인가 고시가 있은 날을 기준으로 한 가격이 포함되어야 한다.
④ 주택분양에 관한 권리를 포기하는 토지등소유자에 대한 임대주택의 공급에 따라 관리처분계획을 변경하는 경우 조합총회의 의결을 거쳐야 한다.
⑤ 재건축사업의 관리처분은 조합이 조합원 전원의 동의를 받아 그 기준을 따로 정하는 경우에는 그에 따른다.

5. 사업시행계획인가 및 관리처분계획인가의 시기 조정

(1) 특별시장 · 광역시장 또는 도지사는 정비사업의 시행으로 정비구역 주변 지역에 주택이 현저하게 부족하거나 주택시장이 불안정하게 되는 등 특별시 · 광역시 또는 도의 조례로 정하는 사유가 발생하는 경우에는 「주거기본법」 제9조에 따른 시 · 도 주거정책심의위원회의 심의를 거쳐 사업시행계획인가 또는 관리처분계획인가의 시기를 조정하도록 해당 시장, 군수 또는 구청장에게 요청할 수 있다. 이 경우 요청을 받은 시장, 군수 또는 구청장은 특별한 사유가 없으면 그 요청에 따라야 하며, 사업시행계획인가 또는 관리처분계획인가의 조정 시기는 인가를 신청한 날부터 1년을 넘을 수 없다.

(2) 특별자치시장 및 특별자치도지사는 정비사업의 시행으로 정비구역 주변 지역에 주택이 현저하게 부족하거나 주택시장이 불안정하게 되는 등 특별자치시 및 특별자치도의 조례로 정하는 사유가 발생하는 경우에는 「주거기본법」 제9조에 따른 시 · 도 주거정책심의위원회의 심의를 거쳐 사업시행계획인가 또는 제74조에 따른 관리처분계획인가의 시기를 조정할 수 있다. 이 경우 사업시행계획인가 또는 관리처분계획인가의 조정 시기는 인가를 신청한 날부터 1년을 넘을 수 없다.

6. 건축물의 철거 등

(1) 원 칙

사업시행자는 관리처분계획인가를 받은 후 기존의 건축물을 철거하여야 한다.

(2) 예 외

사업시행자는 다음의 어느 하나에 해당하는 경우에는 위 (1)에도 불구하고 기존 건축물 소유자의 동의 및 시장 · 군수 등의 허가를 받아 해당 건축물을 철거할 수 있다. 이 경우 건축물의 철거는 토지등소유자로서의 권리 · 의무에 영향을 주지 아니한다.

> ① 기존 건축물의 붕괴 등 안전사고의 우려가 있는 경우
> ② 폐공가(廢空家)의 밀집으로 범죄발생의 우려가 있는 경우

(3) 건축물의 철거 제한

시장 · 군수 등은 사업시행자가 기존의 건축물을 철거하거나 철거를 위하여 점유자를 퇴거시키려는 경우 다음 각 호의 어느 하나에 해당하는 시기에는 건축물을 철거하거나 점유자를 퇴거시키는 것을 제한할 수 있다(법 제81조 제4항).

> ① 일출 전과 일몰 후
> ② 호우, 대설, 폭풍해일, 지진해일, 태풍, 강풍, 풍랑, 한파 등으로 해당 지역에 중대한 재해발생이 예상되어 기상청장이 「기상법」 제13조에 따라 특보를 발표한 때
> ③ 「재난 및 안전관리 기본법」 제3조에 따른 재난이 발생한 때
> ④ 위 ①부터 ③까지의 규정에 준하는 시기로 시장 · 군수 등이 인정하는 시기

7. 관리처분계획에 따른 처분 또는 관리 ^{31회}

(1) 정비사업의 시행으로 조성된 대지 및 건축물은 관리처분계획에 따라 처분 또는 관리하여야 한다. 또한 사업시행자는 정비사업의 시행으로 건설된 건축물을 인가받은 관리처분계획에 따라 토지등소유자에게 공급하여야 한다.

(2) 사업시행자는 분양신청을 받은 후 잔여분이 있는 경우에는 정관등 또는 사업시행계획으로 정하는 목적을 위하여 그 잔여분을 보류지(건축물을 포함한다)로 정하거나 조합원 또는 토지등소유자 이외의 자에게 분양할 수 있다.

(3) 사업시행자는 정비구역에 주택을 건설하는 경우에는 입주자 모집 조건·방법·절차, 입주금(계약금·중도금 및 잔금을 말한다)의 납부 방법·시기·절차, 주택공급 방법·절차 등에 관하여 「주택법」 제54조에도 불구하고 대통령령으로 정하는 범위에서 시장·군수 등의 승인을 받아 따로 정할 수 있다.

(4) 국토교통부장관, 시·도지사, 시장, 군수, 구청장 또는 토지주택공사 등은 조합이 요청하는 경우 재개발사업의 시행으로 건설된 임대주택을 인수하여야 한다.

(5) 위 (4)에 따라 조합이 재개발사업의 시행으로 건설된 임대주택(이하 "재개발임대주택"이라 한다)의 인수를 요청하는 경우 시·도지사 또는 시장, 군수, 구청장이 우선하여 인수하여야 하며, 시·도지사 또는 시장, 군수, 구청장이 예산·관리인력의 부족 등 부득이한 사정으로 인수하기 어려운 경우에는 국토교통부장관에게 토지주택공사 등을 인수자로 지정할 것을 요청할 수 있다.

8. 주택 등 건축물을 분양받을 권리의 산정 기준일 ^{23회}

(1) 정비사업을 통하여 분양받을 건축물이 다음 각 호의 어느 하나에 해당하는 경우에는 정비구역의 지정·고시가 있은 날 또는 시·도지사가 투기를 억제하기 위하여 기본계획 수립을 위한 주민공람의 공고일 후 정비구역 지정·고시 전에 따로 정하는 날(이하 이 조에서 "기준일"이라 한다)의 다음 날을 기준으로 건축물을 분양받을 권리를 산정한다.

① 1필지의 토지가 여러 개의 필지로 분할되는 경우
② 「집합건물의 소유 및 관리에 관한 법률」에 따른 집합건물이 아닌 건축물이 같은 법에 따른 집합건물로 전환되는 경우
③ 하나의 대지 범위에 속하는 동일인 소유의 토지와 주택 등 건축물을 토지와 주택 등 건축물로 각각 분리하여 소유하는 경우
④ 나대지에 건축물을 새로 건축하거나 기존 건축물을 철거하고 다세대주택, 그 밖의 공동주택을 건축하여 토지등소유자의 수가 증가하는 경우
⑤ 「집합건물의 소유 및 관리에 관한 법률」 제2조 제3호에 따른 전유부분의 분할로 토지등소유자의 수가 증가하는 경우

도시 및 주거환경정비법령상 소규모 토지 등의 소유자에 대한 토지임대부 분양주택 공급에 관한 내용이다. ( )에 들어갈 숫자로 옳은 것은? (단, 조례는 고려하지 않음)

> 국토교통부장관, 시·도지사, 시장, 군수, 구청장 또는 토지주택공사 등은 정비구역에 세입자와 다음의 어느 하나에 해당하는 자의 요청이 있는 경우에는 인수한 재개발임대주택의 일부를 「주택법」에 따른 토지임대부 분양주택으로 전환하여 공급하여야 한다.
> 1. 면적이 (㉠)제곱미터 미만의 토지를 소유한 자로서 건축물을 소유하지 아니한 자
> 2. 바닥면적이 (㉡)제곱미터 미만의 사실상 주거를 위하여 사용하는 건축물을 소유한 자로서 토지를 소유하지 아니한 자

① ㉠: 90, ㉡: 40
② ㉠: 90, ㉡: 50
③ ㉠: 90, ㉡: 60
④ ㉠: 100, ㉡: 40
⑤ ㉠: 100, ㉡: 50

(2) 시·도지사는 위 (1)에 따라 기준일을 따로 정하는 경우에는 기준일·지정사유·건축물을 분양받을 권리의 산정 기준 등을 해당 지방자치단체의 공보에 고시하여야 한다.

9. 지분형주택의 공급 및 소규모 토지 등의 소유자에 대한 토지임대부 분양주택 공급

34회

(1) 사업시행자가 토지주택공사 등인 경우에는 분양대상자와 사업시행자가 공동 소유하는 방식으로 주택(이하 "지분형주택"이라 한다)을 공급할 수 있다. 이 경우 공급되는 지분형주택의 규모, 공동 소유기간 및 분양대상자 등 필요한 사항은 대통령령으로 정한다(법 제80조 제1항).

(2) 법 제80조에 따른 지분형주택(이하 "지분형주택"이라 한다)의 규모, 공동 소유기간 및 분양대상자는 다음 각 호와 같다(영 제70조 제1항).

> ① 지분형주택의 규모는 주거전용면적 60제곱미터 이하인 주택으로 한정한다.
> ② 지분형주택의 공동 소유기간은 법 제86조 제2항에 따라 소유권을 취득한 날부터 10년의 범위에서 사업시행자가 정하는 기간으로 한다.
> ③ 지분형주택의 분양대상자는 다음 각 목의 요건을 모두 충족하는 자로 한다.
> 가. 법 제74조 제1항 제5호에 따라 산정한 종전에 소유하였던 토지 또는 건축물의 가격이 제1호에 따른 주택의 분양가격 이하에 해당하는 사람
> 나. 세대주로서 제13조 제1항에 따른 정비계획의 공람 공고일 당시 해당 정비구역에 2년 이상 실제 거주한 사람
> 다. 정비사업의 시행으로 철거되는 주택 외 다른 주택을 소유하지 아니한 사람

(3) 국토교통부장관, 시·도지사, 시장, 군수, 구청장 또는 토지주택공사 등은 정비구역에 세입자와 대통령령으로 정하는 다음의 면적 이하의 토지 또는 주택을 소유한 자의 요청이 있는 경우에는 인수한 임대주택의 일부를 「주택법」에 따른 토지임대부 분양주택으로 전환하여 공급하여야 한다(법 제80조 제2항, 영 제71조 제1항).

> ① 면적이 90제곱미터 미만의 토지를 소유한 자로서 건축물을 소유하지 아니한 자
> ② 바닥면적이 40제곱미터 미만의 사실상 주거를 위하여 사용하는 건축물을 소유한 자로서 토지를 소유하지 아니한 자
> ⊕ 토지 또는 주택의 면적은 위 ①, ②에서 정한 면적의 2분의 1 범위에서 시·도조례로 달리 정할 수 있다(영 제71조 제2항).

제 6 절 공사완료에 따른 조치

(1) 시장·군수 등의 준공인가 등 19회, 21회, 27회, 29회, 31회

① 시장·군수 등이 아닌 사업시행자가 정비사업 공사를 완료한 때에는 시장·군수 등의 준공인가를 받아야 한다.

② 준공인가신청을 받은 시장·군수 등은 지체 없이 준공검사를 실시하여야 한다. 이 경우 시장·군수 등은 효율적인 준공검사를 위하여 필요한 때에는 관계 행정기관·공공기관·연구기관, 그 밖의 전문기관 또는 단체에게 준공검사의 실시를 의뢰할 수 있다.

③ 시장·군수 등은 준공검사를 실시한 결과 정비사업이 인가받은 사업시행계획대로 완료되었다고 인정되는 때에는 준공인가를 하고 공사의 완료를 해당 지방자치단체의 공보에 고시하여야 한다.

④ 다만, 사업시행자(공동시행자인 경우를 포함한다)가 토지주택공사인 경우로서 「한국토지주택공사법」에 따라 준공인가 처리결과를 시장·군수 등에게 통보한 경우에는 그러하지 아니하다.

⑤ 시장·군수 등은 직접 시행하는 정비사업에 관한 공사가 완료된 때에는 그 완료를 해당 지방자치단체의 공보에 고시하여야 한다.

(2) 준공인가 전 사용허가

시장·군수 등은 준공인가를 하기 전이라도 완공된 건축물이 사용에 지장이 없는 등 대통령령으로 정하는 다음의 기준에 적합한 경우에는 입주예정자가 완공된 건축물을 사용할 수 있도록 사업시행자에게 허가할 수 있다. 다만, 시장·군수 등이 사업시행자인 경우에는 허가를 받지 아니하고 입주예정자가 완공된 건축물을 사용하게 할 수 있다.

> ㉠ 완공된 건축물에 전기·수도·난방 및 상·하수도 시설 등이 갖추어져 있어 해당 건축물을 사용하는 데 지장이 없을 것
> ㉡ 완공된 건축물이 관리처분계획에 적합할 것
> ㉢ 입주자가 공사에 따른 차량통행·소음·분진 등의 위해로부터 안전할 것

(3) 준공인가 등에 따른 정비구역의 해제

① 정비구역의 지정은 준공인가의 고시가 있은 날(관리처분계획을 수립하는 경우에는 이전고시가 있은 때를 말한다)의 다음 날에 해제된 것으로 본다. 이 경우 지방자치단체는 해당 지역을 「국토의 계획 및 이용에 관한 법률」에 따른 지구단위계획으로 관리하여야 한다.

② 위 ①에 따른 정비구역의 해제는 조합의 존속에 영향을 주지 아니한다.

33
도시 및 주거환경정비법령상 공사완료에 따른 조치 등에 관한 설명으로 틀린 것은?

① 사업시행자인 지방공사가 정비사업 공사를 완료한 때에는 시장·군수 등의 준공인가를 받아야 한다.

② 시장·군수 등은 준공인가 전 사용허가를 하는 때에는 동별·세대별 또는 구획별로 사용허가를 할 수 있다.

③ 관리처분계획을 수립하는 경우 정비구역의 지정은 이전고시가 있은 날의 다음 날에 해제된 것으로 본다.

④ 준공인가에 따른 정비구역의 해제가 있으면 조합은 해산된 것으로 본다.

⑤ 관리처분계획에 따라 소유권을 이전하는 경우 건축물을 분양받을 자는 이전고시가 있은 날의 다음 날에 그 건축물의 소유권을 취득한다.

34

도시 및 주거환경정비법령상 정비사업의 청산금에 관한 설명으로 옳은 것은?

① 청산금을 납부할 자가 이를 납부하지 아니하는 경우에는 시장·군수 등이 아닌 사업시행자는 시장·군수 등에게 청산금의 징수를 위탁할 수 있다. 이 경우 사업시행자는 징수한 금액의 100분의 10에 해당하는 금액을 당해 시장·군수 등에게 지급하여야 한다.

② 청산금을 지급받을 권리는 소유권 이전고시일 다음 날부터 3년간 이를 행사하지 아니하면 소멸한다.

③ 사업시행자는 청산금을 일시금으로 지급하여야 하고 이를 분할하여 지급하여서는 안 된다.

④ 정비사업 시행지역 내의 건축물의 저당권자는 그 건축물의 소유자가 지급받을 청산금에 대하여 청산금을 지급하기 전에 압류절차를 거쳐 저당권을 행사할 수 있다.

⑤ 청산금을 납부할 자가 이를 납부하지 아니하는 경우 시장·군수 등인 사업시행자는 지방세체납처분의 예에 의하여 이를 징수할 수 없다.

(4) 이전고시 등(분할신청통지, 소유권이전)

① 이전고시: 사업시행자는 준공인가 및 공사완료의 고시가 있은 때에는 지체 없이 대지확정측량을 하고 토지의 분할절차를 거쳐 관리처분계획에서 정한 사항을 분양받을 자에게 통지하고 대지 또는 건축물의 소유권을 이전하여야 한다. 다만, 정비사업의 효율적인 추진을 위하여 필요한 경우에는 해당 정비사업에 관한 공사가 전부 완료되기 전이라도 완공된 부분은 준공인가를 받아 대지 또는 건축물별로 분양받을 자에게 소유권을 이전할 수 있다.

② 이전고시 후 보고 및 권리취득: 사업시행자는 대지 및 건축물의 소유권을 이전하려는 때에는 그 내용을 해당 지방자치단체의 공보에 고시한 후 시장·군수 등에게 보고하여야 한다. 이 경우 대지 또는 건축물을 분양받을 자는 고시가 있은 날의 다음 날에 그 대지 또는 건축물의 소유권을 취득한다.

(5) 조합의 해산(법 제86조의 2)

① 조합장은 이전고시가 있은 날부터 1년 이내에 조합 해산을 위한 총회를 소집하여야 한다.

② 조합장이 위 ①에 따른 기간 내에 총회를 소집하지 아니한 경우 제44조 제2항에도 불구하고 조합원 5분의 1 이상의 요구로 소집된 총회에서 조합원 과반수의 출석과 출석 조합원 과반수의 동의를 받아 해산을 의결할 수 있다. 이 경우 요구자 대표로 선출된 자가 조합 해산을 위한 총회의 소집 및 진행을 할 때에는 조합장의 권한을 대행한다.

③ 시장·군수 등은 조합이 정당한 사유 없이 위 ① 또는 ②에 따라 해산을 의결하지 아니하는 경우에는 조합설립인가를 취소할 수 있다.

④ 해산하는 조합에 청산인이 될 자가 없는 경우에는 「민법」 제83조에도 불구하고 시장·군수 등은 법원에 청산인의 선임을 청구할 수 있다.

(6) 지상권 기타 권리자의 보호

대지 또는 건축물을 분양받을 자에게 소유권을 이전한 경우 종전의 토지 또는 건축물에 설정된 지상권·전세권·저당권·임차권·가등기담보권·가압류 등 등기된 권리 및 요건을 갖춘 임차권은 소유권을 이전받은 대지 또는 건축물에 설정된 것으로 본다(이 경우 종전 토지 또는 건축물에 관한 권리 중에는 지역권은 관련이 없다는 점에 주의하여야 한다).

(7) 등기절차 및 권리변동의 제한

사업시행자는 이전고시가 있은 때에는 지체 없이 대지 및 건축물에 관한 등기를 지방법원지원 또는 등기소에 촉탁 또는 신청하여야 한다. 또한 정비사업에 관하여 소유권 이전의 고시가 있은 날부터 등기가 있을 때까지는 저당권 등의 다른 등기를 하지 못한다.

(8) **청산금** 18회, 21회, 26회

① 대지 또는 건축물을 분양받은 자가 종전에 소유하고 있던 토지 또는 건축물의 가격과 분양받은 대지 또는 건축물의 가격 사이에 차이가 있는 경우 사업시행자는 이전고시가 있은 후에 그 차액에 상당하는 금액(청산금)을 분양받은 자로부터 징수하거나 분양받은 자에게 지급하여야 한다.

② 위 ①에도 불구하고 사업시행자는 정관등에서 분할징수 및 분할지급을 정하고 있거나 총회의 의결을 거쳐 따로 정한 경우에는 관리처분계획인가 후부터 이전고시가 있은 날까지 일정 기간별로 분할징수하거나 분할지급할 수 있다.

③ 청산금을 납부할 자가 이를 납부하지 아니하는 경우에는 시장·군수인 사업시행자는 지방세체납처분의 예에 의하여 이를 징수(분할징수를 포함한다)할 수 있으며, 시장·군수가 아닌 사업시행자는 시장·군수에게 청산금의 징수를 위탁할 수 있다. 이 경우 사업시행자는 징수한 금액의 100분의 4에 해당하는 금액을 당해 시장·군수에게 지급하여야 한다.

④ 청산금을 지급받을 자가 받을 수 없거나 받기를 거부한 때에는 사업시행자는 그 청산금을 공탁할 수 있다.

⑤ 청산금을 지급(분할지급을 포함한다)받을 권리 또는 이를 징수할 권리는 이전고시일의 다음 날부터 5년간 행사하지 아니하면 소멸한다.

(9) **저당권의 물상대위**

정비구역에 있는 토지 또는 건축물에 저당권을 설정한 권리자는 사업시행자가 저당권이 설정된 토지 또는 건축물의 소유자에게 청산금을 지급하기 전에 압류절차를 거쳐 저당권을 행사할 수 있다.

(10) **청 문**

국토교통부장관, 시·도지사, 시장, 군수 또는 구청장은 다음 각 호의 어느 하나에 해당하는 처분을 하려는 경우에는 청문을 하여야 한다(법 제121조).

① 제86조의2 제3항에 따른 조합설립인가의 취소
② 제106조 제1항에 따른 정비사업전문관리업의 등록취소
③ 제113조 제1항부터 제3항까지의 규정에 따른 추진위원회 승인의 취소, 조합설립인가의 취소, 사업시행계획인가의 취소 또는 관리처분계획인가의 취소
④ 제113조의2 제1항에 따른 시공자 선정 취소 또는 과징금 부과
⑤ 제113조의3 제1항에 따른 입찰참가 제한

확인문제

35
도시 및 주거환경정비법령상 청산금 및 비용부담 등에 관한 설명으로 옳은 것은?
① 청산금을 징수할 권리는 소유권 이전고시일부터 3년간 행사하지 아니하면 소멸한다.
② 정비구역의 국유·공유재산은 정비사업 외의 목적으로 매각되거나 양도될 수 없다.
③ 청산금을 지급 받을 자가 받기를 거부하더라도 사업시행자는 그 청산금을 공탁할 수는 없다.
④ 시장·군수 등이 아닌 사업시행자는 부과금을 체납하는 자가 있는 때에는 지방세체납처분의 예에 따라 부과·징수할 수 있다.
⑤ 국가 또는 지방자치단체는 토지임대부 분양주택을 공급받는 자에게 해당 공급비용의 전부를 융자할 수는 없다.

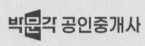

건축법

01

건축법령상 용어에 관한 설명으로 옳은 것은?

① 건축물을 이전하는 것은 건축에 해당한다.
② 고층건축물에 해당하려면 건축물의 층수가 30층 이상이고 높이가 120미터 이상이어야 한다.
③ 건축물이 천재지변으로 멸실된 경우 그 대지에 종전 규모보다 연면적의 합계를 늘려 건축물을 다시 축조하는 것은 재축에 해당한다.
④ 건축물의 내력벽을 해체하여 같은 대지의 다른 위치로 옮기는 것은 이전에 해당한다.
⑤ 기존 건축물이 있는 대지에서 건축물의 내력벽을 증설하여 건축면적을 늘리는 것은 대수선에 해당한다.

용어정리 15회, 17회, 20회, 21회

(1) "지하층"이란 건축물의 바닥이 지표면 아래에 있는 층으로서 바닥에서 지표면까지 평균높이가 해당 층 높이의 2분의 1 이상인 것을 말한다.

(2) "거실"이란 건축물 안에서 거주, 집무, 작업, 집회, 오락, 그 밖에 이와 유사한 목적을 위하여 사용되는 방을 말한다.

(3) "주요구조부"란 내력벽(耐力壁), 기둥, 바닥, 보, 지붕틀 및 주계단(主階段)을 말한다. 다만, 사이 기둥, 최하층 바닥, 작은 보, 차양, 옥외 계단, 그 밖에 이와 유사한 것으로 건축물의 구조상 중요하지 아니한 부분은 제외한다. 18회, 24회, 27회

(4) "건축"이란 건축물을 신축·증축·개축·재축(再築)하거나 건축물을 이전하는 것을 말한다.

(5) "결합건축"이란 제56조에 따른 용적률을 개별 대지마다 적용하지 아니하고, 2개 이상의 대지를 대상으로 통합적용하여 건축물을 건축하는 것을 말한다.

(6) "대수선"이란 건축물의 기둥, 보, 내력벽, 주계단 등의 구조나 외부 형태를 수선·변경하거나 증설하는 것으로서 대통령령으로 정하는 것을 말한다.

(7) "리모델링"이란 건축물의 노후화를 억제하거나 기능 향상 등을 위하여 대수선하거나 건축물의 일부를 증축 또는 개축하는 행위를 말한다.

(8) "도로"란 보행과 자동차 통행이 가능한 너비 4미터 이상의 도로(지형적으로 자동차 통행이 불가능한 경우와 막다른 도로의 경우에는 대통령령으로 정하는 구조와 너비의 도로)로서 다음의 어느 하나에 해당하는 도로나 그 예정도로를 말한다.

① 「국토의 계획 및 이용에 관한 법률」, 「도로법」, 「사도법」, 그 밖의 관계 법령에 따라 신설 또는 변경에 관한 고시가 된 도로
② 건축허가 또는 신고 시에 특별시장·광역시장·특별자치시장·도지사·특별자치도지사(이하 "시·도지사"라 한다) 또는 시장·군수·구청장(자치구의 구청장을 말한다.)이 위치를 지정하여 공고한 도로

(9) "특별건축구역"이란 조화롭고 창의적인 건축물의 건축을 통하여 도시경관의 창출, 건설기술 수준향상 및 건축 관련 제도개선을 도모하기 위하여 이 법 또는 관계 법령에 따라 일부 규정을 적용하지 아니하거나 완화 또는 통합하여 적용할 수 있도록 특별히 지정하는 구역을 말한다.

(10) "고층건축물"이란 층수가 30층 이상이거나 높이가 120미터 이상인 건축물을 말한다.

(11) "초고층 건축물"이란 층수가 50층 이상이거나 높이가 200미터 이상인 건축물을 말한다.

(12) "준초고층 건축물"이란 고층건축물 중 초고층 건축물이 아닌 것을 말한다.

(13) "다중이용 건축물"이란 불특정한 다수의 사람들이 이용하는 건축물로서 다음의 어느 하나에 해당하는 건축물을 말한다. 26회, 29회

   ① 다음의 어느 하나에 해당하는 용도로 쓰는 바닥면적의 합계가 5천제곱미터 이상인 건축물
      ㉠ 문화 및 집회시설(동물원·식물원은 제외한다)
      ㉡ 종교시설
      ㉢ 판매시설
      ㉣ 운수시설 중 여객용 시설
      ㉤ 숙박시설 중 관광숙박시설
      ㉥ 의료시설 중 종합병원
   ② 16층 이상인 건축물

(14) "특수구조 건축물"이란 다음의 어느 하나에 해당하는 건축물을 말한다.

   ① 한쪽 끝은 고정되고 다른 끝은 지지(支持)되지 아니한 구조로 된 보·차양 등이 외벽의 중심선으로부터 3미터 이상 돌출된 건축물
   ② 기둥과 기둥 사이의 거리(기둥의 중심선 사이의 거리를 말하며, 기둥이 없는 경우에는 내력벽과 내력벽의 중심선 사이의 거리를 말한다. 이하 같다)가 20미터 이상인 건축물
   ③ 특수한 설계·시공·공법 등이 필요한 건축물로서 국토교통부장관이 정하여 고시하는 구조로 된 건축물

확인문제

02
건축법령상 다중이용 건축물에 해당하는 것은? (단, 불특정한 다수의 사람들이 이용하는 건축물을 전제로 함)
① 종교시설로 사용하는 바닥면적의 합계가 4천 제곱미터인 5층의 성당
② 문화 및 집회시설로 사용하는 바닥면적의 합계가 4천 제곱미터인 10층의 전시장
③ 숙박시설로 사용하는 바닥면적의 합계가 4천 제곱미터인 16층의 관광호텔
④ 교육연구시설로 사용하는 바닥면적의 합계가 5천 제곱미터인 15층의 연구소
⑤ 문화 및 집회시설로 사용하는 바닥면적의 합계가 5천 제곱미터인 2층의 동물원

03

건축법령상 건축법이 모두 적용되지 않는 건축물이 아닌 것은?

① 「문화유산의 보존 및 활용에 관한 법률」에 따른 지정문화유산인 건축물
② 철도의 선로 부지에 있는 철도 선로의 위나 아래를 가로지르는 보행시설
③ 고속도로 통행료 징수시설
④ 지역자치센터
⑤ 궤도의 선로 부지에 있는 플랫폼

⊕ "명승(名勝)"이란 ① 자연경관: 자연 그 자체로서 심미적 가치가 인정되는 공간, ⓒ 역사문화경관: 자연환경과 사회 · 경제 · 문화적 요인 간의 조화를 보여주는 공간 또는 생활장소, ⓒ 복합경관: 자연의 뛰어난 경치에 인문적 가치가 부여된 공간 등의 자연유산 중 역사적 · 경관적 · 학술적 가치가 인정되어 문화재청장이 지정하고 고시한 것을 말한다.

제1절 건축물

(1) 건축물

① **의 의**: '건축물'이란 토지에 정착하는 공작물 중 지붕과 기둥 또는 벽이 있는 것과 이에 딸린 시설물, 지하나 고가(高架)의 공작물에 설치하는 사무소 · 공연장 · 점포 · 차고 · 창고, 그 밖에 대통령령으로 정하는 것을 말한다.

② **건축법의 적용이 배제되는 건축물** 15회 추가, 22회, 26회, 28회, 30회

다음의 어느 하나에 해당하는 건축물에는 「건축법」을 적용하지 아니한다.

> ① 「문화유산의 보존 및 활용에 관한 법률」에 따른 지정문화유산이나 임시지정문화유산 또는 「자연유산의 보존 및 활용에 관한 법률」에 따라 지정된 천연기념물등이나 임시지정천연기념물, 임시지정명승, 임시지정시 · 도자연유산, 임시자연유산자료
> ⓒ 철도 또는 궤도의 선로부지 안에 있는 다음의 시설: 운전보안시설, 선로의 위나 아래를 가로지르는 보행시설, 플랫폼, 급수 · 급탄 및 급유시설
> ⓒ 고속도로통행료 징수시설
> ② 컨테이너를 이용한 간이창고(「산업집적활성화 및 공장설립에 관한 법률」에 따른 공장의 용도로만 사용되는 건축물의 대지에 설치하는 것으로서 이동이 쉬운 것만 해당)
> ⑩ 「하천법」에 따른 하천구역 내의 수문조작실

(2) 건축물의 용도(30개) 15회, 17회, 19회

1. **단독주택**[단독주택의 형태를 갖춘 가정어린이집 · 공동생활가정 · 지역아동센터 · 공동육아나눔터(「아이돌봄 지원법」 제19조에 따른 공동육아나눔터를 말한다) · 작은도서관(「도서관법」 제2조 제4호 가목에 따른 작은도서관을 말하며, 해당 주택의 1층에 설치한 경우만 해당한다. 이하 같다) 및 노인복지시설(노인복지주택은 제외한다)을 포함한다]

   가. 단독주택

   나. 다중주택: 다음의 요건을 모두 갖춘 주택을 말한다.
   1) 학생 또는 직장인 등 여러 사람이 장기간 거주할 수 있는 구조로 되어 있는 것
   2) 독립된 주거의 형태를 갖추지 아니한 것(각 실별로 욕실은 설치할 수 있으나, 취사 시설은 설치하지 아니한 것을 말한다)
   3) 1개 동의 주택으로 쓰이는 바닥면적(부설 주차장 면적은 제외한다. 이하 같다)의 합계가 660제곱미터 이하이고 주택으로 쓰는 층수(지하층은 제외한다)가 3개 층 이하일 것. 다만, 1층의 전부 또는 일부를 필로티 구조로 하여 주차장으로 사용하고 나머지 부분을 주택 외의 용도로 쓰는 경우에는 해당 층을 주택의 층수에서 제외한다.
   4) 적정한 주거환경을 조성하기 위하여 건축조례로 정하는 실별 최소 면적, 창문의 설치 및 크기 등의 기준에 적합할 것

   다. 다가구주택: 다음의 요건을 모두 갖춘 주택으로서 공동주택에 해당하지 아니하는 것을 말한다.
   1) 주택으로 쓰는 층수(지하층은 제외한다)가 3개 층 이하일 것. 다만, 1층의 전부 또는 일부를 필로티 구조로 하여 주차장으로 사용하고 나머지 부분을 주택(주

거 목적으로 한정한다) 외의 용도로 쓰는 경우에는 해당 층을 주택의 층수에서 제외한다.

    2) 1개 동의 주택으로 쓰이는 바닥면적(부설 주차장 면적은 제외한다. 이하 같다)의 합계가 660제곱미터 이하일 것

    3) 19세대(대지 내 동별 세대수를 합한 세대를 말한다) 이하가 거주할 수 있을 것

  라. 공관(公館)

2. **공동주택**[공동주택의 형태를 갖춘 가정어린이집 · 공동생활가정 · 지역아동센터 · 공동육아나눔터 · 작은도서관 · 노인복지시설(노인복지주택은 제외한다) 및 「주택법 시행령」 제10조 제1항 제1호에 따른 원룸형 주택을 포함한다] 다만, 가목이나 나목에서 층수를 산정할 때 1층 전부를 필로티 구조로 하여 주차장으로 사용하는 경우에는 필로티 부분을 층수에서 제외하고, 다목에서 층수를 산정할 때 1층의 전부 또는 일부를 필로티 구조로 하여 주차장으로 사용하고 나머지 부분을 주택 외의 용도로 쓰는 경우에는 해당 층을 주택의 층수에서 제외하며, 가목부터 라목까지의 규정에서 층수를 산정할 때 지하층을 주택의 층수에서 제외한다.

  가. 아파트: 주택으로 쓰는 층수가 5개 층 이상인 주택

  나. 연립주택: 주택으로 쓰는 1개 동의 바닥면적(2개 이상의 동을 지하주차장으로 연결하는 경우에는 각각의 동으로 본다) 합계가 660제곱미터를 초과하고, 층수가 4개 층 이하인 주택

  다. 다세대주택: 주택으로 쓰는 1개 동의 바닥면적 합계가 660제곱미터 이하이고, 층수가 4개 층 이하인 주택(2개 이상의 동을 지하주차장으로 연결하는 경우에는 각각의 동으로 본다)

  라. 기숙사: 다음의 어느 하나에 해당하는 건축물로서 공간의 구성과 규모 등에 관하여 국토교통부장관이 정하여 고시하는 기준에 적합한 것. 다만, 구분소유된 개별 실(室)은 제외한다.

    1) 일반기숙사: 학교 또는 공장 등의 학생 또는 종업원 등을 위하여 사용하는 것으로서 해당 기숙사의 공동취사시설 이용 세대 수가 전체 세대 수(건축물의 일부를 기숙사로 사용하는 경우에는 기숙사로 사용하는 세대 수로 한다. 이하 같다)의 50퍼센트 이상인 것(「교육기본법」 제27조 제2항에 따른 학생복지주택을 포함한다)

    2) 임대형기숙사: 「공공주택 특별법」 제4조에 따른 공공주택사업자 또는 「민간임대주택에 관한 특별법」 제2조 제7호에 따른 임대사업자가 임대사업에 사용하는 것으로서 임대 목적으로 제공하는 실이 20실 이상이고 해당 기숙사의 공동취사시설 이용 세대 수가 전체 세대 수의 50퍼센트 이상인 것

3. **제1종 근린생활시설**[33회]

  가. 식품 · 잡화 · 의류 · 완구 · 서적 · 건축자재 · 의약품 · 의료기기 등 일용품을 판매하는 소매점으로서 같은 건축물(하나의 대지에 두 동 이상의 건축물이 있는 경우에는 이를 같은 건축물로 본다. 이하 같다)에 해당 용도로 쓰는 바닥면적의 합계가 1천 제곱미터 미만인 것

  나. 휴게음식점, 제과점 등 음료 · 차(茶) · 음식 · 빵 · 떡 · 과자 등을 조리하거나 제조하여 판매하는 시설(제4호너목 또는 제17호에 해당하는 것은 제외한다)로서 같은 건축물에 해당 용도로 쓰는 바닥면적의 합계가 300제곱미터 미만인 것

확인문제

⊕ 연립주택과 다세대주택은 바닥면적의 합계의 차이로 구분된다.

04

건축법령상 제1종 근린생활시설에 해당하는 것은? (단, 동일한 건축물 안에서 당해 용도에 쓰이는 바닥 면적의 합계는 1,000㎡임)

① 극장
② 서점
③ 탁구장
④ 파출소
⑤ 산후조리원

⊕ 치과의원, 한의원은 제1종 근린생활시설이고 치과병원, 한방병원은 의료시설에 해당한다.

⊕ 종교집회장으로서 바닥면적의 합계가 500㎡ 미만이면 제2종 근린생활시설에 해당하며 그 이상인 경우에는 종교시설에 해당한다.

05

건축법령상 건축물의 용도분류로서 바르지 못한 것은?

① 유치원과 초등학교는 교육연구시설, 어린이집과 아동복지시설은 노유자시설, 지역아동센터는 제1종 근린생활시설이다.

② 종교집회장으로서 바닥면적의 합계가 500㎡ 미만이면 제2종 근린생활시설에 해당하며 그 이상인 경우에는 종교시설에 해당한다.

③ 다중생활시설은 바닥면적 합계가 500㎡ 미만인 것은 제2종 근린생활시설에 해당하며 그 이상인 경우에는 숙박시설에 해당한다.

④ 침술원, 한방병원은 제1종 근린생활시설이고 치과병원, 500㎡인 동물병원은 의료시설에 해당한다.

⑤ 「관광진흥법」에 따른 야영장시설로서 관리동, 화장실, 샤워실, 대피소, 취사시설 등의 용도로 쓰는 바닥면적의 합계가 300제곱미터 미만인 것은 야영장시설에 해당한다.

다. 이용원, 미용원, 목욕장, 세탁소 등 사람의 위생관리나 의류 등을 세탁·수선하는 시설(세탁소의 경우 공장에 부설되는 것과 「대기환경보전법」, 「물환경보전법」 또는 「소음·진동관리법」에 따른 배출시설의 설치 허가 또는 신고의 대상인 것은 제외한다)

라. 탁구장, 체육도장으로서 같은 건축물에 해당 용도로 쓰는 바닥면적의 합계가 500제곱미터 미만인 것

마. 의원, 치과의원, 한의원, 침술원, 접골원(接骨院), 조산원, 안마원, 산후조리원 등 주민의 진료·치료 등을 위한 시설

바. 지역자치센터, 파출소, 지구대, 소방서, 우체국, 방송국, 보건소, 공공도서관, 건강보험공단 사무소 등 주민의 편의를 위하여 공공업무를 수행하는 시설로서 같은 건축물에 해당 용도로 쓰는 바닥면적의 합계가 1천제곱미터 미만인 것

사. 마을회관, 마을공동작업소, 마을공동구판장, 공중화장실, 대피소, 지역아동센터(단독주택과 공동주택에 해당하는 것은 제외한다) 등 주민이 공동으로 이용하는 시설

아. 변전소, 도시가스배관시설, 통신용 시설(해당 용도로 쓰는 바닥면적의 합계가 1천제곱미터 미만인 것에 한정한다), 정수장, 양수장 등 주민의 생활에 필요한 에너지공급·통신서비스제공이나 급수·배수와 관련된 시설

자. 금융업소, 사무소, 부동산중개사무소, 결혼상담소 등 소개업소, 출판사 등 일반업무시설로서 같은 건축물에 해당 용도로 쓰는 바닥면적의 합계가 30제곱미터 미만인 것

차. 전기자동차 충전소(해당 용도로 쓰는 바닥면적의 합계가 1천제곱미터 미만인 것으로 한정한다)

카. 동물병원, 동물미용실 및 「동물보호법」 제73조 제1항 제2호에 따른 동물위탁관리업을 위한 시설로서 같은 건축물에 해당 용도로 쓰는 바닥면적의 합계가 300제곱미터 미만인 것

4. 제2종 근린생활시설

가. 공연장(극장, 영화관, 연예장, 음악당, 서커스장, 비디오물감상실, 비디오물소극장, 그 밖에 이와 비슷한 것을 말한다. 이하 같다)으로서 같은 건축물에 해당 용도로 쓰는 바닥면적의 합계가 500제곱미터 미만인 것

나. 종교집회장[교회, 성당, 사찰, 기도원, 수도원, 수녀원, 제실(祭室), 사당, 그 밖에 이와 비슷한 것을 말한다. 이하 같다]으로서 같은 건축물에 해당 용도로 쓰는 바닥면적의 합계가 500제곱미터 미만인 것

다. 자동차영업소로서 같은 건축물에 해당 용도로 쓰는 바닥면적의 합계가 1천제곱미터 미만인 것

라. 서점(제1종 근린생활시설에 해당하지 않는 것)

마. 총포판매소

바. 사진관, 표구점

사. 청소년게임제공업소, 복합유통게임제공업소, 인터넷컴퓨터게임시설제공업소, 그 밖에 이와 비슷한 게임 관련 시설로서 같은 건축물에 해당 용도로 쓰는 바닥면적의 합계가 500제곱미터 미만인 것

아. 휴게음식점, 제과점 등 음료·차(茶)·음식·빵·떡·과자 등을 조리하거나 제조하여 판매하는 시설(너목 또는 제17호에 해당하는 것은 제외한다)로서 같은 건축물에 해당 용도로 쓰는 바닥면적의 합계가 300제곱미터 이상인 것

자. 일반음식점

차. 장의사, 동물병원, 동물미용실, 「동물보호법」 제73조 제1항 제2호에 따른 동물위탁
　관리업을 위한 시설, 그 밖에 이와 유사한 것(제1종 근린생활시설에 해당하는 것은
　제외한다)

카. 학원(자동차학원·무도학원 및 정보통신기술을 활용하여 원격으로 교습하는 것은
　제외한다), 교습소(자동차교습·무도교습 및 정보통신기술을 활용하여 원격으로
　교습하는 것은 제외한다), 직업훈련소(운전·정비 관련 직업훈련소는 제외한다)로
　서 같은 건축물에 해당 용도로 쓰는 바닥면적의 합계가 500제곱미터 미만인 것

타. 독서실, 기원

파. 테니스장, 체력단련장, 에어로빅장, 볼링장, 당구장, 실내낚시터, 골프연습장, 놀이형
　시설(「관광진흥법」에 따른 기타유원시설업의 시설을 말한다. 이하 같다) 등 주민
　의 체육 활동을 위한 시설(제3호마목의 시설은 제외한다)로서 같은 건축물에 해당
　용도로 쓰는 바닥면적의 합계가 500제곱미터 미만인 것

⊕ 안마시술소 및 노래연습장은 면
적에 관계없이 제2종 근린생활
시설에 해당하며, 안마원은 제1
종 근린생활시설이다.

하. 금융업소, 사무소, 부동산중개사무소, 결혼상담소 등 소개업소, 출판사 등 일반업무
　시설로서 같은 건축물에 해당 용도로 쓰는 바닥면적의 합계가 500제곱미터 미만인
　것(제1종 근린생활시설에 해당하는 것은 제외한다)

거. 다중생활시설(「다중이용업소의 안전관리에 관한 특별법」에 따른 다중이용업 중 고
　시원업의 시설로서 국토교통부장관이 고시하는 기준에 적합한 것을 말한다. 이하 같
　다)로서 같은 건축물에 해당 용도로 쓰는 바닥면적의 합계가 500제곱미터 미만인 것

너. 제조업소, 수리점 등 물품의 제조·가공·수리 등을 위한 시설로서 같은 건축물에
　해당 용도로 쓰는 바닥면적의 합계가 500제곱미터 미만이고, 다음 요건 중 어느
　하나에 해당하는 것

　1) 「대기환경보전법」, 「물환경보전법」 또는 「소음·진동관리법」에 따른 배출시설
　　의 설치 허가 또는 신고의 대상이 아닌 것

　2) 「대기환경보전법」, 「물환경보전법」 또는 「소음·진동관리법」에 따른 배출시설의
　　설치 허가 또는 신고의 대상 시설로서 발생되는 폐수를 전량 위탁처리하는 것

더. 단란주점으로서 같은 건축물에 해당 용도로 쓰는 바닥면적의 합계가 150제곱미터
　미만인 것

⊕ 자동차영업소로서 같은 건축물
에 해당 용도로 쓰는 바닥면적
의 합계가 1천제곱미터 미만인
것은 제2종 근린생활시설에 해
당한다.

러. 안마시술소, 노래연습장

머. 「물류시설의 개발 및 운영에 관한 법률」 제2조 제5호의2에 따른 주문배송시설로서
　같은 건축물에 해당 용도로 쓰는 바닥면적의 합계가 500제곱미터 미만인 것(같은
　법 제21조의2 제1항에 따라 물류창고업 등록을 해야 하는 시설을 말한다)

5. 문화 및 집회시설

가. 공연장으로서 제2종 근린생활시설에 해당하지 아니하는 것

나. 집회장[예식장, 공회당, 회의장, 마권(馬券) 장외 발매소, 마권 전화투표소, 그 밖
　에 이와 비슷한 것을 말한다]으로서 제2종 근린생활시설에 해당하지 아니하는 것

다. 관람장(경마장, 경륜장, 경정장, 자동차 경기장, 그 밖에 이와 비슷한 것과 체육관
　및 운동장으로서 관람석의 바닥면적의 합계가 1천제곱미터 이상인 것을 말한다)

라. 전시장(박물관, 미술관, 과학관, 문화관, 체험관, 기념관, 산업전시장, 박람회장,
　그 밖에 이와 비슷한 것을 말한다)

마. 동·식물원(동물원, 식물원, 수족관, 그 밖에 이와 비슷한 것을 말한다)

⊕ 동·식물원은 동물 및 식물관련
시설이 아닌 문화 및 집회시설
에 해당한다.

6. 종교시설

　가. 종교집회장으로서 제2종 근린생활시설에 해당하지 아니하는 것

　나. 종교집회장(제2종 근린생활시설에 해당하지 아니하는 것을 말한다)에 설치하는 봉안당(奉安堂)

7. 판매시설

　가. 도매시장(「농수산물유통 및 가격안정에 관한 법률」에 따른 농수산물도매시장, 농수산물공판장, 그 밖에 이와 비슷한 것을 말하며, 그 안에 있는 근린생활시설을 포함한다)

　나. 소매시장(「유통산업발전법」 제2조 제3호에 따른 대규모 점포, 그 밖에 이와 비슷한 것을 말하며, 그 안에 있는 근린생활시설을 포함한다)

　다. 상점(그 안에 있는 근린생활시설을 포함한다)으로서 다음의 요건 중 어느 하나에 해당하는 것

　　1) 제3호 가목에 해당하는 용도(서점은 제외한다)로서 제1종 근린생활시설에 해당하지 아니하는 것

　　2) 「게임산업진흥에 관한 법률」 제2조 제6호의2 가목에 따른 청소년게임제공업의 시설, 같은 호 나목에 따른 일반게임제공업의 시설, 같은 조 제7호에 따른 인터넷컴퓨터게임시설제공업의 시설 및 같은 조 제8호에 따른 복합유통게임제공업의 시설로서 제2종 근린생활시설에 해당하지 아니하는 것

8. 운수시설

　가. 여객자동차터미널

　나. 철도시설

　다. 공항시설

　라. 항만시설

　마. 그 밖에 가목부터 라목까지의 규정에 따른 시설과 비슷한 시설

9. 의료시설

　가. 병원(종합병원, 병원, 치과병원, 한방병원, 정신병원 및 요양병원을 말한다)

　나. 격리병원(전염병원, 마약진료소, 그 밖에 이와 비슷한 것을 말한다)

10. 교육연구시설(제2종 근린생활시설에 해당하는 것은 제외한다)

　가. 학교(유치원, 초등학교, 중학교, 고등학교, 전문대학, 대학, 대학교, 그 밖에 이에 준하는 각종 학교를 말한다)

　나. 교육원(연수원, 그 밖에 이와 비슷한 것을 포함한다)

　다. 직업훈련소(운전 및 정비 관련 직업훈련소는 제외한다)

　라. 학원(자동차학원ㆍ무도학원 및 정보통신기술을 활용하여 원격으로 교습하는 것은 제외한다)

　마. 연구소(연구소에 준하는 시험소와 계측계량소를 포함한다)

　바. 도서관

11. 노유자(老幼者: 노인 및 어린이)시설

　가. 아동 관련 시설(어린이집, 아동복지시설, 그 밖에 이와 비슷한 것으로서 단독주택, 공동주택 및 제1종 근린생활시설에 해당하지 아니하는 것을 말한다)

⊕ 다중생활시설은 바닥면적합계가 500㎡ 미만인 것은 제2종 근린생활시설에 해당하며 그 이상인 경우에는 숙박시설에 해당한다.

⊕ 유치원과 초등학교는 교육연구시설, 어린이집과 아동복지시설은 노유자시설이며, 휴게소, 어린이회관은 관광휴게시설이다.

나. 노인복지시설(단독주택과 공동주택에 해당하지 아니하는 것을 말한다)

다. 그 밖에 다른 용도로 분류되지 아니한 사회복지시설 및 근로복지시설

12. 수련시설

　　가. 생활권 수련시설(「청소년활동진흥법」에 따른 청소년수련관, 청소년문화의집, 청소년특화시설, 그 밖에 이와 비슷한 것을 말한다)

　　나. 자연권 수련시설(「청소년활동진흥법」에 따른 청소년수련원, 청소년야영장, 그 밖에 이와 비슷한 것을 말한다)

　　다. 「청소년활동진흥법」에 따른 유스호스텔

　　라. 「관광진흥법」에 따른 야영장 시설로서 제29호에 해당하지 아니하는 시설

13. 운동시설

　　가. 탁구장, 체육도장, 테니스장, 체력단련장, 에어로빅장, 볼링장, 당구장, 실내낚시터, 골프연습장, 놀이형시설, 그 밖에 이와 비슷한 것으로서 제1종 근린생활시설 및 제2종 근린생활시설에 해당하지 아니하는 것

　　나. 체육관으로서 관람석이 없거나 관람석의 바닥면적이 1천제곱미터 미만인 것

　　다. 운동장(육상장, 구기장, 볼링장, 수영장, 스케이트장, 롤러스케이트장, 승마장, 사격장, 궁도장, 골프장 등과 이에 딸린 건축물을 말한다)으로서 관람석이 없거나 관람석의 바닥면적이 1천 제곱미터 미만인 것

14. 업무시설

　　가. 공공업무시설: 국가 또는 지방자치단체의 청사와 외국공관의 건축물로서 제1종 근린생활시설에 해당하지 아니하는 것

　　나. 일반업무시설: 다음 요건을 갖춘 업무시설을 말한다.

　　　　1) 금융업소, 사무소, 결혼상담소 등 소개업소, 출판사, 신문사, 그 밖에 이와 비슷한 것으로서 제1종 근린생활시설 및 제2종 근린생활시설에 해당하지 않는 것

　　　　2) 오피스텔(업무를 주로 하며, 분양하거나 임대하는 구획 중 일부 구획에서 숙식을 할 수 있도록 한 건축물로서 국토교통부장관이 고시하는 기준에 적합한 것을 말한다)

15. 숙박시설

　　가. 일반숙박시설 및 생활숙박시설

　　나. 관광숙박시설(관광호텔, 수상관광호텔, 한국전통호텔, 가족호텔, 호스텔, 소형호텔, 의료관광호텔 및 휴양 콘도미니엄)

　　다. 다중생활시설(제2종 근린생활시설에 해당하지 아니하는 것을 말한다)

　　라. 그 밖에 가목부터 다목까지의 시설과 비슷한 것

16. 위락시설

　　가. 단란주점으로서 제2종 근린생활시설에 해당하지 아니하는 것

　　나. 유흥주점이나 그 밖에 이와 비슷한 것

　　다. 「관광진흥법」에 따른 유원시설업의 시설, 그 밖에 이와 비슷한 시설(제2종 근린생활시설과 운동시설에 해당하는 것은 제외한다)

　　라. 무도장, 무도학원

　　마. 카지노영업소

⊕ 유스호스텔은 숙박시설이 아닌 수련시설로 구분되며 오피스텔은 업무시설로 분류된다.

17. 공 장

물품의 제조·가공[염색·도장(塗裝)·표백·재봉·건조·인쇄 등을 포함한다] 또는 수리에 계속적으로 이용되는 건축물로서 제1종 근린생활시설, 제2종 근린생활시설, 위험물저장 및 처리시설, 자동차 관련 시설, 자원순환관련시설 등으로 따로 분류되지 아니한 것

18. 창고시설(제2종 근린생활시설에 해당하는 것과 위험물 저장 및 처리 시설 또는 그 부속 용도에 해당하는 것은 제외)

가. 창고(일반창고와 냉장 및 냉동 창고를 포함한다)

나. 하역장

다. 「물류시설의 개발 및 운영에 관한 법률」에 따른 물류터미널

라. 집배송 시설

고물상은 자원순환관련시설에 해당하며 물류터미널은 창고시설에 해당한다.

19. 위험물저장 및 처리시설

「위험물안전관리법」, 「석유 및 석유대체연료 사업법」, 「도시가스사업법」, 「고압가스 안전관리법」, 「액화석유가스의 안전관리 및 사업법」, 「총포·도검·화약류 등 단속법」, 「화학물질 관리법」 등에 따라 설치 또는 영업의 허가를 받아야 하는 건축물로서 다음 각 목의 어느 하나에 해당하는 것. 다만, 자가난방, 자가발전, 그 밖에 이와 비슷한 목적으로 쓰는 저장시설은 제외한다.

가. 주유소(기계식 세차설비를 포함한다) 및 석유 판매소

나. 액화석유가스 충전소·판매소·저장소(기계식 세차설비를 포함한다)

다. 위험물 제조소·저장소·취급소

라. 액화가스 취급소·판매소

마. 유독물 보관·저장·판매시설

바. 고압가스 충전소·판매소·저장소

사. 도료류 판매소

아. 도시가스 제조시설

자. 화약류 저장소

차. 그 밖에 가목부터 자목까지의 시설과 비슷한 것

주유소는 위험물저장및처리시설로 분류되며 종묘배양시설은 동물및식물관련시설로 분류된다.

20. 자동차관련시설

가. 주차장

나. 세차장

다. 폐차장

라. 검사장

마. 매매장

바. 정비공장

사. 운전학원 및 정비학원(운전 및 정비 관련 직업훈련시설을 포함한다)

아. 「여객자동차 운수사업법」, 「화물자동차 운수사업법」 및 「건설기계관리법」에 따른 차고 및 주기장(駐機場)

자. 전기자동차 충전소로서 제1종 근린생활시설에 해당하지 않는 것

운전학원 및 정비학원 및 정비공장은 자동차관련시설로 분류된다.

21. **동물 및 식물관련시설**

    가. 축사(양잠·양봉·양어·양돈·양계·곤충사육 시설 및 부화장 등을 포함한다)

    나. 가축시설[가축용 운동시설, 인공수정센터, 관리사(管理舍), 가축용 창고, 가축시장, 동물검역소, 실험동물 사육시설, 그 밖에 이와 비슷한 것을 말한다]

    다. 도축장

    라. 도계장

    마. 작물 재배사

    바. 종묘배양시설

    사. 화초 및 분재 등의 온실

    아. 동물 또는 식물과 관련된 가목부터 사목까지의 시설과 비슷한 것(동·식물원은 제외한다)

22. **자원순환관련시설**

    가. 하수 등 처리시설

    나. 고물상

    다. 폐기물재활용시설

    라. 폐기물 처분시설

    마. 폐기물감량화시설

23. **교정시설**

    가. 교정시설(보호감호소, 구치소 및 교도소를 말한다)

    나. 갱생보호시설, 그 밖에 범죄자의 갱생·보육·교육·보건 등의 용도로 쓰는 시설

    다. 소년원 및 소년분류심사원

24. **국방·군사시설**(제1종 근린생활시설에 해당하는 것은 제외한다)

    「국방·군사시설 사업에 관한 법률」에 따른 국방·군사시설

25. **방송통신시설**

    가. 방송국(방송프로그램 제작시설 및 송신·수신·중계시설을 포함한다)

    나. 전신전화국

    다. 촬영소

    라. 통신용 시설

    마. 데이터센터

    바. 그 밖에 가목부터 마목까지의 시설과 비슷한 것

26. **발전시설**

    발전소(집단에너지 공급시설을 포함한다)로 사용되는 건축물로서 제1종 근린생활시설에 해당하지 아니하는 것

27. **묘지관련시설**

    가. 화장시설

    나. 봉안당(종교시설에 해당하는 것은 제외한다)

    다. 묘지와 자연장지에 부수되는 건축물

    라. 동물화장시설, 동물건조장(乾燥葬)시설 및 동물전용의 납골시설

확인문제

⊕ 장의사는 제2종 근린생활시설이
고, 화장장과 봉안당 및 동물화
장시설, 동물건조장(乾燥葬)시설
및 동물 전용의 납골시설 등은
묘지관련시설에 해당한다.

⊕ 장례식장[의료시설의 부수시설
에 해당하는 것은 제외한다] 및
동물 전용의 장례식장은 장례시
설에 해당한다.

28. **관광휴게시설**

    가. 야외음악당

    나. 야외극장

    다. 어린이회관

    라. 관망탑

    마. 휴게소

    바. 공원 · 유원지 또는 관광지에 부수되는 시설

29. **장례시설**

    가. 장례식장[의료시설의 부수시설(「의료법」 제36조 제1호에 따른 의료기관의 종류
에 따른 시설을 말한다)에 해당하는 것은 제외한다]

    나. 동물전용의 장례식장

30. **야영장 시설**

    「관광진흥법」에 따른 **야영장 시설**로서 관리동, 화장실, 샤워실, 대피소, 취사시설 등
의 용도로 쓰는 바닥면적의 합계가 300제곱미터 미만인 것

제2절 대 지

1. 대 지

(1) **원칙** : 「건축법」상 '대지'라 함은 「공간정보의 구축 및 관리에 관한 법률」에 따라 각 필지(筆地)로 나눈 토지를 말한다(1필지 1대지의 원칙).

(2) 예외

2 이상의 필지를 하나의 대지로 보는 경우	㉠ 하나의 건축물을 두 필지 이상에 걸쳐 건축하는 경우: 그 건축물이 건축되는 각 필지의 토지를 합한 토지 ㉡ 「공간정보의 구축 및 관리에 관한 법률」에 따라 합병이 불가능한 경우 중 다음의 어느 하나에 해당하는 경우: 그 합병이 불가능한 필지의 토지를 합한 토지. 다만, 토지의 소유자가 서로 다르거나 소유권 외의 권리관계가 서로 다른 경우는 제외한다. 　ⓐ 각 필지의 지번부여지역이 서로 다른 경우 　ⓑ 각 필지의 도면의 축척이 다른 경우 　ⓒ 상호 인접하고 있는 필지로서 각 필지의 지반이 연속되지 아니한 경우 ㉢ 「국토의 계획 및 이용에 관한 법률」에 따른 도시·군계획시설에 해당하는 건축물을 건축하는 경우: 도시·군계획시설이 설치되는 일단(一團)의 토지 ㉣ 「주택법」에 따른 사업계획승인을 받아 주택과 그 부대시설 및 복리시설을 건축하는 경우: 같은 법 제2조 제4호에 따른 주택단지 ㉤ 도로의 지표 아래에 건축하는 건축물의 경우: 특별시장·광역시장·특별자치시장·특별자치도지사·시장·군수 또는 구청장이 그 건축물이 건축되는 토지로 정하는 토지 ㉥ 「건축법」에 따른 사용승인을 신청할 때 둘 이상의 필지를 하나의 필지로 합칠 것을 조건으로 건축허가를 하는 경우: 그 필지가 합쳐지는 토지. 다만, 토지의 소유자가 서로 다른 경우는 제외한다.
1 이상 필지의 일부를 하나의 대지로 보는 경우	㉠ 1 이상의 필지의 일부에 대하여 도시·군계획시설이 결정·고시된 경우, 그 결정·고시가 있는 부분의 토지 ㉡ 1 이상의 필지의 일부에 대하여 농지법의 규정에 의한 농지전용허가를 받은 경우, 그 허가받은 부분의 토지 ㉢ 1 이상의 필지의 일부에 대하여 산지관리법의 규정에 의한 산지전용허가를 받은 경우, 그 허가받은 부분의 토지 ㉣ 1 이상의 필지의 일부에 대하여 국토의 계획 및 이용에 관한 법률의 규정에 의한 개발행위허가를 받은 경우, 그 허가받은 부분의 토지 ㉤ 「건축법」에 따른 사용승인을 신청할 때 필지를 나눌 것을 조건으로 건축허가를 하는 경우: 그 필지가 나누어지는 토지

06
다음 중 건축법령상 2개 이상의 필지를 하나의 대지로 허용할 수 없는 것은?

① 하나의 건축물을 2필지 이상에 걸쳐 건축하는 경우
② 각 필지의 지번부여지역이 서로 달라 합병이 불가능한 필지의 토지를 합한 토지
③ 「주택법」의 규정에 의한 사업계획의 승인을 얻어 주택과 그 부대시설 및 복리시설을 건축하는 경우에 주택건설기준 등에 관한 규정이 정하는 일단의 토지
④ 「건축법」에 따른 사용승인을 신청할 때 둘 이상의 필지를 하나의 필지로 합칠 것을 조건으로 건축허가를 하는 경우 그 필지가 합쳐지는 토지
⑤ 각 필지의 지번부여지역이 서로 다른 경우로서 토지의 소유자가 서로 다르고 소유권 외의 권리관계는 같은 경우

07

건축법령상 대지를 조성하기 위하여 건축물과 분리하여 공작물을 축조하려는 경우, 특별자치시장·특별자치도지사 또는 시장·군수·구청장에게 신고하여야 하는 공작물에 해당하지 않는 것은? (단, 공용건축물에 대한 특례는 고려하지 않음)

① 상업지역에 설치하는 높이 10미터의 통신용 철탑
② 높이 4미터의 옹벽
③ 높이 8미터의 굴뚝
④ 바닥면적 40제곱미터의 지하대피호
⑤ 높이 3미터의 장식탑

제 3 절 공작물 27회, 30회

다음의 공작물을 축조하려는 자는 대통령령으로 정하는 바에 따라 특별자치시장·특별자치도지사 또는 시장·군수·구청장에게 신고하여야 한다.

공작물	규 모
옹벽, 담장	높이 2m를 넘는 것
장식탑, 기념탑, 첨탑, 광고탑, 광고판, 그 밖에 이와 비슷한 것	높이 4m를 넘는 것
「신에너지 및 재생에너지 개발·이용·보급 촉진법」에 따른 태양에너지를 이용하는 발전설비와 그 밖에 이와 비슷한 것	높이 5미터를 넘는 것
굴뚝	높이 6m를 넘는 것
골프연습장 등의 운동시설을 위한 철탑, 주거지역·상업지역에 설치하는 통신용 철탑, 그 밖에 이와 비슷한 것	높이 6m를 넘는 것
기계식 주차장 및 철골 조립식 주차장(바닥면이 조립식이 아닌 것을 포함한다)으로서 외벽이 없는 것	높이 8m 이하인 것(위험을 방지하기 위한 난간의 높이를 제외한다)
고가수조나 그 밖에 이와 비슷한 것	높이 8m를 넘는 것
지하대피호	바닥면적 30m² 넘는 것

• 건축조례로 정하는 제조시설, 저장시설(시멘트사일로를 포함), 유희시설, 그 밖에 이와 비슷한 것
• 건축물의 구조에 심대한 영향을 줄 수 있는 중량물로서 건축조례로 정하는 것

1. 건 축 ^{18회, 25회}

건축물의 '건축'이란 건축물을 신축·증축·개축·재축 또는 이전하는 것을 말한다.

건 축	내 용
신 축	• 건축물이 없는 대지에 새로이 건축물을 축조하는 것 • 부속건축물만 있는 대지에 새로이 주된 건축물을 축조하는 것 • 개축 또는 재축시 기존 건축물보다 면적, 높이를 증가시키는 것
증 축	'증축'이란 기존 건축물이 있는 대지에서 건축물의 **건축면적, 연면적, 층수 또는 높이를 늘리는 것**을 말한다. ⊕ 건축물의 높이를 단순히 증가시키는 것도 증축에 해당하며, 하나의 대지 안에서 기존 건축물에 붙여서 또는 별도로 떨어져서 건축물을 축조하는 것도 증축에 해당하고, 주된 건축물이 있는 대지 안에서 부속건축물을 짓거나 담장 등 부수되는 시설을 짓는 것도 증축에 해당한다.
개 축	'개축'이란 기존 건축물의 전부 또는 일부[내력벽·기둥·보·지붕틀(한옥의 경우에는 지붕틀의 범위에서 서까래는 제외한다) 중 셋 이상이 포함되는 경우를 말한다]를 해체하고 그 대지에 종전과 같은 규모의 범위에서 건축물을 다시 축조하는 것을 말한다.
재 축	"재축"이란 건축물이 천재지변이나 그 밖의 재해(災害)로 멸실된 경우 그 대지에 다음의 요건을 모두 갖추어 다시 축조하는 것을 말한다. ㉠ 연면적 합계는 종전 규모 이하로 할 것 ㉡ 동수, 층수 및 높이가 모두 종전 규모 이하일 것
이 전	건축물을 그 주요구조부를 해체하지 아니하고 같은 대지 안의 다른 위치로 옮기는 것 ⊕ 주요구조부란 **내력벽·기둥·바닥·보·지붕틀 및 주계단**을 말한다. 다만, 사이 기둥, 최하층 바닥, 작은 보, 차양, 옥외 계단, 그 밖에 이와 유사한 것으로 건축물의 구조상 중요하지 아니한 부분은 제외한다.

2. 대수선 ^{16회, 17회, 35회}

'대수선'이란 건축물의 기둥, 보, 내력벽, 주계단 등의 구조나 외부 형태를 수선·변경하거나 증설하는 것으로서 대통령령으로 정하는 다음의 어느 하나에 해당하는 것으로서 증축·개축 또는 재축에 해당하지 아니하는 것을 말한다.

- ㉠ 내력벽을 **증설 또는 해체**하거나 그 벽면적을 **30제곱미터 이상 수선 또는 변경**하는 것
- ㉡ 기둥을 **증설 또는 해체**하거나 **세 개 이상 수선 또는 변경**하는 것
- ㉢ 보를 **증설 또는 해체**하거나 **세 개 이상 수선 또는 변경**하는 것
- ㉣ 지붕틀(한옥의 경우에는 지붕틀의 범위에서 서까래는 제외한다)을 **증설 또는 해체**하거나 **세 개 이상 수선 또는 변경**하는 것
- ㉤ 방화벽 또는 방화구획을 위한 바닥 또는 벽을 증설 또는 해체하거나 수선 또는 변경하는 것
- ㉥ 주계단·피난계단 또는 특별피난계단을 증설 또는 해체하거나 수선 또는 변경하는 것

08
건축법령상 '주요구조부'에 해당하는 것은?
① 사이 기둥   ② 작은 보
③ 차양   ④ 지붕틀
⑤ 옥외 계단

09
건축법령상 건축물의 "대수선"에 해당하지 않는 것은?
(단, 건축물의 증축·개축 또는 재축에 해당하지 않음)
① 보를 두 개 변경하는 것
② 기둥을 세 개 수선하는 것
③ 내력벽의 벽면적을 30제곱미터 수선하는 것
④ 특별피난계단을 변경하는 것
⑤ 다세대주택의 세대 간 경계벽을 증설하는 것

ⓐ 다가구주택의 가구 간 경계벽 또는 다세대주택의 세대 간 경계벽을 증설 또는 해체하거나 수선 또는 변경하는 것

ⓞ 건축물의 외벽에 사용하는 마감재료를 증설 또는 해체하거나 벽면적 30제곱미터 이상 수선 또는 변경하는 것

3. 용도변경 15회, 17회, 20회, 22회, 23회, 24회, 25회, 29회, 31회, 34회

(1) 기본원칙

사용승인을 얻은 건축물의 용도를 변경하고자 하는 자는 다음의 구분에 따라 국토교통부령이 정하는 바에 의하여 특별자치시장·특별자치도지사, 시장·군수·구청장의 허가를 받거나 신고를 하여야 한다.

(2) 용도시설군

① 자동차관련시설군	자동차관련시설
② 산업등시설군	• 공장　　　　　　　• 창고시설 • 운수시설　　　　　• 위험물저장 및 처리시설 • 자원순환관련시설　• 장례시설 • 묘지관련시설
③ 전기통신시설군	• 방송통신시설　　• 발전시설
④ 문화집회시설군	• 문화 및 집회시설 • 종교시설 • 위락시설 • 관광휴게시설
⑤ 영업시설군	• 판매시설　　• 운동시설　　• 숙박시설 • 제2종 근린생활시설 중 다중생활시설
⑥ 교육 및 복지시설군	• 의료시설 • 교육연구시설 • 노유자시설 • 수련시설 • 야영장시설
⑦ 근린생활시설군	• 제1종 근린생활시설 • 제2종 근린생활시설(다중생활시설 제외)
⑧ 주거업무시설군	• 단독주택 • 공동주택 • 업무시설 • 교정시설 • 국방·군사시설
⑨ 그 밖의 시설군	• 동물 및 식물관련시설

(표 왼쪽: 신고 ↓ / 오른쪽: 허가 ↑)

(3) **허가대상**

건축물의 용도를 상위군에 해당하는 용도로 변경하는 경우

(4) **신고대상**

건축물의 용도를 하위군에 해당하는 용도로 변경하는 경우

(5) **건축물대장 기재사항의 변경신청대상**

① 같은 시설군 안에서 용도를 변경하려는 자는 국토교통부령으로 정하는 바에 따라 특별자치시장·특별자치도지사 또는 시장·군수·구청장에게 건축물대장 기재내용의 변경을 신청하여야 한다. 다만, 대통령령으로 정하는 다음의 변경의 경우에는 그러하지 아니하다(법 제19조 제3항, 영 제14조 제4항).

ㄱ 동일한 용도(30가지)에 속하는 건축물 상호 간의 용도변경

ㄴ 「국토의 계획 및 이용에 관한 법률」이나 그 밖의 관계 법령에서 정하는 용도제한에 적합한 범위에서 제1종 근린생활시설과 제2종 근린생활시설 상호 간의 용도변경

② 다만, 별표 1 제3호 다목(목욕장만 해당한다)·라목(탁구장, 체육도장으로서 같은 건축물에 해당 용도로 쓰는 바닥면적의 합계가 500제곱미터 미만인 것), 같은 표 제4호 가목(공연장(극장, 영화관, 연예장, 음악당, 서커스장, 비디오물감상실, 비디오물소극장, 그 밖에 이와 비슷한 것을 말한다.)으로서 같은 건축물에 해당 용도로 쓰는 바닥면적의 합계가 500제곱미터 미만인 것)·사목(청소년게임제공업소, 복합유통게임제공업소, 인터넷컴퓨터게임시설제공업소, 그 밖에 이와 비슷한 게임 관련 시설로서 같은 건축물에 해당 용도로 쓰는 바닥면적의 합계가 500제곱미터 미만인 것)·카목(학원(자동차학원·무도학원 및 정보통신기술을 활용하여 원격으로 교습하는 것은 제외한다), 교습소(자동차교습·무도교습 및 정보통신기술을 활용하여 원격으로 교습하는 것은 제외한다), 카목(직업훈련소(운전·정비 관련 직업훈련소는 제외한다)로서 같은 건축물에 해당 용도로 쓰는 바닥면적의 합계가 500제곱미터 미만인 것)·파목(골프연습장, 놀이형시설만 해당한다)·더목(단란주점으로서 같은 건축물에 해당 용도로 쓰는 바닥면적의 합계가 150제곱미터 미만인 것)·러목(안마시술소, 노래연습장), 같은 표 제7호 다목 2), 같은 표 제15호 가목(생활숙박시설만 해당한다) 및 같은 표 제16호 가·나목에 해당하는 용도로 변경하는 경우는 제외한다(건축물대장 기재내용의 변경을 신청하여야 한다).

10

건축법령상 사용승인을 받은 건축물의 용도변경에 관한 설명으로 옳은 것은? (단, 조례는 고려하지 않음)

① 특별시나 광역시에 소재하는 건축물인 경우에는 특별시장이나 광역시장의 용도변경의 허가를 받거나 신고하여야 한다.

② 영업시설군에서 문화 및 집회시설군으로 용도변경하는 경우에는 허가를 받아야 한다.

③ 교육 및 복지시설군에서 전기통신시설군으로 용도변경하는 경우에는 신고를 하여야 한다.

④ 같은 시설군 안에서 용도를 변경하려는 경우에는 신고를 하여야 한다.

⑤ 용도변경하려는 부분의 바닥면적의 합계가 100제곱미터 이상인 경우라도 신고대상인 용도변경을 하는 경우에는 건축물의 사용승인을 받을 필요가 없다.

11

건축주인 甲은 4층 건축물을 병원으로 사용하던 중 이를 서점으로 용도변경하고자 한다. 건축법령상 이에 관한 설명으로 옳은 것은? (단, 다른 조건은 고려하지 않음)

① 甲이 용도변경을 위하여 건축물을 대수선할 경우 그 설계는 건축사가 아니어도 할 수 있다.

② 甲은 건축물의 용도를 서점으로 변경하려면 용도변경을 신고하여야 한다.

③ 甲은 서점에 다른 용도를 추가하여 복수용도로 용도변경 신청을 할 수 없다.

④ 甲의 병원이 준주거지역에 위치하고 있다면 서점으로 용도변경을 할 수 없다.

⑤ 甲은 서점으로 용도변경을 할 경우 피난 용도로 쓸 수 있는 광장을 옥상에 설치하여야 한다.

12

건축법령상 건축법의 적용에 관한 설명으로 틀린 것은?

① 철도의 선로부지에 있는 플랫폼을 건축하는 경우에는 「건축법」상 건폐율 규정이 적용되지 않는다.

② 고속도로 통행료 징수시설을 건축하는 경우에는 「건축법」상 대지의 분할제한 규정이 적용되지 않는다.

③ 지구단위계획구역이 아닌 계획관리지역으로서 동이나 읍이 아닌 지역에서는 건축법상 대지의 분할제한 규정이 적용되지 않는다.

(6) 용도변경의 사용승인 · 설계

용도변경이 허가 또는 신고대상인 경우에는 다음의 규정을 준용한다.

① 용도변경의 허가나 신고 대상인 경우로서 용도변경하려는 부분의 바닥면적의 합계가 100제곱미터 이상인 경우의 사용승인에 관하여는 제22조(사용승인에 관한 규정)를 준용한다. 다만, 용도변경하려는 부분의 바닥면적의 합계가 500제곱미터 미만으로서 대수선에 해당되는 공사를 수반하지 아니하는 경우에는 그러하지 아니하다.

② 용도변경 허가대상인 경우로서 용도변경하려는 부분의 바닥면적의 합계가 500제곱미터 이상인 용도변경의 설계에 관하여는 건축물의 설계에 관한 규정을 준용한다.

(7) 복수용도의 인정

① 건축주는 건축물의 용도를 복수로 하여 건축허가, 건축신고 및 용도변경 허가 · 신고 또는 건축물대장 기재내용의 변경 신청을 할 수 있다.

② 허가권자는 위 ①에 따라 신청한 복수의 용도가 이 법 및 관계 법령에 정한 건축기준과 입지기준 등에 모두 적합한 경우에 한정하여 국토교통부령으로 정하는 바에 따라 복수 용도를 허용할 수 있다.

③ 복수용도는 동일한 시설군 내에서 허용할 수 있다.

④ 위 ③에도 불구하고 허가권자는 지방건축위원회의 심의를 거쳐 다른 시설군의 용도간의 복수용도를 허용할 수 있다.

제 5 절 건축법 적용대상지역 및 적용예외

1. 건축법 적용대상지역

구 분	지 역	내 용
전면적 적용구역	• 도시지역 • 지구단위계획구역 • 동 또는 읍의 지역(섬인 경우에는 인구가 500인 이상인 경우에 한함)	건축법의 모든 규정이 적용됨.
제한적 적용구역 (일부배제)	기타 지역	건축법 중 다음의 규정이 적용되지 아니한다. • 대지와 도로와의 관계, 도로의 지정 · 폐지 · 변경 • 건축선의 지정, 건축선에 의한 건축제한 • 방화지구 안의 건축물 • 대지의 분할제한 ⊕ 건폐율과 용적률 및 높이제한 등의 규정은 적용된다는 사실에 주의

2. 「건축법」 적용으로 다른 법령의 적용배제

(1) 「민법」 제244조 제1항의 배제(지하를 굴착하는 경우, 법 제9조)

건축물의 건축 등을 위하여 지하를 굴착하는 경우에는 「민법」 제244조 제1항의 규정을 적용하지 아니한다. 다만, 지하를 굴착할 때는 필요한 안전조치를 하여 위해를 방지하여야 한다.

(2) 「하수도법」 제38조의 적용배제

건축물에 딸린 개인하수처리시설에 관한 설계의 경우에는 「하수도법」 제38조를 적용하지 아니한다.

확인문제

④ 지구단위계획구역이 아닌 계획관리지역으로서 동이나 읍이 아닌 지역에서는 건축법상 건축선에 따른 건축제한 규정이 적용되지 않는다.
⑤ 지구단위계획구역이 아닌 계획관리지역으로서 동이나 읍이 아닌 지역에서는 건축법상 용적률 규정이 적용되지 않는다.

제6절 건축허가 및 신고 등 22회, 24회, 25회

1. 건축허가의 대상 15회 추가, 18회, 19회

건축물을 건축 또는 대수선하고자 하는 자는 특별자치시장·특별자치도지사, 시장·군수·구청장의 허가를 받아야 한다. 다만, 21층 이상의 건축물 등 대통령령이 정하는 용도 및 규모의 건축물을 특별시 또는 광역시에 건축하고자 하는 경우에는 특별시장 또는 광역시장의 허가를 받아야 한다.

2. 건축에 관한 입지 및 규모의 사전결정 20회, 28회

(1) 사전결정 신청

① 건축허가 대상 건축물을 건축하려는 자는 건축허가를 신청하기 전에 허가권자에게 그 건축물의 건축에 관한 다음의 사항에 대한 사전결정을 신청할 수 있다.

> ㉠ 해당 대지에 건축하는 것이 이 법이나 관계 법령에서 허용되는지 여부
> ㉡ 이 법 또는 관계 법령에 따른 건축기준 및 건축제한, 그 완화에 관한 사항 등을 고려하여 해당 대지에 건축 가능한 건축물의 규모
> ㉢ 건축허가를 받기 위하여 신청자가 고려하여야 할 사항

② 사전결정을 신청하는 자(이하 "사전결정신청자"라 한다)는 건축위원회 심의와 「도시교통정비 촉진법」에 따른 교통영향평가서의 검토를 동시에 신청할 수 있다.

(2) 사전환경성 검토에 대한 협의 및 통지

① 허가권자는 사전결정이 신청된 건축물의 대지면적이 「환경영향평가법」에 따른 소규모 환경영향평가 대상사업인 경우 환경부장관이나 지방환경관서의 장과 소규모 환경영향평가에 관한 협의를 하여야 한다.

핵심 암기

♀ 건축허가나 건축물의 착공을 제한하는 경우 제한기간은 2년 이내로 한다. 다만, 1회에 한하여 1년 이내의 범위에서 제한기간을 연장할 수 있다(○).
♀ 허가권자는 허가를 받은 자가 허가를 받은 날부터 2년 이내에 공사에 착수하였으나 공사의 완료가 불가능하다고 인정되는 경우에는 허가를 취소하여야 한다(○).
♀ 사전결정신청자는 사전결정을 통지받은 날부터 2년 이내에 착공신고를 하여야 하며, 이 기간에 착공신고를 하지 아니하면 사전결정의 효력이 상실된다(×).

확인문제

13

건축법령상 건축허가의 사전결정에 관한 설명으로 틀린 것은?

① 사전결정을 할 수 있는 자는 건축허가권자이다.
② 사전결정 신청사항에는 건축허가를 받기 위하여 신청자가 고려하여야 할 사항이 포함될 수 있다.
③ 사전결정의 통지로써 「국토의 계획 및 이용에 관한 법률」에 따른 개발행위허가가 의제되는 경우 허가권자는 사전결정을 하기에 앞서 관계 행정기관의 장과 협의하여야 한다.
④ 사전결정신청자는 건축위원회 심의와 「도시교통정비 촉진법」에 따른 교통영향평가서의 검토를 동시에 신청할 수 있다.
⑤ 사전결정신청자는 사전결정을 통지받은 날부터 2년 이내에 착공신고를 하여야 하며, 이 기간에 착공신고를 하지 아니하면 사전결정의 효력이 상실된다.

➕ 사전결정의 신청대상은 허가대상 건축물에 대하여만 허용되고 신고대상인 경우에는 허용되지 않는다. 따라서 허가권자에게 사전결정을 신청하여야 한다.

② 허가권자는 사전결정의 신청을 받으면 입지, 건축물의 규모, 용도 등을 사전결정한 후 사전결정서를 사전결정일부터 7일 이내에 사전결정을 신청한 자에게 송부하여 사전결정 신청자에게 알려야 한다.

(3) 타 법률에 의한 허가 또는 신고의제 30회, 33회

① 사전결정을 통지받은 경우에는 다음의 허가를 받거나 신고 또는 협의를 한 것으로 본다.

> ㉠ 「국토의 계획 및 이용에 관한 법률」 제56조에 따른 개발행위허가
> ㉡ 「산지관리법」 제14조와 제15조에 따른 산지전용허가와 산지전용신고, 같은 법 제15조의2에 따른 산지일시사용허가 · 신고. 다만, 보전산지인 경우에는 도시지역만 해당된다.
> ㉢ 「농지법」 제34조, 제35조 및 제43조에 따른 **농지전용허가 · 신고 및 협의**
> ㉣ 「하천법」 제33조에 따른 **하천점용허가**

② 허가권자는 위 ①의 어느 하나에 해당되는 내용이 포함된 사전결정을 하는 경우에는 미리 관계 행정기관의 장과 협의하여야 하며, 협의를 요청받은 관계 행정기관의 장은 요청받은 날부터 15일 이내에 의견을 제출하여야 한다.

(4) 사전결정효력의 상실

사전결정신청자는 사전결정을 통지받은 날부터 2년 이내에 건축허가를 신청하여야 하며, 이 기간 내에 건축허가를 신청하지 아니하는 경우에는 사전결정의 효력이 상실된다.

3. 건축신고대상 15회 추가, 23회, 29회

허가 대상 건축물이라 하더라도 다음의 어느 하나에 해당하는 경우에는 미리 특별자치시장 · 특별자치도지사 또는 시장 · 군수 · 구청장에게 국토교통부령으로 정하는 바에 따라 신고를 하면 건축허가를 받은 것으로 본다.

> ① 바닥면적의 합계가 85제곱미터 이내의 증축 · 개축 또는 재축. 다만, 3층 이상 건축물인 경우에는 증축 · 개축 또는 재축하려는 부분의 바닥면적의 합계가 건축물 연면적의 10분의 1 이내인 경우로 한정한다.
> ② 「국토의 계획 및 이용에 관한 법률」에 따른 관리지역, 농림지역 또는 자연환경보전지역에서 **연면적이 200제곱미터 미만이고 3층 미만인 건축물의 건축.** 다만, 다음의 어느 하나에 해당하는 구역에서의 건축은 제외한다.
> ㉠ 지구단위계획구역
> ㉡ 방재지구 등 재해취약지역으로서 대통령령으로 정하는 다음의 구역
> • 「국토의 계획 및 이용에 관한 법률」에 따라 지정된 방재지구(防災地區)
> • 「급경사지 재해예방에 관한 법률」에 따라 지정된 붕괴위험지역
> ③ 연면적이 200제곱미터 미만이고 3층 미만인 건축물의 대수선

④ 주요구조부의 해체가 없는 등 대통령령으로 정하는 다음의 대수선

　㉠ 내력벽의 면적을 30제곱미터 이상 수선하는 것

　㉡ 기둥을 세 개 이상 수선하는 것

　㉢ 보를 세 개 이상 수선하는 것

　㉣ 지붕틀을 세 개 이상 수선하는 것

　㉤ 방화벽 또는 방화구획을 위한 바닥 또는 벽을 수선하는 것

　㉥ 주계단 · 피난계단 또는 특별피난계단을 수선하는 것

⑤ 그 밖에 소규모 건축물로서 대통령령으로 정하는 다음의 건축물의 건축

　㉠ **연면적의 합계가 100제곱미터 이하인 건축물**

　㉡ **건축물의 높이를 3미터 이하의 범위에서 증축하는 건축물**

　㉢ 법 제23조 제4항에 따른 **표준설계도서**에 따라 건축하는 건축물로서 그 용도 및 규모가 주위환경이나 미관에 지장이 없다고 인정하여 **건축조례로 정하는 건축물**

　㉣ 「**국토의 계획 및 이용에 관한 법률**」제36조에 따른 공업지역, 같은 법 제51조 제3항에 따른 지구단위계획구역(산업 · 유통형만 해당한다) 및 「산업입지 및 개발에 관한 법률」에 따른 산업단지에서 건축하는 **2층 이하인 건축물로서 연면적 합계 500제곱미터 이하인 공장**(제조업소 등 물품의 제조 · 가공을 위한 시설을 포함한다)

　㉤ 농업이나 수산업을 경영하기 위하여 읍 · 면지역(특별자치시장 · 특별자치도지사 · 시장 · 군수가 지역계획 또는 도시 · 군계획에 지장이 있다고 지정 · 공고한 구역은 제외한다)에서 건축하는 **연면적 200제곱미터 이하의 창고 및 연면적 400제곱미터 이하의 축사 · 작물재배사(作物栽培舍), 종묘배양시설, 화초 및 분재 등의 온실**

4. 공용 건축물의 건축(특례)

① **허가권자와의 협의**: 국가 또는 지방자치단체는 건축허가 · 건축신고에 의한 건축물을 건축 등을 하고자 하는 경우에는 미리 건축물의 소재지를 관할하는 허가권자와 협의하여야 하며, 협의한 경우에는 건축허가를 받았거나 신고한 것으로 본다.

② **사용승인의 생략**: 건축허가권자와 사전협의한 건축물에 관해서는 사용승인을 생략한다. 다만, 건축물의 공사가 끝난 경우에는 지체없이 허가권자에게 통보하여야 한다.

14

건축법령상 건축허가 및 건축신고 등에 관한 설명으로 틀린 것은? (단, 조례는 고려하지 않음)

① 바닥면적이 각 80제곱미터인 3층의 건축물을 신축하고자 하는 자는 건축허가의 신청 전에 허가권자에게 그 건축의 허용성에 대한 사전결정을 신청할 수 있다.

② 연면적의 10분의 3을 증축하여 연면적의 합계가 10만제곱미터가 되는 창고를 광역시에 건축하고자 하는 자는 광역시장의 허가를 받아야 한다.

③ 건축물의 건축허가를 받으면 「국토의 계획 및 이용에 관한 법률」에 따른 개발행위허가를 받은 것으로 본다.

④ 연면적의 합계가 200제곱미터인 건축물의 높이를 2미터 증축할 경우 건축신고를 하면 건축허가를 받은 것으로 본다.

⑤ 건축신고를 한 자가 신고일부터 1년 이내에 공사에 착수하지 아니하면 원칙적으로 그 신고의 효력은 없어진다.

⊕ 건축신고를 한 자가 신고일로부터 1년 이내에 공사에 착수하지 아니한 경우에는 그 신고의 효력을 상실한다. 다만, 건축주의 요청에 따라 허가권자가 정당한 사유가 있다고 인정하면 1년의 범위에서 착수기한을 연장할 수 있다.

제 7 절 건축허가의 절차 등^{31회}

1. 허가권자 및 절차

(1) 허가권자

① 원칙: 건축허가권자는 원칙적으로 **특별자치시장, 특별자치도지사, 시장 · 군수 · 구청장**이다.

② 예외: **특별시장 또는 광역시장**

특별시장 또는 광역시장의 허가를 받아야 하는 건축물의 규모는 다음과 같다.

> ㉠ **21층 이상인 건축물**
> ㉡ **연면적의 합계가 10만㎡ 이상인 건축물** [공장, 창고는 제외한다]

15

건축법령상 시장 · 군수가 건축허가를 하기 위해 도지사의 사전승인을 받아야 하는 건축물은?

① 층수가 20층인 건축물
② 연면적의 합계가 6만㎡인 건축물
③ 자연환경을 보호하기 위하여 도지사가 지정 · 공고한 구역에 건축하는 연면적의 합계가 900㎡인 2층의 위락시설
④ 주거환경 등 주변환경을 보호하기 위하여 도지사가 지정 · 공고한 구역에 건축하는 숙박시설
⑤ 수질을 보호하기 위하여 도지사가 지정 · 공고한 구역에 건축하는 연면적의 합계가 900㎡인 2층의 숙박시설

(2) 건축허가에 대한 사전승인 ^{21회}

① **시장**(특별시장 · 광역시장은 제외) · 군수는 다음에 해당하는 건축물을 허가하고자 하는 경우 미리 도지사의 승인을 얻어야 한다.

> ㉠ **층수가 21층 이상**이거나 **연면적의 합계가 10만㎡ 이상인 건축물** [공장, 창고는 제외한다]. 다만, 도시환경, 광역교통 등을 고려하여 해당 도의 조례로 정하는 건축물은 제외한다.
> ㉡ **자연환경 또는 수질보호**를 위하여 도지사가 지정 · 공고하는 구역 안에 건축하는 3층 이상 또는 연면적 합계 1천㎡ 이상의 건축물로서 위락시설 및 숙박시설 · 공동주택 · 제2종 근린생활시설(일반음식점에 한한다) · 업무시설(일반업무시설에 한한다) 등에 해당하는 건축물
> ㉢ **주거환경 또는 교육환경** 등 주변환경의 보호상 필요하다고 인정하여 도지사가 지정 · 공고하는 구역 안에 건축하는 위락시설 및 숙박시설의 건축물

② 시장 · 군수의 사전승인의 신청을 받은 도지사는 승인요청을 받은 날부터 50일 이내에 승인 여부를 시장 · 군수에게 통보하여야 한다. 다만, 건축물의 규모가 큰 경우 등 불가피한 경우에는 30일의 범위 내에서 그 기간을 연장할 수 있다.

(3) 건축허가 또는 착공의 제한 ^{17회, 18회, 21회, 23회, 26회, 32회, 35회}

① **국토교통부장관의 제한**: 국토교통부장관은 국토관리를 위하여 특히 필요하다고 인정하거나 주무부장관이 국방, 「국가유산기본법」 제3조에 따른 국가유산의 보존, 환경보전 또는 국민경제를 위하여 특히 필요하다고 인정하여 요청하면 허가권자의 건축허가나 허가를 받은 건축물의 착공을 제한할 수 있다.

② **특별시장 · 광역시장 · 도지사의 제한**

㉠ **특별시장 · 광역시장 · 도지사**는 지역계획이나 도시 · 군계획상 특히 필요하다고 인정하는 경우에는 시장 · 군수 · 구청장의 건축허가나 허가를 받은 건축물

의 착공을 제한할 수 있다.

    ⓛ 특별시장·광역시장·도지사는 시장·군수·구청장의 건축허가나 건축물의 착공을 제한한 경우 즉시 **국토교통부장관에게 보고**하여야 하며, 보고를 받은 국토교통부장관은 제한 내용이 지나치다고 인정하면 해제를 명할 수 있다.

③ **건축허가의 제한기간**: 건축허가나 건축물의 착공을 제한하는 경우 제한기간은 2년 이내로 한다. 다만, 1회에 한하여 1년 이내의 범위에서 제한기간을 연장할 수 있다.

④ **통보 및 공고**: 국토교통부장관이나 특별시장·광역시장·도지사는 건축허가나 건축물의 착공을 제한하는 경우 제한 목적·기간, 대상 건축물의 용도와 대상 구역의 위치·면적·경계 등을 상세하게 정하여 허가권자에게 통보하여야 하며, 통보를 받은 허가권자는 지체 없이 이를 공고하여야 한다.

⑤ 국토교통부장관이나 시·도지사는 건축허가나 건축허가를 받은 건축물의 착공을 제한하려는 경우에는 「토지이용규제기본법」 제8조에 따라 주민의견을 청취한 후 건축위원회의 심의를 거쳐야 한다.

(4) 건축허가신청

① **구비서류의 제출**: 건축허가를 받으려는 자는 허가신청서에 국토교통부령으로 정하는 설계도서와 허가 등을 받거나 신고를 하기 위하여 관계 법령에서 제출하도록 의무화하고 있는 신청서 및 구비서류를 첨부하여 허가권자에게 제출하여야 한다.

② **대지의 소유권의 확보** [28회]: 건축허가를 받으려는 자는 해당대지의 소유권을 확보하여야 한다. 다만, 다음의 어느 하나에 해당하는 경우에는 그러하지 아니하다.

> ㉠ 건축주가 대지의 소유권을 확보하지 못하였으나 그 대지를 사용할 수 있는 권원을 확보한 경우. 다만, 분양을 목적으로 하는 공동주택은 제외한다.
> ㉡ 건축주가 건축물의 노후화 또는 구조안전 문제 등 대통령령으로 정하는 다음의 사유로 건축물을 신축·개축·재축 및 리모델링을 하기 위하여 건축물 및 해당 대지의 공유자 수의 100분의 80 이상의 동의를 얻고 동의한 공유자의 지분 합계가 전체 지분의 100분의 80 이상인 경우(영 제9조의 2)
>   ⓐ 급수·배수·오수 설비 등의 설비 또는 지붕·벽 등의 노후화나 손상으로 그 기능 유지가 곤란할 것으로 우려되는 경우
>   ⓑ 건축물의 노후화로 내구성에 영향을 주는 기능적 결함이나 구조적 결함이 있는 경우
>   ⓒ 건축물이 훼손되거나 일부가 멸실되어 붕괴 등 그 밖의 안전사고가 우려되는 경우
>   ⓓ 천재지변이나 그 밖의 재해로 붕괴되어 다시 신축하거나 재축하려는 경우

확인문제

16

건축법령상 건축허가 제한에 관한 설명으로 옳은 것은?

① 국방, 국가유산의 보존 또는 국민경제를 위하여 특히 필요한 경우 주무부장관은 허가권자의 건축허가를 제한할 수 있다.

② 지역계획을 위하여 특히 필요한 경우 도지사는 특별자치시장의 건축허가를 제한할 수 있다.

③ 건축허가를 제한하는 경우 건축허가 제한기간은 2년 이내로 하며, 1회에 한하여 1년 이내의 범위에서 제한기간을 연장할 수 있다.

④ 시·도지사가 건축허가를 제한하는 경우에는 토지이용규제 기본법에 따라 주민의견을 청취하거나 건축위원회의 심의를 거쳐야 한다.

⑤ 국토교통부장관은 건축허가를 제한하는 경우 제한목적·기간, 대상 건축물의 용도와 대상 구역의 위치·면적·경계를 지체없이 공고하여야 한다.

17

건축법령상 건축허가 제한 등에 관한 설명으로 옳은 것은?

① 도지사는 지역계획에 특히 필요하다고 인정하더라도 허가 받은 건축물의 착공을 제한할 수 없다.

② 시장·군수·구청장이 건축허가를 제한하려는 경우에는 주민의견을 청취한 후 도시계획위원회의 심의를 거쳐야 한다.

③ 건축허가를 제한하는 경우 제한기간은 2년 이내로 하며, 1회에 한하여 1년 이내의 범위에서 제한기간을 연장할 수 있다.

④ 건축허가를 제한하는 경우 국토교통부장관은 제한 목적·기간 등을 상세하게 정하여 지체 없이 공고하여야 한다.

⑤ 건축허가를 제한한 경우 허가권자는 즉시 국토교통부장관에게 보고하여야 하며, 보고를 받은 국토교통부장관은 제한 내용이 지나치다고 인정하면 직권으로 이를 해제하여야 한다.

© 건축주가 건축허가를 받아 주택과 주택 외의 시설을 동일 건축물로 건축하기 위하여 「주택법」 제21조를 준용한 대지 소유 등의 권리 관계를 증명한 경우. 다만, 「주택법」 제15조 제1항 각 호 외의 부분 본문에 따른 대통령령으로 정하는 호수 이상으로 건설·공급하는 경우에 한정한다.

ⓛ 건축하려는 대지에 포함된 국유지 또는 공유지에 대하여 허가권자가 해당 토지의 관리청이 해당 토지를 건축주에게 매각하거나 양여할 것을 확인한 경우

ⓜ 건축주가 집합건물의 공용부분을 변경하기 위하여 「집합건물의 소유 및 관리에 관한 법률」 제15조 제1항에 따른 결의가 있었음을 증명한 경우

ⓗ 건축주가 집합건물을 재건축하기 위하여 「집합건물의 소유 및 관리에 관한 법률」 제47조에 따른 결의가 있었음을 증명한 경우

(5) 건축규정의 준수 및 허가의 거부

허가권자는 건축허가를 하고자 하는 때에 한국건축규정의 준수 여부를 확인하여야 한다. 다만, 다음의 어느 하나에 해당하는 경우에는 이 법이나 다른 법률에도 불구하고 건축위원회의 심의를 거쳐 건축허가를 하지 아니할 수 있다.

① 위락시설이나 숙박시설에 해당하는 건축물의 건축을 허가하는 경우 해당 대지에 건축하려는 건축물의 용도·규모 또는 형태가 주거환경이나 교육환경 등 주변 환경을 고려할 때 부적합하다고 인정되는 경우

② 「국토의 계획 및 이용에 관한 법률」에 따른 **방재지구** 및 「자연재해대책법」에 따른 **자연재해위험개선지구** 등 상습적으로 침수되거나 침수가 우려되는 지역에 건축하려는 건축물에 대하여 지하층 등 일부 공간을 주거용으로 사용하거나 거실을 설치하는 것이 부적합하다고 인정되는 경우

(6) 매도청구 등

건축허가를 받은 건축주는 해당 건축물 또는 대지의 공유자 중 동의하지 아니한 공유자에게 그 공유지분을 **시가(市價)**로 매도할 것을 청구할 수 있다. 이 경우 매도청구를 하기 전에 매도청구 대상이 되는 공유자와 **3개월 이상** 협의를 하여야 한다.

(7) 소유자를 확인하기 곤란한 공유지분 등에 대한 처분

① 건축허가를 받은 건축주는 해당 건축물 또는 대지의 공유자가 거주하는 곳을 확인하기가 현저히 곤란한 경우에는 전국적으로 배포되는 둘 이상의 일간신문에 두 차례 이상 공고하고, 공고한 날부터 30일 이상이 지났을 때에는 위 (5)에 따른 매도청구 대상이 되는 건축물 또는 대지로 본다.

② 건축주는 위 ①에 따른 매도청구 대상 공유지분의 감정평가액에 해당하는 금액을 법원에 **공탁(供託)**하고 착공할 수 있다.

③ 위 ②에 따른 공유지분의 감정평가액은 허가권자가 추천하는 감정평가업자 2명 이상이 평가한 금액을 산술평균하여 산정한다.

(8) **건축허가의 취소**(필수적 취소 – 1년 이내 착수기간 연장가능)

① 허가권자는 허가를 받은 자가 다음의 어느 하나에 해당하면 허가를 취소하여야 한다.

　　㉠ 허가를 받은 날부터 2년(공장의 신설·증설 또는 업종변경의 승인을 받은 공장은 3년) 이내에 공사에 착수하지 아니한 경우
　　㉡ 위 ㉠의 기간 이내에 공사에 착수하였으나 공사의 완료가 불가능하다고 인정되는 경우
　　㉢ 제21조에 따른 착공신고 전에 경매 또는 공매 등으로 건축주가 대지의 소유권을 상실한 때부터 6개월이 경과한 이후 공사의 착수가 불가능하다고 판단되는 경우

② 다만, 위 ①에 해당하는 경우로서 정당한 이유가 있다고 인정하는 경우에는 1년의 범위 안에서 그 공사의 착수기간을 연장할 수 있다.

(9) **허가·신고사항의 변경**

바닥면적의 합계가 85제곱미터를 초과하는 부분에 대한 신축·증축·개축에 해당하는 변경인 경우에는 허가를 받고, 그 밖의 경우에는 신고할 것

(10) **다른 허가·신고의 의제사항**(건축허가의 효과)

건축허가를 받으면 다음의 허가 등을 받거나 신고를 한 것으로 보며, 공장건축물의 경우에는 「산업집적활성화 및 공장설립에 관한 법률」에 따라 관련 법률의 인·허가 등이나 허가등을 받은 것으로 본다.

　① 공사용 가설건축물의 축조신고
　② 공작물의 축조신고
　③ 「국토의 계획 및 이용에 관한 법률」에 따른 개발행위허가
　④ 「국토의 계획 및 이용에 관한 법률」 제86조 제5항에 따른 시행자의 지정과 같은 법 제88조 제2항에 따른 실시계획의 인가
　⑤ 산지전용허가와 산지전용신고
　⑥ 사도(私道)개설허가
　⑦ 농지전용허가·신고 및 협의
　⑧ 도로의 점용 허가
　⑨ 하천점용 등의 허가

2. 가설건축물

(1) **허가대상 가설건축물** 21회

① 도시·군계획시설 및 도시·군계획시설예정지에서 가설건축물을 건축하려는 자는 특별자치시장·특별자치도지사 또는 시장·군수·구청장의 허가를 받아야 한다.

확인문제

18
건축법령상 건축허가 및 건축신고에 관한 설명으로 틀린 것은?

① 수질을 보호하기 위하여 도지사가 지정·공고한 구역에 시장·군수가 3층의 관광호텔의 건축을 허가하기 위해서는 도지사의 사전승인을 받아야 한다.

② 숙박시설에 해당하는 건축물의 건축을 허가하는 경우 건축물의 용도·규모 또는 형태가 주거환경이나 교육환경 등 주변 환경을 고려할 때 부적합하다고 인정되면 건축위원회의 심의를 거쳐 건축허가를 하지 않을 수 있다.

③ 특별시장·광역시장·도지사는 시장·군수·구청장의 건축허가를 제한한 경우 즉시 국토교통부장관에게 보고하여야 한다.

④ 연면적이 180제곱미터이고 2층인 건축물의 대수선은 건축신고의 대상이다.

⑤ 건축신고를 한 자가 신고일부터 2년 이내에 공사에 착수하지 아니하면 그 신고의 효력은 없어진다.

19

건축법령상 도시 · 군계획시설 예정지에 건축하는 3층 이하의 가설건축물에 관한 설명으로 틀린 것은? (다만, 조례는 고려하지 않음)

① 가설건축물은 철근콘크리트조 또는 철골철근콘크리트조가 아니어야 한다.
② 가설건축물은 공동주택 · 판매시설 · 운수시설 등으로서 분양을 목적으로 하는 건축물이 아니어야 한다.
③ 가설건축물은 전기 · 수도 · 가스 등 새로운 간선 공급설비의 설치를 필요로 하는 것이 아니어야 한다.
④ 가설건축물의 존치기간은 2년 이내 이어야 한다.
⑤ 가설건축물은 도시 · 군계획예정도로에도 건축할 수 있다.

② 허가대상 가설건축물의 요건은 다음과 같다.

> ㉠ 「국토의 계획 및 이용에 관한 법률」 제64조(도시 · 군계획시설 부지에서의 개발행위)에 위배되지 않아야 할 것
> ㉡ 3층 이하여야 할 것
> ㉢ 철근콘크리트조 또는 철골철근콘크리트조가 아닐 것
> ㉣ 존치기간은 3년 이내일 것. 다만, 도시 · 군계획사업이 시행될 때까지 그 기간을 연장할 수 있다.
> ㉤ 전기 · 수도 · 가스 등 새로운 간선 공급설비의 설치를 필요로 하지 아니할 것
> ㉥ 공동주택 · 판매시설 · 운수시설 등으로서 분양을 목적으로 건축하는 건축물이 아닐 것

(2) 신고대상 가설건축물 28회, 31회

① 재해복구, 흥행, 전람회, 공사용 가설건축물 등 대통령령으로 정하는 다음의 용도의 가설건축물을 축조하려는 자는 **특별자치시장 · 특별자치도지사 또는 시장 · 군수 · 구청장에게 신고**한 후 착공하여야 한다.

> • 특별자치시장 · 특별자치도지사 또는 시장 · 군수 · 구청장이 도시미관이나 교통소통에 지장이 없다고 인정하는 가설흥행장, 가설전람회장, 농 · 수 · 축산물 직거래용 가설점포, 그 밖에 이와 비슷한 것
> • 공사에 필요한 규모의 공사용 가설건축물 및 공작물
> • **전시를 위한 견본주택**이나 그 밖에 이와 비슷한 것
> • 조립식 구조로 된 경비용으로 쓰는 가설건축물로서 연면적이 10제곱미터 이하인 것
> • 조립식 경량구조로 된 외벽이 없는 임시 자동차 차고
> • 도시지역 중 주거지역 · 상업지역 또는 공업지역에 설치하는 농업 · 어업용 비닐하우스로서 연면적이 100제곱미터 이상인 것
> • 연면적이 100제곱미터 이상인 간이축사용, 가축분뇨처리용, 가축운동용, 가축의 비가림용 비닐하우스 또는 천막구조 건축물
> • 야외흡연실 용도로 쓰는 가설건축물로서 연면적이 50제곱미터 이하인 것

② 위 ①의 규정에 의하여 신고해야 하는 가설건축물의 존치기간은 3년 이내로 하며, 존치기간의 연장이 필요한 경우에는 횟수별 3년의 범위에서 가설건축물별로 건축조례로 정하는 횟수만큼 존치기간을 연장할 수 있다. 다만, 공사용 가설건축물 및 공작물의 경우에는 해당 공사의 완료일까지의 기간으로 한다.

(3) 가설건축물의 존치기간 연장

① 특별자치시장 · 특별자치도지사 또는 시장 · 군수 · 구청장은 허가대상 가설건축물의 존치기간 만료일 30일 전까지 해당 가설건축물의 건축주에게 다음의 사항을 알려야 한다.

> ㉠ 존치기간 만료일
> ㉡ 존치기간 연장 가능 여부

② 존치기간을 연장하려는 가설건축물의 건축주는 다음의 구분에 따라 특별자치시장 · 특별자치도지사 또는 시장 · 군수 · 구청장에게 허가를 신청하거나 신고하여야 한다.

> ㉠ 허가 대상 가설건축물: 존치기간 만료일 14일 전까지 허가 신청
> ㉡ 신고 대상 가설건축물: 존치기간 만료일 7일 전까지 신고

3. 건축설계 및 착공신고

(1) 건축사의 설계

건축허가를 받아야 하거나 건축신고를 하여야 하는 건축물 또는 「주택법」 제66조 제1항 또는 제2항에 따른 리모델링을 하는 건축물의 건축등을 위한 설계는 **건축사가 아니면 할 수 없다.** 다만, 다음의 어느 하나에 해당하는 경우에는 그러하지 아니하다.

> ① 바닥면적의 합계가 85제곱미터 미만인 증축 · 개축 또는 재축
> ② 연면적이 200제곱미터 미만이고 층수가 3층 미만인 건축물의 대수선
> ③ 그 밖에 건축물의 특수성과 용도 등을 고려하여 대통령령으로 정하는 다음의 건축물의 건축 등
> > ㉠ 읍 · 면지역에서 건축하는 건축물 중 연면적이 200제곱미터 이하인 창고 및 농막과 연면적 400제곱미터 이하인 축사, 작물재배사, 종묘배양시설, 화초 및 분재 등의 온실
> > ㉡ 가설건축물로서 건축조례로 정하는 가설건축물

(2) 착공신고

허가를 받거나 신고를 한 건축물의 공사를 착수하려는 건축주는 국토교통부령으로 정하는 바에 따라 허가권자에게 공사계획을 신고하여야 한다.

4. 건축공사현장 안전관리예치금 등 18회, 30회

(1) 건축허가를 받은 자는 건축물의 건축공사를 중단하고 장기간 공사현장을 방치할 경우 공사현장의 미관 개선과 안전관리 등 필요한 조치를 하여야 한다.

(2) 허가권자는 **연면적이 1천제곱미터 이상인 건축물**(주택도시보증공사가 분양보증을 한 건축물, 분양보증이나 신탁계약을 체결한 건축물은 제외한다)로서 해당 지방자치단체의 조례로 정하는 건축물에 대하여는 착공신고를 하는 건축주(한국토지주택공사 또는 지방공사는 제외한다)에게 장기간 건축물의 공사현장이 방치되는 것에 대비하여 미리 미관 개선과 안전관리에 필요한 비용(보증서를 포함하며, 이하 "예치금"이라 한다)을 **건축공사비의 1퍼센트의 범위에서 예치**하게 할 수 있다.

20

건축법령상 건축물 안전영향 평가에 관한 설명으로 옳은 것은?

① 초고층 건축물에 대하여는 건축허가 이후 지체 없이 건축물 안전영향평가를 실시하여야 한다.

② 안전영향평가기관은 안전영향평가를 의뢰받은 날부터 30일 이내에 안전영향평가 결과를 허가권자에게 제출하여야 하며, 이 기간은 연장될 수 없다.

③ 건축물 안전영향평가 결과는 도시계획위원회의 심의를 거쳐 확정된다.

④ 허가권자는 안전영향평가에 대한 심의 결과 및 안전영향평가 내용을 일간신문에 게재하는 방법으로 공개하여야 한다.

⑤ 안전영향평가를 실시하여야 하는 건축물이 다른 법률에 따라 구조안전과 인접 대지의 안전에 미치는 영향 등을 평가 받은 경우에는 안전영향평가의 해당 항목을 평가 받은 것으로 본다.

5. 건축물 안전영향평가 _{32회, 35회}

① 허가권자는 초고층 건축물 등 대통령령으로 정하는 다음의 주요 건축물에 대하여 제11조에 따른 건축허가를 하기 전에 건축물의 구조, 지반 및 풍환경(風環境) 등이 건축물의 구조안전과 인접 대지의 안전에 미치는 영향 등을 평가하는 건축물 안전영향평가(이하 "안전영향평가"라 한다)를 안전영향평가기관에 의뢰하여 실시하여야 한다(법 제13조의 2 제1항, 영 제10조의 3 제1항).

> ⊙ 초고층 건축물
> ⊙ 다음의 요건을 모두 충족하는 건축물
>   가. 연면적(하나의 대지에 둘 이상의 건축물을 건축하는 경우에는 각각의 건축물의 연면적을 말한다)이 10만 제곱미터 이상일 것
>   나. 16층 이상일 것

② 위 ①의 건축물을 건축하려는 자는 법 제11조에 따른 건축허가를 신청하기 전에 다음 각 호의 자료를 첨부하여 허가권자에게 법 제13조의2 제1항에 따른 건축물 안전영향평가(이하 "안전영향평가"라 한다)를 의뢰하여야 한다(영 제10조의 3 제2항).

> ⊙ 건축계획서 및 기본설계도서 등 국토교통부령으로 정하는 도서
> ⊙ 인접 대지에 설치된 상수도·하수도 등 국토교통부장관이 정하여 고시하는 지하시설물의 현황도
> ⊙ 그 밖에 국토교통부장관이 정하여 고시하는 자료

③ 법 제13조의 2 제1항에 따라 허가권자로부터 안전영향평가를 의뢰받은 기관(안전영향평가기관)은 다음 각 호의 항목을 검토하여야 한다(영 제10조의 3 제3항).

> ⊙ 해당 건축물에 적용된 설계 기준 및 하중의 적정성
> ⊙ 해당 건축물의 하중저항시스템의 해석 및 설계의 적정성
> ⊙ 지반조사 방법 및 지내력(地耐力) 산정결과의 적정성
> ⊙ 굴착공사에 따른 지하수위 변화 및 지반 안전성에 관한 사항
> ⊙ 그 밖에 건축물의 안전영향평가를 위하여 국토교통부장관이 필요하다고 인정하는 사항

④ 안전영향평가기관은 안전영향평가를 의뢰받은 날부터 30일 이내에 안전영향평가 결과를 허가권자에게 제출하여야 한다. 다만, 부득이한 경우에는 20일의 범위에서 그 기간을 한 차례만 연장할 수 있다(영 제10조의 3 제4항).

⑤ 안전영향평가를 의뢰한 자가 보완하는 기간 및 공휴일·토요일은 위 ④에 따른 기간의 산정에서 제외한다(영 제10조의 3 제5항).

⑥ 허가권자는 위 ④에 따라 안전영향평가 결과를 제출받은 경우에는 지체 없이 안전 영향평가를 의뢰한 자에게 그 내용을 통보하여야 한다(영 제10조의 3 제6항).

⑦ 안전영향평가에 드는 비용은 안전영향평가를 의뢰한 자가 부담한다(영 제10조의 3 제7항).

⑧ 위 ①부터 ⑦까지에서 규정한 사항 외에 안전영향평가에 관하여 필요한 사항은 국토교통부장관이 정하여 고시한다(영 제10조의 3 제8항).

(2) 안전영향평가기관은 국토교통부장관이 「공공기관의 운영에 관한 법률」 제4조에 따른 공공기관으로서 건축 관련 업무를 수행하는 기관 중에서 지정하여 고시한다(법 제13조의 2 제2항).

(3) 안전영향평가 결과는 건축위원회의 심의를 거쳐 확정한다. 이 경우 제4조의2에 따라 건축위원회의 심의를 받아야 하는 건축물은 건축위원회 심의에 안전영향평가 결과를 포함하여 심의할 수 있다(법 제13조의 2 제3항).

(4) 안전영향평가 대상 건축물의 건축주는 건축허가 신청 시 제출하여야 하는 도서에 안전영향평가 결과를 반영하여야 하며, 건축물의 계획상 반영이 곤란하다고 판단되는 경우에는 그 근거 자료를 첨부하여 허가권자에게 건축위원회의 재심의를 요청할 수 있다(법 제13조의 2 제4항).

(5) 안전영향평가의 검토 항목과 건축주의 안전영향평가 의뢰, 평가 비용 납부 및 처리 절차 등 그 밖에 필요한 사항은 대통령령으로 정한다(법 제13조의 2 제5항).

(6) 허가권자는 심의 결과 및 안전영향평가 내용을 해당 지방자치단체의 공보에 게시하는 방법으로 즉시 공개하여야 한다(법 제13조의 2 제6항, 규칙 제9조의 2 제2항). 이 경우 게시 내용에 「개인정보 보호법」 제2조 제1호에 따른 개인정보를 포함하여서는 아니된다.

(7) 안전영향평가를 실시하여야 하는 건축물이 다른 법률에 따라 구조안전과 인접 대지의 안전에 미치는 영향 등을 평가 받은 경우에는 안전영향평가의 해당 항목을 평가 받은 것으로 본다(법 제13조의 2 제7항).

6. 건축물의 사용승인 20회

(1) 사용승인 신청

건축주가 허가를 받았거나 신고를 한 건축물의 건축공사를 완료한 후 그 건축물을 사용하려면 공사감리자가 작성한 감리완료보고서(공사감리자를 지정한 경우만 해당된다)와 국토교통부령으로 정하는 공사완료도서를 첨부하여 허가권자에게 사용승인을 신청하여야 한다.

21

건축허가 절차 등에 대한 다음 설명 중 옳지 않은 것은?

① 건축허가를 받으려는 자는 해당 대지의 소유권을 확보하여야 한다. 다만, 건축주가 대지의 소유권을 확보하지 못하였으나 그 대지를 사용할 수 있는 권원을 확보한 경우에는 그러하지 아니하다.

② 허가권자는 위락시설이나 숙박시설에 해당하는 건축물의 건축을 허가하는 경우 해당 대지에 건축하려는 건축물의 용도 · 규모 또는 형태가 주거환경이나 교육환경 등 주변 환경을 고려할 때 부적합하다고 인정되는 경우에는 이 법이나 다른 법률에도 불구하고 건축위원회의 심의를 거쳐 건축허가를 하지 아니할 수 있다.

③ 건축허가를 받은 건축주는 해당 건축물 또는 대지의 공유자 중 동의하지 아니한 공유자에게 그 공유지분을 공시지가로 매도할 것을 청구할 수 있다.

④ 위 ③의 경우 매도청구를 하기 전에 매도청구 대상이 되는 공유자와 3개월 이상 협의를 하여야 한다.

⑤ 건축허가를 받은 건축주는 해당 건축물 또는 대지의 공유자가 거주하는 곳을 확인하기가 현저히 곤란한 경우에는 전국적으로 배포되는 둘 이상의 일간신문에 두 차례 이상 공고하고, 공고한 날부터 30일 이상이 지났을 때에는 매도청구 대상이 되는 건축물 또는 대지로 본다.

(2) 사용승인서의 교부

허가권자는 사용승인신청을 받은 경우에는 7일 이내에 사용승인을 위한 검사를 실시하여야 하며, 검사에 합격된 건축물에 대하여는 사용승인서를 내주어야 한다.

(3) 임시사용승인

① 건축주는 법 제22조 제3항 제2호에 따라 사용승인서를 받기 전에 공사가 완료된 부분에 대한 임시사용의 승인을 받으려는 경우에는 국토교통부령으로 정하는 바에 따라 임시사용승인신청서를 허가권자에게 제출(전자문서에 의한 제출을 포함한다)하여야 한다.

② 허가권자는 위 ①의 신청서를 접수한 경우에는 사용승인서를 교부받기 전에 공사가 완료된 부분이 건폐율, 용적률, 설비, 피난 · 방화 등 국토교통부령으로 정하는 기준에 적합한 경우에만 임시사용을 승인할 수 있으며, 식수 등 조경에 필요한 조치를 하기에 부적합한 시기에 건축공사가 완료된 건축물은 허가권자가 지정하는 시기까지 식수(植樹) 등 조경에 필요한 조치를 할 것을 조건으로 임시사용을 승인할 수 있다.

③ 임시사용승인의 기간은 2년 이내로 한다. 다만, 허가권자는 대형 건축물 또는 암반공사 등으로 인하여 공사기간이 긴 건축물에 대하여는 그 기간을 연장할 수 있다.

(4) 사용승인의 효과

건축주가 사용승인을 받은 경우에는 다음에 따른 사용승인 · 준공검사 또는 등록신청 등을 받거나 한 것으로 보며, 공장건축물의 경우에는 「산업집적활성화 및 공장설립에 관한 법률」 제14조의2에 따라 관련 법률의 검사 등을 받은 것으로 본다.

> ㉠ 「하수도법」에 따른 배수설비의 준공검사 및 개인하수처리시설의 준공검사
> ㉡ 지적공부의 변동사항 등록신청
> ㉢ 승강기 설치검사
> ㉣ 보일러 설치검사
> ㉤ 전기설비의 사용전검사
> ㉥ 개발행위의 준공검사
> ㉦ 도시 · 군계획시설사업의 준공검사
> ㉧ 수질오염물질 배출시설의 가동개시의 신고
> ㉨ 대기오염물질 배출시설의 가동개시의 신고

7. 건축물의 유지 및 관리

(1) 건축종합민원실의 설치

특별자치시장, 특별자치도지사 또는 시장 · 군수 · 구청장은 대통령령으로 정하는 바에 따라 건축허가, 건축신고, 사용승인 등 건축과 관련된 민원을 종합적으로 접수하여 처리할 수 있는 민원실을 설치 · 운영하여야 한다.

(2) 건축물 석면의 제거 · 처리

석면이 함유된 건축물을 증축 · 개축 · 대수선하거나 제24조 제1항 및 제3항에 따라 석면이 함유된 건축물을 해체하는 경우에는 「산업안전보건법」 등 관계 법령에 적합하게 석면을 먼저 제거 · 처리한 후 건축물을 증축 · 개축 · 대수선 또는 해체하여야 한다.

(3) 건축지도원의 지정

특별자치시장 · 특별자치도지사, 시장 · 군수 · 구청장은 이 법 또는 이 법에 의한 명령이나 처분에 위반하는 건축물의 발생을 예방하고 건축물의 적법한 유지 · 관리를 지도하기 위하여 건축지도원을 지정할 수 있다.

(4) 건축물대장 32회

특별자치시장 · 특별자치도지사 또는 시장 · 군수 · 구청장은 건축물의 소유 · 이용 및 유지 · 관리 상태를 확인하거나 건축정책의 기초 자료로 활용하기 위하여 다음의 어느 하나에 해당하면 건축물대장에 건축물과 그 대지의 현황 및 국토교통부령으로 정하는 건축물의 구조내력(構造耐力)에 관한 정보를 적어서 보관하여야 한다(법 제38조 제1항, 영 제25조).

① 사용승인서를 내준 경우
② 건축허가 대상 건축물(제14조에 따른 신고 대상 건축물을 포함한다) 외의 건축물의 공사를 끝낸 후 기재를 요청한 경우
③ 그 밖에 대통령령으로 정하는 다음의 경우(영 제25조)
   ㉠ 「집합건물의 소유 및 관리에 관한 법률」에 따른 건축물대장의 신규등록 및 변경등록의 신청이 있는 경우
   ㉡ 법 시행일 전에 법령등에 적합하게 건축되고 유지 · 관리된 건축물의 소유자가 그 건축물의 건축물관리대장이나 그 밖에 이와 비슷한 공부(公簿)를 법 제38조에 따른 건축물대장에 옮겨 적을 것을 신청한 경우
   ㉢ 그 밖에 기재내용의 변경 등이 필요한 경우로서 국토교통부령으로 정하는 경우

(5) 등기촉탁

특별자치시장 · 특별자치도지사 또는 시장 · 군수 · 구청장은 다음 각 호의 어느 하나에 해당하는 사유로 건축물대장의 기재 내용이 변경되는 경우(②의 경우 신규 등록은 제외한다) 관할 등기소에 그 등기를 촉탁하여야 한다. 이 경우 ①과 ④의 등기촉탁은 지방자치단체가 자기를 위하여 하는 등기로 본다.

① 지번이나 행정구역의 명칭이 변경된 경우
② 제22조에 따른 사용승인을 받은 건축물로서 사용승인 내용 중 건축물의 면적 · 구조 · 용도 및 층수가 변경된 경우
③ 「건축물관리법」 제30조에 따라 건축물을 해체한 경우
④ 「건축물관리법」 제34조에 따른 건축물의 멸실 후 멸실신고를 한 경우

- 연면적의 합계가 2천제곱미터인 공장의 대지는 너비 6미터 이상의 도로에 4미터 이상 접하여야 한다(×).
- 공장의 주변에 허가권자가 인정한 공지인 광장이 있는 경우 연면적의 합계가 1천제곱미터인 공장의 대지는 도로에 2미터 이상 접하지 않아도 된다(○).
- 도시·군계획시설에서 건축하는 연면적의 합계가 1,500㎡ 이상인 가설건축물에 대하여는 조경 등의 조치를 하여야 한다(×).

제8절 대지의 안전 등

1. 대지의 안전기준

(1) 대지와 도로면과의 관계

① 원칙(불가): 대지는 인접한 '도로면'보다 낮아서는 아니 된다.

② 예외(가능): 다만, 대지 안의 배수에 지장이 없거나, 건축물의 용도상 방습의 필요가 없는 경우에는 인접한 도로면보다 낮아도 된다.

(2) 습지·매립지

성토, 지반개량 기타 필요한 조치를 하여야 한다.

(3) 배수시설의 설치

우수·오수처리 ⇨ 하수관·하수구·저수탱크 등 설치

(4) 옹벽의 설치

손궤의 우려가 있는 토지에 대지를 조성하고자 하는 경우에는 국토교통부령에 정하는 바에 의하여 다음과 같은 옹벽을 설치하거나 그 밖에 필요한 조치를 하여야 한다.

> ① 성토 또는 절토하는 부분의 경사도가 1 : 1.5 이상으로서 높이가 1미터 이상인 부분에는 옹벽을 설치할 것
> ② 옹벽의 높이가 2미터이상인 경우에는 이를 콘크리트구조로 할 것.
> ③ 옹벽의 외벽면에는 이의 지지 또는 배수를 위한 시설외의 구조물이 밖으로 튀어 나오지 아니하게 할 것

2. 대지 안의 조경 22회, 25회, 27회, 31회, 35회

(1) 조경의무

면적이 200제곱미터 이상인 대지에 건축을 하는 건축주는 용도지역 및 건축물의 규모에 따라 해당 지방자치단체의 조례로 정하는 기준에 따라 대지에 조경이나 그 밖에 필요한 조치를 하여야 한다.

(2) 조경이 불필요한 건축물

> ① 녹지지역에 건축하는 건축물
> ② 다음의 공장
>   ㉠ 면적 5천㎡ 미만인 대지에 건축하는 공장
>   ㉡ 연면적의 합계가 1천 5백㎡ 미만인 공장
>   ㉢ 산업단지 안의 공장

③ 대지에 염분이 함유되어 있는 경우 또는 건축물의 용도의 특성상 조경 등의 조치를 하기가 곤란하거나 조경 등의 조치를 하는 것이 불합리한 경우로서 건축조례가 정하는 건축물

④ 축사

⑤ 건축허가대상 가설건축물

⑥ 연면적의 합계가 1천 5백㎡ 미만인 물류시설(주거지역 또는 상업지역에 건축하는 것을 제외함)로서 국토교통부령이 정하는 것

⑦ 「국토의 계획 및 이용에 관한 법률」에 의하여 지정된 자연환경보전지역·농림지역 또는 관리지역(지구단위계획구역으로 지정된 지역은 제외한다) 안의 건축물

(3) 옥상조경

건축물의 옥상에 조경 기타 필요한 조치를 하는 경우에는 옥상부분의 조경면적의 3분의 2에 해당하는 면적을 대지 안의 조경면적으로 산정할 수 있다. 이 경우 조경면적으로 산정하는 면적은 대지 조경면적의 100분의 50을 초과할 수 없다.

제 9 절 공개공지 등 15회, 24회, 25회, 26회, 27회, 34회, 35회

1. 공개공지 · 공개공간의 설치대상지역

다음에 어느 하나에 해당하는 지역의 환경을 쾌적하게 조성하기 위하여 대통령령이 정하는 용도와 규모의 건축물은 일반이 사용할 수 있도록 대통령령이 정하는 기준에 따라 소규모 휴식시설 등의 공개공지(公開空地 – 공터) 또는 공개공간(公開空間)을 설치하여야 한다.

① 일반주거지역, 준주거지역

② 상업지역

③ 준공업지역

④ 특별자치시장·특별자치도지사 또는 시장·군수·구청장이 도시화의 가능성이 크거나 노후 산업단지의 정비가 필요하다고 인정하여 지정·공고하는 지역

2. 공개공지 등을 확보해야 할 대상건축물

다음의 어느 하나에 해당하는 건축물의 대지에는 공개공지 또는 공개공간을 확보하여야 한다. 이 경우 공개 공지는 필로티의 구조로 설치할 수 있다.

① 문화 및 집회시설, 종교시설, 판매시설(「농수산물 유통 및 가격안정에 관한 법률」에 따른 농수산물유통시설은 제외한다), 운수시설(여객용 시설만 해당한다), 숙박시설 및 업무시설로서 해당 용도로 쓰는 바닥면적의 합계가 5천제곱미터 이상인 건축물

② 그 밖에 다중이 이용하는 시설로서 건축조례로 정하는 건축물

확인문제

22
건축법령상 대지의 조경 등의 조치를 하지 아니할 수 있는 건축물이 아닌 것은? (단, 가설건축물은 제외하고, 건축법령상 특례, 기타 강화·완화 조건 및 조례는 고려하지 않음)

① 녹지지역에 건축하는 건축물

② 면적 4천 제곱미터인 대지에 건축하는 공장

③ 연면적의 합계가 1천 제곱미터인 공장

④ 「국토의 계획 및 이용에 관한 법률」에 따라 지정된 관리 지역(지구단위계획구역으로 지정된 지역이 아님)의 건축물

⑤ 주거지역에 건축하는 연면적의 합계가 1천500제곱미터인 물류시설

건축법령상 공개공지등에 관한 설명으로 옳은 것은? (단, 건축법령상 특례, 기타 강화·완화조건은 고려하지 않음)

① 노후 산업단지의 정비가 필요하다고 인정되어 지정·공고된 지역에는 공개공지등을 설치할 수 없다.

② 공개 공지는 필로티의 구조로 설치할 수 없다.

③ 공개공지등을 설치할 때에는 모든 사람들이 환경친화적으로 편리하게 이용할 수 있도록 긴 의자 또는 조경시설 등 건축조례로 정하는 시설을 설치해야 한다.

④ 공개공지등에는 건축조례로 정하는 바에 따라 연간 최장 90일의 기간 동안 주민들을 위한 문화행사를 열거나 판촉활동을 할 수 있다.

⑤ 울타리나 담장 등 시설의 설치 또는 출입구의 폐쇄 등을 통하여 공개공지등의 출입을 제한한 경우 지체 없이 관할 시장·군수·구청장에게 신고하여야 한다.

3. 공개공지 등의 확보면적 등

① 공개공지 등의 면적은 대지면적의 100분의 10 이하의 범위에서 건축조례로 정한다. 이 경우 법 제42조에 따른 조경면적과 「매장유산 보호 및 조사에 관한 법률」 제14조 제1항 제1호에 따른 매장유산의 현지보존 조치 면적을 공개공지 등의 면적으로 할 수 있다.

② 공개공지 등을 설치할 때에는 모든 사람들이 환경친화적으로 편리하게 이용할 수 있도록 긴 의자 또는 조경시설 등 건축조례로 정하는 시설을 설치해야 한다.

③ 누구든지 공개공지 등에 물건을 쌓아놓거나 출입을 차단하는 시설을 설치하는 등 공개공지 등의 활용을 저해하는 다음의 행위를 하여서는 아니 된다.

> ㉠ 공개공지 등의 일정 공간을 점유하여 영업을 하는 행위
> ㉡ 공개공지 등의 이용에 방해가 되는 행위로서 다음 각 목의 행위
>   가. 공개공지 등에 긴 의자 또는 조경시설 등 건축조례로 정하는 시설 외의 시설물을 설치하는 행위
>   나. 공개공지 등에 물건을 쌓아 놓는 행위
> ㉢ 울타리나 담장 등의 시설을 설치하거나 출입구를 폐쇄하는 등 공개공지 등의 출입을 차단하는 행위
> ㉣ 공개공지 등과 그에 설치된 편의시설을 훼손하는 행위
> ㉤ 그 밖에 ㉠부터 ㉣까지의 행위와 유사한 행위로서 건축조례로 정하는 행위

4. 건축기준의 완화적용

공개공지 또는 공개공간을 설치하여 건축하는 경우에는 제56조(용적률)와 제60조(건축물의 높이제한)의 규정을 대통령령이 정하는 바에 의하여 다음과 같이 완화(20%)하여 적용할 수 있다.

> ㉠ 용적률은 해당 지역에 적용되는 **용적률의 1.2배 이하**
> ㉡ 건축물의 높이 제한은 해당 건축물에 적용되는 **높이기준의 1.2배 이하**

5. 공개공지에서의 문화행사 및 판촉활동

공개공지 등에는 연간 60일 이내의 기간 동안 건축조례로 정하는 바에 따라 주민들을 위한 문화행사를 열거나 판촉활동을 할 수 있다. 다만, 울타리를 설치하는 등 공중이 해당 공개공지 등을 이용하는데 지장을 주는 행위를 해서는 아니 된다.

제10절 도로 15회, 24회, 25회, 26회, 27회

1. 건축법상의 도로

"도로"란 보행과 자동차 통행이 가능한 너비 4미터 이상의 도로나 그 예정도로를 말한다.

2. 도로의 소요폭

(1) **원 칙**

「건축법」상 '도로'는 원칙적으로 너비 4m 이상의 도로를 말한다.

(2) **예 외**

예외적으로 다음에 해당하는 도로도 「건축법」상 도로로 인정된다.

① 지형적 조건으로 차량통행이 불가능한 도로: 특별자치시장 · 특별자치도지사 또는 시장 · 군수 · 구청장이 지형적 조건으로 인하여 차량 통행을 위한 도로의 설치가 곤란하다고 인정하여 그 위치를 지정 · 공고하는 구간의 너비 3미터 이상(길이가 10미터 미만인 막다른 도로인 경우에는 너비 2미터 이상)인 도로

② 위 ①에 해당하지 아니하는 막다른 도로로서 그 도로의 너비가 그 길이에 따라 각각 다음 표에 정하는 기준 이상인 도로

막다른 도로의 길이	도로의 너비
10m 미만	2m 이상
10m 이상 35m 미만	3m 이상
35m 이상	6m 이상(도시지역이 아닌 읍 · 면에서는 4m 이상)

3. 도로의 지정 · 폐지 또는 변경

(1) **도로의 지정 · 공고**

① 허가권자는 도로의 위치를 지정 · 공고하려면 국토교통부령으로 정하는 바에 따라 그 도로에 대한 이해관계인의 동의를 받아야 한다.

② 다만, 다음에 해당하는 경우에는 이해관계인의 동의를 얻지 아니하고 건축위원회의 심의를 거쳐 도로를 지정할 수 있다.

> ㉠ 허가권자가 이해관계인이 해외에 거주하는 등의 사유로 이해관계인의 동의를 받기가 곤란하다고 인정하는 경우
> ㉡ 주민이 오랫 동안 통행로로 이용하고 있는 사실상의 통로로서 해당 지방자치단체의 조례로 정하는 것인 경우

24

「건축법」상의 도로에 관한 설명 중 틀린 것은?

① 「도로법」등 관계법령에 의하여 신설·변경에 관한 고시가 있은 도로는 「건축법」상의 도로에 포함된다.

② 실제로 개설되어 있지 아니한 도시계획상의 예정도로는 「건축법」상의 도로에 포함되지 아니한다.

③ 시장·군수 또는 구청장이 건축허가와 관련하여 도로를 지정하고자 할 때에는 원칙적으로 이해관계인의 동의를 얻어야 한다.

④ 「건축법」상의 도로는 원칙적으로 보행과 자동차 통행이 가능한 구조이어야 한다.

⑤ 「건축법」상의 도로 중 통과도로의 너비는 원칙적으로 4m 이상이어야 한다.

(2) **도로의 폐지·변경**

① 허가권자는 지정한 도로를 폐지하거나 변경하려면 그 도로에 대한 이해관계인의 동의를 받아야 한다.

② 그 도로에 편입된 토지의 소유자, 건축주 등이 허가권자에게 위 (1)에 따라 지정된 도로의 폐지나 변경을 신청하는 경우에도 또한 같다.

(3) **도로관리대장에 기재·관리**

허가권자는 도로를 지정하거나 변경한 경우에는 국토교통부령이 정하는 바에 의하여 도로관리대장에 이를 적어서 관리하여야 한다.

4. 대지와 도로와의 관계

(1) **원 칙**

건축물의 대지는 2m 이상이 도로(자동차만의 통행에 사용되는 도로는 제외한다)에 접하여야 한다.

(2) **예 외**

① 다만, 다음의 어느 하나에 해당하는 경우에는 2m 이상을 도로에 접하지 아니하여도 된다.

> ㉠ 해당 건축물의 출입에 지장이 없다고 인정되는 경우
> ㉡ 건축물의 주변에 대통령령이 정하는 공지(광장·공원·유원지 기타 관계법령에 의하여 건축이 금지되고 공중의 통행에 지장이 없는 공지로서 허가권자가 인정한 것)가 있는 경우
> ㉢ 「농지법」에 따른 농막을 건축하는 경우

② 강화되는 경우: 연면적의 합계가 2천㎡(공장인 경우에는 3천㎡) 이상인 건축물(축사, 작물 재배사, 그 밖에 이와 비슷한 건축물로서 건축조례로 정하는 규모의 건축물은 제외한다)의 대지는 너비 6m 이상의 도로에 4m 이상 접하여야 한다.

제11절 건축선 ^{34회}

1. 의 의

'건축선'이란 대지에 건축물이나 공작물을 건축 또는 설치할 수 있는 한계선을 말한다.

2. 위 치

(1) 일반적인 경우

도로와 접한 부분에 있어서 건축물을 건축할 수 있는 선(이하 '건축선'이라 한다)은 대지와 도로의 경계선으로 한다.

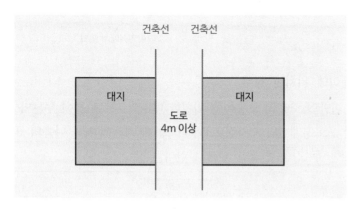

(2) 소요너비에 미달되는 도로에 접한 경우

① 소요너비에 못 미치는 너비의 도로인 경우에는 그 중심선으로부터 그 소요 너비의 2분의 1의 수평거리만큼 물러난 선을 건축선으로 한다.

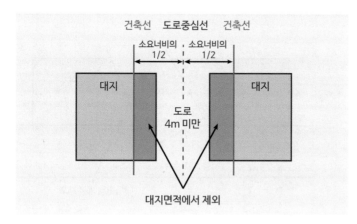

26

건축법령상 건축선과 대지의 면적에 관한 설명이다. ( )에 들어갈 내용으로 옳은 것은? (단, 허가권자의 건축선의 별도지정, 「건축법」 제3조에 따른 적용제외, 건축법령상 특례 및 조례는 고려하지 않음)

「건축법」 제2조 제1항 제11호에 따른 소요 너비에 못 미치는 너비의 도로인 경우에는 그 중심선으로부터 그 (㉠)을 건축선으로 하되, 그 도로의 반대쪽에 하천이 있는 경우에는 그 하천이 있는 쪽의 도로경계선에서 (㉡)을 건축선으로 하며, 그 건축선과 도로 사이의 대지면적은 건축물의 대지면적 산정 시 (㉢)한다.

① ㉠: 소요 너비에 해당하는 수평거리만큼 물러난 선,
　㉡: 소요 너비에 해당하는 수평거리의 선,
　㉢: 제외
② ㉠: 소요 너비의 2분의 1의 수평거리만큼 물러난 선,
　㉡: 소요 너비의 2분의 1의 수평거리의 선,
　㉢: 제외
③ ㉠: 소요 너비의 2분의 1의 수평거리만큼 물러난 선,
　㉡: 소요 너비에 해당하는 수평거리의 선,
　㉢: 제외
④ ㉠: 소요 너비의 2분의 1의 수평거리만큼 물러난 선,
　㉡: 소요 너비에 해당하는 수평거리의 선,
　㉢: 포함
⑤ ㉠: 소요 너비에 해당하는 수평거리만큼 물러난 선,
　㉡: 소요 너비의 2분의 1의 수평거리의 선,
　㉢: 포함

② 그 도로의 반대쪽에 경사지, 하천, 철도, 선로부지 그 밖에 이와 유사한 것이 있는 경우에는 그 경사지 등이 있는 쪽의 도로경계선에서 소요너비에 해당하는 수평거리의 선을 건축선으로 한다.

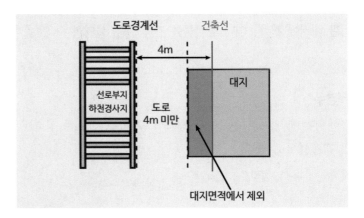

(3) 도로 모퉁이에 위치한 경우

너비 8m 미만인 도로의 모퉁이에 위치한 대지의 도로모퉁이 부분의 건축선은 그 대지에 접한 도로경계선의 교차점으로부터 도로경계선에 따라 다음의 표에 따른 거리를 각각 후퇴한 두 점을 연결한 선으로 한다.

도로의 교차각	당해 도로의 너비		교차되는 도로의 너비
	6m 이상 8m 미만	4m 이상 6m 미만	
90° 미만	4m	3m	6m 이상 8m 미만
	3m	2m	4m 이상 6m 미만
90° 이상 120° 미만	3m	2m	6m 이상 8m 미만
	2m	2m	4m 이상 6m 미만

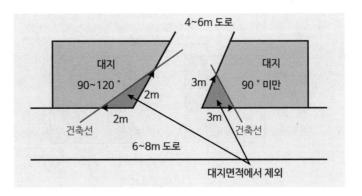

⑷ 지정건축선인 경우(도시지역 안에서 4m 이내)

특별자치시장 · 특별자치도지사, 시장 · 군수 · 구청장은 시가지 안에 있어서 건축물의 위치를 정비하거나 환경을 정비하기 위하여 필요하다고 인정할 때에는 도시지역에는 4m 이하의 범위에서 건축선을 따로 지정할 수 있다.

확인문제

⊕ 도로폭 8m 이상과 교차각 120° 이상일 경우는 가각전제(街角剪除)가 없다.

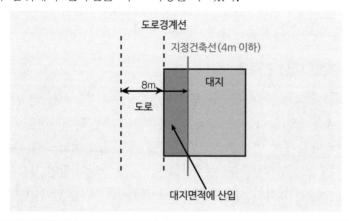

대지면적 산정과 건축선

1. 도로소요너비에 미달되는 도로에서의 건축선과 도로모퉁이에서의 건축선이 지정되는 경우, 대지면적 산정시 도로경계선과 건축선 사이의 면적은 대지면적에 산입하지 않는다.
2. **특별자치시장 · 특별자치도지사, 시장 · 군수 · 구청장**이 시가지 정비 등을 위하여 별도 건축선을 지정한 경우에는 대지면적 산정시 도로 경계선과 건축선 사이의 면적은 대지 면적 산정에 산입한다.

---

3. 건축선에 의한 건축제한

① 건축물과 담장은 건축선의 수직면(垂直面)을 넘어서는 아니 된다. 다만, 지표(地表) 아래 부분은 그러하지 아니하다.
② 도로면으로부터 높이 4.5m 이하에 있는 출입구, 창문, 그 밖에 이와 유사한 구조물은 열고 닫을 때 건축선의 수직면을 넘지 아니하는 구조로 하여야 한다.

27

건축법령상 건축허가를 받은 건축물의 착공신고 시 허가권자에 대하여 구조 안전 확인 서류의 제출이 필요한 대상 건축물의 기준으로 옳은 것을 모두 고른 것은? (단, 표준설계도서에 따라 건축하는 건축물이 아니며, 건축법령상 특례는 고려하지 않음)

| ㉠ 건축물의 높이: 13미터 이상 |
| ㉡ 건축물의 처마높이: 7미터 이상 |
| ㉢ 건축물의 기둥과 기둥 사이의 거리: 10미터 이상 |

① ㉠
② ㉡
③ ㉠, ㉢
④ ㉡, ㉢
⑤ ㉠, ㉡, ㉢

제 12 절 건축구조 안전 등

1. 구조내력

건축물은 고정하중·적재하중·적설하중·풍압·토압·수압·토진 기타의 진동 및 충격에 대하여 안전한 구조를 가져야 한다.

2. 구조안전 확인 대상 건축물 19회, 29회, 34회

① 건축허가에 의한 건축물을 건축하거나 대수선하는 경우 해당 건축물의 설계자는 국토교통부령으로 정하는 구조기준 등에 따라 그 구조의 안전을 확인하여야 한다.

② 위 ①에 따라 구조 안전을 확인한 건축물 중 다음의 어느 하나에 해당하는 건축물의 건축주는 해당 건축물의 설계자로부터 구조 안전의 확인 서류를 받아 착공신고를 하는 때에 그 확인 서류를 허가권자에게 제출하여야 한다. 다만, 표준설계도서에 따라 건축하는 건축물은 제외한다.

> ㉠ **층수가 2층**[주요구조부인 기둥과 보를 설치하는 건축물로서 그 기둥과 보가 목재인 목구조 건축물(이하 "목구조 건축물"이라 한다)의 경우에는 3층] 이상인 건축물
> ㉡ **연면적이 200제곱미터**(목구조 건축물의 경우에는 500제곱미터) 이상인 건축물. 다만, 창고, 축사, 작물 재배사는 제외한다.
> ㉢ **높이가 13미터 이상**인 건축물
> ㉣ **처마높이가 9미터 이상**인 건축물
> ㉤ **기둥과 기둥 사이의 거리가 10미터 이상**인 건축물
> ㉥ 건축물의 용도 및 규모를 고려한 중요도가 높은 건축물로서 국토교통부령으로 정하는 건축물
> ㉦ **국가적 문화유산으로 보존할 가치가 있는** 건축물로서 국토교통부령으로 정하는 것
> ㉧ 제2조 제18호 가목(한쪽 끝은 고정되고 다른 끝은 지지(支持)되지 아니한 구조로 된 보·차양 등이 외벽의 중심선으로부터 3미터 이상 돌출된 건축물) 및 다목(특수한 설계·시공·공법 등이 필요한 건축물로서 국토교통부장관이 정하여 고시하는 구조로 된 건축물)의 건축물
> ㉨ 별표 1 제1호의 **단독주택** 및 제2호의 **공동주택**

3. 관계 전문기술자와의 협력

다음의 어느 하나에 해당하는 건축물의 설계자는 해당 건축물에 대한 구조의 안전을 확인하는 경우에는 건축구조기술사의 협력을 받아야 한다.

> ① 6층 이상인 건축물
> ② 특수구조 건축물
> ③ 다중이용 건축물

④ 준다중이용 건축물

⑤ 3층 이상의 필로티형식 건축물

⑥ 제32조 제2항 제6호에 해당하는 건축물 중 국토교통부령으로 정하는 건축물

4. 건축물의 내진능력 공개 16회, 35회

① 다음의 어느 하나에 해당하는 건축물을 건축하고자 하는 자는 제22조에 따른 사용승인을 받는 즉시 건축물이 지진 발생 시에 견딜 수 있는 능력(이하 "내진능력"이라 한다)을 공개하여야 한다(법 제48조의 3 제1항, 영 제32조의2 제2항).

> ㉠ 층수가 2층[주요구조부인 기둥과 보를 설치하는 건축물로서 그 기둥과 보가 목재인 목구조 건축물(이하 "목구조 건축물"이라 한다)의 경우에는 3층] 이상인 건축물
> ㉡ 연면적이 200제곱미터(목구조 건축물의 경우에는 500제곱미터) 이상인 건축물
> ㉢ 그 밖에 건축물의 규모와 중요도를 고려하여 대통령령으로 정하는 다음의 건축물 (영 32조의 2 제2항)
> • 높이가 13미터 이상인 건축물
> • 처마높이가 9미터 이상인 건축물
> • 기둥과 기둥 사이의 거리가 10미터 이상인 건축물
> • 건축물의 용도 및 규모를 고려한 중요도가 높은 건축물로서 국토교통부령으로 정하는 건축물
> • 국가적 문화유산으로 보존할 가치가 있는 건축물로서 국토교통부령으로 정하는 것
> • 제2조 제18호가목 및 다목의 건축물
> • 별표 1 제1호의 단독주택 및 같은 표 제2호의 공동주택

② 다만, 제48조 제2항에 따른 구조안전 확인 대상 건축물이 아니거나 내진능력 산정이 곤란한 건축물로서 대통령령으로 정하는 건축물은 공개하지 아니한다.

③ 위 ①의 내진능력의 산정 기준과 공개 방법 등 세부사항은 국토교통부령으로 정한다(법 제48조의 3 제2항).

5. 일반구조 등

① 옥상광장의 설치 22회: 5층 이상인 층이 제2종 근린생활시설 중 공연장·종교집회장·인터넷컴퓨터게임시설제공업소(해당 용도로 쓰는 바닥면적의 합계가 각각 300제곱미터 이상인 경우만 해당한다), 문화 및 집회시설(전시장 및 동·식물원은 제외한다), 종교시설, 판매시설, 위락시설 중 주점영업 또는 장례시설의 용도로 쓰는 경우에는 피난 용도로 쓸 수 있는 광장을 옥상에 설치하여야 한다.

② 옥상광장의 난간: 옥상광장 또는 2층 이상인 층에 있는 노대(露臺)나 그 밖에 이와 비슷한 것의 주위에는 높이 1.2m 이상의 난간을 설치하여야 한다. 다만, 그 노대 등에 출입할 수 없는 구조인 경우에는 그러하지 아니하다.

③ **헬리포트의 설치**: 층수가 11층 이상인 건축물로서 11층 이상인 층의 바닥면적의 합계가 1만 제곱미터 이상인 건축물의 옥상에는 다음의 구분에 따른 공간을 확보하여야 한다.

> ㉠ 건축물의 지붕을 평지붕으로 하는 경우: 헬리포트를 설치하거나 헬리콥터를 통하여 인명 등을 구조할 수 있는 공간
> ㉡ 건축물의 지붕을 경사지붕으로 하는 경우: 경사지붕 아래에 설치하는 대피공간

④ **직통계단의 설치**[21회]: 건축물의 피난층(직접 지상으로 통하는 출입구가 있는 층 및 초고층 건축물의 피난안전구역을 말한다) 외의 층에서는 피난층 또는 지상으로 통하는 직통계단(경사로를 포함한다)을 거실의 각 부분으로부터 계단(거실로부터 가장 가까운 거리에 있는 계단을 말한다)에 이르는 **보행거리가 30m 이하**가 되도록 설치하여야 한다.

⑤ **피난안전구역**[27회]: **초고층 건축물**에는 피난층 또는 지상으로 통하는 직통계단과 직접 연결되는 피난안전구역(건축물의 피난·안전을 위하여 건축물 중간층에 설치하는 대피공간을 말한다)을 지상층으로부터 **최대 30개 층마다 1개소 이상 설치**하여야 한다.

6. 방화지구 안의 건축물

(1) 내화구조 [20회]

「국토의 계획 및 이용에 관한 법률」에 따른 방화지구 안에서는 건축물의 주요구조부와 지붕·외벽을 내화구조로 하여야 한다. 다만, 대통령령으로 정하는 경우에는 그러하지 아니하다.

(2) 불연재료

방화지구 안의 공작물로서 간판, 광고탑, 그 밖에 대통령령으로 정하는 공작물 중 건축물의 지붕 위에 설치하는 공작물이나 높이 3m 이상의 공작물은 주요부를 불연(不燃)재료로 하여야 한다.

(3) 방화에 장애가 되는 용도제한

의료시설, 노유자시설(아동 관련 시설 및 노인복지시설만 해당한다), 공동주택, 장례시설 또는 제1종 근린생활시설(산후조리원만 해당한다)과 위락시설, 위험물저장 및 처리시설, 공장 또는 자동차 관련 시설(정비공장만 해당한다)은 같은 건축물에 함께 설치할 수 없다.

7. 지하층(층수 및 용적률 산정시 제외) [20회]

(1) 의 의

'지하층'이란 건축물의 바닥이 지표면 아래에 있는 층으로서 바닥에서 지표면까지 평균높이가 해당 층 높이의 2분의 1 이상인 것을 말한다.

(2) 지하층의 법적 취급

① 층수의 산정: 지하층은 건축물의 층수산정에 산입하지 아니한다.

② 연면적(각층의 바닥면적의 합계)의 산정: 연면적의 산정에 포함시키는 것이 원칙이다. 다만, 용적률의 계산에 있어서는 연면적의 지하층의 바닥면적을 포함시키지 아니한다.

8. 승강기

(1) 승용 승강기의 설치대상건축물

건축주는 6층 이상으로서 연면적 2천㎡ 이상인 건축물을 건축하고자 하는 경우에는 승강기를 설치하여야 하며, 승강기의 규모 및 구조는 국토교통부령으로 정한다.

(2) 비상용 승강기의 설치대상건축물

높이 31m를 초과하는 건축물에는 대통령령으로 정하는 바에 따라 위 (1)에 따른 승강기뿐만 아니라 비상용 승강기를 추가로 설치하여야 한다. 다만, 국토교통부령으로 정하는 건축물의 경우에는 그러하지 아니하다(법 제64조 제2항). 또한 2대 이상의 비상용 승강기를 설치하는 경우에는 화재시 소화에 지장이 없도록 일정한 간격을 두고 설치하여야 한다.

(3) 피난용 승강기

① 고층건축물에는 건축물에 설치하는 승용승강기 중 1대 이상을 대통령령으로 정하는 바에 따라 피난용승강기로 설치하여야 한다.

② 피난용승강기(피난용승강기의 승강장 및 승강로를 포함한다)는 다음의 기준에 맞게 설치하여야 한다.

> ⊙ 승강장의 바닥면적은 승강기 1대당 6제곱미터 이상으로 할 것
> ⓛ 각 층으로부터 피난층까지 이르는 승강로를 단일구조로 연결하여 설치할 것
> ⓒ 예비전원으로 작동하는 조명설비를 설치할 것
> ⓔ 승강장의 출입구 부근의 잘 보이는 곳에 해당 승강기가 피난용승강기임을 알리는 표지를 설치할 것

확인문제

29
건축법령상 지하층에 관한 설명 중 옳은 것은?
① 지하층은 건축물의 층수에 산입된다.
② 지하층의 바닥면적은 용적률을 산정할 때에는 연면적에서 제외된다.
③ 건축주는 대통령령이 정하는 용도 및 규모의 건축물을 건축하는 경우에는 지하층을 설치하여야 한다.
④ 지하층은 건축물의 바닥이 지표면 아래에 있는 층으로서 그 바닥으로부터 지표면까지의 평균높이가 해당 층 높이의 3분의 2 이상이 되는 것을 말한다.
⑤ 지하층의 바닥으로부터 지표면까지의 높이가 다른 경우에는 가장 높은 높이를 기준으로 하여 지하층 여부를 판단한다.

9. 건축물의 대지가 지역·지구 또는 구역에 걸치는 경우의 조치 19회, 22회, 26회

(1) 대지가 이 법이나 다른 법률에 따른 지역·지구(녹지지역과 방화지구는 제외한다) 또는 구역에 걸치는 경우에는 대통령령으로 정하는 바에 따라 그 건축물과 대지의 전부에 대하여 대지의 과반(過半)이 속하는 지역·지구 또는 구역 안의 건축물 및 대지 등에 관한 이 법의 규정을 적용한다.

(2) 하나의 건축물이 방화지구와 그 밖의 구역에 걸치는 경우에는 그 전부에 대하여 방화지구 안의 건축물에 관한 이 법의 규정을 적용한다. 다만, 건축물의 방화지구에 속한 부분과 그 밖의 구역에 속한 부분의 경계가 방화벽으로 구획되는 경우 그 밖의 구역에 있는 부분에 대하여는 그러하지 아니하다.

(3) 대지가 녹지지역과 그 밖의 지역·지구 또는 구역에 걸치는 경우에는 각 지역·지구 또는 구역 안의 건축물과 대지에 관한 이 법의 규정을 적용한다. 다만, 녹지지역 안의 건축물이 방화지구에 걸치는 경우에는 위 (1)의 단서나 (2)에 따른다.

제13절 건축물의 크기 제한 20회, 23회, 34회

(1) **건폐율에 의한 제한** 15회 추가, 18회

① 의의: 건폐율이란 대지면적에 대한 건축면적(대지에 2 이상의 건축물이 있는 경우에는 그 건축면적의 합계)의 비율을 말한다(법 제55조).

$$건폐율 = \frac{건축면적}{대지면적} \times 100$$

② 대지면적에 대한 건축면적의 비율(건폐율)의 최대한도는 「국토의 계획 및 이용에 관한 법률」 제77조의 규정에 의한 건폐율의 기준에 의한다. 다만, 이 법에서 그 기준을 완화 또는 강화하여 적용하도록 규정한 경우에는 그에 의한다.

(2) **용적률에 의한 제한** 15회, 16회, 24회, 34회

① 의의: 용적률이란 대지면적에 대한 건축물의 연면적의 비율을 말한다.

$$용적률 = \frac{건축연면적(지하층 제외)}{대지면적} \times 100$$

② 대지면적에 대한 연면적(대지에 2 이상의 건축물이 있는 경우에는 이들 연면적의 합계로 한다)의 비율(용적률)의 최대한도는 「국토의 계획 및 이용에 관한 법률」 제78조의 규정에 의한 용적률의 기준에 의한다. 다만, 이 법에서 그 기준을 완화 또는 강화하여 적용하도록 규정한 경우에는 그에 의한다.

1. 면적 산정방법

(1) 대지면적

대지면적은 대지의 수평투영면적으로 한다. 다만, 다음에 해당하는 면적을 제외한다.

> ⓐ 법 제46조 제1항 단서에 따라 대지에 건축선이 정하여진 경우: 그 건축선과 도로 사이의 대지면적
> ⓑ 대지에 도시·군계획시설인 도로·공원 등이 있는 경우: 그 도시·군계획시설에 포함되는 대지면적

(2) 건축면적

건축면적이란 건축물의 외벽(외벽이 없는 경우에는 외곽 부분의 기둥을 말한다)의 중심선으로 둘러싸인 부분의 수평투영면적으로 한다. 다만, 다음의 어느 하나에 해당하는 경우에는 해당 기준에 따라 산정한다.

> ⓐ 처마, 차양, 부연, 그 밖에 이와 비슷한 것으로서 그 외벽의 중심선으로부터 수평거리 1m 이상 돌출된 부분이 있는 건축물의 건축면적은 그 돌출된 끝부분으로부터 다음의 구분에 따른 수평거리를 후퇴한 선으로 둘러싸인 부분의 수평투영면적으로 한다.
> • **전통사찰**: 4m 이하의 범위에서 외벽의 중심선까지의 거리
> • **축사**: 3미터 이하의 범위에서 외벽의 중심선까지의 거리
> • **한옥**: 2m 이하의 범위에서 외벽의 중심선까지의 거리
> • 「환경친화적자동차의 개발 및 보급 촉진에 관한 법률 시행령」에 따른 **충전시설**(그에 딸린 충전 전용 주차구획을 포함한다)의 설치를 목적으로 처마, 차양, 부연, 그 밖에 이와 비슷한 것이 설치된 공동주택(「주택법」에 따른 사업계획승인 대상으로 한정한다): 2미터 이하의 범위에서 외벽의 중심선까지의 거리
> • 「신에너지 및 재생에너지 개발·이용·보급 촉진법」 제2조 제3호에 따른 신·재생에너지 설비(신·재생에너지를 생산하거나 이용하기 위한 것만 해당한다)를 설치하기 위하여 처마, 차양, 부연, 그 밖에 이와 비슷한 것이 설치된 건축물로서 「녹색건축물 조성 지원법」 제17조에 따른 제로에너지건축물 인증을 받은 건축물: 2미터 이하의 범위에서 외벽의 중심선까지의 거리
> • 그 밖의 건축물: 1m
> ⓑ 다음의 경우에는 **건축면적에 산입하지 아니한다.**
> • 지표면으로부터 1미터 이하에 있는 부분(창고 중 물품을 입출고하기 위하여 차량을 접안시키는 부분의 경우에는 지표면으로부터 1.5미터 이하에 있는 부분)
> • 건축물 지상층에 일반인이나 차량이 통행할 수 있도록 설치한 보행통로나 차량통로
> • 지하주차장의 경사로 • 건축물 지하층의 출입구 상부
> • 생활폐기물 보관함(음식물쓰레기, 의류 등의 수거함을 말한다)
> • 장애인용 승강기, 장애인용 에스컬레이터, 휠체어리프트 또는 경사로
> • 가축사육시설(2015년 4월 27일 전에 건축되거나 설치된 가축사육시설로 한정한다)에서 설치하는 시설

ⓒ 핵심 암기

- 건축물의 층고는 방의 바닥구조체 윗면으로부터 위층바닥구조체의 아랫면까지의 높이로 한다(×).
- 건축법상 건축물의 높이제한 규정을 적용할 때, 건축물의 1층 전체에 필로티가 설치되어 있는 경우 건축물의 높이는 필로티의 층고를 제외하고 산정한다(○).
- 「건축법」의 규정을 통하여 「국토의 계획 및 이용에 관한 법률」상 건폐율의 최대한도를 강화하여 적용할 수 있으나, 이를 완화하여 적용할 수 없다(×).
- 벽·기둥의 구획이 없는 건축물은 그 지붕 끝부분으로부터 수평거리 1미터를 후퇴한 선으로 둘러싸인 수평투영면적을 바닥면적으로 한다(○).
- 건축물이 부분에 따라 층수를 달리하는 경우에 그 층수는 가중 평균한 층수로 산정한다(×).
- 층의 구분이 명확하지 아니한 건축물은 당해 건축물의 높이 4m마다 하나의 층으로 산정한다(○).

30

건축법령상 지상 11층 지하 3층인 하나의 건축물이 다음 조건을 갖추고 있는 경우 건축물의 용적률은? (단, 제시된 조건 이외의 다른 조건이나 제한 및 건축법령상 특례는 고려하지 않음)

- 대지면적은 1,500㎡임
- 각 층의 바닥면적은 1,000㎡로 동일함
- 지상 1층 중 500㎡은 건축물의 부속용도인 주차장으로, 나머지 500㎡은 제2종 근린생활시설로 사용함
- 지상 2층에서 11층까지는 업무시설로 사용함
- 지하 1층은 제1종 근린생활시설로, 지하 2층과 지하 3층은 주차장으로 사용함

31

건축법령상 건축물의 면적, 층수 등의 산정방법에 관한 설명으로 틀린 것은?

① 건축물의 1층이 차량의 주차에 전용되는 필로티인 경우 그 면적은 바닥면적에 산입되지 아니한다.

② 층고가 2m인 다락은 바닥면적에 산입된다.

③ 용적률을 산정할 때에는 초고층 건축물의 피난안전구역의 면적은 연면적에 포함시키지 아니한다.

④ 층의 구분이 명확하지 않은 건축물은 건축물의 높이 4m마다 하나의 층으로 보고 층수를 산정한다.

⑤ 주택의 발코니의 바닥은 전체가 바닥면적에 산입된다.

32

건축법령상 건축물의 면적 및 높이 등의 산정방법 중 틀린 것은 어느 것인가?

① 벽·기둥의 구획이 없는 건축물의 바닥면적은 그 지붕 끝부분으로부터 수평거리 1미터를 후퇴한 선으로 둘러싸인 수평투영면적으로 한다.

② 건축물 중 지표면으로부터 1.5m 이하에 있는 부분은 건축면적에 산입하지 아니한다.

③ 건축물이 부분에 따라 그 층수가 다른 경우에는 그 중 가장 많은 층수를 그 건축물의 층수로 본다.

(3) 바닥면적 25회, 29회

바닥면적이란 건축물의 각 층 또는 그 일부로서 벽, 기둥, 그 밖에 이와 비슷한 구획의 중심선으로 둘러싸인 부분의 수평투영면적으로 한다. 다만, 다음의 어느 하나에 해당하는 경우에는 해당 기준에 정하는 바에 따른다.

ⓐ 벽·기둥의 구획이 없는 건축물은 그 지붕 끝부분으로부터 수평거리 1미터를 후퇴한 선으로 둘러싸인 수평투영면적으로 한다.

ⓑ 건축물의 노대 등의 바닥은 난간 등의 설치 여부에 관계없이 노대등의 면적에서 노대등이 접한 가장 긴 외벽에 접한 길이에 1.5미터를 곱한 값을 뺀 면적을 바닥면적에 산입한다.

ⓒ 필로티나 그 밖에 이와 비슷한 구조의 부분은 그 부분이 공중의 통행이나 차량의 통행 또는 주차에 전용되는 경우와 공동주택의 경우에는 바닥면적에 산입하지 아니한다.

ⓓ 승강기탑(옥상 출입용 승강장을 포함한다), 계단탑, 장식탑, 다락[층고(層高)가 1.5미터(경사진 형태의 지붕인 경우에는 1.8미터) 이하인 것만 해당한다], 건축물의 내부에 설치하는 냉방설비 배기장치 전용 설치공간, 건축물의 외부 또는 내부에 설치하는 굴뚝, 더스트슈트, 설비덕트, 그 밖에 이와 비슷한 것과 옥상·옥외 또는 지하에 설치하는 물탱크, 기름탱크, 냉각탑, 정화조, 도시가스 정압기, 그 밖에 이와 비슷한 것을 설치하기 위한 구조물과 건축물 간에 화물의 이동에 이용되는 컨베이어벨트만을 설치하기 위한 구조물은 바닥면적에 산입하지 아니한다.

ⓔ 공동주택으로서 지상층에 설치한 기계실, 전기실, 어린이놀이터, 조경시설 및 생활폐기물 보관함의 면적은 바닥면적에 산입하지 아니한다.

ⓕ 건축물을 리모델링하는 경우로서 미관 향상, 열의 손실 방지 등을 위하여 외벽에 부가하여 마감재 등을 설치하는 부분은 바닥면적에 산입하지 아니한다.

ⓖ 「장애인·노인·임산부 등의 편의증진 보장에 관한 법률 시행령」 별표 2의 기준에 따라 설치하는 장애인용 승강기, 장애인용 에스컬레이터, 휠체어리프트 또는 경사로는 바닥면적에 산입하지 아니한다.

ⓗ 「매장유산 보호 및 조사에 관한 법률」에 따른 현지보존 및 이전보존을 위하여 매장유산 보호 및 전시에 전용되는 부분은 바닥면적에 산입하지 아니한다.

ⓘ 지하주차장의 경사로(지상층에서 지하 1층으로 내려가는 부분으로 한정한다)는 바닥면적에 산입하지 않는다.

(4) 연면적

연면적이란 하나의 건축물 각 층의 바닥면적의 합계로 하되, 용적률을 산정할 때에는 다음에 해당하는 면적은 제외한다.

ⓐ 지하층의 면적

ⓑ 지상층의 주차용(해당 건축물의 부속용도인 경우만 해당한다)으로 쓰는 면적

ⓒ 초고층 건축물과 준초고층 건축물에 설치하는 피난안전구역의 면적

ⓓ 건축물의 경사지붕 아래에 설치하는 대피공간의 면적

2. 높이 산정방법 ^{23회}

(1) 건축물의 높이

건축물의 높이는 지표면으로부터 그 건축물의 상단까지의 높이 [건축물의 1층 전체에 필로티(건축물을 사용하기 위한 경비실, 계단실, 승강기실, 그 밖에 이와 비슷한 것을 포함한다)가 설치되어 있는 경우에는 필로티의 층고를 제외한 높이]로 한다. 다만, 다음의 어느 하나에 해당하는 경우에는 해당 기준에서 정하는 바에 따른다.

> ⓐ 건축물의 옥상에 설치되는 승강기탑·계단탑·망루·장식탑·옥탑 등으로서 그 수평투영면적의 합계가 해당 건축물 건축면적의 8분의 1(「주택법」에 따른 사업계획승인 대상인 공동주택 중 세대별 전용면적이 85제곱미터 이하인 경우에는 6분의 1) 이하인 경우로서 그 부분의 높이가 12미터를 넘는 경우에는 그 넘는 부분만 해당 건축물의 높이에 산입한다.
>
> ⓑ 지붕마루장식·굴뚝·방화벽의 옥상돌출부나 그 밖에 이와 비슷한 옥상돌출물과 난간벽(그 벽면적의 2분의 1 이상이 공간으로 되어 있는 것만 해당한다)은 그 건축물의 높이에 산입하지 아니한다.

(2) 층 고

층고란 방의 바닥구조체 윗면으로부터 위층 바닥구조체의 윗면까지의 높이로 한다. 다만, 한 방에서 층의 높이가 다른 부분이 있는 경우에는 그 각 부분 높이에 따른 면적에 따라 가중평균한 높이로 한다.

(3) 층 수

승강기탑(옥상 출입용 승강장을 포함한다), 계단탑, 망루, 장식탑, 옥탑, 그 밖에 이와 비슷한 건축물의 옥상 부분으로서 그 수평투영면적의 합계가 해당 건축물 건축면적의 8분의 1(주택법에 따른 사업계획승인 대상인 공동주택 중 세대별 전용면적이 85제곱미터 이하인 경우에는 6분의 1) 이하인 것과 지하층은 건축물의 층수에 산입하지 아니하고, 층의 구분이 명확하지 아니한 건축물은 그 건축물의 높이 4미터마다 하나의 층으로 보고 그 층수를 산정하며, 건축물이 부분에 따라 그 층수가 다른 경우에는 그 중 가장 많은 층수를 그 건축물의 층수로 본다.

④ 공동주택으로서 지상층에 설치한 기계실, 전기실, 어린이놀이터 등의 면적은 바닥면적에 산입하지 아니한다.

⑤ 생활폐기물보관함은 건축면적에 산입하지 아니한다.

33

건축법령상 건축물의 면적 등의 산정방법으로 옳은 것은?

① 공동주택으로서 지상층에 설치한 생활폐기물보관함의 면적은 바닥면적에 산입한다.

② 지하층에 설치한 기계실, 전기실의 면적은 용적률을 산정할 때 연면적에 산입한다.

③ 건축법상 건축물의 높이제한 규정을 적용할 때, 건축물의 1층 전체에 필로티가 설치되어 있는 경우 건축물의 높이는 필로티의 층고를 제외하고 산정한다.

④ 건축물의 층고는 방의 바닥구조체 윗면으로부터 위층 바닥구조체의 아랫면까지의 높이로 한다.

⑤ 건축물이 부분에 따라 그 층수가 다른 경우에는 그 중 가장 많은 층수와 가장 적은 층수를 평균하여 반올림한 수를 그 건축물의 층수로 본다.

34

건축법령상 건축물이 있는 대지는 조례로 정하는 면적에 못 미치게 분할할 수 없다. 다음 중 조례로 정할 수 있는 최소 분할면적 기준이 가장 작은 용도지역은? (단, 건축법 제3조에 따른 적용제외는 고려하지 않음)

① 제2종 전용주거지역
② 일반상업지역
③ 근린상업지역
④ 준공업지역
⑤ 생산녹지지역

제15절 대지의 분할 제한

1. 해당 용도지역의 대지의 분할금지 15회, 24회

건축물이 있는 대지는 다음의 해당 용도지역의 규모 범위 안에서 해당 지방자치단체의 조례가 정하는 면적에 못 미치게 분할할 수 없다.

> ① 주거지역: 60㎡ 이상
> ② 상업지역: 150㎡ 이상
> ③ 공업지역: 150㎡ 이상
> ④ 녹지지역: 200㎡ 이상
> ⑤ 위의 용도지역에 해당하지 아니하는 지역: 60㎡ 이상

2. 관계규정에 의한 대지의 분할금지

건축물이 있는 대지는 다음의 규정에 의한 기준에 미달되게 분할할 수 없다.

> ① 법 제44조: 대지와 도로와의 관계 미달
> ② 법 제55조: 건폐율을 초과하는 분할
> ③ 법 제56조: 용적률을 초과하는 분할
> ④ 법 제58조: 대지 안의 공지의 기준을 초과하는 분할
> ⑤ 법 제60조: 건축물의 높이제한 위반
> ⑥ 법 제61조: 일조 등의 확보를 위한 건축물의 높이제한 위반

제16절 건축물의 높이제한 25회

1. 가로구역에서의 높이제한

① 허가권자는 가로구역[(街路區域): 도로로 둘러싸인 일단(一團)의 지역을 말한다]을 단위로 하여 대통령령으로 정하는 기준과 절차에 따라 건축물의 높이를 지정 · 공고할 수 있다.

② 특별시장이나 광역시장은 도시의 관리를 위하여 필요하면 위 (1)에 따른 가로구역별 건축물의 높이를 특별시나 광역시의 조례로 정할 수 있다.

③ 허가권자는 위 ① 및 ②에도 불구하고 일조(日照) · 통풍 등 주변 환경 및 도시미관에 미치는 영향이 크지 않다고 인정하는 경우에는 건축위원회의 심의를 거쳐 이 법 및 다른 법률에 따른 가로구역의 높이 완화에 관한 규정을 중첩하여 적용할 수 있다.

2. 일조권 확보를 위한 높이제한

(1) 전용주거지역 및 일반주거지역 안의 건축물

전용주거지역이나 일반주거지역에서 건축물을 건축하는 경우에는 건축물의 각 부분을 정북방향(正北方向)으로의 인접 대지경계선으로부터 다음의 범위에서 건축조례로 정하는 거리 이상을 띄어 건축하여야 한다.

> ㉠ 높이 10m 이하인 부분: 인접 대지경계선으로부터 1.5m 이상
> ㉡ 높이 10m를 초과하는 부분: 인접 대지경계선으로부터 해당 건축물의 각 부분의 높이의 2분의 1 이상

(2) 공동주택의 높이제한(중심상업·일반상업지역은 제외)

인접 대지경계선 등의 방향으로 채광을 위한 창문 등을 두는 경우이거나 하나의 대지에 두 동(棟) 이상을 건축하는 공동주택(일반상업지역과 중심상업지역에 건축하는 것을 제외함)의 높이는 채광(採光) 등의 확보를 위하여 대통령령으로 정하는 다음의 높이 이하로 하여야 한다. 다만, 채광을 위한 창문 등이 있는 벽면에서 직각 방향으로 인접 대지경계선까지의 수평거리가 1m 이상으로서 건축조례로 정하는 거리 이상인 다세대주택은 아래 ①의 규정을 적용하지 아니한다.

> ① 건축물(기숙사는 제외한다)의 각 부분의 높이는 그 부분으로부터 채광을 위한 창문 등이 있는 벽면에서 직각 방향으로 인접 대지경계선까지의 수평거리의 2배(근린상업지역 또는 준주거지역의 건축물은 4배) 이하로 할 것
> ② 같은 대지에서 두 동(棟) 이상의 건축물이 서로 마주보고 있는 경우에 건축물 각 부분 사이의 거리는 다음의 거리 이상을 띄어 건축할 것. 다만, 그 대지의 모든 세대가 동지(冬至)를 기준으로 9시에서 15시 사이에 2시간 이상을 계속하여 일조(日照)를 확보할 수 있는 거리 이상으로 할 수 있다.
> > ㉠ 채광을 위한 창문 등이 있는 벽면으로부터 직각방향으로 건축물 각 부분 높이의 0.5배(도시형 생활주택의 경우에는 0.25배) 이상의 범위에서 건축조례로 정하는 거리 이상
> > ㉡ 채광창이 없는 벽면과 측벽이 마주보는 경우에는 8m 이상
> > ㉢ 측벽과 측벽이 마주보는 경우에는 4m 이상

(3) 적용의 특례

2층 이하로서 높이가 8m 이하인 건축물에 대하여는 해당 지방자치단체의 조례가 정하는 바에 의하여 일조권에 의한 높이제한을 적용하지 아니할 수 있다.

35
부동산공법상 건축물의 높이제한에 관한 내용이다. 틀린 것은?
① 건축물의 높이는 대지면적에 대한 건축연면적의 비율에 의하여서도 제한을 받게 된다.
② 전용주거지역과 일반주거지역에 안의 모든 건축물은 일조권을 위한 높이 제한을 받는다.
③ 일반상업지역과 중심상업지역 안의 공동주택은 일조권을 위한 높이제한을 적용하지 않는다.
④ 고도지구 안에서는 도시·군계획조례로 정하는 높이를 초과하는 건축물을 건축할 수 없다.
⑤ 공동주택(기숙사는 제외한다)의 각 부분의 높이는 그 부분으로부터 채광을 위한 창문 등이 있는 벽면에서 직각 방향으로 인접 대지경계선까지의 수평거리의 2배(근린상업지역 또는 준주거지역의 건축물은 4배) 이하로 하여야 한다.

- 「도로법」에 따른 접도구역은 특별건축구역으로 지정될 수 없다(○).
- 특별건축구역을 지정하는 경우 국토의 계획 및 이용에 관한 법률에 따른 용도지역의 지정이 있는 것으로 본다(×).
- 개발제한구역의 지정 및 관리에 관한 특별조치법에 따른 개발제한구역에는 특별건축구역을 지정할 수 있다(×).
- 국토교통부장관 또는 시·도지사는 특별건축구역 지정일부터 5년 이내에 특별건축구역 지정목적에 부합하는 건축물의 착공이 이루어지지 아니하는 경우에는 특별건축구역의 전부 또는 일부에 대하여 지정을 해제할 수 있다(○).
- 「경제자유구역의 지정 및 운영에 관한 특별법」제4조에 따라 지정된 경제자유구역은 특별건축구역으로 지정될 수 있다(○).

36

건축법령상 특별건축구역에 관한 설명으로 옳은 것은?

① 국토교통부장관은 지방자치단체가 국제행사 등을 개최하는 지역의 사업구역을 특별건축구역으로 지정할 수 있다.

② 「도로법」에 따른 접도구역은 특별건축구역으로 지정될 수 없다.

③ 특별건축구역에서의 건축기준의 특례사항은 지방자치단체가 건축하는 건축물에는 적용되지 않는다.

④ 특별건축구역에서 「주차장법」에 따른 부설주차장의 설치에 관한 규정은 개별 건축물마다 적용하여야 한다.

⑤ 특별건축구역을 지정한 경우에는 「국토의 계획 및 이용에 관한 법률」에 따른 용도지역·지구·구역의 지정이 있는 것으로 본다.

제17절 특별건축구역 19회, 32회

(1) 특별건축구역의 의의 및 지정

"특별건축구역"이란 조화롭고 창의적인 건축물의 건축을 통하여 도시경관의 창출, 건설기술 수준향상 및 건축 관련 제도개선을 도모하기 위하여 이 법 또는 관계 법령에 따라 일부 규정을 적용하지 아니하거나 완화 또는 통합하여 적용할 수 있도록 특별히 지정하는 구역을 말한다.

(2) 지정권자 및 지정대상

① 국토교통부장관 또는 시·도지사는 다음의 구분에 따라 도시나 지역의 일부가 특별건축구역으로 특례 적용이 필요하다고 인정하는 경우에는 특별건축구역을 지정할 수 있다.

㉠ 국토교통부장관이 지정하는 경우

> ⓐ 국가가 국제행사 등을 개최하는 도시 또는 지역의 사업구역
> ⓑ 관계법령에 따른 국가정책사업으로서 대통령령으로 정하는 다음의 사업구역
> - 행정중심복합도시의 사업구역
> - 혁신도시의 사업구역
> - 경제자유구역
> - 택지개발사업구역
> - 도시개발구역
> - 국립아시아문화전당 건설사업구역
> - 지구단위계획구역 중 현상설계(懸賞設計) 등에 따른 창의적 개발을 위한 특별계획구역

㉡ 시·도지사가 지정하는 경우

> ⓐ 지방자치단체가 국제행사 등을 개최하는 도시 또는 지역의 사업구역
> ⓑ 관계법령에 따른 도시개발·도시재정비 및 건축문화 진흥사업으로서 건축물 또는 공간환경을 조성하기 위하여 대통령령으로 정하는 다음의 사업구역
> - 경제자유구역
> - 택지개발사업구역
> - 정비구역
> - 도시개발구역
> - 재정비촉진구역
> - 국제자유도시의 사업구역
> - 지구단위계획구역 중 현상설계(懸賞設計) 등에 따른 창의적 개발을 위한 특별계획구역
> - 관광지, 관광단지 또는 관광특구
> - 문화지구

(3) 구체적 지정절차

① 중앙행정기관의 장, 사업구역을 관할하는 시·도지사 또는 시장·군수·구청장은 특별건축구역의 지정이 필요한 경우에는 일정한 자료를 갖추어 중앙행정기관의 장 또는 시·도지사는 국토교통부장관에게, 시장·군수·구청장은 특별시장·광역시장·도지사에게 각각 특별건축구역의 지정을 신청할 수 있다.

② 국토교통부장관 또는 특별시장·광역시장·도지사는 위 ①에 따라 지정신청이 접수된 경우에는 지정신청을 받은 날부터 30일 이내에 국토교통부장관이 지정신청을 받은 경우에는 국토교통부장관이 두는 중앙건축위원회, 특별시장·광역시장·도지사가 지정신청을 받은 경우에는 해당 지방건축위원회의 심의를 거쳐야 한다.

(4) 특별건축구역지정의 예외

다음의 어느 하나에 해당하는 지역·구역 등에 대하여는 특별건축구역으로 지정할 수 없다.

> ① 개발제한구역
> ② 자연공원
> ③ 접도구역
> ④ 보전산지(개·자·접·보는 지정불가)

(5) 관계법령의 적용특례

특별건축구역에 건축하는 건축물에 대하여는 다음의 규정을 적용하지 아니할 수 있다.

> ㉠ 대지 안의 조경
> ㉡ 대지 안의 공지
> ㉢ 건축물의 건폐율 및 용적률
> ㉣ 건축물의 높이제한 및 일조 등의 확보를 위한 높이제한
> ㉤ 「주택법」 제35조 중 대통령령으로 정하는 규정

(6) 도시·군관리계획의 결정의제

특별건축구역을 지정하거나 변경한 경우에는 「국토의 계획 및 이용에 관한 법률」 제30조에 따른 도시·군관리계획의 결정(용도지역·지구·구역의 지정 및 변경을 제외한다)이 있는 것으로 본다.

(7) 통합적용계획의 수립 및 시행

특별건축구역에서는 다음의 관계 법령의 규정에 대하여는 개별 건축물마다 적용하지 아니하고 특별건축구역 전부 또는 일부를 대상으로 통합하여 적용할 수 있다.

> ㉠ 「문화예술진흥법」 제9조에 따른 건축물에 대한 미술작품의 설치
> ㉡ 「주차장법」 제19조에 따른 부설주차장의 설치
> ㉢ 「도시공원 및 녹지 등에 관한 법률」에 따른 공원의 설치

(8) 지정의 해제

국토교통부장관 또는 시 · 도지사는 다음의 어느 하나에 해당하는 경우에는 특별건축구역의 전부 또는 일부에 대하여 지정을 해제할 수 있다.

> ㉠ 지정신청기관의 요청이 있는 경우
> ㉡ 거짓이나 그 밖의 부정한 방법으로 지정을 받은 경우
> ㉢ 특별건축구역 지정일부터 5년 이내에 특별건축구역 지정목적에 부합하는 건축물의 착공이 이루어지지 아니하는 경우
> ㉣ 특별건축구역 지정요건 등을 위반하였으나 시정이 불가능한 경우

① 건축물의 소유자등은 과반수의 동의로 건축물의 리모델링에 관한 건축협정을 체결할 수 있다.
② 협정체결자 또는 건축협정운영회의 대표자는 건축협정서를 작성하여 해당 건축협정인가권자의 인가를 받아야 한다.
③ 건축협정인가권자가 건축협정을 인가하였을 때에는 해당 지방자치단체의 공보에 그 내용을 공고하여야 한다.
④ 건축협정 체결 대상 토지가 둘 이상의 특별자치시 또는 시 · 군 · 구에 걸치는 경우 건축협정 체결 토지면적의 과반이 속하는 건축협정인가권자에게 인가를 신청할 수 있다.
⑤ 협정체결자 또는 건축협정운영회의 대표자는 건축협정을 폐지하려는 경우 협정체결자 과반수의 동의를 받아 건축협정인가권자의 인가를 받아야 한다.

⊕ 건축협정의 인가권자는 특별자치시장, 특별자치도지사, 시장 · 군수 · 구청장이다.

제18절 건축협정 및 결합건축 27회, 31회

1. 건축협정

(1) 건축협정의 체결

토지 또는 건축물의 소유자, 지상권자 등 대통령령으로 정하는 자(이하 "소유자등"이라 한다)는 전원의 합의로 다음의 어느 하나에 해당하는 지역 또는 구역에서 건축물의 건축 · 대수선 또는 리모델링에 관한 협정(이하 "건축협정"이라 한다)을 체결할 수 있다.

> ㉠ 「국토의 계획 및 이용에 관한 법률」에 따라 지정된 지구단위계획구역
> ㉡ 「도시 및 주거환경정비법」에 따른 주거환경개선사업을 시행하기 위하여 지정 · 고시된 정비구역
> ㉢ 「도시재정비 촉진을 위한 특별법」에 따른 존치지역
> ㉣ 「도시재생 활성화 및 지원에 관한 특별법」에 따른 도시재생활성화지역
> ㉤ 그 밖에 시 · 도지사 및 시장 · 군수 · 구청장("건축협정인가권자")이 도시 및 주거환경개선이 필요하다고 인정하여 해당 지방자치단체의 조례로 정하는 구역

(2) 건축협정의 내용

건축협정은 다음의 사항을 포함하여야 한다.

> ① 건축물의 건축 · 대수선 또는 리모델링에 관한 사항
> ② 건축물의 위치 · 용도 · 형태 및 부대시설에 관하여 대통령령으로 정하는 다음의 사항
>   ㉠ 건축선
>   ㉡ 건축물 및 건축설비의 위치
>   ㉢ 건축물의 용도, 높이 및 층수
>   ㉣ 건축물의 지붕 및 외벽의 형태
>   ㉤ 건폐율 및 용적률

(3) 건축협정의 인가 및 변경

① 협정체결자 또는 건축협정운영회의 대표자는 건축협정서를 작성하여 국토교통부령으로 정하는 바에 따라 해당 건축협정인가권자의 인가를 받아야 한다. 이 경우 인가신청을 받은 건축협정인가권자는 인가를 하기 전에 건축협정인가권자가 두는 건축위원회의 심의를 거쳐야 한다.

② 위 ①에 따른 건축협정 체결 대상 토지가 둘 이상의 특별자치시 또는 시·군·구에 걸치는 경우 건축협정 체결 대상 토지면적의 과반(過半)이 속하는 건축협정인가권자에게 인가를 신청할 수 있다.

③ 건축협정인가권자는 위 ①에 따라 건축협정을 인가하였을 때에는 국토교통부령으로 정하는 바에 따라 그 내용을 공고하여야 한다.

(4) 건축협정의 효력

① 건축협정이 체결된 지역 또는 구역(이하 "건축협정구역"이라 한다)에서 건축물의 건축·대수선 또는 리모델링을 하거나 그 밖에 대통령령으로 정하는 행위를 하려는 소유자등은 제77조의6 및 제77조의7에 따라 인가·변경인가된 건축협정에 따라야 한다.

② 건축협정이 공고된 후 건축협정구역에 있는 토지나 건축물 등에 관한 권리를 협정체결자인 소유자등으로부터 이전받거나 설정받은 자는 협정체결자로서의 지위를 승계한다. 다만, 건축협정에서 달리 정한 경우에는 그에 따른다.

③ 협정체결자 또는 건축협정운영회의 대표자는 건축협정을 폐지하려는 경우에는 협정체결자 과반수의 동의를 받아 국토교통부령으로 정하는 바에 따라 건축협정인가권자의 인가를 받아야 한다. 다만, 제77조의13에 따른 특례를 적용하여 제21조에 따른 착공신고를 한 경우에는 대통령령으로 정하는 기간(착공신고를 한 날부터 20년)이 경과한 후에 건축협정의 폐지 인가를 신청할 수 있다.

2. 결합건축

(1) 결합건축 대상지

① 다음의 어느 하나에 해당하는 지역에서 대지간의 최단거리가 100미터 이내의 범위에서 대통령령으로 정하는 범위에 있는 2개의 대지의 건축주가 서로 합의한 경우 제56조에 따른 용적률을 개별 대지마다 적용하지 아니하고, 2개의 대지를 대상으로 통합적용하여 건축물을 건축(이하 "결합건축"이라 한다)할 수 있다.

  ㉠ 「국토의 계획 및 이용에 관한 법률」 제36조에 따라 지정된 상업지역
  ㉡ 「역세권의 개발 및 이용에 관한 법률」 제4조에 따라 지정된 역세권개발구역
  ㉢ 「도시 및 주거환경정비법」 제2조에 따른 정비구역 중 주거환경개선사업의 시행을 위한 구역

    ㉣ 그 밖에 도시 및 주거환경 개선과 효율적인 토지이용이 필요하다고 대통령령으로
       정하는 다음의 지역(영 제111조 제2항)

        ⓐ 건축협정구역

        ⓑ 특별건축구역

        ⓒ 리모델링 활성화 구역

        ⓓ 「도시재생 활성화 및 지원에 관한 특별법」에 따른 도시재생활성화지역

        ⓔ 「한옥 등 건축자산의 진흥에 관한 법률」에 따른 건축자산 진흥구역

    ※ 위 ①에서 대통령령으로 정하는 범위에 있는 2개의 대지란 다음 각 호의 요건을
       모두 충족하는 2개의 대지를 말한다(영 제111조 제1항).

       ㉠ 2개의 대지 모두가 위 ㉠㉡㉢㉣의 지역 중 동일한 지역에 속할 것

       ㉡ 2개의 대지 모두가 너비 12미터 이상인 도로로 둘러싸인 하나의 구역 안에 있
         을 것. 이 경우 그 구역 안에 너비 12미터 이상인 도로로 둘러싸인 더 작은 구
         역이 있어서는 아니 된다.

② 위 ①의 지역에서 2개의 대지를 소유한 자가 1명인 경우는 제77조의4 제2항(건축
   협정의 체결)을 준용한다.

③ 다음 각 호의 어느 하나에 해당하는 경우에는 위 ①의 어느 하나에 해당하는 지역
   에서 대통령령으로 정하는 범위에 있는 3개 이상 대지의 건축주 등이 서로 합의한
   경우 3개 이상의 대지를 대상으로 결합건축을 할 수 있다.

    ⓐ 국가·지방자치단체 또는 「공공기관의 운영에 관한 법률」 제4조 제1항에 따른 공
      공기관이 소유 또는 관리하는 건축물과 결합건축하는 경우

    ⓑ 「빈집 및 소규모주택 정비에 관한 특례법」 제2조 제1항 제1호에 따른 빈집 또는
      「건축물관리법」 제42조에 따른 빈 건축물을 철거하여 그 대지에 공원, 광장 등 대
      통령령으로 정하는 다음의 시설을 설치하는 경우

      1. 공원, 녹지, 광장, 정원, 공지, 주차장, 놀이터 등 공동이용시설

      2. 그 밖에 1.호와 비슷한 것으로서 건축조례로 정하는 시설

    ⓒ 그 밖에 대통령령으로 정하는 건축물과 결합건축하는 경우

④ 다만, 도시경관의 형성, 기반시설 부족 등의 사유로 해당 지방자치단체의 조례로
   정하는 지역 안에서는 결합건축을 할 수 없다.

(2) 결합건축의 관리

① 허가권자는 결합건축을 포함하여 건축허가를 한 경우 국토교통부령으로 정하는
   바에 따라 그 내용을 공고하고, 결합건축 관리대장을 작성하여 관리하여야 한다.

② 결합건축협정서에 따른 협정체결 유지기간은 최소 30년으로 한다. 다만, 결합건축
   협정서의 용적률 기준을 종전대로 환원하여 신축·개축·재축하는 경우에는 그러
   하지 아니한다.

③ 결합건축협정서를 폐지하려는 경우에는 결합건축협정체결자 전원이 동의하여 허
   가권자에게 신고하여야 하며, 허가권자는 용적률을 이전받은 건축물이 멸실된 것
   을 확인한 후 결합건축의 폐지를 수리하여야 한다.

3. 건축분쟁전문위원회 16회, 17회, 28회, 32회

① 건축등과 관련된 다음의 분쟁의 조정(調停) 및 재정(裁定)을 하기 위하여 국토교통부에 건축분쟁전문위원회(이하 "분쟁위원회"라 한다)를 둔다.

> ㉠ 건축관계자와 해당 건축물의 건축등으로 피해를 입은 인근주민(이하 "인근주민"이라 한다) 간의 분쟁
> ㉡ 관계전문기술자와 인근주민 간의 분쟁
> ㉢ 건축관계자와 관계전문기술자 간의 분쟁
> ㉣ 건축관계자 간의 분쟁
> ㉤ 인근주민 간의 분쟁
> ㉥ 관계전문기술자 간의 분쟁
> ㉦ 그 밖에 대통령령으로 정하는 사항

② 시·도지사 또는 시장·군수·구청장은 위해 방지를 위하여 긴급한 상황이거나 그 밖에 특별한 사유가 없으면 조정등의 신청이 있다는 이유만으로 해당 공사를 중지하게 하여서는 아니 된다.

③ 당사자가 조정안을 수락하고 조정서에 기명날인하면 조정서의 내용은 재판상 화해와 동일한 효력을 갖는다. 다만, 당사자가 임의로 처분할 수 없는 사항에 관한 것은 그러하지 아니하다.

제19절 이행강제금제도 16회, 29회

(1) 이행강제금의 부과

① 이행강제금의 반복부과·징수: 허가권자는 위반건축물에 대한 시정명령을 받은 건축주·공사시공자·현장관리인·소유자·관리자 또는 점유자(이하 '건축주 등')가 시정기간 내에 시정명령을 이행하지 아니하는 경우에는 해당 시정명령의 이행에 필요한 상당한 이행기간을 정하여 그 기간까지 시정명령을 이행하지 아니하는 경우에는 최초의 시정명령이 있은 날을 기준으로 하여 1년에 2회 이내의 범위 안에서 당해 시정명령이 이행될 때까지 반복하여 부과·징수한다.

② 이행강제금의 부과중지: 허가권자는 이행강제금부과처분을 받은 자가 시정명령을 이행하는 경우에는 새로운 이행강제금의 부과를 즉시 중지하되, 이미 부과된 이행강제금은 이를 징수하여야 한다.

> ⊕ 이러한 이행강제금은 건축주 등이 위반사항에 대한 시정명령을 받은 후 이행하지 않을 경우 반복하여 부과·징수할 수 있도록 함으로써 1회만 부과·징수할 수 있는 벌금·과태료가 지닌 결함을 보완할 수 있도록 마련된 제도이다.

확인문제

38
건축법령상 건축등과 관련된 분쟁으로서 건축분쟁전문위원회의 조정 및 재정의 대상이 되는 것은? (단, 「건설산업기본법」 제69조에 따른 조정의 대상이 되는 분쟁은 고려하지 않음)

① '건축주'와 '건축신고수리자' 간의 분쟁
② '공사시공자'와 '건축지도원' 간의 분쟁
③ '건축허가권자'와 '공사감리자' 간의 분쟁
④ '관계전문기술자'와 '해당 건축물의 건축등으로 피해를 입은 인근주민' 간의 분쟁
⑤ '건축허가권자'와 '해당 건축물의 건축 등으로 피해를 입은 인근주민' 간의 분쟁

⊕ 이러한 이행강제금은 행정작용의 실효성 확보수단으로서 집행벌(벌금이나 과태료 등과 같은 행정벌이 아니다)의 성질을 갖는 것이며, 집행벌은 부작위의무, 비대체적 작위의무를 강제하기 위하여(대체강제구류는 인정되지 아니한다) 일정 기한까지 이행하지 않으면 일정한 금전납부의무를 부과한다는 뜻을 미리 계고하여 의무자에게 심리적 압박을 가함으로써 의무이행을 간접적으로 강제하는 수단이다.

39

건축법령상 위반 건축물 등에 대한 조치에 관한 설명으로 옳지 않은 것은?

① 허가권자는 건축물이 건축법령에 위반되는 경우 그 건축물의 현장관리인에게 공사의 중지를 명할 수 있다.

② 허가권자는 최초의 시정명령이 있었던 날을 기준으로 하여 1년에 1회씩 그 시정명령이 이행될 때까지 반복하여 이행강제금을 부과·징수할 수 있다.

③ 허가권자는 이행강제금을 부과하기 전에 이행강제금을 부과·징수한다는 뜻을 미리 문서로서 계고(戒告)하여야 한다.

④ 허가권자는 이행강제금 부과처분을 받은 자가 이행강제금을 납부기한까지 내지 아니하면 「지방행정제재·부과금의 징수 등에 관한 법률」에 따라 징수한다.

⑤ 허가권자는 시정명령을 받은 자가 이를 이행하면 새로운 이행강제금의 부과를 즉시 중지하되, 이미 부과된 이행강제금은 징수하여야 한다.

(2) 이행강제금의 부과기준

① 건축물이 용적률이나 건폐율을 초과하여 건축된 경우 또는 허가를 받지 아니하거나 신고를 하지 아니하고 건축된 경우에는 「지방세법」에 따라 해당 건축물에 적용되는 1제곱미터의 시가표준액의 100분의 50에 해당하는 금액에 위반면적을 곱한 금액 이하의 범위에서 위반 내용에 따라 대통령령으로 정하는 다음의 표에 의한 비율을 곱한 금액: 다만, 건축조례로 다음의 비율을 낮추어 정할 수 있되, 낮추는 경우에도 그 비율은 100분의 60 이상이어야 한다.

> ⓐ 신고를 하지 아니하고 건축한 경우: 100분의 70
> ⓑ 건폐율을 초과하여 건축한 경우: 100분의 80
> ⓒ 용적률을 초과하여 건축한 경우: 100분의 90
> ⓓ 허가를 받지 아니하고 건축한 경우: 100분의 100

② 허가권자는 영리목적을 위한 위반이나 상습적 위반 등 대통령령으로 정하는 다음의 경우에 위 ①에 따른 금액을 100분의 100의 범위에서 가중하여야 한다. 다만, 위반행위 후 소유권이 변경된 경우는 제외한다.

> ㉠ 임대 등 영리를 목적으로 법 제19조를 위반하여 용도변경을 한 경우(위반면적이 50제곱미터를 초과하는 경우로 한정)
> ㉡ 임대 등 영리를 목적으로 허가나 신고 없이 신축 또는 증축한 경우(위반면적이 50제곱미터를 초과하는 경우로 한정)
> ㉢ 임대 등 영리를 목적으로 허가나 신고 없이 다세대주택의 세대수 또는 다가구주택의 가구수를 증가시킨 경우(5세대 또는 5가구 이상 증가시킨 경우로 한정한다)
> ㉣ 동일인이 최근 3년 내에 2회 이상 법 또는 법에 따른 명령이나 처분을 위반한 경우
> ㉤ 위 ㉠부터 ㉣까지의 규정과 비슷한 경우로서 건축조례로 정하는 경우

③ 건축물이 위 ① 외의 위반건축물에 해당하는 경우에는 「지방세법」에 의하여 당해 건축물에 적용되는 시가표준액에 상당하는 금액의 10/100의 범위 안에서 그 위반내용에 따라 대통령령이 정하는 금액. 다만, 연면적 60㎡ 이하의 주거용 건축물인 경우와 주거용 건축물로서 일정한 경우에는 부과금액의 1/2의 범위 안에서 조례가 정하는 금액을 부과·징수할 수 있다.

(3) 사전계고

허가권자는 이행강제금을 부과하기 전에 이행강제금을 부과·징수한다는 뜻을 미리 문서로써 계고하여야 한다.

⑷ **부과방법**

　허가권자는 이행강제금을 부과하는 경우에는 이행강제금의 금액, 이행강제금의 부과사유, 이행강제금의 납부기한 및 수납기관, 이의제기방법 및 이의제기기관 등을 명시한 문서로써 행하여야 한다.

⑸ **강제징수**

　허가권자는 이행강제금 부과처분을 받은 자가 이행강제금을 납부기한까지 내지 아니하면 「지방행정제재·부과금의 징수 등에 관한 법률」에 따라 징수한다.

주택법

주택법

제1절 용어의 정의 15회 추가, 20회, 22회, 28회, 30회, 31회, 32회, 34회, 35회

1. 주 택

(1) 주택의 분류 15회, 29회

"주택"이란 세대(世帶)의 구성원이 장기간 독립된 주거생활을 할 수 있는 구조로 된 건축물의 전부 또는 일부 및 그 부속토지를 말하며, 단독주택과 공동주택으로 구분한다.

구별의 기준		종 류
구조에 따른 분류	단독주택	㉠ 단독주택 ㉡ 다중주택 ㉢ 다가구주택 ⊕ 공관은 단독주택에 해당하지 않는다는 점 주의!
	공동주택	아파트 — 5개 층 이상의 주택
		연립주택 — 4개 층 이하이고, 바닥면적의 합계가 660㎡ 초과
		다세대주택 — 4개 층 이하이고, 바닥면적의 합계가 660㎡ 이하
건설주체 및 건설자금에 따른 분류	국민주택 29회	"국민주택"이란 다음의 어느 하나에 해당하는 주택으로서 국민주택규모 이하인 주택을 말한다. ㉠ 국가·지방자치단체, 한국토지주택공사 또는 지방공사가 건설하는 주택 ㉡ 국가·지방자치단체의 재정 또는 「주택도시기금법」에 따른 주택도시기금으로부터 자금을 지원받아 건설되거나 개량되는 주택
	국민주택규모	"국민주택규모"란 주거의 용도로만 쓰이는 면적("주거전용면적")이 1호(戶) 또는 1세대당 85제곱미터 이하인 주택(수도권을 제외한 도시지역이 아닌 읍 또는 면 지역은 1호 또는 1세대당 주거전용면적이 100제곱미터 이하인 주택을 말한다)을 말한다.
	민영주택	'국민주택'을 제외한 주택

이 경우 주거전용면적의 산정방법은 다음과 같다.

㉠ **단독주택의 경우**: 그 바닥면적에서 지하실(거실로 사용되는 면적은 제외한다), 본 건축물과 분리된 창고·차고 및 화장실의 면적을 제외한 면적. 다만, 그 주택이 다가구주택에 해당하는 경우 그 바닥면적에서 본 건축물의 지상층에 있는 부분으로서 복도, 계단, 현관 등 2세대 이상이 공동으로 사용하는 부분의 면적도 제외한다.

ⓛ **공동주택의 경우**: 외벽의 내부선을 기준으로 산정한 면적. 다만, 2세대 이상이 공동으로 사용하는 부분으로서 다음의 어느 하나에 해당하는 공용면적은 제외하며, 이 경우 바닥면적에서 주거전용면적을 제외하고 남는 외벽면적은 공용면적에 가산한다.

  ⓐ 복도, 계단, 현관 등 공동주택의 지상층에 있는 공용면적
  ⓑ 위 ⓐ의 공용면적을 제외한 지하층, 관리사무소 등 그 밖의 공용면적

(2) 도시형 생활주택 22회, 23회, 33회

① '도시형 생활주택'이란 300세대 미만의 국민주택규모에 해당하는 주택으로서 「국토의 계획 및 이용에 관한 법률」에 따른 도시지역에 건설하는 다음의 주택을 말한다.

 ⓞ **아파트형 주택**: 제3조 제1항에 따른 아파트로서 다음 각 목의 요건을 모두 갖춘 공동주택
  가. 세대별로 독립된 주거가 가능하도록 욕실 및 부엌을 설치할 것
  나. 지하층에는 세대를 설치하지 않을 것
 ⓛ **단지형 연립주택**: 아파트형주택이 아닌 연립주택. 다만, 「건축법」에 따라 건축위원회의 심의를 받은 경우에는 주택으로 쓰는 층수를 5개층까지 건축할 수 있다.
 ⓒ **단지형 다세대주택**: 아파트형주택이 아닌 다세대주택. 다만, 「건축법」에 따라 건축위원회의 심의를 받은 경우에는 주택으로 쓰는 층수를 5개층까지 건축할 수 있다.

② 하나의 건축물에는 도시형 생활주택과 그 밖의 주택을 함께 건축할 수 없으며, 단지형 연립주택 또는 단지형 다세대주택과 아파트형주택을 함께 건축할 수 없다. 다만 다음의 경우는 예외로 한다.

 ⓞ 아파트형주택과 주거전용면적이 85제곱미터를 초과하는 주택 1세대를 함께 건축하는 경우
 ⓛ 「국토의 계획 및 이용에 관한 법률 시행령」 제30조에 따른 **준주거지역 또는 상업지역**에서 아파트형주택과 도시형 생활주택 외의 주택을 함께 건축하는 경우

2. 준주택 21회

"준주택"이란 주택 외의 건축물과 그 부속토지로서 주거시설로 이용가능한 시설 등을 말하며, 그 범위와 종류는 다음과 같다.

① 오피스텔
② 다중생활시설
③ 노인복지주택
④ 기숙사

01

주택법령상 용어에 관한 설명으로 틀린 것은?

① 「건축법 시행령」에 따른 다세대주택은 공동주택에 해당한다.
② 「건축법 시행령」에 따른 오피스텔은 준주택에 해당한다.
③ 주택단지에 해당하는 토지가 폭 8미터 이상인 도시계획예정도로로 분리된 경우, 분리된 토지를 각각 별개의 주택단지로 본다.
④ 주택에 딸린 자전거보관소는 복리시설에 해당한다.
⑤ 도로 · 상하수도 · 전기시설 · 가스시설 · 통신시설 · 지역난방시설은 기간시설(基幹施設)에 해당한다.

02

주택법령상 용어에 관한 설명으로 옳은 것은?

① "주택단지"에 해당하는 토지가 폭 8미터 이상인 도시계획예정도로로 분리된 경우, 분리된 토지를 각각 별개의 주택단지로 본다.
② "단독주택"에는 「건축법 시행령」에 따른 다가구주택이 포함되지 않는다.
③ "공동주택"에는 「건축법 시행령」에 따른 아파트, 연립주택, 기숙사 등이 포함된다.
④ "주택"이란 세대의 구성원이 장기간 독립된 주거생활을 할 수 있는 구조로 된 건축물의 전부 또는 일부를 말하며, 그 부속토지는 제외한다.
⑤ 주택단지에 딸린 어린이놀이터, 근린생활시설, 유치원, 주민운동시설, 지역난방공급시설 등은 "부대시설"에 포함된다.

03

주택법령상 "기간시설"에 해당하지 않는 것은?

① 전기시설
② 통신시설
③ 상하수도
④ 어린이놀이터
⑤ 지역난방시설

3. 부대시설

'부대시설'이란 주택에 딸린 다음의 시설 또는 설비를 말한다.

① 주차장·관리사무소·경비실·담장 및 주택단지 안의 도로
② 건축법 제2조 제3호의 규정에 의한 건축설비
③ 위 ① 및 ②의 시설·설비에 준하는 것으로서 대통령령이 정하는 시설 또는 설비
   ㉠ 보안등, 대문, 경비실 및 자전거보관소
   ㉡ 조경시설, 옹벽 및 축대
   ㉢ 안내표지판 및 공중화장실
   ㉣ 저수시설, 지하양수시설 및 대피시설
   ㉤ 쓰레기 수거 및 처리시설, 오수처리시설, 정화조
   ㉥ 소방시설, 냉난방공급시설(지역난방공급시설은 제외한다) 및 방범설비

4. 복리시설

'복리시설'이란 주택단지의 입주자 등의 생활복리를 위한 다음의 공동시설을 말한다.

① 어린이놀이터·근린생활시설·유치원·주민운동시설 및 경로당
② 그 밖에 입주자 등의 생활복리를 위하여 대통령령이 정하는 공동시설
   ㉠ 공동작업장
   ㉡ 주민공동시설

5. 세대구분형 공동주택 27회, 34회

① "세대구분형 공동주택"이란 공동주택의 주택 내부 공간의 일부를 세대별로 구분하여 생활이 가능한 구조로 하되, 그 구분된 공간의 일부를 구분소유 할 수 없는 주택으로서 대통령령으로 정하는 다음 각 호의 요건을 모두 갖추어 건설된 공동주택을 말한다.

   ㉠ 법 제15조에 따른 사업계획의 승인을 받아 건설하는 공동주택의 경우: 다음 각 목의 요건을 모두 충족할 것
     ㉮ 세대별로 구분된 각각의 공간마다 별도의 욕실, 부엌과 현관을 설치할 것
     ㉯ 하나의 세대가 통합하여 사용할 수 있도록 세대 간에 연결문 또는 경량구조의 경계벽 등을 설치할 것
     ㉰ 세대구분형 공동주택의 세대수가 해당 주택단지 안의 **공동주택 전체 세대수의 3분의 1을 넘지 않을 것**
     ㉱ 세대별로 구분된 각각의 공간의 주거전용면적(주거의 용도로만 쓰이는 면적) 합계가 해당 주택단지 **전체 주거전용면적 합계의 3분의 1을 넘지 않는 등** 국토교통부장관이 정하여 고시하는 주거전용면적의 비율에 관한 기준을 충족할 것

ⓛ 「공동주택관리법」 제35조에 따른 행위의 허가를 받거나 신고를 하고 설치하는 공동주택의 경우: 다음 각 목의 요건을 모두 충족할 것

㉮ 구분된 공간의 세대수는 기존 세대를 포함하여 2세대 이하일 것

㉯ 세대별로 구분된 각각의 공간마다 별도의 욕실, 부엌과 구분 출입문을 설치할 것

㉰ 세대구분형 공동주택의 세대수가 해당 주택단지 안의 공동주택 전체 세대수의 10분의 1과 해당 동의 전체 세대수의 3분의 1을 각각 넘지 않을 것. 다만, 특별자치시장, 특별자치도지사, 시장, 군수 또는 구청장(이하 "시장·군수·구청장"이라 한다)이 부대시설의 규모 등 해당 주택단지의 여건을 고려하여 인정하는 범위에서 세대수의 기준을 넘을 수 있다.

㉱ 구조, 화재, 소방 및 피난안전 등 관계 법령에서 정하는 안전 기준을 충족할 것

② 위 ①에 따라 건설 또는 설치되는 주택의 건설과 관련하여 법 제35조에 따른 주택건설기준 등을 적용하는 경우 세대구분형 공동주택의 세대수는 그 구분된 공간의 세대수에 관계없이 하나의 세대로 산정한다.

6. 주택단지 ^{21회, 27회, 32회}

'주택단지'란 주택건설사업계획 또는 대지조성사업계획의 승인을 받아 주택과 그 부대시설 및 복리시설(福利施設)을 건설하거나 대지를 조성하는 데 사용되는 일단(一團)의 토지를 말한다. 다만, 다음의 시설로 분리된 토지는 각각 별개의 주택단지로 본다.

① 철도·고속도로·자동차전용도로

② 폭 20m 이상인 일반도로

③ 폭 8m 이상인 도시계획예정도로

④ 위 ①부터 ③까지의 시설에 준하는 것으로서 보행자 및 자동차의 통행이 가능한 도로로서 다음의 어느 하나에 해당하는 도로

㉠ 「국토의 계획 및 이용에 관한 법률」에 따른 도시·군계획시설인 도로로서 국토교통부령으로 정하는 도로

㉡ 「도로법」에 따른 일반국도·특별시도·광역시도 또는 지방도

㉢ 그 밖에 관계 법령에 따라 설치된 도로로서 위 ㉠ 및 ㉡에 준하는 도로

04

주택법령상 「공동주택관리법」에 따른 행위의 허가를 받거나 신고를 하고 설치하는 세대구분형 공동주택이 충족하여야 하는 요건에 해당하는 것을 모두 고른 것은? (단, 조례는 고려하지 않음)

㉠ 하나의 세대가 통합하여 사용할 수 있도록 세대 간에 연결문 또는 경량구조의 경계벽 등을 설치할 것

ⓛ 구분된 공간의 세대수는 기존 세대를 포함하여 2세대 이하일 것

ⓒ 세대별로 구분된 각각의 공간마다 별도의 욕실, 부엌과 구분 출입문을 설치할 것

㉣ 구조, 화재, 소방 및 피난안전 등 관계 법령에서 정하는 안전 기준을 충족할 것

① ㉠, ⓛ, ⓒ
② ㉠, ⓛ, ㉣
③ ㉠, ⓒ, ㉣
④ ⓛ, ⓒ, ㉣
⑤ ㉠, ⓛ, ⓒ, ㉣

05

주택법령상 수직증축형 리모델링의 허용 요건에 관한 규정의 일부이다. ( )에 들어갈 숫자로 옳은 것은?

시행령 제13조 ① 법 제2조 제25호 다목1)에서 "대통령령으로 정하는 범위"란 다음 각 호의 구분에 따른 범위를 말한다.

수직으로 증축하는 행위(이하 "수직증축형 리모델링"이라 한다)의 대상이 되는 기존 건축물의 층수가 (㉠)층 이상인 경우: (㉡)개층

수직증축형 리모델링의 대상이 되는 기존 건축물의 층수가 (㉢)층 이하인 경우: (㉣)개층

---

① ㉠: 10, ㉡: 3, ㉢: 9, ㉣: 2
② ㉠: 10, ㉡: 4, ㉢: 9, ㉣: 3
③ ㉠: 15, ㉡: 3, ㉢: 14, ㉣: 2
④ ㉠: 15, ㉡: 4, ㉢: 14, ㉣: 3
⑤ ㉠: 20, ㉡: 5, ㉢: 19, ㉣: 4

7. 리모델링 ^{35회}

"리모델링"이란 건축물의 노후화 억제 또는 기능 향상 등을 위한 다음의 어느 하나에 해당하는 행위를 말한다.

> ㉠ 대수선(大修繕)
> ㉡ 제49조에 따른 사용검사일 또는 「건축법」 제22조에 따른 사용승인일부터 15년이 경과된 공동주택을 각 세대의 주거전용면적의 30퍼센트 이내(세대의 주거전용면적이 85제곱미터 미만인 경우에는 40퍼센트 이내)에서 증축하는 행위. 이 경우 공동주택의 기능 향상 등을 위하여 공용부분에 대하여도 별도로 증축할 수 있다.
> ㉢ 위 ㉡에 따른 각 세대의 증축 가능 면적을 합산한 면적의 범위에서 기존 세대수의 15퍼센트 이내에서 세대수를 증가하는 증축 행위(이하 "세대수 증가형 리모델링"이라 한다). 다만, 수직으로 증축하는 행위(이하 "수직증축형 리모델링"이라 한다)는 다음 요건을 모두 충족하는 경우로 한정한다.
> ⓐ 수직으로 증축하는 행위의 대상이 되는 기존 건축물의 층수가 15층 이상인 경우: 3개층
> ⓑ 수직증축형 리모델링의 대상이 되는 기존 건축물의 층수가 14층 이하인 경우: 2개층
> ⓒ 수직증축형 리모델링의 대상이 되는 기존 건축물의 신축 당시 구조도를 보유하고 있을 것

8. 리모델링 기본계획

"리모델링 기본계획"이란 세대수 증가형 리모델링으로 인한 도시과밀, 이주수요 집중 등을 체계적으로 관리하기 위하여 수립하는 계획을 말한다.

9. 에너지절약형 친환경주택

"에너지절약형 친환경주택"이란 저에너지 건물 조성기술 등 대통령령으로 정하는 기술을 이용하여 에너지 사용량을 절감하거나 이산화탄소 배출량을 저감할 수 있도록 건설된 주택을 말하며, 에너지절약형 친환경주택의 종류·범위 및 건설기준은 「주택건설기준 등에 관한 규정」으로 정한다(법 제2조 제21호, 영 제11조).

10. 건강친화형 주택

"건강친화형 주택"이란 건강하고 쾌적한 실내환경의 조성을 위하여 실내공기의 오염물질 등을 최소화할 수 있도록 대통령령으로 정하는 기준에 따라 건설된 주택을 말한다.

11. 장수명 주택

"장수명 주택"이란 구조적으로 오랫동안 유지·관리될 수 있는 내구성을 갖추고, 입주자의 필요에 따라 내부 구조를 쉽게 변경할 수 있는 가변성과 수리 용이성 등이 우수한 주택을 말한다.

12. 공 구 ^{26회}

"공구"란 하나의 주택단지에서 대통령령으로 정하는 다음의 기준에 따라 둘 이상으로 구분되는 일단의 구역으로, 착공신고 및 사용검사를 별도로 수행할 수 있는 구역으로서 다음의 요건을 모두 충족하는 것을 말한다.

> ① 다음의 어느 하나에 해당하는 시설을 설치하거나 공간을 조성하여 6미터 이상의 너비로 공구 간 경계를 설정할 것
>   ㉠ 「주택건설기준 등에 관한 규정」 제26조에 따른 주택단지 안의 도로
>   ㉡ 주택단지 안의 지상에 설치되는 부설주차장
>   ㉢ 주택단지 안의 옹벽 또는 축대
>   ㉣ 식재·조경이 된 녹지
>   ㉤ 그 밖에 어린이놀이터 등 부대시설이나 복리시설로서 사업계획 승인권자가 적합하다고 인정하는 시설
> ② 공구별 세대수는 300세대 이상으로 할 것

13. 공공택지 ^{16회}

"공공택지"란 다음의 어느 하나에 해당하는 공공사업에 의하여 개발·조성되는 공동주택이 건설되는 용지를 말한다.

> ① 국민주택건설사업 또는 대지조성사업
> ② 택지개발사업
> ③ 산업단지개발사업
> ④ 공공주택지구조성사업
> ⑤ 기업형임대주택 공급촉진지구 조성사업(수용 또는 사용의 방식으로 시행하는 사업만 해당한다)
> ⑥ **도시개발사업(국가 등의 공공시행자가 수용 또는 사용의 방식으로 시행하는 사업과 혼용방식 중 수용 또는 사용의 방식이 적용되는 구역에서 시행하는 사업만 해당한다)**
> ⑦ 경제자유구역개발사업(수용 또는 사용의 방식으로 시행하는 사업과 혼용방식 중 수용 또는 사용의 방식이 적용되는 구역에서 시행하는 사업만 해당한다)
> ⑧ 혁신도시개발사업
> ⑨ 행정중심복합도시건설사업

14. 간선시설

"간선시설"(幹線施設)^{17회, 31회}이란 도로·상하수도·전기시설·가스시설·통신시설 및 지역난방시설 등 주택단지(둘 이상의 주택단지를 동시에 개발하는 경우에는 각각의 주택단지를 말한다) 안의 기간시설을 그 주택단지 밖에 있는 같은 종류의 기간시설에 연결시키는 시설을 말한다. 다만, 가스시설·통신시설 및 지역난방시설의 경우에는 주택단지 안의 기간시설을 포함한다.

확인문제

06
주택법령상 용어에 관한 설명으로 틀린 것은?
① 주택단지의 입주자 등의 생활복리를 위한 유치원은 복리시설에 해당한다.
② 주택에 딸린 관리사무소는 부대시설에 해당한다.
③ 「건축법 시행령」에 따른 숙박시설로 제2종 근린생활시설에 해당하지 않는 다중생활시설은 준주택에 해당한다.
④ 도시형 생활주택이란 300세대 미만의 국민주택규모에 해당하는 주택으로 대통령령으로 정하는 주택을 말한다.
⑤ 수도권에 소재한 읍 또는 면 지역의 경우 국민주택규모의 주택이란 1호(戶) 또는 1세대당 주거전용면적이 100㎡ 이하인 주택을 말한다.

15. 기반시설

"기반시설"이란 「국토의 계획 및 이용에 관한 법률」 제2조 제6호에 따른 기반시설을 말한다.

16. 기간시설

"기간시설"[35회](基幹施設)이란 도로 · 상하수도 · 전기시설 · 가스시설 · 통신시설 · 지역난방시설 등을 말한다.

17. 토지임대부 분양주택

"토지임대부 분양주택"이란 토지의 소유권은 제15조에 따른 사업계획의 승인을 받아 토지임대부 분양주택 건설사업을 시행하는 자가 가지고, 건축물 및 복리시설(福利施設) 등에 대한 소유권은 주택을 분양받은 자가 가지는 주택을 말한다.

제2절 주택건설사업자 [31회]

핵심 암기

- 한국토지주택공사가 대지조성사업을 시행하고자 하는 경우에는 국토교통부장관에게 등록하여야 한다(×).
- 국민주택을 공급받기 위하여 설립한 직장주택조합을 해산하려면 관할 시장 · 군수 · 구청장의 인가를 받아야 한다(×).
- 리모델링주택조합이 그 구성원의 주택을 건설하는 경우 등록사업자와 공동으로 사업을 시행하여야 한다(×).
- 세대수를 증가하는 리모델링주택조합이 그 구성원의 주택을 건설하는 경우에는 등록사업자와 공동으로 사업을 시행할 수 없다(×).
- 고용자가 그 근로자의 주택을 건설하는 경우에는 대통령령으로 정하는 바에 따라 등록사업자와 공동으로 사업을 시행하여야 한다(○).

1. 사업주체

'사업주체'란 주택건설사업계획 또는 대지조성사업계획의 승인을 받아 그 사업을 시행하는 다음의 자를 말한다.

> ① 국가 · 지방자치단체
> ② 한국토지주택공사
> ③ 등록한 주택건설사업자 또는 대지조성사업자
> ④ 그 밖에 이 법에 따라 주택건설사업 또는 대지조성사업을 시행하는 자

2. 등록사업자 [18회, 19회, 26회, 34회]

(1) 등록대상

연간 단독주택의 경우에는 20호, 공동주택의 경우에는 20세대(도시형 생활주택의 경우와 도시형 생활주택 중 아파트형주택과 그 밖의 주택 1세대를 함께 건축하는 경우에는 30세대) 이상의 주택건설사업을 시행하려는 자 또는 연간 1만㎡ 이상의 대지조성사업을 시행하려는 자는 **국토교통부장관에게 등록하여야 한다.**

(2) 등록의 예외(공공사업주체)

다음의 사업주체의 경우에는 국토교통부장관에게 등록할 필요가 없다.

① 국가·지방자치단체
② 한국토지주택공사
③ 지방공사
④ 공익법인
⑤ 주택조합(등록사업자와 공동으로 주택건설사업을 하는 주택조합만 해당한다)
⑥ 근로자를 고용하는 자(등록사업자와 공동으로 주택건설사업을 시행하는 고용자만 해당한다)

(3) 등록의 기준

① 주택건설사업 또는 대지조성사업의 등록을 하려는 자는 다음의 요건을 모두 갖추어야 한다.

ㄱ 자본금: 3억원(개인인 경우에는 자산평가액 6억원) 이상
ㄴ 다음의 구분에 따른 기술인력
  ㉮ 주택건설사업: 건축 분야 기술자 1명 이상
  ㉯ 대지조성사업: 토목 분야 기술자 1명 이상
ㄷ 사무실면적: 사업의 수행에 필요한 사무장비를 갖출 수 있는 면적

② 등록사업자는 등록사항에 변경이 있으면 국토교통부령으로 정하는 바에 따라 변경사유가 발생한 날부터 30일 이내에 국토교통부장관에게 신고하여야 한다. 다만, 국토교통부령으로 정하는 경미한 변경에 대해서는 그러하지 아니하다.

(4) 등록사업자의 결격사유 18회

다음의 어느 하나에 해당하는 자는 주택건설사업 등의 등록을 할 수 없다.

① 미성년자·피성년후견인·피한정후견인
② 파산자로서 복권되지 아니한 자
③ 부정수표단속법 또는 이 법을 위반하여 금고 이상의 실형의 선고를 받고 그 집행이 종료(집행이 종료된 것으로 보는 경우를 포함한다)되거나 집행이 면제된 날부터 2년이 경과되지 아니한 자
④ 부정수표단속법 또는 이 법을 위반하여 금고 이상의 형의 집행유예선고를 받고 그 유예기간 중에 있는 자
⑤ 등록이 말소된 후 2년이 경과되지 아니한 자
⑥ 법인의 임원 중 위 ① 내지 ⑤에 해당되는 자가 있는 법인

확인문제

07
주택법령상 주택건설사업 또는 대지조성사업의 등록에 관한 설명 중 옳은 것은?
① 지방자치단체가 주택건설사업을 시행하고자 하는 경우에는 국토교통부장관에게 등록하여야 한다.
② 한국토지주택공사가 대지조성사업을 시행하고자 하는 경우에는 국토교통부장관에게 등록하여야 한다.
③ 지방공사가 주택건설사업을 시행하고자 하는 경우에는 국토교통부장관에게 등록하지 않아도 된다.
④ 근로자를 고용하고 있는 고용자가 등록사업자와 공동으로 근로자의 주택을 건설하는 사업을 시행하고자 하는 경우에는 국토교통부장관에게 등록하여야 한다.
⑤ 한국토지주택공사가 주택건설사업을 시행하고자 하는 경우에는 국토교통부장관에게 등록하여야 한다.

08

주택법령상 주택건설사업자 등에 관한 설명으로 옳은 것은?

① 「공익법인의 설립·운영에 관한 법률」에 따라 주택건설사업을 목적으로 설립된 공익법인이 연간 20호 이상의 단독주택 건설사업을 시행하려는 경우 국토교통부장관에게 등록하여야 한다.

② 세대수를 증가하는 리모델링주택조합이 그 구성원의 주택을 건설하는 경우에는 국가와 공동으로 사업을 시행할 수 있다.

③ 고용자가 그 근로자의 주택을 건설하는 경우에는 대통령령으로 정하는 바에 따라 등록사업자와 공동으로 사업을 시행하여야 한다.

④ 국토교통부장관은 등록사업자가 타인에게 등록증을 대여한 경우에는 1년 이내의 기간을 정하여 영업의 정지를 명할 수 있다.

⑤ 영업정지 처분을 받은 등록사업자는 그 처분 전에 사업계획승인을 받은 사업을 계속 수행할 수 없다.

(5) 주택건설사업의 등록말소 등

① 등록의 말소 등: 국토교통부장관은 등록사업자가 다음의 어느 하나에 해당하면 그 등록을 말소하거나 1년 이내의 기간을 정하여 영업의 정지를 명할 수 있다. 다만, ㉠ 또는 ㉤에 해당하는 경우에는 그 등록을 말소하여야 한다.

> ㉠ 거짓이나 그 밖의 부정한 방법으로 등록한 경우
> ㉡ 등록기준에 미달하게 된 경우. 다만, 「채무자 회생 및 파산에 관한 법률」에 따라 법원이 회생절차개시의 결정을 하고 그 절차가 진행 중이거나 일시적으로 등록기준에 미달하는 등 대통령령으로 정하는 경우는 예외로 한다.
> ㉢ 고의 또는 과실로 공사를 잘못 시공하여 공중(公衆)에게 위해(危害)를 끼치거나 입주자에게 재산상 손해를 입힌 경우
> ㉣ 임원의 결격사유의 어느 하나에 해당하게 된 경우. 다만, 법인의 임원 중 결격사유에 해당하는 사람이 있는 경우 6개월 이내에 그 임원을 다른 사람으로 임명한 경우에는 그러하지 아니하다.
> ㉤ 등록증의 대여 등을 한 경우

② 사업의 계속수행: 등록말소 또는 영업정지 처분을 받은 등록사업자는 그 처분 전에 사업계획승인을 받은 사업은 계속 수행할 수 있다. 다만, 등록말소 처분을 받은 등록사업자가 그 사업을 계속 수행할 수 없는 중대하고 명백한 사유가 있을 경우에는 그러하지 아니하다.

③ 건설가능한 주택의 층수(5개층 이하): 등록사업자가 건설할 수 있는 주택은 주택으로 쓰는 층수가 5개층 이하인 주택으로 한다. 다만, 각층 거실의 바닥면적 300제곱미터 이내마다 1개소 이상의 직통계단을 설치한 경우에는 주택으로 쓰는 층수가 6개층인 주택을 건설할 수 있다.

④ 위 ③에도 불구하고 다음의 어느 하나에 해당하는 등록사업자는 주택으로 쓰는 층수가 6개층 이상인 주택을 건설할 수 있다.

> ㉠ 주택으로 쓰는 층수가 6개층 이상인 아파트를 건설한 실적이 있는 자
> ㉡ 최근 3년간 300세대 이상의 공동주택을 건설한 실적이 있는 자

3. 공동사업주체

(1) 등록업자와 토지소유자의 공동사업시행

토지소유자가 주택을 건설하는 경우에는 대통령령으로 정하는 바에 따라 제4조에 따라 등록을 한 자(이하 "등록사업자"라 한다)와 공동으로 사업을 시행할 수 있다(**임의적 공동시행**).

(2) 등록업자와 주택조합(리모델링주택조합은 제외)의 공동사업시행

주택조합(세대수를 증가하지 아니하는 리모델링주택조합은 제외한다)이 그 구성원의 주택을 건설하는 경우에는 대통령령으로 정하는 바에 따라 등록사업자(지방자치단체·한국토지주택공사 및 지방공사를 포함한다)와 공동으로 사업을 시행할 수 있다(**임의적 공동시행**).

(3) 등록업자와 고용자의 공동사업시행

고용자가 그 근로자의 주택을 건설하는 경우에는 대통령령으로 정하는 바에 따라 등록사업자와 공동으로 사업을 시행하여야 한다(**의무적 공동시행**).

4. 주택조합 19회, 20회, 22회, 24회, 25회, 27회, 28회, 29회

(1) "주택조합"이란 많은 수의 구성원이 제15조에 따른 사업계획의 승인을 받아 주택을 마련하거나 제66조에 따라 리모델링하기 위하여 결성하는 다음의 조합을 말한다.

> ① **지역주택조합**: 다음 구분에 따른 지역에 거주하는 주민이 주택을 마련하기 위하여 설립한 조합
> - 서울특별시·인천광역시 및 경기도
> - 대전광역시·충청남도 및 세종특별자치시
> - 충청북도
> - 광주광역시 및 전라남도
> - 전북특별자치도
> - 대구광역시 및 경상북도
> - 부산광역시·울산광역시 및 경상남도
> - 강원특별자치도
> - 제주특별자치도
> ② **직장주택조합**: 같은 직장의 근로자가 주택을 마련하기 위하여 설립한 조합
> ③ **리모델링주택조합**: 공동주택의 소유자가 그 주택을 리모델링하기 위하여 설립한 조합

(2) 주택조합의 설립 등

① 주택조합의 설립인가 등 25회, 26회, 30회

> ㉠ 주택조합 설립인가: 많은 수의 구성원이 주택을 마련하거나 리모델링하기 위하여 주택조합을 설립하려는 경우(신고대상 직장주택조합의 경우는 제외한다)에는 관할 특별자치시장, 특별자치도지사, 시장, 군수 또는 구청장의 인가를 받아야 한다. 인가받은 내용을 변경하거나 주택조합을 해산하려는 경우에도 또한 같다.
> ㉡ 지역 및 직장주택조합의 설립요건: 주택을 마련하기 위하여 주택조합설립인가를 받으려는 자는 다음 각 호의 요건을 모두 갖추어야 한다. 다만, 인가받은 내용을 변경하거나 주택조합을 해산하려는 경우에는 그러하지 아니하다.
>
> > ⓐ 해당 주택건설대지의 80퍼센트 이상에 해당하는 토지의 사용권원을 확보할 것
> > ⓑ 해당 주택건설대지의 15퍼센트 이상에 해당하는 토지의 소유권을 확보할 것

- 지역주택조합설립인가를 받으려는 자는 해당 주택건설대지의 80퍼센트 이상에 해당하는 토지의 사용권과 해당 주택건설대지의 15퍼센트 이상에 해당하는 토지의 소유권을 확보하여야 한다 (○).
- 지역주택조합원으로 추가 모집되거나 충원되는 자가 조합원 자격 요건을 갖추었는지를 판단할 때에는 주택건설을 위한 사업계획승인 신청일을 기준으로 한다(×).
- 시장·군수·구청장은 주택조합이 주택법에 의한 명령이나 처분에 위반한 때에는 그 설립인가를 취소해야 한다(×).
- 직장주택조합이 설립인가를 받은 후 결원이 발생하여 충원하는 경우 조합원 추가모집에 따른 주택조합의 변경인가신청은 사업계획승인신청일까지 하여야 한다(○).
- 조합임원의 선임을 의결하는 총회의 경우에는 조합원의 100분의 20 이상이 직접 출석하여야 한다(○).
- 주택조합의 가입을 신청한 자는 가입비등을 예치한 날부터 30일 이내에 주택조합 가입에 관한 청약을 철회할 수 있다(○).
- 주택조합은 주택조합의 설립인가를 받은 날부터 3년이 되는 날까지 사업계획승인을 받지 못하는 경우 대통령령으로 정하는 바에 따라 총회의 의결을 거쳐 해산 여부를 결정하여야 한다(○).

ⓒ 리모델링 주택조합의 설립요건: 주택을 리모델링하기 위하여 주택조합을 설립하려는 경우에는 다음의 구분에 따른 구분소유자와 의결권의 결의를 증명하는 서류를 첨부하여 관할 시장·군수·구청장의 인가를 받아야 한다.

> ⓐ 주택단지 전체를 리모델링하고자 하는 경우에는 주택단지 **전체의 구분소유자와 의결권의 각 3분의 2 이상의 결의** 및 각 동의 구분소유자와 의결권의 각 과반수의 결의
> ⓑ 동을 리모델링하고자 하는 경우에는 그 동의 구분소유자 및 의결권의 **각 3분의 2 이상의 결의**

ⓔ 인가신청시 제출서류: 주택조합의 설립·변경 또는 해산의 인가를 받으려는 자는 신청서에 다음 각 호의 구분에 따른 서류를 첨부하여 주택건설대지(리모델링주택조합의 경우에는 해당 주택의 소재지를 말한다)를 관할하는 시장·군수·구청장에게 제출해야 한다.

> ㉮ 지역주택조합 또는 직장주택조합의 경우
> 1) 창립총회 회의록
> 2) 조합장선출동의서
> 3) 조합원 전원이 자필로 연명한 조합규약
> 4) 조합원 명부
> 5) 사업계획서
> 6) 해당 주택건설대지의 80퍼센트 이상에 해당하는 토지의 사용권원을 확보하였음을 증명하는 서류
> 7) 해당 주택건설대지의 15퍼센트 이상에 해당하는 토지의 소유권을 확보하였음을 증명하는 서류
> ㉯ 리모델링주택조합의 경우
> 1) 위 ㉮ 1)부터 5)까지의 서류
> 2) 법 제11조 제3항 각 호의 결의를 증명하는 서류
> 3) 해당 주택이 법 제49조에 따른 사용검사일또는 「건축법」 제22조에 따른 사용승인일부터 다음의 구분에 따른 기간이 지났음을 증명하는 서류
>   ⓐ 대수선인 리모델링: 10년
>   ⓑ 증축인 리모델링: 15년

ⓜ 인가여부의 결정 기준: 시장·군수·구청장은 해당 주택건설대지에 대한 다음 각 호의 사항을 종합적으로 검토하여 주택조합의 설립인가 여부를 결정하여야 한다. 이 경우 그 주택건설대지가 이미 인가를 받은 다른 주택조합의 주택건설대지와 중복되지 아니하도록 하여야 한다.

> ⓐ 법 또는 관계 법령에 따른 건축기준 및 건축제한 등을 고려하여 해당 주택건설대지에 주택건설이 가능한지 여부
> ⓑ 「국토의 계획 및 이용에 관한 법률」에 따라 수립되었거나 해당 주택건설사업 기간에 수립될 예정인 도시·군계획에 부합하는지 여부

ⓒ 이미 수립되어 있는 토지이용계획

ⓓ 주택건설대지 중 토지 사용에 관한 권원을 확보하지 못한 토지가 있는 경우 해당 토지의 위치가 사업계획서상의 사업시행에 지장을 줄 우려가 있는지 여부

ⓗ 인가필증의 교부: 시장·군수·구청장은 주택조합의 설립 또는 변경을 인가하였을 때에는 주택조합설립인가대장에 적고, 인가필증을 신청인에게 발급하여야 한다.

ⓧ 인가필증의 회수: 시장·군수·구청장은 주택조합의 해산인가를 하거나 주택조합의 설립인가를 취소하였을 때에는 주택조합설립인가대장에 그 내용을 적고, 인가필증을 회수하여야 한다.

ⓞ 설립인가의 공고: 시장·군수·구청장은 주택조합의 설립인가를 한 경우 다음 각 호의 사항을 해당 지방자치단체의 인터넷 홈페이지에 공고해야 한다. 이 경우 공고한 내용이 변경인가에 따라 변경된 경우에도 또한 같다.

ⓐ 조합의 명칭 및 사무소의 소재지
ⓑ 조합설립 인가일
ⓒ 주택건설대지의 위치
ⓓ 조합원 수
ⓔ 토지의 사용권원 또는 소유권을 확보한 면적과 비율

ⓩ 총회의 의결시 출석요건 24회: 총회의 의결을 하는 경우에는 조합원의 100분의 10 이상이 직접 출석하여야 한다. 다만, 창립총회 또는 국토교통부령으로 정하는 다음의 사항을 의결하는 총회의 경우에는 조합원의 100분의 20 이상이 직접 출석하여야 한다.

ⓐ 조합규약(영 제20조 제2항 각 호의 사항만 해당한다)의 변경
ⓑ 자금의 차입과 그 방법·이자율 및 상환방법
ⓒ 예산으로 정한 사항 외에 조합원에게 부담이 될 계약의 체결
ⓓ 법 제11조의2 제1항에 따른 업무대행자(이하 "업무대행자"라 한다)의 선정·변경 및 업무대행계약의 체결
ⓔ 시공자의 선정·변경 및 공사계약의 체결
ⓕ 조합임원의 선임 및 해임
ⓖ 사업비의 조합원별 분담 명세 확정(리모델링주택조합의 경우 법 제68조 제4항에 따른 안전진단 결과에 따라 구조설계의 변경이 필요한 경우 발생할 수 있는 추가 비용의 분담안을 포함한다) 및 변경
ⓗ 사업비의 세부항목별 사용계획이 포함된 예산안
ⓘ 조합해산의 결의 및 해산시의 회계 보고

확인문제

09

주택법령상 주택조합에 관한 설명으로 틀린 것은?

① 국민주택을 공급받기 위하여 직장주택조합을 설립하려는 자는 관할 시·도지사의 허가를 받아야 한다.

② 리모델링주택조합이 아닌 주택조합은 주택건설예정 세대수의 50% 이상의 조합원으로 구성하되, 그 수는 20명 이상이어야 한다.

③ 주거전용면적 70㎡의 주택 1채를 소유하고 있는 세대주인 자는 국민주택을 공급받기 위하여 설립하는 직장주택조합의 조합원이 될 수 없다.

④ 지역주택조합 또는 직장주택조합은 설립인가를 받은 후에는 해당 조합원을 교체하거나 신규로 가입하게 할 수 없다.

⑤ 주택조합의 조합원이 근무·질병치료·유학·결혼 등 부득이한 사유로 세대주 자격을 일시적으로 상실한 경우로서 시장·군수·구청장이 인정하는 경우에는 조합원 자격이 있는 것으로 본다.

⊕ 리모델링주택조합 설립에 동의한 자로부터 건축물을 취득한 자는 리모델링주택조합 설립에 동의한 것으로 본다.

⊕ 인가를 받아 설립된 리모델링주택조합은 그 리모델링 결의에 찬성하지 아니하는 자의 주택 및 토지에 대하여 매도청구를 할 수 있다.

10
주택법령상 지역주택조합에 관한 설명으로 옳은 것은?
① 등록사업자와 공동으로 주택건설사업을 하는 조합은 국토교통부장관에게 주택건설사업 등록을 하여야 한다.
② 조합원의 공개모집 이후 조합원의 사망·자격상실·탈퇴 등으로 인한 결원을 충원하거나 미달된 조합원을 재모집하는 경우에는 관할 시장·군수·구청장에게 신고하고, 공개모집의 방법으로 조합원을 모집하여야 한다.
③ 조합설립인가신청일부터 해당 조합주택의 입주가능일까지 주거전용면적 80제곱미터의 주택1채를 보유하고, 6개월 이상 동일 지역에 거주한 세대주인 자는 조합원의 자격이 있다.
④ 조합의 설립인가를 받은 후 승인을 얻어 조합원을 추가모집하는 경우 모집되는 자의 조합원 자격요건의 충족 여부는 당해 사업계획승인신청일을 기준으로 판단한다.
⑤ 조합원의 사망으로 인하여 조합원의 지위를 상속받으려는 자는 무주택자이어야 한다.

② 설립신고(직장주택조합인 경우 특칙)

㉠ 국민주택을 공급받기 위하여 직장주택조합을 설립하고자 하는 자는 관할 시장·군수·구청장에게 신고하여야 한다. 신고한 내용을 변경하거나 직장주택조합을 해산하려는 경우에도 또한 같다.

㉡ 시장·군수·구청장은 신고서가 접수된 날부터 15일 이내에 신고의 수리 여부를 결정·통지하여야 한다.

㉢ 위 ㉡에 따른 신고를 수리하는 경우에는 별지 제11호의3서식의 신고대장에 관련 내용을 적고, 신고인에게 신고필증을 발급하여야 한다.

③ 조합원의 구성 등

주택조합(리모델링주택조합은 제외한다)은 주택조합 설립인가를 받는 날부터 법 제49조에 따른 사용검사를 받는 날까지 계속하여 다음 각 호의 요건을 모두 충족해야 한다.

> ㉠ 주택건설 예정 세대수(설립인가 당시의 사업계획서상 주택건설 예정 세대수를 말하되, 법 제20조에 따라 **임대주택으로 건설·공급하는 세대수는 제외한다.** 이하 같다)의 **50퍼센트 이상의 조합원**으로 구성할 것. 다만, 법 제15조에 따른 사업계획승인 등의 과정에서 세대수가 변경된 경우에는 변경된 세대수를 기준으로 한다.
> ㉡ **조합원은 20명 이상일 것**

④ 주택조합원의 자격 등 ^{28회} [28회]

㉠ 지역주택조합 조합원의 경우 다음의 구분에 따른 사람으로 한다. 다만, 조합원의 사망으로 그 지위를 상속받는 자는 다음의 요건에도 불구하고 조합원이 될 수 있다.

> ⓐ **조합설립인가신청일**(해당 주택건설대지가 법 제63조에 따른 **투기과열지구** 안에 있는 경우에는 조합설립인가 신청일 1년 전의 날을 말한다)부터 당해 조합주택의 입주가능일까지 세대주를 포함한 세대원 전원이 주택을 소유하고 있지 아니한 세대의 세대주이거나 세대주를 포함한 세대원 중 1명에 한정하여 **주거전용면적 85제곱미터 이하의 주택 1채**를 소유한 세대의 세대주일 것
> ⓑ 조합설립인가신청일 현재 같은 지역에 **6개월 이상 거주**하여 온 사람일 것
> ⓒ 본인 또는 본인과 같은 세대별 주민등록표에 등재되어 있지 않은 배우자가 같은 또는 다른 지역주택조합의 조합원이거나 직장주택조합의 조합원이 아닐 것

㉡ 직장주택조합 조합원의 경우 다음의 요건을 모두 갖춘 사람으로 한다.

> ⓐ 위 ㉠의 ⓐ에 해당하는 자일 것. 다만, 국민주택을 공급받기 위한 직장주택조합의 경우에는 세대주를 포함한 세대원 전원이 주택을 소유하고 있지 아니한 세대의 세대주로 한정한다.
> ⓑ 조합설립인가신청일 현재 동일한 특별시·광역시·특별자치시·특별자치도·시 또는 군(광역시의 관할구역에 있는 군을 제외한다) 안에 소재하는 동일한 국가기관·지방자치단체·법인에 근무하는 사람일 것

ⓒ 본인 또는 본인과 같은 세대별 주민등록표에 등재되어 있지 않은 배우자가 같은 또는 다른 지역주택조합의 조합원이거나 직장주택조합의 조합원이 아닐 것

ⓒ 리모델링주택조합 조합원의 경우에는 다음의 어느 하나에 해당하는 사람으로 한다.

ⓐ 사업계획승인을 얻어 건설한 공동주택의 소유자
ⓑ 복리시설을 함께 리모델링하는 경우에는 당해 복리시설의 소유자
ⓒ 「건축법」 제8조의 규정에 의한 건축허가를 받아 분양을 목적으로 건설한 공동주택의 소유자
⊕ 이 경우 당해 공동주택 또는 복리시설의 소유권이 수인의 공유에 속하는 경우에는 그 수인을 대표하는 1인을 조합원으로 본다.

⑤ 주택조합원의 자격확인 등

시장·군수·구청장은 지역주택조합 또는 직장주택조합에 대하여 다음의 행위를 하려는 경우에는 국토교통부장관에게 「정보통신망 이용촉진 및 정보보호 등에 관한 법률」에 따라 구성된 주택전산망을 이용한 전산검색을 의뢰하여 지역 및 직장주택조합의 조합원 자격에 해당하는지를 확인해야 한다.

㉠ 법 제11조에 따라 주택조합 설립인가(조합원의 교체·신규가입에 따른 변경인가를 포함한다)를 하려는 경우
㉡ 해당 주택조합에 대하여 법 제15조에 따른 사업계획승인을 하려는 경우
㉢ 해당 조합주택에 대하여 법 제49조에 따른 사용검사 또는 임시 사용승인을 하려는 경우

⑥ 지역·직장조합원의 교체·신규가입 등 31회

㉠ 원칙: 지역주택조합 또는 직장주택조합은 설립인가를 받은 후에는 해당 조합원을 교체하거나 신규로 가입하게 할 수 없다.
㉡ 예외: 다만, 다음의 어느 하나에 해당하는 경우에는 예외로 한다.

ⓐ 조합원 수가 주택건설 예정 세대수를 초과하지 아니하는 범위에서 시장·군수·구청장으로부터 국토교통부령으로 정하는 바에 따라 조합원 추가모집의 승인을 받은 경우
ⓑ 다음의 어느 하나에 해당하는 사유로 결원이 발생한 범위에서 충원하는 경우
㉮ 조합원의 사망
㉯ 사업계획승인 이후[지역주택조합 또는 직장주택조합이 해당 주택건설대지 전부의 소유권을 확보하지 아니하고 사업계획승인을 받은 경우에는 해당 주택건설대지 전부의 소유권(해당 주택건설대지가 저당권등의 목적으로 되어 있는 경우에는 그 저당권등의 말소를 포함한다)을 확보한 이후를 말한다]에 입주자로 선정된 지위(해당 주택에 입주할 수 있는 권리·자격 또는 지위 등을 말한다)가 양도·증여 또는 판결 등으로 변경된 경우. 다만, 법 제64조에 따라 전매가 금지되는 경우는 제외한다.

확인문제

⊕ 주택조합의 조합원이 근무·질병치료·유학·결혼 등 부득이한 사유로 세대주 자격을 일시적으로 상실한 경우로서 시장·군수·구청장이 인정하는 경우에는 조합원 자격이 있는 것으로 본다.

11
주택법령상 지역주택조합의 조합원에 관한 설명으로 틀린 것은?

① 조합원의 사망으로 그 지위를 상속받는 자는 조합원이 될 수 있다.
② 조합원이 근무로 인하여 세대주 자격을 일시적으로 상실한 경우로서 시장·군수·구청장이 인정하는 경우에는 조합원 자격이 있는 것으로 본다.
③ 조합설립 인가 후에 조합원의 탈퇴로 조합원 수가 주택건설 예정 세대수의 50% 미만이 되는 경우에는 결원이 발생한 범위에서 조합원을 신규로 가입하게 할 수 있다.
④ 주택조합과 등록사업자가 공동으로 사업을 시행하면서 시공할 경우 등록사업자는 시공자로서의 책임뿐만 아니라 자신의 귀책사유로 사업 추진이 불가능하게 되거나 지연됨으로 인하여 조합원에게 입힌 손해를 배상할 책임이 있다.
⑤ 주택조합은 설립인가를 받은 날부터 3년 이내에 사업계획승인(사업계획승인 대상이 아닌 리모델링인 경우에는 리모델링허가를 말한다)을 신청하여야 한다.

12

주택법령상 지역주택조합이 설립인가를 받은 후 조합원을 신규로 가입하게 할 수 있는 경우와 결원의 범위에서 충원할 수 있는 경우 중 어느 하나에도 해당하지 않는 것은?

① 조합원이 사망한 경우
② 조합원이 무자격자로 판명되어 자격을 상실하는 경우
③ 조합원의 수가 주택건설 예정 세대수를 초과하지 아니하는 범위에서 조합원 추가모집의 승인을 받은 경우
④ 조합원의 탈퇴 등으로 조합원 수가 주택건설 예정 세대수의 60퍼센트가 된 경우
⑤ 사업계획승인의 과정에서 주택건설 예정 세대수가 변경되어 조합원 수가 변경된 세대수의 40퍼센트가 된 경우

　　　ⓒ 조합원의 탈퇴 등으로 조합원 수가 주택건설 예정 세대수의 50퍼센트 미만이 되는 경우
　　　ⓓ 조합원이 무자격자로 판명되어 자격을 상실하는 경우
　　　ⓔ 사업계획승인 등의 과정에서 주택건설 예정 세대수가 변경되어 조합원수가 변경된 세대수의 50퍼센트 미만이 되는 경우

　　ⓒ 위 ⓛ에 따라 조합원으로 추가모집되거나 충원되는 자가 조합원 자격 요건을 갖추었는지를 판단할 때에는 해당 조합설립인가 신청일을 기준으로 한다.

　　ⓔ 위 ⓛ에 따른 조합원 추가모집의 승인과 조합원 추가모집에 따른 주택조합의 변경인가 신청은 법 제15조에 따른 사업계획승인신청일까지 하여야 한다.

　　ⓜ 조합원은 조합규약으로 정하는 바에 따라 조합에 탈퇴 의사를 알리고 탈퇴할 수 있다.

　　ⓗ 탈퇴한 조합원(제명된 조합원을 포함한다)은 조합규약으로 정하는 바에 따라 부담한 비용의 환급을 청구할 수 있다.

⑦ 주택조합의 사업계획 승인신청 등

주택조합은 설립인가를 받은 날부터 2년 이내에 사업계획승인(사업계획승인 대상이 아닌 리모델링인 경우에는 리모델링허가를 말한다)을 신청하여야 한다.

⑧ 조합원의 우선공급

주택조합(리모델링주택조합은 제외한다)은 그 구성원을 위하여 건설하는 주택을 그 조합원에게 우선 공급할 수 있으며, 설립신고한 직장주택조합에 대하여는 사업주체가 국민주택을 그 직장주택조합원에게 우선 공급할 수 있다.

⑨ 조합과 등록사업자의 공동사업시행시의 손해배상책임

주택조합과 등록사업자가 공동으로 사업을 시행하면서 시공할 경우 등록사업자는 시공자로서의 책임뿐만 아니라 자신의 귀책사유로 사업 추진이 불가능하게 되거나 지연됨으로 인하여 조합원에게 입힌 손해를 배상할 책임이 있다.

⑩ 주택조합에 대한 감독 및 인가취소(임의적 취소)

　　ⓛ 국토교통부장관 또는 시장·군수·구청장은 주택공급에 관한 질서를 유지하기 위하여 특히 필요하다고 인정되는 경우에는 국가가 관리하고 있는 행정전산망 등을 이용하여 주택조합 구성원의 자격 등에 관하여 필요한 사항을 확인할 수 있다.

　　ⓛ 시장·군수·구청장은 주택조합 또는 주택조합의 구성원이 다음의 어느 하나에 해당하는 경우에는 주택조합의 설립인가를 취소할 수 있다.

　　　ⓐ 거짓이나 그 밖의 부정한 방법으로 설립인가를 받은 경우
　　　ⓑ 제94조에 따른 명령이나 처분을 위반한 경우

　　ⓒ 시장·군수·구청장은 모집주체가 이 법을 위반한 경우 시정요구 등 필요한 조치를 명할 수 있다.

(3) **주택조합 발기인 및 임원의 결격사유**

① 다음 각 호의 어느 하나에 해당하는 사람은 주택조합의 발기인 또는 임원이 될 수 없다.

> ㉠ 미성년자·피성년후견인 또는 피한정후견인
> ㉡ 파산선고를 받은 사람으로서 복권되지 아니한 사람
> ㉢ 금고 이상의 실형을 선고받고 그 집행이 종료(종료된 것으로 보는 경우를 포함한다) 되거나 집행이 면제된 날부터 2년이 경과되지 아니한 사람
> ㉣ 금고 이상의 형의 집행유예를 선고받고 그 유예기간 중에 있는 사람
> ㉤ 금고 이상의 형의 선고유예를 받고 그 선고유예기간 중에 있는 사람
> ㉥ 법원의 판결 또는 다른 법률에 따라 자격이 상실 또는 정지된 사람
> ㉦ 해당 주택조합의 공동사업주체인 등록사업자 또는 업무대행사의 임직원

② 주택조합의 발기인이나 임원이 다음 각 호의 어느 하나에 해당하는 경우 해당 발기인은 그 지위를 상실하고 해당 임원은 당연히 퇴직한다.

> ㉠ 주택조합의 발기인이 제11조의3 제6항에 따른 자격기준을 갖추지 아니하게 되거나 주택조합의 임원이 제11조 제7항에 따른 조합원 자격을 갖추지 아니하게 되는 경우
> ㉡ 주택조합의 발기인 또는 임원이 결격사유에 해당하게 되는 경우

③ 위 ②에 따라 지위가 상실된 발기인 또는 퇴직된 임원이 지위 상실이나 퇴직 전에 관여한 행위는 그 효력을 상실하지 아니한다.

④ 주택조합의 임원은 다른 주택조합의 임원, 직원 또는 발기인을 겸할 수 없다.

(4) **주택조합원 모집 신고 및 공개모집**

① 조합원 모집신고

지역주택조합 또는 직장주택조합의 설립인가를 받기 위하여 조합원을 모집하려는 자는 해당 주택건설대지의 50퍼센트 이상에 해당하는 토지의 사용권원을 확보하여 관할 시장·군수·구청장에게 신고하고, 공개모집의 방법으로 조합원을 모집하여야 한다. 조합 설립인가를 받기 전에 신고한 내용을 변경하는 경우에도 또한 같다.

② 신고의 예외(충원 및 재모집시 선착순 가능)

위 ①에도 불구하고 공개모집 이후 조합원의 사망·자격상실·탈퇴 등으로 인한 결원을 충원하거나 미달된 조합원을 재모집하는 경우에는 신고하지 아니하고 선착순의 방법으로 조합원을 모집할 수 있다.

③ 주택조합가입의 의제

주택조합의 발기인은 조합원 모집 신고를 하는 날 주택조합에 가입한 것으로 본다. 이 경우 주택조합의 발기인은 그 주택조합의 가입 신청자와 동일한 권리와 의무가 있다.

④ 주택조합가입계약서

조합원을 모집하는 자(조합원 모집 업무를 대행하는 자를 포함한다. 이하 "모집주체"라 한다)와 주택조합 가입 신청자는 다음 각 호의 사항이 포함된 주택조합 가입에 관한 계약서를 작성하여야 한다.

> ㉠ 주택조합의 사업개요
> ㉡ 조합원의 자격기준
> ㉢ 분담금 등 각종 비용의 납부예정금액, 납부시기 및 납부방법
> ㉣ 주택건설대지의 사용권원 및 소유권을 확보한 면적 및 비율
> ㉤ 조합원 탈퇴 및 환급의 방법, 시기 및 절차
> ㉥ 그 밖에 주택조합의 설립 및 운영에 관한 중요 사항으로서 대통령령으로 정하는 사항

⑤ 설명의무

모집주체는 위 ④의 사항(조합가입계약서)을 주택조합 가입 신청자가 이해할 수 있도록 설명하여야 한다. 또한 모집주체는 설명한 내용을 주택조합 가입 신청자가 이해하였음을 국토교통부령으로 정하는 바에 따라 서면으로 확인을 받아 주택조합 가입 신청자에게 교부하여야 하며, 그 사본을 5년간 보관하여야 한다.

⑸ **조합 가입 철회 및 가입비 등의 반환**

① 모집주체는 주택조합의 가입을 신청한 자가 주택조합 가입을 신청하는 때에 납부하여야 하는 일체의 금전(이하 "가입비 등")을 대통령령으로 정하는 다음의 기관("예치기관")에 예치하도록 하여야 한다(법 제11조의 6 제1항).

> ㉠ 「은행법」 제2조 제1항 제2호에 따른 은행
> ㉡ 「우체국예금·보험에 관한 법률」에 따른 체신관서
> ㉢ 「보험업법」 제2조 제6호에 따른 보험회사
> ㉣ 「자본시장과 금융투자업에 관한 법률」 제8조 제7항에 따른 신탁업자

② 주택조합의 가입을 신청한 자는 가입비등을 예치한 날부터 30일 이내에 주택조합 가입에 관한 청약을 철회할 수 있다(법 제11조의 6 제2항).

③ 청약 철회를 서면으로 하는 경우에는 청약 철회의 의사를 표시한 서면을 발송한 날에 그 효력이 발생한다(법 제11조의 6 제3항).

④ 모집주체는 주택조합의 가입을 신청한 자가 청약 철회를 한 경우 청약 철회 의사가 도달한 날부터 7일 이내에 예치기관의 장에게 가입비등의 반환을 요청하여야 한다(법 제11조의 6 제4항).

⑤ 예치기관의 장은 위 ④에 따른 가입비 등의 반환 요청을 받은 경우 요청일부터 10일 이내에 그 가입비등을 예치한 자에게 반환하여야 한다(법 제11조의 6 제5항).

⑥ 모집주체는 주택조합의 가입을 신청한 자에게 청약 철회를 이유로 위약금 또는 손해배상을 청구할 수 없다(법 제11조의 6 제6항).

(6) **주택조합의 해산 및 사업의 종결 등**

① **조합해산여부의 결정**

주택조합은 주택조합의 설립인가를 받은 날부터 3년이 되는 날까지 사업계획승인을 받지 못하는 경우 대통령령으로 정하는 바에 따라 총회의 의결을 거쳐 해산 여부를 결정하여야 한다.

② **주택조합사업의 종결 여부의 결정**

주택조합의 발기인은 조합원 모집 신고가 수리된 날부터 2년이 되는 날까지 주택조합 설립인가를 받지 못하는 경우 대통령령으로 정하는 바에 따라 주택조합 가입 신청자 전원으로 구성되는 총회 의결을 거쳐 주택조합 사업의 종결 여부를 결정하도록 하여야 한다.

③ **총회의 개최**

주택조합 또는 주택조합의 발기인은 위 ① 또는 ②에 따라 주택조합의 해산 또는 주택조합 사업의 종결 여부를 결정하려는 경우에는 다음 각 호의 구분에 따른 날부터 3개월 이내에 총회를 개최해야 한다.

> ⓐ 법 제11조 제1항에 따른 주택조합 설립인가를 받은 날부터 3년이 되는 날까지 사업계획승인을 받지 못하는 경우: **해당 설립인가를 받은 날부터 3년이 되는 날**
> ⓑ 법 제11조의3 제1항에 따른 조합원 모집 신고가 수리된 날부터 2년이 되는 날까지 주택조합 설립인가를 받지 못하는 경우: **해당 조합원 모집 신고가 수리된 날부터 2년이 되는 날**

④ **총회소집시 사전통지**

위 ① 또는 ②에 따라 총회를 소집하려는 주택조합의 임원 또는 발기인은 총회가 개최되기 7일 전까지 회의 목적, 안건, 일시 및 장소를 정하여 조합원 또는 주택조합 가입 신청자에게 통지하여야 한다.

(7) **주택조합의 회계감사 등**

주택조합은 다음 각 호의 어느 하나에 해당하는 날부터 30일 이내에 「주식회사 등의 외부감사에 관한 법률」 제2조 제7호에 따른 감사인의 회계감사를 받아야 하며, 그 감사결과를 관할 시장·군수·구청장에게 보고하여야 한다(법 제14조의 3 제1항, 영 제26조 제1항).

> ㉠ 법 제11조에 따른 주택조합 설립인가를 받은 날부터 3개월이 지난 날
> ㉡ 법 제15조에 따른 사업계획승인(제27조 제1항 제2호에 따른 사업계획승인 대상이 아닌 리모델링인 경우에는 법 제66조 제2항에 따른 허가를 말한다)을 받은 날부터 3개월이 지난 날
> ㉢ 법 제49조에 따른 사용검사 또는 임시 사용승인을 신청한 날

13

주택법령상 주택상환사채에 관한 설명으로 옳은 것은?

① 법인으로서 자본금이 3억원인 등록사업자는 주택상환사채를 발행할 수 있다.

② 발행 조건은 주택상환사채권에 적어야 하는 사항에 포함된다.

③ 주택상환사채를 발행하려는 자는 주택상환사채발행계획을 수립하여 시 · 도지사의 승인을 받아야 한다.

④ 주택상환사채는 액면으로 발행하고, 할인의 방법으로는 발행할 수 없다.

⑤ 주택상환사채는 무기명증권(無記名證券)으로 발행한다.

14

주택법령상 주택상환사채에 관한 설명으로 틀린 것은?

① 등록사업자가 주택상환사채를 발행하려면 금융기관 또는 주택도시보증공사의 보증을 받아야 한다.

② 주택상환사채는 취득자의 성명을 채권에 기록하지 아니하면 사채발행자 및 제3자에게 대항할 수 없다.

③ 등록사업자의 등록이 말소된 경우에는 등록사업자가 발행한 주택상환사채의 효력은 상실된다.

④ 주택상환사채의 발행자는 주택상환사채대장을 비치하고, 주택상환사채권의 발행 및 상환에 관한 사항을 기재하여야 한다.

⑤ 주택상환사채를 발행하려는 자는 주택상환사채발행계획을 수립하고 국토교통부장관의 승인을 받아야 한다.

제 3 절 | 주택상환사채 및 입주자저축

1. 주택상환사채 19회, 27회, 31회, 32회, 33회

(1) 주택상환사채의 발행

① 발행자: 한국토지주택공사와 등록사업자는 대통령령으로 정하는 바에 따라 주택으로 상환하는 사채("주택상환사채")를 발행할 수 있다. 이 경우 등록사업자는 자본금 · 자산평가액 및 기술인력 등이 대통령령으로 정하는 다음의 기준에 맞고 금융기관 또는 주택도시보증공사의 보증을 받은 경우에만 주택상환사채를 발행할 수 있다.

> ㉠ 법인으로서 자본금이 5억원 이상일 것
> ㉡ 「건설산업기본법」 제9조에 따라 건설업 등록을 한 자일 것
> ㉢ 최근 3년간 연평균 주택건설실적이 300세대 이상일 것

② 발행의 승인절차: 주택상환사채를 발행하려는 자는 대통령령으로 정하는 바에 따라 주택상환사채발행계획을 수립하여 **국토교통부장관의** 승인을 받아야 한다.

③ 국토교통부장관은 주택상환사채발행계획을 승인하였을 때에는 주택상환사채발행 대상지역을 관할하는 시 · 도지사에게 그 내용을 통보하여야 한다.

(2) 발행책임과 조건

① 주택상환사채를 발행한 자는 발행조건에 따라 주택을 건설하여 사채권자에게 상환하여야 한다.

② 주택상환사채는 액면 또는 할인의 방법으로 발행한다.

③ 주택상환사채는 **기명증권**으로 하고, 사채권자의 명의변경은 취득자의 성명과 주소를 사채원부에 기록하는 방법으로 하며, 취득자의 성명을 채권에 기록하지 아니하면 사채발행자 및 제3자에게 대항할 수 없다.

④ 등록사업자가 발행할 수 있는 주택상환사채의 규모는 최근 3년간의 연평균 주택건설호수 이내로 한다.

⑤ 주택상환사채를 상환할 때에는 주택상환사채권자가 원하면 주택상환사채의 원리금을 현금으로 상환할 수 있다.

(3) 상법규정의 적용

주택상환사채의 발행에 관하여 이 법에서 규정한 것 외에는 「상법」 중 사채발행에 관한 규정을 적용한다.

⑷ **사채의 효력**

등록사업자의 등록이 말소된 경우에도 등록사업자가 발행한 주택상환사채의 효력에는 영향을 미치지 아니한다.

⑸ **상환기간 등** 23회

① 주택상환사채의 상환기간은 3년을 초과할 수 없다. 이 경우 상환기간은 주택상환사채발행일부터 주택의 공급계약체결일까지의 기간으로 한다.

② 주택상환사채는 이를 양도하거나 중도에 해약할 수 없다. 다만, 다음의 경우에는 그러하지 아니하다.

> ㉠ 세대원(세대주가 포함된 세대의 구성원을 말한다)의 근무 또는 생업상의 사정이나 질병치료·취학·결혼으로 인하여 세대원 전원이 다른 행정구역으로 이전하는 경우
> ㉡ 세대원 전원이 상속에 의하여 취득한 주택으로 이전하는 경우
> ㉢ 세대원 전원이 해외로 이주하거나 2년 이상 해외에 체류하고자 하는 경우

⑹ **납입금의 사용**

① 주택상환사채의 납입금은 다음 각 호의 용도로만 사용할 수 있다.

> 1. 택지의 구입 및 조성
> 2. 주택건설자재의 구입
> 3. 건설공사비에의 충당
> 4. 그 밖에 주택상환을 위하여 필요한 비용으로서 국토교통부장관의 승인을 받은 비용에의 충당

② 주택상환사채의 납입금은 해당 보증기관과 주택상환사채발행자가 협의하여 정하는 금융기관에서 관리한다.

2. 입주자저축(법 제56조) 35회

① 국토교통부장관은 주택을 공급받으려는 자에게 미리 입주금의 전부 또는 일부를 저축(이하 "입주자저축"이라 한다)하게 할 수 있다.

② "입주자저축"이란 국민주택과 민영주택을 공급받기 위하여 가입하는 주택청약종합저축을 말한다.

③ 입주자저축계좌를 취급하는 기관(이하 "입주자저축취급기관"이라 한다)은 「은행법」에 따른 은행 중 국토교통부장관이 지정한다.

④ 입주자저축은 한 사람이 한 계좌만 가입할 수 있다.

⑤ 입주자저축정보의 제공 요청을 받은 입주자저축취급기관의 장은 「금융실명거래 및 비밀보장에 관한 법률」 제4조에도 불구하고 입주자저축정보를 제공하여야 한다.

확인문제

15
주택법령상 주택상환사채의 납입금이 사용될 수 있는 용도로 명시된 것을 모두 고른 것은?

> ㉠ 주택건설자재의 구입
> ㉡ 택지의 구입 및 조성
> ㉢ 주택조합 운영비에의 충당
> ㉣ 주택조합 가입 청약철회자의 가입비 반환

① ㉠, ㉡
② ㉠, ㉣
③ ㉢, ㉣
④ ㉠, ㉡, ㉣
⑤ ㉡, ㉢, ㉣

주택건설사업을 시행하려는 자는 전체 세대수가 500세대 이상의 주택단지를 공구별로 분할하여 주택을 건설 · 공급할 수 있다(×).

사업계획승인권자는 사업계획승인의 신청을 받았을 때에는 정당한 사유가 없으면 신청받은 날부터 60일 이내에 사업주체에게 승인 여부를 통보하여야 한다(○).

사업계획승인권자는 사업주체가 경매로 인하여 대지소유권을 상실한 경우에는 그 사업계획의 승인을 취소하여야 한다(×).

주택조합이 승인받은 총사업비의 10퍼센트를 감액하는 변경을 하려면 변경승인을 받아야 한다(○).

사업주체가 주택건설대지면적 중 90퍼센트에 대하여 사용권원을 확보한 경우, 사용권원을 확보하지 못한 대지의 모든 소유자에게 매도청구를 할 수 있다(×).

주택건설사업을 공구별로 분할하여 시행하는 내용으로 사업계획의 승인을 받은 경우 완공된 주택에 대하여 공구별로 사용검사를 받을 수 있다(○).

1. 사업계획승인에 의한 주택건설 35회

(1) 사업계획승인 28회, 29회, 30회, 31회, 32회, 35회

① **사업계획승인대상**: 대통령령으로 정하는 다음의 호수 및 세대수 이상의 주택건설사업을 시행하려는 자 또는 1만제곱미터 이상의 대지조성사업을 시행하려는 자는 사업계획승인신청서에 주택과 그 부대시설 및 복리시설의 배치도, 대지조성공사 설계도서 등 대통령령으로 정하는 서류를 첨부하여 사업계획승인권자(이하 "사업계획승인권자"라 한다. **국가 및 한국토지주택공사가 시행하는 경우와 대통령령으로 정하는 경우에는 국토교통부장관을 말하며)에게 제출하고 사업계획승인을 받아야 한다.**

> ① 단독주택: 30호. 다만, 다음의 어느 하나에 해당하는 주택인 경우에는 50호로 한다.
> ㉮ 공공사업에 따라 조성된 용지를 개별 필지로 구분하지 아니하고 일단(一團)의 토지로 공급받아 해당 토지에 건설하는 단독주택
> ㉯ 「건축법 시행령」에 따른 한옥
> ② 공동주택: 30세대(리모델링의 경우에는 증가하는 세대수를 기준으로 한다). 다만, 다음의 어느 하나에 해당하는 공동주택을 건설하는 경우에는 50세대로 한다.
> ㉮ 다음의 요건을 모두 갖춘 단지형 연립주택 또는 단지형 다세대주택
>   1) 세대별 주거전용면적이 30제곱미터 이상일 것
>   2) 해당 주택단지 진입도로의 폭이 6미터 이상일 것. 다만, 해당 주택단지의 진입도로가 두 개 이상인 경우에는 다음의 요건을 모두 갖추면 진입도로의 폭을 4미터 이상 6미터 미만으로 할 수 있다.
>   ⓐ 두 개의 진입도로 폭의 합계가 10미터 이상일 것
>   ⓑ 폭 4미터 이상 6미터 미만인 진입도로는 제5조에 따른 도로와 통행거리가 200미터 이내일 것
> ㉯ 「도시 및 주거환경정비법」에 따른 정비구역에서 **주거환경개선사업을 시행하기** 위하여 건설하는 공동주택.

② **사업계획 승인권자** 25회: 사업계획승인을 받으려는 자는 사업계획승인신청서에 주택과 그 부대시설 및 복리시설의 배치도, 대지조성공사 설계도서 등 대통령령으로 정하는 서류를 첨부하여 다음의 승인권자에게 제출하여야 한다.

> ㉠ 주택건설사업 또는 대지조성사업으로서 해당 대지면적이 10만 제곱미터 이상인 경우: 특별시장 · 광역시장 · 특별자치시장 · 도지사 또는 특별자치도지사(이하 "시 · 도지사"라 한다) 또는 인구 50만 이상의 대도시의 시장
> ㉡ 주택건설사업 또는 대지조성사업으로서 해당 대지면적이 10만 제곱미터 미만인 경우: 특별시장 · 광역시장 · 특별자치시장 · 특별자치도지사 또는 시장 · 군수

③ 국토교통부장관의 승인: 다음의 경우에는 국토교통부장관에게 사업계획승인을 받아야 한다.

　⊙ 330만제곱미터 이상의 규모로 택지개발사업 또는 도시개발사업을 추진하는 지역 중 국토교통부장관이 지정·고시하는 지역에서 주택건설사업을 시행하는 경우

　ⓒ 수도권 또는 광역시 지역의 긴급한 주택난 해소가 필요하거나 지역균형개발 또는 광역적 차원의 조정이 필요하여 국토교통부장관이 지정·고시하는 지역에서 주택건설사업을 시행하는 경우

　ⓒ 다음에 해당하는 자가 단독 또는 공동으로 총지분의 50퍼센트를 초과하여 출자한 위탁관리 부동산투자회사가 공공주택건설사업을 시행하는 경우

　　㉮ 국가　　　　　　　㉯ 지방자치단체
　　㉰ 한국토지주택공사　　㉱ 지방공사

④ 승인받은 사업계획을 변경하려면 사업계획승인권자로부터 변경승인을 받아야 한다. 다만, 국토교통부령으로 정하는 다음의 경미한 사항을 변경하는 경우에는 그러하지 아니하다. 다만, ⊙·ⓒ 및 ⑪은 사업주체가 국가, 지방자치단체, 한국토지주택공사 또는 지방공사인 경우로 한정한다.

　⊙ 총사업비의 20퍼센트의 범위에서의 사업비 증감

　ⓒ 건축물이 아닌 부대시설 및 복리시설의 설치기준 변경으로서 다음 각 목의 요건을 모두 갖춘 변경
　　가. 해당 부대시설 및 복리시설 설치기준 이상으로의 변경일 것
　　나. 위치변경(건축설비의 위치변경은 제외한다)이 발생하지 아니하는 변경일 것

　ⓒ 대지면적의 20퍼센트의 범위에서의 면적 증감

　㉣ 세대수 또는 세대당 주택공급면적을 변경하지 아니하는 범위에서의 내부구조의 위치나 면적 변경(사업계획승인을 받은 면적의 10퍼센트 범위에서의 변경으로 한정한다)

　㉤ 건축물의 설계와 용도별 위치를 변경하지 아니하는 범위에서의 건축물의 배치조정 및 주택단지 안 도로의 선형변경

　㉥ 사업계획승인의 조건으로 부과된 사항을 이행함에 따라 발생되는 변경. 다만, 공공시설 설치계획의 변경이 필요한 경우는 제외한다.

16
주택법령상 주택건설사업계획의 승인 등에 관한 설명으로 틀린 것은? (단, 다른 법률에 따른 사업은 제외함)

① 주거전용 단독주택인 건축법령상 한옥인 경우 50호 이상의 건설사업을 시행하려는 자는 사업계획승인을 받아야 한다.

② 주택건설사업을 시행하려는 자는 전체 세대수가 600세대 이상의 주택단지를 공구별로 분할하여 주택을 건설·공급할 수 있다.

③ 사업주체는 공사의 착수기간이 연장되지 않는 한 주택건설사업계획의 승인을 받은 날부터 5년 이내에 공사를 시작하여야 한다.

④ 사업계획승인권자는 사업계획승인의 신청을 받았을 때에는 정당한 사유가 없으면 신청받은 날부터 60일 이내에 사업주체에게 승인 여부를 통보하여야 한다.

⑤ 사업계획승인의 조건으로 부과된 사항을 이행함에 따라 공사 착수가 지연되는 경우, 사업계획승인권자는 그 사유가 없어진 날부터 2년 범위에서 공사의 착수기간을 연장할 수 있다.

(2) 비승인대상(건축허가 대상)

다음의 어느 하나에 해당하는 경우에 대해서는 이를 사업계획승인대상에서 제외한다.

> ① 「국토의 계획 및 이용에 관한 법률」에 따른 도시지역 중 **상업지역**(유통상업지역은 제외한다) 또는 **준주거지역에서 300세대 미만의 주택과 주택 외의 시설을 동일 건축물로 건축하는 경우**로서 해당 건축물의 연면적에 대한 주택연면적 합계의 비율이 90퍼센트 미만인 경우
> ② 「농어촌주택개량 촉진법」에 따른 농어촌주거환경개선사업 중 농업협동조합중앙회가 조달하는 자금으로 시행하는 사업인 경우

2. 사업계획승인절차

(1) 사업계획승인통보

① 사업계획승인권자는 사업계획승인의 신청을 받은 때에는 정당한 사유가 없는 한 그 신청을 받은 날부터 60일 이내에 사업주체에게 승인여부를 통보하여야 한다. 이 경우 국토교통부장관은 주택건설사업계획의 승인을 한 때에는 지체없이 관할 시·도지사에게 그 내용을 통보하여야 한다.

② 사업계획승인권자는 사업계획을 승인하였을 때에는 이에 관한 사항을 고시하여야 한다. 이 경우 국토교통부장관은 관할 시장·군수·구청장에게, 특별시장, 광역시장 또는 도지사는 관할 시장, 군수 또는 구청장에게 각각 사업계획승인서 및 관계 서류의 사본을 지체 없이 송부하여야 한다.

(2) 대지의 소유권확보

주택건설사업계획의 승인을 받으려는 자는 해당 주택건설대지의 소유권을 확보하여야 한다. 다만, 다음의 어느 하나에 해당하는 경우에는 그러하지 아니하다.

> ㉠ 「국토의 계획 및 이용에 관한 법률」 제49조에 따른 지구단위계획의 결정이 필요한 주택건설사업의 해당 대지면적의 80퍼센트 이상을 사용할 수 있는 권원(權原)[등록사업자와 공동으로 사업을 시행하는 주택조합(리모델링주택조합은 제외한다)의 경우에는 95퍼센트 이상의 소유권을 말한다. 이하 이 조, 제22조 및 제23조에서 같다]을 확보하고 (국공유지가 포함된 경우에는 해당 토지의 관리청이 해당 토지를 사업주체에게 매각하거나 양여할 것을 확인한 서류를 사업계획승인권자에게 제출하는 경우에는 확보한 것으로 본다), 확보하지 못한 대지가 제22조 및 제23조에 따른 매도청구 대상이 되는 대지에 해당하는 경우
> ㉡ 사업주체가 주택건설대지의 소유권을 확보하지 못하였으나 그 대지를 사용할 수 있는 권원을 확보한 경우
> ㉢ 국가·지방자치단체·한국토지주택공사 또는 지방공사가 주택건설사업을 하는 경우
> ㉣ 제66조 제2항에 따라 리모델링 결의를 한 리모델링주택조합이 제22조 제2항에 따라 매도청구를 하는 경우

17
주택법령상 사업계획의 승인 등에 관한 설명으로 틀린 것은?
① 승인받은 사업계획 중 공공시설 설치계획의 변경이 필요한 경우에는 사업계획승인권자로부터 변경승인을 받지 않아도 된다.
② 주택건설사업계획에는 부대시설 및 복리시설의 설치에 관한 계획 등이 포함되어야 한다.
③ 주택건설사업을 시행하려는 자는 전체 세대수가 600세대 이상인 주택단지를 공구별로 분할하여 주택을 건설·공급할 수 있다.
④ 주택건설사업계획의 승인을 받으려는 한국토지주택공사는 해당 주택건설대지의 소유권을 확보하지 않아도 된다.
⑤ 사업주체는 입주자 모집공고를 한 후 사업계획변경승인을 받은 경우에는 14일 이내에 문서로 입주예정자에게 그 내용을 통보하여야 한다.

⊕ 사업계획승인을 받은 경우에는 「건축법」 제11조에 따른 건축허가를 받은 것으로 본다.

(3) 매도청구 21회, 26회

① 사업계획승인을 받은 사업주체는 다음에 따라 해당 주택건설대지 중 사용할 수 있는 권원을 확보하지 못한 대지(건축물을 포함한다)의 소유자에게 그 대지를 시가 (市價)로 매도할 것을 청구할 수 있다. 이 경우 매도청구 대상이 되는 대지의 소유 자와 매도청구를 하기 전에 3개월 이상 협의를 하여야 한다.

> ㉠ 주택건설대지면적의 95퍼센트 이상의 사용권원을 확보한 경우: 사용권원을 확보하 지 못한 대지의 모든 소유자에게 매도청구 가능
> ㉡ 위 ㉠ 외의 경우: 사용권원을 확보하지 못한 대지의 소유자 중 지구단위계획구역 결정고시일 10년 이전에 해당 대지의 소유권을 취득하여 계속 보유하고 있는 자 (대지의 소유기간을 산정할 때 대지소유자가 직계존속·직계비속 및 배우자로부터 상속받아 소유권을 취득한 경우에는 피상속인의 소유기간을 합산한다)를 제외한 소유자에게 매도청구 가능

② 리모델링의 허가를 신청하기 위한 동의율을 확보한 경우 리모델링 결의를 한 리모 델링주택조합은 그 리모델링 결의에 찬성하지 아니하는 자의 주택 및 토지에 대하 여 매도청구를 할 수 있다.

(4) 표본설계도서의 승인

① 한국토지주택공사, 지방공사 또는 등록사업자는 동일한 규모의 주택을 대량으로 건설하려는 경우에는 국토교통부령으로 정하는 바에 따라 **국토교통부장관에게 주 택의 형별(型別)로 표본설계도서를 작성·제출하여 승인을 받을 수 있다.**

② 국토교통부장관은 위 ①에 따른 승인을 하려는 경우에는 관계 행정기관의 장과 협의하여야 하며, 협의 요청을 받은 기관은 정당한 사유가 없으면 요청받은 날부 터 15일 이내에 국토교통부장관에게 의견을 통보하여야 한다.

(5) 공사의 착수 26회, 30회

① **착수기간 및 연장:** 사업계획승인을 받은 사업주체는 승인받은 사업계획대로 사 업을 시행하여야 하고, 다음의 구분에 따라 공사를 시작하여야 한다. 다만, 사업 계획승인권자는 대통령령으로 정하는 정당한 사유가 있다고 인정하는 경우에는 사업주체의 신청을 받아 그 사유가 없어진 날부터 1년의 범위에서 아래의 ㉠ 또는 ㉡의 ⓐ에 따른 공사의 착수기간을 연장할 수 있다.

> ㉠ 사업계획승인을 받은 경우: **승인받은 날부터 5년 이내**
> ㉡ 공구별 분할시행을 위한 승인을 받은 경우
> ⓐ 최초로 공사를 진행하는 공구: **승인받은 날부터 5년 이내**
> ⓑ 최초로 공사를 진행하는 공구 외의 공구: 해당 주택단지에 대한 **최초 착공신고** 일부터 2년 이내

확인문제

⊕ 공구별분할시행: 주택건설사 업을 시행하려는 자는 전체 세 대수가 600세대 이상인 주택단 지는 해당 주택단지를 공구별로 분할하여 주택을 건설·공급할 수 있다.

18

주택법령상 사업계획승인권 자가 사업주체의 신청을 받 아 공사의 착수기간을 연장 할 수 있는 경우가 아닌 것 은? (단, 공사에 착수하지 못할 다른 부득이한 사유는 고려하지 않음)

① 사업계획승인의 조건으로 부과된 사항을 이행함에 따라 공사 착수가 지연되는 경우
② 공공택지의 개발·조성을 위한 계획에 포함된 기반시설을 설치 지연으로 공사 착수가 지연되는 경우
③ 「매장유산 보호 및 조사에 관한 법률」에 따라 국가유산청장의 매장유산 발굴허가를 받은 경우
④ 해당사업시행지에 대한 소유권 분쟁을 사업주체가 소송 외의 방법으로 해결하는 과정에서 공사 착수가 지연되는 경우
⑤ 사업주체에게 책임이 없는 불가항력적인 사유로 인하여 공사 착수가 지연되는 경우

② **착수기간의 연장**: 공사착수기간의 연장사유는 다음과 같다.

> ㉠ 「매장유산 보호 및 조사에 관한 법률」 제11조에 따라 국가유산청장의 매장유산 발굴허가를 받은 경우
> ㉡ 해당 사업시행지에 대한 소유권 분쟁(소송절차가 진행 중인 경우만 해당한다)으로 인하여 공사 착수가 지연되는 경우
> ㉢ 법 제15조에 따른 사업계획승인의 조건으로 부과된 사항을 이행함에 따라 공사 착수가 지연되는 경우
> ㉣ 천재지변 또는 사업주체에게 책임이 없는 불가항력적인 사유로 인하여 공사 착수가 지연되는 경우
> ㉤ 공공택지의 개발·조성을 위한 계획에 포함된 기반시설의 설치 지연으로 공사 착수가 지연되는 경우
> ㉥ 해당 지역의 미분양주택 증가 등으로 사업성이 악화될 우려가 있거나 주택건설경기가 침체되는 등 공사에 착수하지 못할 부득이한 사유가 있다고 사업계획승인권자가 인정하는 경우

③ **공사 착공전 신고**: 사업계획승인을 받은 사업주체가 공사를 시작하려는 경우에는 국토교통부령으로 정하는 바에 따라 사업계획승인권자에게 신고(착공신고)하여야 한다.

④ 사업계획승인권자는 위 ③에 따른 신고를 받은 날부터 20일 이내에 신고수리 여부를 신고인에게 통지하여야 한다.

(6) 사업계획승인의 취소 등

사업계획승인권자는 다음의 어느 하나에 해당하는 경우 그 사업계획의 승인을 취소(㉡ 또는 ㉢에 해당하는 경우 「주택도시기금법」에 따라 주택분양보증이 된 사업은 제외한다)할 수 있다.

> ㉠ 사업주체가 공사착수기간(최초로 공사를 진행하는 공구 외의 공구는 제외한다)을 위반하여 공사를 시작하지 아니한 경우
> ㉡ 사업주체가 경매·공매 등으로 인하여 대지소유권을 상실한 경우
> ㉢ 사업주체의 부도·파산 등으로 공사의 완료가 불가능한 경우

(7) **주택건설사업 등에 의한 임대주택의 건설 등**

① 사업주체(리모델링을 시행하는 자는 제외한다)가 다음의 사항을 포함한 사업계획승인 신청서를 제출하는 경우 사업계획승인권자는 「국토의 계획 및 이용에 관한 법률」 제78조의 용도지역별 용적률 범위에서 특별시·광역시·특별자치시·특별자치도·시 또는 군의 조례로 정하는 기준에 따라 용적률을 완화하여 적용할 수 있다.

  ㉠ 30호 이상의 주택과 주택 외의 시설을 동일 건축물로 건축하는 계획
  ㉡ 임대주택의 건설·공급에 관한 사항

② 위 ①에 따라 용적률을 완화하여 적용하는 경우 사업주체는 완화된 용적률의 60 퍼센트 이하의 범위에서 대통령령으로 정하는 비율 이상에 해당하는 면적을 임대주택으로 공급하여야 한다. 이 경우 사업주체는 임대주택을 국토교통부장관, 시·도지사, 한국토지주택공사 또는 지방공사(이하 "인수자"라 한다)에 공급하여야 하며 시·도지사가 우선 인수할 수 있다.

③ 위 ②에 따라 공급되는 임대주택의 공급가격은 공공건설임대주택의 분양전환가격 산정기준에서 정하는 건축비로 하고, 그 부속토지는 인수자에게 기부채납한 것으로 본다.

④ 사업주체는 공급되는 주택의 전부(주택조합이 설립된 경우에는 조합원에게 공급하고 남은 주택을 말한다)를 대상으로 공개추첨의 방법에 의하여 인수자에게 공급하는 임대주택을 선정하여야 하며, 그 선정 결과를 지체 없이 인수자에게 통보하여야 한다.

(8) **주택의 규모별 건설비율** [20회]

국토교통부장관은 주택수급의 적정을 기하기 위하여 필요하다고 인정하는 때에는 사업주체가 건설하는 주택의 75%(주택조합이나 고용자가 건설하는 주택은 100%) 이하의 범위 안에서 일정 비율 이상을 국민주택규모로 건설하게 할 수 있다.

확인문제

19
주택법령상 사업계획승인을 받은 사업주체에게 인정되는 매도청구권에 관한 설명으로 옳은 것은?

① 주택건설대지에 사용권원을 확보하지 못한 건축물이 있는 경우 그 건축물은 매도청구의 대상이 되지 않는다.
② 사업주체는 매도청구일 전 60일부터 매도청구 대상이 되는 대지의 소유자와 협의를 진행하여야 한다.
③ 사업주체가 주택건설대지면적 중 100분의 90에 대하여 사용권원을 확보한 경우, 사용권원을 확보하지 못한 대지의 모든 소유자에게 매도청구를 할 수 있다.
④ 사업주체가 주택건설대지면적 중 100분의 80에 대하여 사용권원을 확보한 경우, 사용권원을 확보하지 못한 대지의 소유자 중 지구단위계획구역 결정고시일 10년 이전에 해당 대지의 소유권을 취득하여 계속 보유하고 있는 자에 대하여는 매도청구를 할 수 없다.
⑤ 사업주체가 리모델링주택조합인 경우 리모델링 결의에 찬성하지 아니하는 자의 주택에 대하여는 매도청구를 할 수 없다.

20

주택법령상 주택건설용지의 확보 및 매도청구에 관한 설명으로 옳은 것은?

① 국민주택규모의 주택 비율을 40%로 하는 주택의 건설을 위해 국·공유지의 매수를 원하는 자에게 국가 또는 지방자체단체는 해당 토지를 우선 매각할 수 있다.

② 조합주택의 건설을 위해 국·공유지의 임차를 원하는 자에게 국가 또는 지방자치단체는 해당 토지를 우선 임대할 수 있다.

③ 국·공유지를 임차한 자가 임차일부터 1년 이내에 국민주택규모의 주택을 건설하기 위한 대지조성사업을 시행하지 아니한 경우 국가 또는 지방단체는 임대계약을 취소하여야 한다.

④ 사업주체가 국민주택용지로 사용하기 위하여 도시개발사업시행자에게 체비지의 매각을 요구한 경우 그 양도가격은 조성원가로 하여야 한다.

⑤ 등록사업자 및 지방공사인 사업주체가 국민주택을 건설하는 경우에는 토지나 토지에 정착한 물건 및 그 토지나 물건에 관한 소유권 외의 권리를 수용하거나 사용할 수 있다.

➕ 사업계획인권자는 감리자가 감리자의 지정에 관한 서류를 부정 또는 거짓으로 제출하거나, 감리업무 수행 중 발견한 위반 사항을 묵인한 경우 등 대통령령으로 정하는 사유에 해당하는 경우에는 감리자를 교체하고, 그 감리자에 대하여는 1년의 범위에서 감리업무의 지정을 제한할 수 있다.

3. 택지취득 등의 특례 [16회, 20회]

(1) 국·공유지의 우선매각 및 임대(임의적)

① 국가 또는 지방자치단체는 그가 소유하는 토지를 매각하거나 임대할 때 다음의 어느 하나의 목적으로 그 토지의 매수 또는 임차를 원하는 자가 있으면 그에게 우선적으로 그 토지를 매각하거나 임대할 수 있다.

> ㉠ 국민주택규모의 주택을 50% 이상으로 건설하는 주택의 건설(영 제41조)
> ㉡ 주택조합이 건설하는 주택(이하 '조합주택'이라 한다)의 건설
> ㉢ 위 ㉠ 또는 ㉡의 주택을 건설하기 위한 대지의 조성

② 국가 또는 지방자치단체는 국가 또는 지방자치단체로부터 토지를 매수하거나 임차한 자가 그 매수일 또는 임차일부터 2년 이내에 국민주택규모의 주택 또는 조합주택을 건설하지 아니하거나 그 주택을 건설하기 위한 대지조성사업을 시행하지 아니한 경우에는 환매하거나 임대계약을 취소할 수 있다.

(2) 도시개발사업으로 조성된 체비지의 활용(임의적)

① 사업주체가 국민주택용지로 사용하기 위하여 도시개발사업시행자[환지방식인 경우에 한함]에게 체비지(替費地)의 매각을 요구한 경우 그 도시개발사업시행자는 경쟁입찰의 방법으로 체비지의 총면적의 2분의 1의 범위에서 이를 우선적으로 사업주체에게 매각할 수 있다. 다만, 매각을 요구하는 사업주체가 하나인 때에는 수의계약에 의할 수 있다.

② 체비지의 양도가격은 감정평가업자 2인 이상의 감정평가가격을 산술평균한 가격을 기준으로 산정한다. 다만, 주거전용면적 85제곱미터 이하의 임대주택을 건설하거나 주거전용면적 60제곱미터 이하의 국민주택을 건설하는 경우 국토교통부령이 정하는 조성원가를 기준으로 할 수 있다.

(3) 토지 등의 수용·사용

① 국가·지방자치단체·한국토지주택공사 및 지방공사인 사업주체가 국민주택을 건설하거나 국민주택을 건설하기 위한 대지를 조성하는 경우에는 토지나 토지에 정착한 물건 및 그 토지나 물건에 관한 소유권 외의 권리를 수용하거나 사용할 수 있다(등록사업자 및 주택조합은 수용 불가).

② 공익사업을 위한 토지 등의 취득 및 보상에 관한 법률상 사업인정의 의제: 사업계획승인을 받은 경우

③ 공익사업을 위한 토지 등의 취득 및 보상에 관한 법률상 재결신청기간의 특례: 사업시행기간 내

4. 사용검사 ^{24회, 34회}

(1) 사용검사의 신청

① **사용검사권자**: 사업주체는 사업계획승인을 받아 시행하는 주택건설사업 또는 대지조성사업을 완료한 경우에는 주택 또는 대지에 대하여 국토교통부령으로 정하는 바에 따라 **시장·군수·구청장**(국가 또는 한국토지주택공사가 사업주체인 경우와 대통령령으로 정하는 경우에는 국토교통부장관을 말한다)의 **사용검사를 받아야 한다.** 다만, 공구별로 분할시행을 위한 사업계획을 승인받은 경우에는 완공된 주택에 대하여 공구별로 사용검사(이하 "분할 사용검사"라 한다)를 받을 수 있고, 사업계획승인 조건의 미이행 등 대통령령으로 정하는 다음의 사유가 있는 경우에는 공사가 완료된 주택에 대하여 **동별로 사용검사**(이하 "동별 사용검사"라 한다)를 받을 수 있다.

　　㉠ 사업계획승인 조건의 미이행
　　㉡ 하나의 주택단지의 입주자를 분할 모집하여 전체 단지의 사용검사를 마치기 전에 입주가 필요한 경우
　　㉢ 그 밖에 사업계획승인권자가 동별로 사용검사를 받을 필요가 있다고 인정하는 경우

② **사용검사기간**: 사용검사권자는 사용검사의 대상인 주택 또는 대지가 사업계획의 내용에 적합한지를 확인하여야 하며, 사용검사는 **신청일부터 15일 이내에 하여야** 한다.

③ **시공보증자 등의 사용검사**: 위 ①에도 불구하고 다음 각 호의 구분에 따라 해당 주택의 시공을 보증한 자, 해당 주택의 시공자 또는 입주예정자는 대통령령으로 정하는 바에 따라 사용검사를 받을 수 있다.

　　㉠ 사업주체가 파산 등으로 사용검사를 받을 수 없는 경우에는 해당 주택의 **시공을 보증한 자 또는 입주예정자**
　　㉡ 사업주체가 정당한 이유 없이 사용검사를 위한 절차를 이행하지 아니하는 경우에는 해당 주택의 **시공을 보증한 자, 해당 주택의 시공자 또는 입주예정자.** 이 경우 사용검사권자는 사업주체가 사용검사를 받지 아니하는 정당한 이유를 밝히지 못하면 사용검사를 거부하거나 지연할 수 없다.

(2) 사용검사의 효과 및 임시사용승인

① 사업주체 또는 입주예정자는 **사용검사를 받은 후가 아니면 주택 또는 대지를 사용하게 하거나 이를 사용할 수 없다.** 다만, 주택건설사업의 경우에는 건축물의 동별로 공사가 완료된 때, 대지조성사업의 경우에는 구획별로 공사가 완료된 때로서 사용검사권자의 임시사용승인을 얻은 경우에는 그러하지 아니하다. 이 경우 임시사용승인의 대상이 공동주택인 경우에는 세대별로 임시사용승인을 할 수 있다.

② 사업주체가 위 ①에 따른 사용검사를 받았을 때에는 제19조 제1항에 따라 의제되는 인·허가 등에 따른 해당 사업의 사용승인·준공검사 또는 준공인가 등을 받은 것으로 본다. 이 경우 사용검사권자는 미리 관계 행정기관의 장과 협의하여야 한다.

5. 사용검사 후 매도청구 29회, 30회

(1) 주택소유자들의 매도청구

주택(복리시설을 포함한다)의 소유자들은 주택단지 전체 대지에 속하는 일부의 토지에 대한 소유권이전등기 말소소송 등에 따라 제49조의 사용검사(동별 사용검사를 포함한다)를 받은 이후에 해당 토지의 소유권을 회복한 자(이하 "실소유자"라 한다)에게 해당 토지를 시가로 매도할 것을 청구할 수 있다.

(2) 소송대표자선정

주택의 소유자들은 대표자를 선정하여 위 (1)에 따른 매도청구에 관한 소송을 제기할 수 있다. 이 경우 대표자는 주택의 소유자 전체의 4분의 3 이상의 동의를 받아 선정한다.

(3) 판결의 효력범위

위 (2)에 따른 매도청구에 관한 소송에 대한 판결은 주택의 소유자 전체에 대하여 효력이 있다.

(4) 매도청구대상 토지범위

위 (1)에 따라 매도청구를 하려는 경우에는 해당 토지의 면적이 주택단지 전체 대지 면적의 5퍼센트 미만이어야 한다.

(5) 의사표시의 송달시기

위 (1)에 따른 매도청구의 의사표시는 실소유자가 해당 토지 소유권을 회복한 날부터 2년 이내에 해당 실소유자에게 송달되어야 한다.

(6) 비용의 구상

주택의 소유자들은 위 (1)에 따른 매도청구로 인하여 발생한 비용의 전부를 사업주체에게 구상(求償)할 수 있다.

22

주택건설사업이 완료되어 사용검사가 있은 후에 甲이 주택단지 일부의 토지에 대해 소유권이전등기 말소소송에 따라 해당 토지의 소유권을 회복하게 되었다. 주택법령상 이에 관한 설명으로 옳은 것은?

① 주택의 소유자들은 甲에게 해당 토지를 공시지가로 매도할 것을 청구할 수 있다.

② 대표자를 선정하여 매도청구에 관한 소송을 하는 경우 대표자는 복리시설을 포함하여 주택의 소유자 전체의 4분의 3 이상의 동의를 받아 선정한다.

③ 대표자를 선정하여 매도청구에 관한 소송을 하는 경우 그 판결은 대표자 선정에 동의하지 않은 주택의 소유자에게는 효력이 미치지 않는다.

④ 甲이 소유권을 회복한 토지의 면적이 주택단지 전체 대지 면적의 5퍼센트를 넘는 경우에는 주택 소유자 전원의 동의가 있어야 매도청구를 할 수 있다.

⑤ 甲이 해당 토지의 소유권을 회복한 날부터 1년이 경과한 이후에는 甲에게 매도청구를 할 수 없다.

1. 입주자모집

(1) 입주자모집시기 및 조건

① **착공과 동시에 입주자모집**: 사업주체(토지소유자 및 등록사업자가 공동사업주체인 경우에는 등록사업자를 말한다)는 다음의 요건을 모두 갖춘 경우에는 착공과 동시에 입주자를 모집할 수 있다.

> ⊙ 주택이 건설되는 대지의 소유권을 확보할 것. 다만, 매도청구소송 대상 대지로서 다음의 어느 하나에 해당하는 경우에는 사용검사 전까지 해당 주택건설 대지의 소유권을 확보하여야 한다.
> ㉮ 매도청구소송을 제기하여 법원의 승소 판결(판결이 확정될 것을 요구하지 아니한다)을 받은 경우
> ㉯ 소유자 확인이 곤란한 대지에 대하여 매도청구소송을 제기하고 법 제23조 제2항 및 제3항에 따른 감정평가액을 공탁한 경우
> ⓒ 주택도시보증공사로부터 분양보증을 받을 것

② **저당권 등의 말소후 모집**: 사업주체는 주택이 건설되는 대지의 소유권을 확보하고 있으나 그 대지에 저당권·가등기담보권·가압류·가처분·전세권·지상권 및 등기되는 부동산임차권 등(이하 "저당권등"이라 한다)이 설정되어 있는 경우에는 그 저당권등을 말소하여야 입주자를 모집할 수 있다.

③ **입주자모집의 승인 및 신고**: 사업주체(국가, 지방자치단체, 한국토지주택공사 또는 지방공사 및 국가 등이 단독 또는 공동으로 총지분의 50퍼센트를 초과하여 출자한 부동산투자회사인 사업주체는 제외한다)는 입주자를 모집하려면 일정한 서류를 갖추어 시장·군수·구청장의 승인을 받아야 한다. 다만 사업주체는 사업계획 승인을 받은 복리시설 중 근린생활시설 및 유치원 등 일반에게 공급하는 복리시설의 입주자를 모집하는 경우에는 입주자모집 5일 전까지 일정한 서류를 갖추어 시장·군수·구청장에게 신고하여야 한다.

(2) 견본주택의 마감자재 목록표 및 영상물 등의 제출

① 사업주체가 시장·군수·구청장의 승인을 받으려는 경우(사업주체가 국가·지방자치단체·한국토지주택공사 및 지방공사인 경우에는 견본주택을 건설하는 경우를 말한다)에는 제60조에 따라 건설하는 견본주택에 사용되는 마감자재의 규격·성능 및 재질을 적은 목록표(이하 "마감자재 목록표"라 한다)와 견본주택의 각 실의 내부를 촬영한 영상물 등을 제작하여 승인권자에게 제출하여야 한다.

② 시장·군수·구청장은 받은 마감자재 목록표와 영상물 등을 사용검사가 있는 날부터 2년 이상 보관하여야 하며, 입주자가 열람을 요구하는 경우에는 이를 공개하여야 한다.

확인문제

▶ 핵심 암기

○ 한국토지주택공사가 사업주체로서 복리시설의 입주자를 모집하려는 경우 시장·군수·구청장에게 신고하여야 한다(×).

○ 「관광진흥법」에 따라 지정된 관광특구에서 건설·공급하는 층수가 51층이고 높이가 140m인 아파트는 분양가상한제의 적용대상이다(×).

○ 사업주체가 일반인에게 공급하는 공동주택이라도 도시형생활주택에 대해서는 분양가상한제가 적용되지 않는다(○).

○ 국토교통부장관이 투기과열지구를 지정하거나 해체할 경우에는 관할 시장·군수·구청장과 협의하여야 한다(×).

○ 시·도지사는 주택의 분양·매매 등 거래가 위축될 우려가 있는 지역을 시·도주거정책심의위원회의 심의를 거쳐 조정대상지역으로 지정할 수 있다(×).

③ 사업주체가 마감자재 생산업체의 부도 등으로 인한 제품의 품귀 등 부득이한 사유로 인하여 사업계획승인 또는 마감자재 목록표의 마감자재와 다르게 마감자재를 시공·설치하려는 경우에는 당초의 마감자재와 같은 질 이상으로 설치하여야 한다.

2. 모집공고 후 사업주체의 의무

(1) 저당권설정 등의 제한 19회, 20회

① 원칙: 사업주체는 주택건설사업에 의하여 건설된 주택 및 대지에 대하여는 입주자 모집공고 승인 신청일(주택조합의 경우에는 사업계획승인 신청일을 말한다) 이후부터 입주예정자가 그 주택 및 대지의 소유권이전등기를 신청할 수 있는 날(입주예정자에게 통보한 입주가능일) 이후 60일까지의 기간 동안 입주예정자의 동의 없이 다음의 어느 하나에 해당하는 행위를 하여서는 아니 된다.

> ㉠ 해당 주택 및 대지에 저당권 또는 가등기담보권 등 담보물권을 설정하는 행위
> ㉡ 해당 주택 및 대지에 전세권·지상권(地上權) 또는 등기되는 부동산임차권을 설정하는 행위
> ㉢ 해당 주택 및 대지를 매매 또는 증여 등의 방법으로 처분하는 행위

② 예 외

다만, 그 주택의 건설을 촉진하기 위하여 다음에 정하는 경우에는 그러하지 아니하다.

> ㉠ 해당 주택의 입주자에게 주택구입자금의 일부를 융자해 줄 목적으로 주택도시기금이나 금융기관으로부터 주택건설자금의 융자를 받는 경우
> ㉡ 해당 주택의 입주자에게 주택구입자금의 일부를 융자해 줄 목적으로 금융기관으로부터 주택구입자금의 융자를 받는 경우

(2) 부기등기의 의무화

① 부기등기의무: 저당권설정 등의 제한을 할 때 사업주체는 해당 주택 또는 대지가 입주예정자의 동의 없이는 양도하거나 제한물권을 설정하거나 압류·가압류·가처분 등의 목적물이 될 수 없는 재산임을 소유권등기에 부기등기(附記登記)하여야 한다. 다만, 사업주체가 국가·지방자치단체 및 한국토지주택공사 등 공공기관인 경우에는 그러하지 아니하다.

② 부기등기의 시기: 부기등기는 주택건설대지에 대하여는 입주자모집공고승인 신청과 동시에 하여야 하고, 건설된 주택에 대하여는 소유권보존등기와 동시에 하여야 한다.

③ 부기등기의 효력: 부기등기일 이후에 해당 대지 또는 주택을 양수하거나 제한물권을 설정받은 경우 또는 압류·가압류·가처분 등의 목적물로 한 경우에는 그 효력을 무효로 한다.

⊕ 부기등기에는 대지의 경우 "이 토지는 「주택법」에 따라 입주자를 모집한 토지로서 입주예정자의 동의를 얻지 아니하고는 당해 토지에 대하여 양도 또는 제한물권을 설정하거나 압류·가압류·가처분 등 소유권에 제한을 가하는 일체의 행위를 할 수 없음"이라는 내용을 명시하고, 주택의 경우 "이 주택은 「부동산등기법」에 따라 소유권보존등기를 마친 주택으로서 입주예정자의 동의를 얻지 아니하고는 당해 주택에 대하여 양도 또는 제한물권을 설정하거나 압류·가압류·가처분 등 소유권에 제한을 가하는 일체의 행위를 할 수 없음"이라는 내용을 명시하여야 한다.

제6절 주택의 분양가격 제한 등

1. 분양가상한제 적용주택

(1) **분양가상한제 적용주택** 21회, 33회

① 사업주체가 법 제54조에 따라 일반인에게 공급하는 공동주택 중 다음의 어느 하나에 해당하는 지역에서 공급하는 주택의 경우에는 이 조에서 정하는 기준에 따라 산정되는 분양가격 이하로 공급(이에 따라 공급되는 주택을 "분양가상한제 적용주택"이라 한다)하여야 한다(법 제57조 제1항).

> ㉠ **공공택지**
> ㉡ 공공택지 외의 택지에서 주택가격 상승 우려가 있어 제58조에 따라 국토교통부장관이 「주거기본법」 제8조에 따른 주거정책심의위원회(이하 "주거정책심의위원회"라 한다)의 심의를 거쳐 지정하는 지역(분양가상한제 적용지역)

② 다만, 다음의 어느 하나에 해당하는 경우에는 그러하지 아니하다(동조 제2항).

> ㉠ **도시형 생활주택**
> ㉡ 「경제자유구역의 지정 및 운영에 관한 특별법」 제4조에 따라 지정·고시된 **경제자유구역**에서 건설·공급하는 공동주택으로서 같은 법 제25조에 따른 경제자유구역위원회에서 외자유치 촉진과 관련이 있다고 인정하여 이 조에 따른 분양가격 제한을 적용하지 아니하기로 심의·의결한 경우
> ㉢ 「관광진흥법」 제70조 제1항 또는 제2항에 따라 지정된 **관광특구에서 건설·공급하는 공동주택으로서 해당 건축물의 층수가 50층 이상이거나 높이가 150미터 이상인 경우**
> ㉣ 한국토지주택공사 또는 지방공사가 다음 각 목의 정비사업의 시행자(「도시 및 주거환경정비법」 제2조 제8호 및 「빈집 및 소규모주택 정비에 관한 특례법」 제2조 제5호에 따른 사업시행자를 말한다)로 참여하는 등 대통령령으로 정하는 공공성 요건을 충족하는 경우로서 해당 사업에서 건설·공급하는 주택
>   가. 「도시 및 주거환경정비법」 제2조 제2호에 따른 정비사업으로서 면적, 세대수 등이 대통령령으로 정하는 요건에 해당되는 사업
>   나. 「빈집 및 소규모주택 정비에 관한 특례법」 제2조 제3호에 따른 **소규모주택정비사업**
> ㉤ 「도시 및 주거환경정비법」 제2조 제2호 가목에 따른 **주거환경개선사업** 및 같은 호 나목 후단에 따른 **공공재개발사업에서 건설·공급하는 주택**
> ㉥ 「도시재생 활성화 및 지원에 관한 특별법」에 따른 주거재생혁신지구에서 시행하는 **혁신지구재생사업에서 건설·공급하는 주택**
> ㉦ 「공공주택 특별법」 제2조 제3호 마목에 따른 **도심 공공주택 복합사업에서 건설·공급하는 주택**

⊕ 분양가상한제적용주택의 분양가격은 택지비와 건축비로 구성(토지임대부 분양주택의 경우에는 건축비만 해당한다)되며, 구체적인 명세, 산정방식, 감정평가기관 선정방법 등은 국토교통부령으로 정한다.

23

주택법령상 주택의 공급에 관한 설명으로 옳은 것은?

① 한국토지주택공사가 사업주체로서 복리시설의 입주자를 모집하려는 경우 시장·군수·구청장에게 신고하여야 한다.

② 지방공사가 사업주체로서 견본주택을 건설하는 경우에는 견본주택에 사용되는 마감자재 목록표와 견본주택의 각 실의 내부를 촬영한 영상물 등을 제작하여 시장·군수·구청장에게 제출하여야 한다.

③ 「관광진흥법」에 따라 지정된 관광특구에서 건설·공급하는 50층 이상의 공동주택은 분양가상한제의 적용을 받는다.

④ 공공택지 외의 택지로서 분양가상한제가 적용되는 지역에서 공급하는 도시형 생활주택은 분양가상한제의 적용을 받는다.

⑤ 시·도지사는 사업계획승인 신청이 있는 날부터 30일 이내에 분양가심사위원회를 설치·운영하여야 한다.

③ 위 ①의 분양가격은 택지비와 건축비로 구성(토지임대부 분양주택의 경우에는 건축비만 해당한다)되며, 구체적인 명세, 산정방식, 감정평가기관 선정방법 등은 국토교통부령으로 정한다.

④ 분양가격 구성항목 중 건축비는 국토교통부장관이 정하여 고시하는 건축비(이하 "기본형건축비"라 한다)에 국토교통부령으로 정하는 금액을 더한 금액으로 한다. 이 경우 기본형건축비는 시장·군수·구청장이 해당 지역의 특성을 고려하여 국토교통부령으로 정하는 범위에서 따로 정하여 고시할 수 있다(동조 제4항).

(2) 분양가격의 공시제도

사업주체는 분양가상한제 적용주택으로서 공공택지에서 공급하는 주택에 대하여 입주자모집 승인을 받았을 때에는 입주자 모집공고에 다음 각 호[국토교통부령으로 정하는 세분류(細分類)를 포함한다]에 대하여 분양가격을 공시하여야 한다.

> ㉠ 택지비   ㉡ 직접공사비   ㉢ 간접공사비   ㉣ 설계비   ㉤ 감리비   ㉥ 부대비

2. 분양가상한제 적용지역

(1) 지정권자 및 지정대상

국토교통부장관은 주택가격상승률이 물가상승률보다 현저히 높은 지역으로서 그 지역의 주택가격·주택거래 등과 지역 주택시장 여건 등을 고려하였을 때 주택가격이 급등하거나 급등할 우려가 있는 지역 중 대통령령으로 정하는 기준을 충족하는 지역, 즉 투기과열지구 중 다음 각 호의 어느 하나에 해당하는 지역을 주거정책심의위원회 심의를 거쳐 분양가상한제 적용 지역으로 지정할 수 있다.

> ㉠ 분양가상한제 적용 지역으로 지정하는 날이 속하는 달의 바로 전달("분양가상한제적용직전월")부터 소급하여 12개월간의 아파트 분양가격상승률이 물가상승률(해당 지역이 포함된 시·도 소비자물가상승률을 말한다)의 2배를 초과한 지역. 이 경우 해당 지역의 아파트 분양가격상승률을 산정할 수 없는 경우에는 해당 지역이 포함된 특별시·광역시·특별자치시·특별자치도 또는 시·군의 아파트 분양가격상승률을 적용한다.
> ㉡ 분양가상한제적용직전월부터 소급하여 3개월간의 주택매매거래량이 전년 동기 대비 20퍼센트 이상 증가한 지역
> ㉢ 분양가상한제적용직전월부터 소급하여 주택공급이 있었던 2개월 동안 해당 지역에서 공급되는 주택의 월평균 청약경쟁률이 모두 5대 1을 초과하였거나 해당 지역에서 공급되는 국민주택규모 주택의 월평균 청약경쟁률이 모두 10대 1을 초과한 지역

(2) 지정절차

① 국토교통부장관이 분양가상한제 적용 지역을 지정하는 경우에는 미리 시·도지사의 의견을 들어야 한다.

② 국토교통부장관은 분양가상한제 적용지역을 지정하였을 때에는 지체 없이 이를 공고하고, 그 지정 지역을 관할하는 시장·군수·구청장에게 공고 내용을 통보하여야 한다. 이 경우 시장·군수·구청장은 사업주체로 하여금 입주자 모집공고 시 해당 지역에서 공급하는 주택이 분양가상한제 적용주택이라는 사실을 공고하게 하여야 한다.

(3) 지정의 해제(의무적 해제)

① 국토교통부장관은 분양가상한제 적용지역으로 계속 지정할 필요가 없다고 인정하는 경우에는 주택정책심의위원회 심의를 거쳐 분양가상한제 적용 지역의 지정을 해제하여야 한다.

② 분양가상한제 적용지역으로 지정된 지역의 시·도지사, 시장, 군수 또는 구청장은 분양가상한제 적용 지역의 지정 후 해당 지역의 주택가격이 안정되는 등 분양가상한제 적용 지역으로 계속 지정할 필요가 없다고 인정하는 경우에는 국토교통부장관에게 그 지정의 해제를 요청할 수 있다.

3. 분양가심사위원회의 운영

① 시장·군수·구청장은 사업계획승인 신청(「도시 및 주거환경정비법」에 따른 사업시행인가 및 「건축법」에 따른 건축허가를 포함한다)이 있는 날부터 20일 이내에 분양가심사위원회를 설치·운영하여야 한다.

② 사업주체가 국가, 지방자치단체, 한국토지주택공사 또는 지방공사인 경우에는 해당 기관의 장이 위원회를 설치·운영하여야 한다.

제7절 투기과열지구의 지정 및 전매행위 등의 제한

1. 투기과열지구 15회 추가, 17회, 21회, 25회, 28회, 32회

(1) 투기과열지구의 지정

① 지정권자: 국토교통부장관 또는 시·도지사는 주택가격의 안정을 위하여 필요한 경우에는 주거정책심의위원회(시·도지사의 경우에는 「주거기본법」 제9조에 따른 시·도 주거정책심의위원회를 말한다)의 심의를 거쳐 일정한 지역을 투기과열지구로 지정하거나 이를 해제할 수 있다. 이 경우 투기과열지구는 그 지정 목적을 달성할 수 있는 최소한의 범위에서 시·군·구 또는 읍·면·동의 지역 단위로 지정하되,

확인문제

24
주택법령상 주택의 공급 및 분양가상한제에 관한 설명으로 틀린 것은?

① 지방공사가 사업주체가 되어 입주자를 모집하려는 경우 시장·군수·구청장의 승인을 받아야 한다.

② 사업주체가 주택을 공급하려는 경우에는 국토교통부령으로 정하는 바에 따라 벽지, 바닥재, 주방용구, 조명기구 등을 제외한 부분의 가격을 따로 제시하여야 한다.

③ 도시형 생활주택은 분양가상한제의 적용을 받지 않는다.

④ 「관광진흥법」에 따라 지정된 관광특구에서 건설·공급하는 50층 이상의 공동주택은 분양가상한제의 적용을 받지 않는다.

⑤ 공공택지에서 주택을 공급하는 경우 분양가상한제 적용주택의 택지비는 해당 택지의 공급가격에 국토교통부령이 정하는 택지와 관련된 비용을 가산한 금액으로 한다.

핵심 암기

📍 국토교통부장관은 시·도별 주택보급률 또는 자가주택비율이 전국 평균을 초과하는 지역을 투기과열지구로 지정할 수 있다(×).

📍 수도권의 투기과열지구에서 건설·공급되는 주택의 입주자로 선정된 지위의 전매제한기간은 입주자 모집을 하여 해당 주택의 입주자로 선정된 날부터 5년간이다(×).

25

주택법령상 투기과열지구의 지정 기준에 관한 설명이다. (   )에 들어갈 숫자와 내용을 바르게 나열한 것은?

- 투기과열지구로 지정하는 날이 속하는 달의 바로 전 달(이하 "직전월")부터 소급하여 주택공급이 있었던 (㉠)개월 동안 해당 지역에서 공급되는 주택의 월평균 청약경쟁률이 모두 5대 1을 초과하였거나 국민주택규모 주택의 월평균 청약경쟁률이 모두 (㉡)대 1을 초과한 곳
- 주택(㉢)이 직전월보다 30퍼센트 이상 감소하여 주택공급이 위축될 우려가 있는 곳

---

① ㉠: 2, ㉡: 10, ㉢: 주택분양실적

② ㉠: 2, ㉡: 10, ㉢: 건축허가실적

③ ㉠: 2, ㉡: 20, ㉢: 건축허가실적

④ ㉠: 3, ㉡: 10, ㉢: 주택분양실적

⑤ ㉠: 3, ㉡: 20, ㉢: 건축허가실적

택지개발지구(「택지개발촉진법」 제2조 제3호에 따른 택지개발지구를 말한다) 등 해당 지역 여건을 고려하여 지정 단위를 조정할 수 있다.

② 지정절차: 국토교통부장관이 투기과열지구를 지정하거나 해제할 경우에는 시·도지사의 의견을 들어야 하며, 시·도지사가 투기과열지구를 지정하거나 해제할 경우에는 국토교통부장관과 협의하여야 한다.

③ 지정의 해제: 국토교통부장관 또는 시·도지사는 투기과열지구에서 지정 사유가 없어졌다고 인정하는 경우에는 지체없이 투기과열지구 지정을 해제하여야 한다.

④ 해제의 요청: 투기과열지구로 지정된 지역의 시·도지사 또는 시장·군수·구청장은 투기과열지구 지정 후 해당 지역의 주택가격이 안정되는 등 지정 사유가 없어졌다고 인정되는 경우에는 국토교통부장관 또는 시·도지사에게 투기과열지구 지정의 해제를 요청할 수 있다.

⑤ 위 ④에 따라 투기과열지구 지정의 해제를 요청받은 국토교통부장관 또는 시·도지사는 요청받은 날부터 40일 이내에 주거정책심의위원회의 심의를 거쳐 투기과열지구 지정의 해제 여부를 결정하여 그 투기과열지구를 관할하는 지방자치단체의 장에게 심의결과를 통보하여야 한다.

⑥ 위 ⑤에 따라 투기과열지구 지정을 유지하는 것으로 결정된 지역의 시·도지사 또는 시장·군수·구청장은 특별한 사정이 없으면 그 결정을 통보받은 날부터 6개월 이내에 같은 사유로 해당 지역의 투기과열지구 지정의 해제를 요청할 수 없다.

⑦ 국토교통부장관 또는 시·도지사는 심의결과 투기과열지구에서 그 지정 사유가 없어졌다고 인정될 때에는 지체없이 투기과열지구 지정을 해제하고 이를 공고하여야 한다.

⑧ 국토교통부장관은 반기마다 주거정책심의위원회의 회의를 소집하여 투기과열지구로 지정된 지역별로 해당 지역의 주택가격 안정 여건의 변화 등을 고려하여 투기과열지구 지정의 유지 여부를 재검토하여야 한다. 이 경우 재검토 결과 투기과열지구 지정의 해제가 필요하다고 인정되는 경우에는 지체 없이 투기과열지구 지정을 해제하고 이를 공고하여야 한다.

(2) **지정대상**

투기과열지구는 해당 지역의 주택가격상승률이 물가상승률보다 현저히 높은 지역으로서 그 지역의 청약경쟁률·주택가격·주택보급률 및 주택공급계획 등과 지역 주택시장 여건 등을 고려하였을 때 주택에 대한 투기가 성행하고 있거나 성행할 우려가 있는 지역 중 대통령령으로 정하는 다음의 기준을 충족하는 곳이어야 한다.

○ 투기과열지구로 지정하는 날이 속하는 달의 바로 전달(이하 이 항에서 "투기과열지구 지정직전월"이라 한다)부터 소급하여 주택공급이 있었던 2개월 동안 해당 지역에서 공급되는 주택의 월별 평균 청약경쟁률이 모두 5대 1을 초과했거나 국민주택규모 주택의 월별 평균 청약경쟁률이 모두 10대 1을 초과한 곳

○ 다음 각 목에 해당하는 곳으로서 주택공급이 위축될 우려가 있는 곳

　㉮ 투기과열지구지정직전월의 주택분양실적이 전달보다 30퍼센트 이상 감소한 곳

　㉯ 법 제15조에 따른 사업계획승인 건수나 「건축법」 제11조에 따른 건축허가 건수(투기과열지구지정직전월부터 소급하여 6개월간의 건수를 말한다)가 직전 연도보다 급격하게 감소한 곳

　㉰ 신도시 개발이나 주택 전매행위의 성행 등으로 투기 및 주거불안의 우려가 있는 곳으로서 다음 각 목에 해당하는 곳

　　가. 해당 지역이 속하는 시·도의 주택보급률이 전국 평균 이하인 곳

　　나. 해당 지역이 속하는 시·도의 자가주택비율이 전국 평균 이하인 곳

　　다. 해당 지역의 분양주택(투기과열지구로 지정하는 날이 속하는 연도의 직전 연도에 분양된 주택을 말한다)의 수가 법 제56조 제1항에 따른 입주자저축에 가입한 사람으로서 국토교통부령으로 정하는 사람의 수보다 현저히 적은 곳

2. 조정대상지역 29회, 34회

(1) 지정권자 및 대상

① 국토교통부장관은 다음 각 호의 어느 하나에 해당하는 지역으로서 국토교통부령으로 정하는 기준을 충족하는 지역을 주거정책심의위원회의 심의를 거쳐 조정대상지역(이하 "조정대상지역"이라 한다)으로 지정할 수 있다. 이 경우 제1호에 해당하는 조정대상지역은 그 지정 목적을 달성할 수 있는 최소한의 범위에서 시·군·구 또는 읍·면·동의 지역 단위로 지정하되, 택지개발지구(「택지개발촉진법」 제2조 제3호에 따른 택지개발지구를 말한다) 등 해당 지역 여건을 고려하여 지정 단위를 조정할 수 있다.

○ 주택가격, 청약경쟁률, 분양권 전매량 및 주택보급률 등을 고려하였을 때 주택 분양 등이 과열되어 있거나 과열될 우려가 있는 다음의 지역: 조정대상지역으로 지정하는 날이 속하는 달의 바로 전달("조정대상지역지정직전월")부터 소급하여 3개월간의 해당 지역 주택가격상승률이 그 지역이 속하는 시·도 소비자물가상승률의 1.3배를 초과한 지역으로서 다음 각 목에 해당하는 지역

　가. 조정대상지역지정직전월부터 소급하여 주택공급이 있었던 2개월 동안 해당 지역에서 공급되는 주택의 월별 평균 청약경쟁률이 모두 5대 1을 초과했거나 국민주택규모 주택의 월별 평균 청약경쟁률이 모두 10대 1을 초과한 지역

　나. 조정대상지역지정직전월부터 소급하여 3개월간의 분양권(주택의 입주자로 선정된 지위를 말한다) 전매거래량이 직전 연도의 같은 기간보다 30퍼센트 이상 증가한 지역

　다. 해당 지역이 속하는 시·도의 주택보급률 또는 자가주택비율이 전국 평균 이하인 지역

26

주택법령상 조정대상지역의 지정기준의 일부이다. ( )에 들어갈 숫자로 옳은 것은?

조정대상지역지정직전월부터 소급하여 6개월간의 평균 주택가격상승률이 마이너스 (㉠)퍼센트 이하인 지역으로서 다음에 해당하는 지역

• 조정대상지역지정직전월부터 소급하여 (㉡)개월 연속 주택매매거래량이 직전 연도의 같은 기간보다 (㉢)퍼센트 이상 감소한 지역

• 조정대상지역지정직전월부터 소급하여 (㉡)개월간의 평균 미분양주택(「주택법」 제15조 제1항에 따른 사업계획승인을 받아 입주자를 모집했으나 입주자가 선정되지 않은 주택을 말한다)의 수가 직전 연도의 같은 기간보다 2배 이상인 지역

① ㉠: 1, ㉡: 3, ㉢: 20
② ㉠: 1, ㉡: 3, ㉢: 30
③ ㉠: 1, ㉡: 6, ㉢: 30
④ ㉠: 3, ㉡: 3, ㉢: 20
⑤ ㉠: 3, ㉡: 6, ㉢: 20

27

주택법령상 투기과열지구의 지정 및 전매행위 제한에 관한 설명으로 틀린 것은?

① 국토교통부장관 또는 시·도지사는 주택가격의 안정을 위하여 필요한 경우에 일정한 지역을 투기과열지구로 지정하거나 이를 해제할 수 있다.

② 국토교통부장관이 투지과열지구를 지정하거나 이를 해제할 경우에는 시·도지사의 의견을 들어야 하며, 시·도지사가 투기과열지구를 지정하거나 이를 해제할 경우에는 국토교통부장관과 협의하여야 한다.

③ 주택의 분양계획이 직전월보다 30퍼센트 이상 감소한 곳으로서 주택공급이 위축될 우려가 있는 곳은 투지과열지구로 지정할 수 있다.

④ 세대원 전원이 해외로 이주하거나 2년 이상의 기간 해외에 체류하고자 하는 경우에는 전매제한을 적용하지 아니한다.

⑤ 국토교통부장관은 3년마다 주거정책심의위원회의 회의를 소집하여 투기과열지구로 지정된 지역별로 투기과열지구 지정의 유지 여부를 재검토하여야 한다.

ⓛ 주택가격, 주택거래량, 미분양주택의 수 및 주택보급률 등을 고려하여 주택의 분양·매매 등 거래가 위축되어 있거나 위축될 우려가 있는 다음의 지역: 조정대상지역지정직전월부터 소급하여 6개월간의 평균 주택가격상승률이 마이너스 1퍼센트 이하인 지역으로서 다음 각 목에 해당하는 지역

    가. 조정대상지역지정직전월부터 소급하여 3개월 연속 주택매매거래량이 직전 연도의 같은 기간보다 20퍼센트 이상 감소한 지역

    나. 조정대상지역지정직전월부터 소급하여 3개월간의 평균 미분양주택(사업계획 승인을 받아 입주자를 모집했으나 입주자가 선정되지 않은 주택을 말한다)의 수가 직전 연도의 같은 기간보다 2배 이상인 지역

    다. 해당 지역이 속하는 시·도의 주택보급률 또는 자가주택비율이 전국 평균을 초과하는 지역

② 국토교통부장관은 조정대상지역을 지정하는 경우에는 미리 시·도지사의 의견을 들어야 한다.

(2) 해제 및 해제의 요청

① 국토교통부장관은 조정대상지역으로 유지할 필요가 없다고 판단되는 경우에는 주거정책심의위원회의 심의를 거쳐 조정대상지역의 지정을 해제하여야 한다.

② 국토교통부장관은 반기마다 주거정책심의위원회의 회의를 소집하여 조정대상지역으로 지정된 지역별로 해당 지역의 주택가격 안정 여건의 변화 등을 고려하여 조정대상지역 지정의 유지 여부를 재검토하여야 한다. 이 경우 재검토 결과 조정대상지역 지정의 해제가 필요하다고 인정되는 경우에는 지체 없이 조정대상지역 지정을 해제하고 이를 공고하여야 한다.

③ 조정대상지역으로 지정된 지역의 시·도지사 또는 시장·군수·구청장은 조정대상지역 지정 후 해당 지역의 주택가격이 안정되는 등 조정대상지역으로 유지할 필요가 없다고 판단되는 경우에는 국토교통부장관에게 그 지정의 해제를 요청할 수 있다.

④ 위 ③에 따라 국토교통부장관은 조정대상지역 지정의 해제를 요청받은 경우에는 「주거기본법」 제8조에 따른 주거정책심의위원회의 심의를 거쳐 요청받은 날부터 40일 이내에 해제 여부를 결정하고, 그 결과를 해당 지역을 관할하는 시·도지사 또는 시장·군수·구청장에게 통보해야 한다.

⑤ 위 ④에 따라 조정대상지역을 유지하는 것으로 결정된 지역의 시·도지사 또는 시장·군수·구청장은 특별한 사정이 없으면 그 결정을 통보받은 날부터 6개월 이내에 같은 사유로 해당 지역의 조정대상지역 지정의 해제를 다시 요청할 수 없다.

3. 주택의 전매행위제한 21회, 22회, 23회, 25회, 27회

(1) 전매제한기간

사업주체가 건설·공급하는 주택[해당 주택의 입주자로 선정된 지위(입주자로 선정되어 그 주택에 입주할 수 있는 권리·자격·지위 등을 말한다)를 포함한다]으로서 다음 각 호의

어느 하나에 해당하는 경우에는 10년 이내의 범위에서 대통령령으로 정하는 일정한 기간이 지나기 전에는 그 주택을 전매(매매·증여나 그 밖에 권리의 변동을 수반하는 모든 행위를 포함하되, 상속의 경우는 제외한다)하거나 이의 전매를 알선할 수 없다. 이 경우 전매제한기간은 주택의 수급 상황 및 투기 우려 등을 고려하여 대통령령으로 지역별로 달리 정할 수 있다.

전매행위제한 대상

1. 투기과열지구에서 건설·공급되는 주택
2. 조정대상지역에서 건설·공급되는 주택. 다만, 제63조의2 제1항 제2호에 해당하는 조정대상지역 중 주택의 수급 상황 등을 고려하여 대통령령으로 정하는 지역에서 건설·공급되는 주택은 제외한다.
3. 분양가상한제 적용주택. 다만, 수도권 외의 지역 중 주택의 수급 상황 및 투기 우려 등을 고려하여 대통령령으로 정하는 지역으로서 투기과열지구가 지정되지 아니하거나 제63조에 따라 지정 해제된 지역 중 공공택지 외의 택지에서 건설·공급되는 분양가상한제 적용주택은 제외한다.
4. 공공택지 외의 택지에서 건설·공급되는 주택. 다만, 제57조 제2항 각 호의 주택 및 수도권 외의 지역 중 주택의 수급 상황 및 투기 우려 등을 고려하여 대통령령으로 정하는 지역으로서 공공택지 외의 택지에서 건설·공급되는 주택은 제외한다.
5. 「도시 및 주거환경정비법」 제2조 제2호 나목 후단에 따른 공공재개발사업(제57조 제1항 제2호의 지역에 한정한다)에서 건설·공급하는 주택
6. 토지임대부 분양주택

① 전매행위제한기간

공통 사항

가. 전매행위 제한기간은 **해당 주택의 입주자로 선정된 날부터 기산한다.**
나. 주택에 대한 전매행위 제한기간이 둘 이상에 해당하는 경우에는 그 중 가장 긴 전매행위 제한기간을 적용한다. 다만, 법 제63조의2 제1항 제2호에 따른 지역에서 건설·공급되는 주택의 경우에는 가장 짧은 전매행위 제한기간을 적용한다.
다. 주택에 대한 전매행위 제한기간 이내에 해당 주택에 대한 소유권이전등기를 완료한 경우 소유권이전등기를 완료한 때에 전매행위 제한기간이 지난 것으로 본다. 이 경우 주택에 대한 소유권이전등기에는 대지를 제외한 건축물에 대해서만 소유권이전등기를 하는 경우를 포함한다.

② 투기과열지구에서 건설·공급되는 주택의 전매제한기간

투기과열지구에서 건설·공급되는 주택: 해당 주택의 입주자로 선정된 날부터 다음 각 목의 구분에 따른 기간동안 전매행위가 제한된다.
가. **수도권: 3년**
나. 수도권 외의 지역: 1년

28

주택법령상 주택의 전매행위 제한 등에 관한 설명으로 옳은 것은?

① 제한되는 전매에는 매매·증여·상속이나 그 밖에 권리의 변동을 수반하는 모든 행위가 포함된다.
② 수도권의 투기과열지구에서 건설·공급되는 주택의 입주자로 선정된 지위의 전매제한기간은 해당 주택의 입주자로 선정된 날부터 5년간이다.
③ 상속에 의하여 취득한 주택으로 세대원 일부가 이전하는 경우 전매제한의 대상이 되는 주택이라도 전매할 수 있다.
④ 사업주체가 전매행위가 제한되는 분양가상한제 적용주택을 공급하는 경우 그 주택의 소유권을 제3자에게 이전할 수 없음을 소유권에 관한 등기에 부기등기하여야 한다.
⑤ 「관광진흥법」에 따라 지정된 관광특구에서 건설·공급하는 층수가 51층이고 높이가 140m인 아파트는 분양가상한제의 적용대상이다.

③ 조정대상지역에서 건설·공급되는 주택의 전매제한기간

> 조정대상지역에서 건설·공급되는 주택: **해당 주택의 입주자로 선정된 날부터 다음 각 목의 구분에 따른 기간동안 전매행위가** 제한된다.
> 가. 과열지역(법 제63조의2 제1항 제1호에 해당하는 조정대상지역－주택가격, 청약 경쟁률, 분양권 전매량 및 주택보급률 등을 고려하였을 때 주택 분양 등이 과열되어 있거나 과열될 우려가 있는 지역): 다음의 구분에 따른 기간
> 　1) 수도권: 3년
> 　2) 수도권 외의 지역: 1년
> 나. 위축지역(법 제63조의2 제1항 제2호에 해당하는 조정대상지역－주택가격, 주택 거래량, 미분양주택의 수 및 주택보급률 등을 고려하여 주택의 분양·매매 등 거래가 위축되어 있거나 위축될 우려가 있는 지역)
>
> | 공공택지에서 건설·공급되는 주택 | 공공택지 외의 택지에서 건설·공급되는 주택 |
> |---|---|
> | 6개월 | － |

④ **분양가상한제 적용주택**의 전매제한기간: 다음 각 목의 구분에 따른 기간

> 가. 공공택지에서 건설·공급되는 주택: 해당 주택의 입주자로 선정된 날부터 다음의 구분에 따른 기간
> 　1) 수도권: 3년
> 　2) 수도권 외의 지역: 1년
> 나. 공공택지 외의 택지에서 건설·공급되는 주택: 해당 주택의 입주자로 선정된 날부터 다음의 구분에 따른 기간
> 　1) 투기과열지구: 제2호 각 목의 구분에 따른 기간
> 　2) 투기과열지구가 아닌 지역: 제5호 각 목의 구분에 따른 기간

⑤ 공공택지 외의 택지에서 건설·공급되는 주택의 전매제한기간: 다음 각 목의 구분에 따른 기간

구 분		전매행위 제한기간
가. 수도권	1) 「수도권정비계획법」에 따른 과밀억제권역	1년
	2) 「수도권정비계획법」에 따른 성장관리권역 및 자연보전권역	6개월
나. 수도권 외의 지역	1) 광역시 중 「국토의 계획 및 이용에 관한 법률」 제36조 제1항 제1호에 따른 도시지역	6개월
	2) 그 밖의 지역	－

⑥ 공공재개발사업에서 건설·공급하는 주택: ④의 나에 따른 기간
⑦ 토지임대부분양주택: 10년

(2) **전매제한의 예외** ^{24회}

확인문제

① 한국토지주택공사의 동의를 받은 경우: 위 (1)의 1,2,3,4,5까지의 주택을 공급받은 자의 생업상의 사정 등으로 전매가 불가피하다고 인정되는 경우로서 대통령령으로 정하는 다음의 어느 하나에 해당하여 한국토지주택공사의 동의를 받은 경우에는 위 (1)의 전매제한을 적용하지 아니한다(법 제64조 제2항, 영 제73조 제4항).

  ㉠ 세대원(세대주가 포함된 세대의 구성원을 말한다)이 근무 또는 생업상의 사정이나 질병치료·취학·결혼으로 인하여 세대원 전원이 다른 광역시, 특별자치시, 특별자치도, 시 또는 군(광역시의 관할구역에 있는 군은 제외한다)으로 이전하는 경우. 다만, 수도권으로 이전하는 경우는 제외한다.

  ㉡ 상속에 따라 취득한 주택으로 세대원 전원이 이전하는 경우

  ㉢ 세대원 전원이 해외로 이주하거나 2년 이상의 기간 동안 해외에 체류하려는 경우

  ㉣ 이혼으로 인하여 입주자로 선정된 지위 또는 주택을 배우자에게 이전하는 경우

  ㉤ 「공익사업을 위한 토지 등의 취득 및 보상에 관한 법률」 제78조 제1항에 따라 공익사업의 시행으로 주거용 건축물을 제공한 자가 사업시행자로부터 이주대책용 주택을 공급받은 경우(사업시행자의 알선으로 공급받은 경우를 포함한다)로서 시장·군수·구청장이 확인하는 경우

  ㉥ 법 제64조 제1항 제2호 및 제3호에 해당하는 주택의 소유자가 국가·지방자치단체 및 금융기관에 대한 채무를 이행하지 못하여 경매 또는 공매가 시행되는 경우

  ㉦ 입주자로 선정된 지위 또는 주택의 일부를 배우자에게 증여하는 경우

  ㉧ 실직·파산 또는 신용불량으로 경제적 어려움이 발생한 경우

② 한국토지주택공사 등의 우선 매입: 다만, 분양가상한제 적용주택을 공급받은 자가 전매하는 경우에는 한국토지주택공사가 그 주택을 우선 매입할 수 있다.

③ 위 ①에 따른 동의를 받으려는 사람은 국토교통부령으로 정하는 전매 동의신청서를 한국토지주택공사에 제출해야 한다. 이 경우 한국토지주택공사는 해당 동의신청서를 접수한 날부터 14일 이내에 동의 여부를 신청인에게 통보해야 한다.

④ 한국토지주택공사는 법 제64조 제2항 단서에 따라 해당 주택을 우선 매입하려는 경우에는 위 ③에 따른 통보를 할 때 우선 매입 의사를 함께 통보해야 한다.

(3) **위반행위시의 조치**

① 사업주체의 환매

전매행위제한(토지임대부분양주택은 제외한다)을 위반하여 주택의 입주자로 선정된 지위의 전매가 이루어진 경우, 사업주체가 매입비용을 그 매수인에게 지급한 경우에는 그 지급한 날에 사업주체가 해당 입주자로 선정된 지위를 취득한 것으로 보며, 한국토지주택공사가 분양가상한제 적용주택을 우선 매입하는 경우에도 매입비용을 준용하되, 해당 주택의 분양가격과 인근지역 주택매매가격의 비율 및 해당 주택의 보유기간 등을 고려하여 대통령령으로 정하는 바에 따라 매입금액을 달리 정할 수 있다.

② 입주자자격의 제한

국토교통부장관은 전매제한을 위반한 자에 대하여 10년의 범위에서 국토교통부령으로 정하는 바에 따라 주택의 입주자자격을 제한할 수 있다.

③ 신고포상금(법 제92조)

㉠ 시·도지사는 제64조를 위반하여 분양권 등을 전매하거나 알선하는 자를 주무관청에 신고한 자에게 대통령령으로 정하는 바에 따라 포상금을 지급할 수 있다.

㉡ 법 제92조에 따라 법 제64조를 위반하여 분양권 등을 전매하거나 알선하는 행위(이하 "부정행위"라 한다)를 하는 자를 신고하려는 자는 신고서에 부정행위를 입증할 수 있는 자료를 첨부하여 시·도지사에게 신고하여야 한다.

④ 행정형벌

제64조 제1항을 위반하여 주택을 전매하거나 이의 전매를 알선한 자는 3년 이하의 징역 또는 3천만원 이하의 벌금에 처한다. 다만, 그 위반행위로 얻은 이익의 3배에 해당하는 금액이 3천만원을 초과하는 자는 3년 이하의 징역 또는 그 이익의 3배에 해당하는 금액 이하의 벌금에 처한다.

(4) 부기등기

① 사업주체가 분양가상한제 적용주택, 공공택지 외의 택지에서 건설·공급되는 주택, 토지임대부 분양주택을 공급하는 경우(한국주택토지공사가 주택을 재공급하는 경우도 포함한다)에는 그 주택의 소유권을 제3자에게 이전할 수 없음을 소유권에 관한 등기에 부기등기하여야 한다(법 제64조 제4항).

② 부기등기는 주택의 소유권보존등기와 동시에 하여야 하며, 부기등기에는 "이 주택은 최초로 소유권이전등기가 된 후에는 「주택법」 제64조 제1항에서 정한 기간이 지나기 전에 한국토지주택공사(제64조 제2항 단서에 따라 한국토지주택공사가 우선 매입한 주택을 공급받는 자를 포함한다) 외의 자에게 소유권을 이전하는 어떠한 행위도 할 수 없음"을 명시하여야 한다.

(5) 주택의 재공급

한국토지주택공사는 매입한 주택을 국토교통부령으로 정하는 바에 따라 재공급하여야 하며, 해당 주택을 공급받은 자는 전매제한기간 중 잔여기간 동안 그 주택을 전매할 수 없다. 이 경우 제78조의2 제3항에 따라 매입한 주택은 토지임대부 분양주택으로 재공급하여야 한다.

1. 금지행위(공급질서 교란행위)

누구든지 이 법에 따라 건설·공급되는 주택을 공급받거나 공급받게 하기 위하여 다음의 어느 하나에 해당하는 증서 또는 지위를 양도·양수(매매·증여나 그 밖에 권리변동을 수반하는 모든 행위를 포함하되, **상속·저당의 경우는 제외한다**) 또는 이를 알선하거나 양도·양수 또는 이를 알선할 목적으로 하는 광고(각종 간행물·인쇄물·전화·인터넷, 그 밖의 매체를 통한 행위를 포함한다)를 하여서는 아니 되며, 누구든지 거짓이나 그 밖의 부정한 방법으로 이 법에 따라 건설·공급되는 증서나 지위 또는 주택을 공급받거나 공급받게 하여서는 아니 된다.

> ㉠ **주택조합원의 지위**
> ㉡ **입주자저축 증서**
> ㉢ **주택상환사채**
> ㉣ 그 밖에 주택을 공급받을 수 있는 증서 또는 지위로서 대통령령으로 정하는 다음의 것
> ⓐ 시장·군수·구청장이 발행한 **무허가건물확인서·건물철거예정증명서** 또는 **건물철거확인서**
> ⓑ 공공사업의 시행으로 인한 이주대책에 의하여 주택을 공급받을 수 있는 지위 또는 이주대책대상자확인서

2. 위반에 대한 조치

(1) 주택공급신청의 무효 및 공급계약 취소

① 국토교통부장관 또는 사업주체는 다음의 어느 하나에 해당하는 자에 대하여는 그 주택 공급을 신청할 수 있는 지위를 무효로 하거나 이미 체결된 주택의 공급계약을 취소하여야 한다(요놈만 의무적 취소사유).

> ㉠ 위 1.의 규정을 위반하여 증서 또는 지위를 양도하거나 양수한 자
> ㉡ 위 1.의 규정을 위반하여 거짓이나 그 밖의 부정한 방법으로 증서나 지위 또는 주택을 공급받은 자

② 국토교통부장관 또는 사업주체는 공급질서 교란 행위가 있었다는 사실을 알지 못하고 주택 또는 주택의 입주자로 선정된 지위를 취득한 매수인이 해당 공급질서 교란 행위와 관련이 없음을 대통령령으로 정하는 바에 따라 소명하는 경우에는 이미 체결된 주택의 공급계약을 취소하여서는 아니 된다.

(2) 위반자에 대한 주택의 환매

사업주체가 위 (1)을 위반한 자에게 대통령령으로 정하는 바에 따라 산정한 주택가격에 해당하는 금액을 지급한 경우에는 그 지급한 날에 그 주택을 취득한 것으로 본다.

확인문제

29
주택법령상 주택공급과 관련하여 금지되는 공급질서교란행위에 해당하는 것을 모두 고른 것은?

> ㉠ 주택을 공급받을 수 있는 조합원 지위의 상속
> ㉡ 입주자저축증서의 저당
> ㉢ 공공사업의 시행으로 인한 이주대책에 따라 주택을 공급받을 수 있는 지위의 매매
> ㉣ 주택을 공급받을 수 있는 증서로서 시장·군수·구청장이 발생한 무허가건물 확인서의 증여

① ㉠, ㉡
② ㉠, ㉣
③ ㉢, ㉣
④ ㉠, ㉡, ㉣
⑤ ㉡, ㉢, ㉣

(3) 퇴거명령

사업주체가 매수인에게 주택가격을 지급하거나, 매수인을 알 수 없어 주택가격의 수령 통지를 할 수 없는 경우로서 주택가격을 그 주택이 있는 지역을 관할하는 법원에 공탁한 경우에는 그 주택에 입주한 자에 대하여 기간을 정하여 퇴거를 명할 수 있다.

(4) 입주자자격제한

국토교통부장관은 위 1.의 규정에 위반한 자에 대하여 위반한 행위를 적발한 날부터 10년 이내의 범위에서 국토교통부령으로 정하는 기간 동안 주택의 입주자자격을 제한할 수 있다.

> ㉠ 공공주택지구의 주택(민영주택은 제외한다): 10년
> ㉡ 투기과열지구의 주택: 5년
> ㉢ 위 ㉠ 및 ㉡ 외의 지역의 주택: 3년

제 9 절 리모델링 18회, 25회, 28회, 31회, 33회, 34회

1. 리모델링 허가

(1) 시장 · 군수 · 구청장의 허가

① 공동주택(부대시설과 복리시설을 포함한다)의 입주자 · 사용자 또는 관리주체가 공동주택을 리모델링하려고 하는 경우에는 허가와 관련된 면적, 세대수 또는 입주자 등의 동의 비율에 관하여 대통령령으로 정하는 기준 및 절차 등에 따라 시장 · 군수 · 구청장의 허가를 받아야 한다.

② 위 ①에도 불구하고 대통령령으로 정하는 경우에는 리모델링주택조합이나 소유자 전원의 동의를 받은 입주자대표회의가 시장 · 군수 · 구청장의 허가를 받아 리모델링을 할 수 있다.

③ 리모델링에 동의한 소유자는 리모델링주택조합 또는 입주자대표회의가 시장 · 군수 · 구청장에게 허가신청서를 제출하기 전까지 서면으로 동의를 철회할 수 있다.

④ 리모델링 기본계획 수립 대상지역에서 세대수 증가형 리모델링을 허가하려는 시장 · 군수 · 구청장은 해당 리모델링 기본계획에 부합하는 범위에서 허가하여야 한다.

⑤ 세대수가 증가되는 리모델링을 하는 경우에는 기존 주택의 권리변동, 비용분담 등 대통령령으로 정하는 사항에 대한 계획(이하 "권리변동계획"이라 한다)을 수립하여 사업계획승인 또는 행위허가를 받아야 한다.

⊕ "증축형 리모델링"을 하려는 자는 시장 · 군수 · 구청장에게 안전진단을 요청하여야 하며, 안전진단을 요청받은 시장 · 군수 · 구청장은 해당 건축물의 증축 가능 여부의 확인 등을 위하여 안전진단을 실시하여야 한다.

⊕ 수직증축형 리모델링의 설계자는 국토교통부장관이 정하여 고시하는 구조기준에 맞게 구조설계도서를 작성하여야 한다.

(2) 리모델링 허가기준(동의 비율)

① 입주자 · 사용자 또는 관리주체의 경우: 공사기간, 공사방법 등이 적혀 있는 동의서에 입주자 전체의 동의를 받아야 한다.
② 리모델링주택조합의 경우: 주택단지 전체 구분소유자 및 의결권의 각 75퍼센트 이상의 동의와 각 동별 구분소유자 및 의결권의 각 50퍼센트 이상의 동의를 받아야 하며, 동을 리모델링하는 경우에는 그 동의 구분소유자 및 의결권의 각 75퍼센트 이상의 동의를 받아야 한다.
③ 입주자대표회의 경우: 주택단지의 소유자 전원의 동의를 받아야 한다.

(3) 시공자 선정 등

① 건설업자 또는 등록사업자의 선정
리모델링을 하는 경우 설립인가를 받은 리모델링주택조합의 총회 또는 소유자 전원의 동의를 받은 입주자대표회의에서 건설업자 또는 건설업자로 보는 등록사업자를 시공자로 선정하여야 한다.

② 시공자 선정방법
위 ①에 따른 시공자를 선정하는 경우에는 국토교통부장관이 정하는 경쟁입찰의 방법으로 하여야 한다. 다만, 시공자 선정을 위하여 국토교통부장관이 정하는 경쟁입찰의 방법으로 2회 이상 경쟁입찰을 하였으나 입찰자의 수가 해당 경쟁입찰의 방법에서 정하는 최저 입찰자 수에 미달하여 경쟁입찰의 방법으로 시공자를 선정할 수 없게 된 경우에는 그러하지 아니하다.

③ 리모델링 허가전 심의
시장 · 군수 · 구청장이 세대수 증가형 리모델링(50세대 이상으로 세대수가 증가하는 경우로 한정한다)을 허가하려는 경우에는 기반시설에의 영향이나 도시 · 군관리계획과의 부합 여부 등에 대하여 시 · 군 · 구도시계획위원회의 심의를 거쳐야 한다.

④ 리모델링 공사완료 후 사용검사 및 허가 취소
㉠ 공동주택의 입주자 · 사용자 · 관리주체 · 입주자대표회의 또는 리모델링주택조합이 리모델링에 관하여 시장 · 군수 · 구청장의 허가를 받은 후 그 공사를 완료하였을 때에는 시장 · 군수 · 구청장의 사용검사를 받아야 하며, 사용검사에 관하여는 제49조를 준용한다.
㉡ 시장 · 군수 · 구청장은 위 ①에 해당하는 자가 거짓이나 그 밖의 부정한 방법으로 리모델링 허가를 받은 경우에는 행위허가를 취소할 수 있다.

(4) 증축형리모델링의 안전진단

증축하는 리모델링("증축형 리모델링")을 하려는 자는 시장 · 군수 · 구청장에게 안전진단을 요청하여야 하며, 안전진단을 요청받은 시장 · 군수 · 구청장은 해당 건축물의 증축 가능 여부의 확인 등을 위하여 안전진단을 실시하여야 한다.

확인문제

30
주택법령상 리모델링에 관한 설명으로 틀린 것은? (단, 조례는 고려하지 않음)

① 세대수 증가형 리모델링으로 인한 도시과밀, 이주수요집중 등을 체계적으로 관리하기 위하여 수립하는 계획을 리모델링 기본계획이라 한다.
② 리모델링에 동의한 소유자는 리모델링 결의를 한 리모델링주택조합이나 소유자 전원의 동의를 받은 입주자대표회의가 시장 · 군수 · 구청장에게 리모델링 허가신청서를 제출하기 전까지 서면으로 동의를 철회할 수 있다.
③ 특별시장 · 광역시장 및 대도시의 시장은 리모델링 기본계획을 수립하거나 변경한 때에는 이를 지체 없이 해당 지방자치단체의 공보에 고시하여야 한다.
④ 수직증축형 리모델링의 설계자는 국토교통부장관이 정하여 고시하는 구조기준에 맞게 구조설계도서를 작성하여야 한다.
⑤ 대수선인 리모델링을 하려는 자는 시장 · 군수 · 구청장에게 안전진단을 요청하여야 한다.

31

주택법령상 리모델링에 관한 설명으로 옳은 것은? (단, 조례는 고려하지 않음)

① 기존 14층 건축물에 수직증축형 리모델링이 허용되는 경우 2개층까지 증축할 수 있다.

② 리모델링주택조합의 설립인가를 받으려는 자는 인가신청서에 해당 주택소재지의 100분의 80 이상의 토지에 대한 토지사용승낙서를 첨부하여 관할 시장·군수 또는 구청장에게 제출하여야 한다.

③ 소유자 전원의 동의를 받은 입주자대표회의는 시장·군수·구청장에게 신고하고 리모델링을 할 수 있다.

④ 수직증축형 리모델링의 경우 리모델링주택조합의 설립인가신청서에 당해 주택이 사용검사를 받은 후 10년 이상의 기간이 경과하였음을 증명하는 서류를 첨부하여야 한다.

⑤ 리모델링주택조합이 시공자를 선정하는 경우 수의계약의 방법으로 하여야 한다.

(5) 리모델링 기본계획 27회

① 특별시장·광역시장 및 대도시의 시장은 관할구역에 대하여 리모델링 기본계획을 10년 단위로 수립하여야 하며, 5년마다 리모델링 기본계획의 타당성을 검토하여 그 결과를 리모델링 기본계획에 반영하여야 한다.

② 특별시장·광역시장 및 대도시의 시장은 리모델링 기본계획을 수립하거나 변경하려면 14일 이상 주민에게 공람하고, 지방의회의 의견을 들어야 한다. 이 경우 지방의회는 의견제시를 요청받은 날부터 30일 이내에 의견을 제시하여야 하며, 30일 이내에 의견을 제시하지 아니하는 경우에는 이의가 없는 것으로 본다.

제 10 절 토지임대부 분양주택 33회

(1) "토지임대부 분양주택"이란

"토지임대부 분양주택"이란 토지의 소유권은 사업계획의 승인을 받아 토지임대부 분양주택 건설사업을 시행하는 자가 가지고, 건축물 및 복리시설 등에 대한 소유권은 주택을 분양받은 자가 가지는 주택을 말한다.

(2) 임대차 기간 등

① 토지임대부 분양주택의 토지에 대한 임대차기간은 40년 이내로 한다. 이 경우 토지임대부 분양주택 소유자의 75퍼센트 이상이 계약갱신을 청구하는 경우 40년의 범위에서 이를 갱신할 수 있다.

② 토지임대부 분양주택을 공급받은 자가 토지소유자와 임대차계약을 체결한 경우 해당 주택의 구분소유권을 목적으로 그 토지 위에 위 ①에 따른 임대차기간 동안 지상권이 설정된 것으로 본다.

③ 토지임대부 분양주택의 토지에 대한 임대차계약을 체결하고자 하는 자는 국토교통부령으로 정하는 표준임대차계약서를 사용하여야 한다.

(3) 임대차계약을 승계 등

① 토지임대부 분양주택을 양수한 자 또는 상속받은 자는 임대차계약을 승계한다.

② 토지임대부 분양주택의 토지임대료는 해당 토지의 조성원가 또는 감정가격 등을 기준으로 산정하되, 토지임대부 분양주택의 월별 토지임대료는 대통령령으로 정하는 다음의 기준에 따라 산정한 금액을 12개월로 분할한 금액 이하로 한다.

1. 공공택지에 토지임대주택을 건설하는 경우: 해당 공공택지의 조성원가에 입주자 모집공고일이 속하는 달의 전전달의 「은행법」에 따른 은행의 3년 만기 정기예금 평균이자율을 적용하여 산정한 금액

2. 공공택지 외의 택지에 토지임대주택을 건설하는 경우: 「감정평가 및 감정평가사에 관한 법률」에 따라 감정평가한 가액에 입주자모집공고일이 속하는 달의 전전달의 「은행법」에 따른 은행의 3년 만기 정기예금 평균이자율을 적용하여 산정한 금액. 이 경우 감정평가액의 산정시기와 산정방법 등은 국토교통부령으로 정한다.

③ 토지소유자는 토지임대주택을 분양받은 자와 토지임대료에 관한 약정(이하 "토지 임대료약정"이라 한다)을 체결한 후 2년이 지나기 전에는 토지임대료의 증액을 청구할 수 없다.

④ 토지소유자는 토지임대료약정 체결 후 2년이 지나 토지임대료의 증액을 청구하는 경우에는 시·군·구의 평균지가상승률을 고려하여 증액률을 산정하되, 「주택임대차보호법 시행령」 제8조 제1항에 따른 차임 등의 증액청구 한도 비율을 초과해서는 아니 된다.

(4) 토지임대료의 보증금 전환

① 토지임대료는 월별 임대료를 원칙으로 하되, 토지소유자와 주택을 공급받은 자가 합의한 경우 대통령령으로 정하는 바에 따라 임대료를 선납하거나 보증금으로 전환하여 납부할 수 있다.

② 법 제78조 제6항에 따라 토지임대료를 선납하거나 보증금으로 전환하려는 경우 그 선납 토지임대료 또는 보증금을 산정할 때 적용되는 이자율은 「은행법」에 따른 은행의 3년 만기 정기예금 평균이자율 이상이어야 한다.

③ 토지임대부 분양주택에 관하여 이 법에서 정하지 아니한 사항은 「집합건물의 소유 및 관리에 관한 법률」, 「민법」 순으로 적용한다.

(5) 토지임대부 분양주택의 공공매입

① 토지임대부 분양주택을 공급받은 자가 토지임대부 분양주택을 양도하려는 경우에는 대통령령으로 정하는 바에 따라 한국토지주택공사에 해당 주택의 매입을 신청하여야 한다.

② 한국토지주택공사는 위 ①에 따라 매입신청을 받은 경우 대통령령으로 정하는 특별한 사유가 없으면 대통령령으로 정하는 절차를 거쳐 해당 주택을 매입하여야 한다.

③ 한국토지주택공사가 위 ②에 따라 주택을 매입하는 경우 그 주택을 양도하는 자에게 매입비용을 지급한 때에는 그 지급한 날에 한국토지주택공사가 해당 주택을 취득한 것으로 본다.

32
주택법령상 토지임대부 분양주택에 관한 설명으로 옳은 것은?

① 토지임대부 분양주택의 토지에 대한 임대차기간은 50년 이내로 한다.

② 토지임대부 분양주택의 토지에 대한 임대차기간을 갱신하기 위해서는 토지임대부 분양주택 소유자의 3분의 2 이상이 계약갱신을 청구하여야 한다.

③ 토지임대료를 보증금으로 전환하여 납부하는 경우, 그 보증금을 산정한 때 적용되는 이자율은 「은행법」에 따른 은행의 3년 만기 정기예금 평균이자율 이상이어야 한다.

④ 토지임대부 분양주택을 공급받은 자가 토지임대부 분양주택을 양도하려는 경우에는 시·도지사에게 해당 주택의 매입을 신청하여야 한다.

⑤ 토지임대료는 분기별 임대료를 원칙으로 한다.

⑹ **토지임대부 분양주택의 재건축**

① 토지임대부 분양주택의 소유자가 임대차기간이 만료되기 전에 「도시 및 주거환경
정비법」 등 도시개발 관련 법률에 따라 해당 주택을 철거하고 재건축을 하고자
하는 경우 「집합건물의 소유 및 관리에 관한 법률」 제47조부터 제49조까지에 따
라 토지소유자의 동의를 받아 재건축할 수 있다. 이 경우 토지소유자는 정당한 사
유 없이 이를 거부할 수 없다.

② 위 ①에 따라 토지임대부 분양주택을 재건축하는 경우 해당 주택의 소유자를
「도시 및 주거환경정비법」 제2조 제9호 나목에 따른 토지등소유자로 본다.

③ 위 ①에 따라 재건축한 주택은 토지임대부 분양주택으로 한다. 이 경우 재건축한
주택의 준공인가일부터 제78조 제1항에 따른 임대차기간 동안 토지소유자와 재건
축한 주택의 조합원 사이에 토지의 임대차기간에 관한 계약이 성립된 것으로 본다.

④ 위 ③에도 불구하고 토지소유자와 주택소유자가 합의한 경우에는 토지임대부 분
양주택이 아닌 주택으로 전환할 수 있다.

MEMO

농지법

농지법

01

농지법령상 농지를 농축산물 생산시설의 부지로 사용할 경우 "농지의 전용"으로 보지 않는 것을 모두 고른 것은?

> ㉠ 연면적 33제곱미터인 농막
> ㉡ 연면적 33제곱미터인 간이저온저장고
> ㉢ 저장 용량이 200톤인 간이액비저장조

① ㉠
② ㉡
③ ㉠, ㉢
④ ㉡, ㉢
⑤ ㉠, ㉡, ㉢

제1절 용어의 정의 27회

1. 농지 15회, 27회, 30회, 35회

(1) 의 의

① '농지'란 전·답, 과수원, 그 밖에 법적 지목(地目)을 불문하고 실제로 농작물 경작지 또는 다음에 해당하는 다년생식물 재배지로 이용되는 토지를 말한다.

> ㉠ 목초·종묘·인삼·약초·잔디 및 조림용 묘목
> ㉡ 과수·뽕나무·유실수 그 밖의 생육기간이 2년 이상인 식물
> ㉢ 조경 또는 관상용 수목과 그 묘목(조경목적으로 식재한 것을 제외한다)

② 위 ① 해당하는 토지의 개량시설(유지(溜池: 웅덩이), 양·배수시설, 수로, 농로, 제방과 그 밖에 농지의 보전이나 이용에 필요한 시설로서 농림축산식품부령으로 정하는 시설-토양의 침식이나 재해로 인한 농작물의 피해를 방지하기 위하여 설치한 계단·흙막이·방풍림과 그 밖에 이에 준하는 시설을 말한다)과 농지에 설치하는 농축산물 생산시설(고정식온실·버섯재배사 및 비닐하우스와 그 부속시설과 축사와 곤충사육사와 농림축산식품부령으로 정하는 그 부속시설 및 농막(농작업에 직접 필요한 농자재 및 농기계 보관, 수확농산물 간이 처리 또는 농작업 중 일시 휴식을 위하여 설치하는 시설-면적 20제곱미터 이하이고, 주거 목적이 아닌 경우로 한정한다)·간이저온저장고(연면적 33제곱미터 이하일 것)·간이퇴비장 또는 간이액비저장조(저장 용량이 200톤 이하일 것)의 부지

(2) 농지에서 제외되는 토지

다음의 토지는 농지에서 제외된다.

> ① 「공간정보의 구축 및 관리에 관한 법률」에 따른 지목이 전·답, 과수원이 아닌 토지로서 농작물 경작지 또는 다년생식물 재배지로 계속하여 이용되는 기간이 3년 미만인 토지
> ② 「공간정보의 구축 및 관리에 관한 법률」에 따른 지목이 임야인 토지로서 「산지관리법」에 따른 산지전용허가를 거치지 아니하고 농작물의 경작 또는 다년생식물의 재배에 이용되는 토지
> ③ 「초지법」에 따라 조성된 초지

2. 농업인 ^{20회, 27회, 28회}

'농업인'이라 함은 농업에 종사하는 개인으로서 다음에 해당하는 자를 말한다.

(1) 1천㎡ 이상의 농지에서 농작물 또는 다년생식물을 경작 또는 재배하거나 1년 중 90일 이상 농업에 종사하는 자

(2) 농지에 330㎡ 이상의 고정식온실·버섯재배사·비닐하우스, 그 밖의 농림축산식품 부령으로 정하는 농업생산에 필요한 시설을 설치하여 농작물 또는 다년생식물을 경작 또는 재배하는 자

(3) 대가축 2두, 중가축 10두, 소가축 100두, 가금(家禽: 집에서 기르는 날짐승) 1천수 또는 꿀벌 10군 이상을 사육하거나 1년 중 120일 이상 축산업에 종사하는 자

(4) 농업경영을 통한 농산물의 연간 판매액이 120만원 이상인 자

제 2 절 농지의 소유제한

1. 농지의 소유제한

(1) **농지경영자소유의 원칙(耕者有田의 原則)**

농지는 자기의 농업경영에 이용하거나 이용할 자가 아니면 이를 소유하지 못한다.

(2) **농지경영자소유의 원칙에 대한 예외** ^{33회}

다음의 어느 하나에 해당하는 경우에는 자기의 농업경영에 이용하지 아니할지라도 농지를 소유할 수 있다.

① 국가나 지방자치단체가 농지를 소유하는 경우
② 「초·중등교육법」 및 「고등교육법」에 따른 학교, 농림축산식품부령으로 정하는 공공단체·농업연구기관·농업생산자단체 또는 종묘나 그 밖의 농업 기자재 생산자가 그 목적사업을 수행하기 위하여 필요한 시험지·연구지·실습지·종묘생산지 또는 과수 인공수분용 꽃가루 생산지로 쓰기 위하여 농림축산식품부령으로 정하는 바에 따라 농지를 취득하여 소유하는 경우
③ 주말·체험영농을 하려고 제28조에 따른 농업진흥지역 외의 농지를 소유하는 경우
④ 상속[상속인에게 한 유증(遺贈)을 포함]으로 농지를 취득하여 소유하는 경우
⑤ 8년 이상 이상 농업경영을 하던 자가 이농(離農)한 후에도 이농 당시 소유하고 있던 농지를 계속 소유하는 경우
⑥ 담보농지를 취득하여 소유하는 경우
⑦ 농지전용허가를 받거나 농지전용신고를 한 자가 그 농지를 소유하는 경우
⑧ 농지전용협의를 마친 농지를 소유하는 경우

02

농지법령상 농지는 자기의 농업경영에 이용하거나 이용할 자가 아니면 소유하지 못함이 원칙이다. 그 예외에 해당하지 않는 것은?

① 8년 이상 농업경영을 하던 사람이 이농한 후에도 이농 당시 소유 농지 중 1만제곱미터를 계속 소유하면서 농업경영에 이용되도록 하는 경우
② 농림축산식품부장관과 협의를 마치고 「공익사업을 위한 토지 등의 취득 및 보상에 관한 법률」에 따라 농지를 취득하여 소유하면서 농업경영에 이용되도록 하는 경우
③ 「공유수면 관리 및 매립에 관한 법률」에 따라 매립농지를 취득하여 소유하면서 농업경영에 이용되도록 하는 경우
④ 주말·체험영농을 하려고 농업진흥지역 내의 농지를 소유하는 경우
⑤ 「초·중등교육법」 및 「고등교육법」에 따른 학교가 그 목적사업을 수행하기 위하여 필요한 연구지·실습지로 쓰기 위하여 농림축산식품부령으로 정하는 바에 따라 농지를 취득하여 소유하는 경우

03

농지법령상 농지의 소유 및 소유상한에 관한 설명으로 틀린 것은?

① 주말·체험영농을 하려고 농업진흥지역 외의 농지를 소유하는 경우에는 자기의 농업경영에 이용하지 아니할지라도 농지를 소유할 수 있다.

② 8년 이상 농업경영을 한 후 이농한 자는 이농 당시 소유농지 중에서 총 1만㎡까지만 소유할 수 있다.

③ 상속으로 농지를 취득한 자로서 농업경영을 하는 자는 그 상속농지 중에서 총 1만㎡까지만 소유할 수 있다.

④ 「농지법」에서 허용된 경우 외에는 농지의 소유에 관한 특례를 정할 수 없다.

⑤ 농지 소유 상한을 위반하여 농지를 소유할 목적으로 거짓이나 그 밖의 부정한 방법으로 농지취득자격증명을 발급받은 자는 5년 이하의 징역 또는 해당 토지의 개별공시지가에 따른 토지가액에 해당하는 금액 이하의 벌금에 처한다.

(3) **농지를 임대·무상사용하는 경우**

농지를 임대하거나 무상사용하는 경우에는 자기의 농업경영에 이용하지 아니할지라도 그 기간 중에는 농지를 계속 소유할 수 있다.

(4) **농지소유의 특례의 제한**

「농지법」에서 허용된 경우 외에는 농지의 소유에 관한 특례를 정할 수 없다.

2. 농지의 소유상한제 15회, 19회, 21회

① 상속으로 농지를 취득한 자로서 농업경영을 하지 아니하는 자는 그 상속 농지 중에서 총 1만제곱미터까지만 소유할 수 있다.

② 8년 이상 농업경영을 한 후 이농한 자는 이농 당시 소유 농지 중에서 총 1만제곱미터까지만 소유할 수 있다.

③ 주말·체험영농을 하려는 자는 총 1천제곱미터 미만의 농지를 소유할 수 있다. 이 경우 면적 계산은 그 세대원 전부가 소유하는 총 면적으로 한다.

3. 금지행위

누구든지 다음 각 호의 어느 하나에 해당하는 행위를 하여서는 아니 된다(법 7조의 2).

> 1. 제6조에 따른 농지 소유 제한이나 제7조에 따른 농지 소유 상한에 대한 위반 사실을 알고도 농지를 소유하도록 권유하거나 중개하는 행위
> 2. 제9조에 따른 농지의 위탁경영 제한에 대한 위반 사실을 알고도 농지를 위탁경영하도록 권유하거나 중개하는 행위
> 3. 제23조에 따른 농지의 임대차 또는 사용대차 제한에 대한 위반 사실을 알고도 농지 임대차나 사용대차하도록 권유하거나 중개하는 행위
> 4. 제1호부터 제3호까지의 행위와 그 행위가 행하여지는 업소에 대한 광고 행위

제 3 절 농지취득자격증명제도 및 위탁경영 등

1. 농지취득자격증명의 발급 15회 추가, 16회, 19회, 26회, 32회

(1) 발급대상

① 농지를 취득하려는 자는 농지 소재지를 관할하는 시장, 구청장, 읍장 또는 면장 (이하 "시·구·읍·면의 장"이라 한다)에게서 농지취득자격증명을 발급받아야 한다.

② 다만, 다음의 어느 하나에 해당하면 농지취득자격증명을 발급받지 아니하고 농지를 취득할 수 있다(법 제8조 제1항 단서).

> ⊙ 국가나 지방자치단체가 농지를 소유하는 경우
> ⓛ 상속[상속인에게 한 유증(遺贈)을 포함한다]으로 농지를 취득하여 소유하는 경우
> ⓔ 담보농지를 취득하여 소유하는 경우(「자산유동화에 관한 법률」 제3조에 따른 유동화전문회사 등이 저당권자로부터 농지를 취득하는 경우를 포함한다)
> ⓡ **농지전용협의를 마친 농지를 소유하는 경우**
> ⓜ 다음 각 목의 어느 하나에 해당하는 경우
>> 가. 「한국농어촌공사 및 농지관리기금법」에 따라 한국농어촌공사가 농지를 취득하여 소유하는 경우
>> 나. 「농어촌정비법」 제16조·제25조·제43조·제82조 또는 제100조에 따라 농지를 취득하여 소유하는 경우
>> 다. 「공유수면 관리 및 매립에 관한 법률」에 따라 매립농지를 취득하여 소유하는 경우
>> 라. 토지수용으로 농지를 취득하여 소유하는 경우
>> 마. 농림축산식품부장관과 협의를 마치고 「공익사업을 위한 토지 등의 취득 및 보상에 관한 법률」에 따라 농지를 취득하여 소유하는 경우
> ⓗ **농업법인의 합병으로 농지를 취득하는 경우**
> ⓢ **공유 농지의 분할**이나 그 밖에 대통령령으로 정하는 다음의 원인으로 농지를 취득하는 경우
>> • 시효의 완성으로 농지를 취득하는 경우
>> • 「징발재산정리에 관한 특별조치법」 제20조, 「공익사업을 위한 토지 등의 취득 및 보상에 관한 법률」 제91조에 따른 환매권자가 환매권에 따라 농지를 취득하는 경우

확인문제

04
농지법령상 주말·체험영농을 하려고 농지를 소유하는 경우에 관한 설명으로 틀린 것은?

① 농업인이 아닌 개인도 농지를 소유할 수 있다.
② 세대원 전부가 소유한 면적을 합하여 총 1천제곱미터 미만의 농지를 소유할 수 있다.
③ 농지를 취득하려면 주말·체험영농계획서를 작성하여 농지취득자격증명을 발급받아야 한다.
④ 소유 농지를 농수산물 유통·가공시설의 부지로 전용하려면 농지전용신고를 하여야 한다.
⑤ 농지를 취득한 자가 징집으로 인하여 그 농지를 주말·체험영농에 이용하지 못하게 되면 1년 이내에 그 농지를 처분하여야 한다.

05
다음 중 농지법령상 농지취득자격증명을 발급받지 않고 농지를 취득할 수 있는 경우에 해당하지 않는 것은?

① 상속[상속인에게 한 유증(遺贈)을 포함한다]으로 농지를 취득하여 소유하는 경우
② 농업법인의 합병으로 농지를 취득하는 경우
③ 농지전용허가를 받거나 농지전용신고를 한 자가 그 농지를 소유하는 경우
④ 담보농지를 취득하여 소유하는 경우
⑤ 시효의 완성으로 농지를 취득하는 경우

농지법령상 농지취득자격증명을 발급받지 아니하고 농지를 취득할 수 있는 경우가 아닌 것은?

① 시효의 완성으로 농지를 취득하는 경우
② 공유 농지의 분할로 농지를 취득하는 경우
③ 농업법인의 합병으로 농지를 취득하는 경우
④ 국가나 지방자치단체가 농지를 소유하는 경우
⑤ 주말·체험영농을 하려고 농업진흥지역 외의 농지를 소유하는 경우

07

농지법령상 농지 소유자가 소유 농지를 위탁경영할 수 있는 경우가 아닌 것은?

① 선거에 따른 공직 취임으로 자경할 수 없는 경우
② 「병역법」에 따라 징집 또는 소집된 경우
③ 농업법인이 청산 중인 경우
④ 농지이용증진사업 시행계획에 따라 위탁경영하는 경우
⑤ 농업인이 자기 노동력이 부족하여 농작업의 전부를 위탁하는 경우

(2) 발급절차

① 발급신청: 농지취득자격증명을 발급받으려는 자는 다음 각 호의 사항이 모두 포함된 농업경영계획서 또는 주말·체험영농계획서를 작성하고 농림축산식품부령으로 정하는 서류를 첨부하여 농지 소재지를 관할하는 시·구·읍·면의 장에게 발급신청을 하여야 한다(법 제8조 제2항).

> ① 취득 대상 농지의 면적(공유로 취득하려는 경우 공유 지분의 비율 및 각자가 취득하려는 농지의 위치도 함께 표시한다)
> ② 취득 대상 농지에서 농업경영을 하는 데에 필요한 노동력 및 농업 기계·장비·시설의 확보 방안
> ③ 소유 농지의 이용 실태(농지 소유자에게만 해당한다)
> ④ 농지취득자격증명을 발급받으려는 자의 **직업·영농경력·영농거리**

② 발급요건: 시·구·읍·면의 장은 농지취득자격증명의 발급신청을 받은 때에는 다음 각 호의 요건에 적합한지의 여부를 확인하여 이에 적합한 경우에는 신청인에게 농지취득자격증명을 발급해야 한다(영 제7조 제2항).

> ㉠ 법 제6조 제1항이나 같은 조 제2항 제2호·제3호·제7호·제9호·제9호의2 또는 같은 항 제10호 바목에 따른 취득요건에 적합할 것
> ㉡ 농업인이 아닌 개인이 주말·체험영농에 이용하고자 농지를 취득하는 경우에는 신청 당시 소유하고 있는 농지의 면적에 취득하려는 농지의 면적을 합한 면적이 법 제7조 제3항에 따른 농지의 소유상한 이내일 것
> ㉢ 법 제8조 제2항 각 호 외의 부분 본문에 따라 농업경영계획서 또는 주말·체험영농계획서를 제출해야 하는 경우에는 그 계획서에 같은 항 각 호의 사항이 포함되어야 하고, 그 내용이 신청인의 농업경영능력 등을 참작할 때 실현가능하다고 인정될 것
> ㉣ 신청인이 소유농지의 전부를 타인에게 임대 또는 무상사용하게 하거나 농작업의 전부를 위탁하여 경영하고 있지 않을 것. 다만, 법 제6조 제2항 제9호에 따라 농지를 취득하는 경우는 제외한다.
> ㉤ 신청당시 농업경영을 하지 아니하는 자가 자기의 농업경영에 이용하고자 하여 농지를 취득하는 경우에는 해당 농지의 취득 후 농업경영에 이용하려는 농지의 총면적이 다음 각 목의 어느 하나에 해당할 것
>   가. 고정식온실·버섯재배사·비닐하우스·축사 그 밖의 농업생산에 필요한 시설로서 농림축산식품부령으로 정하는 시설이 설치되어 있거나 설치하려는 농지의 경우: 330제곱미터 이상
>   나. 곤충사육사가 설치되어 있거나 곤충사육사를 설치하려는 농지의 경우: 165제곱미터 이상
>   다. 가목 및 나목 외의 농지의 경우: 1천제곱미터 이상

③ 농업경영계획서의 작성면제: 다만, 다음의 경우에는 농업경영계획서 또는 주말·체험영농계획서를 작성하지 아니하고 농지취득자격증명의 발급을 신청할 수 있다(법 제8조 제2항 단서).

  ㉠ 「초·중등교육법」 및 「고등교육법」에 따른 학교, 농림축산식품부령으로 정하는 공공단체·농업연구기관·농업생산자단체 또는 종묘나 그 밖의 농업 기자재 생산자가 그 목적사업을 수행하기 위하여 필요한 시험지·연구지·실습지·종묘생산지 또는 과수 인공수분용 꽃가루 생산지로 쓰기 위하여 농림축산식품부령으로 정하는 바에 따라 농지를 취득하여 소유하는 경우
  ㉡ 제34조 제1항에 따른 농지전용허가[다른 법률에 따라 농지전용허가가 의제(擬制)되는 인가·허가·승인 등을 포함한다]를 받거나 제35조 또는 제43조에 따른 농지전용신고를 한 자가 그 농지를 소유하는 경우
  ㉢ 「한국농어촌공사 및 농지관리기금법」 제24조 제2항에 따른 농지의 개발사업지구에 있는 농지로서 대통령령으로 정하는 1천500제곱미터 미만의 농지나 「농어촌정비법」 제98조 제3항에 따른 농지를 취득하여 소유하는 경우

④ 농지위원회 심의: 시·구·읍·면의 장은 농지 투기가 성행하거나 성행할 우려가 있는 지역의 농지를 취득하려는 자 등 농림축산식품부령으로 정하는 자가 농지취득자격증명 발급을 신청한 경우 제44조에 따른 농지위원회의 심의를 거쳐야 한다(법 제8조 제3항).

⑤ 발급: 시·구·읍·면의 장은 농지취득자격증명의 발급 신청을 받은 때에는 그 신청을 받은 날부터 7일(농업경영계획서 또는 주말·체험영농계획서를 작성하지 아니하고 농지취득자격증명의 발급신청을 할 수 있는 경우에는 4일, 농지위원회의 심의 대상의 경우에는 14일) 이내에 신청인에게 농지취득자격증명을 발급하여야 한다(법 제8조 제4항).

⑶ **농지취득자격증명의 적용**

농지취득자격증명을 발급받아 농지를 취득하는 자가 그 소유권에 관한 등기를 신청할 때에는 농지취득자격증명을 첨부하여야 한다(법 제8조 제6항).

⑷ **농업경영계획서 등의 보존기간(법 제8조의 2, 영 제7조의 2)**

① 시·구·읍·면의 장은 제8조 제2항에 따라 제출되는 농업경영계획서 또는 주말·체험영농계획서를 10년간 보존하여야 한다.
② 농업경영계획서 외의 농지취득자격증명 신청서류의 보존기간은 10년으로 한다.

(5) **농지취득자격증명의 발급제한**

① 시·구·읍·면의 장은 농지취득자격증명을 발급받으려는 자가 농업경영계획서 또는 주말·체험영농계획서에 포함하여야 할 사항을 기재하지 아니하거나 첨부하여야 할 서류를 제출하지 아니한 경우 농지취득자격증명을 발급하여서는 아니 된다.

② 시·구·읍·면의 장은 1필지를 공유로 취득하려는 자가 제22조 제3항에 따른 시·군·구의 조례로 정한 수를 초과한 경우에는 농지취득자격증명을 발급하지 아니할 수 있다.

③ 시·구·읍·면의 장은 「농어업경영체 육성 및 지원에 관한 법률」 제20조의2에 따른 실태조사 등에 따라 영농조합법인 또는 농업회사법인이 같은 법 제20조의3 제2항에 따른 해산명령 청구 요건에 해당하는 것으로 인정하는 경우에는 농지취득자격증명을 발급하지 아니할 수 있다.

2. **농지의 위탁경영의 제한** 25회, 29회, 30회, 34회

농지 소유자는 다음의 어느 하나에 해당하는 경우 외에는 소유 농지를 위탁경영할 수 없다.

① 「병역법」에 의하여 징집 또는 소집된 경우
② 3개월 이상의 국외 여행 중인 경우
③ 농업법인이 청산 중인 경우
④ 질병, 취학, 선거에 따른 공직 취임, 그 밖에 대통령령으로 정하는 다음의 사유로 자경할 수 없는 경우
　㉠ 부상으로 3월 이상의 치료가 필요한 경우
　㉡ 교도소·구치소 또는 보호감호시설에 수용 중인 경우
　㉢ 임신 중이거나 분만 후 6개월 미만인 경우
⑤ 농업인이 자기 노동력이 부족하여 **농작업의 일부를 위탁하는 경우**: 자기노동력이 부족한 경우는 다음 각 호의 어느 하나에 해당하는 경우로서 통상적인 농업경영관행에 따라 농업경영을 함에 있어서 자기 또는 세대원의 노동력으로는 해당 농지의 농업경영에 관련된 농작업의 전부를 행할 수 없는 경우로 한다.
　㉠ 다음의 어느 하나에 해당하는 작목별 주요 농작업의 3분의 1 이상을 자기 또는 세대원의 노동력에 의하는 경우
　　• 벼: 이식 또는 파종, 재배관리 및 수확
　　• 과수: 가지치기 또는 열매솎기, 재배관리 및 수확
　　• 이외의 농작물 또는 다년생식물: 파종 또는 육묘, 이식, 재배관리 및 수확
　㉡ 자기의 농업경영에 관련된 위 ㉠의 어느 하나에 해당하는 **농작업에 1년 중 30일 이상 직접 종사하는 경우**

3. 농업경영에 이용하지 아니하는 농지 등의 처분의무

(1) 농지의 처분의무 25회

농지 소유자는 다음 각 호의 어느 하나에 해당하게 되면 그 사유가 발생한 날부터 1년 이내에 해당 농지(6.의 경우에는 농지 소유 상한을 초과하는 면적에 해당하는 농지를 말한다)를 그 사유가 발생한 날 당시 세대를 같이하는 세대원이 아닌 자에게 처분하여야 한다.

1. 소유 농지를 자연재해 · 농지개량 · 질병 등 대통령령으로 정하는 정당한 사유 없이 자기의 농업경영에 이용하지 아니하거나 이용하지 아니하게 되었다고 시장(구를 두지 아니한 시의 시장을 말한다. 이하 이 조에서 같다) · 군수 또는 구청장이 인정한 경우
2. 농지를 소유하고 있는 농업회사법인이 제2조 제3호의 요건에 맞지 아니하게 된 후 3개월이 지난 경우
3. 제6조 제2항 제2호에 따라 농지를 취득한 자가 그 농지를 해당 목적사업에 이용하지 아니하게 되었다고 시장 · 군수 또는 구청장이 인정한 경우
4. 제6조 제2항 제3호에 따라 농지를 취득한 자가 자연재해 · 농지개량 · 질병 등 대통령령으로 정하는 정당한 사유 없이 그 농지를 주말 · 체험영농에 이용하지 아니하게 되었다고 시장 · 군수 또는 구청장이 인정한 경우
4의2. 제6조 제2항 제4호에 따라 농지를 취득하여 소유한 자가 농지를 제23조 제1항 제1호에 따라 임대하거나 제23조 제1항 제6호에 따라 한국농어촌공사에 위탁하여 임대하는 등 대통령령으로 정하는 정당한 사유 없이 자기의 농업경영에 이용하지 아니하거나 이용하지 아니하게 되었다고 시장 · 군수 또는 구청장이 인정한 경우
4의3. 제6조 제2항 제5호에 따라 농지를 소유한 자가 농지를 제23조 제1항 제1호에 따라 임대하거나 제23조 제1항 제6호에 따라 한국농어촌공사에 위탁하여 임대하는 등 대통령령으로 정하는 정당한 사유 없이 자기의 농업경영에 이용하지 아니하거나, 이용하지 아니하게 되었다고 시장 · 군수 또는 구청장이 인정한 경우
5. 제6조 제2항 제7호에 따라 농지를 취득한 자가 취득한 날부터 2년 이내에 그 목적사업에 착수하지 아니한 경우
5의2. 제6조 제2항 제10호 마목에 따른 농림축산식품부장관과의 협의를 마치지 아니하고 농지를 소유한 경우
5의3. 제6조 제2항 제10호 바목에 따라 소유한 농지를 한국농어촌공사에 지체 없이 위탁하지 아니한 경우
6. 농지 소유 상한을 초과하여 농지를 소유한 것이 판명된 경우
7. 자연재해 · 농지개량 · 질병 등 대통령령으로 정하는 정당한 사유 없이 제8조 제2항에 따른 농업경영계획서 또는 주말 · 체험영농계획서 내용을 이행하지 아니하였다고 시장 · 군수 또는 구청장이 인정한 경우

08

농지법령상 농업경영에 이용하지 아니하는 농지의 처분의무에 관한 설명으로 올바른 것은?

① 농지소유자가 선거에 따른 공직취임으로 휴경하는 경우에는 소유농지를 자기의 농업경영에 이용하지 아니하더라도 농지처분의무가 면제된다.
② 농지소유상한을 초과하여 소유한 것이 판명된 경우에는 소유농지 전부를 처분하여야 한다.
③ 농지처분의무기간은 처분사유가 발생한 날부터 6개월이다.
④ 농지전용신고를 하고 그 농지를 취득한 자가 질병으로 인하여 취득한 날부터 2년이 초과하도록 그 목적사업에 착수하지 아니한 경우에는 농지처분의무가 면제된다.
⑤ 농지소유자가 시장 · 군수 또는 구청장으로부터 농지처분명령을 받은 경우 한국토지주택공사에 그 농지의 매수를 청구할 수 있다.

(2) **농지의 처분명령**

시장(구를 두지 아니한 시의 시장을 말한다) · 군수 또는 구청장은 다음의 어느 하나에 해당하는 농지소유자에게 6개월 이내에 그 농지를 처분할 것을 명할 수 있다.

> ㉠ 거짓이나 그 밖의 부정한 방법으로 농지취득자격증명을 발급받아 농지를 소유한 것으로 시장 · 군수 또는 구청장이 인정한 경우
> ㉡ 제10조에 따른 처분의무 기간에 처분 대상 농지를 처분하지 아니한 경우
> ㉢ 농업법인이 「농어업경영체 육성 및 지원에 관한 법률」 제19조의5를 위반하여 부동산업을 영위한 것으로 시장 · 군수 또는 구청장이 인정한 경우

(3) **처분명령의 유예**

① 시장(구를 두지 아니한 시의 시장을 말한다. 이하 이 조에서 같다) · 군수 또는 구청장은 제10조 제1항에 따른 처분의무 기간에 처분 대상 농지를 처분하지 아니한 농지 소유자가 다음 각 호의 어느 하나에 해당하면 처분의무 기간이 지난 날부터 3년간 제11조 제1항에 따른 처분명령을 직권으로 유예할 수 있다.

> 1. 해당 농지를 자기의 농업경영에 이용하는 경우
> 2. 한국농어촌공사나 그 밖에 대통령령으로 정하는 자와 해당 농지의 매도위탁계약을 체결한 경우

② 시장 · 군수 또는 구청장은 위 ①에 따라 처분명령을 유예 받은 농지 소유자가 처분명령 유예 기간에 위 ①의 각 호의 어느 하나에도 해당하지 아니하게 되면 지체 없이 그 유예한 처분명령을 하여야 한다.

③ 농지 소유자가 처분명령을 유예 받은 후 위 ②에 따른 처분명령을 받지 아니하고 그 유예 기간이 지난 경우에는 제10조 제1항에 따른 처분의무에 대하여 처분명령이 유예된 농지의 그 처분의무만 없어진 것으로 본다.

(4) **농지의 매수청구**

① 매수청구: 농지 소유자는 처분명령을 받으면 한국농어촌공사에 그 농지의 매수를 청구할 수 있다.

② 매수가격: 한국농어촌공사는 매수청구를 받으면 공시지가(해당 토지의 공시지가가 없으면 개별 토지 가격을 말한다)를 기준으로 해당 농지를 매수할 수 있다. 이 경우 인근 지역의 실제 거래 가격이 공시지가보다 낮으면 실제 거래 가격을 기준으로 매수할 수 있다.

(5) **이행강제금** 22회, 28회

① 부과사유: 시장(구를 두지 아니한 시의 시장을 말한다) · 군수 또는 구청장은 다음 각 호의 어느 하나에 해당하는 자에게 해당 「감정평가 및 감정평가사에 관한 법률」에 따른 감정평가법인등이 감정평가한 **감정가격** 또는 「부동산 가격공시에 관한 법률」에 따른 **개별공시지가**(해당 토지의 개별공시지가가 없는 경우에는 같은 법 제8

조에 따른 표준지공시지가를 기준으로 산정한 금액을 말한다) 중 더 높은 가액의 100분의 25에 해당하는 **이행강제금을 부과한다**(법 제63조 제1항).

> ○ 제11조 제1항(제12조 제2항에 따른 경우를 포함한다)에 따라 처분명령을 받은 후 제11조 제2항에 따라 매수를 청구하여 협의 중인 경우 등 대통령령으로 정하는 정당한 사유 없이 지정기간까지 **그 처분명령을 이행하지 아니한 자**
> ○ 제42조에 따른 원상회복 명령을 받은 후 그 기간 내에 원상회복 명령을 이행하지 아니하여 시장·군수·구청장이 그 원상회복 명령의 이행에 필요한 상당한 기간을 정하였음에도 그 기한까지 **원상회복을 아니한 자**

② **반복부과**: 시장·군수 또는 구청장은 처분명령 또는 원상회복 명령 이행기간이 만료한 다음 날을 기준으로 하여 그 처분명령 또는 원상회복 명령이 이행될 때까지 이행강제금을 매년 1회 부과·징수할 수 있다.

③ **부과중지**: 시장·군수 또는 구청장은 처분명령 또는 원상회복 명령을 받은 자가 처분명령 또는 원상회복 명령을 이행하면 새로운 이행강제금의 부과는 즉시 중지하되, 이미 부과된 이행강제금은 징수하여야 한다.

④ **이의신청 등**: 이행강제금 부과처분에 불복하는 자는 그 처분을 고지받은 날부터 30일 이내에 시장·군수 또는 구청장에게 이의를 제기할 수 있다. 이행강제금 부과처분을 받은 자가 이의를 제기하면 시장·군수 또는 구청장은 지체 없이 관할 법원에 그 사실을 통보하여야 하며, 그 통보를 받은 관할 법원은 「비송사건절차법」에 따른 과태료 재판에 준하여 재판을 한다.

⑤ **강제징수**: 이의를 제기하지 아니하고 이행강제금을 납부기한까지 내지 아니하면 「지방행정제재·부과금의 징수 등에 관한 법률」에 따라 징수한다.

(6) 담보 농지의 취득

① 농지의 저당권자로서 다음 각 호의 어느 하나에 해당하는 자는 농지 저당권 실행을 위한 경매기일을 2회 이상 진행하여도 경락인(競落人)이 없으면 그 후의 경매에 참가하여 그 담보 농지를 취득할 수 있다.

> 1. 「농업협동조합법」에 따른 지역농업협동조합, 지역축산업협동조합, 품목별·업종별협동조합 및 그 중앙회와 농협은행, 「수산업협동조합법」에 따른 지구별 수산업협동조합, 업종별 수산업협동조합, 수산물가공 수산업협동조합 및 그 중앙회와 수협은행, 「산림조합법」에 따른 지역산림조합, 품목별·업종별산림조합 및 그 중앙회
> 2. 한국농어촌공사
> 3. 「은행법」에 따라 설립된 은행이나 그 밖에 대통령령으로 정하는 금융기관
> 4. 「한국자산관리공사 설립 등에 관한 법률」에 따라 설립된 한국자산관리공사
> 5. 「자산유동화에 관한 법률」 제3조에 따른 유동화전문회사등
> 6. 「농업협동조합의 구조개선에 관한 법률」에 따라 설립된 농업협동조합자산관리회사

② 농지 저당권자는 위 ①에 따라 취득한 농지의 처분을 한국농어촌공사에 위임할 수 있다.

「농지법령」상 대리경작에 관한 내용으로 틀린 것은?

① 유휴농지를 대상으로 대리경작자를 시장·군수·구청장은 직권 또는 신청을 받아 지정할 수 있다.

② 지력증진이나 토양의 개량·보전을 위하여 필요한 기간 동안 휴경하는 농지는 대리경작자를 지정할 수 없다.

③ 대리경작자의 지정예고에 대하여 이의가 있는 농지의 소유권 또는 임차권을 가진 자는 지정예고를 받은 날부터 10일 이내에 시장·군수·구청장에게 이의를 신청할 수 있다.

④ 대리경작자는 대리경작농지에서 경작한 농작물의 수확량의 100분의 10을 수확일부터 2월 이내에 토지소유료로 지급하여야 한다.

⑤ 대리경작기간은 원칙적으로 2년으로 한다.

제4절 대리경작제도 21회, 23회, 28회

1. 대리경작자의 지정

시장(구를 두지 아니한 시의 시장을 말한다)·군수 또는 구청장은 유휴농지(농작물 경작이나 다년생식물 재배에 이용되지 아니하는 농지를 말한다)에 대하여 대통령령으로 정하는 바에 따라 그 농지의 소유권자나 임차권자를 대신하여 농작물을 경작할 자(이하 "대리경작자"라 한다)를 직권으로 지정하거나 농림축산식품부령으로 정하는 바에 따라 유휴농지를 경작하려는 자의 신청을 받아 대리경작자를 지정할 수 있다(법 제20조 제1항).

2. 지정대상농지

대리경작자를 지정하기 위한 유휴농지(遊休農地)라 함은 농작물의 경작 또는 다년성식물의 재배에 이용하지 아니하는 농지로서 다음에 해당되지 아니하는 경우라야 한다.

① 지력의 증진이나 토양의 개량·보전을 위하여 필요한 기간 동안 휴경하는 농지
② 연작으로 인하여 피해가 예상되는 재배작물의 경작 또는 재배 전후에 지력의 증진 또는 회복을 위하여 필요한 기간 동안 휴경하는 농지
③ 농지전용허가를 받거나 협의를 거친 농지 및 신고를 한 농지
④ 농지를 타용도로 일시사용하기 위해 허가를 받거나 협의를 거친 농지
⑤ 기타 농림축산식품부장관이 정하는 위 ①부터 ④까지의 농지에 준하는 농지

3. 대리경작자의 지정요건

(1) 원 칙

시장(구를 두지 아니한 시의 시장을 말한다)·군수 또는 구청장은 대리경작자를 직권으로 지정하려는 경우에는 다음의 어느 하나에 해당하지 아니하는 **농업인 또는 농업법인**으로서 대리경작을 하려는 자 중에서 지정하여야 한다(영 제19조 제1항).

㉠ 법 제10조 제2항에 따라 농지 처분의무를 통지받고 그 처분 대상 농지를 처분하지 아니한 자(법 제12조 제3항에 따라 처분의무가 없어진 자는 제외한다)
㉡ 법 제11조 제1항 또는 법 제12조 제2항에 따라 처분명령을 받고 그 처분명령 대상 농지를 처분하지 아니한 자
㉢ 법 제57조부터 제60조까지의 규정에 따라 징역형의 실형을 선고받고 그 집행이 끝나거나 집행이 면제된 날부터 1년이 지나지 않은 자
㉣ 법 제57조부터 제60조까지의 규정에 따라 징역형의 집행유예를 선고받고 그 유예기간 중에 있는 자
㉤ 법 제57조부터 제60조까지의 규정에 따라 징역형의 선고유예를 받고 그 유예기간 중에 있는 자
㉥ 법 제57조부터 제61조까지의 규정에 따라 벌금형을 선고받고 1년이 지나지 않은 자

(2) 예 외

위 (1)에 따라 대리경작자를 지정하기가 곤란한 경우에는 농업생산자단체·학교나 그 밖의 해당 농지를 경작하려는 자를 대리경작자로 지정할 수 있다.

⊕ 대리경작자는 대리경작농지에서 경작한 농작물의 수확량의 100분의 10을 수확일부터 2월 이내에 그 농지의 소유권자나 임차권자에게 토지사용료로 지급하여야 한다. 이 경우 수령을 거부하거나 지급이 곤란한 경우에는 토지사용료를 공탁할 수 있다.

4. 대리경작자의 지정예고 및 이의신청

대리경작자의 지정예고에 대하여 이의가 있는 농지의 소유권 또는 임차권을 가진 자는 지정예고를 받은 날부터 10일 이내에 시장·군수 또는 구청장에게 이의를 신청할 수 있다.

5. 대리경작 기간

대리경작기간은 따로 정하지 아니하면 3년으로 한다.

6. 대리경작기간 만료전 지정 중지신청

대리경작 농지의 소유권자 또는 임차권자가 그 농지를 스스로 경작하려면 대리경작 기간이 끝나기 3개월 전까지, 그 대리경작 기간이 끝난 후에는 대리경작자 지정을 중지할 것을 농림축산식품부령으로 정하는 바에 따라 시장·군수 또는 구청장에게 신청하여야 하며, 신청을 받은 시장·군수 또는 구청장은 신청을 받은 날부터 1개월 이내에 대리경작자 지정 중지를 그 대리경작자와 그 농지의 소유권자 또는 임차권자에게 알려야 한다.

7. 대리경작기간 만료전 지정해지

시장·군수 또는 구청장은 다음 각 호의 어느 하나에 해당하면 대리경작 기간이 끝나기 전이라도 대리경작자 지정을 해지할 수 있다.

① 대리경작 농지의 소유권자나 임차권자가 정당한 사유를 밝히고 지정 해지신청을 하는 경우
② 대리경작자가 경작을 게을리하는 경우
③ 그 밖에 대통령령으로 정하는 사유가 있는 경우

확인문제

10

농지법령상 유휴농지에 대한 대리경작자의 지정에 관한 설명으로 옳은 것은?

① 지력의 증진이나 토양의 개량·보전을 위하여 필요한 기간 동안 휴경하는 농지에 대하여도 대리경작자를 지정할 수 있다.
② 대리경작자 지정은 유휴농지를 경작하려는 농업인 또는 농업법인의 신청이 있으르 때에만 할 수 있고, 직권으로는 할 수 없다.
③ 대리경작자가 경작을 게을리하는 경우에는 대리경작 기간이 끝나기 전이라도 대리경작자 지정을 해지할 수 있다.
④ 대리경작 기간은 3년이고, 이와 다른 기간을 따로 정할 수 없다.
⑤ 농지 소유권자를 대신할 대리경작자만 지정할 수 있고, 농지 임차권자를 대신할 대리경작자를 지정할 수는 없다.

농지법령상 농지의 임대차에 관한 설명으로 틀린 것은?

① 60세 이상 농업인의 자신이 거주하는 시·군에 있는 소유 농지 중에서 자기의 농업경영에 이용한 기간이 5년이 넘은 농지를 임대할 수 있다.

② 농지를 임차한 임차인이 그 농지를 정당한 사유 없이 농업경영에 사용하지 아니할 때에는 시장·군수·구청장은 임대차의 종료를 명할 수 있다.

③ 임대차계약은 그 등기가 없는 경우에도 임차인이 농지 소재지를 관할하는 시·구·읍·면의 장의 확인을 받고, 해당 농지를 인도받은 경우에는 그 다음 날부터 제3자에 대하여 효력이 생긴다.

④ 농지의 임차인이 농작물의 재배시설로서 비닐하우스를 설치한 농지의 임대차기간은 10년 이상으로 하여야 한다.

⑤ 농지임대차조정위원회에서 작성한 조정안을 임대차계약 당사자가 수락한 때에는 이를 당사자 간에 체결된 계약의 내용으로 본다.

제 5 절 농지의 임대차 등 21회, 24회, 27회, 31회, 34회

1. 임대 또는 무상사용의 허용대상 농지

(1) 다음에 해당하는 경우를 제외하고는 농지를 임대하거나 무상사용할 수 없다.

① 국가나 지방자치단체가 농지를 소유하는 경우

② 상속(상속인에게 한 유증을 포함함)에 의하여 농지를 취득하여 소유하는 경우

③ 8년 이상 농업경영을 하던 자가 이농하는 경우 이농 당시 소유하고 있던 농지를 계속 소유하는 경우

④ 담보농지를 취득하여 소유하는 경우(「자산유동화에 관한 법률」 제3조에 따른 유동화전문회사 등이 제13조 제1항 제1호부터 제4호까지에 규정된 저당권자로부터 농지를 취득하는 경우를 포함한다)

⑤ 농지전용협의를 마친 농지를 소유하는 경우

⑥ 농지전용허가(다른 법률에 의하여 농지전용허가가 의제되는 인가·허가·승인 등을 포함함)를 받거나 농지전용신고를 한 자가 당해 농지를 소유하는 경우

⑦ 「한국농어촌공사 및 농지관리기금법」 제24조 제2항에 따른 농지의 개발사업지구에 있는 농지로서 대통령령으로 정하는 1,500㎡ 미만의 농지나 「농어촌정비법」 제98조 제3항에 따른 농지를 취득하여 소유하는 경우

⑧ 제28조에 따른 농업진흥지역 밖의 농지 중 최상단부부터 최하단부까지의 평균경사율이 15퍼센트 이상인 농지로서 대통령령으로 정하는 농지를 소유하는 경우

⑨ 제17조에 따른 농지이용증진사업 시행계획에 따라 농지를 임대하거나 무상사용하게 하는 경우

⑩ 질병, 징집, 취학, 선거에 따른 공직취임, 그 밖에 대통령령으로 정하는 다음의 어느 하나에 해당하는 부득이한 사유로 인하여 일시적으로 농업경영에 종사하지 아니하게 된 자가 소유하고 있는 농지를 임대하거나 무상사용하는 경우(영 제24조 제1항)
 ㉠ 부상으로 3월 이상의 치료가 필요한 경우
 ㉡ 교도소·구치소 또는 보호감호시설에 수용 중인 경우
 ㉢ 3월 이상 국외여행을 하는 경우
 ㉣ 농업법인이 청산 중인 경우
 ㉤ 임신 중이거나 분만 후 6개월 미만인 경우

⑪ 60세 이상인 사람으로서 농업경영에 더 이상 종사하지 않게 된 사람이거나 농업인이 소유하고 있는 농지 중에서 자기의 농업경영에 이용한 기간이 5년이 넘은 농지를 임대하거나 무상사용하게 하는 경우

⑫ 개인이 소유하고 있는 농지 중 3년 이상 소유한 농지를 주말·체험영농을 하려는 자에게 임대하거나 무상사용하게 하는 경우, 또는 주말·체험영농을 하려는 자에게 임대하는 것을 업(業)으로 하는 자에게 임대하거나 무상사용하게 하는 경우

⑬ 농업법인이 소유하고 있는 농지를 주말·체험영농을 하려는 자에게 임대하거나 무상사용하게 하는 경우

⑭ 개인이 소유하고 있는 농지 중 3년 **이상 소유한 농지**를 한국농어촌공사나 그 밖에 대통령령으로 정하는 자에게 위탁하여 임대하거나 무상사용하게 하는 경우

⑮ 다음 각 목의 어느 하나에 해당하는 농지를 한국농어촌공사나 그 밖에 대통령령으로 정하는 자에게 위탁하여 임대하거나 무상사용하게 하는 경우

　　가. 상속으로 농지를 취득한 사람으로서 농업경영을 하지 아니하는 사람이 제7조 제1항에서 규정한 소유 상한을 초과하여 소유하고 있는 농지

　　나. 대통령령으로 정하는 기간 이상 농업경영을 한 후 이농한 사람이 제7조 제2항에서 규정한 소유 상한을 초과하여 소유하고 있는 농지

⑯ 자경 농지를 농림축산식품부장관이 정하는 이모작을 위하여 8개월 이내로 임대하거나 무상사용하게 하는 경우

⑰ 대통령령으로 정하는 농지 규모화, 농작물 수급 안정 등을 목적으로 한 사업을 추진하기 위하여 필요한 자경 농지를 임대하거나 무상사용하게 하는 경우

(2) 위 (1)에도 불구하고 농지를 임차하거나 무상사용한 임차인 또는 무상사용인이 그 농지를 정당한 사유 없이 농업경영에 사용하지 아니할 때에는 시장·군수·구청장이 농림축산식품부령으로 정하는 바에 따라 임대차 또는 무상사용의 종료를 명할 수 있다.

2. 임대차 또는 무상사용 계약의 방법과 확인

① 서면계약의 원칙: 임대차계약(농업경영을 하려는 자에게 임대하는 경우만 해당한다)과 무상사용계약(농업경영을 하려는 자에게 무상사용하게 하는 경우만 해당한다)은 서면계약을 원칙으로 한다.

② 임대차계약의 효력발생: 임대차계약은 그 등기가 없는 경우에도 임차인이 농지소재지를 관할하는 시·구·읍·면의 장의 확인을 받고, 해당 농지를 인도(引渡) 받은 경우에는 그 다음 날부터 제삼자에 대하여 효력이 생긴다.

③ 임대차계약 확인대장의 비치: 시·구·읍·면의 장은 농지임대차계약 확인대장을 갖추어 두고, 임대차계약증서를 소지한 임대인 또는 임차인의 확인 신청이 있는 때에는 농림축산식품부령으로 정하는 바에 따라 임대차계약을 확인한 후 대장에 그 내용을 기록하여야 한다.

3. 농지 임대차기간

① 임대차 기간은 3년 이상으로 하여야 한다. 다만, 다년생식물 재배지 등 대통령령으로 정하는 다음의 농지의 경우에는 5년 이상으로 하여야 한다.

　　㉠ 농지의 임차인이 제2조 제1항 각 호의 어느 하나에 해당하는 다년생식물의 재배지로 이용하는 농지
　　㉡ 농지의 임차인이 농작물의 재배시설로서 고정식온실 또는 비닐하우스를 설치한 농지

② 임대차 기간을 정하지 아니하거나 위 ①에 따른 기간 미만으로 정한 경우에는 위 ①에 따른 기간으로 약정된 것으로 본다. 다만, 임차인은 위 ①에 따른 기간 미만으로 정한 임대차 기간이 유효함을 주장할 수 있다.

확인문제

12
농지법령상 농지를 임대하거나 무상사용하게 할 수 있는 요건 중 일부이다. ( )에 들어갈 숫자로 옳은 것은?

・(㉠)세 이상인 농업인이 거주하는 시·군에 있는 소유 농지 중에서 자기의 농업경영에 이용한 기간이 (㉡)년이 넘은 농지
・(㉢)월 이상의 국외여행으로 인하여 일시적으로 농업경영에 종사하지 아니하게 된 자가 소유하고 있는 농지

① ㉠: 55, ㉡: 3, ㉢: 3
② ㉠: 60, ㉡: 3, ㉢: 5
③ ㉠: 60, ㉡: 5, ㉢: 3
④ ㉠: 65, ㉡: 4, ㉢: 5
⑤ ㉠: 65, ㉡: 5, ㉢: 1

③ 임대인은 위 ① 및 ②에도 불구하고 질병, 징집 등 대통령령으로 정하는 다음의 불가피한 사유가 있는 경우에는 임대차 기간을 위 ①에 따른 기간 미만으로 정할 수 있다.

> ㉠ 질병, 징집, 취학의 경우
> ㉡ 선거에 의한 공직(公職)에 취임하는 경우
> ㉢ 부상으로 3개월 이상의 치료가 필요한 경우
> ㉣ 교도소·구치소 또는 보호감호시설에 수용 중인 경우
> ㉤ 농업법인이 청산 중인 경우
> ㉥ 농지전용허가(다른 법률에 따라 농지전용허가가 의제되는 인가·허가·승인 등을 포함한다)를 받았거나 농지전용신고를 하였으나 농지전용목적사업에 착수하지 않은 경우

④ 위 ①부터 ③까지의 규정에 따른 임대차 기간은 임대차계약을 연장 또는 갱신하거나 재계약을 체결하는 경우에도 동일하게 적용한다(동조 제3항, 영 제24조의2).

4. 임대차계약에 관한 조정 등

① 임대차계약의 당사자는 임대차 기간, 임차료 등 임대차계약에 관하여 서로 협의가 이루어지지 아니한 경우에는 농지소재지를 관할하는 시장·군수 또는 자치구구청장에게 조정을 신청할 수 있다.

② 시장·군수 또는 자치구구청장은 위 ①에 따라 조정의 신청이 있으면 지체 없이 농지임대차조정위원회를 구성하여 조정절차를 개시하여야 한다.

5. 묵시의 갱신

임대인이 임대차 기간이 끝나기 3개월 전까지 임차인에게 임대차계약을 갱신하지 아니한다는 뜻이나 임대차계약 조건을 변경한다는 뜻을 통지하지 아니하면 그 임대차 기간이 끝난 때에 이전의 임대차계약과 같은 조건으로 다시 임대차계약을 한 것으로 본다.

6. 임대인의 지위승계

임대 농지의 양수인(讓受人)은 이 법에 따른 임대인의 지위를 승계한 것으로 본다.

7. 강행규정

이 법에 위반된 약정으로서 임차인에게 불리한 것은 그 효력이 없다.

8. 국·공유농지의 임대차에 대한 특례(적용배제)

「국유재산법」과 「공유재산 및 물품 관리법」에 따른 국유재산과 공유재산인 농지에 대하여는 임대차 또는 무상사용차계약의 방법, 묵시의 갱신 및 임대인의 지위승계의 규정은 이를 적용하지 아니한다.

제6절 농업진흥지역의 지정·운용

1. 농업진흥지역 18회, 22회, 31회

(1) 농업진흥지역의 지정 등

① 지정권자: 특별시장·광역시장·특별자치시장·도지사 또는 특별자치도지사(이하 "시·도지사"라 한다)는 「농업·농촌 및 식품산업 기본법」에 따른 시·도 농업·농촌및식품산업정책심의회의 심의를 거쳐 농림축산식품부장관의 승인을 받아 농업진흥지역을 지정한다.

② 지정절차: 시·도지사는 「농업·농촌 및 식품산업 기본법」 제15조에 따른 시·도 농업·농촌및식품산업정책심의회의 심의를 거쳐 농림축산식품부장관의 승인을 받아 농업진흥지역을 지정한다.

③ 구분: 농업진흥지역은 농업진흥구역과 농업보호구역으로 구분하여 지정할 수 있다.

　㉠ 농업진흥구역: 농업의 진흥을 도모하여야 하는 다음에 해당하는 지역으로서 농림축산식품부장관이 정하는 규모로 농지가 집단화되어 농업목적으로 이용하는 것이 필요한 지역을 그 대상으로 한다.

　　ⓐ 농지조성사업 또는 농업기반정비사업이 시행되었거나 시행 중인 지역으로서 농업용으로 이용하고 있거나 이용할 토지가 집단화되어 있는 토지

　　ⓑ 이외의 지역으로서 농업용으로 이용하고 있는 토지가 집단화되어 있는 지역

　㉡ 농업보호구역: 농업진흥구역의 용수원 확보, 수질보전 등 농업환경을 보호하기 위하여 필요한 지역

(2) 지정대상

농업진흥지역의 지정은 「국토의 계획 및 이용에 관한 법률」에 의한 녹지지역·관리지역·농림지역 및 자연환경보전지역을 대상으로 한다. 다만, 특별시의 녹지지역을 제외한다.

2. 용도구역 안에서의 행위제한

(1) 농업진흥구역 안에서의 행위제한

① 원칙: 농업진흥구역 안에서는 다음과 같은 농업생산 또는 농지개량과 직접 관련되지 아니한 토지이용행위를 할 수 없다.

　　㉠ 농작물의 경작
　　㉡ 다년생식물의 재배
　　㉢ 고정식온실·버섯재배사 및 비닐하우스와 농림축산식품부령으로 정하는 그 부속시설의 설치

13
농지법령상 농업진흥지역을 지정할 수 없는 지역은?
① 특별시의 녹지지역
② 특별시의 관리지역
③ 광역시의 관리지역
④ 광역시의 농림지역
⑤ 군의 자연환경보전지역

14
농지법령상 농업진흥지역에 관한 설명으로 옳은 것은?
① 농업보호구역의 용수원 확보, 수질보전 등 농업환경을 보호하기 위하여 필요한 지역을 농업진흥구역으로 지정할 수 있다.
② 광역시의 녹지지역은 농업진흥지역의 지정대상이 아니다.
③ 농업보호구역에서는 매장유산재의 발굴행위를 할 수 없다.
④ 육종연구를 위한 농수산업에 관한 시험·연구시설로서 그 부지의 총면적이 3,000㎡ 미만인 시설은 농업진흥구역 내에 설치할 수 있다.
⑤ 녹지지역을 포함하는 농업진흥지역을 지정하는 경우 국토교통부장관의 승인을 요한다.

확인문제

⊕ 농업진흥지역의 농지를 소유하고 있는 농업인 또는 농업법인은 「한국농어촌공사 및 농지관리기금법」에 따른 한국농어촌공사에 그 농지의 매수를 청구할 수 있다.

⊕ 한국농어촌공사는 매수청구를 받으면 「감정평가 및 감정평가사에 관한 법률」에 따른 감정평가법인등이 평가한 금액을 기준으로 해당 농지를 매수할 수 있다.

ⓔ 축사·곤충사육사와 농림축산식품부령으로 정하는 그 부속시설의 설치
ⓜ 간이퇴비장의 설치
ⓗ 농지개량사업 또는 농업용수개발사업의 시행
ⓢ 농막·간이저온저장고 및 간이액비 저장조 중에서 농림축산식품부령으로 정하는 시설의 설치

② **예외적 허용**: 다만, 다음의 토지이용행위의 경우에는 그러하지 아니하다.

ⓖ 대통령령이 정하는 농수산물(농산물·임산물·축산물·수산물을 말한다)의 가공·처리 시설의 설치 및 농수산업관련 시험·연구 시설의 설치
ⓛ 어린이놀이터·마을회관 그 밖에 대통령령이 정하는 농업인의 공동생활의 편의 시설 및 이용시설의 설치
ⓒ 농업인 주택, 어업인 주택이나 그 밖에 대통령령으로 정하는 농업용 시설, 축산업용 시설 또는 어업용 시설의 설치
ⓔ 국방·군사시설의 설치
ⓜ 하천, 제방 기타 이에 준하는 국토보존시설의 설치
ⓗ 「국가유산기본법」 제3조에 따른 국가유산의 보수·복원·이전, 매장유산의 발굴, 비석이나 기념탑, 그 밖에 이와 비슷한 공작물의 설치
ⓢ 도로, 철도, 그 밖에 대통령령으로 정하는 공공시설의 설치
ⓞ 지하자원 개발을 위한 탐사 또는 지하광물 채광(採鑛)과 광석의 선별 및 적치(積置)를 위한 장소로 사용하는 행위
ⓩ 농어촌 소득원 개발 등 농어촌 발전에 필요한 시설로서 대통령령으로 정하는 시설의 설치

⑵ **농업보호구역 안에서의 행위제한**

농업보호구역 안에서는 다음 사항 외의 토지이용행위를 할 수 없다.

① 위 ⑴의 규정에 의한 토지이용행위
② 농업인의 소득증대를 위하여 필요한 시설로서 대통령령이 정하는 다음의 건축물·공작물 그 밖의 시설의 설치
  ⓖ 「농어촌정비법」에 따른 관광농원사업으로 설치하는 시설로서 농업보호구역 안의 부지 면적이 2만제곱미터 미만인 것
  ⓛ 「농어촌정비법」에 따른 주말농원사업으로 설치하는 시설로서 농업보호구역 안의 부지 면적이 3천제곱미터 미만인 것
  ⓒ 태양에너지 발전설비로서 농업보호구역 안의 부지 면적이 1만제곱미터 미만인 것
  ⓔ 그 밖에 농촌지역 경제활성화를 통하여 농업인 소득증대에 기여하는 농수산업 관련 시설로서 농림축산식품부령으로 정하는 시설
③ 농업인의 생활여건 개선을 위하여 필요한 시설로서 대통령령이 정하는 건축물·공작물 그 밖의 시설의 설치

3. 농업진흥지역의 농지매수청구

① 농업진흥지역의 농지를 소유하고 있는 농업인 또는 농업법인은 「한국농어촌공사 및 농지관리기금법」에 따른 한국농어촌공사(이하 "한국농어촌공사"라 한다)에 그 농지의 매수를 청구할 수 있다.

② 한국농어촌공사는 위 ①에 따른 매수 청구를 받으면 「감정평가 및 감정평가사에 관한 법률」에 따른 감정평가법인등이 평가한 금액을 기준으로 해당 농지를 매수할 수 있다.

제7절 농지의 전용규제(허가·협의·신고) 16회, 23회, 24회, 29회

1. 농지의 전용허가 35회

'농지의 전용'이란 농지를 농작물의 경작이나 다년생식물의 재배 등 농업생산 또는 농지개량 외의 용도로 사용하는 것을 말한다.

(1) 허가대상

① 농지를 전용하려는 자는 다음의 어느 하나에 해당하는 경우 외에는 대통령령으로 정하는 바에 따라 농림축산식품부장관의 허가를 받아야 한다.

> ㉠ 「국토의 계획 및 이용에 관한 법률」에 따른 도시지역 또는 계획관리지역에 있는 농지로서 농지전용의 협의를 거친 농지나 협의 대상에서 제외되는 농지를 전용하는 경우
> ㉡ 농지전용신고를 하고 농지를 전용하는 경우
> ㉢ 「산지관리법」 제14조에 따른 산지전용허가를 받지 아니하거나 같은 법 제15조에 따른 산지전용신고를 하지 아니하고 불법으로 개간한 농지를 산림으로 복구하는 경우
> ㉣ 「하천법」에 따라 하천관리청의 허가를 받고 농지의 형질을 변경하거나 공작물을 설치하기 위하여 농지를 전용하는 경우

② 허가받은 농지의 면적 또는 경계 등 대통령령으로 정하는 다음의 중요 사항을 변경하려는 경우에도 또한 같다.

> ㉠ 전용허가를 받은 농지의 면적 또는 경계
> ㉡ 전용허가를 받은 농지의 위치(동일 필지 안에서 위치를 변경하는 경우에 한한다)
> ㉢ 전용허가를 받은 자의 명의
> ㉣ 설치하려는 시설의 용도 또는 전용목적사업

(2) **농지전용의 허가권자**

농지전용의 허가권자는 원칙적으로 농림축산식품부장관이나 다음에 열거한 사항은 시·도지사, 시장·군수 또는 구청장에게 위임할 수 있다. 다만, 대상농지가 둘 이상의 특별시·광역시 또는 도에 걸치는 경우는 제외한다.

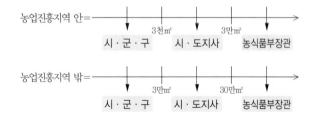

2. 농지의 전용협의

주무부장관이나 지방자치단체의 장은 다음의 어느 하나에 해당하면 대통령령으로 정하는 바에 따라 농림축산식품부장관과 미리 농지전용에 관한 협의를 하여야 한다.

① 「국토의 계획 및 이용에 관한 법률」에 따른 도시지역에 주거지역·상업지역 또는 공업지역을 지정하거나 도시·군계획시설을 결정할 때에 해당 지역 예정지 또는 시설 예정지에 농지가 포함되어 있는 경우
② 「국토의 계획 및 이용에 관한 법률」에 따른 계획관리지역에 지구단위계획구역을 지정할 때에 해당 구역 예정지에 농지가 포함되어 있는 경우
③ 「국토의 계획 및 이용에 관한 법률」에 따른 도시지역의 녹지지역 및 개발제한구역의 농지에 대하여 개발행위를 허가하거나 「개발제한구역의 지정 및 관리에 관한 특별조치법」에 따라 토지의 형질변경허가를 하는 경우

3. 농지의 전용신고 15회 추가, 18회

신고의 대상: 농지를 다음의 어느 하나에 해당하는 시설의 부지로 전용하려는 자는 대통령령으로 정하는 바에 따라 시장·군수 또는 자치구 구청장에게 신고하여야 한다. 신고한 사항을 변경하려는 경우에도 또한 같다.

① 농업인 주택, 어업인 주택, 농축산업용 시설(제2조 제1호 나목에 따른 개량시설과 농축산물 생산시설은 제외한다), 농수산물 유통·가공 시설
② 어린이놀이터·마을회관 등 농업인의 공동생활 편의 시설
③ 농수산 관련 연구 시설과 양어장·양식장 등 어업용 시설

4. 농지의 타용도 일시사용허가 등 ³⁵회

(1) 농지의 타용도 일시사용허가 및 협의

농지를 다음의 어느 하나에 해당하는 용도로 일시 사용하려는 자는 대통령령으로 정하는 바에 따라 일정 기간 사용한 후 농지로 복구한다는 조건으로 시장·군수 또는 자치구 구청장의 허가를 받아야 한다. 허가받은 사항을 변경하려는 경우에도 또한 같다. 다만, 국가나 지방자치단체의 경우에는 시장·군수 또는 자치구 구청장과 협의하여야 한다.

1. 「건축법」에 따른 건축허가 또는 건축신고 대상시설이 아닌 간이 농수축산업용 시설(제2조 제1호 나목에 따른 개량시설과 농축산물 생산시설은 제외한다)과 농수산물의 간이 처리 시설을 설치하는 경우
2. 주(主)목적사업(해당 농지에서 허용되는 사업만 해당한다)을 위하여 현장 사무소나 부대시설, 그 밖에 이에 준하는 시설을 설치하거나 물건을 적치(積置)하거나 매설(埋設)하는 경우
3. 대통령령으로 정하는 토석과 광물을 채굴하는 경우
4. 「전기사업법」 제2조 제1호의 전기사업을 영위하기 위한 목적으로 설치하는 태양에너지 발전설비로서 다음 각 목의 요건을 모두 갖춘 경우
   가. 공유수면매립을 통하여 조성한 토지 중 토양 염도가 일정 수준 이상인 지역 등 농림축산식품부령으로 정하는 지역에 설치하는 시설일 것
   나. 설치 규모, 염도 측정방법 등 농림축산식품부장관이 별도로 정한 요건에 적합하게 설치하는 시설일 것
5. 「건축법」에 따른 건축허가 또는 건축신고 대상시설이 아닌 작물재배사(고정식온실·버섯재배사 및 비닐하우스는 제외한다) 중 농업생산성 제고를 위하여 정보통신기술을 결합한 시설로서 대통령령으로 정하는 요건을 모두 갖춘 시설을 설치하는 경우

(2) 농지의 타용도 일시사용신고 등

농지를 다음의 어느 하나에 해당하는 용도로 일시사용하려는 자는 대통령령으로 정하는 바에 따라 지력을 훼손하지 아니하는 범위에서 일정 기간 사용한 후 농지로 원상복구한다는 조건으로 시장·군수 또는 자치구구청장에게 신고하여야 한다. 신고한 사항을 변경하려는 경우에도 또한 같다. 다만, 국가나 지방자치단체의 경우에는 시장·군수 또는 자치구구청장과 협의하여야 한다.

ⓐ 썰매장, 지역축제장 등으로 일시적으로 사용하는 경우
ⓑ 「건축법」에 따른 건축허가 또는 건축신고 대상시설이 아닌 간이 농수축산업용 시설(제2조 제1호 나목에 따른 개량시설과 농축산물 생산시설은 제외한다)과 농수산물의 간이 처리 시설을 설치하는 경우)또는 (주(主)목적사업(해당 농지에서 허용되는 사업만 해당한다)을 위하여 현장 사무소나 부대시설, 그 밖에 이에 준하는 시설을 설치하거나 물건을 적치(積置)하거나 매설(埋設)하는 경우)에 해당하는 시설을 일시적으로 설치하는 경우

15
농지법령상 농지의 전용에 관한 설명으로 옳은 것은?
① 과수원인 토지를 재해로 인한 농작물의 피해를 방지하기 위한 방풍림 부지로 사용하는 것은 농지의 전용에 해당하지 않는다.
② 전용허가를 받은 농지의 위치를 동일 필지 안에서 변경하는 경우에는 농지전용신고를 하여야 한다.
③ 산지전용허가를 받지 아니하고 불법으로 개간한 농지라도 이를 다시 산림으로 복구하려면 농지전용허가를 받아야 한다.
④ 농지를 농업인 주택의 부지로 전용하려는 경우에는 농림축산식품부장관에게 농지전용신고를 하여야 한다.
⑤ 농지전용신고를 하고 농지를 전용하는 경우에는 농지를 전·답·과수원 외의 지목으로 변경하지 못한다.

5. 농지의 지목변경제한

다음의 어느 하나에 해당하는 경우 외에는 농지를 전·답·과수원 외의 지목으로 변경하지 못한다.

> ㉠ 제34조 제1항에 따라 농지전용허가를 받거나 같은 조 제2항에 따라 농지를 전용한 경우
> ㉡ 제34조 제1항 제4호에 규정된 목적으로 농지를 전용한 경우
> ㉢ 제35조 또는 제43조에 따라 농지전용신고를 하고 농지를 전용한 경우
> ㉣ 「농어촌정비법」 제2조 제5호 가목 또는 나목에 따른 농어촌용수의 개발사업이나 농업생산기반 개량사업의 시행으로 이 법 제2조 제1호 나목에 따른 토지의 개량 시설의 부지로 변경되는 경우
> ㉤ 시장·군수 또는 자치구구청장이 천재지변이나 그 밖의 불가항력(不可抗力)의 사유로 그 농지의 형질이 현저히 달라져 원상회복이 거의 불가능하다고 인정하는 경우

6. 전용허가의 취소 등

농림축산식품부장관, 시장·군수 또는 자치구구청장은 농지전용허가 또는 농지의 타용도 일시사용허가를 받았거나 농지전용신고를 한 자가 다음의 어느 하나에 해당하면 농림축산식품부령으로 정하는 바에 따라 허가를 취소하거나 관계 공사의 중지, 조업의 정지, 사업규모의 축소 또는 사업계획의 변경, 그 밖에 필요한 조치를 명할 수 있다. 다만, ⑦에 해당하면 그 허가를 취소하여야 한다.

> **농지의 전용허가·신고 등의 취소사유**
> ① 거짓이나 그 밖의 부정한 방법으로 허가를 받거나 신고한 것이 판명된 경우
> ② 허가 목적이나 허가 조건을 위반하는 경우
> ③ 허가를 받지 아니하거나 신고하지 아니하고 사업계획 또는 사업 규모를 변경하는 경우
> ④ 허가를 받거나 신고를 한 후 농지전용 목적사업과 관련된 사업계획의 변경 등 대통령령으로 정하는 정당한 사유 없이 2년 이상 대지의 조성, 시설물의 설치 등 농지전용 목적사업에 착수하지 아니하거나 농지전용 목적사업에 착수한 후 1년 이상 공사를 중단한 경우
> ⑤ 농지보전부담금을 내지 아니한 경우
> ⑥ 허가를 받은 자나 신고를 한 자가 허가취소를 신청하거나 신고를 철회하는 경우
> ⑦ 허가를 받은 자가 관계 공사의 중지 등 이 조 본문에 따른 조치명령을 위반한 경우(필요적 취소사유)

7. 농지보전부담금의 납입

(1) 농지보전부담금의 납입대상

① 다음의 어느 하나에 해당하는 자는 농지의 보전·관리 및 조성을 위한 부담금(이하 '농지보전부담금'이라 한다)을 농지관리기금을 운용·관리하는 자(농림축산식품부장관)에게 내야 한다.

① 농지전용허가를 받는 자
② 농지전용협의를 거친 지역 예정지 또는 시설 예정지에 있는 농지를 전용하려는 자
③ 농지전용에 관한 협의를 거친 구역 예정지에 있는 농지를 전용하려는 자
④ 농지전용협의를 거친 농지를 전용하려는 자
⑤ 농지전용신고를 하고 농지를 전용하려는 자

② 농지를 전용하려는 자는 농지보전부담금의 전부 또는 일부를 농지전용허가·농지전용신고(다른 법률에 따라 농지전용허가 또는 농지전용신고가 의제되는 인가·허가·승인 등을 포함한다) 전까지 납부하여야 한다.

⑵ 전용허가 등과 농지보전부담금의 납입

① 농림축산식품부장관이나 시장·군수 또는 자치구 구청장은 농지전용의 허가·협의 또는 농지전용의 신고수리를 하려는 때에는 농지보전부담금을 미리 납입하게 하거나 그 납입을 해당 허가 등의 조건으로 하여야 한다.

② 농림축산식품부장관은 농지보전부담금의 수납업무를 한국농어촌공사로 하여금 대행하게 한다.

⑶ 가산금 및 강제징수 ^{22회}

① 농림축산식품부장관은 농지보전부담금을 내야 하는 자가 납부기한까지 내지 아니하면 납부기한이 지난 후 10일 이내에 납부기한으로부터 30일 이내의 기간을 정한 독촉장을 발급하여야 한다.

② 농림축산식품부장관은 농지보전부담금을 내야 하는 자가 납부기한까지 부담금을 내지 아니한 경우에는 납부기한이 지난 날부터 체납된 농지보전부담금의 100분의 3에 상당하는 금액을 가산금으로 부과한다.

8. 농지대장

⑴ 농지대장의 작성과 비치

① 시·구·읍·면의 장은 농지 소유 실태와 농지 이용 실태를 파악하여 이를 효율적으로 이용하고 관리하기 위하여 대통령령으로 정하는 바에 따라 농지대장(農地臺帳)을 작성하여 갖추어 두어야 한다.

② 위 ①에 따른 농지대장에는 농지의 소재지·지번·지목·면적·소유자·임대차정보·농업진흥지역 여부 등을 포함한다.

③ 농지대장(農地臺帳)은 모든 농지에 대해 필지별로 작성한다.

④ 시·구·읍·면의 장은 위 ①에 따른 농지대장을 작성·정리하거나 농지 이용 실태를 파악하기 위하여 필요하면 해당 농지 소유자에게 필요한 사항을 보고하게 하거나 관계 공무원에게 그 상황을 조사하게 할 수 있다.

16

농지법령상 농지대장에 관한 설명으로 틀린 것은?

① 농지대장은 모든 농지에 대해 필지별로 작성하는 것은 아니다.
② 농지대장에 적을 사항을 전산정보처리조직으로 처리하는 경우 그 농지대장 파일은 농지대장으로 본다.
③ 시·구·읍·면의 장은 관할구역 안에 있는 농지가 농지전용허가로 농지에 해당하지 않게 된 경우에는 그 농지대장을 따로 편철하여 10년간 보존해야 한다.
④ 농지소유자 또는 임차인은 농지의 임대차계약이 체결된 경우 그 날부터 60일 이내에 시·구·읍·면의 장에게 농지대장의 변경을 신청하여야 한다.
⑤ 농지대장의 열람은 해당 시·구·읍·면의 사무소 안에서 관계공무원의 참여하에 해야 한다.

⑤ 시·구·읍·면의 장은 농지대장의 내용에 변동사항이 생기면 그 변동사항을 지체 없이 정리하여야 한다.

⑥ 농지대장에 적을 사항을 전산정보처리조직으로 처리하는 경우 그 농지대장 파일(자기디스크나 자기테이프, 그 밖에 이와 비슷한 방법으로 기록하여 보관하는 농지대장을 말한다)은 농지대장으로 본다.

⑦ 시·구·읍·면장은 관할구역 안에 있는 농지가 법 제34조에 따른 농지전용허가 등의 사유로 농지에 해당하지 않게 된 경우에는 그 농지대장을 따로 편철하여 10년간 보존해야 한다. 이 경우 전산정보처리조직을 이용할 수 있다(규칙 제56조 제4항).

(2) 농지이용 정보 등 변경신청

농지소유자 또는 임차인은 다음 각 호의 사유가 발생하는 경우 그 변경사유가 발생한 날부터 60일 이내에 시·구·읍·면의 장에게 농지대장의 변경을 신청하여야 한다.

1. 농지의 임대차계약과 사용대차계약이 체결·변경 또는 해제되는 경우
2. 제2조 제1호 나목에 따른 토지의 개량시설과 농축산물 생산시설을 설치하는 경우
3. 그 밖에 농림축산식품부령으로 정하는 사유에 해당하는 경우

(3) 농지대장의 열람 또는 등본 등의 교부

① 시·구·읍·면의 장은 농지대장의 열람신청 또는 등본 교부신청을 받으면 농림축산식품부령으로 정하는 바에 따라 농지대장을 열람하게 하거나 그 등본을 내주어야 한다.

② 시·구·읍·면의 장은 자경(自耕)하고 있는 농업인 또는 농업법인이 신청하면 농림축산식품부령으로 정하는 바에 따라 자경증명을 발급하여야 한다.

9. 벌 칙 28회

(1) 제57조

제6조에 따른 농지 소유 제한이나 제7조에 따른 농지 소유 상한을 위반하여 농지를 소유할 목적으로 거짓이나 그 밖의 부정한 방법으로 농지취득자격증명을 발급받은 자는 5년 이하의 징역 또는 해당 토지의 개별공시지가에 따른 토지가액(土地價額)[이하 "토지가액"이라 한다]에 해당하는 금액 이하의 벌금에 처한다.

(2) 제58조

① 농업진흥지역의 농지를 농지전용허가를 받지 아니하고 전용하거나 거짓이나 그 밖의 부정한 방법으로 농지전용허가를 받은 자는 5년 이하의 징역 또는 해당 토지의 개별공시지가에 따른 토지가액에 해당하는 금액 이하의 벌금에 처한다.

② 농업진흥지역 밖의 농지를 농지전용허가를 받지 아니하고 전용하거나 거짓이나 그 밖의 부정한 방법으로 농지전용허가를 받은 자는 3년 이하의 징역 또는 해당 토지가액의 100분의 50에 해당하는 금액 이하의 벌금에 처한다.

③ 징역형과 벌금형은 병과(倂科)할 수 있다.

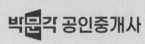 공인중개사

정답 및 해설

국토의 계획 및 이용에 관한 법률

01 ①	02 ①	03 ⑤	04 ④	05 ④
06 ②	07 ②	08 ①	09 ④	10 ④
11 ①	12 ⑤	13 ②	14 ②	15 ⑤
16 ②	17 ⑤	18 ③	19 ⑤	20 ③
21 ②	22 ⑤	23 ②	24 ②	25 ①
26 ①	27 ②	28 ③	29 ②	30 ③
31 ②	32 ⑤	33 ⑤	34 ④	35 ③
36 ②	37 ④	38 ④	39 ①	40 ④
41 ②	42 ④	43 ①	44 ③	45 ②
46 ②	47 ①	48 ①	49 ③	50 ①
51 ⑤	52 ③	53 ①	54 ④	55 ②
56 ③				

01 ①

② 성장관리계획구역에서의 난개발을 방지하고 계획적인 개발을 유도하기 위하여 수립하는 계획은 "성장관리계획"이다.
③ 자전거전용도로는 "기반시설"중 도로에 해당한다.
④ 지구단위계획구역의 지정에 관한 계획은 "도시·군관리계획"에 해당한다.
⑤ 기반시설이 부족할 것이 예상되나 기반시설의 설치가 곤란한 지역을 대상으로 건폐율 또는 용적률을 강화하여 적용하기 위하여 지정하는 것은 개발밀도관리구역이다.

02 ①

② 도시·군기본계획에 대한 설명이다.
③ 도시·군기본계획의 내용사항이나 도시·군관리계획으로 결정하여야 할 사항이 포함되어야 한다.
④ 도시·군관리계획으로 결정된 시설이다.

⑤ 도시·군계획사업이란 도시·군관리계획을 시행하기 위한 다음의 각 사업을 말한다.
　㉠ 도시·군계획시설사업
　㉡ 「도시개발법」에 따른 도시개발사업
　㉢ 「도시 및 주거환경정비법」에 따른 정비사업

03 ⑤

① 광역계획권이 둘 이상의 특별시·광역시·특별자치시·도 또는 특별자치도(이하 '시·도'라 한다)의 관할 구역에 걸쳐 있는 경우에는 국토교통부장관이 지정하게 된다.
② 광역계획권이 도의 관할 구역에 속하여 있는 경우에는 도지사가 지정하게 된다.
③ 국토교통부장관은 광역계획권을 지정하거나 변경하려면 관계 시·도지사, 시장 또는 군수의 의견을 들은 후 중앙도시계획위원회의 심의를 거친다.
④ 도지사가 광역계획권을 지정하거나 변경하려면 국토교통부장관과의 협의와 관계 시·도지사, 시장 또는 군수의 의견을 들은 후 지방도시계획위원회의 심의를 거친다.

04 ④

④ 광역계획권이 둘 이상의 특별시·광역시·특별자치시·도 또는 특별자치도(이하 '시·도'라 한다)의 관할 구역에 걸쳐 있는 경우에는 국토교통부장관이 지정하게 된다.

05 ④

④ 광역도시계획을 공동으로 수립하는 시·도지사는 그 내용에 관하여 서로 협의가 되지 아니하면 공동이나 단독으로 국토교통부장관에게 조정을 신청할 수 있다.

06 ②

① 특별시장·광역시장이 수립한 도시·군기본계획은 국토교통부장관에게 승인을 받지 아니한다.

③ 이해관계자를 포함한 주민은 지구단위계획구역의 지정 및 변경에 관한 사항에 대하여 도시·군관리계획의 수립의 제안을 할 수 있다.

④ 도시·군기본계획을 수립할 때 주민의 의견청취를 위한 공청회는 생략사유에 해당하지 않는다.

⑤ 도시·군기본계획의 수립기준 등은 대통령령이 정하는 바에 따라 국토교통부장관이 정한다.

07 ②

① 공청회 개최예정일 14일 전까지 1회 이상 공고하여야 한다.

③ 5년마다 관할 구역의 도시·군기본계획에 대하여 그 타당성 여부를 전반적으로 재검토하여 정비하여야 한다.

④ 시장 또는 군수가 도시·군기본계획을 변경하려면 도지사의 승인을 받아야 한다.

⑤ 국토교통부장관이 도시·군기본계획의 수립기준을 정한다.

08 ①

① 시장 또는 군수는 도시·군기본계획을 수립하거나 변경하려면 다음의 서류를 첨부하여 도지사의 승인을 받아야 한다.

  ㉠ 기초조사 결과
  ㉡ 공청회개최 결과
  ㉢ 해당 지방자치단체의 의회의 의견청취 결과
  ㉣ 해당 지방자치단체에 설치된 지방도시계획위원회의 자문을 거친 경우에는 그 결과
  ㉤ 관계 행정기관의 장과의 협의 및 도의 지방도시계획위원회의 심의에 필요한 서류

09 ④

① 도시·군기본계획의 내용이 광역도시계획의 내용과 다를 때에는 광역도시계획의 내용이 우선한다.

② 생활권계획이 수립 또는 승인된 때에는 해당 계획이 수립된 생활권에 대해서는 도시·군기본계획이 수립 또는 변경된 것으로 본다.

③ 도지사는 지방도시계획위원회의 심의를 거쳐야 한다.

⑤ 광역도시계획이나 도시·군기본계획을 수립할 때 도시·군관리계획을 함께 입안할 수 있다.

10 ④

④ 도시·군관리계획의 입안을 제안하려는 자가 토지소유자의 동의서를 받아야 하는 경우 국·공유지는 동의대상 토지면적에서 제외된다.

11 ①

① 도시·군관리계획 결정의 효력은 지형도면을 고시한 날부터 발생한다.

12 ⑤

① 용도지역·용도지구 또는 용도구역의 지정에 관한 도시·군관리계획을 입안하려는 경우 해당 지방의회의 의견을 들어야 한다.

② 도시·군관리계획도서 중 계획도는 축척 1천분의 1 또는 축척 5천분의 1(축척 1천분의 1 또는 축척 5천분의 1의 지형도가 간행되어 있지 아니한 경우에는 축척 2만 5천분의 1)의 지형도(수치지형도를 포함한다)에 도시·군관리계획사항을 명시한 도면으로 작성하여야 한다.

③ 도시·군관리계획은 지형도면을 고시한 날부터 그 효력이 발생한다.

④ 도시·군관리계획은 광역도시계획 및 도시·군기본계획을 수립할 때에 함께 입안할 수 있다.

13 ②

② 주민은 개발제한구역의 지정이나 변경에 대하여는 도시·군관리계획의 입안을 제안할 수 없다.

14 ②

① 3월 내 신고하고 그 사업이나 공사를 계속할 수 있다.
③ 도시·군관리계획의 입안을 제안받은 자는 도시·군관리계획의 입안 및 결정에 필요한 비용의 전부나 일부를 제안자에게 부담하게 할 수 있다.
④ 해양수산부장관이 결정한다.
⑤ 시장(대도시 시장은 제외한다)이나 군수가 지형도면을 작성하면 도지사의 승인을 받아야 한다.

15 ⑤

① 도시·군관리계획 결정의 효력은 지형도면을 고시한 날부터 발생한다.
② 3월 내에 신고하여야 한다.
③ 국토교통부장관이 도시·군관리계획을 직접 입안한 경우에는 직접 지형도면을 작성하여야 한다.
④ 시장·군수가 입안한 지구단위계획의 수립에 관한 도시·군관리계획은 시장·군수가 직접 결정한다.

16 ②

② 택지개발지구로 지정·고시되었다가 택지개발사업의 완료로 지구 지정이 해제되면 그 지역은 지구 지정 이전의 용도지역으로 환원되지 않는다.

17 ⑤

① 용도지역은 서로 중복되지 아니하게 지정한다.
② 용도지역은 필요한 경우 도시·군관리계획으로 결정할 수 있다.
③ 지정 대상 지역이 자연녹지지역·계획관리지역 또는 생산관리지역이어야 한다.
④ 공유수면의 매립 목적이 그 매립구역과 이웃하고 있는 용도지역의 내용과 다른 경우 및 그 매립구역이 둘 이상의 용도지역에 걸쳐 있거나 이웃하고 있는 경우 그 매립구역이 속할 용도지역은 도시·군관리계획결정으로 지정하여야 한다.

18 ③

③ 제1종 일반주거지역에서는 아파트를 제외한 공동주택이 허용된다.

19 ⑤

⑤ 자연환경보전지역에서는 도시·군계획조례로 규정한 사항을 제외하면 초등학교와 단독주택으로서 현저한 자연훼손을 가져오지 아니하는 범위 안에서 건축하는 농어가주택을 건축할 수 있다.

20 ③

㉠ 주거지역: 500 퍼센트 이하
㉡ 계획관리지역: 100 퍼센트 이하
㉢ 농림지역: 80 퍼센트 이하

21 ②

② 다음에 해당하는 지역 안에서의 건폐율에 관한 기준은 80퍼센트 이하의 범위 안에서 대통령령이 정하는 기준에 따라 특별시·광역시·특별자치시·특별자치도·시 또는 군의 조례로 따로 정한다. 이 경우 특별시·광역시·특별자치시·특별자치도·시 또는 군의 도시·군계획조례가 정하는 비율을 초과하여서는 아니된다.

ⓐ 취락지구: 60퍼센트 이하(집단취락지구에 대하여는 개발제한구역의 지정 및 관리에 관한 특별조치법령이 정하는 바에 의한다)
ⓑ 개발진흥지구(도시지역 외의 지역 또는 자연녹지지역만 해당): 다음에서 정하는 비율 이하
  • 도시지역 외의 지역에 지정된 경우: 40퍼센트
  • 자연녹지지역에 지정된 경우: 30퍼센트
ⓒ 수산자원보호구역: 40퍼센트 이하
ⓓ 「자연공원법」에 의한 자연공원: 60퍼센트 이하
ⓔ 「산업입지 및 개발에 관한 법률」의 규정에 의한 농공단지: 70퍼센트 이하
ⓕ 공업지역에 있는 「산업입지 및 개발에 관한 법률」의 규정에 의한 국가산업단지, 일반산업단지, 도시첨단산업단지와 준산업단지: 80퍼센트 이하

22 ⑤

① 제1종 일반주거지역으로 지정한다.

② 일반공업지역으로 지정한다.

③ 공유수면의 매립 목적이 그 매립구역과 이웃하고 있는 용도지역의 내용과 다른 경우 및 그 매립구역이 둘 이상의 용도지역에 걸쳐 있거나 이웃하고 있는 경우 그 매립구역이 속할 용도지역은 도시·군관리계획결정으로 지정하여야 한다.

④ 보전녹지지역에 관한 규정을 적용한다.

23 ②

② 「산업입지 및 개발에 관한 법률」에 의한 농공단지 안에서는 「산업입지 및 개발에 관한 법률」이 정하는 바에 의한다.

24 ②

② 개발진흥지구는 다음과 같이 세분될 수 있다.

ㄱ 주거개발진흥지구: 주거기능을 중심으로 개발·정비할 필요가 있는 지구

ㄴ 산업·유통개발진흥지구: 공업기능 및 유통·물류기능을 중심으로 개발·정비할 필요가 있는 지구

ㄷ 관광·휴양개발진흥지구: 관광·휴양기능을 중심으로 개발·정비할 필요가 있는 지구

ㄹ 복합개발진흥지구: 주거기능, 공업기능, 유통·물류기능 및 관광·휴양기능중 2 이상의 기능을 중심으로 개발·정비할 필요가 있는 지구

ㅁ 특정개발진흥지구: 주거기능, 공업기능, 유통·물류기능 및 관광·휴양기능 외의 기능을 중심으로 특정한 목적을 위하여 개발·정비할 필요가 있는 지구

25 ①

① 동물전용의 장례식장은 장례시설에 해당하므로 자연취락지구에서 허용되는 시설에 해당하지 아니한다.

26 ①

② 도시·군관리계획으로 정하는 높이를 초과하여 건축할 수 없다.

③ 도시·군계획조례로 정한다.

④ 집단취락지구 안에서의 건축제한에 대하여는 개발제한구역의 지정 및 관리에 관한 특별조치법령이 정하는 바에 의한다.

⑤ 도시·군계획조례로 정하는 건축물을 건축할 수 없다.

27 ②

② 甲이 소유하고 있는 1,000m²의 대지 중 제1종 일반주거지역이 800m², 제2종 일반주거지역이 200m²로 제2종 일반주거지역이 330m² 이하이기 때문에 전체 대지의 용적률은 가중평균한 값을 적용한다. 즉, (800×120퍼센트)＋(200× 200퍼센트) / 1,000＝136퍼센트이다. 그러므로 1,000m² 대지에 적용받을 용적률은 136퍼센트이므로 최대 연면적은 1,360m²가 된다.

28 ③

①, ②, ④, ⑤ 전부 도시·군관리계획으로 결정할 수 있다.

29 ②

① 도시·군관리계획으로 결정하여 지정하는 용도구역이다.

③ 시가화조정구역의 지정에 관한 도시·군관리계획의 결정은 시가화 유보기간이 끝난 날의 다음날부터 그 효력을 잃는다. 이 경우 국토교통부장관 또는 시·도지사는 시가화조정구역지정의 실효고시는 실효일자 및 실효사유와 실효된 도시·군관리계획의 내용을 국토교통부장관이 하는 경우에는 관보에, 시·도지사가 하는 경우에는 해당 시·도의 공보에 게재하여 그 사실을 고시하여야 한다.

④ 시가화조정구역 안에서의 도시·군계획사업은 국방상 또는 공익상 시가화조정구역안에서의 사업시행이 불가피한 것으로서 주민이 아니라 관계 중앙행정기관의 장의 요청에 의하여 국토교통부장관이 시가화조정구역의 지정목적달성에 지장이 없다고 인정하는 도시·군계획사업에 한하여 이를 시행할 수 있다.

⑤ 시가화조정구역에서 입목의 벌채, 조림, 육림 행위는 특별시장·광역시장·특별자치시장·특별자치도지사·시장 또는 군수의 허가를 받아 이를 할 수 있다.

30 ③

① 자연환경보전지역에 관한 규정을 적용한다.

② 보전녹지지역에 관한 규정을 적용한다.

④ 시가화조정구역에서의 도시·군계획사업은 국방상 또는 공익상 시가화조정구역안에서의 사업시행이 불가피한 것으로서 관계 중앙행정기관의 장의 요청에 의하여 국토교통부장관이 시가화조정구역의 지정목적달성에 지장이 없다고 인정하는 도시·군계획사업에 한하여 이를 시행할 수 있다.

⑤ 시가화조정구역에서는 도시·군계획사업에 의한 행위가 아닌 행위라도 허가를 받으면 행할 수 있는 것들이 법령에 규정이 되어 있다.

31 ②

② 도시혁신구역과 복합용도구역으로 지정된 지역은 「건축법」 제69조에 따른 특별건축구역으로 지정된 것으로 본다.

32 ⑤

⑤ 폐기물처리 및 재활용시설은 환경기초시설에 해당한다.

33 ⑤

⑤ 기반시설 중 도로·자동차정류장 및 광장은 다음과 같이 세분할 수 있다(영 제2조 제2항).

도로	• 일반도로 • 자전거전용도로 • 보행자우선도로 • 지하도로	• 자동차전용도로 • 보행자전용도로 • 고가도로
자동차정류장	• 여객자동차터미널 • 공영차고지 • 화물자동차 휴게소 • 환승센터	• 화물터미널 • 공동차고지 • 복합환승센터
광장	• 교통광장 • 경관광장 • 건축물부설광장	• 일반광장 • 지하광장

즉 교통광장은 자동차정류장이 아닌 광장으로 분류된다.

34 ④

① 200만m²를 초과하는 경우라야 한다.

② 공동구가 설치된 경우에는 대통령령으로 정하는 다음의 시설을 공동구에 모두 수용되도록 하여야 한다.

  ⊙ 전선로　　　　　　　ⓒ 통신선로
  ⓒ 수도관　　　　　　　② 열수송관
  ⓜ 중수도관　　　　　　ⓗ 쓰레기수송관
  ⓢ 가스관　　　　　　　ⓞ 하수도관, 그 밖의 시설

  ※ 이 경우 ⓢ 및 ⓞ의 시설은 법 제44조의2 제4항에 따른 공동구협의회(이하 '공동구협의회'라 한다)의 심의를 거쳐 수용할 수 있다.

③ 공동구의 설치에 필요한 비용은 이 법 또는 다른 법률에 특별한 규정이 있는 경우를 제외하고는 공동구 점용예정자와 사업시행자가 부담한다. 이 경우 공동구 점용예정자는 해당 시설을 개별적으로 매설할 때 필요한 비용의 범위에서 대통령령으로 정하는 바에 따라 부담한다. 또한 공동구 점용예정자와 사업시행자가 공동구 설치비용을 부담하는 경우 국가, 특별시장·광역시장·특별자치도지사·시장 또는 군수는 공동구의 원활한 설치를 위하여 그 비용의 일부를 보조 또는 융자할 수 있다.

⑤ 공동구관리자는 5년마다 해당 공동구의 안전 및 유지관리계획을 대통령령으로 정하는 바에 따라 수립·시행하여야 한다.

35 ③

① 실시계획의 인가나 그에 상당하는 절차가 진행된 경우는 제외한다.

② 공동구협의회의 심의를 거쳐야 공동구에 수용할 수 있는 시설은 가스관 및 하수도관이다.

④ 시설결정의 고시일부터 20년이 지날 때까지 시설사업이 시행되지 아니하는 경우 그 시설결정은 20년이 되는 날의 다음날에 효력을 잃는다.

⑤ 도시·군계획시설결정의 고시일부터 10년 이내에 그 도시·군계획시설의 설치에 관한 도시·군계획시설사업이 시행되지 아니한 경우로서 제85조 제1항에 따른 단계별 집행계획상 해당 도시·군계획시설의 실효시까지 집행계획이 없는 경우에는 그 도시·군계획시설

부지로 되어 있는 토지의 소유자는 대통령령으로 정하는 바에 따라 해당 도시·군계획시설에 대한 도시·군관리계획 입안권자에게 그 토지의 도시·군계획시설 결정 해제를 위한 도시·군관리계획 입안을 신청할 수 있다.

36 ②

② 한국토지주택공사나 지방공사 등이 도시·군계획시설사업의 시행자로 지정받으려는 경우에는 사업 대상 토지 면적 등의 동의를 받을 필요가 없다.

37 ④

① 주차장, 공공공지, 공공청사, 시장·문화시설·공공필요성이 인정되는 체육시설·연구시설·사회복지시설,청소년수련시설·종합의료시설·폐차장 등은 미리 도시·군관리계획으로 결정할 필요가 없는 시설에 해당한다.
② 도시·군계획시설의 부지로 되어 있는 토지 중 지목이 대(垈)인 토지(그 토지에 있는 건축물 및 정착물을 포함한다)의 소유자는 그 토지의 매수를 청구할 수 있다.
③ 용도지역 안에서의 건축물의 용도·종류 및 규모의 제한에 대한 규정은 도시·군계획시설에 대해서는 적용하지 아니한다.
⑤ 도시·군계획시설사업의 시행자가 행정청인 경우, 시행자의 처분에 대해서는 행정심판법에 따라 행정심판을 제기할 수 있다.

38 ④

① 특별시장·광역시장·특별자치시장·특별자치도지사·시장 또는 군수는 도시·군계획시설에 대하여 도시·군계획시설결정의 고시일부터 3개월 이내에 대통령령으로 정하는 바에 따라 재원조달계획, 보상계획 등을 포함하는 단계별 집행계획을 수립하여야 한다. 다만, 대통령령으로 정하는 다음의 법률에 따라 도시·군관리계획의 결정이 의제되는 경우에는 해당 도시·군계획시설결정의 고시일부터 2년 이내에 단계별 집행계획을 수립할 수 있다(법 제85조 제1항, 영 제95조 제2항).

　　㉠「도시 및 주거환경정비법」
　　㉡「도시재정비 촉진을 위한 특별법」
　　㉢「도시재생 활성화 및 지원에 관한 특별법」

② 3년 이내에 시행하는 도시·군계획시설사업은 단계별 집행계획 중 제1단계 집행계획에 포함되어야 한다.
③ 한국토지주택공사가 도시·군계획시설사업의 시행자로 지정을 받으려는 경우에는 토지소유자의 동의를 받을 필요가 없다.
⑤ 사업시행자는 도시·군계획시설사업 대상시설을 둘 이상으로 분할하여 도시·군계획시설사업을 시행할 수 있다.

39 ①

㉠ 국토교통부장관, 시·도지사, 시장 또는 군수나 도시·군계획시설사업의 시행자는 다음 각 호의 행위를 하기 위하여 필요하면 타인의 토지에 출입하거나 타인의 토지를 재료 적치장 또는 임시통로로 일시 사용할 수 있으며, 특히 필요한 경우에는 나무, 흙, 돌, 그 밖의 장애물을 변경하거나 제거할 수 있다.

　　1. 도시·군계획·광역도시·군계획에 관한 기초조사
　　2. 개발밀도관리구역, 기반시설부담구역 및 제67조 제4항에 따른 기반시설설치계획에 관한 기초조사
　　3. 지가의 동향 및 토지거래의 상황에 관한 조사
　　4. 도시·군계획시설사업에 관한 조사·측량 또는 시행

㉡ 위 ㉠에 따라 타인의 토지에 출입하려는 자는 특별시장·광역시장·특별자치시장·특별자치도지사·시장 또는 군수의 허가를 받아야 하며, 출입하려는 날의 7일 전까지 그 토지의 소유자·점유자 또는 관리인에게 그 일시와 장소를 알려야 한다. 다만, 행정청인 도시·군계획시설사업의 시행자는 허가를 받지 아니하고 타인의 토지에 출입할 수 있다.
㉢ 위 ㉠에 따라 타인의 토지를 재료 적치장 또는 임시통로로 일시사용하거나 나무, 흙, 돌, 그 밖의 장애물을 변경 또는 제거하려는 자는 토지의 소유자·점유자 또는 관리인의 동의를 받아야 한다.

ㄹ 위 ㄷ의 경우 토지나 장애물의 소유자·점유자 또는 관리인이 현장에 없거나 주소 또는 거소가 불분명하여 그 동의를 받을 수 없는 경우에는 행정청인 도시·군계획시설사업의 시행자는 관할 특별시장·광역시장·특별자치시장·특별자치도지사·시장 또는 군수에게 그 사실을 통지하여야 하며, 행정청이 아닌 도시·군계획시설사업의 시행자는 미리 관할 특별시장·광역시장·특별자치시장·특별자치도지사·시장 또는 군수의 허가를 받아야 한다.

ㅁ 위 ㄷ, ㄹ에 따라 토지를 일시 사용하거나 장애물을 변경 또는 제거하려는 자는 토지를 사용하려는 날이나 장애물을 변경 또는 제거하려는 날의 3일 전까지 그 토지나 장애물의 소유자·점유자 또는 관리인에게 알려야 한다.

ㅂ 일출 전이나 일몰 후에는 그 토지 점유자의 승낙 없이 택지나 담장 또는 울타리로 둘러싸인 타인의 토지에 출입할 수 없다.

ㅅ 토지의 점유자는 정당한 사유 없이 타인토지 출입 등에 따른 행위를 방해하거나 거부하지 못한다.

40 ④

① 시행자인 한국토지주택공사에게 매수청구할 수 있다.
② 매수청구대상은 해당 토지 뿐 아니라 건축물을 포함한다.
③ 매수의무자가 지방자치단체인 경우에만 도시·군계획시설채권을 발행할 수 있다. 따라서 매수의무자가 한국토지주택공사인 경우에는 도시·군계획시설채권을 발행할 수 없다.
⑤ 3층 이하의 단독주택과 제1종 근린생활시설 및 제2종 근린생활시설만 허용되므로 공동주택인 다세대주택은 허용되지 않는다.

41 ②

① 「산업입지 및 개발에 관한 법률」에 따른 산업단지 또는 준산업단지는 지구단위계획구역의 지정대상에 해당한다.
③ 「택지개발촉진법」에 따라 지정된 택지개발지구에서 시행되는 사업이 끝난 후 10년이 지나면 해당 지역은 지구단위계획구역으로 지정하여야 한다.

④ 도시지역 외의 지역을 지구단위계획구역으로 지정하려면 지정하려는 구역 면적의 100분의 50 이상이 계획관리지역이어야 한다.
⑤ 신업·유통개발진흥지구 및 복합개발진흥지구(주거기능이 포함되지 아니한 경우에 한한다)는 계획관리지역·생산관리지역 또는 농림지역에 위치해야 한다.

42 ②

② 세 개 이상의 노선이 교차하는 대중교통 결절지로부터 1km 이내에 위치한 지역은 지구단위계획구역으로 지정할 수 있다.

43 ①

① 지구단위계획구역에서 건축물(일정 기간 내 철거가 예상되는 경우 등 대통령령으로 정하는 가설건축물은 제외한다)을 건축 또는 용도변경거나 공작물을 설치하려면 그 지구단위계획에 맞게 하여야 한다. 다만, 지구단위계획이 수립되어 있지 아니한 경우에는 그러하지 아니하다.

44 ③

① 개발제한구역이 아니라 시가화조정구역이라야 한다.
② 건축법상 대지의 분할제한에 관한 규정은 완화대상에 해당하지 않는다.
④ 정비구역이 지정된지 10년이 지난 지역이 아니라 해당 정비사업이 끝난지 10년 경과된 곳이 의무적 지정대상에 해당한다.
⑤ 150퍼센트 이내에서 건폐율을 완화하여 적용할 수 있다.

45 ②

② 국공유지를 제외한 토지 면적의 3분의 2 이상 토지소유자의 동의를 받아야 한다.

46 ②

① 도시·군계획사업에 의한 경우에는 개발행위허가를 받지 아니한다.
③ 사업기간을 단축하는 경우와 부지면적 또는 건축물 연면적을 5퍼센트 범위에서 축소[공작물의 무게, 부피,

수평투영면적(하늘에서 내려다보이는 수평 면적을 말한다) 또는 토석채취량을 5퍼센트 범위에서 축소하는 경우를 포함한다]하는 경우에는 변경허가를 받지 아니하고 지체없이 그 사실을 특별시장·광역시장·특별자치시장·특별자치도지사·시장 또는 군수에게 통지하여야 한다.

④ 특별시장·광역시장·특별자치시장·특별자치도지사·시장 또는 군수는 개발행위허가의 신청에 대하여 특별한 사유가 없는 한 15일(도시계획위원회의 심의를 거쳐야 하거나 관계 행정기관의 장과 협의를 하여야 하는 경우에는 심의 또는 협의기간을 제외) 이내에 허가 또는 불허가의 처분을 하여야 한다.

⑤ 국토교통부장관이 지구단위계획구역으로 지정된 지역에 대하여 허가의 제한을 연장하려면 중앙도시계획위원회의 심의를 거치지 아니한다.

47 ①

① 허가 받은 사업기간을 단축하는 경우이거나 부지면적 또는 건축물 연면적을 5퍼센트 범위안에서 축소하는 경우에만 허가를 받지 않고 변경할 수 있다.

48 ①

② 면적 25제곱미터 이하여야 한다.
③ 조건부로 허가를 할 수 있다.
④ 최대 3년간 허가를 제한할 수 있다.
⑤ 새로 설치한 공공시설의 설치비용에 상당한 범위에서 무상으로 양도할 수 있다.

49 ③

① 다음의 어느 하나에 해당하는 개발행위는 중앙도시계획위원회와 지방도시계획위원회의 심의를 거치지 아니한다.

  1. 제8조, 제9조 또는 다른 법률에 따라 도시계획위원회의 심의를 받는 구역에서 하는 개발행위
  2. 지구단위계획 또는 성장관리방안을 수립한 지역에서 하는 개발행위

  3. 주거지역·상업지역·공업지역에서 시행하는 개발행위 중 특별시·광역시·특별자치시·특별자치도·시 또는 군의 조례로 정하는 규모·위치 등에 해당하지 아니하는 개발행위
  4. 「환경영향평가법」에 따라 환경영향평가를 받은 개발행위
  5. 「도시교통정비 촉진법」에 따라 교통영향평가에 대한 검토를 받은 개발행위
  6. 「농어촌정비법」 제2조 제4호에 따른 농어촌정비사업 중 대통령령으로 정하는 사업을 위한 개발행위
  7. 「산림자원의 조성 및 관리에 관한 법률」에 따른 산림사업 및 「사방사업법」에 따른 사방사업을 위한 개발행위

따라서 「사방사업법」에 따른 사방사업을 위한 개발행위를 허가 하려면 지방도시계획위원회의 심의대상에 해당하지 아니한다.

② 토지의 일부가 도시·군계획시설로 지형도면고시가 된 당해 토지의 분할은 개발행위허가대상에 해당하지 아니한다.

④ 시·도지사는 기반시설부담구역으로 지정된 지역에 대해서는 5년간 개발행위허가를 제한할 수 있다.

⑤ 토지분할은 준공검사대상에 해당하지 아니한다.

50 ①

② 개발행위허가(다른 법률에 따라 개발행위허가가 의제되는 협의를 거친 인가·허가·승인 등을 포함한다)를 받은 자가 행정청인 경우 개발행위허가를 받은 자가 새로 공공시설을 설치하거나 기존의 공공시설에 대체되는 공공시설을 설치한 경우에는 「국유재산법」과 「공유재산 및 물품 관리법」에도 불구하고 새로 설치된 공공시설은 그 시설을 관리할 관리청에 무상으로 귀속되고, 종래의 공공시설은 개발행위허가를 받은 자에게 무상으로 귀속된다.

③ 특별시장·광역시장·특별자치시장·특별자치도지사·
시장 또는 군수는 공공시설의 귀속에 관한 사항이 포함
된 개발행위허가를 하려면 미리 해당 공공시설이 속한
관리청의 의견을 들어야 한다. 다만, 관리청이 지정되
지 아니한 경우에는 관리청이 지정된 후 준공되기 전에
관리청의 의견을 들어야 하며, 관리청이 불분명한 경우
에는 도로 등에 대하여는 국토교통부장관을, 하천에 대
하여는 환경부장관을 관리청으로 보고, 그 외의 재산에
대하여는 기획재정부장관을 관리청으로 본다.

④ 개발행위허가를 받은 자가 행정청인 경우 개발행위허
가를 받은 자는 개발행위가 끝나 준공검사를 마친 때
에는 해당 시설의 관리청에 공공시설의 종류와 토지의
세목(細目)을 통지하여야 한다. 이 경우 공공시설은 그
통지한 날에 해당 시설을 관리할 관리청과 개발행위허
가를 받은 자에게 각각 귀속된 것으로 본다.

⑤ 개발행위허가를 받은 자가 행정청인 경우 개발행위허
가를 받은 자는 그에게 귀속된 공공시설의 처분으로
인한 수익금을 도시·군계획사업 외의 목적에 사용하
여서는 아니 된다.

51 ⑤

⑤ '기반시설부담구역'이란 개발밀도관리구역 외의 지역
으로서 개발로 인하여 도로, 공원, 녹지 등 대통령령으
로 정하는 기반시설의 설치가 필요한 지역을 대상으로
기반시설을 설치하거나 그에 필요한 용지를 확보하게
하기 위하여 지정·고시하는 구역을 말한다.

52 ③

① 공원의 이용을 위하여 필요한 편의시설은 기반시설부
담구역에 설치가 필요한 기반시설에 해당한다.

② 기반시설부담구역에서 기존 건축물을 철거하고 신축
하는 경우에는 기존 건축물의 건축연면적을 초과하는
건축행위만 기반시설설치비용의 부과대상으로 한다.

④ 종교집회장은 기반시설설치비용의 부과대상에 해당하
지 아니한다.

⑤ 기반시설부담구역으로 지정된 지역에 대해서는 개발
행위허가의 제한기간을 2년 더 연장할 수 있다.

53 ①

① 대학, 산업대학, 교육대학, 전문대학 등의 고등교육법에
의한 학교는 기반시설부담구역에 설치가 필요한 기반
시설에 해당하지 아니한다.

54 ④

① 시장 또는 군수가 개발밀도관리구역을 지정 또는 변경
하는 경우 관할 지방도시계획위원회의 심의를 거쳐야
한다.

② 기반시설부담구역의 지정고시일부터 1년이 되는 날까지
기반시설설치계획을 수립하지 아니하면 그 1년이 되는
날에 기반시설부담구역의 지정은 해제된 것으로 본다.

③, ⑤ 특별시장·광역시장·특별자치시장·특별자치도지
사·시장 또는 군수는 납부의무자가 국가 또는 지방자
치단체로부터 건축허가(다른 법률에 따른 사업승인 등
건축허가가 의제되는 경우에는 그 사업승인)를 받은
날부터 2개월 이내에 기반시설설치비용을 부과하여야
하고, 납부의무자는 사용승인(다른 법률에 따라 준공
검사 등 사용승인이 의제되는 경우에는 그 준공검사)
신청시까지 이를 내야 한다.

55 ②

① 공업지역은 성장관리계획구역을 지정할 수 없다.

③ 성장관리계획구역 내 계획관리지역에서는 125퍼센트
이하의 범위에서 성장관리계획으로 정하는 바에 따라
용적률을 완화하여 적용할 수 있다.

④ 성장관리계획구역을 지정할 때에는 도시·군관리계획
의 결정절차와는 관계가 없다.

⑤ 특별시장·광역시장·특별자치시장·특별자치도지
사·시장 또는 군수는 성장관리계획구역을 지정하거나
이를 변경하려면 성장관리계획구역안의 주요 내용을
전국을 보급지역으로 하거나 해당 지방자치단체를 주
된 보급지역으로 하는 둘 이상의 일간신문과 해당 지
방자치단체의 인터넷 홈페이지 등에 공고하고, 성장관
리계획구역안을 14일 이상 일반이 열람할 수 있도록
하여 미리 주민의 의견을 들은 후 해당 지방의회의 의
견을 들어야 하며, 관계 행정기관과의 협의 및 지방도
시계획위원회의 심의를 거쳐야 한다.

③ 성장관리계획구역에서는 제77조 제1항에도 불구하고 다음 각 호의 구분에 따른 범위에서 성장관리계획으로 정하는 바에 따라 특별시·광역시·특별자치시·특별자치도·시 또는 군의 조례로 정하는 비율까지 건폐율을 완화하여 적용할 수 있다.

　㉠ 계획관리지역: 50퍼센트 이하
　㉡ 생산관리지역·농림지역 및 자연녹지지역과 생산녹지지역: 30퍼센트 이하

01 ③	02 ②	03 ⑤	04 ①	05 ①
06 ⑤	07 ②	08 ⑤	09 ③	10 ③
11 ②	12 ④	13 ④	14 ②	15 ①
16 ④	17 ①	18 ①	19 ⑤	20 ③
21 ④	22 ②	23 ③	24 ③	25 ⑤
26 ⑤	27 ③	28 ⑤	29 ⑤	30 ①
31 ②	32 ④			

01 ③

③ 도시개발구역은 특별시장·광역시장 또는 도지사, 특별자치도지사(이하 '시·도지사'라 한다), 서울특별시와 광역시를 제외한 인구 50만 이상의 대도시의 시장은 계획적인 도시개발이 필요하다고 인정되는 때에는 도시개발구역을 지정할 수 있으며, 예외적으로 국토교통부장관은 다음에 해당하는 경우에는 도시개발구역을 지정할 수 있다(법 제3조 제3항, 영 제4조).

  ㉠ 국가가 도시개발사업을 실시할 필요가 있는 경우
  ㉡ 관계 중앙행정기관의 장이 요청하는 경우
  ㉢ 대통령령이 정하는 공공기관 또는 정부출연기관의 장이 30만m² 이상으로서 국가계획과 밀접한 관련이 있는 도시개발구역의 지정을 제안하는 경우
  ㉣ 시·도지사, 대도시 시장의 협의가 성립되지 아니하는 경우
  ㉤ 천재지변이나 그 밖의 사유로 인하여 도시개발사업을 긴급하게 할 필요가 있는 경우

02 ②

㉠ 도시개발구역으로 지정할 수 있는 면적은 다음과 같다.

도시지역 안	주거지역 및 상업지역: 1만m² 이상		
	공업지역: 3만m² 이상		
	자연녹지지역: 1만m² 이상, 생산녹지지역: 1만m² 이상		
도시지역 밖	30만m² 이상. 다만, 공동주택 중 아파트 또는 연립주택의 건설계획이 포함되는 경우로서 다음 요건을 모두 갖춘 경우에는 10만m² 이상으로 한다. • 도시개발구역에 초등학교용지를 확보(도시개발구역 내 또는 도시개발구역으로부터 통학이 가능한 거리에 학생을 수용할 수 있는 초등학교가 있는 경우를 포함한다)하여 관할 교육청과 협의한 경우 • 도시개발구역에서 「도로법」 제12조부터 제15조까지의 규정에 해당하는 도로 또는 국토교통부령으로 정하는 도로와 연결되거나 4차로 이상의 도로를 설치하는 경우		

03 ⑤

① 분할 또는 결합하여 하나의 도시개발구역으로 지정될 수도 있다.
② 국가나 지방자치단체가 도시개발사업의 시행자인 경우 토지소유자의 동의를 받을 필요가 없다.
③ 도시개발구역을 지정하기 위한 기초조사는 임의적 절차에 해당한다.
④ 공사 완료의 공고일의 다음날에 해제된 것으로 본다.

04 ①

① 도시개발구역 지정에 관한 주민 등의 의견청취를 위한 공고가 있는 지역 및 도시개발구역 안에서 다음에 해당하는 행위를 하고자 하는 자는 특별시장·광역시장, 특별자치도지사·시장 또는 군수의 허가를 받아야 한다. 허가받은 사항을 변경하고자 하는 때에도 또한 같다.

ⓐ 건축물의 건축 등:「건축법」 제2조 제1항 제2호에 따른 건축물(가설건축물을 포함한다)의 건축, 대수선(大修繕) 또는 용도변경

ⓑ 공작물의 설치: 인공을 가하여 제작한 시설물(「건축법」 제2조 제1항 제2호에 따른 건축물을 제외한다)의 설치

ⓒ 토지의 형질변경: 절토·성토·정지·포장 등의 방법으로 토지의 형상을 변경하는 행위, 토지의 굴착 또는 공유수면의 매립

ⓓ 토석의 채취: 흙·모래·자갈·바위 등의 토석을 채취하는 행위. 다만, 토지의 형질변경을 목적으로 하는 것은 ⓒ에 따른다.

ⓔ 토지분할

ⓕ 물건을 쌓아 놓는 행위: 옮기기 쉽지 아니한 물건을 1개월 이상 쌓아놓는 행위

ⓖ 죽목의 벌채 및 식재(植栽)

이 경우 토지의 분할은 허가대상에 해당하지만 합병은 허가대상에 해당하지 아니한다.

---

05 ①

① 실시계획의 인가를 받지 아니하면 → 실시계획의 인가를 신청하지 아니하면

---

06 ⑤

⑤ 지구단위계획은 실시계획에 포함될 내용에 해당한다.

---

07 ②

② 구체적인 동의자 수 및 산정방법

ⓐ 도시개발구역의 토지면적을 산정하는 경우: 국공유지를 포함하여 산정할 것

ⓑ 1필지의 토지 소유권을 여럿이 공유하는 경우: 다른 공유자의 동의를 받은 대표 공유자 1인을 해당 토지 소유자로 볼 것. 다만,「집합건물의 소유 및 관리에 관한 법률」 제2조 제2호에 따른 구분소유자는 각각을 토지 소유자 1인으로 본다.

ⓒ 1인이 둘 이상 필지의 토지를 단독으로 소유한 경우: 필지의 수에 관계없이 토지 소유자를 1인으로 볼 것

ⓓ 둘 이상 필지의 토지를 소유한 공유자가 동일한 경우: 공유자 여럿을 대표하는 1인을 토지 소유자로 볼 것

ⓔ 제11조 제2항에 따른 공람·공고일 후에「집합건물의 소유 및 관리에 관한 법률」 제2조 제1호에 따른 구분소유권을 분할하게 되어 토지 소유자의 수가 증가하게 된 경우: 공람·공고일 전의 토지 소유자의 수를 기준으로 산정하고, 증가된 토지 소유자의 수는 토지 소유자 총수에 추가 산입하지 말 것

ⓕ 법 제11조 제5항에 따라 도시개발구역의 지정이 제안되기 전에 또는 법 제4조 제2항에 따라 도시개발구역에 대한 도시개발사업의 계획(이하 "개발계획"이라 한다)의 변경을 요청받기 전에 동의를 철회하는 사람이 있는 경우: 그 사람은 동의자 수에서 제외할 것

ⓖ 법 제11조 제5항에 따라 도시개발구역의 지정이 제안된 후부터 법 제4조에 따라 개발계획이 수립되기 전까지의 사이에 토지 소유자가 변경된 경우 또는 법 제4조제2항에 따라 개발계획의 변경을 요청받은 후부터 개발계획이 변경되기 전까지의 사이에 토지 소유자가 변경된 경우: 기존 토지 소유자의 동의서를 기준으로 할 것

---

08 ⑤

⑤ 도시개발구역의 토지 소유자가 도시개발을 위하여 설립한 조합은 환지방식으로만 시행할 수 있다.

---

09 ③

③ 도시개발구역의 지정의 고시일로부터 1년 내에 실시계획 인가를 신청하지 아니한 경우라야 한다.

---

10 ③

① 도시개발구역의 토지 소유자 7명 이상이 정관을 작성하여 지정권자에게 조합 설립의 인가를 받아야 한다.

② 조합이 설립인가를 받은 사항 중 청산에 관한 사항을 변경하려는 경우에는 지정권자에게 변경인가를 받아야 한다. 즉 주된 사무소소재지 변경과 공고방법의 변경인 경우에만 신고를 하게 된다.

④ 의결권을 가진 조합원의 수가 50인 이상인 조합은 총회의 권한을 대행하게 하기 위하여 대의원회를 둘 수 있다.

⑤ 조합의 임원으로 선임된 자가 결격사유에 해당하게 된 때에는 그 다음 날부터 임원의 자격을 상실한다.

11 ②

ⓛ 조합이 인가를 받은 사항을 변경하고자 하는 때에는 지정권자로부터 변경인가를 받아야 한다. 다만, 다음에 해당하는 경미한 사항을 변경하고자 하는 때에는 이를 신고하여야 한다(법 제13조 제2항, 영 제30조).

> ㉠ 주된 사무소의 소재지의 변경
> ㉡ 공고방법을 변경하려는 경우

ⓒ 조합장 또는 이사의 자기를 위한 조합과의 계약이나 소송에 관하여는 감사가 조합을 대표한다.

12 ④

④ 「민법」 중 사단법인에 관한 규정을 준용한다.

13 ④

④ 대의원회는 총회의 의결사항 중 ㉠ 정관의 변경, ㉡ 개발계획의 수립 및 변경, ㉢ 환지계획의 작성, ㉣ 조합임원의 선임, ㉤ 조합의 합병 및 해산에 관한 사항을 제외한 총회의 권한을 대행할 수 있다. 따라서 조합의 수지예산에 관한 사항은 대위원회가 총회의 권한을 대행할 수 있다.

14 ②

② 시·도지사가 실시계획을 인가하는 경우 시장(대도시 시장 제외)·군수 또는 구청장의 의견을 미리 들어야 한다.

15 ①

② 계획적이고 체계적인 도시개발 등 집단적인 택지의 조성과 공급이 필요한 경우에는 수용 또는 사용 방식으로 시행하게 된다.

③ 지정권자는 도시개발구역지정 이후 다음의 어느 하나에 해당하는 경우에는 도시개발사업의 시행방식을 변경할 수 있다.

> ㉠ 국가, 지방자치단체, 공공단체, 정부출연기관, 지방공사인 사업시행자가 대통령령으로 정하는 기준에 따라 도시개발사업의 시행방식을 수용 또는 사용방식에서 전부 환지방식으로 변경하는 경우
> ㉡ 국가, 지방자치단체, 공공단체, 정부출연기관, 지방공사인 사업시행자가 대통령령으로 정하는 기준에 따라 도시개발사업의 시행방식을 혼용방식에서 전부 환지방식으로 변경하는 경우
> ㉢ 조합을 제외한 나머지 사업시행자가 대통령령으로 정하는 기준에 따라 도시개발사업의 시행방식을 수용 또는 사용 방식에서 혼용방식으로 변경하는 경우

④ 도시개발사업은 시행자가 도시개발구역의 토지 등을 수용 또는 사용하는 방식이나 환지방식 또는 이를 혼용하는 방식으로 시행할 수 있다. 따라서 별도로 국토교통부장관의 허가를 받을 필요는 없다.

⑤ 지정권자는 토지소유자 2인 이상이 도시개발사업을 시행하고자 하는 때 또는 토지소유자가 민간법인, 등록사업자, 토목공사업자 등 또는 부동산투자회사 등과 공동으로 도시개발사업을 시행하고자 하는 때에는 도시개발사업에 관한 규약을 정하게 할 수 있다. 따라서 지방자치단체가 시행하려는 경우에는 규약을 정하지 않는다.

16 ④

① 지정권자는 도시개발구역지정 이후 다음의 어느 하나에 해당하는 경우에는 도시개발사업의 시행방식을 변경할 수 있다(법 제21조 제2항).

> ㉠ 국가, 지방자치단체, 공공단체, 정부출연기관, 지방공사인 사업시행자가 대통령령으로 정하는 기준에 따라 도시개발사업의 시행방식을 수용 또는 사용방식에서 전부 환지방식으로 변경하는 경우
> ㉡ 국가, 지방자치단체, 공공단체, 정부출연기관, 지방공사인 사업시행자가 대통령령으로 정하는 기준에 따라 도시개발사업의 시행방식을 혼용방식에서 전부 환지방식으로 변경하는 경우
> ㉢ 조합을 제외한 나머지 사업시행자가 대통령령으로 정하는 기준에 따라 도시개발사업의 시행방식을 수용 또는 사용 방식에서 혼용방식으로 변경하는 경우

따라서 도시개발구역지정 이후 그 시행 방식을 혼용방식에서 수용 또는 사용방식으로 변경할 수는 없다.

② 토지소유자, 민간법인, 등록사업자, 토목공사업면허를 받은 자, 부동산투자회사 및 공동출자법인(법 제11조 제1항 제5호, 제7호부터 제11호에 해당하는 시행자)에 해당하는 시행자는 사업대상 토지면적의 3분의 2 이상에 해당하는 토지를 소유하고 토지소유자 총수의 2분의 1 이상에 해당하는 자의 동의를 얻어야 한다. 그러므로 정부출연기관이 그 사업에 필요한 토지를 수용하는 경우에는 토지소유자의 동의를 받을 필요가 없다.

③ 공공기관을 포함한 모든 시행자는 토지소유자가 원하면 토지 등의 매수대금의 일부를 지급하기 위하여 그 토지상환채권으로 상환할 토지·건축물이 해당 도시개발사업으로 조성되는 분양토지 또는 분양건축물 면적의 2분의 1을 초과하지 아니하는 범위 안에서 사업시행으로 조성된 토지·건축물로 상환하는 채권(이하 '토지상환채권'이라 한다)을 발행할 수 있다.

⑤ 원형지개발자의 선정은 수의계약의 방법으로 한다. 다만, 원형지를 학교나 공장 등의 부지로 직접 사용하는 자에 해당하는 경우에는 원형지개발자의 선정은 경쟁입찰의 방식으로 하며, 경쟁입찰이 2회 이상 유찰된 경우에는 수의계약의 방법으로 할 수 있다. 원형지를 추첨의 방법으로 공급할 수는 없다.

17   ①

① 한국토지주택공사가 토지상환채권을 발행하는 경우에는 보증을 받지 아니하므로 발행계획에는 보증기관 및 보증의 내용은 포함되지 않는다.

18   ①

② 지정권자는 원형지의 공급을 승인할 때 용적률 등 개발밀도에 관한 이행조건을 붙일 수 있다.

③ 원형지 공급가격은 개발계획이 반영된 원형지의 감정가격에 시행자가 원형지에 설치한 기반시설 등의 공사비를 더한 금액을 기준으로 시행자와 원형지개발자가 협의하여 결정한다.

④ 원형지개발자(국가 및 지방자치단체는 제외한다)는 원형지에 대한 공사완료 공고일부터 5년 또는 원형지 공급 계약일부터 10년 중 먼저 끝나는 기간안에는 원형지를 매각할 수 없다.

⑤ 시행자는 다음의 어느 하나에 해당하는 경우 대통령령으로 정하는 바에 따라 원형지 공급계약을 해제할 수 있다. 이 경우 시행자는 원형지개발자에게 2회 이상 시정을 요구하여야 하고, 원형지개발자가 시정하지 아니한 경우에는 원형지 공급계약을 해제할 수 있다. 이 경우 원형지개발자는 시행자의 시정 요구에 대하여 의견을 제시할 수 있다.

   ㉠ 원형지개발자가 세부계획에서 정한 착수 기한 안에 공사에 착수하지 아니하는 경우
   ㉡ 원형지개발자가 공사 착수 후 세부계획에서 정한 사업 기간을 넘겨 사업 시행을 지연하는 경우
   ㉢ 공급받은 토지의 전부나 일부를 시행자의 동의 없이 제3자에게 매각하는 경우
   ㉣ 그 밖에 공급받은 토지를 세부계획에서 정한 목적대로 사용하지 아니하는 법령에 따른 공급계약의 내용을 위반한 경우

19   ⑤

⑤ 원형지개발자(국가 및 지방자치단체는 제외한다)는 원형지에 대한 공사완료 공고일부터 5년 또는 원형지 공급 계약일부터 10년 중 먼저 끝나는 기간안에는 원형지를 매각할 수 없다. 즉 국가 및 지방자치단체는 매각 금지대상에 해당하지 않는다.

20   ③

① 시행자는 조성토지 등을 공급하려고 할 때에는 조성토지 등의 공급 계획을 작성하여야 하며, 지정권자가 아닌 시행자는 작성한 조성토지 등의 공급 계획에 대하여 지정권자의 승인을 받아야 한다. 조성토지 등의 공급 계획을 변경하려는 경우에도 또한 같다.

② 공장용지에 대하여는 추첨의 방법으로 분양할 수 있다.

④ 학교용지는 수의계약의 방법으로 공급하게 된다.

⑤ 토지상환채권에 의하여 토지를 상환하는 경우에는 수의계약의 방법으로 공급하게 된다.

21 ④

④ 도시개발사업으로 임차권 등의 목적인 토지 또는 지역권에 관한 승역지(承役地)의 이용이 증진되거나 방해를 받아 종전의 임대료·지료, 그 밖의 사용료 등이 불합리하게 되면 당사자는 계약 조건에도 불구하고 장래에 관하여 그 증감을 청구할 수 있다.

22 ②

② 시행자는 토지 면적의 규모를 조정할 특별한 필요가 있으면 면적이 작은 토지는 과소(過小) 토지가 되지 아니하도록 면적을 늘려 환지를 정하거나 환지 대상에서 제외할 수 있고, 면적이 넓은 토지는 그 면적을 줄여서 환지를 정할 수 있다.

23 ③

③ 환지계획 수립시 적용하는 비례율은 다음과 같다.

[도시개발사업으로 조성되는 토지·건축물의 평가액 합계(공공시설 또는 무상으로 공급되는 토지·건축물의 평가액 합계를 제외한다)-총 사업비] / [환지 전 토지·건축물의 평가액 합계(제27조 5항 각 호에 해당하는 토지 및 같은 조 제7항에 해당하는 건축물의 평가액 합계를 제외한다)] × 100

즉 [도시개발사업으로 조성되는 토지·건축물의 평가액 합계: 1,000억원 − 총 사업비: 250억원 / 환지 전 토지·건축물의 평가액 합계: 500억원] × 100 = 150%

24 ③

① 특별자치도지사, 시장·군수 또는 구청장의 인가를 받아야 한다.
② 환지로 지정된 토지나 건축물을 금전으로 청산하는 내용으로 환지계획을 변경하는 경우에는 변경인가를 받지 아니한다.
④ 환지예정지가 지정되면 종전의 토지와 소유자와 임차권자 등은 환지예정지 지정의 효력발생일부터 환지처분이 공고되는 날까지 환지예정지나 해당 부분에 대하여 종전과 같은 내용의 권리를 행사할 수 있으며 종전의 토지는 사용하거나 수익할 수 없다.

⑤ 환지계획에서 환지를 정하지 아니한 종전의 토지에 있던 권리는 그 환지처분이 공고된 날이 끝나는 때에 소멸한다.

25 ⑤

⑤의 경우 환지처분의 효과에 해당한다. 즉 환지예정지 지정인 경우에는 물권의 변동과는 관계없이 사용·수익 권능의 이전만이 발생한다.

26 ⑤

① 시행자는 지정권자에 의한 준공검사를 받은 경우(지정권자가 시행자인 경우에는 공사완료 공고가 있는 때)에는 60일 이내에 환지처분을 하여야 한다.
② 법 제28조 제5항에 따른 보류지는 법 제17조에 따른 실시계획인가에 따라 정하되, 도시개발구역이 2 이상의 환지계획구역으로 구분되는 경우에는 환지계획구역별로 사업비 및 보류지를 책정하여야 한다.
③ 도시개발구역에 있는 조성토지 등의 가격평가는 감정가격으로 한다.
④ 환지예정지가 지정되면 종전의 토지의 소유자와 임차권자 등은 환지예정지 지정의 효력발생일부터 환지처분이 공고되는 날까지 환지예정지나 해당 부분에 대하여 종전과 같은 내용의 권리를 행사할 수 있으며 종전의 토지는 사용하거나 수익할 수 없다.

27 ③

③ 시행자는 지정권자에 의한 준공검사를 받은 경우(지정권자가 시행자인 경우에는 공사 완료 공고가 있는 때)에는 60일 이내에 환지처분을 하여야 한다.

28 ⑤

⑤ 준공검사 전 또는 공사완료 공고 전에는 조성토지 등(체비지는 제외한다)을 사용할 수 없다. 다만, 사업 시행의 지장 여부를 확인받는 등 대통령령으로 정하는 바에 따라 지정권자로부터 사용허가를 받은 경우에는 그러하지 아니하다.

⑤ 입체환지의 처분을 받은 경우 종전의 토지에 대한 저당권은 환지처분의 공고가 있은 날의 다음 날부터 당해 건축물의 일부와 당해 건축물이 있는 토지의 공유지분에 존재하는 것으로 본다.

① 준공검사 전 또는 공사완료 공고 전에는 조성토지 등(체비지는 제외한다)을 사용할 수 없다. 다만, 사업 시행의 지장 여부를 확인받는 등 대통령령으로 정하는 바에 따라 지정권자로부터 사용허가를 받은 경우에는 그러하지 아니하다.

② 청산금의 결정
 ㉠ 원칙: 환지를 정하거나 그 대상에서 제외한 경우 그 과부족분(過不足分)은 종전의 토지 및 환지의 위치·지목·면적·토질·수리·이용 상황·환경, 그 밖의 사항을 종합적으로 고려하여 금전으로 청산하여야 한다(법 제41조 제1항). 이러한 청산금은 환지처분을 하는 때에 이를 결정하여야 한다(법 제41조 제2항).
 ㉡ 예외: 다만, 토지소유자의 신청 또는 동의에 의하여 환지를 정하지 아니하거나 면적의 적정화를 위하여 환지하지 아니하기로 한 경우에는 환지처분이 있기 전이라도 환지계획인가·고시 후 지체없이 청산금을 결정하여 이를 교부할 수 있다. 이 경우 청산금은 환지처분시가 아닌 청산금 교부시에 결정되는 것이다(법 제41조 제2항 단서, 법 제46조 제1항 후단).

① 「국토의 계획 및 이용에 관한 법률」에 따른 개발행위허가를 받은 자 중 토지의 형질변경허가를 받은 자는 도시개발채권을 매입하여야 한다.
② 도시개발채권의 이율은 채권의 발행 당시의 국채·공채 등의 금리와 특별회계의 상황 등을 참작하여 당해 시·도의 조례로 정한다.

③ 시·도지사는 도시개발채권의 발행하려는 경우에는 행정안전부장관의 승인을 받아야 한다.
④ 도시개발채권의 상환은 5년 내지 10년의 범위 안에서 지방자치단체의 조례로 정한다. 따라서 도시개발채권의 상환기간은 5년보다 짧게 정할 수는 없는 것이다.
⑤ 지방자치단체의 장(구체적으로는 시·도지사)은 도시개발사업 또는 도시·군계획시설사업에 필요한 자금을 조달하기 위하여 도시개발채권을 발행할 수 있다. 따라서 공공기관은 발행자가 될 수 없다.

01 ②	02 ②	03 ⑤	04 ⑤	05 ④
06 ⑤	07 ①	08 ④	09 ①	10 ⑤
11 ②	12 ④	13 ①	14 ③	15 ⑤
16 ①	17 ④	18 ③	19 ⑤	20 ②
21 ②	22 ③	23 ⑤	24 ④	25 ④
26 ①	27 ②	28 ③	29 ①	30 ②
31 ④	32 ①	33 ④	34 ④	35 ②

01 ②

② 도시저소득 주민이 집단으로 거주하는 지역으로서 정비기반시설이 극히 열악하고 노후·불량건축물이 과도하게 밀집한 지역의 주거환경을 개선하거나 단독주택 및 다세대주택이 밀집한 지역에서 정비기반시설과 공동이용시설 확충을 통하여 주거환경을 보전·정비·개량하기 위한 사업을 주거환경개선사업이라 한다. 또한 정비기반시설은 양호하나 노후·불량건축물이 밀집한 지역에서 주거환경을 개선하기 위하여 시행하는 사업은 재건축사업이다.

02 ②

② 국토교통부장관이 아닌 특별시장·광역시장·특별자치시장·특별자치도지사 또는 시장(이하 "기본계획의 수립권자"라 한다)이 기본계획에 대하여 5년마다 타당성 여부를 검토하여 그 결과를 기본계획에 반영하여야 한다.

03 ⑤

⑤ 정비구역에서 이동이 쉽지 아니한 물건을 1월 이상 쌓아놓는 행위를 하려는 자는 시장·군수 등의 허가를 받아야 한다. 허가받은 사항을 변경하려는 때에도 또한 같다.

04 ⑤

① 정비계획에 대한 주민공람의 대상에는 세입자도 포함된다.
② 건축물의 건축선에 관한 계획은 정비계획에 포함되어야 한다.
③ 특별시장·광역시장·특별자치시장·특별자치도지사 또는 시장은 관할 구역에 대하여 도시·주거환경정비기본계획(이하 "기본계획"이라 한다)을 10년 단위로 수립하여야 한다. 다만, 도지사가 대도시가 아닌 시로서 기본계획을 수립할 필요가 없다고 인정하는 시에 대하여는 기본계획을 수립하지 아니할 수 있다. 이 경우 군은 수립대상에 해당하지 않는다.
④ 건폐율·용적률 등에 관한 건축물의 밀도계획은 기본계획에 포함된다.

05 ④

④ 정비사업비의 추산액에 관한 관리처분계획은 분양신청 이후에 수립하게 된다.

06 ⑤

⑤ 정비구역에서 이동이 쉽지 아니한 물건을 1월 이상 쌓아놓는 행위를 하려는 자는 시장·군수 등의 허가를 받아야 한다. 허가받은 사항을 변경하려는 때에도 또한 같다.

07 ①

① 경작을 위한 토지의 형질변경은 시장·군수 등의 허가를 받지 아니하고 할 수 있다.

08 ④

④ 30일 이내에 시장·군수 등에게 신고한 후 이를 계속 시행할 수 있다.

09 ①

①의 경우는 정비구역의 임의적 직권해제 사유에 해당한다.

10 ⑤

⑤ 재건축사업은 정비구역에서 인가받은 관리처분계획에 따라 주택, 부대시설·복리시설 및 오피스텔을 건설하여 공급하는 방법으로 한다. 다만, 주택단지에 있지 아니하는 건축물의 경우에는 지형여건·주변의 환경으로 보아 사업시행상 불가피한 경우로서 정비구역으로 보는 사업에 한정한다. 오피스텔을 건설하여 공급하는 경우에는 「국토의 계획 및 이용에 관한 법률」에 따른 준주거지역 및 상업지역에서만 건설할 수 있다. 이 경우 오피스텔의 연면적은 전체 건축물 연면적의 100분의 30 이하이어야 한다.

11 ②

② 해당 정비구역의 국·공유지 면적 또는 국·공유지와 토지주택공사 등이 소유한 토지를 합한 면적이 전체 토지면적의 2분의 1 이상으로서 토지등소유자의 과반수가 시장·군수 등 또는 토지주택공사 등을 사업시행자로 지정하는 것에 동의하는 때라야 한다.

12 ④

① 재개발사업에 대한 설명이다.
② 재건축사업에 있어 '토지등소유자'는 정비구역에 위치한 건축물 및 그 부속토지의 소유자(지상권자는 제외됨)라야 한다.
③ 시장·군수 등에게 인가를 받아야 한다.
⑤ 재개발사업에 대한 설명이다.

13 ①

② 시장·군수 등이 직접 정비사업을 시행하거나 토지주택공사 등을 사업시행자로 지정·고시한 때에는 그 고시일 다음 날에 추진위원회의 구성승인 또는 조합설립인가가 취소된 것으로 본다. 이 경우 시장·군수등은 해당 지방자치단체의 공보에 해당 내용을 고시하여야 한다.

③ 조합은 명칭에 '정비사업조합'이라는 문자를 사용하여야 한다.
④ 조합장 또는 이사가 자기를 위하여 조합과 계약이나 소송을 할 때에는 감사가 조합을 대표한다.
⑤ 재건축사업은 정비구역에서 인가받은 관리처분계획에 따라 주택, 부대시설·복리시설 및 오피스텔을 건설하여 공급하는 방법으로 한다. 다만, 주택단지에 있지 아니하는 건축물의 경우에는 지형여건·주변의 환경으로 보아 사업 시행상 불가피한 경우로서 정비구역으로 보는 사업에 한정한다. 또한 오피스텔을 건설하여 공급하는 경우에는 「국토의 계획 및 이용에 관한 법률」에 따른 준주거지역 및 상업지역에서만 건설할 수 있다. 이 경우 오피스텔의 연면적은 전체 건축물 연면적의 100분의 30 이하이어야 한다.

14 ③

③ 추진위원회는 정비사업전문관리업자를 선정할 수 있다. 추진위원회가 정비사업전문관리업자의 선정하는 경우에는 시장·군수 등의 추진위원회 승인을 얻은 후 국토교통부장관이 정하는 경쟁입찰의 방법으로 선정하여야 한다.

15 ⑤

⑤ 재개발사업에 관한 설명이다.

16 ①

② 재개발사업의 추진위원회가 조합을 설립하려면 토지등소유자의 4분의 3 이상 및 토지면적의 2분의 1 이상의 토지소유자의 동의를 받아야 한다.
③ 토지등소유자가 20인 미만인 경우 토지등소유자는 조합을 설립하지 아니하고 재개발사업을 시행할 수 있다.
④ 조합은 조합설립인가를 받은 때에는 정관으로 정하는 바에 따라 토지등소유자에게 그 내용을 통지하고, 이해관계인이 열람할 수 있도록 하여야 한다.
⑤ 추진위원회는 조합설립에 필요한 동의를 받기 전에 추정분담금 등 대통령령으로 정하는 정보를 토지등소유자에게 제공하여야 한다.

17 ④

④ 조합이 정관을 변경하려는 경우에는 원칙적으로 총회를 개최하여 조합원 과반수의 찬성으로 시장·군수 등의 인가를 받아야 한다. 다만, 다음의 변경은 조합원 3분의 2 이상의 찬성으로 한다.

> ㉠ 조합원의 자격
> ㉡ 조합원의 제명·탈퇴 및 교체
> ㉢ 정비구역의 위치 및 면적
> ㉣ 조합의 비용부담 및 조합의 회계
> ㉤ 정비사업비의 부담 시기 및 절차
> ㉥ 시공자·설계자의 선정 및 계약서에 포함될 내용

18 ③

① 조합원 과반수 동의를 얻어야 한다.
② 100인 이상인 경우라야 한다.
④ 총회의 의결을 거쳐야 한다.
⑤ 2년이 경과되지 아니한 자라야 한다.

19 ⑤

⑤ 조합장이 아닌 조합임원(이사 및 감사)은 대의원이 될 수 없다.

20 ②

② 조합임원이 다음 각 호의 어느 하나에 해당하는 경우에는 당연 퇴임한다(법 제43조 제2항). 그러나 퇴임된 임원이 퇴임 전에 관여한 행위는 그 효력을 잃지 아니한다.

> ㉠ 조합임원의 결격사유의 어느 하나에 해당하게 되거나 선임 당시 그에 해당하는 자이었음이 밝혀진 경우
> ㉡ 조합임원이 제41조 제1항(㉠ 정비구역에서 거주하고 있는 자로서 선임일 직전 3년 동안 정비구역 내 거주 기간이 1년 이상일 것, ㉡ 정비구역에 위치한 건축물 또는 토지-재건축사업의 경우에는 건축물과 그 부속토지를 말한다-를 5년 이상 소유하고 있을 것)에 따른 자격요건을 갖추지 못한 경우

21 ②

① 조합임원이 금고 이상의 형의 집행유예를 받고 그 유예기간 중에 있는 경우에는 임원의 자격을 상실하기 때문에 총회의 의결을 거칠 필요가 없다.
③ 감사가 대표하게 된다.
④ 조합임원의 임기는 3년 이하의 범위에서 정관으로 정하되, 연임할 수 있다.
⑤ 조합의 정관에는 조합임원 업무의 분담 및 대행 등에 관한 사항이 포함된다.

22 ③

㉡ 조합의 합병 또는 해산에 관한 사항은 대의원회에서 총회의 권한을 대행할 수 없다. 다만, 사업완료로 인한 해산의 경우는 제외한다.

23 ⑤

⑤ 주민대표회의 또는 세입자(상가세입자를 포함한다)는 사업시행자가 다음 각 호의 사항에 관하여 시행규정을 정하는 때에 의견을 제시할 수 있다. 이 경우 사업시행자는 주민대표회의 또는 세입자의 의견을 반영하기 위하여 노력하여야 한다.

> ㉠ 건축물의 철거
> ㉡ 주민의 이주(세입자의 퇴거에 관한 사항을 포함한다)
> ㉢ 토지 및 건축물의 보상(세입자에 대한 주거이전비 등 보상에 관한 사항을 포함한다)
> ㉣ 정비사업비의 부담
> ㉤ 세입자에 대한 임대주택의 공급 및 입주자격
> ㉥ 그 밖에 정비사업의 시행을 위하여 필요한 사항으로서 대통령령으로 정하는 사항(영 제45조 제2항)

24 ④

④ 시장·군수 등은 사업시행계획인가를 하려는 경우에는 관계 서류의 사본을 14일 이상 일반인이 공람할 수 있게 하여야 한다.

25 ④

④ 정비사업의 시행으로 지상권·전세권 또는 임차권의 설정 목적을 달성할 수 없는 때에는 그 권리자는 계약

을 해지할 수 있다. 이 경우 계약을 해지할 수 있는 자가 가지는 전세금·보증금 그 밖에 계약상의 금전의 반환청구권은 사업시행자에게 이를 행사할 수 있다. 즉 계약의 해지는 사업시행자가 아니라 임대인에게 행사할 일이다.

26 ①

사업시행인가 ⇨ 관리처분계획인가

27 ②

② 사업시행자는 관리처분계획이 인가·고시된 다음 날부터 90일 이내에 다음에서 정하는 자와 토지, 건축물 또는 그 밖의 권리의 손실보상에 관한 협의를 하여야 한다. 다만, 사업시행자는 분양신청기간 종료일의 다음 날부터 협의를 시작할 수 있다.

  ㉠ 분양신청을 하지 아니한 자
  ㉡ 분양신청기간 종료 이전에 분양신청을 철회한 자
  ㉢ 제72조제6항 본문에 따라 분양신청을 할 수 없는 자
  ㉣ 제74조에 따라 인가된 관리처분계획에 따라 분양대상에서 제외된 자

28 ③

① 재개발사업의 경우 분양대상에 지상권자는 제외한다.
② 재건축사업의 관리처분의 기준은 조합이 조합원 전원의 동의를 받아 그 기준을 따로 정하는 경우에는 그에 따른다.
④ 사업시행자의 동의를 받은 경우에는 종전의 토지를 사용할 수 있다.
⑤ 주거환경개선사업은 관리처분계획에 의하지 않고 시행하는 경우도 있다.

29 ①

① 사업시행자가 토지주택공사 등인 경우에는 분양대상자와 사업시행자가 공동 소유하는 방식으로 주택(이하 "지분형주택"이라 한다)을 공급할 수 있다. 이 경우 공급되는 지분형주택의 규모는 주거전용면적 60제곱미터 이하인 주택으로 한정한다(법 제80조 제1항).

② 20일 범위에서 연장할 수 있다.
③ 1주택을 공급하는 것이 원칙이다.
④ 시장·군수 등은 다음 각 호의 어느 하나에 해당하는 경우에는 대통령령으로 정하는 공공기관(토지주택공사 등, 한국부동산원)에 관리처분계획의 타당성 검증을 요청하여야 한다. 이 경우 시장·군수 등은 타당성 검증 비용을 사업시행자에게 부담하게 할 수 있다(법 제78조 제3항).

  ㉠ 제74조 제1항 제6호에 따른 정비사업비가 제52조 제1항 제12호에 따른 정비사업비 기준으로 100분의 10 이상으로서 대통령령으로 정하는 비율 이상 늘어나는 경우
  ㉡ 제74조 제1항 제6호에 따른 조합원 분담규모가 제72조 제1항 제2호에 따른 분양대상자별 분담금의 추산액 총액 기준으로 100분의 20 이상으로서 대통령령으로 정하는 비율 이상 늘어나는 경우
  ㉢ 조합원 5분의 1 이상이 관리처분계획인가 신청이 있은 날부터 15일 이내에 시장·군수 등에게 타당성 검증을 요청한 경우
  ㉣ 그 밖에 시장·군수 등이 필요하다고 인정하는 경우

⑤ 국토교통부장관, 시·도지사, 시장, 군수, 구청장 또는 토지주택공사 등은 정비구역에 세입자와 대통령령으로 정하는 다음의 면적 이하의 토지 또는 주택을 소유한 자의 요청이 있는 경우에는 인수한 임대주택의 일부를 「주택법」에 따른 토지임대부 분양주택으로 전환하여 공급하여야 한다(법 제80조 제2항, 영 제71조 제1항).

  ㉠ 면적이 90제곱미터 미만의 토지를 소유한 자로서 건축물을 소유하지 아니한 자
  ㉡ 바닥면적이 40제곱미터 미만의 사실상 주거를 위하여 사용하는 건축물을 소유한 자로서 토지를 소유하지 아니한 자
  ※ 토지 또는 주택의 면적은 위 ①, ②에서 정한 면적의 2분의 1 범위에서 시·도조례로 달리 정할 수 있다(영 제71조 제2항).

30 ②

② 과밀억제권역에 위치한 재건축사업의 경우에는 토지 등소유자가 소유한 주택수의 범위에서 3주택까지 공급할 수 있다. 다만, 투기과열지구 또는 「주택법」에 따라 지정된 조정대상지역에서 사업시행계획인가(최초 사업시행계획인가를 말한다)를 신청하는 재건축사업의 경우에는 그러하지 아니하다.

31 ④

④ 주택분양에 관한 권리를 포기하는 토지등소유자에 대한 임대주택의 공급에 따라 관리처분계획을 변경하는 경우에는 시장·군수 등에게 신고하여야 한다.

32 ①

① 국토교통부장관, 시·도지사, 시장, 군수, 구청장 또는 토지주택공사 등은 정비구역에 세입자와 대통령령으로 정하는 다음의 면적 이하의 토지 또는 주택을 소유한 자의 요청이 있는 경우에는 인수한 임대주택의 일부를 「주택법」에 따른 토지임대부 분양주택으로 전환하여 공급하여야 한다(법 제80조 제2항, 영 제71조 제1항).

> ㉠ 면적이 90제곱미터 미만의 토지를 소유한 자로서 건축물을 소유하지 아니한 자
> ㉡ 바닥면적이 40제곱미터 미만의 사실상 주거를 위하여 사용하는 건축물을 소유한 자로서 토지를 소유하지 아니한 자

33 ④

④ 정비구역의 지정은 준공인가의 고시가 있는 날(관리처분계획을 수립하는 경우에는 이전고시가 있는 때를 말한다)의 다음 날에 해제된 것으로 본다. 그러나 정비구역의 해제는 조합의 존속에 영향을 주지 아니한다. 그러므로 준공인가에 따른 정비구역의 해제가 된다 하더라도 조합은 해산된 것으로 보지 않는다.

34 ④

① 청산금을 납부할 자가 이를 납부하지 아니하는 경우에는 시장·군수 등인 사업시행자는 지방세체납처분의 예에 의하여 이를 징수(분할징수를 포함한다)할 수 있으며, 시장·군수 등이 아닌 사업시행자는 시장·군수 등에게 청산금의 징수를 위탁할 수 있다. 이 경우 사업시행자는 징수한 금액의 100분의 4에 해당하는 금액을 당해 시장·군수 등에게 지급하여야 한다.

② 청산금을 지급받을 권리는 소유권 이전고시일 다음 날부터 5년간 이를 행사하지 아니하면 소멸한다.

③ 청산금은 원칙적으로 일괄징수·일괄지급하지만, 예외적으로 정관 등에서 분할징수 및 분할지급에 대하여 정하고 있거나 총회의 의결을 거쳐 따로 정한 경우에는 관리처분계획인가 후부터 소유권이전의 고시일까지 일정기간별로 분할징수하거나 분할지급할 수 있다.

⑤ 청산금을 납부할 자가 이를 납부하지 아니하는 경우 시장·군수 등인 사업시행자는 지방세체납처분의 예에 의하여 이를 징수할 수 있다.

35 ②

① 청산금을 지급(분할지급을 포함한다)받을 권리 또는 이를 징수할 권리는 이전고시일의 다음 날부터 5년간 행사하지 아니하면 소멸한다.

③ 청산금을 지급받을 자가 받을 수 없거나 받기를 거부한 때에는 사업시행자는 그 청산금을 공탁할 수 있다.

④ 청산금을 납부할 자가 이를 납부하지 아니하는 경우에는 시장·군수인 사업시행자는 지방세체납처분의 예에 의하여 이를 징수(분할징수를 포함한다)할 수 있으며, 시장·군수가 아닌 사업시행자는 시장·군수에게 청산금의 징수를 위탁할 수 있다. 이 경우 사업시행자는 징수한 금액의 100분의 4에 해당하는 금액을 당해 시장·군수에게 지급하여야 한다.

⑤ 국가 또는 지방자치단체는 토지임대부 분양주택을 공급받는 자에게 해당 공급비용의 전부 또는 일부를 보조 또는 융자할 수 있다(법 제95조 제6항).

01 ①	02 ③	03 ④	04 ⑤	05 ④
06 ⑤	07 ⑤	08 ④	09 ①	10 ②
11 ②	12 ⑤	13 ⑤	14 ②	15 ④
16 ③	17 ③	18 ⑤	19 ④	20 ⑤
21 ③	22 ⑤	23 ③	24 ②	25 ①
26 ③	27 ③	28 ⑤	29 ②	30 ②
31 ⑤	32 ②	33 ③	34 ①	35 ④
36 ②	37 ①	38 ④	39 ②	

01 ①

② 고층건축물에 해당하려면 건축물의 층수가 30층 이상이거나 높이가 120미터 이상인 건축물이어야 한다.

③ 건축물이 천재지변으로 멸실된 경우 그 대지에 종전 규모보다 연면적의 합계를 늘려 건축물을 다시 축조하는 것은 신축에 해당한다.

④ 이전이란 건축물의 주요구조부를 해체하지 아니하고 같은 대지 안의 다른 위치로 옮기는 것을 말한다.

⑤ 기존 건축물이 있는 대지에서 건축물의 내력벽을 증설하여 건축면적을 늘리는 것은 증축에 해당한다.

02 ③

③ "다중이용 건축물"이란 불특정한 다수의 사람들이 이용하는 건축물로서 다음의 어느 하나에 해당하는 건축물을 말한다.

　㉠ 다음의 어느 하나에 해당하는 용도로 쓰는 바닥면적의 합계가 5천제곱미터 이상인 건축물
　　ⓐ 문화 및 집회시설(동물원·식물원은 제외한다)
　　ⓑ 종교시설
　　ⓒ 판매시설
　　ⓓ 운수시설 중 여객용 시설

　　ⓔ 숙박시설 중 관광숙박시설
　　ⓕ 의료시설 중 종합병원
　㉡ 16층 이상인 건축물

03 ④

④ 지역자치센터는 제1종 근린생활시설로서 건축법 적용대상에 해당한다.

04 ⑤

① 1,000m²인 극장은 문화 및 집회시설에 해당한다.
② 서점은 제2종 근린생활시설에 해당한다.
③ 1,000m²인 탁구장은 운동시설에 해당한다.
④ 1,000m²인 파출소는 업무시설에 해당한다.

05 ④

④ 한방병원, 치과병원은 의료시설에 해당하며 500m²인 동물병원은 제2종 근린생활시설에 해당한다.

06 ⑤

⑤ 「건축법」에 따른 사용승인을 신청할 때 둘 이상의 필지를 하나의 필지로 합칠 것을 조건으로 건축허가를 하는 경우 그 필지가 합쳐지는 토지는 2개 이상의 필지를 하나의 대지로 허용되지만 토지의 소유자가 서로 다른 경우는 제외한다.

07 ⑤

⑤ 장식탑, 기념탑 기타 이와 유사한 것은 4m를 넘는 것이어야 한다.

08 ④

④ 주요구조부란 내력벽·기둥·바닥·보·지붕틀 및 주계단을 말한다.

09 ①

①의 경우 보를 증설 또는 해체하거나 세 개 이상 수선 또는 변경하는 것이어야 한다.

10 ②

① 특별시나 광역시에 소재하는 건축물인 경우에는 관할 구청장의 허가를 받거나 신고하여야 한다.
③ 교육 및 복지시설군에서 전기통신시설군으로 용도변경하는 경우에는 허가를 받아야 한다.
④ 같은 시설군 안에서 용도를 변경하는 경우에는 건축물대장 기재내용의 변경을 신청하여야 한다.
⑤ 사용승인을 받아야 한다.

11 ②

① 연면적이 200m² 미만이고 3층 미만인 건축물의 건축 및 대수선에 대하여는 건축사가 아니어도 설계를 할 수 있다. 따라서 갑이 4층 건축물을 대수선하는 경우에는 3층 이상이므로 건축사가 아니면 설계를 할 수 없다.
② 의료시설인 병원을 제2종 근린생활시설인 서점으로의 용도변경은 교육 및 복지시설군에서 근린생활시설군으로의 변경이므로 신고대상에 해당한다.
③ 건축주는 건축물의 용도를 복수로 하여 제11조에 따른 건축허가, 제14조에 따른 건축신고 및 제19조에 따른 용도변경 허가·신고 또는 건축물대장 기재내용의 변경 신청을 할 수 있다.
④ 준주거지역에서는 서점이 허용되므로 병원을 서점으로의 용도변경은 허용된다.
⑤ 5층 이상인 층이 제2종 근린생활시설 중 공연장·종교집회장·인터넷컴퓨터게임시설제공업소(해당 용도로 쓰는 바닥면적의 합계가 각각 300제곱미터 이상인 경우만 해당한다), 문화 및 집회시설(전시장 및 동·식물원은 제외한다), 종교시설, 판매시설, 위락시설 중 주점영업 또는 장례시설의 용도로 쓰는 경우에는 피난용도로 쓸 수 있는 광장을 옥상에 설치하여야 하므로 4층인 경우에는 해당하지 않는다.

12 ⑤

⑤ 「건축법」의 전면적용대상지역 이외의 지역이라도 건폐율 및 용적률에 관한 규정은 적용된다.

13 ⑤

⑤ 사전결정신청자는 사전결정을 통지받은 날부터 2년 이내에 착공신고가 아닌 법 제11조의 규정에 의한 건축허가를 신청하여야 하며, 동 기간 내에 건축허가를 신청하지 아니하는 경우에는 사전결정의 효력이 상실된다.

14 ②

㉠ 원칙: 건축허가권자는 원칙적으로 특별자치시장, 특별자치도지사, 시장·군수·구청장이다.
㉡ 예외: 특별시장 또는 광역시장의 허가를 받아야 하는 건축물의 규모는 다음과 같다.
  ㉮ 21층 이상인 건축물
  ㉯ 연면적의 합계가 10만m² 이상인 건축물 [공장, 창고는 제외한다]
  ㉰ 연면적의 10분의 3 이상을 증축하여 층수가 21층 이상으로 되거나 연면적의 합계가 10만m² 이상으로 되는 경우를 포함한다.
㉢ 따라서 공장이나 창고는 특별시장이나 광역시장의 허가를 받지 아니한다.

15 ④

④ 주거환경 또는 교육환경 등 주변환경의 보호상 필요하다고 인정하여 도지사가 지정·공고하는 구역 안에 건축하는 위락시설 및 숙박시설의 건축물은 도지사의 사전승인을 받아야 한다.

16 ③

① 국토교통부장관은 국토관리상 특히 필요하다고 인정하거나 주무부장관이 국방·국가유산보존·환경보전 또는 국민경제상 특히 필요하다고 인정하여 요청하는 경우에는 허가권자의 건축허가나 허가를 받은 건축물의 착공을 제한할 수 있다. 즉, 주무부장관은 요청을 할 뿐 직접 제한할 수는 없다.

② 특별시장·광역시장·도지사는 지역계획이나 도시·군계획상 특히 필요하다고 인정하는 경우에는 시장·군수·구청장의 건축허가나 허가를 받은 건축물의 착공을 제한할 수 있다. 이 경우 도지사는 특별자치시장의 권한을 제한할 수는 없다.

④ 국토교통부장관이나 시·도지사는 건축허가나 건축허가를 받은 건축물의 착공을 제한하려는 경우에는 「토지이용규제 기본법」 제8조에 따라 주민의견을 청취한 후 건축위원회의 심의를 거쳐야 한다.

⑤ 국토교통부장관이나 특별시장·광역시장·도지사는 건축허가나 건축물의 착공을 제한하는 경우 제한 목적·기간, 대상 건축물의 용도와 대상 구역의 위치·면적·경계 등을 상세하게 정하여 허가권자에게 통보하여야 하며, 통보를 받은 허가권자는 지체 없이 이를 공고하여야 한다.

[17 ③

① 특별시장·광역시장·도지사는 지역계획이나 도시·군계획상 특히 필요하다고 인정하는 경우에는 시장·군수·구청장의 건축허가나 허가를 받은 건축물의 착공을 제한할 수 있다.

② 국토교통부장관이나 시·도지사는 건축허가나 건축허가를 받은 건축물의 착공을 제한하려는 경우에는 「토지이용규제기본법」 제8조에 따라 주민의견을 청취한 후 건축위원회의 심의를 거쳐야 한다.

④ 국토교통부장관이나 특별시장·광역시장·도지사는 건축허가나 건축물의 착공을 제한하는 경우 제한 목적·기간, 대상 건축물의 용도와 대상 구역의 위치·면적·경계 등을 상세하게 정하여 허가권자에게 통보하여야 하며, 통보를 받은 허가권자는 지체 없이 이를 공고하여야 한다.

⑤ 특별시장·광역시장·도지사는 시장·군수·구청장의 건축허가나 건축물의 착공을 제한한 경우 즉시 국토교통부장관에게 보고하여야 하며, 보고를 받은 국토교통부장관은 제한 내용이 지나치다고 인정하면 해제를 명할 수 있다.

[18 ⑤

⑤ 건축신고를 한 자가 신고일부터 1년 이내에 공사에 착수하지 아니하면 그 신고의 효력은 없어진다.

[19 ④

④ 허가대상 가설건축물의 존치기간은 3년 이내 이어야 한다.

[20 ⑤

① 허가권자는 초고층 건축물 등 대통령령으로 정하는 다음의 주요 건축물에 대하여 제11조에 따른 건축허가를 하기 전에 건축물의 구조, 지반 및 풍환경(風環境) 등이 건축물의 구조안전과 인접 대지의 안전에 미치는 영향 등을 평가하는 건축물 안전영향평가(이하 "안전영향평가"라 한다)를 안전영향평가기관에 의뢰하여 실시하여야 한다(법 제13조의 2 제1항, 영 제10조의 3 제1항).

　㉠ 초고층 건축물
　㉡ 다음의 요건을 모두 충족하는 건축물
　　가. 연면적이 10만 제곱미터 이상일 것
　　나. 16층 이상일 것

② 안전영향평가기관은 안전영향평가를 의뢰받은 날부터 30일 이내에 안전영향평가 결과를 허가권자에게 제출하여야 한다. 다만, 부득이한 경우에는 20일의 범위에서 그 기간을 한 차례만 연장할 수 있다.

③ 안전영향평가 결과는 건축위원회의 심의를 거쳐 확정한다.

④ 허가권자는 심의 결과 및 안전영향평가 내용을 해당 지방자치단체의 공보에 게시하는 방법으로 즉시 공개하여야 한다(법 제13조의 2 제6항, 규칙 제9조의 2 제2항). 이 경우 게시 내용에 「개인정보 보호법」 제2조 제1호에 따른 개인정보를 포함하여서는 아니된다.

[21 ③

③ 건축허가를 받은 건축주는 해당 건축물 또는 대지의 공유자 중 동의하지 아니한 공유자에게 그 공유지분을 공시지가가 아닌 시가(市價)로 매도할 것을 청구할 수 있다.

⑤ 연면적의 합계가 1천 5백m² 미만인 물류시설(주거지역 또는 상업지역에 건축하는 것을 제외함)로서 국토교통부령이 정하는 것에 대하여는 조경의무가 면제된다.

① 다음에 어느 하나에 해당하는 지역의 환경을 쾌적하게 조성하기 위하여 대통령령이 정하는 용도와 규모의 건축물은 일반이 사용할 수 있도록 대통령령이 정하는 기준에 따라 소규모 휴식시설 등의 공개공지(公開空地 – 공터) 또는 공개공간(公開空間)을 설치하여야 한다.

　㉠ 일반주거지역, 준주거지역
　㉡ 상업지역
　㉢ 준공업지역
　㉣ 특별자치시장·특별자치도지사 또는 시장·군수·구청장이 도시화의 가능성이 크거나 노후 산업단지의 정비가 필요하다고 인정하여 지정·공고하는 지역

② 공개 공지는 필로티의 구조로 설치할 수 있다.

④ 공개공지등에는 건축조례로 정하는 바에 따라 연간 최장 60일의 기간 동안 주민들을 위한 문화행사를 열거나 판촉활동을 할 수 있다.

⑤ 누구든지 공개공지 등에 물건을 쌓아놓거나 울타리나 담장 등의 시설을 설치하거나 출입구를 폐쇄하는 등의 공개공지의 활용을 저해하는 행위를 하여서는 아니 된다.

② "도로"란 보행과 자동차 통행이 가능한 너비 4미터 이상의 도로 및 그 예정도로를 말한다.

① 공장의 경우에는 3천제곱미터 이상이어야 한다.

③ 소요너비에 미달하는 도로에서의 건축선(한계건축선)
　• 소요너비에 못 미치는 너비의 도로인 경우에는 그 중심선으로부터 그 소요 너비의 2분의 1의 수평거리만큼 물러난 선을 건축선으로 한다.

　• 그 도로의 반대쪽에 경사지, 하천, 철도, 선로부지 그 밖에 이와 유사한 것이 있는 경우에는 그 경사지 등이 있는 쪽의 도로경계선에서 소요너비에 해당하는 수평거리의 선을 건축선으로 한다.

　• 소요너비 미달도로와 도로모퉁이의 건축선인 경우에는 도로와 건축선 사이의 면적은 해당 대지의 대지면적을 산정하는 경우에 이를 '제외'한다.

③ 다음의 어느 하나에 해당하는 건축물의 건축주는 해당 건축물의 설계자로부터 구조 안전의 확인 서류를 받아 법 제21조에 따른 착공신고를 하는 때에 그 확인 서류를 허가권자에게 제출하여야 한다. 다만, 표준설계도서에 따라 건축하는 건축물은 제외한다(영 제32조 제2항).

　㉠ 층수가 2층[주요구조부인 기둥과 보를 설치하는 건축물로서 그 기둥과 보가 목재인 목구조 건축물의 경우에는 3층] 이상인 건축물
　㉡ 연면적이 200제곱미터(목구조 건축물의 경우에는 500제곱미터) 이상인 건축물. 다만, 창고, 축사, 작물 재배사는 제외한다.
　㉢ 높이가 13미터 이상인 건축물
　㉣ 처마높이가 9미터 이상인 건축물
　㉤ 기둥과 기둥 사이의 거리가 10미터 이상인 건축물
　㉥ 건축물의 용도 및 규모를 고려한 중요도가 높은 건축물로서 국토교통부령으로 정하는 건축물
　㉦ 국가적 문화유산으로 보존할 가치가 있는 건축물로서 국토교통부령으로 정하는 것
　㉧ 제2조 제18호 가목(한쪽 끝은 고정되고 다른 끝은 지지(支持)되지 아니한 구조로 된 보·차양 등이 외벽의 중심선으로부터 3미터 이상 돌출된 건축물) 및 다목(특수한 설계·시공·공법 등이 필요한 건축물로서 국토교통부장관이 정하여 고시하는 구조로 된 건축물)의 건축물
　㉨ 별표 1 제1호의 단독주택 및 같은 표 제2호의 공동주택

28 ⑤

⑤ 다음의 어느 하나에 해당하는 건축물을 건축하고자 하는 자는 제22조에 따른 사용승인을 받는 즉시 건축물이 지진 발생 시에 견딜 수 있는 능력(이하 "내진능력"이라 한다)을 공개하여야 한다(법 제48조의 3 제1항, 영 제32조의2 제2항).

　ⓐ 층수가 2층[주요구조부인 기둥과 보를 설치하는 건축물로서 그 기둥과 보가 목재인 목구조 건축물(이하 "목구조 건축물"이라 한다)의 경우에는 3층] 이상인 건축물
　ⓑ 연면적이 200제곱미터(목구조 건축물의 경우에는 500제곱미터) 이상인 건축물
　ⓒ 그 밖에 건축물의 규모와 중요도를 고려하여 대통령령으로 정하는 다음의 건축물(영 32조의 2 제2항)
　　• 높이가 13미터 이상인 건축물
　　• 처마높이가 9미터 이상인 건축물
　　• 기둥과 기둥 사이의 거리가 10미터 이상인 건축물
　　• 건축물의 용도 및 규모를 고려한 중요도가 높은 건축물로서 국토교통부령으로 정하는 건축물
　　• 국가적 문화유산으로 보존할 가치가 있는 건축물로서 국토교통부령으로 정하는 것
　　• 제2조제18호가목 및 다목의 건축물
　　• 별표 1 제1호의 단독주택 및 같은 표 제2호의 공동주택

29 ②

① 지하층은 건축물의 층수에 산입되지 아니한다.
③ 지하층을 설치하여야 하는 의무규정은 두고 있지 않다.
④ 2분의 1 이상이 되는 것을 말한다.
⑤ 지하층의 바닥으로부터 지표면까지의 높이가 다른 경우에는 가중평균한 높이로 지하층 여부를 판단한다.

30 ②

② 용적률이란 대지면적에 대한 건축물의 **연면적**의 비율을 말한다(법 제56조).

$$용적률 = \frac{건축연면적(지하층\ 제외)}{대지면적} \times 100$$

용적률 산정시 지하층은 연면적에서 제외된다. 위 설문에서 대지면적은 1,500m²이며, 용적률 산정시의 연면적은 10,500m²이다. 따라서 용적률은 700%에 해당한다.

31 ⑤

⑤ 건축물의 노대 등의 바닥은 난간 등의 설치 여부에 관계없이 노대 등의 면적(외벽의 중심선으로부터 노대 등의 끝부분까지의 면적을 말한다)에서 노대 등이 접한 가장 긴 외벽에 접한 길이에 1.5미터를 곱한 값을 뺀 면적을 바닥면적에 산입한다.

32 ②

② 건축물 중 지표면으로부터 1m 이하에 있는 부분은 건축면적에 산입하지 아니한다.

33 ③

①, ② 공동주택으로서 지상층에 설치한 기계실, 전기실, 어린이놀이터, 조경시설 및 생활폐기물 보관함의 면적은 바닥면적에 산입하지 아니한다. 따라서 연면적에도 포함되지 아니한다.
④ 층고란 방의 바닥구조체 윗면으로부터 위층 바닥구조체의 윗면까지의 높이로 한다. 다만, 한 방에서 층의 높이가 다른 부분이 있는 경우에는 그 각 부분 높이에 따른 면적에 따라 가중평균한 높이로 한다.
⑤ 건축물이 부분에 따라 그 층수가 다른 경우에는 그 중 가장 많은 층수를 그 건축물의 층수로 본다.

34 ①

① 주거지역: 60m² 이상

35 ④

④ 고도지구 안에서는 도시·군관리계획으로 정하는 높이를 초과하는 건축물을 건축할 수 없다.

36 ②

② 다음의 어느 하나에 해당하는 지역·구역 등에 대하여는 특별건축구역으로 지정할 수 없다.

> ① 「개발제한구역의 지정 및 관리에 관한 특별조치법」에 따른 개발제한구역
> ② 「자연공원법」에 따른 자연공원
> ③ 「도로법」에 따른 접도구역
> ④ 「산지관리법」에 따른 보전산지

① 국토교통부장관은 국가가 국제행사 등을 개최하는 도시 또는 지역의 사업구역을 대상으로 지정할 수 있다.

③ 특별건축구역에서 법 제73조에 따라 건축기준 등의 특례사항을 적용하여 건축할 수 있는 건축물은 다음의 어느 하나에 해당되어야 한다.

> ① 국가 또는 지방자치단체가 건축하는 건축물
> ② 「공공기관의 운영에 관한 법률」 제4조에 따른 공공기관 중 대통령령으로 정하는 다음의 공공기관이 건축하는 건축물
>   ㉠ 「한국토지주택공사법」에 따른 한국토지주택공사
>   ㉡ 「한국수자원공사법」에 따른 한국수자원공사
>   ㉢ 「한국도로공사법」에 따른 한국도로공사
>   ㉣ 「한국철도공사법」에 따른 한국철도공사
>   ㉤ 「국가철도공단법」에 따른 국가철도공단
>   ㉥ 「한국관광공사법」에 따른 한국관광공사
>   ㉦ 「한국농어촌공사 및 농지관리기금법」에 따른 한국농어촌공사
> ③ 그 밖에 대통령령으로 정하는 용도·규모의 건축물로서 도시경관의 창출, 건설기술 수준향상 및 건축 관련 제도개선을 위하여 특례 적용이 필요하다고 허가권자가 인정하는 건축물

④ 특별건축구역에서는 다음의 관계 법령의 규정에 대하여는 개별 건축물마다 적용하지 아니하고 특별건축구역 전부 또는 일부를 대상으로 통합하여 적용할 수 있다.

> ㉠ 「문화예술진흥법」 제9조에 따른 건축물에 대한 미술작품의 설치
> ㉡ 「주차장법」 제19조에 따른 부설주차장의 설치
> ㉢ 「도시공원 및 녹지 등에 관한 법률」에 따른 공원의 설치

⑤ 특별건축구역을 지정하거나 변경한 경우에는 「국토의 계획 및 이용에 관한 법률」 제30조에 따른 도시·군관리계획의 결정(용도지역·지구·구역의 지정 및 변경을 제외한다)이 있는 것으로 본다.

37 ①

① 토지 또는 건축물의 소유자, 지상권자 등 대통령령으로 정하는 자(이하 "소유자등"이라 한다)는 전원의 합의로 건축물의 건축·대수선 또는 리모델링에 관한 협정(이하 "건축협정"이라 한다)을 체결할 수 있다.

38 ④

④ 건축등과 관련된 다음의 분쟁(「건설산업기본법」 제69조에 따른 조정의 대상이 되는 분쟁은 제외한다)의 조정(調停) 및 재정(裁定)을 하기 위하여 국토교통부에 건축분쟁전문위원회(이하 "분쟁위원회"라 한다)를 둔다.

> ㉠ 건축관계자와 해당 건축물의 건축등으로 피해를 입은 인근주민(이하 "인근주민"이라 한다) 간의 분쟁
> ㉡ 관계전문기술자와 인근주민 간의 분쟁
> ㉢ 건축관계자와 관계전문기술자 간의 분쟁
> ㉣ 건축관계자 간의 분쟁
> ㉤ 인근주민 간의 분쟁
> ㉥ 관계전문기술자 간의 분쟁
> ㉦ 그 밖에 대통령령으로 정하는 사항

39 ②

② 허가권자는 최초의 시정명령이 있었던 날을 기준으로 하여 1년에 2회 이내의 범위에서 해당 지방자치단체의 조례로 정하는 횟수만큼 그 시정명령이 이행될 때까지 반복하여 이행강제금을 부과·징수할 수 있다.

Chapter

05

주택법

01 ④	02 ①	03 ④	04 ④	05 ③
06 ⑤	07 ③	08 ③	09 ①	10 ③
11 ⑤	12 ④	13 ②	14 ③	15 ①
16 ⑤	17 ①	18 ④	19 ④	20 ②
21 ①	22 ②	23 ②	24 ①	25 ①
26 ①	27 ⑤	28 ③	29 ③	30 ⑤
31 ①	32 ③			

01 ④

④ 주택에 딸린 자전거보관소는 부대시설에 해당한다.

02 ①

② "단독주택"에는 「건축법 시행령」에 따른 단독주택, 다중주택 및 다가구주택이 포함된다.

③ 기숙사는 준주택에 해당한다.

④ "주택"이란 세대의 구성원이 장기간 독립된 주거생활을 할 수 있는 구조로 된 건축물의 전부 또는 일부를 말하며, 그 부속토지를 포함한다.

⑤ 주택단지에 딸린 어린이놀이터, 근린생활시설, 유치원, 주민운동시설, 지역난방공급시설 등은 "복리시설"에 해당한다.

03 ④

④ "기간시설"이란 도로・상하수도・전기시설・가스시설・통신시설・지역난방시설 등을 말한다.

04 ④

④ "세대구분형 공동주택"이란 공동주택의 주택 내부 공간의 일부를 세대별로 구분하여 생활이 가능한 구조로 하되, 그 구분된 공간의 일부를 구분소유 할 수 없는 주택으로서 대통령령으로 정하는 다음 각 호의 요건을 모두 갖추어 건설된 공동주택을 말한다(법 제2조의 19호, 영 제9조 제1항).

㉠ 법 제15조에 따른 사업계획의 승인을 받아 건설하는 공동주택의 경우: 다음 각 목의 요건을 모두 충족할 것

㉮ 세대별로 구분된 각각의 공간마다 별도의 욕실, 부엌과 현관을 설치할 것

㉯ 하나의 세대가 통합하여 사용할 수 있도록 세대 간에 연결문 또는 경량구조의 경계벽 등을 설치할 것

㉰ 세대구분형 공동주택의 세대수가 해당 주택단지 안의 공동주택 **전체 세대수의 3분의 1을 넘지 않을 것**

㉱ 세대별로 구분된 각각의 공간의 주거전용면적(주거의 용도로만 쓰이는 면적) 합계가 해당 주택단지 **전체 주거전용면적 합계의 3분의 1을 넘지 않는 등** 국토교통부장관이 정하여 고시하는 주거전용면적의 비율에 관한 기준을 충족할 것

㉡ 「공동주택관리법」 제35조에 따른 행위의 허가를 받거나 신고를 하고 설치하는 공동주택의 경우: 다음 각 목의 요건을 모두 충족할 것

㉮ 구분된 공간의 세대수는 기존 세대를 포함하여 2세대 이하일 것

㉯ 세대별로 구분된 각각의 공간마다 별도의 욕실, 부엌과 구분 출입문을 설치할 것

㉰ 세대구분형 공동주택의 세대수가 해당 주택단지 안의 공동주택 **전체 세대수의 10분의 1과 해당 동의 전체 세대수의 3분의 1을 각각 넘지 않을 것.** 다만, 특별자치시장, 특별자치도지사, 시장, 군수 또는 구청장(구청장은 자치구의 구청장을 말하며, 이하 "시장・군수・구청장"이라 한다)이 부대시설의 규모 등 해당 주택단지의 여건을 고려하여 인정하는 범위에서 세대수의 기준을 넘을 수 있다.

㉱ 구조, 화재, 소방 및 피난안전 등 관계 법령에서 정하는 안전 기준을 충족할 것

05 ③

③ "리모델링"이란 건축물의 노후화 억제 또는 기능 향상 등을 위한 다음의 어느 하나에 해당하는 행위를 말한다(법 제2조 25호).

> ㉠ 대수선(大修繕)
> ㉡ 제49조에 따른 사용검사일(주택단지 안의 공동주택 전부에 대하여 임시사용승인을 받은 경우에는 그 임시사용승인일을 말한다) 또는 「건축법」 제22조에 따른 사용승인일부터 15년[15년 이상 20년 미만의 연수 중 특별시·광역시·도 또는 특별자치도(이하 "시·도"라 한다)의 조례로 정하는 경우에는 그 연수로 한다]이 경과된 공동주택을 각 세대의 주거전용면적[「건축법」 제38조에 따른 건축물대장 중 집합건축물대장의 전유부분(專有部分)의 면적을 말한다]의 30퍼센트 이내(세대의 주거전용면적이 85제곱미터 미만인 경우에는 40퍼센트 이내)에서 증축하는 행위. 이 경우 공동주택의 기능 향상 등을 위하여 공용부분에 대하여도 별도로 증축할 수 있다.
> ㉢ 위 ㉡에 따른 각 세대의 증축 가능 면적을 합산한 면적의 범위에서 기존 세대수의 15퍼센트 이내에서 세대수를 증가하는 증축 행위(이하 "세대수 증가형 리모델링"이라 한다). 다만, 수직으로 증축하는 행위(이하 "수직증축형 리모델링"이라 한다)는 다음 요건을 모두 충족하는 경우로 한정한다(영 제13조).
>   ⓐ 수직으로 증축하는 행위(이하 "수직증축형 리모델링"이라 한다)의 대상이 되는 기존 건축물의 층수가 15층 이상인 경우: 3개층
>   ⓑ 수직증축형 리모델링의 대상이 되는 기존 건축물의 층수가 14층 이하인 경우: 2개층
>   ⓒ 수직증축형 리모델링의 대상이 되는 기존 건축물의 신축 당시 구조도를 보유하고 있을 것

06 ⑤

⑤ 수도권을 제외한 도시지역이 아니 읍 또는 면 지역의 경우 국민주택규모의 주택이란 1호(戶) 또는 1세대 당 주거전용면적이 100m² 이하인 주택을 말한다.

07 ③

① 지방자치단체가 주택건설사업을 시행하고자 하는 경우에는 국토교통부장관에게 등록하지 않아도 된다.
②, ⑤ 한국토지주택공사가 대지조성사업이나 주택건설사업을 시행하고자 하는 경우에는 국토교통부장관에게 등록하지 않아도 된다.
④ 근로자를 고용하고 있는 고용자가 등록사업자와 공동으로 근로자의 주택을 건설하는 주택건설사업을 시행하고자 하는 경우에는 국토교통부장관에게 등록하지 않아도 된다.

08 ③

① 「공익법인의 설립·운영에 관한 법률」에 따라 주택건설사업을 목적으로 설립된 공익법인이 연간 20호 이상의 단독주택 건설사업을 시행하려는 경우 국토교통부장관에게 등록할 필요가 없다.
② 주택조합(세대수를 증가하지 아니하는 리모델링주택조합은 제외한다)이 그 구성원의 주택을 건설하는 경우에는 대통령령으로 정하는 바에 따라 등록사업자(지방자치단체·한국토지주택공사 및 지방공사를 포함한다)와 공동으로 사업을 시행할 수 있다. 이 경우 국가는 제외된다.
④ 국토교통부장관은 ㉠ 거짓이나 그 밖의 부정한 방법으로 등록한 경우, ㉡ 타인에게 등록증을 대여한 경우에는 그 등록을 말소하여야 한다.
⑤ 등록말소 또는 영업정지 처분을 받은 등록사업자는 그 처분 전에 사업계획승인을 받은 사업은 계속 수행할 수 있다. 다만, 등록말소 처분을 받은 등록사업자가 그 사업을 계속 수행할 수 없는 중대하고 명백한 사유가 있을 경우에는 그러하지 아니하다.

09 ①

① 국민주택을 공급받기 위하여 직장주택조합을 설립하려는 자는 관할 시장·군수·구청장에게 신고하여야 한다.

10 ③

① 별도로 주택건설사업의 등록을 할 필요가 없다.
② 신고하지 않고 선착순으로 모집할 수 있다.
④ 조합설립인가신청일을 기준으로 판단한다.
⑤ 조합원의 사망으로 그 지위를 상속받는 자는 조합원의 자격요건과 무관하게 조합원이 될 수 있다.

11 ⑤

⑤ 설립인가를 받은 날부터 2년 이내에 사업계획승인을 신청하여야 한다.

12 ④

④ 조합원의 탈퇴 등으로 조합원 수가 주택건설 예정 세대수의 50퍼센트 미만이 되는 경우라야 한다.

13 ②

① 법인으로서 자본금이 5억원 이상인 등록사업자는 주택상환사채를 발행할 수 있다.
③ 주택상환사채를 발행하려는 자는 대통령령으로 정하는 바에 따라 주택상환사채발행계획을 수립하여 국토교통부장관의 승인을 받아야 한다.
④ 주택상환사채는 액면 또는 할인의 방법으로 발행한다.
⑤ 주택상환사채는 기명증권으로 하고, 사채권자의 명의변경은 취득자의 성명과 주소를 사채원부에 기록하는 방법으로 하며, 취득자의 성명을 채권에 기록하지 아니하면 사채발행자 및 제3자에게 대항할 수 없다.

14 ③

③ 등록사업자의 등록이 말소된 경우에도 등록사업자가 발행한 주택상환사채의 효력에는 영향을 미치지 아니한다.

15 ①

① 주택상환사채의 납입금은 다음의 용도 외에는 이를 사용할 수 없다(영 제87조 제1항).

  ㉠ 택지의 구입 및 조성
  ㉡ 주택건설자재의 구입
  ㉢ 건설공사비에의 충당
  ㉣ 그 밖에 주택상환을 위하여 필요한 비용으로서 국토교통부장관의 승인을 받은 비용에의 충당

16 ⑤

⑤ 1년의 범위에서 공사의 착수기간을 연장할 수 있다.

17 ①

① 승인받은 사업계획 중 공공시설 설치계획의 변경이 필요한 경우에는 사업계획승인권자로부터 변경승인을 받아야 한다.

18 ④

④ 공사의 착수기간 연장사유는 다음과 같다.

  ㉠ 「매장유산 보호 및 조사에 관한 법률」에 따라 국가유산청장의 매장유산 발굴허가를 받은 경우
  ㉡ 해당 사업시행지에 대한 소유권 분쟁(소송절차가 진행 중인 경우만 해당한다)으로 인하여 공사 착수가 지연되는 경우
  ㉢ 사업계획승인의 조건으로 부과된 사항을 이행함에 따라 공사 착수가 지연되는 경우
  ㉣ 천재지변 또는 사업주체에게 책임이 없는 불가항력적인 사유로 인하여 공사 착수가 지연되는 경우
  ㉤ 공공택지의 개발·조성을 위한 계획에 포함된 기반시설의 설치 지연으로 공사 착수가 지연되는 경우
  ㉥ 해당 지역의 미분양주택 증가 등으로 사업성이 악화될 우려가 있거나 주택건설경기가 침체되는 등 공사에 착수하지 못할 부득이한 사유가 있다고 사업계획승인권자가 인정하는 경우

따라서 ④의 경우에는 해당 사업시행지에 대한 소유권 분쟁(소송절차가 진행 중인 경우만 해당한다)으로 인하여 공사 착수가 지연되는 경우에만 연장사유에 해당한다.

19 ④

① 건축물도 매도청구의 대상이 된다.
② 매도청구 대상이 되는 대지의 소유자와 매도청구를 하기 전에 3개월 이상 협의를 하여야 한다.

③ 주택건설대지면적 중 100분의 95 이상에 대하여 사용 권원을 확보한 경우라야 한다.
⑤ 인가를 받아 설립된 리모델링주택조합은 그 리모델링 결의에 찬성하지 아니하는 자의 주택 및 토지에 대하여 매도청구를 할 수 있다.

20 ②

① 국민주택규모의 주택을 50% 이상으로 건설하는 주택의 건설사업이라야 한다.
③ 임차일부터 2년 이내라야 한다.
④ 체비지의 양도가격은 감정평가업자 2인 이상의 감정평가가격을 산술평균한 가격을 기준으로 산정한다.
⑤ 등록사업자나 주택조합이 사업시행자인 경우에는 주택법령에 따른 수용 및 사용권한이 없다.

21 ①

① 사업계획승인 조건의 미이행 등 대통령령으로 정하는 사유가 있는 경우에는 공사가 완료된 주택에 대하여 동별로 사용검사(이하 "동별 사용검사"라 한다)를 받을 수 있다.

22 ②

① 공시지가가 아닌 시가로 매도할 것을 청구할 수 있다.
③ 매도청구에 관한 소송에 대한 판결은 주택의 소유자 전체에 대하여 효력이 있다.
④ 매도청구를 하려는 경우에는 해당 토지의 면적이 주택단지 전체 대지 면적의 5퍼센트 미만이어야 한다.
⑤ 2년이 경과한 이후에는 甲에게 매도청구를 할 수 없다.

23 ②

① 국가, 지방자치단체, 한국토지주택공사 또는 지방공사 및 국가 등이 단독 또는 공동으로 총지분의 50퍼센트를 초과하여 출자한 부동산투자회사인 사업주체는 신고할 필요가 없다.
③ 관광특구에서 건설·공급하는 50층 이상의 공동주택은 분양가상한제의 적용을 받지 않는다.
④ 도시형 생활주택은 분양가상한제의 적용을 받지 않는다.

⑤ 시장·군수·구청장은 사업계획승인 신청이 있는 날부터 20일 이내에 분양가심사위원회를 설치·운영하여야 한다.

24 ①

① 사업주체(국가, 지방자치단체, 한국토지주택공사 또는 지방공사 및 국가 등이 단독 또는 공동으로 총지분의 50퍼센트를 초과하여 출자한 부동산투자회사인 사업주체는 제외한다)는 입주자를 모집하려면 일정한 서류를 갖추어 시장·군수·구청장의 승인을 받아야 한다. 다만 사업주체는 법 제15조에 따라 사업계획 승인을 받은 복리시설 중 근린생활시설 및 유치원 등 일반에게 공급하는 복리시설의 입주자를 모집하는 경우에는 입주자모집 5일 전까지 제20조제1항제2호 및 제3호의 서류를 갖추어 시장·군수·구청장에게 신고하여야 한다.

25 ①

① 투기과열지구는 해당 지역의 주택가격상승률이 물가상승률보다 현저히 높은 지역으로서 그 지역의 청약경쟁률·주택가격·주택보급률 및 주택공급계획 등과 지역 주택시장 여건 등을 고려하였을 때 주택에 대한 투기가 성행하고 있거나 성행할 우려가 있는 지역 중 국토교통부령으로 정하는 다음의 기준을 충족하는 곳이어야 한다(법 제63조 제2항, 시행규칙 제25조).

> ㉠ 투기과열지구로 지정하는 날이 속하는 달의 바로 전달("투기과열지구지정직전월"이라 한다)부터 소급하여 주택공급이 있었던 2개월 동안 해당 지역에서 공급되는 주택의 월별 평균 청약경쟁률이 모두 5대 1을 초과했거나 국민주택규모 주택의 월별 평균 청약경쟁률이 모두 10대 1을 초과한 곳
> ㉡ 다음 각 목에 해당하는 곳으로서 주택공급이 위축될 우려가 있는 곳
> ㉮ 투기과열지구지정직전월의 주택분양실적이 전달보다 30퍼센트 이상 감소한 곳
> ㉯ 법 제15조에 따른 사업계획승인 건수나 「건축법」 제11조에 따른 건축허가 건수(투기과열지구지정직전월부터 소급하여 6개월간의 건수를 말한다)가 직전 연도보다 급격하게 감소한 곳

ⓒ 신도시 개발이나 주택 전매행위의 성행 등으로 투기 및 주거불안의 우려가 있는 곳으로서 다음 각 목에 해당하는 곳
  ㉮ 해당 지역이 속하는 시·도의 주택보급률이 전국 평균 이하인 곳
  ㉯ 해당 지역이 속하는 시·도의 자가주택비율이 전국 평균 이하인 곳
  ㉰ 해당 지역의 분양주택의 수가 입주자저축에 가입한 사람으로서 국토교통부령으로 정하는 사람의 수보다 현저히 적은 곳

---

26 ①

① 국토교통부장관은 다음 각 호의 어느 하나에 해당하는 지역으로서 국토교통부령으로 정하는 기준을 충족하는 지역을 주거정책심의위원회의 심의를 거쳐 조정대상지역(이하 "조정대상지역"이라 한다)으로 지정할 수 있다(법 제63조의 제1항, 영 제72조의 3).

  ㉠ 주택가격, 청약경쟁률, 분양권 전매량 및 주택보급률 등을 고려하였을 때 주택 분양 등이 과열되어 있거나 과열될 우려가 있는 다음의 지역: 조정대상지역으로 지정하는 날이 속하는 달의 바로 전달("조정대상지역지정직전월")부터 소급하여 3개월간의 해당 지역 주택가격상승률이 그 지역이 속하는 시·도 소비자물가상승률의 1.3배를 초과한 지역으로서 다음 각 목에 해당하는 지역
    ㉮ 조정대상지역지정직전월부터 소급하여 주택공급이 있었던 2개월 동안 해당 지역에서 공급되는 주택의 월별 평균 청약경쟁률이 모두 5대 1을 초과했거나 국민주택규모 주택의 월별 평균 청약경쟁률이 모두 10대 1을 초과한 지역
    ㉯ 조정대상지역지정직전월부터 소급하여 3개월간의 분양권(주택의 입주자로 선정된 지위를 말한다) 전매거래량이 직전 연도의 같은 기간보다 30퍼센트 이상 증가한 지역
    ㉰ 해당 지역이 속하는 시·도의 주택보급률 또는 자가주택비율이 전국 평균 이하인 지역

  ㉡ 주택가격, 주택거래량, 미분양주택의 수 및 주택보급률 등을 고려하여 주택의 분양·매매 등 거래가 위축되어 있거나 위축될 우려가 있는 다음의 지역: 조정대상지역지정직전월부터 소급하여 6개월간의 평균 주택가격상승률이 마이너스 1퍼센트 이하인 지역으로서 다음 각 목에 해당하는 지역
    ㉮ 조정대상지역지정직전월부터 소급하여 3개월 연속 주택매매거래량이 직전 연도의 같은 기간보다 20퍼센트 이상 감소한 지역
    ㉯ 조정대상지역지정직전월부터 소급하여 3개월간의 평균 미분양주택(사업계획승인을 받아 입주자를 모집했으나 입주자가 선정되지 않은 주택을 말한다)의 수가 직전 연도의 같은 기간보다 2배 이상인 지역
    ㉰ 해당 지역이 속하는 시·도의 주택보급률 또는 자가주택비율이 전국 평균을 초과하는 지역

---

27 ⑤

⑤ 반기마다 재검토하여야 한다.

---

28 ④

① 상속의 경우는 제외된다.
② 해당 주택의 입주자로 선정된 날부터 해당 주택(법 제64조 제1항 제2호에 해당하는 경우의 주택은 제외한다)에 대한 소유권이전등기일까지의 기간. 이 경우 그 기간이 5년을 초과하는 때에는 전매제한기간은 5년으로 한다.
③ 세대원 전부가 이전하는 경우라야 한다.
⑤ 관광특구에서 건설·공급하는 층수가 50층 이상인 경우에는 분양가상한제의 적용대상에 해당하지 않는다.

---

29 ③

③ 누구든지 이 법에 따라 건설·공급되는 주택을 공급받거나 공급받게 하기 위하여 다음 의 어느 하나에 해당하는 증서 또는 지위를 양도·양수(**매매·증여**나 그 밖에 권리 변동을 수반하는 모든 행위를 포함하되, **상속·저당의 경우는 제외**한다) 또는 이를 알선하거나 양도·양수 또는 이를 알선할 목적으로 하는 광고(각종

간행물·인쇄물·전화·인터넷, 그 밖의 매체를 통한 행위를 포함한다)를 하여서는 아니 되며, 누구든지 거짓이나 그 밖의 부정한 방법으로 이 법에 따라 건설·공급되는 증서나 지위 또는 주택을 공급받거나 공급받게 하여서는 아니 된다.

> ㉠ 법 제11조에 따라 주택을 공급받을 수 있는 지위
> ㉡ 제56조에 따른 입주자저축 증서
> ㉢ 제80조에 따른 주택상환사채
> ㉣ 그 밖에 주택을 공급받을 수 있는 증서 또는 지위로서 대통령령으로 정하는 다음의 것(영 제74조 제1항)
>   ⓐ 시장·군수·구청장이 발행한 무허가건물확인서·건물철거예정증명서 또는 건물철거확인서
>   ⓑ 공공사업의 시행으로 인한 이주대책에 의하여 주택을 공급받을 수 있는 지위 또는 이주대책대상자확인서

30 ⑤

⑤ 증축하는 리모델링("증축형 리모델링")을 하려는 자는 시장·군수·구청장에게 안전진단을 요청하여야 하며, 안전진단을 요청받은 시장·군수·구청장은 해당 건축물의 증축 가능 여부의 확인 등을 위하여 안전진단을 실시하여야 한다(법 제68조 제1항).

31 ①

② 리모델링주택조합의 경우에는 토지의 사용승낙서가 필요하지 않다.
③ 리모델링허가를 받아야 한다.
④ 증축을 위한 리모델링인 경우 당해 주택이 사용검사를 받은 후 15년(15년 이상 20년 미만의 연수 중 시·도 조례가 정하는 경우 그 연수) 이상의 기간이 경과하였음을 증명하는 서류를 제출하여야 한다.
⑤ 경쟁입찰의 방법으로 선정하여야 한다.

32 ③

① 토지임대부 분양주택의 토지에 대한 임대차기간은 40년 이내로 한다.
② 토지임대부 분양주택 소유자의 75퍼센트 이상이 계약갱신을 청구하는 경우 40년의 범위에서 이를 갱신할 수 있다.
④ 토지임대부 분양주택을 공급받은 자가 토지임대부 분양주택을 양도하려는 경우에는 대통령령으로 정하는 바에 따라 한국토지주택공사에 해당 주택의 매입을 신청하여야 한다.
⑤ 토지임대료는 월별 임대료를 원칙으로 하되, 토지소유자와 주택을 공급받은 자가 합의한 경우 대통령령으로 정하는 바에 따라 임대료를 보증금으로 전환하여 납부할 수 있다.

Chapter 06

농지법

01 ④	02 ④	03 ③	04 ⑤	05 ③
06 ⑤	07 ⑤	08 ①	09 ⑤	10 ③
11 ④	12 ③	13 ①	14 ④	15 ①
16 ①				

01 ④

⊙의 경우 농작업에 직접 필요한 농자재 및 농기계 보관, 수확 농산물 간이 처리 또는 농작업 중 일시 휴식을 위하여 설치하는 시설(연면적 20제곱미터 이하이고, 주거 목적이 아닌 경우로 한정한다)인 농막의 부지라야 농지에 해당한다. 따라서 연면적 33제곱미터인 농막의 부지는 농지에 해당하지 않으므로 전용허가 대상에 해당한다.

02 ④

④ 주말·체험영농을 하려고 제28조에 따른 농업진흥지역 외의 농지를 소유하는 경우라야 한다.

03 ③

③ 상속으로 농지를 취득한 자로서 농업경영을 하는 자는 소유면적의 제한을 받지 아니한다.

04 ⑤

⑤ 「병역법」에 따라 징집 또는 소집되어 휴경하는 경우에는 처분의무사유에 해당하지 않는다.

05 ③

③ 농지전용허가를 받거나 농지전용신고를 한 자가 그 농지를 소유하는 경우에는 농지취득자격증명을 발급받아야 한다. 다만, 이 경우에도 농업경영계획서를 작성하지 아니하고 농지취득자격증명의 발급을 신청할 수 있다.

06 ⑤

⑤ 농지취득자격증명을 발급받으려는 자는 다음 각 호의 사항이 모두 포함된 농업경영계획서 또는 주말·체험영농계획서를 작성하고 농림축산식품부령으로 정하는 서류를 첨부하여 농지 소재지를 관할하는 시·구·읍·면의 장에게 발급신청을 하여야 한다.

> ⊙ 취득 대상 농지의 면적(공유로 취득하려는 경우 공유 지분의 비율 및 각자가 취득하려는 농지의 위치도 함께 표시한다)
> ⓒ 취득 대상 농지에서 농업경영을 하는 데에 필요한 노동력 및 농업 기계·장비·시설의 확보 방안
> ⓒ 소유 농지의 이용 실태(농지 소유자에게만 해당한다)
> ⓔ 농지취득자격증명을 발급받으려는 자의 직업·영농경력·영농거리

따라서 주말·체험영농(농업인이 아닌 개인이 주말 등을 이용하여 취미생활이나 여가활동으로 농작물을 경작하거나 다년생식물을 재배하는 것을 말한다)을 하려고 농지를 소유하는 경우에도 농지취득자격증명의 발급을 받아야 한다.

07 ⑤

⑤ 농지 소유자는 다음의 어느 하나에 해당하는 경우 외에는 소유 농지를 위탁경영할 수 없다.

> ① 「병역법」에 의하여 징집 또는 소집된 경우
> ② 3개월 이상의 국외 여행 중인 경우
> ③ 농업법인이 청산 중인 경우
> ④ 질병, 취학, 선거에 따른 공직 취임, 그 밖에 대통령령으로 정하는 다음의 사유로 자경할 수 없는 경우
>> ⊙ 부상으로 3월 이상의 치료가 필요한 경우
>> ⓒ 교도소·구치소 또는 보호감호시설에 수용 중인 경우

⑤ 농지이용증진사업시행계획에 따라 위탁경영하는 경우

⑥ 농업인이 자기 노동력이 부족하여 농작업의 일부를 위탁하는 경우

08 ①

② 초과하여 소유한 농지만 처분대상이다.

③ 1년이다.

④ 처분의무사유에 해당한다.

⑤ 한국농어촌공사에 매수를 청구할 수 있다.

09 ⑤

⑤ 대리경작기간은 따로 정하지 아니하면 3년으로 한다.

10 ③

① 대리경작자를 지정하기 위한 유휴농지(遊休農地)라 함은 농작물의 경작 또는 다년성 식물의 재배에 이용하지 아니하는 농지로서 다음에 해당되지 아니하는 경우라야 한다.

　　㉠ 지력의 증진이나 토양의 개량·보전을 위하여 필요한 기간 동안 휴경하는 농지

　　㉡ 연작으로 인하여 피해가 예상되는 재배작물의 경작 또는 재배 전후에 지력의 증진 또는 회복을 위하여 필요한 기간 동안 휴경하는 농지

　　㉢ 농지전용허가를 받거나 농지전용협의(다른 법률에 따라 농지전용허가가 의제되는 협의를 포함한다)를 거친 농지

　　㉣ 농지전용신고를 한 농지

　　㉤ 농지의 타용도 일시사용허가를 받거나 협의를 거친 농지

　　㉥ 농지의 타용도 일시사용신고를 하거나 협의를 거친 농지

따라서 지력의 증진이나 토양의 개량·보전을 위하여 필요한 기간 동안 휴경하는 농지인 경우 대리경작자를 지정할 수 없다.

②, ⑤ 시장(구를 두지 아니한 시의 시장을 말한다)·군수 또는 구청장은 유휴농지에 대하여 대통령령으로 정하는 바에 따라 그 농지의 소유권자나 임차권자를 대신

하여 농작물을 경작할 자(이하 "대리경작자"라 한다)를 직권으로 지정하거나 농림축산식품부령으로 정하는 바에 따라 유휴농지를 경작하려는 자의 신청을 받아 대리경작자를 지정할 수 있다.

④ 대리경작 기간은 따로 정하지 아니하면 3년으로 한다. 따라서 대리경작기간을 따로 정할 수도 있다.

11 ④

④ 농지의 임대차 기간은 3년 이상으로 하여야 한다. 다만, 다년생식물 재배지 등 대통령령으로 정하는 다음의 농지의 경우에는 5년 이상으로 하여야 한다.

　　㉠ 농지의 임차인이 제2조 제1항 각 호의 어느 하나에 해당하는 다년생식물의 재배지로 이용하는 농지

　　㉡ 농지의 임차인이 농작물의 재배시설로서 고정식 온실 또는 비닐하우스를 설치한 농지

12 ③

③ ㉠ 60세, ㉡ 5년, ㉢ 3

13 ①

① 농업진흥지역의 지정은 「국토의 계획 및 이용에 관한 법률」에 의한 녹지지역·관리지역·농림지역 및 자연환경보전지역을 대상으로 한다. 다만, 특별시의 녹지지역을 제외한다.

14 ④

① 농업진흥구역은 농업의 진흥을 도모하여야 하는 지역으로서 농림축산식품부장관이 정하는 규모로 농지가 집단화되어 농업목적으로 이용하는 것이 필요한 지역이다.

② 농업진흥지역의 지정은 「국토의 계획 및 이용에 관한 법률」에 따른 녹지지역·관리지역·농림지역 및 자연환경보전지역을 대상으로 한다. 다만, 특별시의 녹지지역은 제외한다.

③ 「국가유산기본법」 제3조에 따른 국가유산의 보수·복원·이전, 매장유산의 발굴, 비석이나 기념탑, 그 밖에 이와 비슷한 공작물의 설치행위는 농업진흥구역과 농업보호구역 안에서 할 수 있다.

⑤ 농림축산식품부장관은 「국토의 계획 및 이용에 관한 법률」상 녹지지역 또는 계획관리지역이 농업진흥지역에 포함될 경우에는 농업진흥지역의 지정을 승인하기 전에 국토교통부장관과 협의하여야 한다.

15 ①

①의 경우 농지의 개량시설과 농지에 설치하는 농축산물 생산시설의 부지로 사용하는 경우에는 전용(轉用)으로 보지 아니한다. 그러므로 농지의 개량시설인 방풍림부지로 사용하는 것은 농지의 전용에 해당하지 않기 때문에 농지전용허가를 받을 필요가 없다.

② 농지전용의 허가받은 농지의 위치, 면적 또는 경계 등 대통령령으로 정하는 중요 사항을 변경하려는 경우에는 전용허가를 받아야 한다.

③ 산지관리법」 제14조에 따른 산지전용허가를 받지 아니하거나 같은 법 제15조에 따른 산지전용신고를 하지 아니하고 불법으로 개간한 농지를 산림으로 복구하는 경우에는 농지전용허가를 받지 아니한다.

④ 농지를 농업인 주택의 부지로 전용하려는 경우에는 대통령령으로 정하는 바에 따라 시장·군수 또는 자치구 구청장에게 신고하여야 한다. 신고한 사항을 변경하려는 경우에도 또한 같다.

⑤ 농지전용신고를 하고 농지를 전용하는 경우에는 농지를 전·답·과수원 외의 지목으로 변경할 수 있다.

16 ①

① 농지대장(農地臺帳)은 모든 농지에 대해 필지별로 작성한다.

제36회 공인중개사 시험대비 **전면개정판**

2025 박문각 공인중개사
이석규 필수서 2차 부동산공법

초판인쇄 | 2025. 1. 20.　**초판발행** | 2025. 1. 25.　**편저** | 이석규 편저

발행인 | 박 용　**발행처** | (주)박문각출판　**등록** | 2015년 4월 29일 제2019-000137호

주소 | 06654 서울시 서초구 효령로 283 서경빌딩 4층　**팩스** | (02)584-2927

전화 | 교재 주문 (02)6466-7202, 동영상문의 (02)6466-7201

저자와의
협의하에
인지생략

정가 30,000원
ISBN 979-11-7262-546-7